BIBLIOTHÈQUE DES SCIENCES CONTEMPORAINES

LA SOCIOLOGIE

D'APRÈS L'ETHNOGRAPHIE

PAR

LE DOCTEUR CHARLES LETOURNEAU

> L'âge d'or du genre humain n'est point derrière nous, il est au devant, il est dans la perfection de l'ordre social nos peres ne l'ont point vu, nos enfants y arriveront un jour, c'est a nous de leur en frayer la route.
>
> SAINT-SIMON.

TROISIÈME ÉDITION
REVUE ET CORRIGÉE

PARIS

C. REINWALD & Cie, LIBRAIRES-ÉDITEURS

15, RUE DES SAINTS-PÈRES, 15

1892

BIBLIOTHÈQUE

DES

SCIENCES CONTEMPORAINES

PUBLIÉE AVEC LE CONCOURS

DES SAVANTS ET DES LITTÉRATURS LES PLUS DISTINGUÉS

PAR

LA LIBRAIRIE C. REINWALD

SCHLEICHER FRÈRES, ÉDITEURS

15, rue des Saints-Pères, Paris.

Depuis le siècle dernier, les sciences ont pris un énergique essor en s'inspirant de la féconde méthode de l'observation et de l'expérience. On s'est mis à recueillir, dans toutes les directions, les faits positifs, à les comparer, à les classer et à en tirer les conséquences légitimes.

Les résultats déjà obtenus sont merveilleux. Des problèmes qui sembleraient devoir à jamais échapper à la connaissance de l'homme ont été abordés et en partie résolus, et cet immense trésor de faits nouveaux, non seulement a renouvelé les sciences déjà existantes, mais a servi de matière à des sciences nouvelles du plus saisissant intérêt.

L'*Archéologie préhistorique* nous a reconquis, dans la profondeur des siècles disparus, des ancêtres non soupçonnés et reconstitue, à force de découvertes, l'industrie, les mœurs, les types de l'homme primitif à peine échappé à l'animalité.

L'*Anthropologie* a ébauché l'histoire naturelle du groupe humain dans le temps et dans l'espace, le suit dans ses évolutions organiques, l'étudie dans ses variétés, races et espèces, et creuse ces grandes questions de l'origine de la vie, de l'influence des milieux, de l'hérédité, des croisements, des rapports avec les autres groupes animaux, etc., etc.

La *Linguistique* retrouve, par l'étude comparée des idiomes, les formes successives du langage, les analyse et prépare, pour ainsi dire, une histoire de la pensée humaine, saisie à son origine même et suivie à travers les âges.

La *Mythologie comparée* nous fait assister à la création des dieux, classe les mythes, étudie les lois de leur naissance et de leur développement à travers les innombrables formes religieuses.

Toutes les autres sciences, Biologie, Astronomie, Physique, Chimie, Zoologie, Géologie, Géographie, Botanique, Hygiène, etc., ont été, sous l'influence de la même méthode, étendues, régénérées, enrichies et appelées à se prêter un mutuel secours. Cette influence s'est même étendue à des sciences que la fantaisie et l'esprit de système avaient dépouillées de toute précision et de toute réalité, l'Histoire, la Philosophie, la Pédagogie, l'Economie politique, etc.

Mais jusqu'à présent ces magnifiques acquisitions de la libre recherche n'ont pas été mises à la portée des gens du monde : elles sont éparses dans une multitude de recueils, mémoires et ouvrages spéciaux. Le public ne les trouve nulle part à l'état d'ensemble, d'exposition élémentaire et méthodique, débarrassées de l'appareil scientifique, condensées sous une forme accessible.

Et cependant il n'est plus permis de rester étranger à ces conquêtes de l'esprit scientifique moderne, de quelque œil qu'on les envisage. A chaque instant, dans les conversations, dans les lectures, on se heurte à des controverses sur ces nouveautés : le Darwinisme, la Théorie mécanique de la chaleur, la Corrélation des forces naturelles, l'Atomisme, la Descendance de l'homme, la Prévision du temps, les Théories cérébrales, etc.; on se sent honteux de se trouver pris en flagrant délit d'ignorance. Et puis, considération bien supérieure, c'est par la science universalisée, déposée dans toutes les consciences, que nous mettrons fin à notre anarchie intellectuelle et que nous marcherons vraiment à la régénération.

De ces réflexions est née la présente entreprise. On s'est adressé à des savants pour obtenir de chacun d'eux, dans la spécialité qui fait l'objet constant de ses études, le *Manuel* précis, clair, accessible, de la science à laquelle il s'est voué, dans son état le plus récent et dans son ensemble le plus général. Par conséquent, pas de compilations de seconde main. Chacun s'est renfermé dans le domaine où sa compétence est incontestable. Chaque traité formera un seul volume, avec gravures quand ce sera nécessaire, et de prix modeste. Jamais la vraie science, la science consciencieuse et de bon aloi ne se sera faite ainsi toute à tous.

Un plan uniforme, fermement maintenu par un comité de rédaction, préside à la distribution des matières, aux proportions de l'œuvre et à l'esprit général de la collection.

CONDITIONS DE LA SOUSCRIPTION

Cette collection paraît par volumes in-12, format anglais, aussi agréable pour la lecture que pour la bibliothèque ; chaque volume a de 10 à 15 feuilles, ou de 350 à 500 pages au moins. Les prix varient, suivant la nécessité.

EN VENTE

I. **La Biologie**, par le docteur Charles Letourneau. 4ᵉ édition. 1 volume de xii-506 pages avec 113 gravures. — Prix : broché, 4 fr. 50 ; relié, toile anglaise........ ...... 5 francs.

II. **La Linguistique**, par Abel Hovelacque. 4ᵉ édition. 1 vol. de xvi-450 pages. — Prix : br., 4 fr. 50 ; relié, toile anglaise. 5 fr.

III. **L'Anthropologie**, par le docteur Paul Topinard, avec préface du professeur Paul Broca. 5ᵉ édition. 1 volume de xvi-560 pages avec 52 gravures. — Prix : broché, 5 francs ; relié, toile anglaise., ... 5 fr. 75

IV. **L'Esthétique**, par Eugène Véron, directeur du journal *l'Art*. — Origine des Arts. — Le Goût et le Génie. — Définition de l'Art et de l'Esthétique. — Le Style. — L'Architecture. — La Sculpture. — La Peinture. — La Danse. — La Musique. — La Poésie. — L'Esthétique de Platon. — 3ᵉ édition. 1 vol. de xxviii-496 pages. — Prix : broché, 4 fr. 50 ; relié... 5 fr.

V. **La Philosophie**, par André Lefèvre. 2ᵉ édition. 1 vol. de iv-636 pages. Prix : br., 5 francs ; relié, toile anglaise. 5 fr. 75

VI. **La Sociologie** d'après l'Ethnographie, par le docteur Charles Letourneau. 3ᵉ édition. 1 vol. de xvi-608 pages. — Prix : broché, 5 francs ; relié, toile anglaise....... 5 fr. 75

VII. **La Science économique**, par Yves Guyot. 2ᵉ édition. 1 vol. de xxxviii-552 pages, avec 67 graphiques — Prix : broché, 5 francs ; relié, toile anglaise .... 5 fr. 75

PARIS. — TYPOGRAPHIE A. HENNUYER, RUE DARCET, 7.

BIBLIOTHÈQUE

DES

SCIENCES CONTEMPORAINES

VI

BIBLIOTHÈQUE DES SCIENCES CONTEMPORAINES

LA SOCIOLOGIE

D'APRÈS L'ETHNOGRAPHIE

PAR

LE DOCTEUR CHARLES LETOURNEAU

> L'âge d'or du genre humain n'est point
> derrière nous, il est au devant ; il est dans
> la perfection de l'ordre social : nos pères
> ne l'ont point vu, nos enfants y arriveront
> un jour, c'est à nous de leur en frayer la
> route.
> SAINT-SIMON.

TROISIÈME ÉDITION

REVUE ET CORRIGÉE

PARIS

C. REINWALD & Cie, LIBRAIRES-ÉDITEURS

15, RUE DES SAINTS-PÈRES, 15

1892

PRÉFACE

Jamais autant que de nos jours on n'a parlé de science sociale. Que la vie des sociétés humaines soit, comme toutes choses, soumise à des règles, à des lois, et puisse par conséquent être l'objet d'une science, c'est là une idée avec laquelle l'opinion publique est maintenant familière. Mais cette vue est loin d'être neuve, puisque la *Politique* d'Aristote est déjà un traité de sociologie, fort incomplet sans doute, mais pourtant scientifiquement conçu. A leur manière, les *Lois* et la *République* de Platon sont aussi des œuvres sociologiques, quoique l'esprit scientifique soit ce qui y manque le plus. D'ailleurs Aristote et Platon ont eu d'assez nombreux imitateurs ou continuateurs. Du premier procèdent Machiavel et Montesquieu ; Campanella et Rousseau sont, au contraire, de lignée platonicienne, pour ne citer que des noms célèbres. Une troisième école s'est développée à côté des deux autres ; on la pourrait appeler l'école systématique. C'est bien de l'observation que partent les sociologistes à système, mais toujours en torturant les faits, en les triant pour leur arracher bon gré mal gré une réponse préconçue, surtout en n'en invoquant qu'un trop petit nombre. Vico, Condorcet, Saint-Simon, A. Comte, sont les plus

illustres représentants de cette école, et tous ont été
des esprits de premier ordre.

Mais tous ces penseurs ont-ils réussi à fonder la sociologie, puisque ce mot hybride a été mis à la mode
par A. Comte ? Pour le prétendre, il faut s'aveugler
volontairement. Nous avons le mot sans la chose, et il
n'en saurait être autrement. La genèse d'une science,
même des plus simples, est toujours une œuvre collective ; il y faut l'incessant labeur d'une armée de
patients ouvriers se succédant, se relevant pendant
une longue série de générations. Des esprits isolés, si
puissants soient-ils, ne peuvent enfanter que des spéculations plus ou moins ingénieuses.

En outre, la genèse d'une science est d'autant plus
laborieuse que cette science est plus vaste ; or quoi de
plus complexe que la science sociale ? Que tout dans
l'univers soit soumis à des lois, c'est là une vérité
fondamentale dont l'esprit moderne est tout pénétré ;
conséquemment il doit exister des lois sociologiques.
Mais une loi est d'autant plus difficile à découvrir
qu'elle régit des phénomènes plus nombreux, plus
variables, plus emmêlés ; or les faits sociaux sont sans
nombre, et leur intrication, leur variabilité sont extrêmes. C'est au prix d'observations et d'expériences con-
tinuées pendant des périodes historiques que l'on est
parvenu à formuler quelques lois astronomiques, et
il suffirait des méditations isolées de quelques esprits
systématiques pour créer de toutes pièces une sociologie scientifique : se leurre qui voudra de cette illusion.

Le regard a peine à embrasser seulement le vaste

champ de la sociologie, puisqu'il faut y donner place à
toutes les manifestations si infiniment variées de l'activité humaine et même à tous les agents extérieurs
capables d'influer sur cette activité. L'évolution des
sociétés devra-t-elle donc continuer à se dérouler confusément et spontanément? Faut-il désespérer de jamais posséder une sociologie scientifique? Non sans
doute ; mais il importe singulièrement de ne pas croire
achevée une tâche à peine commencée.

On sait aujourd'hui comment les sciences naissent
et grandissent. Avant tout, et c'est une bien longue
besogne, il est nécessaire de réunir un riche matériel
de faits bien authentiques et soigneusement observés.
Puis il faut trier, grouper, classer, coordonner les faits
recueillis ; alors seulement on peut tirer des inductions, essayer de retracer l'enchaînement des phénomènes dans le passé, entrevoir leur évolution future.
Il va sans dire que toute cette élaboration a d'autant
plus de valeur qu'elle repose sur une plus large base.
Enfin, dans nombre de sciences, l'expérience peut
venir en aide à l'observation et surtout à l'induction
en les vérifiant. Sans doute ce précieux moyen de contrôle a été jusqu'ici à peu près banni de la sociologie ;
mais les sociétés humaines ont fait, au hasard de leurs
besoins, quantité d'essais, qui dans une large mesure
peuvent tenir lieu des expériences préméditées, rai-
sonnées, que l'avenir osera peut-être entreprendre.

Pour accomplir l'immense travail préliminaire que
nous venons d'indiquer, il faudra sûrement des siècles, et pourtant, sans lui, toute espérance d'une sociologie scientifique restera vaine. Aujourd'hui il n'y

a de possible que des ébauches sociologiques, et il est sage d'en circonscrire l'objet en consacrant chacune d'elles à l'une des faces multiples de la vie sociale. Il faut en effet que la sociologie repose sur des données empruntées à bien des sciences : à l'histoire naturelle, à l'anthropologie, à l'ethnographie, à la démographie, à la pédagogie, à l'étude des climats, à l'économie politique, à l'histoire, etc., etc., etc. Notre énumération ne finirait jamais, car tout ce qui, de près ou de loin, peut influer sur la vie humaine a une importance sociologique.

C'est là la route scientifique; sans doute elle est longue et laborieuse, mais seule elle peut mener au but, et déjà plus d'un pionnier s'y est engagé. Il suffira de rappeler les vastes tableaux historiques de Buckle, de Draper, les ouvrages ethnographiques de Lubbock, de Tylor, etc., enfin la *Sociologie* de H. Spencer, principalement ethnographique aussi, mais qui a causé au public quelque déception, car on attendait mieux de son auteur, à coup sûr un des esprits les plus larges, les plus ingénieux et les plus richement meublés de notre temps. Sans doute le traité de H. Spencer renferme plus d'une pensée juste, plus d'une vue fine; mais l'exposition des faits y est des moins méthodiques, et trop souvent l'auteur se laisse égarer par des conceptions *à priori*, systématiques. Citons par exemple son évhémérisme à outrance et sa comparaison si peu soutenable des organismes sociaux avec les organismes biologiques. Ajoutons que, dans certaines de ses conclusions, H. Spencer va manifestement contre le courant des faits observés et observables.

Quant à nous, dans ce volume, nous n'avons eu que des visées, de parti pris, fort limitées. Nous avons seulement essayé d'écrire un chapitre de la sociologie, le chapitre ethnographique, en ayant soin de ne pas entasser les faits pêle-mêle et sans ordre. Nous avons donc entrepris de décrire les principales manifestations de l'activité humaine, successivement chez les principales races humaines, en les rapprochant même autant que possible des phénomènes analogues, observables chez les animaux. Presque toujours, il est vrai, nous avons fait suivre chacune de nos petites enquêtes d'un essai de généralisation et même d'induction ; mais il sera toujours facile au lecteur de séparer nos vues personnelles des faits, qui, à nos yeux, semblent les justifier, et de tirer de ceux-ci telle autre conséquence qui lui paraîtra plus juste.

Après les considérations qui précèdent, on ne s'attendra pas à trouver dans ce volume une énumération de « lois sociologiques » ayant la rigueur des lois vraiment scientifiques. La science sociale est encore dans l'enfance ; formuler des lois est au-dessus de ses forces, mais les lois scientifiques ne jaillissent point par génération spontanée ; on les prépare en dégageant du chaos des observations de détail quelques faits généraux : nous espérons y être parvenu.

CH. LETOURNEAU.

TABLE DES MATIÈRES

PROLÉGOMÈNES ETHNOGRAPHIQUES.

LIVRE I.

DE LA VIE NUTRITIVE DANS L'HUMANITÉ.

LIVRE II.

DE LA VIE SENSITIVE DANS L'HUMANITÉ.

LIVRE III.

DE LA VIE AFFECTIVE.

LIVRE IV.

DE LA VIE SOCIALE

LIVRE V.

DE LA VIE INTELLECTUELLE.

LA SOCIOLOGIE

CHAPITRE I.

DÉNOMBREMENT DES RACES HUMAINES.

Quand il s'agit d'énumérer et de classer les races humaines,
l'anthropologiste et l'ethnographe n'éprouvent pas un mince
embarras : tant est protéiforme, ondoyant et divers le mammifère humain. Que l'on ne nous soupçonne pas un instant de vouloir, à l'exemple de certains anthropologistes trop métaphysiciens, jucher l'homme dans les nues, de prétendre que ce chétif
vertébré forme, sur la terre, un règne à part, séparé par un
abîme du reste des animaux. Mais tout en étant incontestablement un mammifère primate, l'homme se différencie cependant
beaucoup de ses congénères plus humbles ; car, chez lui, les
centres nerveux supérieurs et l'intelligence, qui en est la fonction, sont susceptibles d'un développement relativement
énorme. En outre, autant que les données scientifiques nous
permettent de le préjuger, l'homme a eu des origines multiples. Sans doute le genre humain actuel provient, très vraisemblablement, par une lente série de métamorphoses, de
mammifères pithécoïdes ; mais ces précurseurs de l'homme ont
dû être nombreux et dès l'origine très dissemblables entre eux.
A partir de leur humble commencement, les premiers types à
peu près humains ont dû diverger encore par l'usage même de
la vie ; car, durant d'énormes cycles géologiques, l'homme a
nécessairement vécu sous des climats divers, auxquels il devait
s'adapter sous peine de mort. A son tour, ce travail même
d'accommodation à des milieux plus ou moins incléments est
devenu une cause de métamorphose organique. Partout
l'homme s'est créé à la surface du globe une existence à part,

des civilisations plus ou moins intelligentes, mais qui, toutes,
lui servaient d'abri tutelaire contre les rudes atteintes du
milieu ambiant, qui, toutes aussi, tendaient soit à étouffer certaines énergies prépondérantes, soit à susciter des aptitudes
latentes. Or, nulle modification fonctionnelle qui ne soit le
signe et l'effet d'une modification correspondante dans les organes. Sous l'influence combinée de la diversité des origines, de
la disparité des civilisations, auxquelles il faut ajouter l'effet
infiniment varié d'innombrables mélanges ethniques, accomplis durant la longue nuit des âges préhistoriques, alors que
le moindre souci de l'homme était d'écrire ses annales,
le genre humain s'est modelé en des types nombreux et divers,
ici nettement tranchés, là au contraire reliés par des nuances
intermédiaires, tellement graduées, qu'il n'y a pas de place
pour une frontière. En résumé, il est advenu à l'homme, mais
sur une échelle bien autrement vaste, ce qui est arrivé à nos
animaux domestiques, à nos races canines par exemple. Le
lévrier et le bouledogue, l'épagneul et le chien terre-neuve
sont tous des mammifères canins, mais combien dissemblables !

Pourtant, avant d'aborder la sociologie proprement dite, on
ne saurait se dispenser de débrouiller tant bien que mal ce
chaos; force est bien de coordonner le genre humain et de
dégager quelques grands types, plus ou moins homogènes, du
fouillis bigarré des races humaines. C'est ce que nous allons
essayer de faire aussi brièvement que possible.

Si les caractères anatomiques qu'étudie patiemment l'anthropologie contemporaine étaient bien classés, bien subordonnés,
la tâche serait encore assez facile. L'objet de ce livre étant
avant tout sociologique, nous pourrions négliger le menu fretin
des petites particularités anatomiques et délimiter de grands
groupes, en invoquant seulement les principaux caractères.
Malheureusement l'anthropologie anatomique en est encore à
sa phase préparatoire ; elle constate et ne sait pas classer. Tel
anthropologiste basera sa classification des races sur la forme
du crâne, sur le volume et la structure du cerveau; tel autre
se contentera de la section des cheveux. Dans cet état, confus
encore, de la taxinomie humaine, force est donc de procéder
un peu à l'aventure, en prenant pour guide des groupes de
caractères, afin de diminuer au moins les chances d'erreur.
Sans doute ce qui importe au sociologiste, ce sont les actes de

l'humanité, mais ce n'en est pas moins, pour lui, un strict devoir de les rattacher, si possible, aux caractères anatomiques, à tout le moins de les en rapprocher ; car entre les ouvriers et les œuvres le rapport est étroit. Jamais une race, anatomiquement inférieure, n'a créé une civilisation supérieure. Sur une telle race pèse une malédiction organique dont le poids ne se peut alléger que par des efforts bien plus que millénaires, par une lutte pour le mieux soutenue pendant des cycles géologiques. Or, sous le rapport de la noblesse organique, les races humaines sont fort dissemblables ; les unes sont élues, les autres sont réprouvées. Cette variété est telle, qu'elle exclut toute idée de série rigoureusement graduée. Pourtant, en ne tenant compte que des très gros caractères, on peut grouper, anatomiquement et sociologiquement, les types de l'humanité actuelle en trois divisions maîtresses :

1º *L'homme nègre*, au cerveau réduit, surtout dans la région frontale, qui est étroite et fuyante ; au crâne allongé ou dolichocéphale. Corrélativement, les mâchoires sont *prognathes*, c'est-à-dire saillantes en museau rudimentaire ; le nez est plus ou moins épaté. En outre, la peau est plus ou moins noire et les cheveux crépus, sauf chez le nègre d'Australie, qui semble être une race métisse.

2º *L'homme jaune*, mongol ou mongoloïde, s'écarte davantage de l'animalité. Son cerveau, plus développé chez les Mongols asiatiques, très réduit encore chez les mongoloïdes américains, est mieux conformé. La région frontale, où réside surtout l'intelligence, est moins sacrifiée ; elle est même relativement très développée, chez les Mongols d'Asie. Le crâne est large et court, *brachycéphale ;* le prognathisme bien moins accusé que dans le type précédent. Les yeux, ou plutôt les fentes palpébrales, sont très allongés, peu ouverts, bridés et souvent relevés et obliques de dedans en dehors. Les cheveux sont toujours droits et noirs ; la peau est jaune ou jaunâtre.

3º *L'homme blanc* a gravi encore quelques degrés de plus dans la hiérarchie organique. Son cerveau s'est épanoui, son front s'est élargi et redressé ; ses maxillaires se sont réduits et il n'y a plus, chez lui, de prognathisme et de bouche lippue. Les yeux sont droits, bien ouverts, de nuance tantôt claire, tantôt obscure, tandis qu'ils étaient presque invariablement noirs chez les deux types précédents. De même la chevelure, au lieu d'être toujours noire, revêt des teintes diverses, du blond au noir de jais. La peau est plus ou moins blanche et les cheveux, tantôt droits, souvent bouclés, ne sont jamais crépus.

Au point de vue sociologique, ces diverses empreintes humaines sont loin d'avoir la même dignité, tout en étant représentées par des sous-types fort divers, fort inégaux entre eux. Le type le plus inférieur, en général, est le type nègre. Jamais le noir, abandonné à lui-même, sans mélange avec des races supérieures, n'a su créer de civilisation élevée. Sous ce rapport, l'homme jaune, le Mongol, est de beaucoup supérieur. De bonne heure, les meilleurs représentants de ce type, les Mongols asiatiques, ont formé de grandes sociétés, savamment organisées, qui, comme la société chinoise, rivalisent avec les civilisations des races blanches et, sous certains rapports, peuvent même leur servir de modeles. Même les mongoloïdes les plus mélangés, les plus inférieurs, les plus pauvres en cerveau, les Américains, dont les plus humbles échantillons languissent toujours au plus bas degré de l'évolution intellectuelle et sociale, ont su, par leurs types supérieurs, donner jadis, au Mexique et au Pérou, de remarquables exemples de progrès social.

En dépit de ses imperfections, de ses faiblesses et de ses vices, la race blanche, sémitique et indo-européenne, tient cependant, pour le présent, la tête, dans le *steeple-chase* des groupes humains. C'est dans le sein des groupes ethniques de race blanche que l'énergie intellectuelle a pris l'essor le plus varié, le plus luxuriant; c'est là que l'art, la noblesse morale, la science, la philosophie se sont le plus largement épanouis. En résumé, comme nous le verrons en détail au cours de ce livre, la race blanche, dans toutes ses variétés, est actuellement la moins rétive au progrès.

Le tableau suivant permettra d'embrasser d'un coup d'œil d'ensemble la hiérarchie des grandes races et des sous-races humaines. Quelques races négroïdes différant par des caractères importants des types nègres les plus répandus, nous leur avons donné une place à part à la suite des grandes races noires, auxquelles pourtant elles se rattachent :

Principaux types humains.

1° *Races noires* :	Nègres océaniens. (Mélanésiens)	Tasmaniens. Australiens. Papous.		
	Nègres africains	Africains inférieurs. Africains supérieurs.	Mandingues, etc. Nubiens. Abyssins.	
	Races négroïdes.	Weddahs et noirs de l'Inde Andamanites. Négritos. Hottentots.		
2° *Races jaunes* :	Mongols.	Tartares, Chinois, Japonais.		
	Mongoloïdes américains.	Fuégiens. Américains méridionaux. id. du Centre. id. du Nord (Peaux-Rouges).		
	Mongoloïdes divers.	Esquimaux, Kamtchadales, etc. Lapons. Caroliniens, etc. Malais. Polynésiens.		
3° *Races blanches* :	Races caucasiques.	Berbères. Sémites. Indo-Européens.		

CHAPITRE II.

DISTRIBUTION DES RACES HUMAINES A LA SURFACE DU GLOBE

La statistique est bien loin encore de pouvoir faire le dénombrement exact, ou même suffisamment approximatif, de la population du globe. A peine quelques États civilisés s'efforcent-ils plus ou moins de tenir à jour le grand livre de leur capital humain, le doit et avoir de leurs morts, naissances et mariages. Force est donc, quand il s'agit d'évaluer l'importance numérique de chaque grande race, de se borner à des à peu près fort généraux. En nombre rond, on peut dire qu'environ 1 200 ou 1 300 millions d'êtres humains luttent pour l'exis-

tence à la surface de notre petite planète. Il va de soi que ces
membres multicolores et multiformes de l'humanité soutiennent leur combat pour vivre avec des chances fort diverses,
suivant que le milieu extérieur leur est plus ou moins clement,
suivant surtout qu'ils dépensent, pour s'en servir ou s'en de-
fendre, plus ou moins d'intelligence et d'énergie.

A ne juger que d'après l'étendue de l'aire occupée et le nombre des occupants, c'est la race jaune ou mongolique qui tien-
drait le premier rang dans l'humanité actuelle. Son domaine
asiatique est immense. Une ligne frontière partant du sud de
la mer Caspienne, effleurant l'Afghanistan au nord, suivant les
contreforts méridionaux de l'Himalaya, puis s'inflechissant
vers la mer des Indes en se confondant avec le cours de l'Ira-
ouady, indiquerait, d'une manière génerale, la démarcation
asiatique entre l'immense territoire mongolique et le territoire
beaucoup plus réduit occupé par des races plus ou moins caucasiques. Tout ce qui est au nord et à l'est de cette ligne est
mongolique, cà et là avec des mélanges, par exemple en Birmanie; au contraire, au sud et à l'ouest, dans l'angle rentrant
formé par cette ligne brisée, ce sont des races caucasiques qui
dominent, d'autant plus pures de mélanges que l'on avance
davantage vers l'ouest. N'oublions pas, en outre, que les Mongols se sont largement infiltrés dans la Russie d'Europe, en
Turquie, en Hongrie ; que, de plus, ils ont essaimé dans tous
les sens, peuplant l'archipel malais, occupant, en se mélangeant
et en se modifiant en races mongoloïdes, les Philippines, les
Carolines, nombre d'autres îles du Pacifique; que leurs représentants les plus inférieurs, Kamtchadales, Esquimaux, Samoièdes, Lapons, errent sur tout le littoral arctique d'Asie,
d'Amérique, même d'Europe ; enfin, qu'il est bien difficile de
ne pas reconnaitre, chez l'Américain indigène et chez le Polynésien, un large appoint de sang mongol, et alors on se fera
une idée de la place, moralement et matériellement très importante, occupée par l'homme jaune à la surface de la terre.

Le seul rival sérieux de l'homme mongolique est l'homme
blanc. A ce dernier, l'anthropologie contemporaine conteste le
titre de *caucasique ;* pourtant si l'on embrasse du regard l'habitat de l'homme blanc dans le vieux continent, on voit que la
chaine caucasique marque sensiblement le centre de la région
qu'on peut appeler *blanche,* et c'est aussi dans le Caucase et les

contrées avoisinantes que se rencontrent les plus purs représentants du type. Autour des Alpes caucasiques, on voit les races blanches rayonner allant au nord et à l'ouest, couvrir l'Europe, occupant, au sud, l'Asie Mineure et l'Arabie, s'étendant, à l'est, en Perse et en Afghanistan, puis descendant dans l'Inde, où elles se mélangent avec d'autres races et perdent graduellement leurs caractères, à mesure que l'on approche davantage du Deccan. Nombre de linguistes veulent, à tout prix, faire jaillir toutes les races indo-européennes du Caucase indien, de l'Hindou-Kô. Oui, sans doute, la race blanche a là encore des représentants ; mais ce sont, pour ainsi dire, des sentinelles, détachées pour marquer et défendre les limites de son empire. Cela soit dit sans vouloir médire en rien de l'admirable systématisation des idiomes indo-européens, à laquelle il faut seulement se garder de demander ce qu'elle ne saurait donner.

A ne tenir compte que des populations caucasiques de l'Asie et de l'Europe, l'homme blanc joue, au point de vue du nombre, un rôle assez effacé auprès de son concurrent mongol, et si, comme il est probable, les races jaunes, se réveillant sérieusement de leur long sommeil, nous empruntent cela surtout qui nous donne la supériorité brutale, savoir notre industrie et nos engins homicides, les races blanches n'auront pas trop, pour résister, de leurs puissantes réserves, des États nouveaux, qui grandissent en Amérique, en Océanie, etc.

Toujours au point de vue du nombre, le troisième rang appartient à l'homme noir, qui, plus ou moins modifié par des mélanges caucasiques surtout au nord et à l'est, occupe l'Afrique entière, en exceptant seulement le littoral méditerranéen, les territoires barbaresques, la région saharienne, où se sont superposés et mélangés les Berbères et les Sémites, enfin quelques noyaux de colonisation européenne. Quel est le chiffre des populations noires de l'Afrique centrale ? Nul ne le saurait dire ; mais ces agglomérations, presque partout sédentaires, agricoles, quoique plus ou moins sauvages, sont nombreuses, comme l'ont constaté Livingstone, Speke, Baker, Schweinfurth, Stanley, etc. C'est le nègre d'Afrique qui est le principal représentant de son type, concurrent sérieux aussi pour les races supérieures : car il peut vivre et durer là où ces races, notamment les races blanches, languissent et succombent. A

côté du nègre d'Afrique, nous avons à mentionner, mais pour
mémoire, ses frères inférieurs, les nègres océaniens, les Mélanésiens. De ceux-ci, le Tasmanien a déjà disparu devant la
concurrence et la brutalité européennes. Le même sort est réservé à l'Australien ; seuls, les Papous de la Nouvelle-Guinée
et d'autres îles mélanésiques ont quelques chances de durée,
quoiqu'ils n'aient pas encore dépassé l'âge de la pierre polie.

Abstraction faite des populations blanches et noires immi-
grées, l'homme américain actuel a bien moins d'importance
que le nègre d'Afrique. Les grands et curieux empires du
Mexique et du Pérou, civilisations originales, dont nous reparlerons souvent, sont à jamais éteints ; les Aztèques et les Quichuas, qui les peuplaient jadis, sont ou détruits, ou dégé-
nérés, ou croisés avec leurs conquérants espagnols. Quant aux
Peaux-Rouges de l'Amérique du Nord, aux Guaranis, Pampéens,
Patagons, Fuégiens, etc., de l'Amérique du Sud, rebelles, pour
la plupart, à la civilisation européenne, leur nombre, déjà fort
restreint, est destiné à diminuer encore. Pour ces races attardées et mal armées, l'avenir semble clos.

Autant en peut-on dire des races polynésiennes, rejetons
probables, au moins pour une part, des anciens Péruviens, et
peuplant les archipels Taïtien, Hawaïen, Tonga, les îles Marquises, la Nouvelle-Zélande, etc., etc.; populations intéressantes à plus d'un titre, dont la civilisation indigène, rudimentaire, mais originale, nous occupera plus tard. Ce sera, sans
doute, et seulement par des mélanges avec les colons venus
d'Europe, que ce type humain fort curieux laissera quelque
trace durable de son passage sur la terre.

Une statistique comparée des diverses grandes races humaines ne saurait encore être dressée, comme nous l'avons
déjà remarqué au commencement de ce chapitre. Pourtant,
quelques approximations peuvent être hasardées. En totalisant
les Mongols et mongoloïdes, les Chinois, les Mongols proprement dits, les Thibétains, les Japonais, les Malais, les Indo-
Chinois, on ne peut guère en évaluer le nombre à moins de
600 millions d'individus. Quant à la population blanche répandue dans le monde entier, c'est peut-être trop dire que de
l'évaluer à 400 millions. En ce qui concerne les nègres d'Afrique et d'Océanie, les Américains indigènes et autres menues
races répandues de par le monde, aucune évaluation ayant la

moindre chance d'exactitude n'est possible. Mais, à part le noir
Africain, qui sûrement compte de nombreux millions d'exemplaires, les autres types humains ne forment que de pauvres groupes ethniques, destinés à disparaître ou à être absorbés par les gros bataillons des trois grandes races jaune, blanche et noire.

Notre esquisse préliminaire est maintenant achevée. A grands traits, et comme il convient à notre but, avant tout sociologique, nous avons fait l'énumération et le dénombrement des principales espèces humaines. La tâche que nous allons aborder est plus minutieuse et plus ardue. Il nous faut maintenant, prenant un à un chacun de ces types, en faire la psychologie ethnographique, les passer en revue du plus humble au plus élevé, peser, jauger leurs facultés d'après les œuvres accomplies, décrire en même temps les diverses formes de civilisation qu'ils ont ébauchées ou réalisées. Ici, ce qui importera naturellement, ce ne sera plus seulement le nombre, le chiffre des populations, quoique cet élément soit souvent proportionnel à la valeur de la race : ce sera surtout l'originalité et la dignité du travail industriel, moral, social et intellectuel, qui sera résulté de l'effort humain.

LIVRE I.

CHAPITRE I.

DES ALIMENTS.

I

Le banquet de la nature.

Supposons un observateur placé dans l'espace, sur le plan de l'équateur terrestre, assez loin de notre globe pour en embrasser du regard tout un hémisphère, assez près pour distinguer, en s'aidant au besoin d'une bonne lunette, les continents et les mers, les grands massifs montagneux, les calottes glacées des pôles, etc. A un observateur, dans de telles conditions, la terre fera l'effet d'un système constitué par deux montagnes hémisphériques, soudées par leurs bases et couronnées de glaces. Au pied des montagnes, dans la région mitoyenne, que nous appelons *zone equatoriale*, entre les tropiques, notre observateur aérien constatera, sur les continents ou les îles, l'existence d'un pays luxuriant, où les règnes végétal et animal sont représentés par les formes organisées les plus variées et les plus grandes. Il y a là comme une explosion de vie, qui va s'atténuant, s'appauvrissant à mesure que l'on avance vers les contrées désolées, plus ou moins approximativement limitées par les cercles polaires. Au delà, l'appauvrissement organique devient du dénuement ; le règne végétal n'est plus représenté que par un nombre restreint d'espèces de petite taille ; les vertébrés terrestres deviennent rares ; seuls les espaces profonds et non congelés des océans peuvent encore, çà et là, servir d'asile à des poissons, à des amphibies, à qui le monde végétal est inutile, puisqu'ils vivent en se dévorant les uns les autres. Sans doute, la distribution du monde organisé n'a pas toujours été ce qu'elle est actuellement ; jadis, la température de la terre a été plus élevée, comme l'atteste encore, dans les régions subarctiques, la présence à l'état fossile de végétaux qui pour vivre ont besoin d'un climat ou chaud ou très tempéré; mais la longueur des nuits polaires a toujours été une condition très défavorable à la vie végétale et animale.

C'est donc dans la zone terrestre moyenne, dans la portion clémente du globe, qu'il faut vraisemblablement placer l'habitat primitif des grands mammifères, sans en excepter le premier d'entre eux, l'homme. Mais l'homme n'a pas toujours été ce qu'il est de nos jours ; ses plus lointains ancêtres, ses précurseurs, si l'on veut (1), alors qu'ils se différenciaient fort peu des grands singes, n'ont pas échappé à la loi commune. Les grands singes actuels, nos cousins plus ou moins éloignés, ceux qu'avec raison on a appelés *anthropomorphes*, sont frugivores, et l'homme aussi, à ne considérer que sa denture, fût-ce même la formidable denture de l'Australien, est ne frugivore. Il est donc raisonnable de supposer que l'habitat des premières ébauches humaines a été situé, comme celui des grands singes actuels, dans des régions humides et chaudes, où croissaient sans culture des végétaux prodigues de fruits contenant en grande quantité de la fécule et des albuminoïdes. Selon toute vraisemblance, c'est dans les régions torrides de l'Asie et de l'Afrique, peut-être sur de grandes îles ou des continents aujourd'hui submergés, que l'homme a dû tout d'abord naître et évoluer. C'est dans cette zone chaude, que se rencontrent aujourd'hui encore les grands singes ; en outre, la faune fossile de l'Europe est pauvre en débris simiens, et celles d'Amérique et d'Australie en paraissent totalement dépourvues. C'est dans cette zone, que, de nos jours même, l'homme sauvage, dont l'industrie est si rudimentaire, mène le plus facilement une existence tolérable ; c'est là seulement que le précurseur de l'homme a pu vivre tant qu'il n'a pas connu le feu.

Mais, de ce berceau, de cet Eden primitif, l'homme a essaimé vers le nord et le sud. Tout d'abord, il a rencontré des régions tempérées, où, çà et là, il a pu vivre et même se développer, mais à la condition expresse de corriger par l'art la parcimonie de la nature. Toutes les grandes civilisations de

_____

(1) A. Hovelacque, *Notre ancêtre*, etc.

l'antiquité historique, assez mal armées encore, se sont créées
dans des contrées ou chaudes ou tempérées. Longtemps après,
des races tard venues, héritières des sociétés précédentes,
possédant une éducation plus scientifique, un bon nombre
d'espèces animales et végétales domestiques, ont réussi à former, moins loin des glaces polaires, de grandes agglomérations
humaines. Aujourd'hui encore, l'homme, civilisé ou sauvage,
ne peut, dans les régions arctiques et subarctiques, que mener
à grand'peine une existence précaire. En résumé, le banquet
de la nature, comme disent les poètes, est très inégalement
servi sur la terre, quand la puissance productive du globe,
parfaitement insoucieuse des intérêts humains, est abandonnée
à elle-même. On s'en assure sans peine en passant en revue
les diverses régions terrestres et en scrutant les ressources
alimentaires, qu'elles offrent aux multiples échantillons du
genre humain.

II

Des aliments en Mélanésie.

A part les régions désolées des pays arctiques ou de la Terre
de Feu, nulle contrée n'a été plus ingrate pour le bipède humain que la patrie actuelle du nègre océanien comprenant la
Tasmanie, l'Australie, la Nouvelle-Guinée, la Nouvelle-Calédonie et quelques archipels mixtes, un peu mieux fournis, comme
les Nouvelles-Hébrides, les îles Salomon, les îles Fidji. Dans
ces dernières îles, et aussi sur nombre de points de la Nouvelle-Guinée, l'introduction de certains végétaux asiatiques ou
polynésiens a apporté quelque secours aux noirs insulaires ;
mais en Tasmanie, en Australie, le garde-manger de l'homme
était ou est encore extrêmement pauvre. Là, les précieuses familles des palmiers et des graminées n'étaient représentées par
aucune plante féculière. Comme le faisait la Tasmanienne
avant la destruction de sa race, la pauvre femelle de l'homme
australien doit fouiller le sol avec un bâton pointu pour déterrer des racines, des tubercules, surtout une sorte de grosse
truffe (*Mylitta australia*) croissant au pied des arbres morts, là
où l'humus est riche en détritus organiques ; elle ne dédaigne
pas non plus le suc de l'eucalyptus, la sève de certaines fougères, la gomme de l'acacia, quelques baies et même des al-
gues, qui, légèrement grillées, augmentent quelque peu le

menu (1). Ce sont là des accessoires; mais c'est surtout au règne animal qu'il faut en définitive demander la provende quotidienne.

Or, le règne animal n'est guère plus généreux que le règne végétal en Australie et en Tasmanie : ce sont des contrées ou domine encore la faune marsupiale. Il y faut chasser et prendre les diverses espèces de kangourou, puis le wombat, l'oppossum, dont le volume est à peine le double de celui du rat, l'émou ou casoar australien, divers oiseaux. Sur le rivage, les mollusques forment le fond de l'alimentation, et l'on entasse autour des stations des débris de cuisine, comme le faisait l'homme préhistorique d'Europe. Quelques poissons et parfois (rare aubaine !) le cadavre d'une baleine échouée fournissent une nourriture plus substantielle. Enfin, pour ressource suprême, on a le chien australien, le dingo, et l'homme.

La Nouvelle Guinée offre au Papou, qui l'habite, un régime un peu moins sévère. Non pas que la flore y ait été créée a souhait pour l'homme. Suivant O. Beccari, on n'y trouve pas un fruit indigène qui soit passable (2) ; mais les Malais y ont introduit quelques céréales, surtout le riz ; et d'autre part, un petit nombre d'espèces végétales, notamment le sagou, appartenant à la bienfaisante famille des palmiers, ont été spontanément amenées sur cette terre, australienne encore par la majorité de ses productions organiques (3). D'autre part, la faune n'y est pas non plus uniquement marsupiale. Le sanglier y hante les forêts et a pu être domestiqué par le Papou, mais assez mal, puisque l'on est souvent obligé d'aveugler les jeunes pour les empêcher de se soustraire au joug humain. Enfin, le compagnon habituel de l'homme sur la plus grande partie de la surface terrestre, le chien, y existe complètement domestiqué, et les volailles y sont communes. De plus, les forêts de la Nouvelle-Guinée sont peuplées d'oiseaux et, sur le littoral, la pêche aide grandement le nègre océanien à vivre. La mer est aussi une des grandes ressources du Papou des Nouvelles-Hébrides et de son analogue, le Néo-Calédonien, tous deux com-

---

(1) Bonwick, *Daily Life and Origin of the Tasmanians*, 15 et 16. — (2) Lettre d'O. Beccari, citée par E. Gignoli, in *Beccari et suoi viaggi*, in *Nuova Antologia*, 1876. — (3) Wallace, *Malay Archipel.*, II, 267.

plètement dépourvus d'animaux domestiques, même du chien, et se nourrissant surtout des produits de leur pêche et de leur industrie agricole, assez avancée, surtout à la Nouvelle-Calédonie, où l'on cultive avec soin et même avec intelligence l'igname et le taro et où, avant la venue des Européens, les seuls mammifères fournissant plus ou moins souvent un plat de viande étaient, en première ligne, l'homme, en seconde ligne, une grande chauve-souris, la roussette, dont on rencontre des variétés dans presque toutes les îles de la Polynésie et aussi dans l'Inde.

En résumé, de tous les nègres océaniens, les plus dépourvus, les plus mal servis par la Providence sont le Tasmanien d'abord, l'Australien ensuite. Déjà, le Papou de la Nouvelle-Guinée et des îles adjacentes a des ressources plus considérables ; il en est de même ou à peu près du Néo-Calédonien, du nègre des Nouvelles-Hébrides. Quant aux autres tribus de la race papoue, elles habitent des îles plus fortunées, les îles Salomon, la Nouvelle-Bretagne, la Nouvelle-Irlande, les îles Fidji, où domine la flore polynésienne, absolument parlant, pauvre en espèces, mais riche en végétaux alimentaires, puisque, même à la Nouvelle-Calédonie, croissent déjà des cocotiers, des bananiers, des papayers, des cannes à sucre, etc. Voyons maintenant comment est servie la table humaine dans cette région bénie de la Polynésie.

III

Des aliments en Polynésie.

Il faut remarquer tout d'abord qu'a l'exception de la Nouvelle-Zelande, tous les grands archipels polynésiens sont situés entre les tropiques, sous un climat marin à la fois très doux et très peu variable. En novembre et décembre, mois les plus chauds, le thermomètre marque, le jour, à Noukahiva, de 29 degrés à 33 degrés à l'ombre, et 26 degrés à 27 degrés durant la nuit. Le minimum de température, qui tombe en février, n'est que de 24 degrés (1). On le voit, dans cet heureux

(1) M. Radiguet, *les Derniers Sauvages*, p 30

pays, les vêtements sont à peu près inutiles, et il en serait de
même des maisons, s'il ne pleuvait jamais.

Toutes ces îles sont madréporiques, c'est-à-dire calcaires.
Elles ont été lentement soulevées au-dessus du niveau de la
mer, parfois par des poussées volcaniques. Le regne minéral y
est extrêmement pauvre. Point de gisement metallique, en raison de la nature du sol ; peu de pierres dures, à part une sorte
de serpentine et du jaspe que les insulaires savaient transformer en outils et en armes. Les coquilles marines, les dents de
requin, etc., servaient aussi au même usage. L'eau douce était
souvent rare, et il fallait, pour s'en procurer régulièrement,
forer des puits profonds.

Les règnes organiques ne sont guère plus variés que le règne
minéral. Comme ces îles n'ont sûrement jamais été reliées à
aucun continent, au moins depuis la période tertiaire, leurs
plantes et leurs animaux doivent y avoir été importés par hasard, par accident. En effet, la flore de la Polynésie est originaire de l'Inde et de l'Amérique, et la faune y est remarqua-
blement pauvre. A part les rares espèces amenées par l'homme,
les animaux n'ont guère pu y parvenir qu'en nageant ou en
volant ; aussi les espèces animales y sont peu nombreuses :
quelques lézards, des oiseaux, notamment des perroquets,
d'autant plus communs qu'on est moins eloigné de l'Australie
et de la Nouvelle-Guinée et ne depassant pas l'île Rouroutou
(150°6′ de longitude occidentale). Pas d'autres mammifères
sauvages que le rat et une grande chauve-souris vampire, qui
se rencontre aussi à la Nouvelle-Zélande et à la Nouvelle-Calédonie. Ajoutons quelques animaux domestiques, manifestement
introduits par l'homme : des volailles, que l'on retrouve jusqu'à
l'île de Pâques, et surtout le chien et le cochon, ce dernier généralement de fort petite taille. Les chiens et les cochons, des-
tines également à l'alimentation, se rencontraient dans tous
les grands archipels ; mais beaucoup de petites îles en étaient
dépourvues, et le porc, connu seulement par tradition dans
l'île septentrionale de la Nouvelle-Zélande, était totalement
ignoré dans l'île méridionale. Le chien, un chien-renard, etait
le seul mammifère domestique des Néo-Zélandais ; il vivait à
l'état sauvage dans les forêts et a l'etat domestique près des
insulaires.

Dans tous ces archipels, la flore, luxuriante d'aspect, était pauvre en espèces. On en comptait seulement vingt-huit a trente dans les deux groupes de Taïti et des Marquises, les plus riches en végétaux (1); mais parmi ces espèces il y en avait d'infiniment précieuses. Il faut citer en première ligne le cocotier, qui constitue des forêts, croît même sur les petites îles et fournit à lui seul, aux insulaires, le breuvage, la nourriture, du bois de construction et des cordages. Dans les grandes îles, on voit croître, à côté du cocotier, l'arbre à pain (*Artocarpus incisa*), la providence de ces contrées, où l'on n'en distingue pas moins de trente-trois variétés (2). Ce végétal est tellement domestiqué à Taïti qu'il ne produit plus de graines et ne se reproduit que par boutures. Sa seule présence indique donc un peuple agricole. L'arbre à pain florissait surtout a Taïti et ne se trouvait point dans toutes les îles. Il manquait, par exemple, à l'île de Pâques. Après l'arbre à pain vient l'igname (*Dioscorea*), dont on compte quatre espèces domestiques (*alata, bulbifera, pentophylla, aculeata*) et une sauvage. Aux îles Fidji, les naturels en distinguaient une cinquantaine de variétés (3). Les racines de cette plante, qui pouvaient se conserver six mois, atteignaient parfois un poids de 25 kilogrammes, et, dans quelques localités, on en faisait deux récoltes par an. Citons encore les rhizomes du *Colocaria esculenta*, dont un hectare peut nourrir cinquante-huit personnes et n'exige que le travail de trois individus (4); enfin, le papayer (*Carica papaya*), les bananiers, les patates douces, la canne à sucre, etc. Pourtant la plupart de ces précieux végétaux manquaient à la Nouvelle-Zélande, où l'agriculture était inconnue. En effet, cet archipel, aussi grand que l'Italie, ne possède guère qu'un millier de plantes vasculaires, parmi lesquelles sont cent quinze fougères, dont certaines étaient, par leurs racines comestibles, la grande ressource alimentaire du pays.

En général, ces magnifiques contrées étaient à la fois trop bien et trop mal dotées pour que l'homme y progressât beaucoup : trop bien, car, la mer aidant, l'alimentation était très abondante et s'obtenait presque sans travail ; aussi le grand aiguillon du progrès, le besoin, n'y poussait point l'homme à cher-

---

(1) A. Grisebach, *Végétation du globe*, II, 748, Note du traducteur. — (2) Grisebach, *loc. cit*, 790. — (3) Grisebach, *loc. cit.*, 790, Note du traducteur. — (4) Wallace, *Malay Archipelago*, I, 303.

cher, à s'ingénier ; trop mal, car l'absence de tout métal s'opposait au développement d'une industrie perfectionnée. Enfin, l'uniformité d'une nature bénigne, l'exiguïté de la plupart des îles, n'offraient à l'investigation qu'un champ des plus restreints. C'était littéralement un Eden, où l'homme vivait, comme Adam et Eve dans le paradis terrestre, sottement

IV

Des aliments en Amérique.

En Amérique, l'habitat humain est bien autrement varié que dans la tiède, fertile et uniforme Polynésie. Il s'agit ici d'un vaste continent, s'étendant presque d'un pôle à l'autre, longitudinalement parcouru par une large et haute arête montagneuse, avec d'immenses plateaux, où l'altitude compense souvent la latitude. C'est précisément grâce à ces conditions orographiques que les Mexicains et les Péruviens purent fonder, sous les tropiques, de grandes sociétés complexes et curieusement organisées.

Comme en Polynésie, l'alimentation des Péruviens et Mexicains d'avant la conquête était surtout végétale. Aucune de nos céréales d'Europe ne leur était connue, non plus que le bananier, qui, aujourd'hui, fournit, selon Humboldt, une nourriture trop facile aux habitants de la *tierra caliente*. En effet, suivant cet auteur, le produit des bananiers est à celui du froment comme 133 : 1, et à celui des pommes de terre comme 44 : 1 (1). C'était le maïs qui était la céréale, l'aliment par excellence du Mexique, et on le cultivait aussi au Pérou. On y ajoutait la batate *(Convolvulus batatas)*, l'oca *(Oxalis tuberosa)*, l'igname *(Dioscorea alata)*, la cassave *(Jatropha manihot)* et le cacao, les produits de la pêche et de la chasse, le dindon, enfin, une espèce de chien, le seul mammifère domestique du Mexique. Suivant Hernandez (2), il existait au Mexique trois espèces canines, disparues aujourd'hui par l'effet de la concurrence vitale avec les espèces d'Europe. L'espèce comestible, petite, trapue, muette, rappelait le chien également comestible des

---

(1) *Nouvelle Espagne*, t. III, liv. iv. — (2) *Nova plantarum, animal et mineral.Mexicanorum historia*, Rom., 1651, in-folio.

Polynésiens. B. Diaz a pu encore voir ce chien et en manger(1).

La civilisation péruvienne, qui semble être restée complètement étrangère à celle du Mexique, était basée surtout sur la culture de la pomme de terre et sur celle du *Chenepodium quinoa*. De vaste troupeaux de lamas et d'alpacas étaient a la fois bêtes de somme et de boucherie. Plantes et animaux étaient soignés avec une grande sollicitude, comme nous aurons l'occasion de le dire en décrivant l'intéressante organisation sociale de l'ancien Perou.

Hors de la zone favorisée, où florissaient les grands empires péruvien et mexicain, il n'y avait plus en Amérique, avant la venue des Européens, que des tribus plus ou moins sauvages. Çà et là, aussi bien dans le bassin du Mississipi que dans celui de l'Orénoque, on faisait bien quelques essais d'agriculture, mais le plus souvent le règne végétal, que l'on ne savait pas suffisamment maîtriser et qui, d'ailleurs, était moins prodigue de plantes alimentaires, ne jouait dans l'alimentation qu'un rôle accessoire. La chasse et la pêche dans les grands fleuves étaient la principale ressource des Indiens. Partout, du reste, elles sustentent l'homme primitif, lui offrent une occupation selon ses goûts et l'entretiennent en même temps dans sa sauvagerie. En pays non civilisé, l'alimentation devient toujours de moins en moins végétale, à mesure que l'on s'éloigne de l'équateur. Ainsi, dans les immenses prairies de l'Amérique septentrionale, l'homme vivait presque uniquement aux dépens d'un seul animal, du bison, dont il faisait un vaste carnage. Sans doute, le cerf, le chevreuil fournissaient aussi leur appoint alimentaire, mais c'était au bison que l'on demandait surtout l'aliment, le vêtement, des cordes pour les arcs, etc. Suivant l'abbé Domenech (2), la seule ville de Saint-Louis reçut, en 1849, cent dix mille peaux de buffle, de cerf, de chevreuil, et annuellement, les diverses compagnies américaines achetaient alors environ quatre-vingt-dix mille peaux de buffle. Dans l'Amérique méridionale, l'Araucano, le Patagon, etc., menaient, avant la conquête, une vie analogue à celle de leur frère peaurouge, aux dépens de la vigogne, que l'on pouvait chasser jus-

(1) *Hist. véridique de la conquête de la Nouvelle-Espagne*, I, 234 et 670. Edit. Jourdanet. — (2) *Voyage pittoresque dans les grands déserts du nouveau monde*, 456.

que sur les bords du détroit de Magellan. Actuellement, le cheval européen, les races bovines, si énormément multipliées dans les pampas, aussi le *guanaco*, connu, domestiqué bien avant la découverte de l'Amérique, et l'autruche américaine ou nandou (*Rhea americana*), défrayent la cuisine du nomade habitant de ces vastes plaines.

Dans les régions extrêmes du continent américain, là où le règne végétal passe de la pauvreté à l'indigence et où n'habite en nombre nul grand mammifère terrestre, la nourriture devient presque exclusivement animale, et on la demande surtout à l'Océan. Au nord, les veaux marins, la baleine sont le gros gibier des Esquimaux ; à leur défaut, on se contente de poissons, de coquillages, quand on ne possède pas de rennes domestiques.

Le Fuégien, bien inférieur en intelligence à l'Esquimau de l'Amérique septentrionale et n'ayant d'autre animal domestique que le chien, a une alimentation presque exclusivement animale ; les coquillages, dont il entasse les débris en *kjœk-kenmœddings,* comme le faisait l'homme préhistorique au Danemark, forment la base de sa nourriture, que les poissons, les veaux marins, les pingouins, parfois la chair putréfiée des baleines échouées varient et améliorent. Quelques baies, surtout un champignon mucilagineux et sucré, croissant sur les hêtres, sont les seuls appoints alimentaires que fournisse le règne végétal aux habitants de la Terre de Feu (1).

V

Des aliments en Asie.

Quitter la Terre de Feu pour l'Asie, c'est abandonner le désert pour la terre promise. Dans les régions, que nous avons jusqu'ici passées en revue, la table de l'homme était toujours servie plus ou moins insuffisamment. Ici les animaux manquaient, là, c'étaient les végétaux. Pris dans son ensemble, le vaste continent asiatique peut être considéré comme une région bénie, offrant à l'homme en abondance les produits de tous les climats ; il constitue un grand réservoir d'espèces animales et végétales, utiles à l'homme. Mais la répartition de ces espèces

(1) Darwin, *Voyage d'un naturaliste,* 253, 254.

varie naturellement avec la latitude et le climat. Dans l'Inde et dans la moitié indienne de la Malaisie (Java, Sumatra, Bornéo, etc.) (1), on retrouve le cocotier, l'arbre à pain, le bananier, la patate douce (*Convolvulus batatas*), toutes les espèces de palmiers, notamment le palmier sagou, dont le tronc comestible nourrit à si peu de frais le Malais et le Papou. En effet, pour convertir en aliment le stipe féculifère du palmier sagou, qui a souvent 20 pieds de long sur 4 à 5 pieds de circonférence, cinq jours du travail de deux hommes et de deux femmes suffisent, et le résultat est un approvisionnement capable d'alimenter un homme pendant une année (2). Mais le Malais y ajoute d'ordinaire la céréale, dont l'usage est le plus répandu dans l'Asie méridionale, le riz, qui fait aussi le fond de la nourriture de l'Hindou, et est, pour beaucoup de Chinois, un supplément important. Le pacifique et laborieux habitant de la Chine ne s'en tient pas d'ailleurs à l'alimentation végétale, quelque bon agriculteur qu'il soit ; il est, en réalité, omnivore, et, tout en usant, surtout de chair de porc (3), il ne dédaigne pas celle des rats, des singes, des alligators, ni la sépia, ni l'holothurie, ni les nids de salangane, etc. La vie pastorale des antiques ancêtres mongols est si oubliée par le Chinois actuel, qu'il a le laitage en horreur, sauf pourtant le lait de femme, à l'aide duquel les vieillards tâchent de remédier à la décrépitude (4).

Le proche parent du Chinois, le Mongol nomade, errant dans les vastes plaines et plateaux du nord de l'Asie, du *pays des herbes*, a un régime bien moins varié. L'agriculture lui étant presque inconnue, il consomme surtout la chair et le lait de ses troupeaux, notamment le lait de jument préparé de diverses manières, le beurre, etc. (5).

Quant aux mongoloïdes septentrionaux, races kamtchadales et samoïèdes, ils vivent un peu, comme leurs congénères, les Esquimaux d'Amérique, de la chair des veaux marins et des baleines, de poissons, parfois du lait et de la chair du renne, comme les Lapons d'Europe. Le règne végétal ne leur fournit que des racines, quelques baies, parfois la jeune écorce du saule et du bouleau ; enfin, un champignon vénéneux, dont ils savent

(1) Wallace, *Malay Archipelago*, vol. I (*passim*). — (2) Wallace, *Malay Archipelago*, II, 68. — (3) Sinibaldo de Mas, *la Chine et les Puissances chrétiennes*, I, 253. — (4) Milne, *Vie réelle en Chine*, 75, et E. Giglioli, *Viaggio della Magenta*, etc. — (5) Préjévalsky, *Mongolia*.

tirer une boisson enivrante. Ce sont surtout des ichthyophages, et leur aliment de prédilection est le *caviar* (1).

En Asie, la race blanche, aryenne ou sémitique, est loin d'avoir la prépondérance; elle n'occupe guère, comme nous l'avons déjà remarqué, que le nord de l'Inde, l'Afghanistan, la Perse, l'Asie Mineure et l'Arabie. Dans les trois autres quarts de l'énorme continent asiatique, c'est l'homme jaune qui domine. Or, dans la portion de l'Asie qu'on pourrait appeler blanche, l'homme vit aux dépens de nos céréales d'Europe, de nos animaux domestiques. Rien de plus naturel, puisque la distinction entre l'Asie et l'Europe est purement géographique.

A vrai dire, la petite Europe n'est qu'une sorte de péninsule asiatique, en grande partie peuplée par des immigrants venus de l'Orient et ayant amené avec eux leurs plantes et animaux domestiques, auxquels il faut ajouter les espèces indigènes de l'Europe : le *Bos urus*, le petit bœuf des tourbières, le renne, l'orge des palafittes peut-être. Nos animaux domestiques résultent, comme nous, de bien des croisements ; mais un certain nombre d'entre eux (chevaux, bœufs, chèvres, etc.) vivent encore à l'état sauvage sur les hauts plateaux du Thibet, où M. Préjévalski a même rencontré tout récemment le chameau sauvage (2). A partir de l'Afghanistan, on voit partout, en s'avançant vers l'ouest, non seulement nos arbres fruitiers, nos céréales, nos légumes, nos animaux domestiques, mais même la plupart de nos essences forestières. Partout, dans ces régions, l'homme est sédentaire, agriculteur, vivant à la fois des moissons qu'il a semées et des animaux qu'il a élevés. A Cachemire, on reconnaît déjà partout les plantes, les arbres et les fleurs de nos climats (3).

En Asie, l'homme blanc est généralement laboureur et fixé au sol.

Il faut pourtant faire une exception pour l'Arabie, où la vie nomade n'a pas encore été complètement abandonnée et où l'on ne cultive guère que le dattier, sans dédaigner d'ailleurs l'orge et le riz, quand on peut s'en procurer.

La brève énumération qui précède suffit à montrer que

(1) Beniouski, *Hist universelle des voyages* (Montémont), vol. XXXI, 39ɔ. — (2) Préjévalsky, *Mongolia*. — (3) Bernier, *Voyage a Cachemire* (*Hist. universelle des voyages*, t. XXI, 96). — Mount-Stuart Elphinstone, *Tableau du royaume de Caboul* (*passim*).

l'Asie, où vivent d'ailleurs, aujourd'hui encore, les principaux types humains, est bien une des grandes matrices du *genus homo*. La plus grosse portion de l'humanité y habite toujours et elle y a fondé quelques-unes des plus antiques civilisations connues : les civilisations indienne, chinoise, assyrienne et persane, etc. Sans doute, et sans qu'on en puisse bien voir la raison, ces primitifs épanouissements sociaux ont été assez bornés ; mais il en est résulté nombre de conquêtes pratiques, qui sont restées acquises, se sont diffusées de proche en proche vers l'ouest et ont permis aux races plus novatrices de l'Europe d'atteindre leur degré actuel de civilisation.

VI

Des aliments en Afrique.

Jusqu'ici nous avons vu le nombre des animaux et des plantes utiles a l'homme croître ou décroître graduellement à mesure que l'on se rapproche ou qu'on s'éloigne de l'Asie, véritable grenier d'abondance pour l'espèce humaine. Or, ce fait général est confirmé de nouveau par un coup d'œil jeté sur l'Afrique, au point de vue alimentaire. C'est en effet dans le nord-est du grand continent africain, du côté où il se relie à l'Asie, que croissent et vivent le plus grand nombre des plantes et animaux domestiques. L'antique Égypte en avait évidemment reçu un grand nombre d'Asie, et de son territoire ces précieuses conquêtes se sont répandues peu à peu et plus ou moins loin dans l'intérieur du continent. Pour certaines espèces même, l'introduction est de date récente ; ainsi, c'est seulement au troisième siècle de notre ère que le chameau s'est naturalisé en Égypte. La grande céréale de l'Asie et surtout de l'Inde, le riz, qui se cultive aujourd'hui dans la basse Égypte, n'y est connue que depuis l'époque des Califes (1). Le blé, cultivé par les anciens Égyptiens, est encore assez peu répandu dans l'Afrique centrale. Mais la graminée africaine par excellence, celle qui semble avoir eu dans cette partie du monde son centre de création, celle dont on se nourrit surtout dans les trois quarts du continent africain, est le *sorgho* (*Holcus spicatus*), sorte de grand millet. Les graminées asiatico-européennes, surtout l'orge, sont d'autant

(1) Champollion Figeac, *Egypte ancienne*, 195.

plus connues que l'on s'éloigne moins des contrées du nord et
de l'est. Dans les pays barbaresques, sur les rivages médi-
terranéens, on retrouve même à peu près exactement la flore
et la faune de l'Europe méridionale. Dans les oasis du Sahara
et plus généralement dans l'Afrique tropicale, le dattier est une
des grandes ressources alimentaires ; mais vers l'équateur l'a-
limentation végétale consiste surtout en bananes (1) et en
ignames.

En Afrique, partout où le régime des fleuves est convenable,
la végétation est luxuriante ; sur les rives des grands cours
d'eau, des grands lacs, le pays, extrêmement fertile, récompense généreusement le plus léger travail ; aussi la population
de ces régions favorisées est souvent très dense. Suivant
Schweinfurth (2), le pays des Schillouk du Nil Blanc compte,
par mille carré, jusqu'à 600 à 625 habitants.

Partout, chez les populations indigènes, les animaux domestiques sont les mêmes en Asie et en Afrique ; mais leur distribution est inégale comme celle des plantes domestiques. Le
cheval, originaire de l'Asie, ne se trouve guère que dans la
moitié septentrionale du continent africain, dans les contrées
qui ont été plus ou moins pratiquées ou subjuguées par les Egyptiens d'abord, les Romains, les Arabes et les Maures ensuite, ou
qui du moins en ont subi indirectement l'influence. Sur les bords
du Niger, Mungo Park a parfois rencontré le cheval à l'état sauvage et chassé comme bête alimentaire par les indigènes (3); mais
dans l'Afrique australe et occidentale il était et est encore peu
ou point connu. Dans le nord, les races bovines, surtout ovines,
sont fort répandues ; parfois, comme dans le Sennaar, on associe à la viande de bœuf celle du chameau (4). Mais dans le centre et le midi de l'Afrique, la viande et le laitage sont surtout
fournis par les races bovines. Presque partout aussi on élève
diverses variétés de poules. Enfin, dans l'Afrique entière, on
demande à la chasse un appoint des plus importants ; car la
faune de l'Afrique, surtout de l'Afrique centrale et australe, est
souvent exubérante. Citons, entre autres espèces largement représentées dans ces vastes régions, le gnou, l'antilope, le zèbre,

(1) Du Chaillu, *Voyage dans l'Afrique équatoriale*, 116. — (2) G.
Schweinfurth, *the Heart of Africa*, I, 85. — (3) Mungo Park. *Hist.
univ. des voy.*, vol XXV, p. 127. — (4) *Id.*, vol. XXIII, p. 487.

la girafe, l'hippopotame, l'éléphant, l'autruche, actuellement domestiquée par les colons du Cap.

Parfois aussi, notamment sur le haut Nil et ses affluents, la pêche est une importante ressource.

Nulle part, et cela est à remarquer, on ne mange le chien, répandu d'ailleurs à peu près par toute l'Afrique.

En somme la vie n'est pas trop difficile pour l'homme africain. Il faut pourtant faire exception, d'abord pour les Hottentots qui ne pratiquent point l'agriculture et vivent assez pauvrement de leur bétail, ensuite et surtout pour les échantillons les moins civilisés de cette même race, pour les Bojesmans, qui, également etrangers à l'élevage du bétail et à l'agriculture, n'ont le plus souvent pour mets que des racines, des sauterelles, des larves de fourmis, comiquement appelées « riz bojesman » par les Boers. Parfois cependant ces affamés réussissent à mettre la main sur quelque pièce de gibier tuée par une de leurs flèches empoisonnées ou tombée dans une fosse creusée à dessein. Ce sont alors, pour ces pauvres spécimens de l'espèce, qu'il faut ranger à côté des Tasmaniens et des Fuérais, des heures de liesse, dont nous aurons à reparler quand nous décrirons l'ivresse nutritive chez les diverses races.

VII

De l'énumération qui précède, se dégagent quelques vues d'ensemble.

Sans doute l'homme est partout plus ou moins omnivore; mais pourtant on peut dire, d'une manière générale, que c'est le règne végétal qui lui fournit la plus grosse partie de ses aliments. Cela est vrai surtout, dans les régions tropicales, aussi bien pour le sauvage que pour le civilisé. Toutes les grandes civilisations ont eu, pour support principal, une ou plusieurs plantes alimentaires, domestiquées ou multipliées par la culture. Ces plantes varient selon les continents. Le Mexique avait le maïs, l'yucca (manioc); le Pérou, la pomme de terre et le quinoa; l'Afrique cultive encore le sorgho; l'Inde, la Chine et la Malaisie ont le riz; le reste de l'Asie et l'Europe vivent surtout aux dépens du froment, de l'orge, du seigle. Aux plantes domestiques se joignent les animaux domestiques; c'est vraisemblablement en domestiquant certaines espèces animales que l'homme a pu commencer à former des groupes ethniques importants ; néanmoins, aucune grande société n'a pu se constituer en restant à l'état pastoral. Non pas que l'état pastoral soit un stade nécessaire ; non pas que l'état agricole soit toujours et partout le signe et la cause d'une civilisation supérieure : l'ancien Mexicain, le Polynésien, le Papou n'ont jamais été pasteurs ; le Néo-Calédonien est agriculteur et n'avait pourtant aucun animal domestique. En résumé, l'homme vit comme il peut, utilisant plus ou moins bien ce qu'il a sous la main et, dans la succession de ses modes d'existence, il n'y a ni règle ni loi absolues.

L'homme le plus primitif commença vraisemblablement par être frugivore ; puis il devint omnivore, mais surtout quand il connut l'usage du feu. Aujourd'hui que le genre humain est dispersé par toute la terre, le sauvage est volontiers frugivore, dans la zone tropicale ; et il demande ses aliments au règne animal, d'autant plus exclusivement qu'il habite des contrées plus septentrionales. Pourtant le goût des substances végétales l'abandonne rarement et, dans les régions arctiques même, l'Esquimau se régale volontiers des résidus végétaux contenus dans l'estomac du renne qu'il tue.

On a affirmé (1) que les premières civilisations dignes de ce nom se développaient là seulement où le règne végétal fournissait sans peine une facile alimentation. Il y a du vrai dans cette proposition ; mais les conditions du milieu ne font pas tout. Quoi de plus fortuné, sous ce rapport, que les bienheureuses îles de l'Océanie intertropicale ? et pourtant les sociétés humaines y sont demeurées à l'état rudimentaire. Dira-t-on qu'en Polynésie l'homme ne s'est point développé, à cause de son isolement, parce que son champ d'expérimentation, d'émigration était trop borné ? En Asie et en Europe, le mouvement de la civilisation semble d'accord avec cette interprétation des faits ; mais il en est tout autrement en Afrique. En effet, le Cafre n'est pas sensiblement supérieur au Shillouk du Nil Blanc, et le Hottentot lui est fort inférieur. En Amérique, l'influence des migrations, du climat tempéré, est plus contestable encore. Les seuls essais de civilisation quelque peu avancée ont eu pour théâtre les régions tropicales ; ils y sont restés confinés, et les

(1) Buckle, *Histoire de la civilisation*, etc.

vastes régions tempérées de l'Amérique septentrionale et méridionale ont croupi dans la sauvagerie, à tel point que le Peau-Rouge n'avait pas même eu l'idée de domestiquer le bison, qu'il passait sa vie à chasser.

Le milieu fait beaucoup; il ne fait pas tout, et la race importe davantage. Il n'y a jamais eu de grande civilisation nègre. L'Egypte ancienne n'a été que négroïde et métisse; les races asiatiques et berbères lui avaient sûrement apporté leur contingent.

Il y a une hiérarchie des races humaines: ainsi, l'humanité doit à la race mongole pure la grande et intéressante société chinoise. Parmi les rameaux mongoloïdes, on peut citer ceux de la Malaisie et de l'Amérique centrale, qui ont fait effort pour s'élever au-dessus de la vie sauvage. Pourtant, sans même parler des races arctiques, le Mongol, ou une race dérivée de la race mongole, était encore tout à fait sauvage aux îles Mariannes, du temps de Magellan; aux îles Carolines, lors du voyage de Duperrey (1), et, dans les steppes de l'Asie septentrionale, de nombreuses populations de pure race mongole n'ont pas dépassé l'état pastoral et la vie nomade.

Seules, les races blanches, quelle que soit leur origine, ont entièrement abandonné la sauvagerie primitive, du moins en tant que société.

La race influe donc plus que le milieu sur le développement sociologique. Quel que soit son habitat, l'homme est mal armé pour le progrès, tant qu'il ne possède point un faisceau de facultés péniblement et lentement acquises dans la lutte pour vivre, puis transmises par l'hérédité: ce sont la sociabilité, qui unit et coordonne les efforts individuels; l'intelligence, qui dirige ses efforts vers un but utile à la communauté; enfin la volonté patiente qui fait persister et endurer.

(1) *Hist. univ. des voy.*, vol. XVIII, 177.

CHAPITRE II.

DE LA CUISINE.

Pour l'homme civilisé, l'usage du feu est de nécessité première. Non seulement il est pour nos industries un indispensable agent, mais, sans lui, nous ne saurions supporter un seul hiver; sans lui, nous ne saurions utiliser la plupart de nos aliments. Le sauvage en fait moins de cas; l'Australien s'en sert bien pour se réchauffer, écarter durant la nuit les animaux immondes ou dangereux; mais le Fuegien (Pécherais) sait braver presque nu, comme un animal, les atteintes d'un climat rigoureux; il se chauffe à peine. Entre les tropiques, le feu est loin d'être nécessaire à l'homme. Là, nul besoin de se chauffer jamais, et si l'on est encore à l'âge de pierre, comme en Polynésie, le feu ne sert plus guère qu'à la cuisine, et, même pour cet usage, on s'en passe sans trop de peine. Sans doute, il ne faut pas trop médire de la cuisine. L'art de préparer les aliments au moyen du feu est incontestablement une des grandes inventions primitives; grâce à lui, l'homme a pu croître en force et en nombre; car, d'une part, sa table s'est enrichie de quantité de mets qui jusque-là lui étaient interdits; d'autre part, il a mieux et plus complètement utilise les autres. Néanmoins, aujourd'hui encore, bien des peuples se passent aisément de cuisine. Les Fuégiens, du moins au temps de Wallis (1), croquaient les poissons tout crus, à peine sortis de l'eau. Il les tuaient d'abord d'un coup de dent donné près des ouies, puis les dévoraient, de la tête à la queue, sans en rien rejeter; ou bien, le cas échéant, l'un d'eux découpait, avec les dents, dans la charogne d'une baleine putréfiée, des lambeaux qu'il passait à ses compagnons (2). Déjà pourtant l'homme se montre, même dans ces pratiques si grossières; car les loups ou les corbeaux ne se passent point ainsi les morceaux. Les femmes, les enfants des Fuégiens dévoraient aussi à l'envi des oiseaux tout crus (3). Tous partageaient avec leurs chiens la chair crue des veaux marins. Lors du passage de Magellan dans le détroit qui porte

(1, *Hist univ. des voy.*, t. III, p. 269. — (2) Byron, *il*, t. II, 449. — (3) *Hist. univ. des voy.*, t. I, 230. Cordes et De Werth.

son nom, les Patagons n'étaient pas plus délicats que leurs voisins les Fuégiens : en effet, les Portugais les virent dévorer une autruche (*nandou*), sans se donner la peine de la faire cuire (1). A l'autre extrémité du continent américain, chez les Esquimaux, on trouve le même dédain pour la cuisine. Ross a vu les Esquimaux se délecter en ingurgitant de longues aiguillettes découpées dans la chair d'un bœuf musqué (2), dévorer du saumon cru, etc., en arrosant le tout avec de l'huile de phoque. Entre les détroits de Behring et de Kotzebue, les Esquimaux prennent leur repas en ouvrant d'abord le ventre à un veau marin, puis ils enfoncent, les uns après les autres, leur tête dans l'ouverture pour sucer le sang de l'animal; après quoi ils coupent un morceau de sa chair et le mangent avidement (3). Le Kamtchadale, sans être beaucoup plus délicat, a déjà une ébauche de cuisine ; il sait préparer une sorte de pâte avec des poissons séchés et fumés ; il est friand de caviar et y mélange parfois de l'écorce de saule ou de bouleau (4). Au dire du père Huc, des gens bien plus civilisés, les Thibétains, mangent indifféremment la viande crue ou cuite (5).

Qui ne connaît, d'autre part, les cruels repas auxquels a assisté Bruce (6), quand, devant lui, les Abyssins se régalaient en taillant des lanières dans la chair d'un bœuf vivant et mugissant? A peine un hippopotame est-il tué que les Bojesmans se ruent sur le cadavre, ouvrent le ventre et font la curée des entrailles comme des chiens (7). Thompson raconte des faits analogues observés chez les Hottentots Griquas (8). L'homme est pris ici en flagrant délit d'animalité. C'est un spectacle assurément peu poétique, mais néanmoins fort instructif. Combien en effet ces bipèdes humains, si voraces, ressemblent peu à l'homme de fantaisie décrit par nos psychologistes à la mode!

Comme tout le reste, l'art culinaire s'est développé peu à peu. Nous le trouvons à l'état embryonnaire chez le Tasmanien, qui, ne connaissant d'autres vases que de larges feuilles fron-

(1) A. d'Orbigny, *l'Homme américain*, t. I, 415. — Magellan, *Hist. univ. des voy.*, t. I, 134. — (2) *Id.*, t. XL, 127, 162. — (3) Kotzebue, *Hist univ. des voy.*, vol. XVII, 93. — (4) Beniouski, *id.*, t. XXXI, 395. — (5) *Voyage dans la Tartarie*, t. II, 264. — (6) *Hist. univ. des voy.*, t. XXIII, 362. — (7) *Id.*, Burchell, t. XXVI, 249. — (8) *Id.*, . XXVI, 81, 264.

cécs aux extrémités par des épines (1), et n'ayant, par conséquent, nulle idée de l'eau bouillante, se contentait d'ordinaire
de griller sa viande ou son poisson, de cuire dans la cendre
chaude les œufs ou les coquillages (2); pourtant, quelquefois,
il préparait le poisson en le couchant sur des pierres chaudes (3) : c'est déjà le rudiment du four polynésien et l'invention culinaire la plus compliquée de la race. L'Australien, un
peu plus avancé, se servait parfois du four souterrain, pratique
importée sans doute de la Polynésie, où elle était générale,
depuis les îles Sandwich jusqu'à la Nouvelle-Zélande. Quant
aux Papous de la Nouvelle-Irlande ils ne prennent pas la peine
de dépouiller l'animal, chien, cochon, oiseau ou lézard qu'ils
veulent manger. Ils le jettent sur des charbons ardents, le
grillent à peu près et le mangent avidement (4). Chez les Polynésiens, relativement assez civilisés, la poterie était aussi inconnue que chez les Australiens, et le grand procédé culinaire
usité pour cuire la viande et le poisson, que d'ailleurs on mangeait volontiers tout crus en les trempant dans l'eau de mer
en guise de sauce, consistait à creuser une fosse et à la tapis-
ser de pierres chauffées au feu. Sur ces pierres, on plaçait le
chien ou le cochon, etc., enveloppés d'herbes aromatiques; le
tout était recouvert d'autres pierres chaudes, puis de terre. Au
bout de trois ou quatre heures, le rôti était cuit à point et
excellent, au dire de Cook et des autres navigateurs. Les Néo-
Zélandais traitaient de même les racines de leurs fougères féculentes et comestibles (5). Mais tout étranger qu'il fût à l'art du
potier, le Polynésien savait faire bouillir de l'eau. Pour cela, il
recourait à un procédé assez compliqué, qui a été usité en
divers points du globe et qui consiste à jeter dans l'eau des
pierres chauffées. Pour cette pratique, il n'est pas même nécessaire d'avoir des vases, et parfois on versait simplement l'eau
dans le creux d'un rocher (6). Plus avisés, les Polynésiens et
certaines tribus américaines employaient pour cet objet des

---

(1) Péron, *Voyage de découverte aux Terres australes,* etc., t. I, 229.
— (2) Bonwick, *Daily life and origin of the Tasmanians,* 17. —
(3) *Ibid.* — (4) Duperrey, *Hist. univ. des voy.,* vol. XVIII, 145. —
(5) Cook, *Troisième voyage (Histoire univ. des voyages,* vol. IX, 277).
— (6) *Histoire des îles des Antilles,* p. 17. — *Relation de la Gaspésie,*
p. 51, cité par Goguet.

vases en bois (1). Ailleurs, on n'avait que des outres en peau, des peaux à bouillir, en usage chez les Scythes (2), et, jusqu'au seizième siècle, chez les insulaires des Hébrides (3). A Amboine, à Ternate jadis, à la Nouvelle-Guinée aujourd'hui, on cuit le riz et le sagou en les mettant directement au feu dans une noix de coco ou un fragment de bambou, sacrifiant ainsi le vase à chaque repas (4). Mais la cuisine par coction dans l'eau ne fut vraiment inaugurée qu'avec l'invention de la poterie, à laquelle, selon Goguet (5), on préluda, dans certaines contrées, en enduisant seulement de terre ou d'argile un vase de bois.

Quand une fois l'homme sait rôtir et bouillir ses aliments, il est en possession des deux principaux procédés culinaires. Le reste n'est plus qu'une question de perfectionnement, et chaque progrès retentit sur la cuisine, en permettant de la varier, de la compliquer. Ainsi, chez les peuples pasteurs, le beurre fondu fut un adjuvant des plus utiles. Les Aryas du Rig-Véda l'estimaient si fort, qu'ils le brûlaient dans les sacrifices. Aujourd'hui encore, pour le palais des Arabes, le beurre fondu est une friandise (6). Du lait, on tire quantité de boissons et d'aliments variés : les fromages, le koumys des Tartares, etc. Le grossier Lapon lui-même sait glacer le lait de ses rennes et le conserver ainsi pour se nourrir durant son rude hiver (7).

La plus grande des inventions culinaires, la panification, a été réalisée de divers côtés. Les Égyptiens savaient faire du pain avec de la graine de lotus *(Nymphœa lotus)* (8). Dans certains pays mêmes, on fabrique du pain avant de connaître l'agriculture, en extrayant la fécule des fruits sauvages (9). Les Taïtiens, ou plutôt les Polynésiens, étaient déjà sur la voie; car la pâte fermentée (mahcï-popoï), qu'ils préparaient avec le fruit de l'*Artocarpus incisa*, était une sorte de pain (10).

L'ethnographie de la cuisine montre donc une fois de plus

---

(1) Acosta, *Histoire des Indes occidentales,* liv. III, chap. II. — (2) Hérodote, liv. IV, 61. — (3) Buchanan, *Rerum Scoticarum historia,* Edinburgh, 1528. — (4) Chardin, t. IV, et *Odoardo Beccari et suoi viaggi,* par E. Giglioli, in *Nuova Antologia.* — (5) *Origine des lois,* t. I, 99. — (6) Burckhardt, *Hist. univ. des voy.,* vol. XXXII, 13-33. — (7) Capell Brooke, *Hist. univ. des voy.,* vol. XLV, 243. — (8) Champollion Figeac, *Égypte ancienne,* 193. — (9) Peschel, *the Races of Man,* 336. — (10) Cook, *Deuxième Voyage (Hist. univ. des voy,* t. VII, p. 385). — Radiguet, *Derniers Sauvages,* 35.

que, dans l'humanité, aucun progrès n'est isolé ; chaque pas en avant en suscite d'autres. Rien que d'après la nature des aliments et leur mode de préparation on pourrait sérier les races humaines, en allant de la sauvagerie à la civilisation. Tout d'abord, l'homme, mal sorti de l'animalité, dévore sans préparation et presque sans choix tout ce qui est à peu près comestible ; puis il se met à griller la chair des animaux terrestres, d'abord ; plus tardivement, celle des poissons, qui est plus tendre. Bientôt on apprend à préparer et à conserver, au moyen du feu, certains fruits, certaines racines ; puis l'intelligence rudimentaire du sauvage s'élève jusqu'à l'idée de la coction dans l'eau, et cela conduit à inventer l'art précieux du potier. A partir de là, on est déjà dans un état de civilisation relative ; le progrès culinaire ne s'interrompt plus, et il a d'importantes conséquences sociales.

Dès lors, en effet, il y a un foyer autour duquel se réunit et se police la famille, autour duquel se forment et se resserrent les liens affectifs. L'homme ne se repaît plus comme un animal de proie ; il mange humainement, d'abord seulement avec ses parents et amis mâles. Les femmes, êtres inférieurs, doivent attendre ou manger à part : c'est encore un usage barbare remontant aux temps primitifs, où l'homme tuait ou cueillait son repas dans la forêt et l'engloutissait, sans préparation, comme font les bêtes sauvages. Puis, les sentiments bienveillants s'étant développés, les femmes et les enfants deviennent les commensaux de l'homme ou des hommes ; dès lors, le clan d'abord, la famille ensuite peuvent se constituer.

<hr />

CHAPITRE III.

PSYCHOLOGIE DES BESOINS NUTRITIFS.

Pour achever le tableau de la vie nutritive, il nous reste à en faire en quelque sorte la psychologie. Il ne suffit pas, en effet, d'énumerer les principaux aliments de l'homme, d'indiquer en gros comment on les prépare. Nous avons aussi à nous occuper des besoins nutritifs en tant que faits de conscience, à en apprécier l'énergie dans chaque race, à noter, par quelques traits caractéristiques, le mode d'expression de ces besoins et le degré de plaisir que l'on éprouve à les satisfaire.

Sous le rapport de l'énergie des appétits nutritifs, les hommes diffèrent grandement. En général, la vie digestive tient d'autant plus de place que la civilisation est plus grossière ; car alors non seulement le besoin animal est plus énergique, mais il est aussi plus mal assouvi.

En effet, dans la trame de tout être vivant un incessant travail d'oxydation use, molécule à molécule, les éléments anatomiques. Au sein des tissus organisés s'effectue sans répit un échange de matériaux, qui est l'essence même de la vie. Sans cesse les molécules avariées sont expulsées ; sans cesse elles sont remplacées par des molécules neuves. Chez les plantes et les animaux inférieurs, ce perpétuel mouvement de démolition et de réédification s'opère inconsciemment ; mais, chez l'homme et l'animal supérieur, il n'en est plus de même. Ici la mécanique moléculaire de la nutrition éveille, dans les centres nerveux, un écho conscient : le sentiment de la satiété ou celui de la faim.

A la plupart des civilisés, la faim de l'animal sauvage, la faim rugissante, est peu ou point connue. On ne ressent guère que l'appétit, son agréable avant-coureur. Mais il en est tout autrement pour l'homme primitif, dont le garde-manger est toujours plus ou moins mal garni. La vie du sauvage, surtout du sauvage qui n'est encore ni pasteur ni agriculteur, ne ressemble nullement à celle de certains bourgeois repus dont les tissus sont surchargés de tissus adipeux, de réserves alimentaires, et qui, s'ingéniant souvent sans succès à éveiller chez eux le simple appétit, s'asseyent plusieurs fois par jour, avec une régularité mécanique, à une table trop servie. Le repas du sauvage dépend de mille hasards. La Nature, comme on disait jadis, le sert fort inexactement ; dans ce genre de vie, si voisin encore de celui de l'animal, l'homme doit manger, quand il peut, comme il peut, en compensant autant que possible les heures et les jours de famine par des heures de gloutonnerie. Alors savoir comment on mangera est la grande affaire de la vie ; c'en est le plus cuisant souci. Toutes les forces de l'intelligence naissante sont absorbées par la recherche, souvent infructueuse, de l'aliment quotidien. Pour presque tout le reste, la pensée sommeille ; et ce qui domine dans la vie de con-

science, c'est le cri du ventre affamé. Presque toujours on a
besoin de manger, de manger énormément, et le plaisir que
l'on éprouve en donnant pâture à ce besoin famélique est·
extrême.

Nous citerons, en les choisissant entre mille, quelques exemples typiques, rapportés par divers voyageurs.

Quelle fête en Australie, quand une baleine morte vient
échouer sur le rivage ! C'est le bien idéal ; c'est le bonheur par
fait. « Des feux allumés sur le champ portent au loin la nouvelle de cet heureux événement. Les Australiens se frottent de
graisse par tout le corps et font subir la même toilette à leurs
épouses favorites ; après quoi il s'ouvrent un passage à travers
le gras jusqu'à la viande maigre, qu'ils mangent tantôt crue,
tantôt grillée sur des bâtons pointus. A mesure que d'autres
indigènes arrivent, leurs mâchoires travaillent bel et bien dans
la baleine, et vous les voyez, grimpant deçà delà sur la puante
carcasse, à la recherche des fins morceaux. Pendant des jours
entiers, ils restent près de la carcasse, frottés de graisse fétide
des pieds à la tête, gorgés de viande pourrie jusqu'à satiété,
portés à la colère par leurs excès et engagés ainsi dans des
rixes continuelles, affectés d'une maladie cutanée que leur
donne cette nourriture de haut goût, offrant ainsi un spectacle
dégoûtant Il n'y a rien au monde, ajoute le capitaine Grey (1),
de plus repoussant à voir qu'une jeune indigène aux formes
gracieuses sortant de la carcasse d'une baleine en putréfaction (2). »

Des traits équivalents ont été maintes fois observés chez les
Fuégiens, les Esquimaux, les Lapons, les Bojesmans, etc. Déjà
nous avons cité, d'après Wallis, ce Fuégien qui dévora, de la
tête à la queue, un poisson tout frétillant encore, exactement
comme l'aurait fait un veau marin. Lui et ses compagnons
ingurgitaient indistinctement tous les aliments qu'on leur
offrait, crus ou cuits, salés ou frais (3). D'autres mangeaient
goulûment de la chair putréfiée de baleine, qu'un des leurs
découpait avec ses dents (4). Une Fuégienne et ses enfants, ses

_____

(1) *Explorations dans l'Australie du Nord-Ouest et de l'Ouest*, cité
par Lubbock, *l'Homme avant l'histoire*. — (2) Ch. Letourneau, *Physiologie des passions*, 2ᵉ édition, p. 85. — (3) Wallis, *loc. cit.*, p. 270.
— (4) Byron, *Hist. univ. des voy.*, t. II, 449.

petits plutôt dépeçaient des oiseaux crus, dont le sang ruisselait sur leur corps (1).

La voracité des Esquimaux n'est comparable qu'à celle des loups affamés. Ross les a vus, découpant dans un bœuf musqué, fraîchement abattu, de longues aiguillettes, puis se les fourrant dans la bouche, coupant le morceau à la hauteur du nez, humant avidement d'énormes bouchées, et de temps en temps, quand ils n'en pouvaient plus, s'arrêtant pour respirer, en se plaignant de ne plus pouvoir continuer, mais sans lâcher le couteau et le morceau inachevé, qu'ils recommençaient à engloutir dès qu'ils en avaient la force (2).

Dans son journal de voyage, Lyon nous a décrit une de ces orgies stomacales (3) : « Koulittuck me fit connaître un nouveau genre d'orgie des Esquimaux. Il avait mangé *jusqu'à en être ivre*, et à chaque moment il s'endormait, le visage rouge et brûlant, la bouche ouverte. A côté de lui était assise Arnaloua (sa femme), qui surveillait son époux, pour lui enfoncer, autant que faire se pouvait, un gros morceau de viande à moitié bouillie dans la bouche, en s'aidant de son index ; quand la bouche était pleine, elle rognait ce qui dépassait les lèvres. Lui mâchait lentement, et à peine un petit vide s'était-il fait sentir, qu'il était rempli par un morceau de graisse crue. Durant cette opération, l'heureux homme restait immobile, ne remuant que les mâchoires et n'ouvrant même pas les yeux ; mais il témoignait de temps à autre son extrême satisfaction par un grognement très expressif, chaque fois que la nourriture laissait le passage libre au son. La graisse de ce savoureux repas ruisselait en telle abondance sur son visage et sur son cou, que je pus me convaincre qu'un homme se rapproche plus de la brute en mangeant trop qu'en buvant avec excès. »

Ross a vu d'autres Esquimaux dévorer chacun 14 livres de saumon cru, encore n'était-ce que dans une manière de goûter (4). De son côté, Parry raconte, avec dégoût, comment ils avalaient gloutonnement de la graisse crue et suçaient l'huile corrompue qui restait sur des peaux de veaux marins (5). D'a-

---

(1) Cordes et De Werth, *id.*, I, 230. — (2) Ross, *Hist. univ des voy.*, vol. XL, 127. — (3) *Journal de Lyon*, 181. — (4) Ross, *loc. cit.*, p. 162. — (5) Parry, *Deuxieme Voyage* (*Hist. univ. des voyages*), vol. XL, 379).

près Etzel, chez les Esquimaux, une très jeune fille peut consommer quotidiennement, pendant plusieurs mois, 10 à 12 livres de viande et une grande quantité de biscuits (1). De même Eyre a vu un Australien manger, en une nuit, 6 livres et demie de viande bouillie (2). En dépit de la très grande analogie d'organisation de tous les types humains, il est difficile de ne pas admettre, chez ces races polyphages, une nutrition plus énergique que chez les autres, une plus grande rapidité des échanges moléculaires.

Les Bojesmans et même leurs frères, les Hottentots, sont coutumiers des mêmes actes. Burchell a vu les premiers faire la curée des entrailles d'un hippopotame « en essuyant, de temps à autre, la graisse de leurs doigts sur leurs bras, leurs jambes et leurs cuisses. Ils se réjouissaient chacun de la part qu'ils avaient obtenue, et tous étaient éclaboussés de sang, dégoûtants de saleté » (3). Thomson en dit à peu près autant des Hottentots Griquas ; mais il ajoute que, chez les Bojesmans, le pouvoir d'abstinence est égal au pouvoir de voracité. « L'un d'eux, dit-il, vécut quinze jours uniquement d'eau et de sel (4). »

Des races, organiquement supérieures et beaucoup plus civilisées, ne sont guère moins bestiales au sujet de l'alimentation. Cook a vu les Nouveaux-Zélandais boire l'huile avec une avidité digne des Esquimaux, vider des lampes, en avaler les mèches, se presser autour des chaudières où l'on fondait de la graisse de veau marin, avec la mine affriandée d'enfants qui convoiteraient des bonbons (5). Le même voyageur nous a raconté le repas d'un chef taïtien : « Une femme, assise près de lui, remplissait par poignées la bouche de ce glouton avec les restes d'un grand poisson bouilli et de plusieurs fruits à pain, qu'il avalait avec un appétit féroce. Une insensibilité parfaite était peinte sur son visage, et je jugeai que toutes ses pensées se bornaient au soin de son ventre. Il daigna à peine nous regarder. S'il prononçait quelques monosyllabes, quand nous jetions les yeux sur lui, c'était seulement pour exciter sa nour-

(1) Etzel, *Greenland*, p. 374; Stutt, 1860. — (2) *Journal of Expedition in to Central Australia*, II, 34. — (3) Burchell, *Hist. des voy.*, vol. XXVI, 249. — (4) Thomson, *Travels in S. Africa*, 99. — (5) Cook, *Troisième Voyage* (*Hist. univ. des voy.*, vol. IX, 277).

rice et ses valets (qui préparaient la pâte de fruits à pain) à
faire leur devoir avec empressement (1). »

En Polynésie, nous sommes encore en pays sauvage ; mais
nous trouvons des mœurs très analogues en pays simplement
barbare, en Abyssinie. Lors du voyage de Bruce, les Abyssins
après avoir découpé un beefsteak sur un bœuf debout, s'as-
seyaient à table, chaque homme entre deux femmes, et mangeaient comme suit : « Les mains appuyées sur les genoux de
chaque voisine, ils se tiennent, le corps penché, la tête en
avant et la bouche ouverte, comme des idiots, se tournant sans
cesse du côté des mains qui leur présentent le morceau et les
empâtent, si bien qu'ils courent risque d'être étouffés. C'est là
une marque de grandeur. Celui qui avale les plus gros morceaux et qui fait le plus de bruit en mâchant est regardé
comme le mieux élevé et celui qui sait le mieux vivre (2). »
C'est que, dans les sociétés grossières encore, nul dégoût ne
s'attache à la satisfaction des besoins nutritifs. Tel roitelet de
l'Afrique centrale fait mâcher ses aliments par ses femmes.
L'heureux homme n'a plus que la peine d'avaler. Aux Marquises, ôter de sa bouche un morceau mâché et l'offrir à un
ami est un acte de civilité (3).

Les faits précédents, auxquels il serait bien facile d'en ajouter d'autres, nous font contempler de visu la vie de l'homme
mal détaché encore de l'animalité. Chez lui, les facultés nobles
du cerveau sont absentes ou naissent à peine. Il a trop peu
d'intelligence pour violenter la nature à son profit ; surtout il
n'a nulle prévoyance. Les privations subies ne laissent dans
sa mémoire fruste qu'un vague souvenir ; car son cerveau
n'est guère apte encore à garder de durables empreintes.
D'autre part, le plaisir du moment, surtout le plaisir digestif,
est extrême ; notre homme ne sait pas y résister et consomme
inconsidérément les provisions de plusieurs jours. Il faut donc
que ses facultés nutritives acquièrent une grande élasticité.
Parfois il s'y accoutume volontairement : le Néo-Calédonien
mange énormément, quand il mange ; mais il n'a pas la prétention de manger quotidiennement (4). Les Cafres, menacés

(1) Cook, *Deuxième Voyage* (*Hist. univ. des voy.*, vol. VII, 388). —
(2) Bruce, *Hist. univ. des voy.*, vol. XXIII, 362. — (3) Marchand, *Hist.
univ. des voy.*, vol. XV, 410. — (4) De Rochas, *Nouvelle-Calédonie*.

de famine, s'imposent d'eux-mêmes des jeûnes volontaires ;
ils ne mangent plus tous les jours (1). Le frugal Bédouin lui-
même, qui sait au besoin se contenter de quelques dattes, d'un
peu de lait, dévore de grandes quantités d'aliments, quand,
par accident, sa table se trouve bien servie. Dans certaines
contrées, la famine est si habituelle, qu'on s'est accoutumé à
se distendre l'estomac avec des substances non alibiles : ainsi
les Néo-Calédoniens des îles Loyalty mangent volontiers une
terre alumineuse, chargée de détritus organiques, et que l'on
recueille dans les excavations des rochers remplies d'humus (2).
Ainsi faisaient les Otomaques des rives de l'Orénoque ; mais,
chez ces derniers, dit le père Gumilla, il s'agissait d'une terre
spéciale, pétrie avec de la graisse, souvent de la graisse de
caïman, et ayant subi un certain degré de cuisson (3).

Nous pouvons donc maintenant voir clair au fond de la vie
de conscience de l'homme primitif. Les nobles facultés intellectuelles, décrites dans nos traités de psychologie, comme étant
essentielles à l'homme, brillent par leur absence dans le cerveau du sauvage. Dans cette vie consciente, à l'état d'ébauche,
le souci des besoins digestifs domine tout. Trouver à manger,
goûter le suave plaisir de la digestion, c'est le fond de la vie
psychique. On s'abuserait fort, en supposant qu'il en est autrement chez tous les hommes dits *civilisés* Dans les sociétés de
l'Europe moderne, combien de sauvages encore ! Pour la plupart, le soin de se procurer la provende quotidienne est toujours la grosse affaire, et même pour nombre de membres des
classes soi-disant dirigeantes, le plaisir des plaisirs n'a pas
cessé d'être le plaisir digestif, agrémenté de quelques saveurs
agréables. A vrai dire, et en regardant sous la surface brillante
de nos sociétés prétendues civilisées, la bête domine de beaucoup l'ange, et en prenant l'humanité actuelle en général, on
peut dire que les besoins affectifs et intellectuels d'ordre supérieur ne sont qu'un épiphénomène.

(1) *Narrat. of a Mission to Cent. Africa*, p. 45, 1853. — (2) De
Rochas, *Nouvelle Calédonie*, 138. — (3) *Voyage à la partie orientale
de la terre ferme*, etc. (1801-1804), par F. Depons, t. 1, 298.

CHAPITRE IV.

DES SUBSTANCES ENIVRANTES.

Dans son livre intitulé : *the Last of Tasmanians*, le révérend Bonwick se raille quelque part de ceux qui ont relevé, comme un signe d'infériorité chez les Tasmaniens, l'ignorance où ils étaient de toute boisson ou substance enivrante. La raillerie porte à faux ; car, en ce point comme en bien d'autres, il y a une apparente analogie entre l'extrême civilisation et l'extrême sauvagerie, mais pour des raisons diamétralement opposées. L'individu vraiment civilisé, celui qui est à la fois délicat et intelligent, a horreur de l'ivresse ; il lui faut des plaisirs plus relevés. Au contraire, les sauvages les plus stupides, le Tasmanien, l'Australien, qui, avant leur commerce avec les Européens, ne s'enivraient pas, n'avaient pourtant aucune aversion pour l'ivresse ; ils l'ignoraient simplement, et ne se sont que trop vite pris de goût pour elle. Ainsi en est-il advenu, presque partout, chez les rares peuplades, qui n'avaient pas su inventer l'art de s'enivrer. Seul, le Néo-Calédonien serait resté jusqu'ici inaccessible à l'ivresse (1), et c'est une exception fort singulière.

Dans la vie toute bestiale des races très inférieures, le goût de l'ivresse suppose accomplis certains progrès. Pour s'enivrer, il faut d'abord être assez ingénieux pour fabriquer ou tout au moins recueillir une substance ayant les propriétés requises. D'autre part, il faut commencer à se dégager mentalement de la vie animale ; il faut déjà raffiner sur le plaisir nutritif ; il faut demander aux aliments plus que l'assouvissement d'un besoin, plus que la stupeur béate, qui accompagne une digestion laborieuse. A vrai dire, l'ivresse est en quelque sorte la poésie de la vie digestive ; elle excite tout d'abord la vie cérébrale, et, pour un moment, transporte l'homme au-dessus du train banal de l'existence. Or, c'est là une jouissance d'autant plus précieuse que la vie est plus rude, plus périlleuse, plus accablée. Pour un pauvre être, se débattant

(1) De Rochas, *Nouvelle-Calédonie*, 128.

constamment dans les angoisses de la faim, menant souvent une existence de gibier constamment pourchassé, c'est une félicité bien grande que d'éprouver, ne fût-ce qu'un instant, une impression de bien-être sans mélange, une certaine joie de vivre, que de ne plus sentir les morsures du milieu physique et social, de dominer, comme un dieu, les bêtes et les hommes sauvages, dont on est entouré. Aussi les courtes heures de l'ivresse sont prisées ce qu'elles valent. On ne se soucie guère de ce qui pourra s'ensuivre : l'homme sauvage, qu'il soit Australien ou Parisien, n'a jamais le souci du lendemain.

Ces joies grossières de l'ivresse, le genre humain presque tout entier les a cherchées et trouvées. On compte sans peine les rares contrées où l'homme n'a pas inventé un moyen quelconque de perdre à volonté le peu de raison qu'il possédait : les procédés sont divers; le but est partout le même. L'agent le plus usité est l'alcool, ou plus exactement les boissons alcooliques ; l'ivresse qu'elles procurent est généralement agréable, et les moyens de les fabriquer abondent, puisqu'il suffit d'avoir à sa disposition des substances sucrées ou féculentes.

Une rapide énumération des agents employés par toute la terre pour troubler ou exciter la vie de conscience ne sera pas sans intérêt.

Au premier rang des substances propres à produire soit l'ivresse, soit une perturbation agréable des centres nerveux, il faut placer le groupe nombreux des boissons bachiques. Chaque race humaine, pour ainsi dire, a ses liquides alcooliques ; mais la boisson typique est le vin de raisin. Sans doute il est hasardé de croire, avec Pictet, sur la foi de quelques étymologies un peu risquées que les mythiques Aryas étaient déjà vignerons, mais ils savaient fabriquer avec le suc de l'*asclepias* acide, une boisson fermentée, le célèbre *soma*, dont ils abreuvaient les entrailles de leurs dieux et sans doute aussi les leurs. Quoique l'antique Egypte connût le vin, probablement de seconde main, c'est vraiment avec la civilisation greco-romaine que le jus fermenté du raisin est devenu la boisson de prédilection d'une notable portion de la race blanche. Les Grecs furent si ravis des propriétés de cette joyeuse liqueur, qu'ils chargèrent le dieu Bacchus de la représenter dans l'Olympe. Sans même parler de l'alcool proprement dit et des innombrables liqueurs enivrantes dont il est l'âme, les succédanés alcooliques du vin sont un peu de tous les pays. Du temps de Marco Polo, les Chinois savaient déjà faire un vin de riz épicé, excellent et généreux, selon le vieux chroniqueur. Les congénères des Chinois, les Tartares, nomades et pasteurs, eurent l'idée de faire fermenter le lait de leurs juments et de le convertir ainsi en une boisson enivrante, appelée *koumys* ; ils ont su aussi distiller ce *koumys* et en extraire ainsi une sorte d'eau-de-vie, l'*arak*, qui est pour eux une boisson de prédilection (1). En Arabie, et partout où la civilisation arabe s'est naturalisée, notamment dans le Fezzan et chez les Maures de l'Afrique centrale, le vin de palme est en grande estime. Car la casuistique mahométane, souple et agile comme sa sœur chrétienne, sait distinguer entre l'ivresse hétérodoxe, stigmatisée par le prophète, et l'ivresse orthodoxe, que procurent des boissons auxquelles la vigne maudite est restée étrangère. En Perse, par exemple, on fabrique avec des aromates, divers fruits et surtout des oranges, une liqueur très alcoolique *(mâ-el hiât)*, que les dévots peuvent déguster sans scrupule. « Il était extrêmement amusant, dit Fraser, de voir Mirza-Reza prendre le flacon entre ses mains et, se tournant vers moi d'un air très puritain, expliquer l'immense différence qu'il y avait entre cette précieuse liqueur de vie et ces choses prohibées et abominables, nommées *vin* et *eau-de-vie*, dont, assurait-il, il n'était jamais permis de goûter (2). »

Dans certains districts de l'Arabie et dans les régions septentrionales du centre africain, par exemple dans le Fezzan, même chez les Timanis et aussi chez les Eboens des bords du Niger où les Maures ont plus ou moins introduit les mœurs et la religion arabes, on s'enivre, aussi souvent que possible, avec du vin de palme, qui vraisemblablement échappe aussi à la censure sacrée (3).

Mais la boisson africaine par excellence, celle de l'Afrique nègre, est une espèce de bière faite avec du sorgho et qui est en usage depuis la région du haut Nil jusque chez les Cafres. Seuls, les Hottentots, qui ne sont pas agriculteurs, ont rem-

---

(1) Timkowski, *Hist. univ. des voy.*, vol. XXIII, 329. — (2) Fraser, *Hist. univ. des voy.*, vol. XXXV, 295. — (3) Laing, *Hist. univ. des voy.*, vol. XXVIII, 41, et R. et J. Lander, *id.*, vol. XXX, 451.

placé la bière de sorgho par une sorte d'hydromel fait avec du miel fermenté et diverses racines.

Les Américains indigènes, ceux du moins qui avaient quelques notions d'agriculture, n'ont pas manqué de se fabriquer des boissons alcooliques. Les Indiens de la Guyane savent tirer de leur *cassava* une boisson enivrante (1); mais les breuvages fermentés les plus usités en Amérique semblent avoir été inventés par les anciens Mexicains et Péruviens. Au Mexique, c'est le *pulque* ou jus fermenté du *maguey*, agave américain, qui est en honneur. L'usage en est si général, que, lors du voyage de Humboldt, l'impôt dont était frappé le *pulque* rapportait annuellement au Trésor public, dans les seules villes de Mexico, Puebla et Tolluca, une somme de 800 000 dollars (2). Les anciens Mexicains ont aussi connu, sans doute, la bière de maïs ou *chicha*, plus répandue cependant au Pérou, en Bolivie, etc. Dans certains districts, cette boisson bénie, la joie des Indiens de l'Amérique centrale, se prépare par mastication, comme le *kava* des Polynésiens, dont nous aurons a reparler (3) Cette pratique, si dégoûtante à nos yeux, atteste une fois de plus combien les plaisirs nutritifs sont eu honneur chez l'homme primitif et combien les délicatesses et les répugnances du civilisé lui sont étrangères.

Dans notre brève énumération, nous nous bornons, naturellement, à citer les boissons typiques, celles qui caractérisent dans une certaine mesure les peuples et les races. A côté de celles-là, il y en a un grand nombre d'autres moins générales, moins importantes, et que nous n'avons pas le loisir de mentionner. Le lecteur en pourra, au besoin, trouver la liste dans un intéressant ouvrage du professeur Mantegazza (4).

En général, non pas toujours, comme nous l'avons vu par l'exemple du koumys tartare, l'usage des boissons fermentées suppose un degré quelconque d'agriculture. Mais, comme l'ivresse alcoolique est une des plus gaies que l'homme puisse goûter, presque tous les hommes de toute race s'y adonnent avec empressement, dès qu'ils ont appris à la connaître. Les

(1) Watterton, *id.*, vol. XLI, 245. — (2) Bullock, *Hist. univ. des voy.*, vol. XLI, 32. — (3) *Id.*, vol. XLII, 35. — (4) *Quadri della natura umana*, etc., vol. II (Milano, 1871).

races inférieures s'y plongent même d'habitude avec une ardeur tout animale, que ne contient aucun frein intellectuel et moral ; c'est, d'ordinaire, le premier emprunt qu'elles font à la civilisation européenne, et qu'elles payent vite au prix de leur extinction rapide.

A ce sujet, il faut citer comme une curieuse exception les Kanaks néo-calédoniens, qui, suivant M. de Rochas, seraient inaccessibles aux boissons fermentées (1).

On n'en peut malheureusement dire autant des Polynésiens. Les Taïtiens, qui, lors des voyages de Cook, repoussaient les boissons alcooliques, se sont trop réconciliés avec elles. Leur prompte et sanglante conversion au christianisme a été accompagnée d'une conversion plus complète et plus sincère à l'ivrognerie. En effet, des distilleries s'établirent dans toutes les parties de l'île christianisée. Pendant un certain temps, les insulaires, presque toujours ivres, étaient ravalés au-dessous de la brute (2). Les femmes couraient au-devant de la prostitution, en criant incessamment : « Du rhum ! du rhum (3) ! »

Il n'y a guère de race inférieure, chez qui la passion de l'ivrognerie ne se développe avec la même énergie et où elle ne produise des effets analogues. Pour du rhum, l'Australien prostitue volontiers sa femme ou ses femmes (4). Les insulaires de la Malaisie s'enivrent volontiers avec de l'arak ou rhum de Java, qu'ils se procurent par voie d'échange, quand ils ne savent pas le fabriquer. Ils en boivent d'énormes quantités. Les seuls insulaires des îles Arou consomment annuellement 3 000 caisses contenant chacune quinze bouteilles d'un demi-gallon (5). Personne n'ignore quel rôle joue l'*eau de feu* dans la vie ou plutôt dans la mort du Peau-Rouge de l'Amérique du Nord. Dans toute l'Amérique du Sud, le plaisir de l'ivresse est également recherché. Les tribus des régions équatoriales ou subéquatoriales fabriquent elles-mêmes leur *chicha* ou quelque boisson analogue. Quant aux nomades cavaliers des Pampas, ils s'en procurent, autant qu'ils peuvent, en donnant en échange des peaux d'autruche, des cuirs, etc. (6). Pour les Puelches, les

---

(1) *Nouvelle-Calédonie*, 128. — (2) Mœrenhout, *Voyages aux îles du grand Ocean*, vol. II, 457. — (3) *Id.*, vol. I, 233.   (4) Cunningham, *Hist. univ. des voy.*, vol. XLIII, 83. — (5) O. Beccari, *loc. cit.* — (6) Head, *Hist. univ. des voy.*, vol. XLI, 341.

Araucanos, les Patagons, l'ivresse est le bonheur suprême auquel on sacrifie tout, et d'Orbigny a vu une Indienne vendre son fils pour s'assurer, à elle et à sa famille, trois jours d'orgie (1).

Sous ce rapport, bien des Européens sont sauvages encore. On ne le sait que trop. C'est que, dans nos sociétés si brillantes à la surface, la civilisation, la vraie, celle qui ennoblit et éclaire, est loin d'avoir pénétré profondément ! C'est aussi que la souffrance abonde, que l'alimentation est loin d'être bien assurée pour tous. Or, l'alcool sous toutes ses formes engourdit la douleur et apaise la faim. Pourtant de ce que la consommation alcoolique va croissant toujours en Europe, il n'en faut pas conclure que l'ivrognerie suive la même marche. L'usage augmente sûrement beaucoup plus que l'abus. Peu à peu, le menu du travailleur s'améliore et le luxe des boissons alcooliques s'y introduit. En résumé, l'ivrognerie est un legs du passé, qui doit disparaître avec les progrès du développement moral et intellectuel de l'espèce.

Déjà, au point de vue du goût de l'ivresse, on peut faire, en Europe, une remarque intéressante. C'est dans les pays germaniques et slaves que domine surtout la passion bestiale de l'ivrognerie. Le Français du Midi, l'Italien et l'Espagnol s'enivrent peu. Or, la banale raison du climat ne saurait expliquer cette importante différence de mœurs. Pour le prouver, il suffit de rappeler que le Taïtien s'enivre sans mesure, sous les tropiques, et que l'Esquimau des régions arctiques n'a pas de boisson fermentée. Si les races slave et germanique, si bien douées d'ailleurs, sont si fort adonnées à l'ivresse, c'est que, relativement tard venues sur le théâtre de la civilisation européenne, elles sont moins éloignées de la vie barbare que les races latines et luttent plus inégalement encore contre de vieux instincts héréditaires, destinés à disparaître un jour. C'est ainsi que le Chinois, si anciennement civilisé, use avec modération des boissons alcooliques, et cela dans tout l empire, quoique les hivers de la Chine septentrionale soient extrêmement rigoureux (2), tandis que, dans l'Afrique tropicale, sur

(1) A. d'Orbigny, *l'Homme américain*, I, 200. — (2) Milne, *Vie reelle en Chine*, 72, et Finlayson, *Hist. univ. des voy.*, vol. XXXIV, 70.

les bords du Niger, il est certaines villes, dont tous les habitants, gouverneur, prêtres, laïques, même les femmes, boivent avec excès (1).

CHAPITRE V.

DES SUBSTANCES STUPÉFIANTES OU EXCITANTES.

Si prisée que soit chez presque toutes les races humaines, l'ivresse alcoolique, elle n'a pas suffi à l'homme, qui en a inventé quantité d'autres. Un peu par toute la terre, l'homme paraît avoir cru, ce que nous démontrent aujourd'hui, à grand renfort d'arguments, nombre de pessimistes à l'eau de rose, que la vie est un mal et qu'il faut le plus possible s'étourdir pour ne la plus voir telle qu'elle est.

Un jour, quand la physiologie psychologique sera un peu plus avancée, on saura sans doute plus ou moins exactement, quels sont les effets du tabac, de l'opium, du café, etc., sur les cellules conscientes du cerveau humain. Actuellement, nous ne possédons guère sur ce point intéressant que des travaux incomplets ou fantaisistes et force nous est de diviser ces substances, ces *aliments nerveux*, comme on les a appelées fort abusivement, en agents narcotiques, et agents excitants, division banale et fausse; car les plus narcotiques, comme le tabac et l'opium, commencent d'abord par exciter plus ou moins l'activité cérébrale, tandis que les plus excitantes, comme le café, le thé, la coca, finissent par produire de la dépression mentale, en épuisant les réserves cérébrales.

Les principaux excitants narcotiques, comme on les pourrait appeler, sont le tabac, l'opium, le hachich, le bétel javanais et le kava polynésien.

Nous n'avons pas à nous étendre longuement sur chacun de ces agents ; mais il nous faut les caractériser en peu de mots. Le tabac, le bétel (*Piper betle*), le kava (*Piper methysticum*), sont surtout stupéfiants, narcotiques. Cook, Porter, etc., s'accordent à dire que le kava, même en assez petite quantité, jette

---

(1) Clapperton, *Second Voyage*, 179.

dans un état de torpeur où tout bruit est odieux. Nous n'avons que des notions fort incomplètes sur l'action du bétel, plante de la même famille que le kava, mais dont l'effet semble être bien moins énergique. Quant au tabac, son effet ultime est d'ordinaire une somnolence plus ou moins légère, accompagnée d'une impression de bien-être nutritif : précieux état, dont le goût, depuis la découverte de l'Amérique, s'est propagé dans le monde entier. On fume sur les bords du détroit de Behring, et Schweinfurth a vu cultiver des variétés de *Nicotiania tabacum* dans l'Afrique centrale, près du Bahr-el-Ghazel (1).

On peut encore rapprocher du kava et du tabac le champignon vénéneux (*Agaricus muscarius*), dont les stupides Kamtchadales se servent pour composer une boisson enivrante, qui leur procure d'abord un peu de gaieté, puis du délire et des convulsions (2).

Le narcotisme de l'opium et du hachich (*Cannabis indica*) est d'un genre plus élevé. C'est un narcotisme de gourmet qui vise surtout à susciter dans l'imagination de vraies féeries, accompagnées en outre d'un calme béat, d'un bien-être ineffable. Seul, le cerveau fonctionne ; le reste du système nerveux est si engourdi que l'on n'a presque plus conscience d'avoir un corps et que le sentiment de la pesanteur est pour ainsi dire aboli.

Même débauche de l'imagination dans l'ivresse du *coquero* américain. C'est un feu d'artifices d'images, qui éclate dans la tête du Péruvien ou du Bolivien indigène, enivré par les feuilles de l'*Erythroxylon coca*, et que P. Mantegazza a si brillamment décrit (3).

L'effet de ces trois célèbres substances est à la fois si puissant, si agréable, que le désir de l'éprouver dégénère facilement comme le goût de l'alcool, en passion, en besoin irrésistible. Dans les villes d'Orient, on rencontre parfois des mangeurs d'opium en détresse, errant dans les rues en criant : « De l'opium ! de l'opium ! Donnez-moi de l'opium ou je meurs (4) ! » On sait quelle est la passion de beaucoup de Chi-

---

(1) G. Schweinfurth, *the Heart of Africa*, t. I, 269. — (2) Demouski, *Hist. univ. des voy*, vol. XXXI, 415. — (3) *Quadri della natura umana*, t. II, chap. xxvii. — (4) Fraser, *Hist. univ. des voy.*, XXXV, 367.

nois pour cette précieuse drogue, et leurs nomades voisins, les Mongols, les imitent sous ce rapport, perdant ainsi, comme à plaisir les qualités de leur race (1). De même, le *coquero* américain sacrifle sans hésitation, à ses feuilles chéries, les devoirs, la famille, etc. ; en résumé, tout (2).

Le thé et le café, auprès desquels il faudrait ranger, selon P. Mantegazza, le *maté* (*Ilex Paraguayensis*) et le *guarana* du Brésil (*Paullinia sorbilis*), sont d'un tout autre caractère. Cette fois, l'homme a mis la main sur des substances dont l'utilité est de premier ordre et dont il est difficile d'abuser. Ce sont de véritables excitants intellectuels, qui donnent à l'esprit plus de netteté, plus de vivacité, et dont l'usage prolongé, de génération en génération, doit sûrement affiner le cerveau d'une race. Nous avons pourtant vu, à Paris, l'ingestion d'un litre de café provoquer un accès de folie, qui dégénéra en monomanie suicide, quoique dans le Hedjaz, on puisse prendre impunément jusqu'à vingt ou trente tasses de café par jour (3).

Si, comme nous l'avons dit plus haut, l'ivresse alcoolique est la poésie de la digestion, sûrement le délire provoqué par la coca, et, plus spécialement encore, l'excitation cérébrale que peut susciter un excès de café, peuvent être considérés comme la poésie de l'ivresse ; loin de submerger la personnalité consciente, ces surexcitations lui donnent, au contraire, un relief exagéré et trompeur.

A ce point de vue, d'ailleurs, la plupart des substances dont nous venons de parler ont un certain côté bienfaisant, puisqu'elles déterminent, pour un temps plus ou moins long, une sorte d'érection cérébrale. Cette suractivité fugitive est souvent désordonnée ; l'alcool, l'opium, le hachich, etc., la font parfois payer cher. Néanmoins, l'humanité ne doit pas que de mauvais services à ces agents d'ivresse, car la vie humaine, rude par essence, l'est surtout dans les sociétés et dans les conditions primitives, et c'est quelque chose, pour l'homme, de pouvoir, au milieu du déluge de maux qui l'assaillent, trouver à volonté un moment d'oubli, l'apparence d'un refuge. Sans compter que, de cette excitation factice, ont dû résulter souvent des idées que l'homme n'aurait jamais eues dans son état nor-

_____

(1) Préjévalsky, *Mongolia*, t. I, 201. — (2) Mantegazza, *loc. cit.* — (3) Burckhardt, *Hist. univ. des voy.*, vol. XXXII, 13.

mal, des efforts qu'il n'aurait pas faits dans sa faiblesse native.

Au point de vue spécialement sociologique, l'homme a aussi quelques actions de grâces à rendre aux *aliments nerveux*. L'usage de ces excitants est à la fois signe et cause d'une sociabilité en voie de progrès. D'ordinaire, et chez la plupart des peuples, on se réunit pacifiquement et sans arrière-pensée hostile pour savourer ces précieux aliments, quelquefois même pour les préparer. Dans beaucoup de hameaux indiens de la Guyane, le *piwari*, ou liqueur de cassave, se fabrique dans un tronc d'arbre creusé en baquet et dont l'usage est commun à tous les habitants. En Polynésie, les racines du *Piper methysticum* se mâchaient en commun, quand on voulait faire du kava (1). Les Indiens de Balsapuerto, sur les rives du Maragnon, préparent de même une boisson enivrante avec des *yuccas* mâchés (2). En Polynésie, un rameau de *Piper methysticum* servait souvent de symbole de paix. Boire le kava ensemble était en effet une insigne marque de confiance, puisque c'était se livrer plus ou moins ivre à la merci d'autrui. Dans l'Amérique méridionale, partout où il existe une agriculture rudimentaire, la consommation des boissons fermentées est la base des fêtes, l'appât et la récompense du travail (3). Le café joue un rôle analogue en Arabie, et le thé dans l'Asie centrale.

Enfin, plusieurs de ces substances, surtout les alcooliques, mettent en émoi tout l'homme sensitif; elles excitent à la joie, à la danse, au chant, à la musique, à la poésie. Partout où l'on consomme des boissons fermentées, il existe plus ou moins une littérature bachique. Les graves Chinois eux-mêmes ne font pas exception à la règle (4); ils ont chanté jusqu'à la triste bière de sorgho et aussi l'eau-de-vie de grain et le vin de riz.

Il y a sûrement loin de la stupide satiété digestive de l'Australien ou de l'Esquimau à la joyeuse ivresse du vin, aux visions si colorées de la coca. Par le côté de l'ivresse, la vie nutritive de l'homme confine donc à la vie sensitive, que nous allons maintenant aborder.

(1) Cook, *Deuxième Voyage (Hist. univ. des voy.*, vol. VIII, 31, etc.); Porter, *ibid.*, XVI, 218. — Radiguet, *Derniers Sauvages*, 63. — (2) Maw, *Hist. univ. des voy.*, XLII, 35. — (3) D'Orbigny, *l'Homme américain*, I, 199; II, 164, 328, 231. — (4) *Poesies de l'époque des Thing*, D'Hervey Saint-Denys, 1862, p. 105.

LIVRE II.

DE LA VIE SENSITIVE DANS L'HUMANITÉ.

———

CHAPITRE I.

DE LA VIE SENSITIVE EN GÉNÉRAL.

Nous venons de voir la vie nutritive s'épanouir, par une sorte d idealisation grossière, en une exaltation des sens et de l'imagination. Se nourrir d'abord, puis sentir, enfin penser ; telle est la loi du développement organique aussi bien dans le règne animal que dans la vie de l'homme individuel et du genre humain. Non qu'il faille dédaigner et conspuer la vie nutritive, puisqu'elle est la large base sur laquelle reposent tous les modes de la vie de conscience ; mais les phénomènes de la vie sensitive marquent un degré supérieur de complexité dans l'organisation ; tout en résultant, comme tout le reste, des actes nutritifs, ils sont plus nobles et il est fort légitime de leur assigner un rang plus élevé. En définitive, chez l'homme, le progrès consiste à enrichir de plus en plus la vie de conscience, à en élargir les limites, à l'affranchir autant que possible du joug de la vie nutritive.

A ce point de vue encore, les diverses fractions de l'humanité offrent bien des dissemblances, bien des singularités, bien des degrés de développement ; mais, pour mieux apprécier toutes ces particularités, il nous faut faire des coupes dans le champ de la vie de conscience. Chacune de ces subdivisions nécessaires formera le sujet d'un chapitre spécial

———

CHAPITRE II.

DU BESOIN GÉNÉSIQUE ET DE LA PUDEUR.

Comme l'a dit quelque part Schiller, « en attendant que les philosophes sachent gouverner le monde, ce sont la faim et l'amour qui se chargent de ce soin ». Le mobile par excellence du progrès humain a sûrement été la faim, la faim qui ne s'endort jamais pour longtemps. Nous avons vu combien par toute la terre l'homme s'est ingénié pour l'apaiser ; aussi de combien de conquêtes ne lui est-il pas redevable ! La chasse, la pêche, l'agriculture, etc., toutes les industries, même les institutions sociales qui s'y rapportent, n'ont surtout pour raison d'être que l'aiguillon de la faim.

Au point de vue de l'énergie, le besoin génésique prend place immédiatement après les besoins nutritifs proprement dits. Comme eux, il est un des principaux facteurs des sociétés animales et humaines, puisque, chez tous les animaux quelque peu supérieurs, sa satisfaction nécessite une association plus ou moins longue. Sans doute cette appariation génésique est le plus souvent temporaire ; le temps indispensable à l'élevage des jeunes en limite au plus la durée. Néanmoins, si courte que soit la vie commune, elle oblige cependant l'être organisé et conscient, quel qu'il soit, à tenir compte de son compagnon ou de ses compagnons, à les ménager, souvent à obtenir leur consentement. De cette communauté nécessaire, surtout quand les deux sexes s'occupent simultanément des jeunes, naissent des sentiments affectifs, des liens moraux, des habitudes sociales.

Pour voir dans l'homme autre chose que le premier des animaux terrestres, il faut être ivre de vin métaphysique et rien n'est plus propre que la psychologie comparée à nous guérir sous ce rapport de tout orgueil. En effet, tous les sentiments humains se retrouvent à l'état plus ou moins rudimentaire dans le règne animal. Certes l'amour idéalisé, tels que l'ont conçu certains poètes et que l'éprouvent en réalité un petit nombre d'échantillons d'élite du genre humain, semble bien

inconnu à l'animal. Mais l'amour grossier, le besoin génésique
aussi peu idéalisé que possible, tel que le ressentent un grand
nombre d'individus soi-disant civilisés et la plupart des sauvages, ravale tout à fait l'homme au niveau des autres citoyens
du règne animal, parfois même au-dessous ; car quelques espèces animales savent revêtir leurs rapports sexuels d'une
poétique parure.

Bien des oiseaux s'ingénient à captiver leur femelle par la
douceur de leur chant, comme le fait, par exemple, notre ros-
signol ; d'autres s'adressent à ses yeux, se pavanent devant
elle, font étalage de leurs éclatantes couleurs. L'albatros de
l'hémisphère austral (*Diomedea exulans*) touche de son bec celui de sa femelle ; tous deux balancent leur tête en cadence et
se regardent longtemps (1). Nos tourterelles et nos pigeons se
donnent de véritables baisers. Mais la palme en ce genre appartient à certains oiseaux de paradis et surtout à l'*Amblyornis
inornata*, à coup sûr plus délicat en esthétique amoureuse que
les Papous ses voisins. Ce curieux oiseau construit pour abriter ses amours une petite hutte conique, devant l'entrée de
laquelle il ménage une pelouse, tapissée de mousse, et dont
il relève la verdure en y semant des objets divers ornés de
couleurs vives : des baies, des graines, des fleurs, des cailloux, des coquillages. En outre, il a bien soin de remplacer
les fleurs fanées par d'autres plus fraîches. Ces singulières
constructions sont solides ; elles servent pendant plusieurs années et probablement à plusieurs oiseaux (2). Or, ce sont là
certainement des raffinements, dont sont incapables les races
humaines les plus inférieures : les Fuégiens, les Tasmaniens,
les Australiens, etc.

Chez ces races, par exemple, et même chez d'autres un peu
plus développées, la pudeur est un sentiment tout à fait inconnu. Fuégiens et Australiens vont nus ou ne se couvrent
que contre le froid, sans souci de la décence. C'est chez la
femme que le sentiment de la pudeur semble naître le plus
souvent. Déjà la Tasmanienne, d'ordinaire complètement nue,

(1) Pour toutes ces questions de psychologie animale, nous avons
tiré grand profit du consciencieux ouvrage de M. J.-C. Houzeau :
Étude sur les facultés mentales des animaux, etc., Mons, 1872. —
(2) O. Beccari, *Annali del Museo civico di storia naturale di Genova*,
vol. IX, fasc. 3-4, 1877.

avait soin, en s'asseyant sur le sol, les genoux écartés, de couvrir avec l'un de ses pieds ce que la réserve la plus élémentaire ordonne de cacher (1). D'habitude aussi c'est la femme qui, la première, songe à se vêtir par décence. Souvent d'ailleurs le vêtement auquel elle a recours est si rudimentaire, qu'il atteint fort mal son but ; citons comme exemple le petit tablier des Hottentotes, la ceinture frangée des Néo-Calédoniennes, interdite d'ailleurs aux jeunes filles, et que les femmes mariées avaient seules le droit de porter (2). La nudité des jeunes filles est du reste la règle chez bien des tribus sauvages où le vêtement de décence est déjà usité. On peut citer, entre bien d'autres, comme astreints à cette coutume, les Ashiras de l'Afrique équatoriale (3), les Chaymas de l'Amérique centrale (4). Colomb observa la même coutume sur la côte de Paria, etc., etc. Quelquefois pourtant les rôles sont renversés. En 1498, lors de l'arrivée de Christophe Colomb à l'île de la Trinité, les femmes y étaient entièrement nues, tandis que les hommes portaient le *guayuco*, sorte d'étroite bandelette (5). Dans la ville de Lari, dans l'Afrique centrale, toutes les femmes vont entièrement nues, quoique le pays soit plutôt barbare que sauvage (6).

La pudeur sauvage est d'ailleurs toute relative. En Polynésie, où les femmes étaient habituellement vêtues de deux morceaux d'étoffe, l'un supérieur, troué et porté en *poncho*, l'autre roulé autour des reins, elles se déshabillaient avec la plus grande facilité ; on les voyait nager autour des vaisseaux, grimper à bord et même dans la mâture, dans un état de nudité absolue. Les dames des îles Sandwich, déjà à demi civilisées à l'européenne, nageaient toutes nues vers les vaisseaux européens, en portant sur leur tête leur robe de soie, leurs chaussures et leur parasol, afin de s'habiller convenablement quand elles seraient à bord (7). A Taïti, les femmes se découvraient de la ceinture en bas, par pure politesse (8). Luc

---

(1) Bonwick, *Daily Life and Origin of the Tasmanians*, 58. — 2) De Rochas, *Nouvelle-Calédonie*, 153. — (3) Du Chaillu, *Voyage dans l'Afrique équatoriale*, 466. — (4) Humboldt, *Hist. univ. des voy.*, vol. XXXVIII, 362. — (5) *Ibid.*, p. 362. — (6) Denham et Clapperton, *Hist. univ. des voy.*, vol. XXVII, 99. — (7) Beechey, *Hist. univ. des voy.*, vol. XIX, 374. — (8) Cook, *Premier Voyage (Hist. univ. des voy.*, vol. V, 156, 194).

jeune princesse, faisant une petite traversée dans une des
chaloupes de Cook, voulut s'assurer *de visu* que les Européens
étaient conformés, en tous points, comme les hommes de son
pays (1). Plus tard, quand les missionnaires avaient déjà
christianisé la Nouvelle-Cythère, les femmes faisaient leur toilette la plus intime sur le bord de la mer, dans des endroits
où il n'y avait pas plus d'un pied d'eau, et en ayant soin de
choisir les lieux où passaient beaucoup d'étrangers (2).

Les faits de ce genre sont sans nombre : en Afrique, la jeune
reine de la tribu des Apingis, à qui du Chaillu avait donné
une pièce d'indienne de couleur éclatante, se déshabilla immédiatement en présence du donateur pour essayer ce cadeau (3).
Au Kamtchatka, les femmes, fort vêtues, comme le climat
l'exige, accouchent, sans la moindre vergogne, à genoux devant tout l'ostrog, sans distinction d'âge ni de sexe (4). Cette
insouciance du vêtement n'est pas d'ailleurs spéciale aux peuples sauvages : les dames de Mendoza, ville espagnole sur les
confins des Pampas, au pied des Andes, se baignaient, soir et
matin, pêle-mêle avec les hommes, et complètement nues,
dans un ruisseau longeant l'*Alameda* de la ville (5).

Parfois le sentiment de la pudeur prend des formes singulières, pleines de fantaisie. En Chine, une femme ne doit pas
montrer à un homme son petit pied difforme ; les peintres
évitent aussi de le représenter dans les tableaux, et il est in-
convenant d'en parler dans la conversation (6). A Basra, sur
l'Euphrate, le devoir d'une femme surprise au bain était de
couvrir son visage, sans se soucier du reste (7) Ainsi faisaient,
en Égypte, les femmes fellahs, etc.

Tous les faits qui précèdent, et dont on pourrait à volonté
allonger l'énumération, prouvent surabondamment que le sentiment de la pudeur est tout à fait artificiel. Comme tous les
autres sentiments délicats, c'est un ornement moral, que
l'homme a acquis lentement, tardivement. Aussi, de nos jours
encore, le voyons-nous s'éclipser vite et facilement, quand il

(1) Cook, *Deuxième Voyage* (*Hist. univ des voy*, vol VII, 435).
— (2) Moerenhout, *Voyage aux îles du Grand Océan*, I, 219.— (3) Du
Chaillu, *Voyage dans l'Afrique équatoriale*, 499. — (4) Beniouski, *Hist.
univ des voy.*, vol. XXXI, 407. — (5) Head *Hist. univ. des voy.*,
vol XLI, 331. — (6) With. Stricker, *Arch. für anthropologie*, 1870.—
(7) Niebuhr, *Reisebeschreibung nach Arabien*, 1774, Copenhagen.

y a péril, maladie, etc. C'est un sentiment particulièrement
féminin, suscité, sans doute, chez la femme par la jalousie des
maris-propriétaires. Les hommes, même civilisés, l'éprouvent
très peu, et il est inconnu à la plupart d'entre eux dans la vie
sauvage. Certains peuples mêmes, comme les Dinkas, se font
gloire de leur absolue nudité. Pour eux, le vêtement est quelque
chose de déshonorant ; il est l'apanage exclusif de la femme.
Aussi appelaient-ils ironiquement Schweinfurth : *la dame
turque* (1).

Il n'y a donc pas lieu de s'étonner si le fragile rempart de la
pudeur s'écroule bien vite, alors que se fait sentir le puissant
aiguillon du besoin génésique.

CHAPITRE III.

DES RAPPORTS SEXUELS.

L'homme a commencé par n'attacher, comme les animaux,
aucune idée de honte aux rapprochements sexuels, et nous
aurons plus tard à établir, que dans les sociétés primitives, une
certaine promiscuité a souvent précédé le mariage. Dans les
hordes ou tribus les plus sauvages, là même où existe quelque
forme grossière d'union conjugale, la chasteté de la femme mariée est toute relative et, le plus souvent, le mari, dont la femme
est la propriété, a le droit de la prêter à qui bon lui semble. Mais
dans tous les pays sauvages, aux îles Andaman, en Australie, à
la Nouvelle-Calédonie, en Polynésie, dans l'Afrique noire, etc.,
les jeunes filles étaient ou sont encore parfaitement libres de
disposer à leur gré de leur personne. La même liberté de mœurs
règne même dans des pays bien plus policés, par exemple en
Cochinchine (2), au Japon, où les parents pauvres louent souvent
leurs filles, pour un certain nombre d'années, à des maisons
de prostitution, sans que ce noviciat préjudicie en rien à leur
mariage futur (3). C'est que l'instinct génésique tient, pour une

---

(1) G. Schweinfurth, *the Heart of Africa*, 152. — (2) Finlayson,
H.st. univ. des voy., vol. XXXIV, 334. — (3) Kæmpfer, *Hist. univ.
des voy*, vol. XXXI, 163.

part encore, aux besoins nutritifs ; il en a presque l'énergie,
et ne se laisse pas sans peine contraindre et moraliser. Chez
les insectes, il survit aux mutilations les plus graves. Ainsi la
décapitation même n'empêche pas le mâle de la *Mantis religiosa*
de feconder sa femelle (1). Rien de pareil ne s'observe évidemment chez les animaux supérieurs à système nerveux centralisé ;
mais néanmoins, chez eux et chez le premier d'entre eux,
l'homme, le besoin amoureux est bien tyrannique encore, et,
dans les sociétés primitives, on songe assez peu à le réglementer.

Il va de soi que la liberté amoureuse est d'autant plus illi-
mitée que la race est plus inférieure, plus près de l'animalité.
Ainsi la vie de la femme australienne n'est qu'une longue
prostitution. Dès l'âge de dix ans, elle cohabite avec les jeunes
garçons de quatorze à quinze ans. Plus tard, son devoir est
d'aller, pendant la nuit, s'offrir à tout hôte accueilli par la tribu.
L'Australienne mariée, ou plutôt possédée par un homme, peut
être prêtée par son mari. Ce dernier est-il absent, un autre
homme prend sa place. Plusieurs tribus campent-elles côte à
côte, les hommes de chaque campement vont, la nuit, faire
l'amour dans le camp voisin (2) ; car la prostitution des Australiens est facilement exogamique, comme leur mariage.

A la Nouvelle-Calédonie, la chasteté n'est ni plus estimée ni
plus respectée qu'en Australie. « Il faudrait, dit M. de Rochas,
au lieu du pinceau moelleux de Forster, le burin de Juvénal
pour montrer ces Messalines sauvages poursuivant de leurs
impures provocations des jouvenceaux novices, pour représenter de vieilles matrones, ardentes à montrer le chemin du
vice à de jeunes vierges, dirigeant elles-mêmes le sacrifice, etc. (3). »

En Polynésie, on peut dire que la satisfaction du besoin
amoureux était le principal mobile de la vie. Dans tous les
archipels, en dehors de l'état de mariage, la liberté des unions
sexuelles était absolue et, dans le mariage, elle était seulement
restreinte, le mari ayant le droit incontesté de prêter sa femme,
son bien, à qui bon lui semblait, et l'infidélité de la femme
n'étant punie d'ordinaire que par une légère correction. Sur

_____

(1) Houzeau, *loc. cit.*, t. I, 271.   (2) Eyre, *Discoveries in Central
Australia*, II, 320. — (3) *Nouvelle-Calédonie*, 235.

ce point, les relations des voyageurs sont unanimes. Partout les pères, les frères, parfois les maris, offraient les femmes aux marins européens, moyennant salaire, bien entendu. Le prix demandé variait suivant la mode ; c'était tantôt une plume rouge, tantôt un colifichet quelconque ; dans les premiers temps, les clous étaient la valeur préférée. Les femmes nues nageaient autour des navires, grimpaient à bord. Des pirogues, chargées des mêmes passagères, voguaient vers les vaisseaux et, au départ, les pères, les frères, etc., donnaient des instructions aux femmes au sujet du prix qu'elles devaient mettre à leurs faveurs.

Ces mœurs si faciles étaient les mêmes dans toute la Polynésie, y compris l'île de Pâques, où les femmes, très peu nombreuses lors du voyage de Cook, suppléaient au nombre par l'activité et surpassaient de beaucoup les exploits historiques de Messaline (1). A la Nouvelle-Zélande, la lubricité était un peu moins grande ; les femmes ne se prostituaient guère qu'avec le consentement exprès des hommes, leurs maîtres ; mais ce consentement s'obtenait facilement pour un clou, une chemise, etc. (2).

Dans toutes ces îles, le sentiment de la pudeur n'existait pas même à l'état rudimentaire. Les habitations ne consistant guère qu'en un toit supporté par des poteaux, sans autres murailles que quelques nattes attachées de côté ou d'autre, suivant le hasard des intempéries, il n'y avait pas de vie intime et tout se passait *coram populo* (3). Toute la famille couchait côte à côte, sous des nattes, le maître de la maison au milieu avec sa ou ses femmes (4). Les jeunes garçons et les jeunes filles passaient la nuit de la même manière et entièrement nus (5). On dressait les jeunes filles à danser la *Timorodie*, danse très lascive, avec accompagnement de paroles lubriques (6). Quant aux unions sexuelles, elles s'accomplissaient publiquement et sans la moindre gêne. Une princesse, nommée Obéréa, ne dédaignait pas de guider de ses conseils une jeune

---

(1) Cook, *Deuxième Voyage* (*Hist. univ. des voy.*, vol. VIII, 155). — (2) Cook, *id.*, vol. VI, 318 — (3) Cook, *Premier Voyage* (vol. V, 100). — (4) Cook, *Premier Voyage* (*id*, vol. V, 252) ; Edwards, *id.*, vol. XIII, 423 — (5) Moerenhout, *Voyage aux îles du Grand Océan*, I, 263. — (6) Cook, *Premier Voyage* (*loc. cit*, vol. V, 268).

fille de onze à douze ans, cohabitant publiquement avec un jeune homme (1).

Offrir une fille ou une femme à un visiteur était pour les Taitiens, un acte de simple politesse. Bougainville a décrit ce genre de réception, si étrange au point de vue de nos habitudes européennes : « Chaque jour nos gens se promenaient dans le pays, sans armes, seuls ou par petites bandes. On les invitait à entrer dans les maisons : on leur y donnait à manger; mais ce n'est pas à une collation légère que se borne ici la civilité des maîtres de maison : ils leur offraient des jeunes filles; la case se remplissait à l'instant d'une foule curieuse d'hommes et de femmes, qui faisaient un cercle autour de l'hôte et de la jeune victime du devoir hospitalier; la terre se jonchait de feuillage et de fleurs, et des musiciens chantaient aux accords d'une flûte (dont on jouait par les narines) un hymne de réjouissance... Chaque jouissance est une fête pour la nation. Ils étaient surpris de l'embarras qu'on témoignait (2). »

A Taiti, la christianisation de l'île, effectuée au prix de guerres civiles excessivement meurtrières, fut tout apparente. La débauche devint plus générale, plus hideuse; on la recouvrit seulement d'un peu d'hypocrisie. Les femmes ne se rendaient plus le jour à bord des navires; elles y allaient, ou on les y conduisait la nuit (3). Chez ce peuple, le besoin amoureux était si violent, que, malgré le despotisme anglican, les conversations, auxquelles prenaient part les femmes et les enfants, continuaient toujours à rouler sur les sujets les plus obscènes et de la manière la plus crue (4). On y engraissait les femmes, en vue des ébats amoureux, avec de la pâtée de fruits à pain *(popoï)*, de bananes, etc. Pendant cette période d'entraînement génésique, elles ne pouvaient marcher que pour aller se baigner et, avant de reparaître en public, elles étaient inspectées par des hommes et dans un état de nudité complète (5).

Goûter les plaisirs amoureux était la grande préoccupation et la grande joie des insulaires de Taiti et des îles de la Société. Pour varier leurs jouissances, ils voyageaient souvent d'une île

(1) Cook *Premier Voyage (loc. cit.*, vol. V, 160). — (2) Bougainvile, *Hist univ. des voy*, vol. IV, 220. — (3) Moerenhout, *Voyage aux îles du grand Océan*, vol. 1, 313. — (4) Moerenhout, *id.*, I, 264. (5) Moerenhout, *id.*, 20 .

à l'autre (1), et ils avaient imaginé la fameuse société des
Aréoïs, dont il nous faut maintenant dire quelques mots. Chez
les anciens Mexicains, les très anciens, ceux du onzième siècle,
existait une secte dite des *Ixcuinames*, dont les membres, dans
un pays où les femmes devaient pourtant manger à part, fes-
toyaient, s'enivraient ensemble, sans distinction de sexe, et
vivaient en état de promiscuité. Les membres de cette société
se livraient sans cesse à des orgies, à des pratiques obscènes,
mêlant à tout cela des cérémonies religieuses et immolant des
victimes humaines (2). C'est exactement ce que faisaient les
Aréoïs, et cette analogie est un argument de plus à invoquer
en faveur de l'origine américaine d'une partie des Polynésiens.

A Taïti, aux Marquises, etc., l'association des Aréoïs avait
une couleur religieuse. Dans bien des pays et chez bien des
races, l'homme a mis ainsi ses plaisirs et ses passions sous la
sauvegarde du ciel. La société des Aréoïs était une franc-ma-
çonnerie à la fois mystique et lubrique, sous le patronage du
dieu Oro, fils de Taaroa, le Jéhovah polynésien On n'était pas
admis sans difficulté dans la confrérie Après un long noviciat,
le récipiendaire, peint en rouge et en jaune, devait d'abord
avoir, en présence de ses futurs collègues, un accès de délire
religieux. Dans une seconde épreuve, succédant à la première,
après de longs mois et même des années, il jurait solennellement de mettre à mort tous les enfants qu'il pourrait avoir.
A partir de ce moment, il appartenait à la septième et dernière classe de la société ; il y apprenait les chants, les danses,
les mimiques sacrées, qui formaient le rituel des Aréoïs. On
ne montait en grade, dans la confrérie, qu'au prix d'épreuves
et de cérémonies nouvelles, et un tatouage spécial distinguait
chaque catégorie de membres (3).

Or, le but de l'association religieuse dont nous parlons,
était la satisfaction, sans frein ni mesure, des besoins amoureux, et, pour tous ses membres, l'infanticide était un devoir.
Entre les sociétaires, toutes les femmes étant communes à
tous les hommes, la cohabitation de chaque couple ne durait
guère plus de deux ou trois jours. La vie se passait ainsi en

(1) Cook, *Troisieme Voyage* (*Hist., univ. des voy.*, vol. X, 115.) —
(2) Louis Faliès, *Etudes hist. et phil. sur les civilisations*, t. I, 398. —
(3) Moerenhout, *Voyage aux îles du grand Océan*, t. I, 484-503.

fêtes perpétuelles : on festinait, on luttait, on chantait ; les
femmes dansaient la lubrique *Timorodie*. Le premier devoir de
chaque sociétaire féminin était d'étouffer ses enfants immédiatement au moment de la naissance ; pourtant, si le nouveau-né
vivait une demi heure seulement, il était sauvé. Pour avoir le
droit de garder son enfant, une femme devait trouver, parmi les
membres, un père d'adoption ; mais elle était chassée avec lui
de l'association et flétrie du nom de « faiseuse d'enfants (1) ».

Appartenir à la confrérie des Aréois était un grand honneur.
Un Taïtien emmené par Cook en Angleterre déclarait qu'il
s'estimait l'égal du roi de la Grande-Bretagne, puisqu'il était
Aréoi.

Les faits de ce genre, aussi étranges qu'incontestables,
rendent fort difficile la situation des métaphysiciens attardés,
chargés d'enseigner dans nos écoles l'innéité de l'idée du bien
moral, car il est fort clair que l'institution des Aréois n'avait
d'autre raison d'être que la fougue lubrique des Polynésiens,
sanctifiée par la religion et combinée peut-être avec le désir
de restreindre l'accroissement gênant de la population.

Jusqu'ici nous avons surtout parlé de Taïti, qui peut être
considéré comme la métropole polynésienne ; mais le même
sans-façon amoureux régnait dans toutes les îles polynésiennes ;
partout une liberté absolue présidait aux rapports sexuels, sauf
une certaine restriction pour les femmes mariées, qui avaient
légalement besoin du consentement de leurs maris, dont elles
étaient la propriété, et qui avaient sur elles droit de vie et de
mort. A Nouka-Hiva, dit Porter, beaucoup de parents s'estimaient honorés de la préférence accordée à leurs filles et témoignaient leur satisfaction par des présents de cochons et de
fruits (2). La continence des premiers missionnaires anglais
étonna outre mesure les Nouka-Hiviens, et l'un de ces missionnaires dut même s'évader pour se soustraire à un examen
tout à fait intime ; les naturels, ne doutant pas que sa confor-
mation ne fût toute particulière, avaient résolu de satisfaire
sur ce point leur curiosité (3). Aux îles Sandwich, la grande
difficulté de la prédication chrétienne consistait à enseigner

(1) Moerenhout, *loc. cit.* — Cook, *Premier Voyage* (*Hist. univ.
des voy.*, t. V, 269). — (2) Porter, *Hist. univ. des voy.*, vol. XVI,
229. — (3) Paulding, *id.*, vol. XVI, 428.

aux femmes la chasteté : « elles ignoraient le mot et la chose (1) ».

Dans la Polynésie en général, on ne connaissait, en ce qui touche les plaisirs amoureux, ni pudeur ni règle. Pourtant, selon W.-T. Pritchard (2), il faudrait faire une exception pour les filles des chefs de Samoa, dont la chasteté, gardée par des duègnes, est l'orgueil de la tribu. On la vérifie d'ailleurs, avant le mariage, par un examen des plus indécents, pratiqué en présence de la tribu entière.

Cette prédominance du besoin amoureux et cette absence si parfaite de scrupules pudiques coïncident, chez les Polynésiens, avec un caractère enfantin sous plus d'un rapport.

Nous aurons à parler de leur passion pour la couleur rouge ; cette passion s'étendait à tous les objets brillants. Futtafaihi, prince de Tongatabou, fut tout à fait charmé par une assiette d'étain que lui donna Cook ; il la destinait, disait-il, à le représenter en son absence (3). A Taiti, une princesse nommée Oberea, âgée d'environ quarante ans, reçut avec reconnaissance une poupée en cadeau (4). Hommes et femmes étaient d'une extrême mobilité ; ils passaient instantanément du rire aux larmes, etc.

Au milieu de leur licence amoureuse, si innocente d'ailleurs à leurs yeux, il n'y avait guère de place pour le côté affectif de l'amour. Aussi, au dire de tous les voyageurs, le sentiment de la jalousie était absolument inconnu aux hommes, pour qui les femmes étaient simplement ou des instruments de plaisir ou une propriété. Il n'en était pas tout à fait ainsi pour les femmes. Elles ne se piquaient point de fidélité, mais n'en étaient pas moins susceptibles de jalousie. Tout en étant volages, elles avaient souvent des prétentions à la possession exclusive de leur amant (5), dont parfois les écarts les désespéraient (6). C'est que, dans tout le genre humain, l'amour est, pour la femme, une plus importante affaire que pour l'homme. Il semble bien aussi que la femme ait, plus que l'homme, con-

---

(1) D' Varigny, *Quatorze ans aux îles Sandwich*, 159. — (2) *Polynesian Reminiscences*, 155. — (3) Cook, *Troisième Voyage* (*Hist. univ. des voy.*, vol. IX, 456). — (4) Cook, *Premier Voyage* (*loc. cit.*, vol. V, 130). — (5) Porter, *Hist. univ. des voy.*, vol. XVI, 229. — (6) Moerenhout, *Voyage aux îles*, etc., II, 64.

tribué à l'ennoblir. En effet, la pudeur est un sentiment plus féminin que masculin, et, au milieu de la promiscuité polynésienne, c'est chez la femme seulement que le sentiment pénétrait quelque peu dans le domaine de l'amour sensuel.

La même liberté de mœurs, plus ou moins voisine de la promiscuité, règne un peu par toute la terre, partout où la civilisation est peu développée encore. La réserve, quand elle existe plus ou moins, est presque toujours imposée aux femmes mariées par les hommes; c'est un droit de propriétaire sur une chose possédée. Mais la continence morale, celle qui résulte de sentiments délicats, lentement acquis, au fur et à mesure de l'évolution mentale de la race, est chose rare. Nous l'allons voir en continuant, à ce point de vue, de nous promener à travers le genre humain.

Chez les Cafres Kousas, dit Lichtenstein, il n'entre dans le mariage aucun sentiment d'amour (1). « L'idée de l'amour tel que nous le comprenons, dit du Chaillu (2) en parlant d'une tribu du Gabon, paraît être inconnue à ce peuple. » Selon Mungo Park, les Maures de la Sénégambie considèrent la femme comme une espèce inférieure d'animal; ils l'élèvent uniquement pour vaquer aux plaisirs sensuels, sans lui demander jamais aucune qualité de l'esprit, et l'évaluent, comme on évalue chez nous les animaux de boucherie, au poids (3).

Au Darfour, tout homme est tenu d'épouser les querelles de l'amant de sa fille ou de sa sœur (4). En Abyssinie, les courtisanes occupaient souvent un rang élevé à la cour du prince; souvent même elles en recevaient le gouvernement d'une ville ou d'une province (5). Au rapport de Bruce, les Abyssiniennes vivent comme si elles appartenaient à tout le monde. Les mariages abyssiniens se font et se défont sans aucune cérémonie, et. dans les banquets, les femmes les plus distinguées se livraient à leurs amants publiquement et sans vergogne : « Un couple d'amants descend de son banc pour se placer plus commodément; aussitôt les deux hommes qui sont le plus près d'eux élèvent leurs manteaux et les cachent aux autres con-

---

(1) *Travels in South Africa*, I, 261. — (2) Du Chaillu, *Voyage dans l'Afrique équatoriale*, 119. — (3) Mungo Park, *Hist. univ. des voy.*, vol. XXV, 176. — (4) Browne, *Hist. univ. des voy.*, vol. XXV, 414.— (5) Combes et Tamisier, *Voyage en Abyssinie*, t. II, 116.

vives, etc. (1). » Les antiques voisins des Abyssiniens, les anciens Égyptiens, étaient aussi fort dissolus. Du temps d'Hérodote, la lasciveté des Égyptiennes était célèbre, et dans l'Égypte ancienne il était de règle de ne livrer les cadavres féminins aux embaumeurs que trois jours après la mort : précaution dont on devine sans peine le but.

Sous le rapport des mœurs amoureuses, l'Amérique n'est pas plus édifiante que l'Afrique. Contrairement à l'effet prétendu modérateur des basses températures sur les besoins génésiques, les Esquimaux sont les plus dévergondés des Américains. Chez eux, hommes et femmes couchent pêle-mêle et tout nus sous une peau de daim. On se serre un peu pour faire place aux hôtes, et le capitaine Parry lui-même fut un jour accueilli de cette façon hospitalière (2). Le devoir du maître esquimau est, d'ailleurs, d offrir à son hôte sa ou ses femmes (3), que, d'autre part, il cède, prête, loue ou vend sans scrupule. De leur côté, les femmes se prostituent de leur mieux, dès que le mari est absent (4). « Ma nation, dit un jour un habitant des îles Aléoutiennes à un missionnaire russe, suit, dans les accouplements, l'exemple des loutres de mer (5). »

Les Peaux-Rouges sont moins salaces, mais non plus scrupuleux. Chez les Naudowessies, tribu de l'Amérique du Nord, une femme avait acquis une grande considération parce qu'elle avait hébergé et traité en maris les quarante principaux guerriers de sa tribu (6). Les hommes de cette race semblent d'ailleurs être modérément enclins aux plaisirs amoureux (7). Mais il en était et il en est tout autrement dans l'Amérique centrale. Comme nous le verrons un peu plus loin, les anciens Mexicains étaient fort adonnés à l amour contre nature, et dans toute l'Amérique du Sud les Indiens de la Bolivie sont célèbres pour l'énergie et la longévité de leur virilité (8). Soit par l'influence de l'exemple, soit par suite du métissage, les Hispano-Américains semblent avoir adopté dans une assez large mesure ces mœurs relâchées. Aux Antilles, les créoles avaient coutume

---

(1) Bruce, *Hist. univ. des voy.*, vol. XXIII, 255, 358, 365.—(2) Parry, *Deuxieme Voyage* (*Hist. univ. des voy.*,vol. XL, 424). — (3) Peschel, *Races of Man*, 399. — (4) Parry, *loc. cit.*, *Troisieme Voyage*, 456. — (5) Langsdorf, *Annales de Malte-Brun*, 21. — (6) Carver, *Travels in North America*, 225. — (7) Waitz, *Anthropology*, I, 154. — (8) P. Mantegazza, *Rio de la Plata*, 425.

d'offrir, le soir à un hôte, une négresse en même temps que
sa bougie (1). A Santiago dn Chili, il n'y a pas longtemps encore, les filles publiques pullulaient ; elles occupaient le rez-
de-chaussée de la plupart des maisons et du seuil de la porte
appelaient les passants, tandis qu'au fond de la chambre un
cierge brûlait devant des images pieuses (2). La Pérouse a aussi
remarqué l'extrême dévergondage des Chiliens du peuple à la
Conception (3).

En Asie, aussi bien dans l'Asie mongole que dans l'Asie
blanche, la licence des mœurs est grande, tout en coïncidant
souvent avec une jalousie féroce des maris propriétaires. En
Malaisie, les mœurs de la femme non mariée sont fort libres ;
mais, dans certaines localités, notamment à Lombok, on châtie
les adultères en les liant dos à dos et en les jetant aux crocodiles (4). En Cochinchine, au Japon, où la fidélité conjugale
est considérée pour la femme comme un devoir, les parents
louent volontiers leurs filles, soit à des particuliers, soit à des
maisons de prostitution. En Chine, les hommes riches achètent
aussi, pour leur usage, les jolies filles, à partir de l'âge de
quatorze ans (5). Nous regrettons de ne pouvoir décrire ici les
singuliers artifices usités en Chine pour augmenter le plaisir
des unions sexuelles ; mais ils indiquent un degré de raffinement voluptueux, dont nulle part ailleurs on ne s'est avisé(6).

Bien des fois on a prétendu que la salacité d'une race était
en rapport étroit avec la latitude et que l'ardeur amoureuse
de l'homme allait en décroissant de l'équateur au pôle. C'est
là une de ces vues superficielles, comme il y en a trop en
ethnologie. Les caractères anatomiques et physiologiques des
races résultent de causes infiniment complexes, ayant combiné
leur action durant des siècles sans nombre et que nous sommes
encore à peu près impuissants à démêler. Où se sont formées
les races actuelles ? sous quelles influences ? Comment se sont-
elles croisées? Quelles ont été leurs migrations ? Autant de
questions auxquelles nous sommes incapables de répondre et

(1) *Mœurs des colons aux Antilles* (*Revue britannique*, t. VII, 1826).
— (2) Head, *Hist. univ. des voy.*, vol. XLI, 371. — (3) La Pérouse,
Hist. univ. des voy., vol. II, 75. — (4) Wallace, *The Malay Archipelago*, I, 173. — (5) Macartney, *Hist. univ. des voy.*, vol. XXXIII,
471. — (6) Dr Hureau de Villeneuve, *De l'accouchement dans la race
jaune* (Thèse de la Faculté de médecine de Paris).

avant la solution desquelles il nous sera impossible d'apprécier
scientifiquement l'influence des milieux sur l'homme. Au point
de vue de l'énergie génésique, par exemple, on constate, chez
les diverses races et indépendamment des climats, les différences les plus marquées. Le Bolivien est, dit-on, très salace ;
le Peau-Rouge l'est très peu, et, chez lui, le développement
des organes génitaux mâles serait fort médiocre (1). Au contraire, l'Esquimau est très érotique, en dépit des températures arctiques. Au contraire, d'autres Mongoloïdes du Nord,
les Lapons du Finmark, ont des besoins amoureux très lan-
guissants. Un ministre d'une paroisse laponne du Finmark
n'avait vu, en vingt ans, qu'une seule naissance illégitime
parmi ses ouailles et les familles y comptaient rarement plus
de trois à quatre enfants (2).

Quoique incontestablement plus développées que les autres
races en intelligence et en moralité, les races blanches ont
donné et donnent encore mille exemples d'un grand laisser-
aller en matière amoureuse. Les chroniqueurs rapportent
qu'en arrivant dans la ville indienne de Vesali, le fondateur du
bouddhisme, Çakya-Mouni, fut reçu par la grande maîtresse
des courtisanes (3). Encore aujourd'hui, les prêtres brahmani-
ques élèvent dans les pagodes des bayadères, auxquelles on
enseigne le chant, la musique, et qui se peuvent ensuite louer
avantageusement (4). La sainte ville de la Mecque est remplie
de femmes publiques, payant une taxe au chérif et composée
en partie d'esclaves abyssiniennes, exerçant leur profession au
bénéfice de leurs maîtres (5).

Les races blanches, comme toutes les autres, ont vraisemblablement débuté par la promiscuité, dont elles ne sortirent
que lentement. Longtemps la possession exclusive d'une femme
par un homme fut considérée comme une sorte de vol fait à la
communauté. De là des lois qui obligeaient, dans divers pays,
les femmes à se prostituer religieusement, au moins une fois
dans leur vie. A ce sujet, les témoignages abondent dans les
écrivains de l'antiquité. Les Lydiennes devaient s'acquitter de

---

(1) Waitz, *Anthropology*, I, 154, — (2) Capell Brooke, *Hist. univ.
des voy*, vol. XLV, 258. — (3) Mrs. Spier, *Life in Ancient India*, 28.
—(4) Sonnerat, *Hist. univ. des voy.*, vol. XXXI, 348-351 ; Laplace,
d., vol. XVIII, 433.— (5) Burckhardt, *Histoire universelle*, vol. XXXII,
100.

cette obligation avant leur mariage dans l'Hagnéoû, « lieu du sacrifice de la chasteté » (1). Même coutume dans le pays d'A-kisilène, entre l'Euphrate et le Taurus (2). Une fois dans leur vie, les Babyloniennes devaient se prostituer, moyennant salaire, dans le temple de Mylitta ou Vénus (3). Les Chypriotes envoyaient leurs filles se prostituer, sur le bord de la mer, en offrant leur virginité à Vénus (4). Plus tard, en Grèce, l'accomplissement de ce devoir amoureux envers la communauté fut confié à des prêtresses ou hétaïres, qui, par leurs œuvres, exonéraient les autres femmes.

Les écrivains latins, historiens et poètes, nous ont fait de la débauche romaine des tableaux colorés, que tout le monde connaît et sur lesquels il est inutile d'insister ici Nous nous contenterons de renvoyer aux écrits de Juvénal, Tibulle, Ovide, Pétrone, etc., à Tacite et à Suétone. Les Romains avaient tout un vocabulaire voluptueux, dont les équivalents font défaut dans nos langues modernes (fellare, crissare, cevere, fricare, irrumare, podicare, etc., etc.). En plein théâtre on exécutait des danses lascives et des pantomimes extrêmement libres, et les poètes nous renseignent sur l'effet produit par ces spectacles sur leurs contemporaines :

> Cheironomom Ledam molli saltante Bathyllo,
> Tuccia vesicæ non imperat, Appula gannit,
> Sicut in amplexu, etc.   •
>
> JUVÉNAL sat. VI

« Le latin dans les mots brave l'honnêteté » : c'est que les Latins la bravaient aussi dans leurs mœurs

A défaut de tant de faits, les religions érotiques, phalliques, vulvaires, etc., suffiraient a montrer d abord combien le besoin génésique a tourmenté et obsedé l'humanité combien aussi l'homme s'est difficilement dégagé de la bestialité. Quelques mots sur l'amour contre nature achèveront de mettre ce dernier point en lumière.

(1) Hérodote, XCIII, XCIV, Clio. — (2) Strabon, II, 532. — (5) Hérodote, Clio, CXCIX. — (4) Justin, liv. XVIII, chap. V.

CHAPITRE IV.

DES ÉCARTS GÉNÉSIQUES.

Les écarts génésiques, dont nous allons parler très brièvement, sont anormaux, mais, à vrai dire, ne sont pas contre nature, puisqu'on les observe chez nombre d'animaux. C'est chez les femelles en rut que les déviations de l'instinct amoureux ont surtout été signalées. Les naturalistes et les éleveurs savent que certaines vaches éprouvent les désirs amoureux du mâle et s'efforcent de les satisfaire de la même manière. Ce sont les vaches dites *taurelières*, souvent stériles (1). De même les poules *coquières* copient toute la mimique génésique du coq (2). A vrai dire, quand le puissant instinct génésique est contrarié, il se satisfait comme il peut dans le règne animal.

Il n'en va pas autrement chez l'homme. En outre, l'être humain, étant plus intelligent que les animaux, s'avise souvent de raffinements ou d'aberrations propres à augmenter ou simplement à varier la volupté génésique. *A priori* on peut supposer que, sous ce rapport, l'homme doit être d'autant moins scrupuleux que sa moralité et son intelligence sont moins développées. C'est en effet ce qui arrive, et les actes voluptueux, stigmatisés comme immondes par les sociétés et les individus réellement civilisés, ne répugnent nullement à la bestialité des races sauvages et des individus peu développés.

L'amour dit *contre nature* n'est nullement le résultat d'une civilisation trop raffinée; c'est, au contraire, un des nombreux produits de la sauvagerie primitive. On le trouve en vigueur dans la plupart des sociétés sauvages, et il n'y est l'objet d'aucune réprobation. Le Kanak de la Nouvelle-Calédonie est beaucoup moins lascif que le Polynésien, et un rapprochement sexuel par mois lui suffit après la fougue très courte de la première jeunesse (Bourgarel, *loc. cit.*) (3) ; mais il est sodomiste d'habi-

---

(1) Hunter, *Philosophical Transactions*, 1792 (cité par J. M. Houzeau). — (2) Montaigu, *Ornithological Dictionary*, art. Pheasant (cité par Houzeau.) — (3) A. Bourgarel, *Des races de l'Océanie française* (*Mém. Soc. anthrop.*, II, 399).

tude; et, la nuit, les Néo-Calédoniens se réunissent en plus ou moins grand nombre dans une case pour se livrer à la plus sale débauche (1).

On n'était pas plus scrupuleux en Polynésie, et l'un des dieux taitiens présidait aux unions contre nature (2). Les Néo-Zélandais s'abandonnaient à ce vice, même avec les femmes (3). Dans toute l'Amérique, du sud au nord, on trouve des mœurs analogués, depuis les rives du Rio de la Plata jusque chez es Esquimaux (4). Au dire de Bernal Diaz, le sodomisme était une profession publiquement exercée chez les anciens Mexicains : « *Erant quasi omnes sodomiâ commaculati, et adolescentes multi, muliebriter vestiti, ibant publice, cibum quærentes ab isto diabolico et abominabili labore* (5). » Ce déguisement sodomique des hommes en femmes était aussi en usage chez les Illinois (6).

Les nations asiatiques, beaucoup plus civilisées, ne sont pas plus morales sous ce rapport. En Chine il y avait et il y a sans doute encore des maisons de prostitution sodomique (7). Dans la ville d'Hebheb, en Mésopotamie, Buckingham a vu des enfants se promener en public, en excitant les passants au genre de débauche dont nous parlons (8). A la Mecque, les mêmes pratiques se commettent jusque dans la mosquée elle-même, sanctuaire du mahométisme (9), et Palgrave a observé des faits analogues chez les pieux Wahabites de l'Arabie centrale (10).

Il est presque inutile de citer à ce sujet l'antiquité classique, dont tout le monde connaît la licence. Rappelons pourtant que, dans ses dialogues éthérés sur l'amour, Platon n'entend nullement parler de l'amour pour la femme.

A Rome, le vice, dont nous disons ici quelques mots, était extrêmement répandu, comme l'attestent nombre d'écrivains, de Virgile à Pétrone. A vrai dire, ce n'était point un vice, car il ne fut que bien tardivement condamné par la morale publi-

---

(1) Bourgarel, *loc. cit.*, 390, et de Rochas (*Nouvelle-Caledonie*, 235). — (2) Moerenhout, *Voyage aux îles du grand Ocean*, II, 167. — (3) Marion, *Hist. univ. des voy.*, III, 437. — (4) *Enumération de peuples*, dans Peschel (Races of Man, 408, 399, 136). — (5) B. Diaz, *Histoire veridique de la conquête de la Nouvelle-Espagne*, D. Jourdanet, 1re édit., II, 594. — (6) Charlevoix, *Nouvelle-France*, III, 303. — (7) Timkowski *Hist. univ. des voy*, t. XXXIII, 311). — (8) *Hist. univ. des voy.*, vol. XXXII, 486. (9) Burckhardt, *Hist. univ. des voy*, vol. XXXII 155. — (10) Palgrave, *Deux Années dans l'Arabie centrale*.

que. Ce ne fut guère que durant les premiers siècles de l'ère chrétienne, sous l'influence de l'esprit judaïque, que ce point d'éthique fut définitivement réglé en Europe et que l'on commença à éprouver réellement pour les excès contre nature l'horreur et le dégoût qu'ils inspirent aujourd'hui à presque tous les individus des nations civilisées.

Cette évolution du sens moral est des plus intéressantes. Nous voyons ainsi, depuis la barbarie primitive jusqu'à nos jours, la délicatesse morale s'affiner de plus en plus. Des habitudes plus relevées s'acquièrent ; des répugnances nouvelles s'inscrivent dans le cerveau, se transmettent aux descendants, chez qui elles se fortifient encore, et on arrive à ne plus pouvoir songer sans dégoût à des actes que les ancêtres, plus grossiers, trouvaient extrêmement simples. Il est inutile de dire que, si ce progrès est général dans les civilisations européennes, il n'est pas universel, et assez souvent encore nos tribunaux nous rappellent que, sous le vernis de nos sociétés modernes, si fières de leurs progrès en tout genre, subsiste toujours un vieux fonds de sauvagerie, qu'il nous reste à faire disparaître. *Memento quia animal es.*

CHAPITRE V.

DE LA DELICATESSE DES SENS.

Que faut-il entendre par *délicatesse des sens?* L'expression est vague ; car les sens sont impressionnables de bien des manières.

Ainsi, le père R. Salvado affirme que, la nuit, dans une forêt, un Australien peut suivre la trace d'une voiture rien qu'en palpant le sol avec son pied, qu'il peut entendre le pas d'un cheval, à un mille de distance (1). Au dire de Darwin, deux des Fuégiens, que le *Beagle* ramenait dans leur pays, apercevaient facilement au large des navires dont, seul, le télescope révélait la présence aux Anglais. « Moi voir vaisseau et pas dire », était leur menace habituelle, quand l'officier de quart les contrariait (2). Cent autres faits analogues ont

(1) *Mémoires sur l'Australie.* — (2) Darwin, *Voyage d'un naturaliste*, 224.

été observés chez les sauvages de toutes les races. S'ensuit-
il que le tact de l'Australien ou du Peau-Rouge soit plus développé que celui d'un aveugle européen, bien élevé, d'un
pianiste habile, d'un ouvrier typographe expert? Évidemment non. Les sens du sauvage sont souvent délicats, tout en
ayant un champ d'activité fort restreint. Par exemple, l'Australien, dont la vue est d'ordinaire très perçante, est parfois
incapable de comprendre un dessin des plus simples, de reconnaître son portrait (1).

Une vieille encyclopédie japonaise mentionne les satellites
de Jupiter; sur une ancienne carte chinoise, que possédait le
père Kégler, étaient portées quelques étoiles de septième
grandeur (2); pourtant l'imperfection des artistes chinois et
japonais, dans l'appréciation des nuances et de la perspective,
est souvent choquante.

C'est que, dans la perception des sensations, il entre une
part plus ou moins grande d'intelligence. Sans doute la sensation est la mère de l'idée; mais celle-ci à son tour vivifie la
sensation. Ainsi, avec un peu d'exercice, on arrive vite à diminuer l'écartement d'abord nécessaire pour que le contact
des pointes du compas de Weber donne une double sensation (3). Les sens deviennent plus puissants quand il y a derrière eux une attention soutenue et une intelligence développée. C'est pour cette raison que l'Européen, alors qu'il adopte
la vie sauvage, finit souvent par l'emporter, au point de vue
de la délicatesse des sens, sur les sauvages eux-mêmes; car,
chez lui, le registre de la conscience est plus large et mieux
tenu. Tant que l'homme en est réduit à vivre uniquement ou
presque uniquement de chasse, il s'habitue dès l'enfance à
concentrer toute son attention sur l'art de suivre à la piste un
homme ou un animal; c'est pour lui une question de vie ou de
mort. Aussi a-t-il accumulé sur ce point capital une foule
d'observations utiles. C'est ainsi que là où l'Européen ne remarque rien, l'Indien Peau-Rouge reconnaît des traces de pas,
peut même compter aussi le nombre des personnes qui ont
passé, distinguer à laquelle des tribus rivales de la sienne

(1) Oldfield, *Transactions of the Ethnological Society*: *new series*,
vol. III. — (2) J.-C. Houzeau, *Études sur les facultés mentales des
animaux*, t. I, 112 — (3) Weber, *De subtilitate tactûs.*

elles appartiennent, etc. (1). Sous ce rapport, l'Europeen, brusquement astreint au genre de vie du Peau-Rouge, lui sera nécessairement fort inférieur, tout en le surpassant de cent autres manières au point de vue de la délicatesse des sens.

L'éducation, le genre de vie, développent ou émoussent, à travers la série des générations, tel ou tel genre de sensibilité. D'ordinaire, le sauvage est moins sensible que le civilisé aux intempéries de son climat, à la douleur physique, etc. Dans le détroit de Magellan, tandis que Darwin grelottait auprès du feu, les Fuégiens, même les Fuégiennes avec un enfant à la mamelle, restaient dans un état de nudité à peu près complète, exposés au vent, à la pluie et à la neige (2).

Le goût et l'odorat, modes du toucher mal perfectionnés encore, paraissent assez peu délicats chez la plupart des races inférieures. Selon Humboldt pourtant, les Indiens Péruviens distinguent, à l'odeur, les différentes races humaines, au milieu de la nuit ; ils ont même trois mots différents pour désigner l odeur de l'Europeen, celle de l'indigène américain et celle du nègre (3). Mais d'ordinaire le sauvage n'apprécie les odeurs qu'au point de vue pratique; quant aux parfums et aux odeurs fetides, il y est souvent indifférent. Pour lui, il n'y a point d'esthétique des odeurs ; et la délicatesse olfactive n'existe guère que chez l'homme blanc. Elle atteindrait un degré extrème chez les Arabes du Hedjaz, qui, dit Burckhardt, ne peuvent supporter la moindre mauvaise odeur et, pour cette raison, répugnent à entrer dans les villes (4).

L'état rudimentaire de la cuisine sauvage suffit, à lui seul, à prouver combien le sens du goût est peu aiguisé dans l'état de nature. D'ailleurs le goût et l'odorat sont des sens connexes, qui s'affinent en même temps ou sont simultanément obtus. Pour les Bongos, que Schweinfurth a observés près des affluents du haut Nil, les restes à demi putréfiés du repas d'un lion sont une vraie friandise, et ils les disputent aux mouches et aux vautours (5). De même le Fuégien, l'Austra-

---

(1) Lafitau, *Mœurs des sauvages.* — (2) *A Naturalist's Journey round the World,* 213, 220. *Traduction française,* p 237. — (3) Al. de Humboldt, *Essai sur la Nouvelle-Espagne,* t. II, 50. — (4) Burckhardt, *Hist. univ. des voyages,* vol. XXXII, 234.   (5) G. Schweinfurth, *the Heart of Africa,* t. I, 274

lien, se régalent avidement de chair pourrie. Les Cafres trouvent même à cet aliment un goût exquis. Ceux du Natal l'appellent *Oubomi ;* ils emploient parfois ce mot au figuré pour désigner un grand plaisir et l'indiquèrent aux premiers missionnaires, qui traduisirent dans leur langue les livres saints comme pouvant rendre l'expression pieuse de « béatitude éternelle » (1). Il y a loin de là au palais et à l'odorat d'un gourmet européen, d'un dégustateur expert, reconnaissant les vins fins rien qu'à leur bouquet.

Au sujet de l'ouïe, on peut faire des remarques analogues. L'oreille sauvage perçoit souvent des bruits très légers ; mais elle est toujours plus ou moins inhabile à trier, à apprécier les sons musicaux. C'est là un point intéressant sur lequel nous aurons à revenir. Notons seulement, en passant, que l'Australien, qui entend marcher un cheval à un mille de distance, n'a aucun instrument de musique, que presque par toute la terre le principal, souvent l'unique instrument musical de l'homme sauvage est le *tam-tam,* un tambour plus ou moins grossier. Quand Christophe Colomb aborda à Cuba, les indigènes furent si charmés par le bruit des sonnettes, qu'ils donnaient de gros morceaux d'or en échange de ces précieux instruments (2).

Même incapacité, même sottise, peut-on dire, dans l'usage du sens de la vue, chez le sauvage. Le Peau-Rouge est rarement myope ; sa vue est perçante et puissante, mais il semble souvent incapable de distinguer, dans son langage, le gris du bleu (3). De même, dans plusieurs dialectes de l'Amérique centrale, il n'existe qu'une seule et même expression pour désigner le gris et le bleu.

Au premier abord, les faits que nous venons de citer semblent appuyer la trop célèbre théorie de H. Magnus sur l'évolution du sens des couleurs. Faut-il croire, avec cet auteur, que l'homme a d'abord été frappé seulement par l'intensité lumineuse, puis qu'il a perçu la sensation chromatique des couleurs éclatantes, du rouge, du jaune, enfin qu'il a plus récemment appris à distinguer les couleurs d'une faible intensité

(1). J. W. Colenso, in *the Anthropological Review,* juillet 1866. — (2) *Hist. univ des voyages,* vol. XXXVIII, p. 112. — (3) Kohl « Kitschi Gami » 1, 23, cité par Waitz, *Intr. to Anthropology,* 140.

lumineuse (1)? On s'abuserait sûrement en prenant trop au
pied de la lettre cette ingénieuse théorie, basée uniquement
sur des recherches linguistiques. Le Rig-Véda, le Zend-Avesta,
les poèmes d'Homère, etc., manquent d'expressions propres à
désigner certaines nuances; soit, mais des expériences di-
rectes sur la délicatesse de la vision chez les diverses races
pourraient seules trancher la question. Sur l'état de l'intelligence, sur la quantité des notions inscrites dans la conscience,
le langage nous renseigne fort bien, mais sur l'acuité et la délicatesse des sens, on ne saurait s'en rapporter à lui. Des sens
fort subtils peuvent coexister avec une intelligence très obtuse.
Alors, tout en percevant des sensations très vives, l'homme
sera impuissant à les trier, à les étiqueter. En poussant à l'extrême le raisonnement de M. H. Magnus, on serait obligé de
conclure que les animaux ne perçoivent aucune sensation,
puisqu'ils ne savent point parler. Pourtant les petits crustacés
(daphnia pulex) observés par M. P. Bert pouvaient sûrement
distinguer les nuances, puisqu'ils se groupaient diversement
dans les diverses couleurs du spectre solaire, en manifestant
une prédilection marquée pour le jaune (2).

Ce qui est plus certain, c'est que les couleurs vives, surtout
le rouge, sont très recherchées par nombre de races humaines
inférieures. Le Néo-Calédonien a la passion du rouge ; il admire tout ce qui est de cette couleur (3) et la prodigue pour
embellir les poteaux de ses cabanes, ses sculptures, ses statuettes, etc. (4). Même amour du rouge en Polynésie. A la
Nouvelle-Zélande, il suffisait de peindre un objet en rouge
pour qu'il devint « *tabou* » (5). Les plumes rouges avaient une
extrême valeur aux Marquises, à Taïti, à Tongatabou (Marchand, Porter, Cook). A Taïti, les chefs mêmes offraient leurs
femmes au capitaine Cook en échange de ces précieuses plumes. On pourrait accumuler bien des faits de ce genre ; con-
tentons-nous de rappeler que, chez les Grecs, la pourpre était
une couleur royale ; que, dans toute la catholicité, elle revêt

(1) *Hist. de l'évolution du sens des couleurs.* — (2) *Comptes rendus
de l'Académie des sciences de Paris,* 1869, 2ᵐᵉ semestre. — (3) Cook,
Hist. univ. des voyages, vol. VIII, 429. — (4) De Rochas, *Nouvelle-
Calédonie,* 183.   (5) Tyrol, *New-Zealand and the New-Zealanders,*
95.

les cardinaux; enfin que, dans divers pays de l'Europe, le
rouge est la couleur dominante dans les uniformes militaires
et dans nombre de costumes populaires.

La conclusion de ce qui précède se formule d'elle-même.
L'homme, d'intelligence peu développée encore, a des sens délicats, en ce qui concerne les exigences de la vie sauvage;
mais, chez lui, la portion mentale de la sensibilité est rudimentaire. Il sent vivement et aime les impressions fortes, mais
il est malhabile à noter, comparer, classer les sensations, à
saisir les fines nuances. En résumé, sous ce rapport, comme
sous bien d'autres, sa vie de conscience rappelle celle de nos
enfants. En étudiant la phase rudimentaire du sens esthétique,
nous rencontrerons bien d'autres analogies du même genre.

CHAPITRE VI.

DE LA PARURE.

Comme nous l'avons observé ailleurs (1), deux seulement
des sens humains sont artistiques : ce sont les sens de l'ouïe
et de la vue, ceux que nous avons appelés intellectuels. C'est
que, seules, les impressions et sensations auditives et visuelles
sont reviviscentes; seules, elles peuvent être évoquées par
l'imagination, spontanément ou volontairement. L'homme
peut donc essayer de les reproduire objectivement par des représentations externes, artificielles, en les variant et les combinant de mille manières. De là sont nés les beaux-arts. Mais
il est une autre manifestation, plus simple et plus primordiale
du sens esthétique : c'est le goût de la parure, qui existe par
toute la terre, là même où il n'y a pas trace encore des arts
graphiques et plastiques, chez les Fuégiens, par exemple.
Avant de peindre ou de sculpter des objets extérieurs, l'homme
peint et sculpte son propre corps.

(1) *Physiologie des passions*, 101, 2me édit. ; *Biologie*, 438-444,
4me édit.

Le désir d'être beau, c'est-à-dire de produire sur soi-même
et sur les autres une impression sensitive, agréable, par la
couleur et la forme de son corps, n'est pas spécial à l'homme.
Beaucoup d'animaux l'éprouvent et le manifestent, surtout
dans la saison des amours. Le fait est surtout incontestable
chez nombre d'oiseaux, qui savent lisser leur plumage, l'étaler
avec grâce, en faire valoir le coloris éclatant. Sous ce rapport,
le manège de certains pigeons, du dindon, du paon, etc., sont
typiques. Il ne semble pas qu'aucun animal ait songé pour
s'embellir à recourir à des ornements étrangers. Pourtant un
oiseau de la Nouvelle-Guinée *(amblyornis inornata)*, dont
O. Beccari nous a décrit les mœurs, est évidemment sur la
voie. Il ne pare point précisément sa personne; mais il sait,
dans la saison des amours, préparer une sorte de jardin orné
de fleurs éclatantes, de cailloux colorés ; il va même jusqu'à
édifier dans cet Éden une petite construction. Puis, son paradis terrestre achevé, il y conduit sa femelle, afin de la captiver par le plaisir des yeux (1).

L'homme, étant le plus intelligent des animaux, emploie
pour être beau ou le paraître, des artifices plus variés ; et il est
bien curieux d'étudier cette tendance chez les diverses fractions du genre humain. Les procédés usités sont multiples et
se peuvent classer en diverses catégories.

Tirant parti de sa nudité habituelle, l'homme primitif a
songé tout d'abord à se peindre ou à se tatouer, à embellir les
parties de son corps qui se prêtaient le mieux à l'ornementation. C'est ce que l'on pourrait appeler la phase primitive de la
parure. Dans le genèse des arts, elle correspond au dessin et
à la peinture.

On est allé beaucoup plus loin, en s'attaquant aux formes
mêmes, en sculptant, pour ainsi dire, le corps humain par des
mutilations, des déformations, que nous aurons à énumérer.

Enfin, là où la civilisation se développait, l'homme se vêtis-
sait de plus en plus, ce qui restreignait beaucoup les surfaces
susceptibles d'être ornées par la peinture et le tatouage. En
outre, les déformations et mutilations répugnaient de plus en
plus, tombaient en désuétude. Dans cette période, le goût de

---

(1) O. Beccari, *Annali del Museo civico di storia naturale di Genova*,
vol. IX, fasc. 3, 4, 1877.

la parure se manifeste surtout par des ornements temporaires et portatifs : ce sont des bijoux, dont l'usage se lie encore parfois à de légères mutilations; ce sont des coiffures plus ou moins artistiques; ce sont surtout des vêtements, dont on s'ingénie à varier la coupe et à combiner les couleurs. Nous passerons en revue ces trois phases de l'ornementation humaine, qui, d'ailleurs, dans la pratique, coexistent souvent.

I

Des fards et du talouage.

Sous le rapport de la parure, il y a, dans toute la Mélanésie, de la Tasmanie à la Papouasie, une analogie très grande, et l'on serait porté à en rechercher la cause dans une communauté d'origine, si de nombreux faits de tout ordre ne prouvaient que l'esprit humain, surtout l'esprit humain primitif, procède souvent de la même manière, dans tous les pays et chez toutes les races.

Dans toute la Mélanésie, la couleur rouge étant en grand honneur, c'est celle que l'on préfère d'habitude pour se peindre ou se farder. Déjà le pauvre Tasmanien s'enduisait le corps avec de la graisse de wombat, de veau marin, de kangourou, etc., à laquelle il incorporait de l'ocre rouge (1). Avant d'aller à la danse ou en visite, les *dandys* australiens se tracent ou se font tracer sur la poitrine et les jambes des lignes rouges et blanches, qui se croisent. Ainsi parés, ils s'admirent et se pavanent avec une vanité nullement contenue (2). Comme il arrive souvent chez les sauvages, les femmes australiennes se peignent moins que les hommes. Avant de combattre, ces derniers font une toilette, ils se couvrent d'enduits où la couleur jaune est parfois employée concurremment avec la rouge (3). En Papouasie et à la Nouvelle-Calédonie, le rouge est moins largement employé dans la parure. Pourtant les Néo-Calédoniens, qui l'aiment follement, tâchent souvent de donner avec

---

(1) Bonwick, *Daily Life of the Tasmanians*, 24 — (2) *Mémoires historiques sur l'Australie*, par le père R. Salvado, 283. — (3) Stuel, *Hist. univ. des voyages*, vol. XLIII, 193, 231.

de la chaux une teinte rouge permanente à leur chevelure
crêpue (1).

Pour se faire beau, le Mélanésien a aussi recours au tatouage,
mais dans son mode le plus primitif et sobrement. En Tasmanie et en Australie, hommes et femmes se pratiquaient, ou
se pratiquent encore, avec une pierre tranchante, sur la poitrine, les bras, les épaules, les jambes, de longues incisions
parallèles, que comble ensuite un bourrelet cicatriciel, saillant
et de couleur claire. C'est là une ornementation fort prisée en
Australie (2). Le tatouage des Papous Néo-Guinéens est de
même genre ; seulement, chez eux, les scarifications se croisent souvent et, dans certaines tribus, le tatouage est réservé
aux hommes seuls (3).

Mais c'est surtout en Polynésie que le tatouage se pratique
sur une large échelle, en devenant aussi plus artistique. En
général les procédés de tatouage diffèrent grandement dans la
Mélanésie et la Polynésie. Le tatouage mélanésien procède par
incision et n'essaye point de colorer les cicatrices ; au contraire le tatouage polynésien ne s'effectue que par des piqûres,
dans lesquelles on introduit des matières colorantes. Le premier se pratique avec un caillou tranchant, une dent de requin, etc. ; le second s'imprime avec un petit instrument en
forme de peigne et armé de quelques dents aiguës. Les deux
modes se sont fusionnés à la Nouvelle-Zélande, ou les Papous
semblent avoir précédé les Polynésiens. Là, le tatouage par
incision est encore fondamental, mais le tatouage par piquetures sert en outre à orner et compliquer les dessins du motif
primitif. On attache à cette ornementation une grande importance ; c'est une marque de distinction, qui se porte surtout
sur la face, est à peu près interdite aux femmes et consiste en
arabesques sinueuses, encadrant les traits du visage, souvent
avec beaucoup d'art (4). Ces figures sont colorées et le tatoueur
a soin de les dessiner d'abord sur la peau, comme on le fait en
Polynésie. Dans les relations avec les Européens, le tatouage

(1) De Rochas, la Nouvelle-Calédonie, 149. — (2) Bonwick, loc. cit.,
24. — R. Salvado, loc. cit., 286. — (3) O. Beccari, loc. cit , in Nuova
Antologia. — (4) Cook, Premier Voyage (Hist. univ. des voyages,
t. VI, 60). — Dumont d'Urville, idem, t. XVIII, 270, et the New-
Zealanders, 134-147, London, 1830.

facial des   Néo-Zélandais a eu parfois un emploi inattendu.
Ainsi des missionnaires ayant acheté à un chef une certaine
étendue de terrain, le tatouage facial du vendeur fut dessiné
au bas de l'acte de vente en guise de signature (1).

D'ailleurs ce tatouage savant n'empêche pas les Nouveaux-
Zélandais de s'oindre la face et le corps avec une pommade à
l'ocre rouge, à la manière des Mélanésiens ; et comme cette
pratique n'est pas interdite aux femmes, elles en usent plus
largement que les hommes, qui souvent s'en abstiennent au
moins pour le visage, jaloux qu'ils sont de ne pas masquer
l'œuvre d'art qui le décore (2).

Dans tous les autres archipels polynésiens, le tatouage par
piqûctures était ou est encore le seul en honneur. Seuls, les
gens de la dernière classe du peuple et les enfants en étaient
exempts. Hommes et femmes y avaient recours, mais surtout
les premiers ; quant aux secondes, elles se tatouaient peu la
figure, mais le diable de la coquetterie n'y perdait rien et elles
se couvraient le corps, surtout la face postérieure des cuisses
et les fesses (3), de capricieux dessins, qu'elles montraient volontiers et avec ostentation (4). Dans toutes ces îles le tatouage
était coloré, le plus souvent en noir, parfois en bleu. Mais cette
mode, qui se retrouvait jusque dans la lointaine île de Pâques (5),
tendait déjà à disparaître lors du voyage de Kotzebue. A cette
époque, les insulaires des îles des Navigateurs se bornaient le
plus souvent à se peindre en bleu, depuis les hanches jusqu'aux
genoux, se faisant ainsi une apparence de pantalon (6). Notons
pourtant que, pour être très générale en Polynésie, la pratique du tatouage n'était pas universelle ; elle était inconnue,
par exemple, dans l'île de Rapa, dans celle de Laivavaï (7), appartenant à cet archipel Pomotou où des coutumes particuliè-
res, des monuments singuliers, analogues aux statues de l'île
de Pâques, plaident en faveur de l'origine américaine des Polynésiens, ou du moins d'une partie d'entre eux.

---

(1) *Nicholas's Voyage*, II, 193. — (2) Cook, *First Voyage*, t. II.
— (3) Wallis, *Hist. univ. des voyages*, t. III, 365. — (4) Bougainville,
Hist. univ. des voyages, t. IV, 239, etc. — (5) Cook, *loc. cit., Deuxième
Voyage*, t. VIII, 176 ; Lapérouse, *idem*, vol. XIII, 170. — (6) Kotzebue, *Deuxième Voyage* (*Hist. univ. des voyages*, vol. XVII, 335).
— (7) Moerenhout, *loc. cit.*, I, 333.

En effet, le tatouage est pratiqué très sobrement en Amérique. On l'observe cependant, dans l'Amérique méridionale,
chez les Charruas, chez quelques tribus du grand Chaco, chez
quelques petites tribus des Guaranis ou des Pampéens septentrionaux (1). Contrairement à l'usage des Polynésiens, le
tatouage, chez ces tribus, est l'apanage des femmes ; mais il
se réduit à quelques lignes tracées sur la face et est d'ordinaire le signe, l'attestation de la nubilité (2).

Les Peaux-Rouges de l'Amérique septentrionale, si habiles a
dessiner des totems, des hiéroglyphes, usent pourtant peu ou
point du tatouage, qui ne redevient un usage général que chez
les Esquimaux ; mais là encore, comme l'attestent Ross, Parry,
Beechey, il est réservé aux femmes et ne consiste guère qu'en
quelques raies tracées sur la figure seulement (3) ; ce qui est
naturel, puisque ces peuplades sont très vêtues. Partout cependant Parry a vu des femmes tatouées sur la figure, les bras,
les mains, les cuisses et quelquefois les seins. L'opération du
tatouage se fait chez les Esquimaux par un procédé spécial,
consistant à dessiner d'abord sur la peau la figure, qu'il s'agit
de fixer, et à en suivre ensuite les lignes, en passant sous l'é-
piderme une aiguille et un fil enduit de noir de fumée et
d'huile.

Dans l'Amérique du Sud, l'usage de se peindre le corps est
plus fréquent que celui de se tatouer. Les Fuégiens, si voisins
encore de la vie animale, se peignent sur le corps, et surtout
sur la figure, des dessins blancs, noirs et rouges. Les Patagons
ont la même coutume (4). A Balsapuerto, dans les Andes péru-
viennes, hommes et femmes se teignent le visage et diverses
parties du corps en rouge pourpre (5). Sur les rives de l'Orénoque, on dit d'un homme, pour indiquer son extrême misère,
« qu'il n'a pas le moyen de peindre la moitié de son corps »,
et les deux sexes éprouvent un sentiment de honte quand il
leur faut se laisser voir sans les peintures, qui leur tiennent

---

(1) A. d'Orbigny, *l'Homme américain*, I, 219 ; II, 103, 312. Spix et
Martius, *Travels in Brazil*, II, 224. — (2) *Idem*, II, 314. — (3) Ross,
Hist. univ. des voyages, vol. XL, 89 ; Beechey, *idem*, vol. XIX,
253. — (4) A. d'Orbigny, *loc. cit.*, I, 414. — (5) Maw., *Hist. univ.
des voyages*, t. XLII, 28.

lieu le plus souvent de vêtements (1) : c'est déjà une sorte de pudeur.

En Afrique, comme en Amérique, le tatouage cède le pas à la peinture, ce qui est tantôt un signe d'extrême sauvagerie, tantôt un acheminement vers la civilisation. Ce n'est guère que chez les Niam-Niam de l'Afrique centrale que le tatouage est généralement usité. Dans cette contrée, il consiste en quatre petits carrés, remplis de piquetures et imprimés sur le front, les tempes, les joues ; on y ajoute une sorte d'X dessinée sur la poitrine et parfois divers dessins linéaires semés sur les bras. Ce tatouage n'est pas d'ailleurs seulement ornemental ; il a une utilité sociale et indique la tribu, dont il est le blason, le totem (2). Des vestiges de tatouage esthétique subsistent encore dans certaines contrées de la Sénégambie, où les femmes travaillent à se bleuir les gencives et les lèvres, en les piquant avec des épines ou des pointes de fer trempées dans l'indigo ; mais, en somme, le tatouage joue, dans la parure africaine, un rôle tout à fait secondaire (3).

Si les populations africaines ne se tatouent guère, en revanche elles se peignent volontiers. Ainsi la parure favorite des beautés hottentotes consiste à se « boughouer », c'est-à-dire à s'oindre le corps de graisse et à se saupoudrer ensuite avec de la poussière d'ocre rouge. Parfois elles varient leur aspect, en répandant une poudre verte sur leur tête et sur leur cou (4). Chez les voisins des Hottentots, les Cafres, les hommes s'enduisent aussi le corps de graisse, qu'ils saupoudrent ensuite d'une poudre minérale (5). Plus au nord, dans l'Afrique centrale, le long du Niger, près du lac Tchad, dans le Soudan, une modification, peut-être d'origine arabe, se produit dans le sens esthétique ; le goût du rouge, si répandu par toute la terre, cède le pas à l'amour de la couleur bleue ou parfois coexiste avec lui. Près du lac Tchad, Denham et Clapperton virent un sultan dont la barbe était teinte en un magnifique bleu d'azur (6). Les femmes de Sackatou teignent aussi

(1) A. de Humboldt, *Reisen in dem æquinoctial Gegenden.* — (2) Schweinfurth, *the Heart of Africa*, II, 6. — (3) Raffenel, *Nouveau Voyage au pays des negres*, I, 276. — (4) Levaillant, *Hist. univ. des voyages*, vol. XXIV, 129 ; Burchell, *idem*, vol. XXVI, 322. — (5) Thompson, *idem*, vol. XXIX, 53. — (6) *Idem*, vol. XXVII, 145.

avec de l'indigo les nattes de leur chevelure ; en même temp-
elles rougissent leurs dents, leurs mains, leurs pieds, leurs
ongles (1). Les femmes du Nyffé ressemblent à une palette
chargée de couleurs ; elles teignent leur chevelure et leurs
sourcils à l'indigo ; leurs cils sont noircis au khol ; leurs lèvres
sont teintes en jaune ; le henné rougit leurs dents, leurs
mains et leurs pieds (2). Dans ce pays, ce bariolage est considéré comme le *nec plus ultra* du beau élégant ; on y aime follement les couleurs vives ; et la teinte blanche de la peau,
dont les Européens sont si fiers, n'excite que la pitié, l'étonnement, parfois la frayeur (3). C'est là un des mille faits, desquels on peut déduire que l'idée du beau absolu existe seulement dans la tête de quelques métaphysiciens d'Europe.

Les groupes ethniques de l'Asie, étant tous plus ou moins
civilisés et appartenant pour la plupart à des races supérieures,
ont en général dépassé depuis longtemps la phase du tatouage ;
en revanche, nombre d'entre eux n'ont pas renoncé à se
peindre ou à se teindre plus ou moins, On sait qu'à Malacca,
dans l'Indo-Chine, partout où dominent les Mongoloïdes malais, on tient à honneur d'avoir les dents noires. Un serviteur
du roi de la Cochinchine parlait avec mépris de la femme de
l'ambassadeur anglais (1821), « qui avait les dents blanches
comme celles d'un chien et la peau rose comme la fleur de
patate » (4). En Birmanie, l'idée du beau est déjà tout autre,
et les femmes tâchent de se rendre plus attrayantes en se sau-
poudrant la face d'une fine poudre de bois de sandal odorifé-
rant et en se teignant en rouge les ongles des pieds et des
mains (5).

Derrière toutes les modes que nous venons de passer en
revue, il y a toujours un même désir, celui de paraître plus
beau ; et il faut aller dans la cléricale cité de Lha-Ssa, la
Rome thibétaine, pour voir le fard transformé en moyen de
mortification, en agent moralisateur. Dans cette pieuse ville,
toute femme, à peine de se faire un mauvais renom, doit, avant

---

(1) Clapperton, *idem*, vol. XI, 84. — (2) Clapperton, *idem*, 255,
Deuxième Voyage. — (3) Denham et Clapperton, *idem*, vol. XXVII,
127 ; Mungo Park, *idem*, vol. XXV, 76. — (4) Laplace, *Voyage autour du monde*, II, 463. 1833. - (5) Cox, *Hist univ. des voyages*,
vol. XXXIV, 460

de sortir, se barbouiller le visage d'un vernis noir et gluant, et ce n'est pas là une mode d'un jour ; car Rubruquis la trouva déjà en vigueur en 1352 (1).

« Vous êtes donc bien tendre à la tentation! »

A part cette exception, qui a un caractère tout sacerdotal, c'est aux couleurs vives que, par toute la terre, l'homme a recours pour s'embellir. Sous ce rapport, la couleur préférée, celle à laquelle le suffrage universel du genre humain donne généralement la prééminence, est la couleur rouge. Il est pourtant des exceptions. Nous en avons déjà rencontré en Afrique ; il en existe d'autres chez les Persans et chez les Arabes d'Asie. Sans doute, même dans ces régions, le rouge n'est pas complètement détrôné ; ainsi, les vieillards de Sari, en Perse, se teignaient la barbe en rouge vif, lors du voyage de Fraser (2), mais dans d'autres provinces c'était l'indigo, qui, pour cet usage, obtenait la préférence, et, à Bagdad, les élégantes avaient pour la couleur bleue un amour immodéré. Non contentes de se teindre les lèvres en azur, elles se traçaient sur les jambes des cercles et des raies de la même couleur, se dessinaient une ceinture bleue autour de la taille, entouraient chacun de leurs seins d'une couleur de fleurs bleues, etc. (3). Le même goût domine ou du moins dominait, assez récemment, en Mingrélie, où les femmes se peignaient sur le visage des raies bleues et noires. Ce goût du fard et du tatouage est incontestablement une tendance générale existant plus ou moins chez les peuples et les individus primitifs de toute race. Nos ancêtres d'Europe, même nos ancêtres historiques, n'en étaient point exempts. En Thrace, les nobles se distinguaient du vulgaire en se peignant le corps (4). Les Gélons des bords du Dniéper se tatouaient, selon Claudien. Les Celtes et les Illyriens se tatouaient en bleu et en noir (5). Les Pictes et les Bretons se peignaient le corps en bleu (6) ; ainsi faisaient aussi les Germains (7). Végèce rapporte que les soldats romains eux-mêmes se tatouaient la peau (8). Pline nous apprend que, dans la Rome primitive, les triomphateurs se pei-

---

(1) Huc, *Voyage dans le Thibet*, 256. — (2) Fraser, *Hist. univ. des voyages*, vol. XXXV, 345. — (3) Buckingham, *idem*, vol. XXXII, 498. — (4) Hérodote, *Histor.*, lib. V.   (5) Strabon, *Géogr.*, liv. VI, 317 ; liv. VII, 482. — (6) Pline, *Hist. nat.*, LXXII, c. 1. — (7) Tacite, *Ann.*, XVII, c. XLIII. — (8) *Re milit.*, l. II.

gnaient le corps en rouge, avec du minium, le jour de leur triomphe (1). De nos jours encore, le tatouage restreint, limité d'ordinaire à quelques dessins ou initiales imprimés sur les bras, est fort usité, parmi la population de nos prisons, même dans nos armées. Enfin l'usage des fards de diverse couleur est loin d'être abandonné et il joue toujours un rôle important dans la toilette de nombre de femmes. Néanmoins les faits, que nous venons de citer, et dont l'énumération aurait pu être indéfiniment allongée, prouvent que le goût du tatouage, des fards et enduits colorés domine d'autant plus que l'homme est plus sauvage, et qu'au contraire il tend à s'atténuer avec les progrès de la civilisation. C'est à une conclusion semblable que nous conduira l'étude des déformations et mutilations.

II

Des déformations et mutilations.

Au plus humble degré du développement humain, quand l'homme ne s'est guère élevé au-dessus de la bête, il ne songe pas plus que cette dernière à modifier la forme de son corps, pour s'embellir ou pour tout autre motif. Les Tasmaniens se bornaient à se peindre ; ainsi font encore les Fuégiens. Déjà les Australiens s'arrachent une et quelquefois deux dents incisives de la mâchoire supérieure (2). En outre, beaucoup d'entre eux se percent le *septum nasale* pour y introduire une tige osseuse (3). Cette dernière coutume est d'ailleurs commune à toute la Mélanésie. Elle est surtout générale chez les Papous, où l'ornement nasal, appelé *ztigau*, taillé d'ordinaire dans un coquillage, a la forme d'un cylindre, long d'un à six pouces, et est souvent orné de cercles rouges. Les Papous des deux sexes en font usage et en outre se trouent les oreilles assez largement pour y pouvoir introduire des ornements analogues. Ces perforations auriculaires servent d'ailleurs à divers usages, et il n'est pas rare de voir un Papou y loger son cigare (4).

(1) Lib. XXXIII, c. VII. — (2) Sturt, *Hist. univ. des voyages*, vol. XLIII, 257 ; Freycinet, *idem.*, vol. XVIII, 61. — (3) Cook, *Premier Voyage, Hist. univ. des voy.*, vol. VI, 314. — (4) O. Beccari, *loc. cit.*

Bien souvent, en ethnographie, on est surpris de rencontrer les mêmes usages chez des peuples totalement dissemblables par la race, la langue, habitant des continents différents et entre lesquels on ne saurait même soupçonner une relation quelconque. Le fait est surtout frappant pour ce qui touche aux mutilations ou déformations esthétiques. Les ornements d'oreille sont à peu près en usage par toute la terre, sans en excepter, comme on le sait, l'Europe contemporaine. Les exceptions à cet usage primitif se comptent sans peine. En écartant, pour la raison mentionnée plus haut, les Tasmaniens, les Fuégiens, on ne trouve guère d'étrangers à cette coutume que quelques îlots ethniques, parmi lesquels il faut citer les insulaires des Sandwich, au dire de Cook (1). Tout en étant moins répandu, l'usage de se perforer la cloison nasale pour y passer ou y attacher un ornement n'en est pas moins très fréquent. Il est en vigueur chez les Mélanésiens, de l'Australie à la Nouvelle-Calédonie. On le retrouve dans le Népaul, dans l'Hindoustan, où le *ztigau* papouasien est remplacé par de grands anneaux (2). Sur les bords du Niger les dandys cambriens se passent à travers le *septum nasale* un long morceau de verre bleu (3). Même coutume chez les indigènes du Chili (4) Dans l'Amérique septentrionale, les Natchez portaient au nez des anneaux en os (5). De même les Américains, qui avoisinent le détroit de Behring, s'introduisent dans la cloison nasale des cordelettes, des morceaux de fer, de cuivre, d'ambre (6).

Mais l'amour de l'esthétique a aussi inspiré à un bon nombre de peuplades l'idée de se mutiler les lèvres. On sait que les Botocoudos du Brésil sont devenus célèbres par cette mode bizarre. Ils se fendent la lèvre inférieure, parallèlement à la bouche et insèrent dans l'incision un disque en pierre ou en bois épais d'un doigt et large comme un double ducat, dit Thevet (7). Parfois, selon le même observateur, ils ôtent leur

(1) *Troisième Voyage* (*Hist. univ. des voy.*, vol. X, 308).— (2) Fraser, *Hist. univ. des voyages*, vol. XXXV, 461.—(3) R. et J. Lander, *idem*, vol. XXX, 221. — (4) Dr Rollin, *idem*, vol. XIII, 174. — (5) Domenech, *Voyage pittoresque dans les déserts du nouveau monde*, 496. — (6) Cook. *Troisieme Voyage, idem*, vol X, 7, 383; Portlock et Dixon, *idem*, vol. XIII, 284.—(7) *Singularitez de la France antarctique*, 165, (édit 1878).

« botoque » et s'amusent à passer la langue par cette sorte de
seconde bouche. Cet usage si incommode et si laid, suivant
nos idées, n'était point particulier aux Botocoudos. On l'a retrouvé et on le retrouve encore chez nombre de tribus de
l'Amérique méridionale, notamment dans la grande race des
Guaranis (1). A nous autres, Européens, il semble que l'idée
de s'infliger une mutilation tellement hideuse et gênante ne
puisse germer que dans le cerveau d'un fou ; et pourtant
l'usage de la « botoque » se retrouve chez les races les plus
diverses. Ainsi il est en vigueur sur tout le littoral nord-ouest
de l'Amérique septentrionale, depuis les abords du détroit de
Behring jusqu'aux rives du fleuve Mackensie. Dans toute cette
vaste région, les parents ont soin de perforer la lèvre inférieure de leurs enfants, puis d'introduire à demeure dans l'incision, d'abord fort petite, un fil de fer ou de cuivre, que l'on
a soin de remplacer ensuite par un morceau de bois ou d'os,
de plus en plus volumineux, et faisant office de dilatateur.
L'orifice labial va donc grandissant toujours, au point de former parfois comme une seconde bouche, dans laquelle on en-
châsse alors un disque de grandeur proportionnée 2).

Certes, les indigènes de Noutka et des régions voisines n'ont
jamais eu le moindre commerce avec les nègres de l'Afrique
centrale; pourtant ces derniers ont adopté une coutume analogue à celle que nous venons de décrire. L'ornement labial
est porté, surtout par les femmes, depuis les bords du Niger
jusque dans le bassin du haut Nil, ainsi que l'ont attesté divers voyageurs. A Kouka, les femmes s'insèrent dans la lèvre
inférieure un gros clou d'argent, tellement long, que, pour lui
faire place, il faut arracher deux des dents incisives inférieures (3). Les habitants de la ville de Follindochie s'insinuent
aussi dans chaque lèvre un morceau de verre bleu façonné en
demi-cercle (4). De même W. Baker raconte que, sur le haut
Nil, les femmes de la tribu des Latoukas se disputèrent les
morceaux d'un thermomètre brisé, dont elles voulaient orner

---

(1) A. d'Orbigny, *l'Homme américain*, II, 372. — (2) Vancouver,
Hist. univ. des voyages, vol. XV, 420; vol. XIV, 447. — Kotzebue,
idem, vol. XVII, 107. — (3) Denham et Clapperton, *Hist. univ. des
voy.*, vol. XXVII, 216. — (4) Richard Lander, Journal, dans *Second
Voyage*, par le capitaine Clapperton, vol. II, 233. 1829.

lcur lèvre inférieure (1). Même coutume, selon Schweinfurth,
près du Bâhr-el-Ghazel. Là, les femmes le plus souvent, les
hommes parfois, s'insèrent tantôt dans la lèvre supérieure, tantôt
dans l'intérieure, soit un clou, soit un disque de cuivre, etc.
Les femmes de la tribu des Mittou semblent viser ainsi à se
faire un véritable museau : elles distendent leur lèvre inférieure par une sorte de « botoque » et travaillent ensuite à allonger symetriquement la lèvre supérieure (2). On ne peut que
former des conjectures sur l'origine de cette bizarre coutume,
qui pourrait bien avoir eu pour mobile le désir de ressembler
plus ou moins à certains animaux ; car l'homme primitif ne
professe jamais pour les animaux, surtout pour ceux qui sont
doués de force et de férocité, le dédain affiché en Europe par
les partisans du *règne humain*. Livingstone rapporte que les
nègres des bords du Zambèse tuent l'éléphant avec respect et
en l'appelant « grand chef ». Beaucoup de tribus de l'Afrique
australe pretendent avoir pour ancêtre, qui un crocodile, qui un
lion. Selon les Kirghiz, leur race, c'est-à-dire la race mongole,
offre le type achevé de la beauté humaine, « le beau absolu »,
parce que le relief osseux de son visage rappelle celui du cheval, qui est le chef-d'œuvre de la création (3).

On ne sait pas davantage quelle raison donner à la coutume
si répandue des déformations crâniennes. Cette pratique, plus
ou moins usitée encore dans diverses localités europeennes,
notamment dans les environs de Toulouse, était, comme on
sait, de règle chez les anciens Aymaras du Pérou, dont les
crânes ressemblent à peine à des crânes humains. C'était
même, à ce qu'il semble, une distinction réservée aux seuls
chefs (4). Une habitude semblable régnait d'ailleurs, dans
l'Amérique du Nord, chez les Chinoucks, les Chactas, les Natchez, etc., qui, durant un mois environ, soumettaient le crâne
du nouveau-né à une compression graduelle et constante, à
l'aide d'un appareil fort simple, composé de deux planchettes
et de quelques cordelettes (5). Une coutume analogue était
aussi en vigueur à Taïti et dans diverses îles polynésiennes (6),

(1) Découverte de l'Albert-Nyanza. — (2) G. Schweinfurth, *the Heart
of Africa*, I, 296, 375.— (3) A. Vambéry, *Voyage d'un faux derviche*,
333. — (4) A. d'Orbigny, *l'Homme américain*, I, 315. — (5) Domenech,
loc. cit., 501.— (6) Cook, *Deuxième Voyage, loc. cit.*, vol. VIII, 282.—
Moerenhout, *loc. cit*, vol. II, 58.

et on l'a, d'autre part, retrouvée à Sumatra, etc. A tout prendre, si insensées que nous puissent paraître de pareilles pratiques, elles sont cependant un indice de supériorité ; car elles doivent être considérées comme un des nombreux essais tentés par l'homme pour modifier la nature et sa personne, suivant son caprice ou son utilité. Or, par cette initiative audacieuse, il se distingue des autres mammifères, il s'élève au-dessus d'eux.

Nous ne citerons que pour mémoire quelques autres déformations en usage chez divers peuples et dont la description nous entraînerait trop loin ; car notre but n'est point ici d'écrire un traité détaillé d'ethnographie. Parmi ces déformations, il en est pourtant qui sont bien dues à une bizarrerie du sentiment esthétique, comme l'atrophie du pied chez les femmes chinoises, quoique les Chinois semblent aussi y attacher une signification érotique (1). Mais l'idée du beau et les désirs amoureux vont souvent de compagnie. D'autres mutilations, comme la circoncision, l'infibulation, etc., ont pu, dans l'origine, répondre à un sentiment esthétique, puis la religion s'en est emparée. On a quelquefois voulu voir dans ces dernières mutilations une précaution hygiénique ; mais l'hygiène est ce dont le sauvage ou le barbare se préoccupent le moins. Quoi qu'il en soit, la pratique de la circoncision se rencontre aussi dans des pays bien divers. La circoncision totale est de règle pour les Musulmans blancs ou noirs d'Asie et d'Afrique ; mais elle se pratique aussi chez les Cafres (2), chez les Madecasses, etc. (3). La circoncision, sans perte de substance, par simple incision, est en usage chez tous les Mélanésiens, Australiens, Papous, Néo-Calédoniens, Néo-Hébridiens, etc. (4 , chez la plupart des Polynésiens, jusqu'à l'île de Pâques (5). Selon Moerenhout, cette opération était réservée, en Polynésie, aux enfants des chefs et se faisait cérémonieusement, comme il est d'usage en pays musulman (6). Notons enfin la *Mica-operation*, l'incision longitudinale et totale de l'urèthre pénien, en usage chez quelques tribus australiennes (7), et termi-

(1) Dʳ Hureau de Villeneuve, thèse du doctorat, 1863. — (2) Campbell, *Hist. univ. des voy.*, vol. XXIX, 357. — (3) Dupré, *Trois mois à Madagascar*, 148. — (4) Peschel, *the Races of Man*, 22. — (5) Voyage de Lapérouse, relation du docteur Rollin, *Hist. univ. des voy*, vol. XIII, 165. — (6) Moerenhout, *loc. cit.*, II, 537. — (7) Micluho-Maclay.

nons ici cette énumération, peut-être bien longue, en remarquant encore une fois que le goût des mutilations et déformations sérieuses va s'atténuant à mesure que l'homme se civilise. L'amour des bijoux, des vêtements aux couleurs éclatantes, des coiffures artistiques, semble être la dernière phase de l'évolution de la toilette, et il nous reste à en dire quelques mots.

III

Des bijoux, des vêtements, de la coiffure.

En disant que le goût des bijoux et des vêtements aux vives couleurs est le dernier stade de l'amour de la parure, nous n'entendons pas dire que cette phase se superpose aux autres et commence seulement quand ces dernières finissent. La sauvagerie la plus extrême n'exclut aucun genre de parure ; mais la pratique des mutilations et des enduits colorés disparaît plus vite que l'amour des bijoux. Toutes ces habitudes peuvent d'ailleurs coexister et coexistent en effet le plus souvent, puisque certaines mutilations sont imaginées uniquement pour multiplier les moyens de porter des bijoux, comme il arrive, par exemple, pour la perforation des oreilles, du nez, des lèvres, même des joues. Ainsi les Esquimaux, vivant à l'ouest du fleuve Mackensie, se trouent les joues pour y passer une sorte de bouton en pierre, un « bouton de joues » (3). D'ailleurs ces procédés artificiels n'excluent nullement les moyens plus naturels de s'orner. Partout, depuis l'âge de la pierre taillée, l'homme a trouvé du plaisir à porter des colliers, des bracelets, à charger ses jambes et ses bras d'ornements analogues. Depuis les phases inférieures de la civilisation jusqu'aux plus raffinées, le même goût persiste : la matière employée et le travail varient seuls. Au début, on se sert de coquillages, souvent percés et enfilés, de dents d'animaux, de fragments osseux, diversement façonnés, de cailloux colorés et ouvrés. Les métaux sont-ils connus? on a recours alors au cuivre, à l'or, à l'argent, à l'étain, au bronze, au fer. Tous ces bijoux, si grossiers aux yeux des civilisés, enchantent les

(1) J. Lubbock, *Orig. civilis.*, 55.

sauvages et même les barbares. Hommes et femmes en portent à l'envi ; souvent même les hommes sont beaucoup plus
parés que les femmes. Hutton a énuméré les bijoux qui or-
naient la personne du roi des Achantis. C'étaient : un collier
d'or et de pierres, précieuses dans le pays ; sur l'épaule, des
gaînes d'or renfermaient des *saphis* ou talismans ; aux doigts,
des anneaux d'or en profusion, et, au petit doigt et au pouce,
des castagnettes d'or ; aux poignets, aux genoux, aux chevilles,
des bracelets et anneaux d'or, etc.(1). Là où les métaux dits
précieux sont inconnus, on se sert des autres. Chez les Dinkas,
les Bongos du haut Nil, les femmes se surchargent le cou, les
bras, les jambes, de masses de fer, dont le poids total s'élève
parfois à cinquante livres (2). Le port des bijoux sérieux n'exclut pas, naturellement, les ornements de moindre valeur : les
plumes, les fleurs, les feuillages, les baies de couleur éclatante.
C'est là un goût commun au genre humain tout entier, puisque
déjà les pauvres Tasmaniennes, les femmes des Weddahs de
Ceylan, portent ou portaient des colliers de coquillages et des
fleurs dans les cheveux. Comme nos élégantes d'Europe, les
femelles des sauvages les plus primitifs ont le cerveau hanté
par le souci de la coiffure.

Ce soin est grand chez nombre de peuples, et surtout chez
les races à cheveux crépus, dont la toison se prête admirablement aux constructions les plus savantes. Ainsi certaines
coiffures des Vitiens ont jusqu'à cinq pieds anglais de circonférence (3). En Afrique, nombre de voyageurs ont été frappés
de l'étonnante variété des coiffures masculines et féminines.
Dans la vallée du Niger, à Jenna, pays relativement civilisé, la
chevelure tressée des jeunes femmes ressemble à un casque de
dragon (4). En outre, on a soin de relever l'architecture si
compliquée de ces coiffures en y entrelaçant des plaques, des
diadèmes, etc. Autrefois, en Abyssinie, la chevelure des
hommes leur servait à enregistrer leurs hauts faits. Chaque
ennemi tué ou capturé donnait droit à une tresse ; après dix
faits d'armes, on pouvait se tresser la chevelure à volonté (5).

(1) Hutton, *Hist. univ. des voy.*, vol. XXVIII, 400.— (2) G. Schweinfurth, *loc. cit.*, I, 153, 298. — (3) Williams, *Figi and the Figians.*
— (4) R. et J. Lander, *Hist. univ. des voy.*, vol. XXX, 88. — (5) A.
d'Abbadie, *Douze Ans dans la haute Egypte,* 66.

Du reste, on a soin de parer non seulement la tête, mais tout ce qui est susceptible d'ornement. Ainsi les Néo-Calédoniens, qui ont l'habitude de porter pour unique vêtement un étui pénien en écorce, relevé et attaché à la ceinture, ornent ce vêtement priapique aussi soigneusement que leur tête (1). Ailleurs on se pare jusqu'aux dents. Par exemple, sur un crâne dayak, six dents incisives avaient été soigneusement forées et on y avait inséré une tige de laiton terminée par une petite boule (2). De même des indigènes de l'Inde, observés par Marco Polo, recouvraient leurs dents d'un étui d'or (3).

A mesure que la vie sociale se raffine, le goût de la parure se modifie ; les bijoux deviennent moins volumineux, plus artistiques ; la matière en est plus rare et plus précieuse.

En dernier lieu, c'est surtout par le vêtement que l'on s'efforce de paraître beau. Déjà les Polynésiens savaient teindre en rouge et en jaune leurs étoffes de mûrier. Les indigènes du Brésil se tissaient de véritables vêtements avec des plumes de perroquet (4). A Maouna (îles des Navigateurs), on arrivait au même résultat en entrelaçant des feuilles de palmier de diverses couleurs (5). En règle générale, le goût des couleurs voyantes domine encore dans les vêtements, d'autant plus que la race est plus barbare. On sait assez quel rôle jouait la pourpre dans l'antiquité classique. Homère revêt Ulysse d'un double manteau de laine teinte avec de la pourpre (6). Martial évalue à 10 000 sesterces le prix, que coûtait, à Rome, un manteau de pourpre tyrienne. Pline estime à mille deniers la livre la meilleure laine teinte en pourpre de Tyr (7).

IV

Evolution du goût de la parure

Quelques données maîtresses se dégagent des faits que nous venons de citer.

(1) D'Entrecasteaux, *Hist. univ. des voy.*, vol. XV, 210. — (2) J.-B. Davis, *Thesaurus craniorum*, 289. — (3) M. Polo, *loc. cit*, 249. — (4) Magellan, *Hist. univ. des voy*, vol. I, 127. — (5) Kotzebue, *Deuxième Voyage* (*Hist. univ des voy.*, vol. XVII. 335). — (6) *Odyssée*, chant XIX, v. 225. — (7) *Hist. nat*, IX

Le goût de la parure semble être général dans l'humanité.

D'abord il se manifeste surtout par la mode des enduits colorés, et la couleur rouge est presque partout la couleur préférée. Force est donc d'admettre que l'homme primitif n'est pas inhabile à distinguer les nuances. Il est par suite difficile de croire que les auteurs des Védas fussent encore, comme le veut H. Magnus, privés du sens chromatique et seulement capables de distinguer la lumière de l'obscurité. Dans cette hypothèse, il faudrait admettre que les vieux Aryas, déjà pasteurs et poètes, étaient, sous le rapport du sens des couleurs, inférieurs aux stupides Fuégiens et Tasmaniens.

A une phase un peu moins humble de la civilisation, mais très sauvage encore, on ajoute aux enduits les mutilations, les déformations, auxquelles se lie le plus souvent le port des bijoux, d'ailleurs usités dès les âges les plus reculés.

Puis les déformations et mutilations deviennent de moins en moins graves, hideuses ; les bijoux s'allègent, sont plus artistiques. Le goût de l'ornementation en arrive à se manifester surtout par le vêtement, qui est toujours de couleur d'autant plus vive que la race est moins éloignée de la barbarie. C'est ainsi que les officiers malgaches se chamarrent de broderies avec un luxe qui ne connaît pas de frein (1).

Dans les phases primitives du développement humain, le goût de la parure est commun aux deux sexes ; souvent même, comme aux îles Arou, etc. (2), les hommes sont plus parés que les femmes. Il en est de même dans le bassin du haut Nil (3) et chez certaines tribus de l'Amérique du Nord, où les femmes passent une grande partie de leur temps a peindre leurs maris (4). Dans l'Yucatan, les hommes portaient toujours sur eux des miroirs en pyrite polie (5). Puis, à mesure que la race devient plus intelligente et moins sensitive, la recherche de la parure est surtout le lot de la femme. Sous ce rapport, les femmes de l'Europe contemporaine sont donc plus près des époques barbares que ne le sont les hommes : leur coiffure soignée, leur goût pour les couleurs voyantes, les fards dont certaines usent encore, sont des reliques d'un passé sauvage,

(1) Dupré, *Trois Mois à Madagascar*, 174. — (2) O. Beccari, *loc. cit.* — Wallace, *Malay Archipel.*, II, 153.— (3) G. Schweinfurth, *the Heat of Africa*, I, 296. — (4) Robertson, *Hist. de l'Amérique*, liv. IV. — (5) Herrera, Déc. IV, liv. VIII.

des faits de survivance. La perforation des oreilles se rapporte même à une phase tout à fait rudimentaire de la civilisation, à la phase des mutilations.

Plus l'homme progresse, plus sa raison se développe, plus l'intelligence domine dans sa vie mentale, plus aussi il renonce aux ornements de toute sorte, aux couleurs éclatantes. Peut-être, en voyant le terne costume du bourgeois européen de nos jours, quelque savant à venir en conclura-t-il, à l'exemple de H. Magnus, que nous ne savions pas distinguer les couleurs.

De nos jours encore, des restes de l'antique barbarie se conservent dans les costumes, qu'il n'est guère permis de modifier, dans les vêtements officiels des fonctionnaires, des juges, des prêtres, surtout dans les uniformes militaires. L'habit rouge des soldats anglais, le pantalon garance des soldats français, les épaulettes, tout le clinquant du vêtement militaire, sont la manifestation dernière ce 'esthétique sauvage. On y renoncera, comme on a renoncé à se perforer le nez et à se déformer le crâne. Sans doute la marche de la civilisation est lente et boiteuse; c est avec bien de la peine que le genre humain s'affranchit des instincts inférieurs. Chétifs vermisseaux que nous sommes, notre existence n'est que d'un jour ! Aux yeux de l individu, presque aussitôt fermés qu'ouverts, tout semblerait immuable et immobile, si, ouvertes devant nous, les annales de l'humanité ne nous criaient bien haut que le progrès n'est pas un rêve

---

CHAPITRE VII.

DES ARTS EN GÉNÉRAL.

Sans doute l'homme a déraisonné sur tout; mais nul sujet n'a inspiré plus de divagations que ce qu'on appelle l'esthétique. La musique surtout est, sous ce rapport, une matière tout particulièrement privilégiée. Toutes les fois qu'un auteur aborde ce bruyant chapitre, il risque fort de perdre la tête; parfois même il affecte de la perdre : cela est de bon goût.

On serait sûrement plus sobre et plus sensé si l'on se faisait une idée juste de l'origine et du rôle des beaux-arts. Sur ce point, c'est la biologie qui doit éclairer la sociologie.

Chez l'homme et même chez tout animal conscient, une impression forte tendra toujours à s'irradier sur tout le système nerveux. L'impression est-elle éprouvée par un homme très intelligent, chez qui le champ de la vie consciente est très vaste, l'ébranlement nerveux se transforme tout d'abord en sentiments, en idées, puis, si la force n'en est pas épuisée, en action réflexe motrice. Chez l'animal, chez l'enfant, chez l'homme primitif, chez la femme, l'impression forte se traduira le plus souvent directement en mouvements variés, suivant que tels ou tels organes en seront le siège.

D'habitude, chez l'être intellectuellement peu développé, le trop-plein de l'ébranlement nerveux se transforme surtout en contractions musculaires, en mouvements des membres, en gestes et en cris, qui sont les gestes du larynx. Mais la série des phénomènes pourra, dans une certaine mesure, être renversée. Si une impression donnée provoque d'ordinaire tel geste, tel cri, il suffira souvent d'exécuter ou de voir exécuter le geste, de pousser ou d'entendre le cri pour éprouver plus ou moins l'impression à laquelle ils correspondent. L'homme pourra donc reproduire, exciter à volonté, dans ses cellules conscientes ou dans celles d'autrui, un certain nombre d'impressions, de sentiments.

C'est là tout le fond de l'esthétique.

Du cri naîtront le chant et la musique.

Le geste, plus ou moins cadencé, deviendra la danse.

Enfin, comme toute impression forte ne va pas sans un cortège d'images, de visions mentales, l'homme, en reproduisant ou essayant de reproduire ces images, inventera le dessin, la peinture, la sculpture, bref, les arts graphiques et plastiques.

Naturellement, le degré de perfection ou d'imperfection de ces arts sera en rapport étroit avec le degré du développement de l'homme qui les mettra en œuvre, avec le genre de vie, les goûts, les passions, en résumé le mode de civilisation de la tribu ou de la race

CHAPITRE VIII.

DE LA DANSE.

Un art est d'autant plus noble qu'il y entre plus d'intelligence. A ce compte, l'art de la danse est sûrement le plus inférieur et le plus sauvage des arts. Déjà on le rencontre chez certains animaux. Ce sont en effet de véritables danses que les oiseaux mâles de certaines espèces exécutent devant leurs femelles pour les charmer et les captiver. Les saluts cadencés de la tourterelle et du pigeon mâles, quand le désir amoureux les point, sont de vrais exercices chorégraphiques.

Dans l'espèce humaine, l'usage de la danse est à peu près universel. Chez certains peuples, la danse se mêle à tout et revêt des caractères très variés ; pourtant les trois grandes catégories de danses sont : la danse de chasse, la danse de guerre, la danse d'amour.

La plus humble de toutes est la danse de chasse, qui se réduit d'ordinaire à une grossière imitation des mouvements et des allures de l'animal, gibier habituel de la tribu. C'est ainsi que les pauvres Tasmaniens et Australiens s'efforçaient d'imiter chorégraphiquement les mouvements du kangourou et de l'émou (1) ; car la chasse et la capture de ces animaux étaient, pour les nègres de Tasmanie et d'Australie, la grosse affaire et la grande joie de la vie. De même et pour la même raison, la danse des Kamtchadales copie les gauches mouvements de l'ours (2). Chez les Peaux-Rouges, la danse des buffles, exécutée avec un travestissement de circonstance, précédait la chasse de cet animal (3). On pourrait à l'infini multiplier les exemples de ce genre.

La guerre n'étant qu'une autre espèce de chasse, où l'homme sert à l'homme de gibier, a aussi ses danses, qui la précèdent ou la suivent : c'est la chorégraphie belliqueuse, et elle est de même fort répandue, depuis la danse néo-calédonienne, avec

---

(1) Bonwick, *Daily Life and Origin of the Tasmanians*, 36. — (2) Cook, *Troisieme Voyage* (*Hist. univ. des voy.*, vol. XI, 345). — (3) Domenech, *Voyage dans les grands déserts*, etc., 446.

accompagnement de chants anthropophagiques, jusqu'à la danse pyrrhique.

La danse de guerre est d'autant plus caractérisée, d'autant plus pratiquée, que les mœurs sont plus sauvages. C'est ainsi qu'avant une expédition les Néo-Calédoniens dansaient en dialoguant comme suit avec leurs chefs : « Attaquerons-nous les ennemis ? — Oui. — Sont-ils forts ? — Non. — Sont-ils vaillants ? — Non. — Nous les tuerons ? — Oui. — Nous les mangerons ? — Oui. » (De Rochas, *Nouvelle-Calédonie.*) Comme la danse de chasse, la chorégraphie guerrière est exclusivement exécutée par les hommes. Celle des Néo-Zélandais a toujours fortement impressionné les voyageurs européens. Dans ce pays les danseurs agitaient leurs lances, leurs dards, frappaient de leurs *patous-patous* un ennemi imaginaire, le tout en s'accompagnant d'une chanson sauvage ; car la danse primitive ne va guère sans le chant ou la musique (1). On, le voit, un pareil exercice ne peut être que masculin. Il en était de même pour les danses variées des Peaux-Rouges, occupations sérieuses, caractérisant tous les actes de la vie : un traité, une réception d'étrangers, une guerre, une naissance, une mort, une moisson, une cérémonie religieuse, etc. (2).

Dès que les femmes se mettent à danser, soit devant les hommes, soit avec eux, la danse prend un caractère tout autre ; elle se rattache plus ou moins aux relations amoureuses, souvent même devient lubrique. En général, ce sont des mouvements cadencés des hanches ou du bassin de la femme qui donnent à la danse son caractère érotique. A Tongatabou, aux Sandwich, à Taïti, ces danses, toujours exécutées par les femmes, étaient un plaisir fort prisé (3). On retrouve des danses analogues un peu partout, notamment à Madagascar (4). Dans l'Inde, la danse lubrique était devenue un art religieux. Chaque pagode avait ses bayadères, dressées, dès l'enfance, à leur métier par un entraînement savant et méthodique, et ces bayadères, on les louait à haut prix aux riches particuliers, au grand avantage de la bourse des brahmanes (5). Tout le

---

(1) Cook, *Hist. univ. des voy.*, vol. VI, 188. — (2) Robertson, *Histoire de l'Amerique*, liv. IV ; Domenech, *Voyage dans les grands déserts*, etc., 431. — (3) Cook, *Hist. univ des voy.*, vol IX, 362 ; Freycinet, *idem*, vol. XVIII, 99. — (4) Dupré, *Trois Mois de séjour à Madagascar*, 44. — (5) Waitz, *Anthrop.*, 102, vol. I.

monde a entendu parler des almées d'Egypte, sorte de baya-dères laïques.

Dans toute l'Afrique noire on danse avec fureur. C'est un amusement pour lequel les deux sexes ont un goût passionné. Là aussi les danses sont souvent fort indécentes (1); mais les nègres semblent surtout y rechercher le plaisir du mouve-ment excessif et cadencé. « Dès qu'ils entendent le son du *tam-tam*, dit du Chaillu, ils perdent tout empire sur eux-mê-mes (2). » C'est une vraie furie chorégraphique, qui fait oublier en un instant toutes les misères publiques et privées (3).

Comme on devait s'y attendre, le peuple le moins danseur est le sensé et méthodique peuple chinois. Quoique l'on soit fort amateur en Chine des représentations scéniques, l'idée de la danse n'y est venue à personne; et aux yeux des Chinois la danse est un amusement ridicule, où l'homme compromet sa dignité (4).

En résumé, reproduire des scènes intéressantes en exécutant des sortes de tableaux vivants; se mouvoir plus ou moins vio-lemment en chantant ou en suivant la mesure d'un air rythmé; c'est là le fond de la danse, de la danse sincère, telle qu'on la trouve surtout chez l'homme primitif, ou, dans nos sociétés européennes, chez l'homme du peuple. Il n'y a rien à dire de nos ballets d'opéra et de nos danses de salon, qui sont uni-quement ce que Tylor a appelé « des faits de survivance ».

CHAPITRE IX.

DE LA MUSIQUE VOCALE.

Nous avons vu tout à l'heure que l'art de la danse n'est point spécial à l'humanité. Il en est de même, et à un bien plus haut degré encore, de la musique.

---

(1) Laing, *Hist. univ. des voy.*, vol. XXVIII, 42; Du Chaillu, *Voyage dans l'Afrique équatoriale*, 226. — (2) *Idem*, 226. — (3) R. et J. Lander, *Hist. univ. des voy.*, vol. XXX, 301. — (4) Sinibaldo de Mas, *la Chine et les Puissances chrétiennes*, t. I, 150.

Certains animaux chanteurs en remontreraient fortement sous ce rapport à l'homme primitif, sauvage ou mal civilisé. L'organiste des Indes occidentales *(euphonia musica)* sait donner les sept notes de la gamme. Le pinson va bien plus loin; il exécute de véritables chants, les uns inventés par lui, les autres enseignés par l'homme; l'un de ces chants a jusqu'à cinq longues strophes et est bien plus compliqué que la plupart des chants des sauvages, dont l'étendue est extrêmement restreinte (1). C'est ainsi que, lors du deuxième voyage de Cook, les femmes de l'île Middelbourg, dans l'archipel Fidji, n'allaient en chantant que de *la* à *mi* (2). Les chants de l'oiseau et ceux du sauvage n'ont d'ailleurs que de petits intervalles et s'astreignent mal à la mesure et au rythme. Notons encore que le chant de l'oiseau est tout aussi artistique que celui de l'homme; car il se perfectionne par l'exercice et même tout naturellement avec les progrès de l'âge (3).

Chez les grands singes, on trouve aussi à l'état rudimentaire la musique vocale et instrumentale. Darwin a vu un gibbon qui savait moduler une octave (4), et Savage raconte que les chimpanzés noirs (*Troglodytes niger*) se réunissent parfois, au nombre de vingt à cinquante, pour faire une sorte de concert, en frappant sur du bois creux et sonore, à l'aide de baguettes qu'ils tiennent avec les pieds et les mains (5). Ce n'est encore que du bruit; mais la musique ne s'est dégagée du bruit que peu à peu, et par toute la terre le tambour semble avoir été le premier instrument de la musique humaine.

Comme la danse, la musique n'est que l'art d'exprimer ou d'éveiller les impressions mentales, plus ou moins grossières, plus ou moins relevées, sensitives ou affectives. Mais c'est un art bien autrement expressif que l'art chorégraphique; car il imite ou reproduit les modulations infiniment variées du cri et de la voix.

Toute impression forte chez l'homme, surtout chez l'homme primitif, se traduit par des mouvements réflexes, surtout par

(1) J.-C. Houzeau, *Études sur les facultés mentales des animaux,* etc., t. I, 86, 87. — (2) Cook, *Deuxième Voyage,* 1er oct. 1773. — (3) Bechstein, *Naturgeschichte der Hof und Stubenvögel; art. Hänfling,* cité par Houzeau. — (4) *Expression des émotions.* — (5) Savage, *Boston Journ of Natural History,* vol. IV, 324, cité par Houzeau.

des contractions des muscles laryngés, d'où résultent, soit
l'émission de cris, comme chez les animaux, soit des variations
spéciales du timbre de la voix. Ces manifestations laryngées
de la vie affective sont fatales et si rigoureusement liées aux
phénomènes psychiques, qu'il suffit d'être homme pour en
comprendre le sens et que certaines modulations vocales excitent plus ou moins, chez tout le monde, des sentiments donnés. En faisant reposer la musique sur « le cri animal de la
passion », Diderot a émis une vue à la fois très juste et très
profonde. A vrai dire, la musique a la même origine que la
parole, avec laquelle elle a dû d'abord se confondre. Puis, le
langage se perfectionnant, les mots se créant peu à peu,
acquérant un sens précis indépendamment de leur intonation,
le langage parlé s'est définitivement séparé du langage
chanté, qui a été spécialement affecté à l'expression de quelques sentiments à la fois intenses et assez bornés.

Chez tous les peuples primitifs, la musique vocale ne s'é-
carte guère d'un récitatif monotone, en mode mineur. L'homme
éprouve une impression agréable en percevant un son musical, c'est-à-dire un son qui fait vibrer pleinement et sans
trouble une ou plusieurs des nombreuses fibres terminales du
nerf acoustique. Les ondes sonores sont-elles au contraire
irrégulières, heurtées, on ne perçoit plus que du bruit. Mais,
en fait de musique, l'oreille du sauvage n'est pas exigeante.
Une note régulière étant une fois perçue, l'homme peu développé en est tout captivé, et il éprouve un grand plaisir à la
répéter indéfiniment, sans nuances, avec peu ou point de
demi-tons (1). Certaines races, très développées d'ailleurs
comme la race chinoise, sont, sous le rapport musical, fort
mal douées; ainsi la gamme chinoise n'a que cinq notes et
point de demi-tons, tandis que les traités anciens de la littérature sanscrite divisent déjà la gamme en sept intervalles, avec
vingt-deux intervalles plus petits. Plus tard, les Grecs inven-
tèrent le système diatonique, distribuant la succession des
sons en une série d'intervalles appelés tons et demi-tons : de
là est sortie la musique moderne (2).

Néanmoins la musique grecque n'était encore qu'une mélo-
pée accentuée marquant, en les exagérant, les intonations de

_____

(1) E. Véron, *l'Esthétique*, 250. — (2) E. Véron, *l'Esthétique*, 252.

la voix. Souvent, dans la musique primitive, le chant est
accompagné de mouvements, de gestes : alors la musique se
sépare à peine de la danse. Les sauvages observés par Cook
sur les côtes occidentales et septentrionales de l'Amérique du
Nord en étaient encore là ; ils chantaient en s'accompagnant
de mouvements réguliers des mains, en frappant en mesure
avec leurs pagaies les bordages de leurs pirogues, en faisant
mille gestes expressifs (1). De même les femmes de Tongatabou chantaient en faisant claquer leurs doigts et en battant la
mesure (2). Mais partout le chant primitif n'est qu'un récitatif,
parfois entrecoupé de bruits, d'imitation de cris d'animaux, etc.
Chez les Bongos de l'Afrique centrale, le chant n'est encore
qu'un débit précipité de mots entrecoupés, de sons imitant
l'aboiement du chien, le braiement de la vache, etc. (3).

Si le chant primitif est un récitatif, c'est qu'il est d'ordinaire
destiné à accompagner et à orner un récit de guerre, d'a-
mour, parfois une légende mythologique. Ainsi, à la Nouvelle-
Zélande, à Taïti, on chantait sur des airs plus ou moins mo-
notones les traditions et les hauts faits des aïeux (4), les
exploits des dieux et des héros, la création de l'univers polynésien, etc. C'était là un des plaisirs favoris des voluptueux
Aréois, dont nous avons parlé (5).

Comme il est naturel, la musique vocale semble être la plus
primitive. C'est encore celle qui impressionne le plus fortement l'homme civilisé ; car elle a dû jaillir tout naturellement
des impressions, des émotions, des passions humaines, et elle
met en émoi chez nous tout un vieux fonds mental, latent et
hérité. Il y a des races goûtant beaucoup la musique vocale
et bien douées pour cet art, par exemple la race des Esquimaux, à qui, sauf le tambourin, si peu musical, tout instrument de musique est inconnu (6).

Le goût de la musique, surtout du chant, existe un peu partout et souvent chez des races très peu avancées. Les Esqui-

---

(1) Cook, *Deuxième Voyage* (*Hist. univ. des voy.*, vol. X, 358). —
(2) *Idem*, vol. VIII, 89. — (3) Schweinfurth, *the Heart of Africa*,
I, 289. — (4) Cook, *Troisième Voyage* (*Hist. univ. des voy.*, vol. IX,
283). — (5) Moerenhout, *Voyage aux îles du grand Océan*, t. II.
130. — (6) Parry, *Hist. univ. des voy.*, vol. XL, 459. — *Idem*,
Deuxième Voyage, 410 ; Ross, *Hist. univ. des voy.*, vol. XL, 53.

maux de l'Amérique du Nord, les Polynésiens, les Indo-Chinois et les Malais, les Malgaches, les indigènes de l'Amérique du Sud, ces derniers tous musiciens-nés, dit d'Orbigny (1), chantent volontiers des mélodies souvent languissantes et tristes. Au contraire, des races supérieures comme le grave Touarek (2), le sage et industrieux Chinois, chantent peu et font de la musique un cas médiocre. C'est que la musique plaît surtout aux races sensuelles ou impressionnables, quel que puisse être d'ailleurs le développement moral et intellectuel. En s'inspirant de ce qu'enseignent l'expérience ethnographique et l'expérience sociale, on peut même avancer que, sans être absolument incompatibles avec la force de l'intelligence et la rectitude de la raison, les aptitudes artistiques, surtout musicales, les accompagnent assez rarement.

CHAPITRE X.

DE LA MUSIQUE INSTRUMENTALE.

Nous avons vu que la musique vocale est sortie du cri ; de même la musique instrumentale est sortie du bruit, et il est facile d'en retracer la genèse.

La musique instrumentale commença par être une musique de chimpanzé. On avait eu du plaisir à entendre certains bruits, on s'étudia à les reproduire. Comme les chimpanzés se donnent des concerts en frappant sur des branches creuses, l'homme primitif, un peu plus intelligent, imagina le tambour, le premier des instruments, mais dont la construction ne fut point d'emblée portée à la perfection. Dans certaines tribus australiennes, les femmes tambourinaient simplement sur une peau de kangourou tendue sur leurs cuisses. Le vrai tambour fut d'abord ou un cylindre de bambou fermé à une extrémité par un nœud, ouvert à l'autre, ou un tronc d'arbre creusé, latéralement ouvert par une fente. On jouait du premier en frappant le sol avec son extrémité fermée ; on tapait sur le second avec des

---

(1) Ch.-A. d'Orbigny, *l'Homme américain*, t. II, 164. — (2) Denham et Clapperton, *Hist. univ. des voy.*, vol. XXVII, 55.

bâtons. Ces deux espèces de tambours étaient fort en usage
à Tongatabou lors du passage de Cook (1). Avec un petit effort
d'invention, ce tambour primitif devint le tambour à un ou
deux diaphragmes de peau, le tam-tam, que l'on retrouve à
peu près par toute la terre, sauf chez les Tasmaniens, les
Australiens, et peut-être les Fuégiens, qui n'ont pas d'instruments musicaux. Les Hottentots mêmes ont inventé ou adopté
le tam-tam (2). Les Taïtiens s'en servaient (3); toute l'Afrique
noire s'en délecte, et c'est aussi l'instrument favori de la Nouvelle-Guinée (4). Les Mexicains d'autrefois avaient des tambours
d'alarme, qu'on .entendait d'une lieue, dit Clavigero (5). Des
voyageurs russes ont retrouvé le tambour dans l'île d'Oumnak,
à l'extrémité nord-ouest de l'Amérique, en pays esquimau, et
Parry l'a vu chez les Esquimaux de régions plus arctiques encore (6). Quelques autres instruments à percussion, un peu
plus compliqués, dérivent vraisemblablement du tambour,
comme la plaque métallique placée au sommet des temples tol-
tèques, et sur laquelle on frappait pour appeler les fidèles à la
prière (7). Le gong chinois est aussi de la même famille. L'harmonica, le plus musical des instruments à percussion, n'est
encore qu'un perfectionnement du tambour. On le trouve déjà
aux Îles Marquises, où il est composé de plaques de bois de
diverses grandeurs, sur lesquelles les femmes tapent avec un
petit marteau de casuarina (*les Derniers Sauvages*, Radiguet,
p. 130). Des instruments semblables ou analogues sont en
usage en Malaisie, où les plaques sont parfois métalliques ; au
Sénégal, où les touches sont méthodiquement graduées, et
supportent des gourdes destinées à donner au son plus d'ampleur. A Java, les plaques sont parfois remplacées par deux
rangées de gongs métalliques, de dimension graduée, ayant
la forme de marmites renversées et supportées par des cordes
entrecroisées (8). L'harmonica de bois se rencontre aussi dans

---

(1) Cook, *Troisième Voyage* (*Hist. univ. des voy.*, vol. IX, 356, 406).
— (2) Levaillant, *Hist. univ. [des voy.*, vol. XXIV, 185. — (3) Cook,
Premier Voyage (*Hist. univ. des voy.*, vol. V, 260). — (4) Th. Forrest,
Voyage to New-Guinea, et O. Beccari, *loc. cit.* — (5) *Storia del Mexico*
t. II, 179. — (6) Kremtzin et Levachef, 1768; Parry, *Troisième Voyage*
(*Hist. univ. des voy.*, t. XL, 459). — (7) Prescott, *Conquête du
Mexique*, liv. I, chap. VI. — (8) *Exposition des colonies hollandaises*,
Paris, 1878.

le Cambodge, etc. Mais on s'abuserait fort en prenant ces similitudes pour des preuves indéniables de relations entre les diverses races. C'est que, dans toute l'humanité, il y a un fonds
commun, une impressionnabilité analogue, inspirant souvent
des idées analogues.

Après le tambour, qui avait déjà le grand mérite de produire des bruits quasi-musicaux et de pouvoir servir à marquer
la cadence dans les divertissements chorégraphiques, on in-
venta les instruments à vent, des trompettes, des sifflets, des
flûtes, d'abord fort rudimentaires et donnant tantôt une note
seulement, tantôt deux, trois ou quatre notes. Les Bojesmans
fabriquent ainsi un sifflet d'appel avec un des os de la jambe
d'une petite antilope (1). De même les Néo-Zélandais se servent, pour le même usage, d'une trompette en bois, longue de
quatre pieds environ et produisant une sorte de mugisse-
ment (2). Mais dans toute la Polynésie on avait des instruments
à vent un peu moins imparfaits, des flûtes grossières percées
de deux à quatre et même six trous latéraux. On y soufflait
avec une des narines et l'on savait en tirer quelques notes (3);
on avait aussi imaginé de construire une sorte de flûte de Pan,
à huit ou dix roseaux juxtaposés, mais sans souci de leur longueur (4), et le même instrument se retrouve chez les Moxos
de l'Amérique méridionale, plus compliqué seulement, ayant
quelquefois cinq à six pieds de longueur (5). Avec ces grossiers
instruments on peut déjà jouer à peu près des mélodies, mais
fort simples; car le registre des sons, que peuvent produire ces
appareils musicaux, est très borné, et les mêmes notes se répètent fort souvent à de très courts intervalles.

Au contraire, avec les instruments à cordes, le champ de la
musique instrumentale put s'élargir beaucoup et on réussit sans
difficulté à construire des engins musicaux à registre étendu.
Aussi les instruments à cordes n'existent guère chez les races
très primitives. Ils semblent avoir été inconnus aux Polynésiens, aux Mélanésiens, aux Américains indigènes. Les anciens

---

(1) Burchell, *Hist. univ. des voy.*, vol. XXVI, 311. — (2) Cook,
Deuxième Voyage (*Hist. univ. des voy.*, vol. VII, 332). — (3) Cook,
Premier Voyage (*Hist. univ. des voy.*, vol. V, 119). Voyages de Cook,
passim. — (4) Cook, *loc. cit.*, *Troisième Voyage*, vol. X, 74. — (5) A.
d'Orbigny, *l'Homme américain*, II, 231.

Mexicains eux-mêmes, possédant déjà une civilisation avancée, et, selon le chroniqueur B. Sahagun, experts en musique vocale, ne connaissaient que les tambours, les gongs à plaque et une espèce de flûte. C'est l'Asie qui semble avoir été la patrie originaire des instruments à cordes, nous disons l'Asie aryenne et sémitique. De là ces appareils ingénieux se sont propagés de proche en proche, d'abord en Égypte, où la lyre et une sorte de guitare étaient en usage (1), puis en Europe. Par l'Égypte et la Nubie, l'art de fabriquer des instruments à cordes s'est répandu dans tout le continent africain, mais à des degrés bien divers. Ainsi les Mandingues se servent de harpes ayant jusqu'à seize cordes (2). Les Niam-Niam de l'Afrique centrale fabriquent de petites mandolines correctement construites et très analogues au « Rababa » des Nubiens (3). Les Bongos de la vallée du haut Nil, à leur manière très amateurs de musique, ont une harpe monocorde, analogue au « gubo » des Zoulous et connue dans toute l'Afrique australe. Les Hottentots ont perfectionné ou plutôt dénaturé cet instrument ; une petite lamelle empruntée à une plume d'autruche et fixée à une des extrémités de l'arc, presque en contact avec la corde à boyau, a fait du monocorde hottentot un instrument à anche produisant des sons flûtés (4) : c'est la *gourah* ou *gorah* (5). Les mêmes Hottentots se servent aussi d'une guitare à trois cordes, sur laquelle d'ailleurs ils sont incapables de jouer aucun air. Au total, les instruments à cordes, en Afrique, sont d'autant plus simples, qu'on descend vers le midi. Dans l'Afrique du centre et du nord-est, il existe encore une vraie musique instrumentale; on sait plus ou moins jouer des airs ; dans l'extrême sud africain, on se borne à faire du bruit.

Au point de vue musical, rien de plus pauvrement doué que la race mongole pure. Les vrais Mongols sont très peu musiciens ; ainsi les Chinois préfèrent souvent le bruit à la musique, qu'ils connaissent pourtant, puisqu'ils l'ont soumise à des règles, ont inventé une gamme, savent noter les airs; mais

(1) Wilkinson, *Manners and Customs of the Ancient Egyptians*, vol. I, 304; vol. II, 260; vol. III, 297, etc. — (2) Mungo Park, *Hist. univ. des voy.*, vol. XXV, 299.—(3) G. Schweinfurth, *the Heart of Africa*, t. I, 412. — (4) Levaillant, *Hist. univ. des voy.*, vol. XXIV, 183, et Burchell, *id.*, vol. XXVI, 275. — (5) Levaillant, *id.*, vol. XXIV, 185.

leur musique est indigente, bornée, et ils ignorent même les demi-tons (1). Au contraire, les Mongoloïdes de l'Indo-Chine et de la Malaisie, races métisses, provenant sans doute d'un mélange entre les Mongols et les noirs asiatiques aux cheveux lisses, sont passionnés pour la musique. À Bankok, les personnes de distinction s'y adonnent avec ardeur (2). C'est d'ailleurs de la musique d'origine aryenne, venant surtout, airs et instruments, de la Birmanie (3).

Comme les Siamois, les Malais sont très amateurs de musique. Ils ont su créer des mélodies expressives et sont fort habiles à fabriquer à peu de frais des instruments variés : harmonicas, gongs, gradués suivant les exigences de la gamme, instruments à cordes, etc. Quelques cordes et une feuille de bananier incurvée en conque leur suffisent pour improviser une lyre (Exposition universelle de Paris, Colonies hollandaises, 1878).

CHAPITRE XI.

DU GOUT MUSICAL EN GÉNÉRAL.

En résumé, l'homme fait de la musique à peu près par toute la terre, et il va de soi que cette musique est d'autant plus compliquée et ingénieuse que la race est plus développée. Aussitôt que l'intelligence existe, elle sert à tout, vivifie tout; mais l'énergie du goût pour la musique serait une bien mauvaise mesure pour apprécier le degré d'intelligence d'un peuple ou d'une race. En effet, tout en n'ayant qu'une musique fort rudimentaire, les races inférieures y sont bien plus sensibles que nos dilettanti européens ne le sont à la nôtre. Rien qu'en entendant un de leurs airs, tout le corps des Taïtiens s'agitait en mesure et leur physionomie exprimait un extrême plaisir (4). En écoutant les compagnons de Parry chanter ou jouer de la musique, les femmes des Esquimaux tendaient avidement le cou, écartaient leurs cheveux de leurs oreilles

---

(1) Huc, *Empire chinois*, t. II, 326. — (2) Finlayson, *Hist. univ. des voy.*, vol. XXXIV, 202. — (3) Finlayson, *loc. cit.*, 202, 203. — (4) Moerenhout, *Voyage aux îles du grand Océan*, t. II, 127.

pour ne pas perdre une note (1). Les Hottentots, en entendant
le son de la guimbarde, semblent éprouver un plaisir extati-
que (2). Les Hovas de Madagascar sont fous de musique, et tout
Hova quelque peu important a sa troupe de musiciens (3). Les
Niam-Niam, qui sont pourtant d'une extrême voracité, oublient
de boire et de manger dès qu'ils jouent de la musique, et ils
en joueraient indéfiniment (4). Le son du tam-tam, etc., jette
les nègres du Gabon dans un état quasi épileptique (5). En entendant le *Ranz des vaches* exécuté par une boîte à musique,
un cheik de l'Afrique centrale se couvrait la figure de ses
mains et écoutait en silence, profondément ému (6). Au contraire, les Chinois, si supérieurs à tous ces peuples, sont fort
peu sensibles à la musique.

Chez les blancs civilisés, là où, comme tout le reste, la musique s'est le plus perfectionnée, elle est sentie vivement et
sincèrement, surtout par les gens du peuple, les femmes, et,
chez les hommes, par un petit nombre de natures artistiques
et souvent féminisées. Pour la masse de notre bourgeoisie, le
goût de la musique n'est guère qu'une affaire de mode, de
bon ton ; il est bien plus affecté que réel. Le vorace Niam-Niam
oublie son dîner pour jouer un air ; mais bien peu de bourgeois français en feraient autant.

Nous voyons aussi que partout la musique, à peine dégagée
de la barbarie primitive, a été mélodieuse. C'est qu'en effet
l'amplification rythmée du cri de la passion est la base, le fond
de la musique. Sans doute, sous ce rapport, la pleine floraison musicale ne s'est accomplie que dans les siècles tout à fait
modernes. Mais, avec le temps, l'humanité tend à accorder de
moins en moins de valeur aux plaisirs sensitifs et même affectifs, aussi voyons-nous déjà la phase mélodique de la musique
toucher à sa fin : c'est la vieillesse de la musique. Pour les
races civilisées, l'intérêt est ailleurs ; et les larges mélodies
de Beethoven, de Mozart, de Verdi, de Bellini, etc., sont le

---

(1) Parry, *Hist. univ. des voy.*, vol. XL, 459. — (2) Levaillant, *Hist.
univ. des voy.*, vol. XXIV, 100. — (3) Le Père H. de Régnon, *Madagascar et le roi Radama*, II, 136. — (4) G. Schweinfurth, *the
Heart of Africa*, II, 29. — (5) Du Chaillu, *Voyage dans l'Afrique
equatoriale*, 226. — (6) Denham et Clapperton, *Hist. univ. des voy.*,
vol. XXVII, 130.

chant du cygne. La mode actuelle, si prodigieusement affectée, est à la musique sans expression, à la musique dite harmonique. C'est la décadence ; car la mélodie est à la musique ce que l'image est à la poésie ; elle en est l'essence. En fait, l'art musical se dessèche et menace de finir comme il a commencé, dans le bruit.

CHAPITRE XII.

DES ARTS GRAPHIQUES ET PLASTIQUES.

En décrivant les arts, force est bien de les isoler, de les ranger en série, suivant leur valeur comme moyen d'expression ; mais cela ne préjuge rien relativement à leur ordre d'apparition dans la vie sociale. En réalité la genèse des arts a été tantôt successive, tantôt simultanée, suivant les aptitudes très variées des diverses races. Le plus souvent leur origine a été synchronique. Une fois l'homme assez dégagé de l'animalité pour éprouver le désir d'extériorer certaines images mentales, en leur donnant un corps, il a eu recours indifféremment à des sons, à des formes, à des lignes, à des couleurs ; ce qui lui importait, c'était que son sentiment ou son idée fussent incarnés dans des signes. Les troglodytes du Périgord pratiquaient en même temps le dessin au trait et la sculpture. Ainsi font encore aujourd'hui les Esquimaux, arrivés à peu près au même degré de développement artistique. Le Tasmanien chantait et en même temps gravait au trait sur l'écorce des arbres, sur les rochers, de grossières esquisses de poissons, de quadrupèdes, d'hommes, de femmes (1). Pourtant le Tasmanien n'avait pas encore abordé la sculpture et l'Australien ne connaît que la sculpture décorative. En 1878, dans la section australienne de l'Exposition universelle, on pouvait voir une lance australienne dont le manche était fouillé et orné avec goût de lignes et d'arabesques taillées en relief. Sous ce rapport, les troglodytes périgourdins etaient fort supérieurs aux Austra-

(1) Bonwick, *Daily Life and Origin of the Tasmanians*, 47.

liens actuels, puisqu'ils savaient sculpter, parfois assez habilement, des images de renne et de mammouth (1). Mais néanmoins sculpter en relief des lignes ornementales, fussent-elles
même purement géométriques, c'est déjà sculpter.

Le goût de la sculpture et l'habileté à le satisfaire sont d'ailleurs très inégalement répartis entre les diverses races. Ainsi
les Polynésiens, plus civilisés et plus intelligents que les Mélanésiens, se soucient bien moins de sculpture et y sont moins
habiles. Les informes et gigantesques statues de l'île de Pâques, dont on retrouve les analogues aux îles Pitcairn (2), à
Laïvaouaï (3) et dans plusieurs îles de l'archipel Pomotou, sont
l'œuvre d'antiques ancêtres des Polynésiens actuels ; elles
rappellent des statues du même genre existant près du lac
Titicaca, et ont dû être dressées par des émigrants venus des
côtes du Pérou, alors que la civilisation péruvienne était encore dans les langes. Quant aux Polynésiens actuels, ils sont
sûrement incapables d'exécuter des travaux de ce genre ; ils
ne sortent pas de la petite sculpture et y sont assez malhabiles,
sauf à la Nouvelle-Zélande. Ainsi les Taïtiens se bornent à
orner les poteaux, qui soutiennent leurs frêles édifices, de figures grossièrement sculptées, représentant des hommes, des
femmes, des chiens et des cochons (4). Les Néo-Zélandais,
plus habiles, sont passés maîtres dans la sculpture décorative
en bois. Chez eux, les armes, les ustensiles sont ornés de
lignes, d'arabesques, souvent agencées et fouillées avec beaucoup de goût ; mais dans la sculpture proprement dite ils sont
moins experts. D'ordinaire pourtant la proue de leurs pirogues
était surmontée d'une figure humaine tirant la langue et ayant
des yeux de nacre ; mais l'exécution en était enfantine ainsi
que celle de petites statuettes en bois, espèces de dieux lares,
que l'on plaçait à l'entrée des cases, en l'absence du maître.
C'était le signe d'un tabou momentané, et tout esclave qui, en
dépit de cet avertissement, franchissait le seuil de la hutte,
encourait la peine capitale.

Mais le goût de la sculpture est bien plus prononcé chez les
Mélanésiens de la Papouasie, et peut-être l'ont-ils inculqué aux

(1) Peccadeau de Lisle, *Comptes rendus Acad. sc.* (18 mars 1867).—
(2) Beechey, *Hist. univ. des voy.*, vol. XIX, 75. — (3) Moerenhout,
loc. cit., t. I, 142. — (4) Wallis, *Hist. univ. des voy.*, vol. III, 371.

Néo-Zélandais, qu'ils semblent avoir précédés dans leurs îles.
Ainsi les Papous de la Nouvelle-Guinée couvrent de sculptures
les planches et les poteaux de leurs maisons, la proue de leurs
embarcations, les pilons qui leur servent à pétrir l'argile de
leur poterie, les flotteurs de leurs lignes, leurs boîtes à tabac,
etc. Pour eux, tout est prétexte à faire sur bois de la sculpture
d'ornementation, parfois à sculpter des figures humaines,
dont ils chargent la tête de plumes pour imiter la toison crépue
de leur race. Ces derniers sujets sont naturellement fort grossièrement rendus, mais la sculpture d'ornementation est souvent, en Papouasie, exécutée avec beaucoup de goût. Wallace,
à qui nous empruntons ces renseignements (1), s'étonne qu'un
sens artistique aussi développé puisse coexister avec des mœurs
et une intelligence fort grossières ; mais l'aptitude artistique
est *sui generis ;* sans doute l'élévation intellectuelle et morale
vivifie l'art, mais elle en est fort distincte et s'y unit assez ra
rement.

Sauf les statues colossales de l'île de Pâques, etc., dont les
auteurs sont encore inconnus, la plupart de ces sculptures polynésiennes et mélanésiennes sont en bois. Car les artistes
primitifs n'ont à leur service que des instruments fort imparfaits, le plus souvent de pierre, et ils doivent se borner, pour
réaliser leurs conceptions artistiques, à entailler le bois, au
plus des os, ou à modeler l'argile, quand l'art de la poterie
leur est connu. Mais les Polynésiens ne soupçonnaient pas encore l'art si utile du potier, et les Papous, auxquels cet art est
assez familier, paraissent l'avoir réservé aux usages domestiques.

Dans la zone la plus civilisée de l'Afrique nègre, près du
golfe de Benin, le long du Niger, etc., on pratique aussi la
sculpture en bois. A Katunga, on sculpte sur les portes, les
poteaux des vérandahs, des bas-reliefs rudimentaires représentant tantôt un boa tenant dans sa gueule un cochon ou une antilope, parfois des scènes de guerre, des cavaliers conduisant
des esclaves, etc. (2). Dans les mêmes régions, a Kiama, R. et
J. Lander virent une escabelle sculptée, supportée par quatre

(1) *Malay Archipelago,* vol II, 196. — (2) Clapperton, *Second
Voyage,* t. I, 94 (édition de 1829).

figures d'hommes, etc. (1), et rappelant, d'après la description qu'ils en donnent, des meubles analogues de l'antique Egypte. A Jenna ils trouvèrent des œuvres plus remarquables encore : des tambours ornés de bas reliefs en airain ciselé, s'il faut les en croire, et figurant des hommes et des animaux (2).

Les civilisations de l'Amérique centrale, fort supérieures à celles de l'Afrique noire, avaient aussi donné naissance, au Pérou, dans l'Yucatan, plus généralement au Mexique, à une sculpture, barbare encore, mais pourtant déjà assez relevée. Là, les artistes, munis d'instruments de cuivre, de bronze, d'obsidienne ou de pierre extrêmement dure, exécutaient en pierre de grandes statues, des bas-reliefs compliqués.

Dans ses traits généraux, cette statuaire rappelle assez l'art égyptien. Souvent l'artiste péruvien ne savait pas détacher du corps les membres de sa statue et le statuaire mexicain n'était guère plus habile, mais il était plus fécond. En effet, l'ancien Mexique était rempli d'idoles hideuses, surchargées d'orne- ments, de bas-reliefs, où les personnages sont presque inva- riablement representés de profil, comme en Egypte. Les deux peuples savaient en outre couler en or et en argent des figu- res d'animaux et des plantes. Peu après le débarquement de Cortez au Mexique, Montezuma lui envoya en présent des fi- gurines de ce genre, représentant des canards, des chevreuils, des chiens, des tigres, des singes (3). Dans leurs somptueux jardins, les Incas avaient des parterres artificiels, dont toutes les plantes étaient des imitations, en or et en argent, des plantes du pays. Les Espagnols y admirèrent surtout des pieds de maïs, aux larges feuilles d'argent, d'où sortait un épi d'or, surmonté d'une aigrette de même métal que les feuilles (4). Mais c'était surtout dans la céramique artistique que les Péru- viens aimaient à se donner carrière. Sous les doigts du potier, la matière est plus docile que sous ceux du sculpteur; le fini du travail, la vérité des contours et de l'expression sont plus faciles à obtenir avec de l'argile pour un artiste mal armé. Aussi les figures humaines, que les potiers du Pérou et aussi

---

(1) R. et J. Lander, *Hist. univ. des voy.*, vol. XXX, 131. — (2) R et J. Lander, *Hist. univ. des voy.*, vol. XXX, 58. — (3) Bernal Diaz, 89 (édition Jourdanet). — (4) W. Prescott, *Histoire de la conquête du Pérou*, I, 46.

de l'Yucatan aimaient surtout à modeler, sont bien supérieures aux statues; certains masques ont même une expression
vivante; l'art commence vraiment à s'y dégager de son imperfection première.

Dans cette céramique artistique de l'Amérique centrale, il y
a déjà un grand souci de l'exacte imitation de la nature; à ce
point que nombre de vases péruviens reproduisant des figures
humaines sont aujourd'hui de précieux documents ethniques.
Sans nul doute cet art, encore dans l'enfance, se serait développé peu à peu; il aurait graduellement visé à rendre l'expression, les types individuels, etc. La conquête espagnole l'a
brutalement étouffé, non seulement en arrêtant son évolution,
mais en détruisant avec acharnement les œuvres déjà exécutées. Selon les chroniqueurs, les fondations de la cathédrale
de Mexico sont bâties avec les statues des dieux mexicains.

Dans l'Amérique centrale, le beau artistique était encore
assez laid, ce qui tient surtout à l'état peu avancé des civilisations péruvienne et mexicaine. Mais, comme nous l'avons déjà
plusieurs fois observé, l'aptitude esthétique n'est pas en rapport étroit avec le degré de développement moral et intellectuel d'une race. La race mongolique, spécialement dans ses
groupes ethniques de la Chine et du Japon, est sûrement bien
supérieure aux races de l'Amérique centrale; pourtant elle n'a
su produire qu'un art fort imparfait. C'est presque uniquement
dans l'art décoratif que dans ces contrées l'esthétique a atteint
une certaine perfection; encore cette décoration ne consiste
guère que dans d'ingénieuses combinaisons de lignes : elle est
de genre géométrique. En fait de statuaire, ou plus généralement de reproduction en relief des hommes, des animaux, etc.,
l'artiste mongol n'a pas dépassé les phases inférieures de
l'art. En Chine et au Japon, la statuaire proprement dite
existe peu; les Chinois ne font guère que de la petite sculpture,
des statuettes ou de l'ornementation, sans élégance, sans correction, en s'abandonnant à de grotesques fantaisies. Quant à
la statuaire de grandes dimensions, elle ne sert guère qu'à reproduire, dans les temples, des types conventionnels de divinités, spécialement celui du Bouddha, et le plus grand effort
qu'ait accompli en ce sens l'esthétique mongole a abouti à la
colossale statue en bronze du Bouddha japonais de Kouma-

koura (1), qui d'ailleurs est simplement une copie mécanique d'un type hiératique. Pourtant les Japonais se relèvent un peu dans la petite sculpture et spécialement dans la reproduction des animaux et des plantes, qu'ils imitent avec une scrupuleuse exactitude, n'excluant pas toujours l'élégance et le mouvement. Au point de vue artistique comme à tous les autres, les rameaux inférieurs de la race mongolique sont restés encore bien au-dessous des Chinois et des Japonais. Il faut cependant citer un curieux genre de sculpture observé par le père Huc dans une lamaserie bouddhique de la Tartarie(2). Dans la lamaserie de Kounboun, on célèbre, le 15 de la première lune, la fête des *Fleurs*, et le principal attrait de cette fête consiste en bas-reliefs, que vingt lamas mettent plusieurs mois à modeler. Ce sont des scènes religieuses, dans chacune desquelles figure le Bouddha, représenté par un personnage au type caucasien, à la figure blanche et rosée, entouré de gens au type mongol. Le plus curieux est que, dans ces œuvres d'art, tout, personnages, vêtements, paysages, etc., est exécuté en *beurre frais*, que l'on a eu soin de modeler sous l'eau, pour que la chaleur des doigts ne déformât point l'ouvrage. Ces étranges œuvres, éminemment périssables, ne seraient point d'ailleurs sans mérite, aux yeux du voyageur qui les a contemplées et même admirées. Au total, pour la sculpture comme pour la musique et, comme nous le verrons plus loin, pour la peinture, c'est seulement chez les peuples de race blanche que la floraison esthétique a été complète, luxuriante, et c'est là qu'il nous faut maintenant en suivre l'évolution.

CHAPITRE XIII.

DE LA SCULPTURE EN GRECE.

C'est seulement en Grèce que la sculpture a atteint, pour la première fois dans l'humanité, une extrême perfection ; mais la Grèce n'est point arrivée de prime saut à cet art idéal. Là,

(1) A. Humbert, *le Japon illustré*, I, 241. — (2) *Voyage dans la Tartarie*, II, 97.

comme partout, dans les œuvres humaines, il y a eu lente
évolution, résultant d'ébauches, de tâtonnements continués
pendant des périodes séculaires. Il y a eu aussi de nombreux
emprunts, qui ont abrégé, pour la Grèce, la période d'enfance
esthétique. Les premiers maîtres des Grecs, ceux qu'ils ont
d'abord copiés, ont été les Egyptiens et les Assyriens, dont
les civilisations étaient plus anciennes que la leur. Mais,
comme les Assyriens et les Egyptiens ont reçu à leur tour,
plus ou moins directement, des leçons de l'Inde antique, on
peut considérer aussi comme les lointains initiateurs de la
Grèce les artistes inconnus, qui ont sculpté et fouillé les milliers de statues des sujets mythologiques représentés sur les
parois des hypogées d'Ellora et autres lieux.

En Assyrie et en Egypte, les traits généraux de la sculpture
sont à peu près les mêmes. Ce sont ou des statues, plus ou
moins colossales, figurant des divinités, chez lesquelles les
formes animales se marient souvent capricieusement aux formes humaines, ou des bas-reliefs, dans lesquels se déroulent
des scènes mythologiques ou guerrières. Statues et bas-reliefs sont loin d'être des chefs-d'œuvre. Les statues sont lourdes, raides, sans expression, sans mouvement. Le plus souvent,
l'artiste n'a pas su détacher les membres du tronc. L'ensemble
est un bloc dégrossi, représentant une figure de convention.
Dans les bas-reliefs, il y a un peu plus de mouvement et de
variété ; mais tout cela est encore bien enfantin. Presque invariablement, comme on l'observe aussi dans les bas-reliefs
de Palenqué, les personnages sont représentés de profil et
à la file, sans que l'on ait visé au moindre effet de perspective. Le procédé d'exécution était des plus simples, et on le
surprend sur le vif dans un bas-relief ébauché, transporté par
Lepsius au musée de Berlin. On commençait par mettre au
carreau la paroi que l'on voulait sculpter ; puis on marquait
les points par où devaient passer les traits des figures. Ensuite
on dessinait, en reliant les points indiqués, avec un trait rouge.
L'esquisse grossière ainsi obtenue était rectifiée et définitivement arrêtée avec un pinceau. Alors seulement le sculpteur se
mettait à entailler la pierre et faisait sortir le bas-relief du
dessin (1). Ce furent surtout les Phéniciens, marchands et na-

_____

(1) R. Ménard, *Histoire des beaux-arts*, 14.

vigateurs, qui disséminèrent un peu partout, sur les bords de
la Méditerranée et notamment en Grèce. les produits des arts
assyriens et même égyptiens : c'étaient le plus souvent des
vases ornés de dessins, de peintures, souvent aussi des statuettes, que l'on pouvait essayer d'imiter en petit ou en grand.
Parfois encore des artistes phéniciens étaient appelés pour
orner des temples, des édifices. La Bible nous les montre
sculptant dans le temple de Salomon, « sur les châssis, entre
les jointures, des figures de lions, de bœufs et de chérubins ».
Dans les cas de ce genre, ils faisaient vraiment office d'initiateurs. Ils semblent avoir été surtout experts à fouiller des bas-
reliefs, des motifs d'ornementation ; mais leurs statues étaient
le plus souvent en bois et simplement recouvertes de feuilles
métalliques, battues au marteau (1). Ce fut ainsi, sans doute,
qu'ils enseignèrent aux Grecs anciens l'art du repoussé, que
ces derniers pratiquèrent de bonne heure et longtemps.

Pendant de longs siècles, nous n'avons connu de l'art grec
que les chefs-d'œuvre marquant la pleine floraison du génie
hellénique. Seuls, quelques érudits s'occupaient des essais
plus primitifs ; encore ces études archaïques ne remontaient
pas bien haut dans le passé. Pour la masse du public, les plus
radieux produits de la statuaire grecque semblaient avoir, en
quelque sorte, jailli sans préparation, sans gestation, par une
sorte de géneration subite et spontanée. Un beau matin, un
sculpteur grec, en s'éveillant, avait conçu et dégagé du
marbre la Vénus du Capitole, ce modèle accompli de la
splendeur des formes et de la grâce sereine. C'est ainsi que
la mythologie hellénique fait sortir des flots Vénus parée
de son irrésistible beauté. Nous savons aujourd'hui, que l'en-
fantement de l'esthétique grecque a été lent et laborieux. Le
début a été bien humble; il nous est attesté et représenté par
les informes ébauches exhumées récemment dans les fouilles
de Mycènes. L'art plastique des Grecs d'alors était peut-être
inférieur à celui des Papous actuels. Il est représenté par des
objets en terre cuite analogues à ceux que modèlent les enfants dans les jardins Frœbel : des figures de vaches, de femmes, aux formes à peine reconnaissables. Les conceptions mythologiques des sauvages mycéniens d'alors associent souvent

(1) R. Ménard, *Histoire des beaux-arts*, 21.

les formes animales et humaines; fréquemment leurs grossières statuettes de femmes ont la tête surmontée de deux cornes (1). Longtemps on n'eut pour simulacres des dieux que
des poteaux supportant des attributs. S'il s'agissait d'une
déesse, on habillait le poteau d'une robe. Dans les temples,
on n'érigea d'abord que des statues de bois, peintes de couleurs crues et habillées comme des poupées (2). Il est probable que les modèles fournis par l'art assyrien aidèrent les
Grecs à sortir de cette période d'enfance esthétique. En effet,
dans un tombeau de Spata, en Attique, on a trouvé des objets
assyriens : une tête d'homme sans barbe, coiffée d'une mitre,
des plaques d'os, sculptées en sphinx femelles (3) : tous objets
fort supérieurs à ce que pouvaient produire alors les artistes
grecs, puisque l'idole de Junon, si révérée chez les Argiens,
n'était qu'une poutre grossièrement travaillée (4). Pausanias
a encore vu, dans la ville d'Argos, un Jupiter en bois, trouvé,
dit-on, à Troie, dans le palais de Priam, et qui avait trois
yeux, dont un au milieu du front (5). Les premières statues
grecques furent des figures raides, carrées, ayant les bras collés au corps, les jambes et les pieds joints, sans mouvement,
sans expression (6). Homère met bien, dans le palais d'Alci-
noüs, des statues d'or, servant de lampadaires et représentant des jeunes gens portant des torches; des chiens d'or et
d'argent gardaient, dit-il, la porte du même palais (7). Il faut
entendre sans doute des statues en métal repoussé, analogues
aux masques d'or recouvrant la figure des cadavres dans les
tombeaux de Mycènes (8) et aux nombreux objets du même
genre exhumés dans le même lieu : griffons volants, femmes
portant une colombe, imitations de feuilles, de seiches, etc. (9).
Pour cela encore, les Grecs furent probablement tributaires
des Phéniciens, puisqu'on a trouvé en Phénicie, dans un tombeau, un masque en or repoussé, couvrant la face d'un squelette d'enfant nouveau-né. Tous ces objets attestent d'ailleurs
un art des plus rudimentaires. Déjà pourtant on s'essayait à

---

(1) Schliemann, *Mycenes*. 59-137. — (2) R. Ménard, *Histoire des
beaux-arts*, 52. — (3) H. Schliemann, *Mycènes*, 43. — (4)*Pausanias*,
liv. IV, chap. xix. — (5) Liv. II, chap. xxiv. — (6) Diodore de
Sicile, liv. IV. — (7) *Odyssée*, chant VII. — (8) H. Schliemann,
Mycenes, 300, 354. — (9) H. Schliemann, *id*, 260.

fouiller des bas-reliefs, représentant fort gauchement des scènes de chasse et de guerre (1). A partir de cet humble commencement, l'archéologie nous permet de suivre pas à pas l'évolution de la statuaire hellénique : c'est un lent progrès vers la reproduction à la fois vraie et idéalisée de la nature. Aux statues primitives, peintes et vêtues, parées, frisées, chargées de colliers, de diadèmes, de boucles d'oreilles, purement hiératiques le plus souvent, succèdent les images d'athlètes. Tout athlète trois fois vainqueur devait en effet être sculpté en pied, et, naturellement, dans ce travail, l'artiste s'attachait à copier exactement les formes, à rendre le relief des muscles. Quand une fois on fut arrivé à reproduire facilement les contours, à observer les proportions, qui devinrent même canoniques, on s'essaya à animer les statues, à leur donner du mouvement, des attitudes naturelles. Plus on s'approche de la période macédonienne, et plus la statuaire s'efforce de vivifier par l'expression la figure humaine. Après Alexandre, la sculpture néglige les athlètes pour s'attacher à exécuter, en les idéalisant, les portraits des grands personnages (2). Enfin, une fois la liberté morte, le souple génie grec languit et s'éteint ; la triste période de la décadence se déroule sans remède.

L'histoire de l'évolution de la sculpture pourrait prêter à des développements infinis ; force nous est de nous borner ici à en énumérer les phases principales. Pourtant les faits que nous avons cités dans les pages précédentes suffisent à nous montrer l'art, d'abord à l'état embryonnaire, ne produisant que d'informes et enfantines ébauches, copies fort maladroites des objets et des êtres que l'homme voyait autour de lui. Puis l'imagination s'en mêle ; la sculpture devient mythologique ; elle aborde aussi, dans des bas-reliefs, des scènes compliquées, empruntées à la guerre, à la chasse, à tout ce qui frappe le plus fortement l'esprit de l'homme. La raideur, la convention caractérisent cette période. Enfin, l'artiste s'affranchit peu à peu ; il trouve des procédés exacts, scientifiques ; il sait maîtriser la pierre et le marbre, leur faire rendre non seulement la réalité des contours, mais même les particularités, les traits

(1) H. Schliemann, *Mycènes*, 148. — (2) R. Ménard, *Histoire des beaux-arts*, 79-82.

individuels, aussi les modes fugitifs de la vie. C'est la dernière phase de la sculpture, et nous allons voir que c'est aussi le progrès ultime de la peinture.

––––––

CHAPITRE XIV.

DE LA PEINTURE.

Comme toutes choses, la peinture a eu un très humble commencement. C'est la loi commune, à laquelle la grande doctrine de l'évolution nous a désormais accoutumés. Cette période embryonnaire de la peinture a-t-elle précédé ou suivi le début non moins modeste de la sculpture ? Si l'on ne considérait les arts plastiques et graphiques que dans leur apogée, dans ce qu'on peut appeler leur âge adulte, on serait porté à regarder l'art du sculpteur ou du modeleur comme étant plus primitif que celui du peintre. Copier plus ou moins gauchement des formes en relief est sûrement plus facile que de réaliser sur une surface plane le mirage de la perspective, du clair-obscur et du coloris. Néanmoins, à part les cas d'aptitude spéciale pour tel ou tel art, tous semblent avoir débuté simultanément. Le même homme, sauvage encore, qui s'essayait à sculpter grossièrement avec un couteau de pierre un morceau de bois ou d'os pour extérioriser ainsi une image vivante dans son cerveau, tentait aussi le plus souvent d'atteindre le même résultat au moyen de lignes tracées ou gravées. Toujours ces premiers dessins sont simplement exécutés au trait, et si, comme il arrive d'ordinaire, l'artiste a voulu figurer des animaux ou des hommes, c'est toujours de profil qu'il nous les montre.

Le Tasmanien, qui ne sculptait pas, l'Australien, qui fait tout au plus un peu de sculpture d'ornementation, ont inventé ce dessin primitif. Sur les rochers de grès de Sydney, sur les arbres et les rocs de la Tasmanie, on a trouvé de ces grossières images de poissons, de quadrupèdes, d'hommes, d'oiseaux, de kangourous. A Port-Jackson, il existe même une esquisse plus compliquée, où le dessinateur a voulu figurer une des grandes

danses appelées *Corrobories* (1). Les Hottentots et même les
stupides Bojesmans ont laissé sur les rochers de leur pays
des croquis analogues (2). Les Papous de la Nouvelle-Guinée,
relativement experts en sculpture, ont moins de goût pour le
dessin ; cependant ils tracent assez bien, sur le sable ou
ailleurs, des esquisses de barques ou d'hommes, souvent des
figures phalliques, obscènes, que leur sculpture arrive aussi
à reproduire (3).

Pour l'art du dessin, comme pour les autres, il y a des aptitudes très inégalement réparties entre les diverses races ;
ainsi le Polynésien ne sait point dessiner, tandis que l'Esquimau, qui lui est inférieur par tant de côtés, est grand dessinateur. Sous ce rapport, ce type humain de l'âge du renne
contemporain ressemble à l'homme de l'âge du renne préhistorique, dont MM. Lartet et Christy ont exhumé les débris et
les œuvres dans le Périgord et ailleurs. Souvent les armes et
ustensiles en os de l'Esquimau sont ornés de dessins gravés au
trait. On y voit des troupeaux de rennes qu'un chasseur pour-
suit en se baissant, ou bien un homme couché, son harpon à
la main, non loin d'une peau de veau marin gonflée et servant
de leurre propre à attirer l'animal, qu'elle figure gauchement (4). Ailleurs on a représenté une pêche à la baleine ou
diverses scènes de la vie de l'Esquimau (5). Par le procédé
d'exécution et souvent par le sujet, les dessins esquimaux rappellent singulièrement ceux que nous a laissés l'homme de
l'âge du renne au Périgord ; il en est de même pour les objets
sculptés (6). Chose curieuse, ni le Mélanésien ni l'Esquimau ne
semblent avoir eu l'idée d'exprimer le relief des formes en
marquant les ombres et les clairs, tandis que l'artiste préhistorique avait déjà essayé de réaliser ce grand progrès. Sur un
ornement trouvé par Lartet dans la grotte de Bas-Massat, on
voit un profil d'ours gravé au trait avec une grande sûreté
et déjà des hachures marquaient les ombres (7). Au contraire,
'intelligence de certains sauvages contemporains est si mal

(1) Bonwick, *Daily Life and Origin of the Tasmanians*, 47. —
(2) Fried. Muller, *Allgem Ethnog.*, 78. — (3) O. Beccari, *loc cit.* —
(4) Beechey, *Hist. univ. des voy.*, vol. XIX, 242. — (5) Choris, *Voyage
pittoresque autour du monde*, pl. V. — (6) Lartet et Christy, *Reliquiæ.
Aquitanicæ (passim)*, et E.-T. Hamy, *Precis de paléontologie humaine.*
— (7) *Ann. des sc. nat.*, 4e série, t. XV.

éveillée du côté des arts graphiques, qu'ils ne réussissent pas
même à comprendre un dessin. Le fait a été constaté en divers
lieux, notamment pour certains indigènes de l'Afrique centrale (1) et pour certaines tribus australiennes.

Nous n'avons encore parlé que du dessin; c'est que vraisemblablement le dessin a devancé la peinture ; néanmoins, de
bonne heure aussi, l'homme a essayé de reproduire certaines
des teintes qui frappaient ses yeux et surtout la plus belle de
toutes, celle que perçoit surtout la portion centrale de la ré-
tine, la couleur rouge. Il est sûr, et nous en avons cité des
exemples plus haut, qu'aujourd'hui encore nombre de races
primitives et aussi beaucoup d'hommes du peuple, dans les pays
civilisés, ont un goût très vif pour cette éclatante couleur.

La peinture proprement dite commença vraisemblablement
par le coloriage des objets, des sculptures, des statues, dessins et bas-reliefs, quand on en savait faire. Les Néo-Calédoniens colorient en rouge tont ce qu'ils peuvent ; de même les
grossières statuettes, déterrées à Mycènes, étaient peintes en
rouge le plus souvent, quelquefois en jaune (2), et il en était
de même des poteries qui les accompagnaient. On sait d'autre
part que les statues de la Grèce primitive étaient coloriées
avec des teintes crues. Chaque divinité avait même sa couleur
spéciale; ainsi Bacchus était toujours colorié en rouge (3). Aujourd'hui, nos statuaires n'emploient plus les couleurs que
dans la statuaire polychrome ; mais le goût populaire est tout
autre, comme le prouve assez l'imagerie religieuse des catholiques, des bouddhistes, etc. C'est ainsi que les lamas de la
Tartarie ont soin de colorier les curieux bas-reliefs en beurre,
dont le père Huc nous a donné la description (4). Cette habitude de revêtir de teintes vives les produits des arts plastiques
est à peu près générale, puisqu'on la retrouve à la Nouvelle-
Calédonie, en Tartarie et en Grèce. Pour l'art primitif, ce coloriage donne évidemment plus de vie à la statuaire, sans
compter que l'éclat des teintes est une fête pour les yeux. Les
Grecs anciens ont donc pu très bien adopter d'eux-mêmes ce
procédé, qui peut-être aussi leur a été enseigné, comme bien
d'autres, par les Assyriens, auquel il était habituel.

(1) Denham, *Travels in Africa*, vol. I, 167. — (2) H. Schliemann,
Mycenes, 59. — (3) R. Ménard, *Histoire des beaux-arts*, 52. —
(4) *Voyage dans la Tartarie*, II, 97.

Du coloriage des statues et bas-reliefs à celui des dessins, il n'y a pas même un pas et les deux procédés ont dû être imaginés et employés en même temps. Chez les peuples qui se sont arrêtés aux phases inférieures de l'art, la peinture en est toujours restée au simple coloriage d'esquisses au trait, dessinées sans souci de la perspective. Les artistes mexicains d'avant Cortez, ceux de la Chine et du Japon, ceux de l'ancienne Egypte ne sont pas allés plus loin. Peu après le débarquement de Cortez au Mexique, Montézuma lui envoya des artistes *reporters*, qui, avec un pinceau et des couleurs, retraçaient sur une étoffe de coton le visage des étrangers, leurs armes (1). Ces dessins, très élémentaires, étaient toujours au trait, et autant que possible on y croquait les hommes et les animaux de profil. En les simplifiant un peu, on en faisait aisément des hiéroglyphes servant à fixer les discours mêmes. On sait que les Mexicains se servaient beaucoup de cette écriture dessinée ou peinte, et les Egyptiens faisaient à peu près de même ; ces derniers avaient seulement simplifié, idéalisé davantage leurs hiéroglyphes. La même route a été aussi parcourue par les Chinois, parvenus cependant à un plus grand degré d'habileté; car leurs peintres savent représenter les hommes et les animaux dans les attitudes les plus variées, tandis que leurs hiéroglyphes sont devenus une véritable écriture, dont les caractères ne rappellent pour ainsi dire plus les objets symbolisés.

Ce qui fait plus ou moins complètement défaut dans toutes ces peintures primitives, c'est surtout l'art de creuser le dessin, la fresque ou le tableau, d'exprimer les reliefs et la profondeur de manière à faire illusion aux yeux. Toujours le clair-obscur et la perspective sont inconnus ou à peine soupçonnés. Dans les dessins mexicains, dans les fresques égyptiennes, les personnages sont rangés à la file. Tous sur le même plan. Dans les peintures chinoises et japonaises, l'artiste semble parfois avoir pris son point de vue d'un ballon, avec le soleil verticalement au-dessus de sa tête. L'art d'exprimer les ombres et les clairs, les dégradations de teintes, les lointains, existe à peine à l'état d'intention. Pour le choix et le groupement des couleurs, l'habileté est plus grande. L'artiste égyptien choi-

(1) Bernal Diaz, *Conquête de la Nouvelle-Espagne* (2ᵉ édition Jourdanet), 87.

sissait volontiers les couleurs les plus brillantes, et déjà il savait les marier adroitement (1). Les ouvrages en plumes des
Mexicains excitèrent chez les Espagnols une vive admiration.
Les Chinois sont passés maîtres dans l'art de choisir et de
grouper les teintes. C'est même un curieux contraste que cette
grande habileté à harmoniser les tons unie à une telle incor-
rection du dessin. Toutefois il semble que l'artiste chinois ait
conscience de son ignorance, car souvent il masque son im-
puissance à exprimer la réalité, en la denaturant. Pour lui, la
caricature semble être ce que sont les *lazzi* dans la conversation d'un sot. Dans les miniatures, qui ornent les manuscrits
arabes et hindous, on peut admirer la même variété de teintes, le même sens délicat dans leur groupement, à côté d'un
dessin un peu moins fantaisiste, mais des plus naïfs encore.
Certaines rosaces en arabesques, qui ornent les manuscrits
arabes, sont, dans leur genre, des chefs-d'œuvre, où l'artiste
a su harmoniser les tons avec un art infini. Combien ces
œuvres des civilisations anciennes et arriérées protestent hautement contre la théorie de H. Magnus relativement au développement graduel du sens des couleurs! Ne suffit-il pas de
voir une fresque égyptienne ou un vieux vase chinois, âgé de
plusieurs milliers d'années, pour être convaincu que ce ne sont
pas là les œuvres de gens atteints de daltonisme?

Comme la sculpture, la peinture ne s'est complètement développée que chez les races dites Aryennes, mais elle a eu
aussi chez elles un début des plus humbles. Dans ses fouilles
de Spata et surtout de Mycènes, M. Schliemann a trouvé des
débris de vases, généralement peints en rouge et ornés tantôt
de bandes circulaires ou irrégulières, tantôt noires, tantôt d'un
rouge plus foncé que celui du fond (2). C'est sans doute le
premier stade de la peinture d'ornementation. Puis on a
essayé de représenter, par des lignes du même genre, des oiseaux, des quadrupèdes (3). Tout cela est si grossier, que
souvent il est bien difficile de reconnaître l'animal que l'artiste
a voulu figurer. La facture de ces dessins rappelle même beaucoup celle des totems en usage chez les Américains Peaux-
Rouges. Sur d'autres fragments, on a représenté six guerriers

(1) Champollion-Figeac, *l'Egypte*, 177. — (2) H. Schliemann, *Mycenes*, 41-12ᵃ. — (3) *Id.*, 119

complètement armés, couverts de cottes de mailles et peints
en rouge sur fond jaune clair (1) ; car, de même que tant
d'autres peuples, les Hellènes primitifs ont fortement aimé le
rouge. Plus tard, les coupes phéniciennes ont servi aux Grecs
de modèles et les ont aidés à tirer leur art de la barbarie.
Longtemps l'art archaïque de la Grèce s'est borné à copier les
dessins de ces coupes phéniciennes, d'abord servilement, puis
plus librement. Certaines scènes, indiquées par Homère, dans
sa description du bouclier d'Achille, se retrouvent encore
exactement sur des vases phéniciens qui nous sont parvenus (2). Pour exprimer la succession et la variété des actes,
on répétait simplement les acteurs et on déroulait ainsi des
légendes autour des vases. Sur cette poterie grecque, comme
sur la poterie étrusque, les personnages sont presque invariablement représentés de profil.

Sur tous ces vases et plus tard sur les tableaux ou fresques,
on se contenta d'abord de revêtir les hommes ou les animaux
représentés d'une couleur uniforme. Puis on eut l'idée plus
savante d'indiquer les ombres, mais simplement par des hachures brunes ou noires. C'était là une grande découverte, que
l'on perfectionna bientôt. Le premier qui s'attacha à donner
aux ombres aussi bien qu'aux clairs les teintes mêmes du modèle devint célèbre. Son nom nous a été conservé ; il s appelait Apollodore. Dès lors on sut « colorer l'ombre », comme
disaient les Grecs (3) ; la peinture fut véritablement créée.
Néanmoins elle était bien naïve encore. Longtemps on ne fit
que de la peinture d'ornementation, soit sur les vases, soit
dans les temples. Les personnages étaient simplement rangés
en file et leur silhouette se détachait sur un fond d'une seule
teinte. Peu à peu la peinture s'affranchit et devint un art tout
à fait indépendant et fort apprécié. On raconte que le roi At-
tale offrit au peintre Nicias, de l'école d'Athènes, une somme
de 270 000 francs de notre monnaie pour un tableau représentant Ulysse, alors qu'il évoque l'ombre des morts (4).

Néanmoins, les anciens, Grecs et Romains, ne surent réaliser en peinture que des progrès assez limités, et leurs peintres

(1) H. Schliemann, *loc. cit.*, 148. — (2) Clermont-Ganneau, *Mythologie iconographique*. (Brochure, 1878.) — (3) R. Ménard, *Histoire
des beaux-arts*. — (4) R. Ménard, *Histoire des beaux-arts*, 92.

restèrent de beaucoup inférieurs à leurs sculpteurs. Nous en
pouvons juger encore par les fresques antiques, qui nous ont
été conservées. Sous ce rapport le musée pompéien de Naples
lève tous les doutes, sans parler des fresques visibles à Pompéi même : il suffira de citer *Diane et Actéon, Orphée*, la *Bac-
chante portée par une panthère marine*. Sans doute, les meilleures
de ces œuvres sont déjà remarquables par l'élégance et la
beauté des personnages représentés. Les formes sont parfois
superbes et rappellent celles de la statuaire, mais le modelé
laisse toujours à désirer et la perspective, encore dans l enfance, ressemble parfois à celle des peintures chinoises.

Durant le Bas-Empire et la période byzantine, la peinture
rétrograda plus qu'elle n'avança. Pour la raideur, l'absence de
mouvement, certaines fresques des catacombes, par exemple
celle de *la Mort*, sont analogues et même inférieures aux
fresques de Pompéi, à celle de *Diane* et d'*Actéon* entre autres ; mais le dessin et le modelé sont bien plus imparfaits.
Tout le monde connaît l'art si grossier de l'époque byzantine :
les traditions de l'art antique sont tout juste mécaniquement
conservées, seulement la mythologie catholique a remplacé
la mythologie gréco-latine, au grand détriment de la grâce
et de la beauté. Les personnages sont raides et d'un dessin incorrect ; les teintes sont encore à demi plates ; le paysage, qui ne sert jamais qu'à garnir le fond des tableaux, est
hiéroglyphique et professe un insolent dédain pour les lois
de la perspective. E. Véron compare avec raison cette peinture barbare à celle qui décore les vases étrusques de
Corneto ; ce sont la même naïveté et la même ignorance (1).
C'est seulement aux quinzième et seizième siècles, quand
fleurit ce printemps de l'esprit européen, la Renaissance, que
l'art sort définitivement de ses langes, mais lentement. Le Raphaël de la première manière rappelle encore, de loin, la triste
Byzance, à laquelle d'ailleurs on ne doit plus songer, quand on
admire les fresques de la Farnésine et le miracle de dessin,
de coloris, d'expression et de vie réalisé dans la *Sainte Cécile*
de Bologne.

Le but de cette très brève notice n'est pas de faire en détail
l'histoire des beaux-arts, mais seulement d'indiquer à très

(1) *L'Esthétique* 333.

grands traits les phases de leur évolution ; nous ne parlerons
pas des émules de Raphaël, ni du coloris du Titien, ni des
fresques fougueuses de Jules Romain et de Michel Ange, ni des
peintres modernes, qui ont suivi plus ou moins heureusement
la voie tracée par leurs glorieux devanciers. Sous le rapport
du faire, de la partie mécanique de l'art, on ne surpassera pas
les grands peintres italiens de la Renaissance. Sans rivaux
pour la perfection du coloris, la beauté et la fusion des teintes,
l'exactitude du dessin et du modelé, ils ont su faire de la
peinture un art capable de jouter avec la réalité, de saisir et
de fixer au passage les nuances les plus délicates, les moments
les plus fugitifs des passions et des sentiments de l'homme.
Les artistes du présent et de l'avenir ne pourront surpasser
leurs devanciers qu'en mettant dans leurs œuvres ce qui manquait aux maîtres de la Renaissance, des idées.

Il est pourtant une branche de l'art que les artistes italiens
n'ont point portée à la perfection : c'est le paysage. Sans
doute, ils avaient déjà trouvé les lois principales de la perspective ; leurs peintures ont de la profondeur ; l'air et la lumière
y circulent ; mais, à part quelques exceptions plus ou moins
heureuses, comme certaines toiles de Salvator Rosa, le paysage
ne les a guère préoccupés, et, comme les artistes de l'antiquité,
ils n'y ont songé d'ordinaire que pour meubler le fond de
leurs tableaux. Ce n'a été pour eux qu'un accessoire, toujours
assez négligé même par les maîtres. Comme il était naturel, c'est la partie la plus scientifique de la peinture qui s'est
perfectionnée la dernière, et ici la palme n'appartient plus à
l'Italie, mais un peu à la France, si l'on veut apprécier à leur
valeur les tableaux de Claude Lorrain, et surtout à l'école fla-
mande, où Paul Potter, Ruysdaël, Hobbema, etc., ont fait,
pour le paysage, ce que les maîtres italiens avaient fait avant
eux pour la grande peinture ; ils l'ont porté à un degré de
perfection qu'il sera toujours difficile de surpasser.

Nous voici parvenus à la fin de notre tableau, si fort abrégé,
de l'origine et du développement des beaux-arts. C'est là, à
vrai dire, le côté intellectuel de la vie sensitive : une sorte de
langage, bien plus borné que le langage proprement dit, mais
plus pittoresque, plus expressif. Il est presque superflu de remarquer que, pour les beaux-arts comme pour la presque
totalité des manifestations de l'activité humaine, c'est la race

blanche ou plutôt la race aryenne qui prime de beaucoup les autres, tout en ayant passé par des phases analogues aux leurs. L'intelligence aryenne a débuté, comme celle de toutes les autres races humaines, de la façon la plus humble ; avant de parler, elle a dû aussi balbutier ; mais son développement a été moins incomplet ; le monde s'est mieux éclairé à ses yeux ; son cerveau a grandi davantage et s'est meublé plus richement d'empreintes durables. Sans doute une race étant donnée, ce ne sont pas toujours, tant s'en faut, les plus intelligents de ses membres qui sont les meilleurs artistes. La perfection et la délicatesse des sens jouent un rôle capital dans les aptitudes artistiques, mais toujours le progrès des arts dépend du développement général de la race ; car l'esprit sert à tout.

CHAPITRE XV.

ÉVOLUTION DE LA VIE SENSITIVE.

Quelques données générales se dégagent de l'exposition précédente :

L'étude des races si inégalement développées qui peuplent le globe et l'histoire de celles qui se sont graduellement civilisées nous montrent à travers quelles phases se déroule la vie sensitive de l'humanité.

Une certaine acuité des sens existe souvent chez l'homme primitif, mais l'objet en est borné ; car chez lui le registre mental des sensations est pauvre encore et négligemment tenu ; l'attention est faible et la mémoire courte. Ou les nuances échappent, ou elles ne sont pas suffisamment remarquées.

On commence par éprouver un goût très vif pour les couleurs éclatantes, spécialement pour le rouge et le jaune ; aussi s'en sert-on de préférence pour enluminer les objets d'art ou d'industrie, pour orner sa personne. Puis, peu à peu, ce goût s'attiédit ; on en arrive à rechercher les teintes douces et variées, les nuances fondues, à donner moins d'importance à la parure.

C'est dans un sens analogue que se modifie l'esthétique artistique. La danse change graduellement de caractère. Tout d'abord elle était la mimique rythmée de la chasse et de la guerre ; elle devient de préférence celle de l'amour et parfois même se mêle à tous les actes importants de la vie sociale. Puis elle cesse de plus en plus d'être en usage pour dégénérer, dans les sociétés civilisées, en un divertissement en quelque sorte archaïque, pour n'être plus guère qu'un fait de survivance. La musique, d'abord excessivement simple, purement mélodique et surtout vocale, une sorte de cri modulé, acquiert graduellement plus d'ampleur. Des instruments de plus en plus variés, savants, servent à accompagner les récitatifs et les chants. On arrive même à créer une musique instrumentale. Tout d'abord, l'harmonie pare et enrichit la mélodie ; mais peu à peu cette dernière perd de sa fraîcheur et de sa puissance d'expression. La musique s'essaye à produire des effets complexes ; elle devient moins affective ; mais, comme le domaine de l'intelligence lui est interdit, elle languit et se décolore.

De leur côté, les arts graphiques et plastiques, d'abord extrêmement rudimentaires, se perfectionnent et se compliquent lentement ; leur puissance d'expression grandit ; leurs représentations acquièrent de plus en plus de vérité, d'exactitude. Ils réussissent parfois à nous donner l'illusion du vrai, et souvent d'un vrai embelli.

L'instinct génésique subit une métamorphose du même genre. C'est par lui que la vie sensitive se relie le plus fortement à la vie affective ; aussi commence-t-il par être absolument bestial, identique à ce qu'il est chez les animaux les plus grossiers. Puis des relations, d'abord purement physiologiques, des sexes, naissent quelques sentiments affectifs. Peu à peu la pudeur vient aiguillonner et parer l'assouvissement des besoins sexuels. L'amour n'est plus seulement la brutale satisfaction d'un instinct. Les antipathies et sympathies individuelles s'accusent, la jalousie s'éveille et le besoin génésique commence à se transformer en amour ; car il y a des tendances de plus en plus marquées à l'exclusivisme. C'est d'abord chez la femme que s'effectue cet ennoblissement graduel de l'instinct génésique ; car, chez elle, cet instinct est presque toujours le pivot de la vie morale tout entière.

En résumé, cette évolution de la vie sensitive se déroule

dans le sens d'un élargissement de plus en plus grand de l'activité cérébrale, de la conscience. Pour l'esthétique proprement dite, le fait est évident. La mémoire note un nombre toujours croissant d'empreintes sensitives ; l'imagination les revivifie et les combine ; l'intelligence s'essaye de plus en plus heureusement à les fixer dans des œuvres d'art.

Le besoin amoureux, qui, pour se satisfaire, réclame le concours d'un autre individu, a surtout pour effet d'activer et de développer la vie affective et même sociale, mais en influant indirectement sur le goût esthétique, qu'il stimule souvent. Il a incontestablement été un des principaux facteurs des sociétés humaines et l'une des grandes sources de la vie affective, que nous allons maintenant essayer de décrire.

LIVRE III

DE LA VIE AFFECTIVE.

CHAPITRE I.

DE L'ACTION RÉFLEXE SUIVANT LA RACE ET LA CIVILISATION.

Chez le mammifère et chez l'homme, qui est seulement le premier des mammifères, les centres nerveux, moelle épinière et cerveau, reçoivent, par l'intermédiaire des nerfs sensibles, les incitations du monde extérieur et les réfléchissent le long des nerfs moteurs, qui commandent aux muscles. Nous avons décrit ailleurs (1) l'ensemble de ces actions et réactions, appelées en physiologie *actions réflexes*. De ces actions réflexes les unes sont inconscientes et les autres conscientes. Les premières s'opèrent surtout dans la moelle épinière, les secondes ont uniquement pour siège les hémisphères cérébraux. Dans la vie de relation, les unes et les autres s'entremêlent, s'enchaînent, mais suivant certaines lois.

Fait-on tomber sur la patte postérieure d'une grenouille intacte une goutte d'acide nitrique, elle retire cette patte, agite les autres membres, ferme les yeux, etc. En résumé, on a provoqué une action réflexe générale, consciente et irradiée. Si la même expérience est faite sur une grenouille dont la moelle épinière a été sectionnée, le train antérieur tout entier reste immobile. En revanche, la patte cautérisée se retire plus rapidement, plus énergiquement. L'action réflexe s'est à la fois simplifiée et perfectionnée. On en saisit facilement la raison.

Chez le vertébré, surtout chez le vertébré supérieur, la vie de conscience intervient dans la plupart des actes de la vie de relation. Toute sensation, toute impression ont pour cause un ébranlement moléculaire transmis le long des fibres ner-

(1) *Biologie*, 110, 156.

veuses sensibles à une ou plusieurs cellules conscientes, c'est-à-dire cérébrales. Une fois parvenue au sein de ces cellules, la vibration moléculaire s'y diversifie et suscite des phénomènes subjectifs, des impressions, des idées, etc. Dans un centre nerveux aussi complexe que l'est l'encéphale humain, le courant moléculaire provoqué par l'ébranlement du nerf sensible se subdivise sûrement en nombre de courants secondaires, allant d'une cellule à l'autre, au moyen des fibres qui les relient. Le fractionnement de l'onde moléculaire se peut comparer à la subdivision d'un fleuve, dont le lit, coupé par de nombreuses îles, est ramifié en plusieurs bras secondaires.

Si les cellules conscientes sont nombreuses, perfectionnées, susceptibles de percevoir et de combiner un grand nombre d'impressions et d'idées, le mouvement moléculaire provoqué par le nerf sensible peut s'éteindre dans le cerveau, en s'y transformant totalement en phénomènes de conscience. Dans le cas contraire, les cellules conscientes ne suffisent pas à absorber l'onde suscitée, une portion de cette onde les franchit, et, en dépit de la volonté du patient, se réfléchit sur tel ou tel rameau nerveux moteur ; d'où des mouvements incoercibles, dits réflexes. D'après ce qui précède, il est facile de comprendre pourquoi l'acte réflexe s'exécute plus facilement et plus rapidement chez la grenouille décapitée, où aucune inhibition consciente ne peut venir entraver la réaction.

Le plus ou moins d'énergie des actions réflexes irrepressibles pourra donc donner une assez bonne idée du degré de développement cérébral. On peut dire que les centres nerveux supérieurs, cérébraux, sont d'autant plus parfaits qu'ils conservent et utilisent mieux, en la transformant en actes conscients, l'excitation nerveuse, venue du dehors, qu'ils s'opposent plus complètement à l'action réflexe.

Sous ce rapport, les singes sont très inférieurs. Chez eux, l'action réflexe est excessive. Toujours excités, toujours grimaçants, toujours en mouvement, ils sont d'une extrême mobilité d'humeur. Des caractères analogues s'observent chez nos enfants, chez nombre de femmes; il faut donc s'attendre à les retrouver dans les races humaines inférieures, qui, relativement aux races supérieures, sont des races enfantines. Comme le singe, comme l'enfant, le sauvage et même, plus généralement, l'être humain peu développé, à quelque race et à quelque sexe qu'il appartienne, sont incapables de se maîtriser; ils sont le jouet des circonstances extérieures. Pour les motifs les plus futiles, on les voit rire ou pleurer. Le rire est d'ailleurs commun à l'homme et à beaucoup de singes. Pourtant, selon Darwin, il ne s'observerait pas chez les idiots (1). Les moins intelligents de hommes, les Weddahs de Ceylan, rient aussi peu ou point (2). Pas plus que le rire, les pleurs ne sont le privilège exclusif de l'homme. Selon Humboldt, les singes saïmiris du Pérou, espèce fort inférieure, pleurent pour la cause la plus légère (3).

Chez les races inférieures, le rire, les pleurs, les mouvements expressifs es plus désordonnés éclatent à chaque instant. Sturt raconte qu'en l'apercevant, lui et ses compagnons de voyage, une jeune Australienne se jeta à terre, en poussant de grands cris (4). En Tasmanie, les femmes étaient toujours en mouvement, gesticulaient sans cesse et, sous ce rapport, dit le révérend Bonwick, ressemblaient à des singes (5). De même les Papous sont dans un état de perpétuel mouvement, toujours coantant, criant, gesticulant, riant, sautant (6).

Rien de pus mobile aussi que l'humeur des Polynésiens. Tous les voyageurs les comparent, sous ce rapport, à des enfants. Un chef de la Nouvelle-Zélande se mit à pleurer à chaudes larmes parce que des matelots avaient couvert de farine le plus beau de ses manteaux (7). Les Taïtiens, toujours prêts à pleurer ou à rire, passaient sans transition de l'un de ces états à l'autre (8). Des explosions de joie et de tristesse se dissipaient, chez eux, en un instant (9). Une femme, qui poussait des cris de douleur parce que sa fille venait de mourir, éclata de rire en apercevant le capitaine Bligh (10). De même le Noukahivien est fantasque, irascible, sujet à des surexcitations fébriles, suivies de prompt affaissement, inquiet, peu

---

(1) *Expression des émotions.* — (2) *Revue britannique*, avril 1876. — (3) J.-C. Houzeau, *Études sur les facultés mentales des animaux*, etc. — (4) Sturt, *Hist. univ. des voy.*, vol. XLIII, 212. — (5) *Loc. cit.* — (6) Wallace, *Malay Archipelago*, vol. II, 103, 274 – (7) Dumont d'Urville, vol. II, 398. — (8) Cook, *Premier Voyage* (*Hist. univ. des voy.*, vol V, 12). — (9) Cook, *Troisième Voyage* (*id.*, vol. X, 222). — (10) Bligh, *Hist. univ. des voy.*, vol. XIII, 320.

capable de reconnaissance (1), en résumé d'une excessive instabilité mentale.

Ces caractères ne sont pas spéciaux aux Polynésiens ; on les retrouve chez toutes les races peu développées. Les négresses d'Afrique fondent en larmes pour le plus petit motif ou même sans motif. Du Chaillu en a vu qui pleuraient à torrents et riaient en même temps (2).

Les Chiquitéens de l'Amérique méridionale sont d'une excessive gaieté, fous de danse et de musique (3). Les Guaranis sont constamment en visite les uns chez les autres, et chaque visite débute par des pleurs, versés en mémoire des parents morts : après quoi on se met à danser, boire et festiner (4).

L'attention des Cochinchinois ne se peut fixer ; elle sautille d'un objet à l'autre ; de même ils passent brusquement de la gaieté au chagrin, à des accès de passion violente (5).

Les races aryennes, alors qu'elles sont peu civilisées, se rapprochent beaucoup des races inférieures par leur instabilité morale. Les Afghans se brouillent, se battent, se réconcilient d'un instant à l'autre et pour des bagatelles ; cacher ce qu'ils pensent est au-dessus de leurs forces (6). De même un grand seigneur persan, Mirza-Selim, se mit à fondre en larmes en écoutant de la musique (7).

Rien ne serait plus facile que d'accumuler à l'infini des exemples de ce genre ; mais les faits précédemment cités suffisent à donner une idée de la mobilité affective de l'homme ou sauvage ou peu développé. Nous savons d'ailleurs qu'il en est de même dans nos sociétés civilisées. Le blanc inculte, l'enfant, la plupart des femmes, en résumé toutes les organisations que n'a point modifiées une longue culture intellectuelle et morale, ont des ressorts cérébraux toujours prêts à se détendre. Le milieu extérieur, physique et social, les trouble, les bouleverse sans cesse ; leur équilibre mental est à la merci des mille incidents de la vie ; ils n'ont presque jamais la maîtrise d'eux-mêmes.

(1) Radiguet, *les Derniers Sauvages*, 176, 177. — (2) Du Chaillu, *Voyage dans l'Afrique équatoriale*, 21. — (3) A. d'Orbigny, *l'Homme américain*, II, 136. — (4) *Id.*, II, 308. — (5) Finlayson, *Hist. univ. des voy.*, vol. XXXIV, 323. — (6) Burnes, *Hist. univ. des voy.*, vol. XXXVII, 94. — (7) Fraser, *Hist. univ. des voy.*, vol. XXXV, 287.

CHAPITRE II.

DE LA POLITESSE ET DU CÉRÉMONIAL

Notre dessein n'est pas de traiter longuement ce sujet assez accessoire en sociologie ; il sera pourtant opportun d'en dire quelques mots.

Il semble bien que les gestes et par suite les formules si variables du cérémonial en usage dans toutes les sociétés humaines ont leur origine dans l'action réflexe.

Chez les animaux sociables, le trop-plein de l'ébranlement nerveux suscité par un sentiment un peu vif se répercute souvent sur le système nerveux périphérique et provoque des mouvements involontaires, divers suivant les espèces. Le cheval inquiet braque ses oreilles sur l'objet qui lui cause de l'émoi ; le chien remue la queue en signe de joie ; dans des circonstances analogues, le chat ronronne et fait le gros dos.

Les tourterelles se témoignent de l'amour en se donnant de véritables baisers. C'est aussi une sorte de baiser, que le chien donne à son maître en le léchant pour lui témoigner son affection. A-t-il au contraire peur de ce même maître, il baisse la tête et au besoin rampe ou se couche sur le dos.

L'homme, n'étant que le premier des animaux terrestres, exprime, comme eux, ses sentiments par une mimique réflexe, d'autant plus instinctive que l'on est moins civilisé, moins maître de soi. Or certains de ces actes expressifs, observés dès l'origine des sociétés, ont été adoptés comme symbolisant tel ou tel sentiment. Le prosternement en usage dans certaines monarchies despotiques de l'Orient, par exemple à Siam, est évidemment analogue aux mouvements de reptation qu'exécute un chien terrifié. Le baisement des pieds et même des mains ressemble beaucoup à l'acte du même chien léchant les pieds ou les mains de son maître. Mais, au fur et à mesure que l'homme acquiert le sentiment de sa dignité, de sa liberté, la mimique cérémonieuse devient moins servile, moins animale. L'individu n'est plus, comme il l'est à Siam, « l'animal du roi » (1) ; il ne consent plus volontiers à s'humilier, et par suite

(1) H. Mouhot, *Voyage dans les royaumes de Siam, de Cambodge, de Laos.*

les gestes destinés à exprimer le respect se simplifient. Nos légères inclinaisons de tête sont simplement le résumé schématique du prosternement d'autrefois. Presque par toute la terre, pour saluer respectueusement, on incline la tête et on place sur sa poitrine au moins son bras droit : c'est l'attitude opposée à celle de la défense. De même mettre sa main droite dans la main d'un autre, c'est, dans une certaine mesure, se livrer.

Il va de soi qu'en sa qualité d'être intelligent, l'homme a su diversifier beaucoup la comédie du cérémonial, sans compter que les mouvements d'expression varient sensiblement suivant les races. Le baiser, qui semble aux Européens la marque la plus naturelle et la plus tendre de l'affection, est inconnu des Australiens, des Papous, des Esquimaux, des Fuégiens, des Africains occidentaux, des Lapons (1), de la plupart des Polynésiens; de la plupart seulement, car Cook rapporte que les naturels de Tonga lui baisaient les mains (2). Mais presque partout en Polynésie le baiser amical est remplacé par une cérémonie plus ou moins compliquée, dont l'acte principal consiste à frotter son nez contre celui de la personne à laquelle on veut faire accueil. Aux îles Gambier, on poussait en même temps des exclamations violentes ou bien on grognait sourdement (3). En Malaisie et en Chine, on faisait et on fait encore à peu près de même, mais en reniflant, comme pour aspirer le parfum de l'individu que l'on aime ou que l'on fait semblant d'aimer (4). Ici la mimique animale est prise sur le fait.

Les usages polis, quels qu'ils fussent, une fois adoptés, on a raffiné à leur sujet; on les a compliqués et variés jusqu'à faire de beaucoup d'entre eux des actes spécialement humains, divers selon le degré et le genre de civilisation.

Le salut en se découvrant la tête indique déjà un état social fort avancé, puisque la tête est la dernière partie de sa personne que l'homme songe à couvrir. Toucher telle ou telle partie de son corps ou du corps d'autrui équivaut parfois à un remerciement ou à un engagement. Les insulaires de Tonga portaient à leur tête tout ce qu'on leur donnait, aussi tout ce

(1) Peschel, *the Races of Man*, 236; Lubbock, *Origines de la civilisation*, 33.—(2) Cook, *Deuxième Voyage* (*Hist. univ. des voy.*, vol. VIII, 43). — (3) Beechey, *Hist. univ. des voy.*, vol. XIX, 111. — (4) Sinibaldo de Mas, *la Chine et les Puissances chrétiennes*, t. I, 149.

qu'ils se procuraient par voie d'échange. Dans ce dernier cas, cela signifiait marché conclu.

Dans les contrees où la vie humaine est peu respectée, il est de règle de marcher devant celui que l'on vénère, d'entrer le premier. Il en est ainsi, par exemple, à la Nouvelle-Calédonie (1). De même, en Malaisie, la civilité exige que l'on tourne le dos et que l'on tienne les yeux baissés en gardant la tête couverte (2) ; et la raison de cette forme de politesse se devine sans peine. En Tartarie, au temps de Guillaume de Rubruquis, toucher les cordes d'une tente était commettre une offense envers son propriétaire (3). C'est que la frêle paroi d'une tente, ne mettant pas comme le mur d'une maison à l'abri de l'ennemi ou de l'indiscret, doit être garantie par un respect mutuel.

Dans bien des pays aussi, on n'en est pas resté aux gestes ; on a adopté des emblèmes de paix, ayant la valeur d'une promesse formelle. Sur ce point encore il est curieux de voir les races les plus diverses se rencontrer. Ainsi les étoffes blanches et les rameaux verts annonçaient des dispositions pacifiques aussi bien en Europe qu'en Polynésie (4).

A Noukahiva, la politesse allait parfois, en réalité, aussi loin qu'elle va en apparence dans les formules des sociétés vieillies. On s'identifiait avec son hôte, et cette intimité absolue était symbolisée par un échange de noms. Puis, une fois ce pacte amical conclu, l'étranger se substituait en tout et partout à son ami, disposant à son gré de sa maison, de sa femme, et cette dernière se trouvait offensée, alors que l'*ikoa* de son mari n'usait pas de ses droits (5).

Aux pratiques de la politesse on a joint de bonne heure des formules verbales. Ici le caprice ou le génie particulier de chaque peuple se sont donné carrière. Les moins civilisés, comme les Néo-Calédoniens, s'en tiennent aux actes, sans phrases. Pas plus que d'autres insulaires du Pacifique et beaucoup de peuples sauvages, notamment les Kalmouks, ils

---

(1) De Rochas, *la Nouvelle-Calédonie*, 257. — (2) Crawford, cité par Waitz, *Anthropology*, I, 306. — (3) E.-B. Tylor, *Civilisation primitive*, I, 81. — (4) Cook, *Deuxième Voyage* (*loc. cit.*, t. VII, 258 ; t VIII, 90). — (5) M. Radiguet, *les Derniers Sauvages*, 20.

n'ont de mot pour dire « merci » (1). Mais chez la plupart des races quelque peu civilisées, il y a des formules sacramentelles de politesse. Déjà on les trouve en usage dans les steppes de l'Asie septentrionale. Deux Kirghiz bien élevés doivent, en s'abordant, se dire : « Tes sept aïeux, qui sont-ils ? » C'est le salut généalogique (2). En présence d'un étranger de distinction, les Mongols Kalkhas se jettent à genoux en criant : « Amour ! Paix ! » Puis ils demandent à l'étranger : « Comment lui semblent les eaux de la Mongolie (3) ? » La politesse cérémonieuse des Chinois est justement célèbre ; il y a, chez eux, des préceptes, des rites réglant toutes les formalités des rapports sociaux ; car, selon Confucius, les cérémonies sont le type des vertus ; elles les conservent, les rappellent et même y suppléent (4). Cette substitution des cérémonies et même des grimaces cérémonieuses aux sentiments généreux est de règle chez les peuples moralement déchus. Déjà, quand deux Arabes de l'Yémen se rencontrent, ils font assaut de compliments ; c'est à qui baisera la main de l'autre, mais il est entendu d'avance que le plus âgé ou le plus distingué doit finalement se laisser faire (5). Les Persans, dont tous les voyageurs s'accordent à reconnaître la fourberie, la fausseté, l'hypocrisie, le défaut de sens moral, sont les plus polis des hommes. Ils luttent entre eux à qui se cédera le pas. Reçoivent-ils une visite ? Leur visiteur est pour eux « un maître » ; leurs pipes, leur cheval, leurs hardes sont des « présents pour le maître » ; leur maison et son contenu, bien plus la villa, plus encore la campagne, sont à sa disposition. Il va de soi qu'on serait fort mal venu à prendre au pied de la lettre ces offres magnifiques (6).

Cette petite anthologie du cérémonial suffit à marquer les principales phases de la politesse et de tout ce qui s'y rattache. Comme tous les actes humains, ceux dont nous parlons changent de caractère à mesure que l'homme se modifie et se développe moralement et intellectuellement. Tout d'a-

---

(1) De Rochas, *la Nouvelle-Calédonie*. — (2) A. Vambéry, *Voy. d'un faux derviche*, 332. — (3) T·mkowski, *Hist. univ. des voy.*, vol. XXXIII, 107. — (4) Huc, *l'Empire chinois*, I, 122. — (5) Niebuhr, *Hist. univ. des voy.*, XXXI, 333. — (6) Fraser, *Hist. univ. des voy.*, vol. XXXV, 73.

bord, on copie servilement l'action réflexe animale, puis on
simplifie, on abrège cette mimique souvent répugnante ; en
dernier lieu, on y supplée par des formules, et, comme les
paroles coûtent peu, ces formules sont d'autant plus exagérées
et serviles que l'on est moins sincère. De tous les courtisans,
qui baisaient les pieds d'Héliogabale et de quelques autres empereurs de la décadence, pas un n'eût versé volontiers une
goutte de sang pour le maître flagorné. De même les formules
de politesse du Bas-Empire, dont la survivance est venue jusqu'à nous, n'étaient et ne sont prises au sérieux par personne.

En général, chez les individus et chez les peuples, la politesse extrême est en raison inverse de la valeur morale. Notre
politesse européenne, si grimacière, si dépourvue de sincérité,
nous vient en grande partie du Bas-Empire romain, et elle est
destinée à se simplifier beaucoup si, comme il faut l'espérer,
nos caractères se relèvent jusqu'à la dignité, jusqu'à la fran-
chise.

CHAPITRE III.

DE L'AMOUR POUR LES JEUNES CHEZ LES ANIMAUX.

Quand nous cherchons à remonter aux causes des phénomènes de la vie affective, si variés chez l'animal et chez
l'homme, nous sommes bien vite arrêtés dans notre investigation. Sur ce terrain, le connu est bien limité encore, et une
haute muraille, peu ébréchée jusqu'ici, le sépare de l'inconnu.
Sans doute, la comme partout, la grande doctrine du trans-
formisme peut nous guider et éclairer ; mais, pour être complètement renseignés, il nous faudrait connaître dans ses innombrables vicissitudes la généalogie des espèces animales ;
or, nous commençons à peine à en entrevoir les faits principaux.

Jusqu'ici l'apparition, chez les êtres vivants, des phénomènes conscients est un fait aussi inexplicable dans son essence que la gravitation. Comment se sont développés les plus
intéressants de ces phénomènes au point de vue social, les

sentiments affectifs ? Nous ne pouvons guère faire à ce sujet que des conjectures.

Prenons pour exemple le plus constant et le plus violent des sentiments affectifs, l'amour des parents pour leurs rejetons. Combien l'origine en est encore obscure !

Les modes de génération animale se ramènent à un petit nombre de types : scissiparité, gemmation, ovulation, lesquels semblent bien dériver l'un de l'autre. Dans les deux premiers modes, on comprendrait facilement l'intérêt du progéniteur pour son descendant, si ce progéniteur était impressionnable et intelligent. Le jeune, se produisant alors par dédoublement ou morcellement du plus âgé, il serait fort naturel que ce dernier s'intéressât à la portion de son être, qui s'émancipe. Mais à cette phase si inférieure de l'organisation, le moi des psychologues n'existe pas encore ; l'animal n'a sûrement alors qu'une vie végétative, puisque rien ne nous autorise à admettre une vie de conscience, en l'absence d'un système nerveux quelque peu développé. Nous ne comprenons même pas l'existence du souci de la progéniture chez les invertébrés inférieurs, déjà pourvus de l'ovulation. Pourquoi, par exemple, les ascidies gardent-elles leurs œufs sous leur manteau ? Comment expliquer que certaines femelles d'insectes, qui n'ont pas connu leurs parents et ne verront jamais leurs petits, semblent s'intéresser au sort de leurs œufs ? Pourquoi les voit-on parfois préparer, pour leurs larves carnivores, une nourriture qui ne leur convient point à elles-mêmes ?

Le problème n'est guère plus facile à résoudre pour certains poissons, qui paraissent se soucier de leur progéniture. En effet, chez les poissons, le rôle du mâle se borne d'habitude à féconder les œufs pondus par la femelle. Comment les mâles des épinoches ont-ils pu acquérir l'instinct ou le désir de construire un nid pour leurs petits, d'y pousser les femelles pleines, d'y faire rentrer les jeunes en cas de péril (1) ?

Comment le crapaud accoucheur a-t-il appris à enrouler autour de ses pattes postérieures le cordon glaireux des œufs pondus par sa femelle ? Pourquoi porte-t-il ces œufs sur lui et pourquoi songe-t-il à se plonger dans l'eau au moment de l'éclosion ?

(1) Ces faits et d'autres du même genre sont énumérés et discutés dans le livre de M. A. Espinas : *les Sociétés animales.*

Sans doute ces actes sont, pour la plus grande part, automatiques. Ce sont des habitudes héréditaires, des instincts ; mais comment ces instincts ont-ils été acquis ? Pour expliquer ces faits si curieux, il faudrait connaître dans leurs détails les aventures sans nombre à travers lesquelles ont évolué les espèces animales, toute la longue histoire de la zoogénie.

Nous abstenant d'inutiles conjectures, nous nous bornerons à constater que l'amour pour les jeunes, un des plus énergiques sentiments dont l'homme soit susceptible, se retrouve déjà aux étages inférieurs du règne animal.

Dans les classes supérieures des vertébrés, chez les oiseaux et les mammifères, l'instinct héréditaire n'est plus le seul ressort qui pousse les parents, surtout la femelle, à s'occuper des petits. Ici le fond de la vie psychique est le même que chez l'homme et la volonté consciente intervient et sollicite l'intelligence ; en outre, les animaux ont reçu de leurs parents les leçons et les soins qu'ils donnent à leurs rejetons.

L'amour maternel est sûrement le sentiment le plus fort dont nombre d'oiseaux et de mammifères soient susceptibles, et ce sentiment leur inspire parfois un dévouement qui honorerait l'espèce humaine. Une femelle de roitelet, étudiée par Montagu, passait seize heures par jour à chercher de la pâture pour ses petits (1). A Delft, dans un incendie, une femelle de cigogne blanche, ne pouvant parvenir à emporter ses jeunes, se laissa brûler avec eux (2). En 1870, à Paris, pendant le bombardement allemand, un obus, éclatant dans un grenier, n'en chassa point une femelle de pigeon, qui couvait.

Chez les mammifères, l'amour maternel revêt un caractère qu'on peut appeler humain. J.-J. Hayes nous a raconté la mort d'une femelle d'ours blanc, oubliant les chiens esquimaux, les chasseurs, ses blessures, pour couvrir son ourson de son corps, le lécher, le caresser (3). De même, dans l'Afrique centrale, une femelle d'éléphant, cernée et criblée de javelots par l'escorte noire de Livingstone, caressait son petit de sa trompe et l'abritait de son vaste corps (4). Chez les singes, l'intelligence se mêle de plus en plus au sentiment maternel, parfois pour le

(1) Montagu, *Ornithological Dictionary* ; art. *Gold cresten wren*, cité par J. Houzeau (*loc. cit.*, t. II, 99). — (2) *Id.*, 100. — (3) J.-J. Hayes, *la Mer libre du pôle*, 181. — (4) Livingstone, *Missionary Travels*, chap. xxviii.

contrarier et l'étouffer, parfois pour l'exalter et lui inspirer
d'ingénieuses ressources. Ainsi les femelles des ouistitis (hapale)
commettent quelquefois des infanticides. Sont-elles fatiguees de
porter un de leurs petits, elles lui mangent la tête ou l'écrasent
contre un arbre (1). Les femelles anthropomorphes montrent
souvent, au milieu du plus grand péril, un dévouement des
plus touchants. A Sumatra, une femelle d'orang, poursuivie
avec son petit par le capitaine Hall et blessée d'un coup de
feu, jeta son enfant sur les plus hautes branches de l'arbre où
elle était, et ne cessa jusqu'à sa mort de l'exhorter par des
gestes à s'enfuir (2). Au Brésil, Spix vit une femelle de *stentor
niger*, qui, blessée d'un coup de feu, rassembla ses dernières
forces pour lancer son petit sur des rameaux voisins; puis, ce
devoir rempli, elle tomba de l'arbre et expira (3).

Le caractère principal de l'amour des animaux pour leurs petits, si violent soit-il, est d'être court, borné au temps strictement nécessaire au rejeton pour arriver à se suffire à lui-même.
A partir de ce moment, parents et enfants deviennent étrangers les uns aux autres. Il est même curieux de voir, par
exemple, la tourterelle chasser et maltraiter, dès qu'ils ont
grandi, les jeunes qu'elle soignait avec tant de sollicitude quelques semaines auparavant.

Au point de vue qui nous occupe, l'homme, surtout l'homme
des races inférieures, ne se distingue guère de l'animalité. On
peut même affirmer que, chez certains peuples sauvages, la
tendresse pour la progéniture est inférieure à celle de nombre
d'animaux bien doués. C'est que, chez ces races attardées, l'instinct purement animal est déjà tenu en échec par une intelligence relativement plus développée. La vue de l'homme, même
le plus borné, pénètre dans l'avenir plus avant que celle de la
plupart des animaux. Il prévoit de loin les ennuis, les embarras, les soucis de la famille, et, comme sa moralité est mal développée encore, il sacrifie bien souvent sa descendance au
soin de son bien-être actuel. On ne peut guère douter de ce
fait, si peu flatteur pour l'espèce humaine, si l'on étudie, chez
les diverses races, l'avortement et l'infanticide.

---

(1) J.-C. Houzeau, *loc. cit.*, t. II, 101. — (2) J. Franklin, *Vie des
animaux*, t. I, 46. — (3) *Simiarum et Vespertiliorum Brasiliensium
species nova Monochii*, 1823, 48.

CHAPITRE IV.

DE L'AVORTEMENT.

Dans les formes primitives des sociétés humaines, la morale est des plus rudimentaires ; l'opinion publique de la horde ou de la tribu se préoccupe très peu des actes individuels ; les parents peuvent disposer à leur gré de leurs enfants ; à plus forte raison ont-ils la faculté d'en prévenir la naissance. Même la plupart des codes écrits, dans les sociétés déjà en voie de civilisation, se taisent sur le crime d'avortement ; et il faut arriver au Zend-Avesta pour trouver des prescriptions légales à ce sujet (1). Chez les peuples tout à fait sauvages, il est tout aussi licite à une femme de se débarrasser de son fruit que de se couper les cheveux. Comme d'habitude, nous citerons quelques faits à l'appui de notre dire ; on en trouve d'ailleurs chez toutes les races.

La Tasmanienne, pourtant si anthropomorphe, pratiquait largement l'avortement ; elle ne voulait devenir mère qu'après plusieurs années de mariage, surtout, dit le révérend Bonwick, afin de sauvegarder la fraîcheur de ses charmes (2). Les procédés abortifs en usage étaient primitifs, comme l'intelligence de la race : pour obtenir l'effet désiré, une vieille femme frappait à coups redoublés sur le ventre de la femme enceinte. Une semblable coutume existait aussi en Australie, à l'arrivée des premiers colons européens.

Bonwick n'assigne à cette pratique qu'une cause sentimentale. Il y en a souvent une autre, et une cause puissante, c'est-à-dire la rareté des subsistances, la difficulté de nourrir les enfants.

En Néo-Calédonie, les femmes, mariées ou non, se font aussi très fréquemment avorter. Leurs procédés sont divers ; le plus simple est « le procédé de la banane », qui consiste à avaler, cuites et bouillantes, des bananes vertes. L'usage en est passé en proverbe et l'on dit, dans l'île, d'une femme qui s'est fait avorter : « Encore une qui a mangé la banane ! » (3). Aucune

(1) Vendidad, Fargard XV. — (2) *Daily Life of the Tasmanians*, 76. — (3) De Rochas, *Nouvelle-Calédonie*, 200.

ıdée de blâme ne s'attache d'ailleurs à un acte si simple selon la morale du pays.

Dans l'île de Formose, habitée cependant par une race plus développée, il ne serait point permis aux femmes d'avoir d'enfants avant l'âge de trente-six ans, et des prêtresses rempliraient un devoir social en piétinant le ventre de toute femme qui de vient enceinte avant l'âge réglementaire (1). Ici il ne s'agit plus de caprice ou d'égoïsme individuel ; ce qui prévaut, c'est la raison d'État, la crainte de voir la population devenir trop grande pour les ressources de l'île.

En Amérique, on trouve aussi la pratique de l'avortement très répandue. Les riverains de la baie d'Hudson en étaient coutumiers (2). Dans la Plata, aujourd'hui encore, les Payaguas font avorter leurs femmes, dès que celles-ci leur ont donné deux fils vivants. Leurs voisins, les Mbayas, font de même (3). Suivant Humboldt, les indigènes du bassin de l'Orénoque ont des coutumes analogues. Chez eux, les femmes font un grand usage de drogues abortives, et d'ordinaire elles réservent les fatigues de la maternité pour un âge relativement avancé (4).

Chez les peuples civilisés, de race blanche, où la vie matérielle est plus aisée, où la morale est plus développée, où les codes visent plus ou moins heureusement à l'intérêt général, l'avortement est flétri par l'opinion publique et sévèrement réprimé par les lois. On sait du reste sur quelle large échelle il se pratique encore chez nous, comme il se pratiquait jadis chez les Grecs (5) et chez les Romains. Nos gazettes judiciaires nous renseignent suffisamment à ce sujet, et, d'autre part, il n'est pas de médecin à qui des femmes ne soient venues, mainte fois, demander des drogues abortives. Sur ce point, comme sur tant d'autres, il faut, pour savoir la vérité, regarder au-dessous du vernis moral de nos civilisations modernes. Au sein des sociétés les plus raffinées en apparence, subsiste et subsistera longtemps encore un vieux fonds de barbarie.

(1) Giraud-Teulon, *Origines de la famille*, 129. — (2) G. Robertson, *Histoire de l'Amérique*, liv. IV.—(3) Mantegazza, *Rio de la Plata*. — (4) *Hist. univ. des voy.*, vol. XXXVIII, 879. — (5) Plutarque, *Œuvres, Règles et préceptes de santé*, t. XVII, 99.

CHAPITRE V.

DE L'INFANTICIDE

L'avortement est une forme déjà savante et en même temps
dangereuse de prévention malthusienne. L'infanticide, étant à
la fois plus simple et moins périlleux, est, pour cette double
raison, plus largement pratiqué encore. Même chez les animaux, les exemples n'en sont pas rares. Ainsi cette cruauté
prévoyante se rencontre déjà chez les guêpes, qui, ne faisant
pas de magasin d'hiver, tuent les jeunes éclos trop tard en au-
tomne (1). Dans les sociétés primitives, la vie est rude ; les
subsistances sont rares. On vit au jour le jour, mangeant
quand on le peut, et une famille nombreuse est un fardeau intolérable. Aussi partout on y remedie en mettant à mort un
grand nombre de nouveau-nés, surtout des filles. De tels actes
sont d'ailleurs considérés comme tout naturels et personne
n'y trouve à redire. Car, au sein de ces sociétés rudimentaires,
le sentiment instinctif d'affection pour les jeunes est très facilement dompté par le désir d'exonérer l'avenir. Les exemples
abondent.

Dans toute la Mélanésie, l'infanticide se pratiquait ou se
pratique encore très largement. Les Tasmaniens, souvent fort
affamés, faisaient bon marché de la vie de leur progéniture.
Là comme partout, c'étaient surtout les enfants de sexe féminin qui étaient sacrifiés. En outre, en cas de mort des parents, on enterrait avec eux les enfants tout vivants. Nul n'a-
vait le loisir de s'occuper des orphelins (2). L'amour maternel,
contrarié par les inexorables nécessités d'une vie misérable,
se donnait carrière d'une autre manière. Ainsi les mêmes
femmes, qui tuaient leurs enfants sans sourciller, choyaient et
élevaient des petits chiens (3).

Les Australiens, si analogues aux Tasmaniens, sont tout
aussi impitoyables. Comme eux, ils se débarrassent d'un bon
nombre de nouveau-nés, surtout des filles. C'est là la raison

(1) Kirby et Spence, *Introduction to Entomology*, lett. XI (cité par
J. Houzeau, *loc. cit.*). — (2) Bonwick, *loc. cit.*, 78-79. — (3) *Ibid.*

principale de l'infériorité numérique des femmes parmi eux (1),
et sûrement une des causes de leur bestiale promiscuité, dont
nous aurons à reparler. Les enfants mâles n'étaient d'ailleurs
épargnés en Australie que très relativement (2). Sturt raconte
qu'un Australien de l'intérieur utilisa son enfant malade, en
lui brisant la tête contre une pierre, et le dévorant, après
l'avoir rôti (3).

Chez les autres races mélanésiennes, la vie des enfants
n'est guère plus respectée (4); mais force nous est d'abréger
notre énumération ; tant nous avons à citer de faits du même
genre, observés chez la plupart des races peu civilisées.

Ainsi, chez certaines tribus de l'Afrique méridionale, les
indigènes disposent, pour prendre les lions qui les inquiètent,
de grandes trappes en pierres et amorcent ces pièges avec
leurs propres enfants (5). Les habitants de Follindochie, dans
la vallée du Niger, troquent volontiers leurs enfants contre la
moindre bagatelle (6). Ainsi font les Zolas de la Sénégambie,
selon M. Raffenel (7).

Mais c'est surtout dans les îles, où la limite des subsistances
est plus facile à atteindre, que la coutume de l'infanticide est
générale. Elle etait très largement répandue dans toute la Polynésie. Aux îles Sandwich, on ne conservait jamais plus de
deux ou trois enfants par famille ; les autres étaient ou étranglés ou enterrés tout vivants (8). A Taïti, il n'y avait guère de
femme qui n'eût mis à mort au moins un de ses enfants (9). On
sait d'ailleurs que, dans l'archipel Taïtien, l'association des
Aréoïs, dont nous avons déjà parlé, avait erigé l'infanticide
en obligation pour tous ses membres, sauf quelques exceptions
nettement spécifiées. Ainsi on épargnait le premier-né des
chefs, et même les plus distingués d'entre eux ne devaient
mettre à mort que leurs premiers fils et toutes leurs filles (10 .
Il est à remarquer que la confrérie des Aréoïs se composait de
la fleur de la population, que ses pratiques étaient consacrées

(1) *Australia felix*, 131, 1849. — (2) Eyre, *Discoveries*, II, 324. —
(3) Sturt, *Hist univ. des voy* , vol XLIII, 362   (4) Müller, *Allgem.
Ethnogr.*, 110-310 —(5) *Journ. of Ethnolog. Soc. London*, 1869,I, 79.
Cave Cannibals of South Africa. — (6) *Journal de Richard Lander*,
233. — (7) Raffenel, *Nouveau Voyage au pays des Nègres*, I, 394. —
(8) Ellis, *Polynes. Res.*, IV, 397. — (9) *Id.*, vol. I, 334-340. —
(10) Moerenhout, *Voyage aux îles du grand Océan*, II, 496.

et rehaussées par la religion. Mais la plante humaine, comme dit Alfieri, foisonnait sous cet heureux climat et les îles de la Société regorgeaient d'habitants. On saisit là sur le fait l'origine utilitaire de la morale.

De même les habitants de Tikopia, île de 7 milles de tour seulement, s'imposaient l'obligation de n'épargner que deux de leurs enfants mâles; les autres étaient étranglés. Par exception, on respectait les filles, d'où la nécessité absolue de la polygamie (1). De même et pour la même raison, les insulaires de Radak (A-ur) mettaient à mort le troisième ou au moins le quatrième enfant de chaque femme (2).

Salus populi, suprema lex.

Au risque d'être monotone, il nous faut continuer notre lugubre mais instructive énumération; car il est important de montrer combien sont débiles, chez l'homme peu cultivé, les sentiments que nos moralistes et nos philosophes ont coutume de regarder comme le glorieux apanage de notre espèce.

Chez nombre de tribus américaines, on faisait tout aussi bon marché de la vie des enfants qu'en Polynésie. Byron a vu un Fuégien broyer son enfant sur les rochers, parce qu'il avait renversé un panier plein d'œufs de mer (Darwin, *Voyage d'un naturaliste*). Les Yurucarés de l'Amérique méridionale se faisaient un jeu d'abandonner ou d'immoler leurs enfants (3). Les Moxos, de la même contrée, agissaient de même, et surtout, comme il arrive d'ordinaire chez les sauvages, n'épargnaient pas les jumeaux (4). De même les Péruviens indigènes, plus ou moins christianisés, ne font point baptiser les jumeaux et ne les élèvent qu'à regret (5). Charlevoix a observé des faits analogues chez les Peaux-Rouges; il a vu, par exemple, enterrer le nourrisson vivant avec le cadavre de la mère qui l'allaitait (6).

Entre Esquimaux et Peaux-Rouges il n'y a, socialement par-

---

(1) Dillon, *Hist. univ. des voy.*, vol. XVIII, 378. — (2) Kotzebue, *Deuxième Voyage (Hist. univ. des voy., vol. XVII. 358).* — (3) A. d'Orbigny, *l'Homme américain*, I, 351. — (4) A. d Orbigny, *loc. cit.* — (5) Arriaga, *Extirpac. de la idolatr. del Peru*, 32-33. — (6) Charlevoix, III, 368.

lant, rien de commun, puisque les Peaux-Rouges de l'Amérique du Nord exterminent les Esquimaux comme des bêtes venimeuses, partout où ils les rencontrent. Néanmoins les uns et les autres font également bon marché de la vie des enfants. Les Esquimaux d'Amérique et du Kamtchatka n'hésitent pas à mettre à mort leurs enfants, pour peu qu'ils soient faibles ou difformes. C'est que, dans les régions arctiques, la lutte pour vivre est rude et il n'y est pas permis d'être mal organisé (1). Deux femmes d'Esquimaux offrirent au capitaine Parry de troquer leurs enfants contre des bagatelles et, croyant le marché conclu, elles se mirent à les dépouiller de leurs vêtements, qui, suivant elles, ne devaient pas être compris dans la vente (2). Au Groënland ou plus généralement chez les Esquimaux en général, les enfants dont la mère venait à mourir étaient enterrés avec elle. La religion justifiait cet usage, comme elle justifie partout les nécessités sociales, les besoins dominants. Les Esquimaux croyaient que, du *Khillo* ou séjour des morts, la mère appelait son enfant et le père avait soin d'inhumer avec lui les courroies dont sa mère s'était servie pour le porter (3).

En Chine, dans ce pays si sage par tant de côtés, dans ce pays où la religion officielle n'est guère qu'un code de morale, l'abandon et l'infanticide, surtout des nouveau-nés féminins, est une coutume invétérée. Marco Polo la constatait déjà (4), en dépit de la fondation d'hospices pour les enfants trouvés, en dépit des édits (5). C'est que la morale chinoise doit céder devant l'exubérance de la population. Comme succédané de l'abandon des enfants, on admet, en Chine, que les parents les peuvent vendre, et le commerce s'en fait ouvertement (6).

Mêmes coutumes dans de nombreux districts de l'Inde, depuis Ceylan jusqu'à l'Himalaya. C'est particulièrement chez les noirs aborigènes de l'Inde que l'infanticide est le plus ouvertement en vigueur, comme il arrive chez toutes les races infé-

---

(1) Kotzebue, *Deuxième Voyage* (*Hist. univ. des voy.*, vol. XVII, 392). — (2) Parry, *Deuxième Voyage* (*Hist. univ. des voy.*, vol. XL, 379). — (3) Parry, *id.*, 431. — (4) Marco Polo, *Récits* (tirés du *Livre des Merveilles*), 152 — (5) Huc, *l'Empire chinois*, II, 386. S. de Mas la Chine, etc., I, 133-37. Milne, *Vie réelle en Chine*, 37. — (6) S. de Mas, *loc. cit*, I, 133.

rieures et peu civilisées. Comme d'habitude aussi, ce sont les
filles qui sont surtout sacrifiées. Les Todas n'en conservaient
qu'une ou deux par famille (1). Les Konds des monts Windhya
procèdent de même, et eux aussi ont sanctifié cette coutume en
en faisant un précepte religieux. De pareilles mœurs ont naturellement pour conséquence nécessaire la polyandrie en vigueur à Ceylan et dans l'Himalaya. Mais l'habitude de l'infanticide féminin n'est nullement spéciale aux debris des aborigènes inférieurs de l'Inde. Les Radjpoutes, même les plus
nobles, le pratiquent largement. A leurs yeux, il est déshonorant d'avoir une fille non mariée; il est honteux de la mésal-
lier; il est ruineux de la marier à un homme de haut rang
qui demande une dot ; enfin, et ceci arrange tout, par
le sacrifice d'une fille , on apaise « les mauvaises puissances. »

Il est instructif de noter que ces gens, pour qui l'infanticide
n'est pas même une peccadille, supporteraient tout plutôt que
de frapper une vache (2). Dans nombre de localités, les filles,
qui ont été épargnées, sont considérées comme une marchandise. Les Indiens de Tullie, près des sources de la Djemmah, les
troquent pour les plus insignifiantes bagatelles ou les vendent
pour quelques roupies. En revanche on a bien de la peine à
les décider à vendre un de leurs moutons; « car, disent-ils,
le mouton leur donne de quoi se vêtir. » Mais que faire d'une
fille (3) ?

Chez les races sémitiques et européennes, même les moins
civilisées, le sens moral a progressé. Sans doute les historiens
rapportent qu'on a vu, en temps de disette, les habitants de la
Mecque céder leurs enfants pour une mesure de blé (4). Mais
ce sont là des cas de force majeure, et en général, chez les
Sémites et chez les Européens, l'abandon ou le meurtre des
enfants sont des actes relativement rares, individuels, de
moins en moins fréquents en Europe; car il semble bien, d'a-
près les allocutions de saint Vincent de Paul parvenues jusqu'à
nous, que l'abandon des enfants était chose fort commune en-

---

(1) W. Marshall, *The Todas of South India*, 110-111, 194. —
(2) Heber, *Hist. univ. des voy.*, vol. XXVI, 356. — (3) Skinner, *Hist.
univ. des voy.*, vol. XXXVI, 465. — (4) Burckhardt, *Hist. univ. des
voy.*, vol. XXXII, 161.

core au dix-septième siècle. C'est là un des mille arguments,
et non des plus faibles, sur lesquels on peut s'appuyer pour
affirmer le développement progressif de l'humanité. L'homme
est parti de bien bas; mais il peut et pourra de plus en plus
s'élever bien haut.

CHAPITRE VI.

DE L'AMOUR POUR LES JEUNES DANS L'HUMANITÉ.

Selon nos idées européennes, les faits que nous venons d'é-
numérer sont atroces. On enseigne encore dans nos écoles une
théorie surannée, suivant laquelle nos idées morales, à nous
Européens du dix-neuvième siècle, seraient innées dans tout
le genre humain. Comment les défenseurs de ces lieux communs universitaires expliqueraient-ils les effroyables mœurs
que nous venons de décrire? Seule, la doctrine du progrès,
de l'évolution, progressive et lente, n'est point embarrassée de
pareils faits; elle les accepte, puisqu'ils existent, et les classe
à la manière des naturalistes, en les considérant comme
les traits caractéristiques des phases inférieures de la civilisation.

Est-ce à dire que l'amour pour les enfants soit inconnu aux
hommes primitifs ? Nullement. Comment le ressentirions-nous,
nous héritiers, encore mal dégrossis, de tant d'efforts millénaires, si ces ancêtres, si sauvages à nos yeux, ne nous en
avaient légué les rudiments ? Comment un sentiment, tellement primordial qu'on en retrouve les traces jusque
chez les animaux inférieurs, serait-il étranger à l'homme
seul?

Même chez les hordes les plus incultes, l'amour des parents,
surtout de la mère pour les enfants, existe, mais à l'état d'instinct contrarié par les implacables nécessités de l'existence.
Primo vivere. En outre, dans les civilisations primitives, ce
sentiment n'est pas exalté, comme chez nous, par l'éducation,
par la littérature, par les traditions. La sentimentalité est
inconnue dans ces sociétés embryonnaires, et la férocité ani-

male n'est point tenue en bride par la morale, le respect humain, la sévérité des lois. A vrai dire, durant ces phases inférieures de l'évolution sociale, la morale existe à peine; les lois, purement traditionnelles, ne s'occupent guère des actes individuels; les enfants sont la propriété absolue, la chose des parents. Néanmoins, quand la faim ne parle pas trop haut, l'homme primitif aime et choie ses enfants parfois autant que le civilisé. Des faits nombreux le prouvent.

Même les pauvres Fuégiens du détroit de Magellan caressent leurs enfants, jouent avec eux. Wallis les a vus les faire sauter dans leurs canots, les élever en l'air, les tenir au-dessus de l'eau pour s'amuser de leur crainte (1).

Dans l'Amérique méridionale, les Yurucarés ne se permettent pas de réprimander leurs enfants; à leurs yeux, il serait fort mal de les contrarier (2). Les Esquimaux font des poupées pour leurs petites filles, des petits arcs pour leurs petits garçons (3); ils ne mangent jamais avant d'avoir donné leur part aux enfants (4). Des époux esquimaux, passant par un endroit où, l'été précédent, un fils adoptif leur était mort, s'agenouillèrent en pleurant et gémissant (5). Un père esquimau conseillait d'enterrer dans la neige le cadavre de son enfant; car, disait-il, la mère, morte auparavant, crierait dans son tombeau, si des pierres ou des blocs de glace pesaient sur son rejeton (6).

Les Polynésiens, si prodigues de la vie de leurs nouveau-nés, aimaient pourtant les enfants qu'ils avaient épargnés. Aux îles Marquises, les femmes allaitaient avec tendresse leurs nourrissons, les comblaient d'attentions délicates; les hommes pressaient tendrement dans leurs bras leurs fils probables (7); et il en était de même aux îles Sandwich (8).

Les grossiers Hottentots ne sont pas plus étrangers que les hommes des autres races à l'amour pour leurs enfants. Dès

---

(1) Wallis, *Hist. univ. des voy.*, vol. III, 274.   (2) A. d'Orbigny, *l'Homme américain*, I, 391. — (3) *Trans. Ethn. Soc.*, 1866, p. 138.— (4) Parry, *Deuxième Voyage* (*Hist. univ. des voy.*, vol. XL, 412. — (5) *Id.*, 436. — (6) *Id.*, 431. — (7) Marchand, *Hist. univ. des voy.*, vol. XV, 423. — (8) Cook, *Troisième Voyage* (*Hist. univ. des voy.*, vol. X, 306, et vol XI, 260).

qu'il est né, le petit Hottentot est fixé à l'aide de courroies sur
le dos de sa mère, qu'il ne quitte plus (1). Sur les bords du
Niger, le sentiment maternel est si vif qu'après la mort de
leurs enfants les mères portent sur leur tête de petites figurines de bois en commémoration des petits défunts, et elles
ne consentent pas à se séparer de ces emblèmes (2). Elles
semblent même considérer ces images comme vivantes; et,
avant de manger, elles ne manquent pas d'offrir des aliments
à ces enfants de bois (3).

Néanmoins, chez les sauvages, l'amour pour les enfants est
de courte durée. Ainsi, quand Fitz-Roy ramena dans leur pays
quelques Fuégiens, qu'il en avait enlevés dans un précédent
voyage, la première entrevue de l'un d'eux avec sa mère et
ses frères « fut, raconte Darwin, moins intéressante que celle
d'un cheval avec un de ses compagnons, retrouvé dans un
pré » (4). Il va de soi que la tendresse pour les enfants est
plus vive chez la femme que chez l'homme; sous ce rapport,
dans toutes les races, civilisées ou non, la femme est plus
instinctive que son compagnon. En outre, l'affection maternelle s'accroît beaucoup par l'intimité incessante, que néces-
sitent les premiers soins ; par l'allaitement, durant, chez les
sauvages, de cinq à six ans, à ce point qu'un nourrisson des
îles Marquises ôtait de sa bouche un cigare avant de teter (5).
Dans ces mêmes îles, où la vie est très facile, l'enfant, dès
qu'il a quelque peu grandi, se bâtit un ajoupa de branches et
de feuilles; il ne se soucie plus alors de sa famille. Les parents
paraissent l'aimer encore, mais pourtant ils le cèdent volontiers par adoption, et, dès lors, ne s'en occupent plus (6). C'est
à peu près de cette manière que nombre d'oiseaux ou de mammifères chassent leurs petits, dès qu'ils sont en état de subvenir à leurs besoins.

C'est seulement quand une longue culture a développé la
vie mentale, élargi l'horizon intellectuel et créé des sentiments affectifs que l'amour instinctif des progéniteurs pour la
progéniture peut s'ennoblir et persister bien au-delà des né-

(1) Levaillant, *Hist. univ. des voy.*, vol. XXIV, 160.   (2) R. et J. Lander, *Hist. univ. des voy.*, vol, XXX, 61.— (3) *Id.*, p. 61.— (4) Darwin,
Voyage d'un naturaliste, 239. — (5) M. Radiguet, *les Derniers Sauvages.* — (6) *Id.*, 183.

cessités physiologiques. Des liens durables unissent alors les parents et les enfants; car les sentiments et les idées de ceux-ci sont plus ou moins modelés sur les sentiments et les idées de ceux-là par suite d'une longue et intime cohabitation. En outre, les uns et les autres ont pris leur part du fonds mental de la race ou de la nation, sans parler des intérêts d'argent, du souci de la position sociale, mobiles bien puissants dans les sociétés dites *civilisées*. Mais, chez le sauvage, tout cela n'existe encore qu'à l'état inchoatif.

CHAPITRE VII.

AMOUR FILIAL, ASSISTANCE AUX VIEILLARDS, MALADES, ETC.

Dans l'humanité, l'amour des parents pour les enfants est sûrement la pierre angulaire de la vie affective. Dans le règne animal, c'est aussi le plus développé des sentiments bienveillants; il a certainement été objet de sélection, car il est indispensable au maintien de toutes les espèces supérieures. Au contraire, l'amour des jeunes pour les progéniteurs, étant moins nécessaire, est aussi bien plus rare et bien plus débile. La plupart des animaux ne le connaissent pas ; le sauvage ne le ressent que faiblement et, même chez les civilisés, l'amour filial le cède de beaucoup en énergie à l'amour paternel et surtout maternel.

De l'affection pour les parents à l'assistance donnée aux vieillards en général il n'y a qu'un pas, surtout dans les sociétés primitives où tous les membres d'un clan ou d'une tribu sont plus ou moins parents, où même, quand le régime de la promiscuité est encore en vigueur, les enfants ne connaissent pas leur père. Nous étudierons donc simultanément l'amour filial et l'assistance donnée ou non aux vieillards, et plus généralement aux infirmes, aux malades.

Pour être plus développés chez l'homme, les nobles sentiments dont nous avons à nous occuper ne lui sont pas exclusivement propres; on en peut citer d'incontestables exemples chez certains animaux. Une fourmi, à laquelle Latreille avait coupe les antennes, fut assistée par ses concitoyennes, qui, après avoir examiné ses blessures, les recouvrirent d'un mucus retiré de leur bouche (1). Une mère abeille, presque noyée, fut entourée par les ouvrières, qui la soignèrent et la léchèrent jusqu'à ce qu'elle fût ranimée (2).

Que quelques sentiments de solidarité existent chez les fourmis et les abeilles, animaux extrêmement sociables, cela n'a rien d'étonnant ; mais ces sentiments se peuvent développer chez des animaux, que le caprice de l'homme a forcés à vivre en société, comme le prouve le fait suivant. Un de mes amis, M. Frère, pharmacien à Paris, nourrissait un couple de serins jaunes des Canaries, qu'il avait enfermés dans une mansarde de sa maison de campagne, à Nanterre. Ce couple, largement nourri et à demi libre, crût et multiplia. Quinze ou seize ans après, la mansarde était habitée par une tribu de serins, comptant environ soixante ou quatre-vingts membres, parmi lesquels quelques métis de serins verts ; car des étrangers avaient été introduits dans la famille. La serine mère, alors âgée de dix-sept à dix-huit ans et engourdie par ce grand âge, ne pouvait plus que voleter avec peine. C'était, pour elle, une affaire que de se traîner à la mangeoire commune. Deux de ses descendants, deux seulement et de race pure, s'en aperçurent et vinrent à son aide. Pendant environ deux ans, jusqu'à sa mort, ils en prirent soin. Ils la nourrissaient bec à bec comme un petit et, particularité également singulière, la vieille aïeule les accueillait en battant des ailes, à la manière des jeunes. Ce n'est pas là un effet d'amour filial ; car les deux serins charitables n'étaient que les descendants déjà lointains de la mère aïeule ; c'est vraiment un acte de ce que nous appelons trop orgueilleusement « humanité », quoique ce noble sentiment soit loin d'exister chez tous les hommes.

En effet, dans l'humanité primitive, le sort des vieillards et des infirmes est généralement affreux (3). Presque partout en Mélanésie on a coutume de mettre à mort les vieillards et les infirmes, les bouches inutiles. Les Néo-Calédoniens, qui pourtant considèrent comme sacrée la tête de leur père, relè-

---

(1) Latreille, *Mémoires*, etc., t. III (cité par Houzeau, *loc. cit.*). — (2) Réaumur, *Mémoires sur les insectes*, t. V, 265 (cité par Houzeau). — (3) Müller, *Allgem. Ethnogr.*, 310.

guent parfois dans un lieu écarté leurs parents infirmes et malades et les laissent mourir dans l'abandon. Ils vont même quelquefois jusqu'à les enterrer tout vivants. Les patients trouvent d'ailleurs la chose toute naturelle. On en voit demander la mort et marcher eux-mêmes jusqu'à leur fosse, où on les jette après leur avoir asséné un coup de casse-tête (1). La même coutume, mais bien plus générale, était en vigueur à Viti. Là, la religion l'avait consacrée ; car les idées religieuses sont le plus souvent inspirées par les besoins d'un peuple ou d'une race. Les Vitiens croyaient qu'on arrivait dans la vie future exactement dans l'état où l'on était en quittant celle-ci. Il y avait donc intérêt majeur à ne pas attendre la caducité terrestre. De là devoir, pour les enfants, d'avertir à temps leurs parents et de leur rendre en les tuant un dernier service. Ils n'y manquaient point. On convoquait d'abord parents et amis à un festin mortuaire ; puis la victime marchait tranquillement vers sa fosse, sur le bord de laquelle, après un tendre adieu, les fils l'étranglaient eux-mêmes (2).

Des faits du même genre ont été observés un peu par toute la terre. Campbell nous dit que chez les Cafres Matchappis les vieillards sont méprisés, abandonnés ; qu'ils meurent de faim et que leurs cadavres sont abandonnés aux bêtes (3). En Polynésie, le sort des vieillards et des malades n'était pas plus doux. Souvent on les chassait de la maison, parfois on les enterrait tout vivants (4). Mettre à mort les vieux parents était, selon Robertson, une coutume générale, de la baie d'Hudson jusqu'à la Plata (5) et l'on peut dire jusqu'à la Terre de Feu (6). Les Esquimaux ou les enterraient après les avoir étranglés (H. Ellis), ou les enfermaient dans un *iglou* de glace. Les Itouamos de l'Amérique méridionale étouffent les malades (7). En temps de disette, les Fuégiens asphyxient et mangent les vieilles femmes, de préférence à leurs chiens, qui, disent-ils, prennent la loutre (8).

Les Kamtchadales tuaient leurs vieux parents pour s'en dé-

---

(1) De Rochas, *Nouvelle-Calédonie*, 237-238. — (2) Récit de M. Hunt, cité par Lubbock, *Origines de la civilisation*, 373. — (3 Campbell, *Hist. univ. des voy.*, vol. XXIX, 357. — (4) Moerenhout, *Voyage aux îles du grand Océan*, II, 190. — (5) G. Robertson, *Histoire d'Am.*, liv. IV. — (6) Darwin, *Voyage of the Adventure and Beagle.* — (7) A. d'Orbigny, *loc. cit.*, II, 241. — (8) Darwin, *loc. cit.*

barrasser et abandonnaient leurs cadavres aux chiens. La conscience kamtchadale justifiait le fait par des idées religieuses : être mangé par des chiens étant, en effet, un sûr moyen d'être, dans l'autre monde, traîné par des chiens excellents (1). Comme les Vitiens, les Koriaks et les Tshutkskis désiraient quitter ce monde en bon état afin de faire quelque figure dans l'autre et, pour cela, ils se faisaient tuer par leurs enfants avant d'arriver à la vieillesse (2).

Les Thibétains, respectueux cependant pour leurs parents, sont très peu secourables aux malades, surtout à ceux atteints de maladies contagieuses. Dès qu'un cas de petite vérole se déclare dans une maison, les habitants en délogent, sortent de la ville et le malade meurt abandonné (3).

Ces mœurs animales ne sont pas spéciales aux races inférieures proprement dites; elles existent partout où la civilisation est peu avancée. Les Massagètes immolaient leurs vieillards (4). Une tribu sarde assommait à coups de bâton les hommes âgés (5). Dans l'ancienne Bactriane, on entretenait des chiens spécialement chargés de dévorer les vieillards et les malades; ces chiens étaient appelés *chiens enterreurs* (Strabon). Il n'y a pas longtemps encore, les Abazes vendaient volontiers leur père ou leurs parents (6).

Pour prouver combien, dans les phases primitives de son développement, l'homme est peu susceptible d'affection pour les vieux parents, les infirmes de toute sorte, nous n'avons eu qu'à choisir parmi les faits si nombreux, relatés par les historiens et les voyageurs.

Est-ce à dire que l'homme peu développé soit inaccessible à la piété, à l'amour filial ? Nullement. Seulement, chez lui, ces sentiments altruistes sont faibles encore et facilement tenus en échec par les sentiments contraires. A ce moment de son évolution mentale, l'homme a une morale mal assise et il peut être, suivant les circonstances, charitable ou implacable.

Les Néo-Zélandais montraient un grand respect pour les vieillards : on leur donnait souvent la place d'honneur dans les

_____

(1) Kotzebue, *Hist. univ. des voy.*, vol. XVII, 392. — (2) Whymper, *Alaska*, 98. — (3) Huc, *Voyage dans la Tartarie*, etc., II, 350. — (4) Liv. 1, chap ccxvi.— (5) Platon, *Timée*.— (6) Klaproth et Gamba, *Hist. univ. des voy.*, vol. XLV, 440.

festins et souvent même les chefs nourrissaient des gens du peuple uniquement parce qu'ils étaient vieux (1). En Sénégambie, la locution « Frappe-moi, mais ne maudis pas ma mère », est familière même aux esclaves (2). A Kaarta, les Bambaras appellent tous les vieillards « baba », ou « papa »; ils rendent aux cheveux blancs une sorte de culte (3).

Les Dayours du haut Nil vénèrent les vieillards et chacun de leurs hameaux compte quelques têtes grises (4). C'est que cette région est très fertile; la vie y est facile et la lutte pour vivre n'y étant point atroce, les sentiments bienveillants peuvent se faire jour. De même, en Californie, dans les missions catholiques, où la faim ne se faisait pas trop sentir, les vieillards vivaient aux dépens de la communauté et étaient assez considérés, quoique les indigènes appartinssent à une race très inférieure (5).

Les Tartares, si supérieurs aux Californiens dans la hiérarchie des types humains, bien plus civilisés aussi, et que leur existence pastorale garantit assez bien contre la faim, sont bons, hospitaliers, ont un grand respect pour l'autorité paternelle, même après le mariage (6). En Chine, ces sentiments se sont développés avec la civilisation, et le respect des parents, des vieillards, y est devenu une impérieuse règle de morale. Après la mort des parents, leurs fils continuent à célébrer chaque décade de leur existence comme s'ils étaient vivants (7). Abandonner son vieux père serait un crime, qui est bien rarement commis. Les vieillards reçoivent même de l'empereur des robes jaunes, à titre d'hommage (8). Les asiles pour les vieillards, pour les veuves, les infirmes, les hospices d'enfants trouvés avec des tours, les sociétés de bienfaisance ou de secours, les maisons d'éducation pour les pauvres sont en grand nombre et de fondation souvent très ancienne (9). Déjà, du temps de Marco Polo, l'empereur faisait recueillir et élever les enfants abandonnés.

(1) Cook, *Deuxième Voyage* (*Hist. univ. des voy.*, vol. VII, 334), et Dumont d'Urville (*id.*, vol. XVIII, 264). - (2) Mungo Park, *Hist. univ. des voy.*, vol. XXV, 65. — (3) Raffenel, *Nouveau Voyage au pays des Negres*, I, 354. — (4) Schweinfurth, *the Heart of Africa*, I, 212. — (5) La Pérouse, *Hist. univ des voy.*, vol. XII, 241. — (6) Timkowski, *Hist. univ. des voy.*, vol. XXXIII, 325. — (7) Milne, *Vie réelle en Chine*, 162. — (8) *Id.*, 163-164. — (9) Milne, 50-53-55-57-58-60. Sinibaldo de Mas, *Chine et Puissances chrétiennes*, I, 91.

On ne saurait méconnaître dans tout cela l'indice d'une grande élévation morale. Ajoutons qu'en Chine le respect pour les produits de l'intelligence n'est pas moins grand. Une société chinoise s'est formée dans le but de réunir les vieux papiers écrits ou imprimés, afin de les soustraire aux souillures. Les porteurs, les chiffonniers littéraires, chargés de recueillir ces débris, ont des paniers munis d'écriteaux, sur lesquels on lit : « Respectez soigneusement le papier sur lequel des caractères sont écrits. » C'est vraiment de la pitié intellectuelle, et il faut aller en Chine pour en recueillir des traits aussi touchants (1).

Les lois chinoises ont même poussé si loin le souci de la solidarité humaine que certaines vont contre leur but, par exemple celle qui, rendant responsable de la mort d'un homme la dernière personne qui l'a vu, empêche souvent les gens prudents de secourir un mourant ou un noyé (2).

CHAPITRE VIII.

DES INSTINCTS FÉROCES DANS L'HUMANITÉ.

L'organisation d'institutions de bienfaisance n'est évidemment possible que dans une société savamment organisée. Pourtant l'humanité proprement dite, la sympathie pour l'homme qui souffre, quel qu'il soit, n'est point inconnue à beaucoup de peuples primitifs. Quel est, à ce point de vue, le caractère des diverses races? D'une manière plus générale, quel cas fait-on de la vie humaine chez les divers groupes humains? Ce sont là, au point de vue de la psychologie ethnique, des questions capitales.

Les sentiments altruistes, comme disent les positivistes, sont sûrement des fruits de haute culture. Sans doute ils ne sont pas absolument étrangers aux races inférieures et nous aurons à en citer des exemples; mais ils y sont rares, fugitifs, exceptionnels. En un mot, durant les premiers stades de la civilisa-

---

(1) Milne, *Vie réelle en Chine*, 58. — (2) Amhurst, *Hist. univ. des voy.*, vol. XXXIII, 392

tion, l'altruisme commence seulement à poindre dans la conscience humaine.

Les Australiens ne font pas plus de cas de la vie d'un homme que de celle d'un papillon (1). De plus, ils ressentent avec une grande violence la passion de la vengeance, qu'ils satisfont indifféremment sur l'un quelconque des membres de la tribu à laquelle appartient l'offenseur. En traitant de la genèse du sens moral, nous aurons à revenir sur ce fait curieux. Le même mépris de la vie humaine s'observe dans toute la Mélanésie. Nous verrons plus loin qu'à la Nouvelle-Calédonie les chefs mangent volontiers en famille un de leurs sujets, et des mœurs analogues régnaient à Viti. Par exemple, un Vitien nommé Loti dévora sa femme, après l'avoir fait cuire sur un feu que, sur son ordre, elle avait préparé elle-même. Or il commit cette atrocité uniquement pour se singulariser, pour acquérir quelque notoriété (2). Dans ce pays, tuer une créature humaine est un acte qui ne tire pas à conséquence et même pose un homme ; aussi les indigènes ont-ils bien soin d'être toujours armés (3).

Les noirs d'Afrique ne sont guère plus humains, dans le sens européen du mot, que ceux de la Mélanésie. Le mépris des Achantis pour la vie humaine est célèbre et il passe en effet toute croyance. C'est par centaines, par milliers même, que les victimes humaines sont sacrifiées, dans l'Achanti, à la mort des princes. D'autres tueries ont lieu régulièrement, quand commence la saison des ignames, au début de la moisson, etc. Parfois on empale une jeune fille vierge, pour remédier à la stagnation du commerce, etc. (4). Bien plus, on ne se contente pas de tuer simplement ; on s'ingénie souvent à faire souffrir les victimes, avant de les sacrifier. Ainsi Bowdich vit un homme, qui avait les mains liées derrière le dos et que l'on avait torturé comme suit : une de ses oreilles était portée devant lui fichée sur un pieu, et l'autre, presque entièrement détachée de la tête, y tenait encore par un lambeau ; une lame de couteau traversait ses deux joues ; sur le dos, on avait pratiqué plusieurs larges entailles et un couteau était passé dans la peau

---

(1) Cunningham, *Hist. univ. des voy.*, vol. XLIII, 93. — (2) T. Pritchard, *Polynesian Reminiscences*, etc., 371. — (3) Th. West, *Ten Years in South Central Polynesia*, 409.— (4) Hutton, *Hist. univ. des voy.*, vol. XXVIII, 381.

au-dessous de chaque omoplate ; enfin une corde, traversant le nez du patient, servait à le conduire, comme une bête de somme (1).

En Sénégambie, parmi les nègres de cette contrée, déjà quelque peu civilisés et mélangés de sang mauresque, la violence et la cruauté sont extrêmes ; le meurtre y est très fréquent et la vengeance implacable est un devoir. Selon Mungo Park, on s'y étudie au mal comme à une science ; on se complaît dans les souffrances des autres (2).

Le vaste continent d'Amérique a nourri et nourrit encore des nations ou tribus dont les mœurs sont bien diverses ; néanmoins, sauf peut-être chez quelques peuplades de l'Amérique centrale, la férocité du caractère est partout le trait dominant. A propos du cannibalisme, du traitement infligé aux prisonniers de guerre, des religions en Amérique, nous aurons à énumérer bien des faits atroces, entre autres les supplices des prisonniers chez les Peaux-Rouges et les Indiens du Brésil, les sacrifices humains des Mexicains, etc.

Dans l'Amérique septentrionale, les Indiens du Port-des-Français, observés par La Pérouse, étaient extrêmement irritables, sujets à des explosions de colère, toujours en querelle, se menaçant les uns les autres, extrêmement vindicatifs (3) ; en résumé, plus sauvages que bien des animaux sauvages.

Les Malais, froids en apparence, taciturnes, cauteleux, maîtres d'eux-mêmes, audacieux et méprisant les occupations paisibles, sont, suivant divers voyageurs, d'une cruauté excessive, qui n'exclut pas d'ailleurs un maintien très digne et une politesse extrême (4). Au dire d'un vieux voyageur, Niccolo Conti, qui écrivait en 1430, un homicide n'était pour les Malais qu'une simple plaisanterie. « Quand l'un d'eux, dit-il, achetait un sabre, il l'essayait volontiers en le plongeant dans la poitrine du premier passant venu. » L'opinion publique n'y trouvait rien à redire et même on louait l'adresse du meurtrier, si le coup avait été artistement porté (5). L'antique

(1) Bowdich, *Hist. univ. des voy.*, vol. XXVIII, 422. — (2) Mungo Park, *Hist. univ. des voy.*, vol. XXV, 148. — (3) La Pérouse, *Hist. univ. des voy.*, vol. XII, 190. — (4) Wallace, *Malay Archipelago*, II, 213. — (5) *Id.*

férocité revit encore dans la célèbre coutume javanaise de
« courir un Muck ». Dans la Malaisie comme ailleurs, il arrive assez souvent·que, pour une raison ou une autre, un
homme soit las de la vie. Alors, au lieu de se tuer à la mode
européenne, il s'arme d'un cris, souvent s'enivre d'opium et
se rue comme une bête fauve sur les passants. Dix, quinze,
vingt personnes sont parfois tuées ou blessées par un furieux
de cette espèce, avant qu'il soit lui-même ou tué ou arrêté.
Dans l'opinion publique des Malais, cette manière de quitter
la vie est parfaitement honorable. On y a recours pour les
causes les plus diverses et parfois les plus légères : tantôt
le coureur de Muck a subi une injustice, tantôt il a perdu au
jeu, etc.

En temps de guerre, on voit parfois toute une troupe d'hommes s'entendre pour « courir un Muck » à travers les rangs
ennemis. Ils chargent alors avec une furieuse énergie sans
plus tenir compte des obstacles (1).

Les Polynésiens, de mœurs relativement douces, gais et
mobiles comme des enfants, ne faisaient pas non plus grand
cas de la vie humaine. Les chefs maltraitaient, blessaient ou
tuaient les gens du peuple, suivant leur caprice. Sur un signe
d'un prêtre, tout Polynésien, surtout de la classe inférieure,
pouvait être saisi et sacrifié aux dieux, comme nous le verrons
en traitant de la religion de ces peuples.   •

L'humanité et la philanthropie sont aussi les moindres qualités des divers rameaux mongoliques de l'Asie. Les Turcomans nomades, qui errent autour du Khorasan, sont de vrais
animaux de proie ; ils se ruent sur les populations agricoles,
qu'ils se font un jeu de massacrer ou d'emmener en esclavage.
Pour une peccadille, pour un caprice, ils mettent à mort
leurs femmes, leurs enfants, leurs serviteurs (2). A en croire
le père Huc, les Mongols proprement dits auraient perdu l'antique férocité, qui a marqué jadis leurs invasions en Europe
et en Asie. Ils seraient actuellement doux, pacifiques, hospitaliers. Selon un voyageur plus récent encore, cette douceur
serait devenue de la mollesse, de la lâcheté, chez les tribus

(1) Cook, *Premier Voyage* (*Hist. univ. des voy.*, vol. VII, 92. Finlayson, *id.*, vol. XXXIV. Wallace, *Malay Archipelago*, I, 174-175. —
(2) Fraser, *Hist. univ. des voy.*, vol. XXXV, 104-105.

qui ont plus ou moins subi l'influence et le mélange des
Chinois (1).

Ces derniers, à tant d'égards si estimables, si admirables
même, semblent concilier un extrême mépris de la mort avec
une lâcheté également extrême. On trouve dans leur histoire
une série d'effroyables guerres civiles, de révoltes sanglantes,
souvent suivies d'épouvantables répressions. D'autre part, on
sait avec quelle placidité les Chinois supportent d'ordinaire la
peine capitale. Tout récemment encore, un condamné à mort
pouvait facilement trouver, moyennant une somme modique,
un remplaçant, qui subissait de bon gré sa peine. En même
temps, ces gens, qui font si bon marché de la vie des autres
et de la leur, se soumettent sans murmurer à tous les jougs,
se laissent faire la loi par une poignée d'Européens, dans leur
propre pays, obéissent servilement aux Malais de l'archipel,
qui leur sont si inférieurs, etc. Il est difficile de ne pas rapporter cet énervement du caractère chinois à sa civilisation
même, qui, réglant depuis des milliers d'années tous les actes
de la vie, paralysant l'initiative individuelle, faisant une règle
absolue de l'obéissance aux agents de l'Etat, tenant presque
en mépris le métier des armes, a fini par éteindre l'énergie de
la race. Selon le père Huc, la grande préoccupation du Chinois actuel est de ne point se compromettre et ce sentiment
est formulé dans un dicton, que les Chinois ont toujours à la
bouche dans les situations difficiles : « Rapetisse ton cœur (2). »
Puisse cet exemple profiter à certaines nations d'Europe,
où les « classes dirigeantes » sont évidemment en train de
s'enchinoiser.

Cet amollissement du caractère chinois n'est pas un caractère de race ; il est acquis ; c'est un résultat des institutions,
si savantes d'ailleurs, mais qui se sont préoccupées uniquement du développement intellectuel et nullement de fortifier
les caractères, les ressorts moraux. Au contraire, les Japonais,
si analogues aux Chinois, auxquels ils doivent le plus clair de
leur civilisation, ont conservé jusqu'ici la primitive énergie de
leur race. Chez eux, l'oubli des injures est flétri comme une
lâcheté ; le courage militaire est une vertu banale (3).

(1) Préjévalsky, *Mongolia*, I, 61.   (2) Huc, *l'Empire chinois*, I,
246. — (3) Kämpfer, *Hist. univ. des voy.*, vol. XXXI, 161.

Leur coutume du suicide par éventration, en vigueur jusqu'à nos jours, peut sans doute être taxée de folie; mais elle est certainement incompatible avec l'énervement du caractère national. Or, chez un peuple, nulle qualité n'est plus primordiale que la verdeur de la volonté; sans elle un développement intellectuel même considérable sert de peu. Existât-il d'ailleurs, qu'il serait sûrement stérile. Pour reculer les frontières du savoir humain, il faut le plus souvent braver les préjugés de son temps, s'oublier, dédaigner son intérêt personnel : en résumé, pour penser fortement, il faut vouloir de même.

Nier ou exagérer l'influence des institutions, du milieu social, sur le caractère d'un homme ou d'une race, est également imprudent. Chaque homme naît avec un fonds moral hérité; et ce fonds formera, durant toute son existence, la base de sa nature. Contre ces instincts transmis par les ancêtres, l'éducation n'est pas désarmée; mais son pouvoir est fort limité. Sur chaque individu, l'influence du milieu social est minime, mais elle va croissant géométriquement à travers la chaîne des générations; c'est l'effort persistant de la goutte d'eau tombant sur un rocher de granit et finissant par le creuser et le désagréger. Les petites modifications mentales produites chez chaque homme par l'atmosphère sociale, etc., s'additionnent, se totalisent et, dans un temps donné, peuvent métamorphoser entièrement le caractère d'un peuple ou d'une race. En Chine, le Mongol est devenu couard et servile, tandis qu'au Japon il a mieux conservé l'intégrité de son énergie première.

Des effets analogues s'observent dans les divers groupes ethniques de la race blanche. Le véritable Hindou, le brahmane issu des anciens immigrants venus des plateaux de l'Asie centrale, est aujourd'hui amolli, efféminé; en même temps, il s'est humanisé. Chez lui, toute trace de la férocité ancestrale s'est effacée. Chez certains bouddhistes hindous, les sentiments humanitaires se sont exagérés jusqu'à devenir *animalitaires*, puisqu'on en arrive à fonder des asiles hospitaliers pour les animaux. En même temps le ressort du caractère s'est détrempé et des centaines de millions d'Hindous se soumettent docilement à une poignée de conquérants anglais. Dans l'Inde, pour retrouver un peu d'énergie, de courage, il faut remonter vers les régions septentrionales, là où n'est

point encore effacée l'empreinte de la sauvagerie native :
chez les Seiks, toujours intrépides (1); chez les Radjpoutes,
ivrognes, sensuels, cruels, mais hardis encore (2).

Au contraire, en Perse, l'abâtardissement moral de la race
blanche est, au dire de tous les voyageurs, poussé à l'excès.
C'est avec le servilisme le plus abject que la population persane supporte le despotisme le plus capricieux ; le Persan est à
la fois hypocrite, lâche et féroce. Les seuls hommes de race
blanche non triturés encore par la civilisation européenne, et
ayant conservé le ressort, en grande partie animal, qui, durant
les époques primitives, a donné à nos ancêtres la suprématie
ethnique, sont les clans du Caucase, que l'empire russe a eu
tant de peine à dompter.

Chez ces montagnards, comme chez les Arabes, le sentiment
humain se traduit par la religion de l'hospitalité, et l'instinct
sanguinaire des vieux âges se manifeste par la passion de la
vengeance, un devoir sacré, dont l'obligation se transmet de
père en fils (3). On sait qu'il en est à peu près de même chez
les Arabes d'Asie et d'Afrique, arrivés ou arrêtés à un degré
équivalent de civilisation.

Chez les nations dites *indo-européennes*, actuellement les plus
civilisées, les instincts sanguinaires de la bête, pour être fort
amortis, se manifestent encore de mille manières et se réveil-
lent trop souvent. Sans doute on n'abandonne plus, on ne
mange plus les vieillards, comme le faisaient encore les Thra-
ces (4) dans l'antiquité classique ; néanmoins, même au sein
des nations les plus civilisées en apparence, des actes de sauvagerie, de froide inhumanité se commettent chaque jour.
Comme l'a prouvé récemment le docteur Bordier, en étudiant
les crâne des assassins, l'atavisme reproduit encore, dans l'Europe contemporaine, un certain nombre de sauvages de l'âge
de la pierre polie (5). Elle n'éclate que trop, cette férocité mal
éteinte, dans les grandes crises sociales, quand le frein légal se
relâche, surtout quand, dans un intérêt plus ou moins bien en-

---

(1) Burnes, *Hist. univ. des voy.*, vol. XXXVII, 425. — (2) Heber,
id., vol. XXVI, 346. — (3) Klaproth et Gamba, *id.*, vol. XLV, 448.
— (4) Bodin, *De la République* ou *Traité de gouvernement*, liv. I,
chap. v. — (5) *Bulletins de la Société d'anthropologie de Paris*, avril
1879.

tendu, les fluctuations de la morale publique font appel aux instincts sanguinaires contre l'ennemi étranger ou intestin.

Au total, notre humanité moderne est bien plus sur les lèvres que dans les cœurs. Elle est d'ailleurs assez étroite et n'est guère obligatoire que pour les gens de même race ou plus strictement du même pays. Christophe Colomb, qui passe pour un type de noble héroïsme, ne crut pas mal faire en organisant aux Antilles la chasse aux naturels, qu'il faisait dévorer par des limiers, et jusqu'à la fin du dix-huitième siècle cette pratique plus que sauvage a été usitée à Cuba et à Saint-Domingue par les colons français et espagnols contre les nègres marrons (1). Dans la colonie du Cap, les Hollandais chassaient aussi les Bojesmans et même les Hottentots comme des bêtes sauvages, et l'on sait trop que, par le même procédé de fauves, les colons anglais ont exterminé les Tasmaniens (2).

Est-ce à dire que, sous le rapport des sentiments bienveillants, humanitaires, l'homme n'ait point progressé depuis les temps primitifs? Il serait insensé de le soutenir. Au début, l'être humain ne se distinguait guère des autres mammifères supérieurs. Ses sentiments bienveillants étaient débiles, intermittents, facilement primés par les instincts et les besoins égoïstes; mais peu à peu, à mesure que s'est relâchée la poignante étreinte de la faim, l'égoïsme est devenu moins féroce (2). On n'aimait d'abord que ses enfants, et pendant un temps assez court, à la manière des bêtes. Puis on a plus ou moins pris souci des vieillards, des infirmes. Longtemps l'humanité ne s'est exercée que pour les membres de la famille, de la tribu. Mais dans les temps modernes et chez les nations civilisées la qualité d'homme a fini par suffire, hors le cas de guerre, pour donner droit à certains égards. Sans trop d'optimisme, il est permis de croire que le sentiment humanitaire est destiné à s'épanouir bien davantage. Mais ce noble côté de l'homme moral s'est développé bien lentement dans la conscience humaine, puisque, à titre d'exception, on en trouve des traces, même des exemples éclatants, jusque chez les types humains inférieurs, qui, sous ce rapport comme sous bien d'autres, nous représentent aujourd'hui en-

(1) J. Franklin, *la Vie des animaux*, I, 155. — (2) Cowper Rose, *Hist. univ. des voyages*, vol. XXIX, 261, et Bonwick, *Daily Life of the Tasmanians.*

core les étapes successivement franchies par les échantillons
supérieurs de l'humanité. Aussi il ne sera pas sans intérêt d'é-
tudier, dans diverses races, les manifestations des sentiments
altruistes, le passage graduel de la conscience bestiale à la
conscience humaine.

CHAPITRE IX.

DES SENTIMENTS BIENVEILLANTS.

La genèse des sentiments de pitié, de compassion, etc., se
conçoit assez facilement. Pour qu'un être organisé soit touché
de la souffrance de l'un de ses semblables, il suffit rigoureusement qu'il ait de la mémoire. Alors les signes extérieurs de
la douleur d'autrui se répercutent chez l'individu qui les con-
temple; ils évoquent en lui le souvenir des tourments du même
genre qu'il a subis; ils en ravivent une image plus ou moins
affaiblie. De là à aider l'être qui souffre il n'y a qu'un pas; c'est
une manière généreuse de se soulager soi-même. Suivant que
l'imagination sera plus ou moins forte, le mirage de la douleur
sera plus ou moins coloré et le sentiment de pitié d'autant plus
vif. L'intelligence proprement dite n'a rien à voir dans tout
cela, il n'est donc pas étonnant de voir la pitié très développée chez certains animaux et très rudimentaire chez certains
hommes.

Quand, dans une bande de perroquets, quelques individus
sont tués par un chasseur, les autres volètent pendant cinq
à six minutes autour de leurs cadavres en poussant des cris
plaintifs et se font tuer aussi(1). Les bouvreuils, les cardinaux, les sizerains, etc., font de même. J. Franklin raconte l'histoire touchante de deux petites perruches dites *inséparables*.
La femelle étant devenue goutteuse, le mâle la nourrit pendant
quatre mois; il l'aidait à monter sur son perchoir; quand elle
fut sur le point de mourir, il redoubla de soins et de tendresse,
tout en poussant des cris plaintifs. Après la mort de sa com-

(1) Brehm, vol. I, p. 12.

pagne, il languit et mourut lui-même au bout de quelques semaines (1).

Les ouistitis captifs s'empressent autour de leurs malades, les soignent (2). Dans ce cas, c'est bien d'humanité qu'il s'agit ; car il n'y a d'ordinaire aucune parenté entre ces animaux, rassemblés au hasard.

Il semble même que, sous le rapport de l'altruisme, les races humaines les plus inférieures soient au-dessous des quelques espèces animales que nous venons de citer. Il est sûr que la faculté d'être ému par la vue des souffrances d'autrui est à la fois un signe et une cause du progrès social ; il faut donc s'attendre à la trouver extrêmement faible chez les types humains encore à l'état d'ébauche. Les Fuégiens, les Tasmaniens, les Australiens sont célèbres pour leur parfaite insensibilité morale. Les Néo-Calédoniens seraient à peu près incapables de reconnaissance (3).

Pour A. Bougarel, la femme néo-calédonienne est le plus méchant des animaux (4). Les indigènes de l'Afrique australe, les Hottentots et les Cafres sont aussi extrêmement durs. C'est seulement dans l'Afrique équatoriale que les voyageurs ont observé des actes évidemment humains, et là ils semblent être le privilège de la femme. Au Gabon, où les femmes sont traitées comme de véritables bêtes de somme, elles sont pourtant susceptibles d'attendrissement, de compassion. Du Chaillu rapporte qu'étant tombé malade, il fut comblé par elles de soins et d'attentions (5). Or, il faut observer que l'humanité pour un homme d'une autre race n'est pas commune, même chez les blancs.

Dans la Sénégambie, où d'ailleurs le sang nègre s'est plus ou moins mêlé avec le sang mauresque, les sentiments altruistes sont déjà fort développés. Après l'incendie de la ville de Bali, Clapperton a vu les habitants de Koulfani, ville voisine, envoyer aux incendiés tout ce dont ils n'avaient pas eux-mêmes un urgent besoin (6). Chez les femmes de cette région, la compassion se révèle parfois par des actes pleins de délicatesse.

---

(1) J. Franklin, *Vie des animaux*, II, 141. — (2) A. Espinas, *Sociétés animales*, 503. — (3) De Rochas, *Nouvelle Calédonie*, 156. — (4) *Des races de l'Océanie*, etc. (*Mém Soc. anthrop.*, II). — (5) Du Chaillu, *Voyage dans l'Afrique équatoriale*, 314. — (6) Clapperton, *Second Voyage*.

Une vieille femme, rencontrant Mungo Park affamé et venant d'être complètement dépouillé par un roitelet nègre, lui donna d'elle-même à manger et s'éloigna sans attendre de remerciement (1). Ailleurs le même voyageur, ne possédant plus pour tout bien que la selle d'un cheval qui lui avait été volé, fut recueilli, hébergé par des femmes, qu'il entendit, avant de s'endormir, chanter ce qui suit : « Les vents rugissaient et les pluies tombaient : le pauvre homme blanc vint et s'assit sous notre arbre ; il n'avait point de mère pour lui donner son lait, point de femme pour lui moudre son blé. Ayons pitié de l'homme blanc ; il n'a point de mère, etc. (2). » Dans la même contrée, le voyageur français Raffenel fut traité de même. « Elles s'étaient, dit-il, agenouillées autour de la natte sur laquelle je m'étais étendu ; les unes m'éventant, d'autres me massant, d'autres me présentant du lait et des pistaches grillées. Leur chant, de plus en plus mélancolique, disait quelque chose comme ceci :

« L'homme blanc, qui vient de bien loin sur la mer, s'est « arrêté ici.

« Il était fatigué, fatigué, parce qu'il avait marché sous le « soleil.

« Il avait bien chaud et l'eau coulait à grosses gouttes de son « front blanc ; il avait bien soif et bien faim.

« Prenez vos nattes les plus fines et étendez-les sous l'homme « blanc pour qu'il y repose ses membres fatigués.

« Et notre maître nous a dit :

« Saisissez vos grands éventails ; dénouez vos pagnes et « agitez-les sur la tête de l'homme blanc, pour sécher les « gouttes d'eau qui perlent sur son front.

« Prenez vos plus belles calebasses et emplissez-les jusqu'au « bord du meilleur lait de mes vaches, pour que l'homme blanc « étanche la soif qui le dévore, etc. (3). »

Ces faits et quelques autres du même genre portent à penser que la compassion est une vertu surtout féminine. Pourtant, quand il s'agit d'un être aussi étonnamment divers que l'homme, d'un être obéissant à tant de mobiles, il faut généraliser avec prudence. C'est en sociologie surtout que les règles souffrent des

(1) Mungo Park, *Hist. univ. des voy.*, vol. XXV, 89. — (2) *Id*, 227. — (3) Raffenel, *Nouveau Voyage au pays des Nègres*, I, 275.

exceptions. Ainsi, il n'est pas de vertu qui semble plus essentiellement féminine que la pudeur; cependant, dans diverses
contrées, les hommes seuls portent des vêtements de décence.
Il en est ainsi sur les bords de l'Orénoque (1), et chez nombre de
tribus africaines (2). Tantôt le vêtement est le privilège de la
femme mariée; tantôt il est celui de la jeune fille. En ce qui
concerne la pitié, la diversité n'est pas moins grande. Les négresses de la Sénégambie sont susceptibles de charité délicate,
mais celles de la Béchuanasie regardaient sans sourciller leurs
maris, après une victoire, décapiter les femmes des vaincus,
simplement pour s'emparer des colliers tenant trop fort au
cou (3). Thevet raconte que les indigènes brésiliens gardaient
un certain temps leurs prisonniers de guerre, les nourrissaient
bien et leur donnaient des femmes; puis, à un moment donné,
ils les mangeaient cérémonieusement. Alors, dit Léry, la femme
du défunt, après quelque simulacre de douleur, était la première à manger un morceau de son mari d'emprunt (4). Cependant les indigènes de l'Amérique centrale étaient et sont encore,
en général, doux, sociables. Une fois conquis, ils obéirent docilement à une poignée d'Espagnols; souvent ils se dévouèrent à
leurs maîtres en dépit de la cruauté de ceux-ci. D'Orbigny en
a vu qui, obligés de tuer un de leurs lamas, pleuraient de chagrin (5). Les insulaires cubains firent à Christophe Colomb l'accueil le plus empressé, le plus cordial (6). Un chef, à qui on
avait enlevé sa femme, vint tout en larmes supplier Barthelemy
de la lui rendre et, sa requête ayant été exaucée, il revint,
avec quatre ou cinq cents de ses sujets, défricher un terrain
pour les Espagnols (7).

Qui le croirait? les pauvres Esquimaux, si grossiers d'ailleurs, sont parfois susceptibles de générosité raffinée. Ils firent
à l'équipage de Ross de nombreux cadeaux de poisson frais,
sans rien attendre en retour. Avec une politesse exquise, ils
remerciaient les Anglais de consentir à se laisser héberger (8).
Une femme, que le médecin de l'expédition avait soignée, lui

(1) Humboldt, *Reisen in die Æquinoxial Gegenden.*— (2) Barth, *Reis
und Entdeck*, 473.— (3) Moffat, *Vingt-trois Ans de séjour dans le sud
de l'Afrique.*— (4) Thevet, *Cosmographie universelle*, 945, et Léry,
XV. — (5) A. d'Orbigny, *l'Homme américain*, I, 274. — (6) *Hist.
univ. des voyages*, vol. XXXVIII, 102. —(7) *Id.*, 175. — (8) Ross,
Hist. univ. des voy., vol. XL, 156.

apporta tout ce qu'elle avait de plus précieux : une pierre à faire du feu (1).

Chez l'homme primitif, dont la moralité est encore en voie de formation, chez qui les instincts animaux parlent si haut et dont l'humeur est extrêmement mobile, il n'y a nulle tenue dans le caractère : la bonté et la férocité peuvent coexister. Durant cette phase première, il y a, pour ainsi dire, dans l'homme plusieurs êtres psychiques ; la vie mentale est fragmentaire et les actes ne dépendent guère que de l'impression du moment. Ainsi les Polynésiens, types de versatilité enfantine, étaient à la fois cruels et doux. Porter vante la mansuétude des Noukahiviens, leur bravoure et leur affabilité ; il s'émerveille de leurs rapports fraternels (2). Cook a vu les Taïtiens se partager équitablement même un seul fruit à pain, se donner mutuellement leurs habits, s'obliger avec empressement (3). Les insulaires de l'île de Pâques, pendant une disette, offrirent à Cook quelques patates prélevées sur leur maigre repas (4). De son côté, Bligh parle avec admiration de la gaieté, de la bonne humeur, de la sociabilité des Taïtiens, dont la vie n'était, en temps ordinaire, qu'un long divertissement (5). De même, aux îles Baschy, quelques matelots de Dampier, ayant déserté, reçurent des naturels, chacun, une femme, un champ et tous les outils nécessaires pour cultiver la terre.

Encore une fois, les contrastes moraux les plus criants sont possibles chez l'homme peu développé. Ainsi les tribus de race malaise ont une réputation méritée de férocité, cependant Wallace fait le plus grand éloge de la moralité des Dayaks de Bornéo. Ils seraient probes, scrupuleux, ne commettraient presque jamais, dans leur tribu, un acte de violence ; pourtant les mêmes hommes sont, de tribu à tribu, d'intrépides « chasseurs de têtes » (6).

Nous savons que, chez les Chinois, le sentiment humanitaire s'est traduit par la fondation d'un grand nombre d'asiles, d'institutions de secours pour les faibles, les infirmes, les veuves, par la création de monts-de-piété, etc. Cela n'a rien

---

(1) Ross, *Hist. univ. des voy.*, p. 172. — (2) Porter, *Hist. univ. des voy.*, vol. XVI, 225. — (3) Cook, *Deuxième Voyage* (*Hist. univ. des voy.*, vol. VIII, 363). — (4) *Id.*, 158. — (5) Moerenhout, *Voyage aux îles*, etc., II, 414. — (6) Wallace, *the Malay Archipelago*, I, 90.

d'étonnant, puisqu'il s'agit, en Chine, d'une antique et savante civilisation. On est plus surpris de trouver chez les Mongols de la Tartarie des raffinements de chevalerie. Ainsi, en Tartarie, pour traverser pacifiquement un village ennemi, il suffit de mettre en tête d'une caravane des femmes, à qui l'on a confié le soin de conduire les animaux. Le point d'honneur du pays défend d'attaquer des femmes ou de voler les animaux qu'elles conduisent (1) ; et pourtant ces gens, aux mœurs si généreuses, sont les descendants des terribles Mongols, dont les invasions sanglantes ont terrorisé tout le vieux continent.

De même les Turcomans, chez qui le sang mongol domine et dont la vie n'est qu'une suite de vols et de meurtres, pratiquent l'hospitalité de la façon la plus généreuse. A moins d'être un ennemi déclaré, l'étranger est accueilli dans leur tente de la manière la plus courtoise et il ne courrait quelque danger que s'il voulait changer d'hôtes (2).

Cette vertu de l'hospitalité n'est pas, comme on sait, le privilège des nomades turcomans. Elle est, en quelque sorte, la caractéristique morale de la générosité arabe. En Arabie, tout le monde, riches et pauvres, chefs et simples bédouins, est strictement obligé de l'exercer. L'opinion publique en fait une loi, et le simple sentiment du devoir suffit à y pousser. Le plus sanglant reproche que l'on puisse faire à une tribu d'Arabes, c'est « que ses hommes n'aient pas le cœur à donner tout et que ses femmes ne sachent refuser rien (3). »

Plus tard, nous aurons à rechercher quelle est l'origine du sentiment du devoir. Il est hors de doute que ce sentiment se fortifie par l'hérédité; mais ses manifestations varient extrêmement, comme tout ce qui est du domaine de la conscience humaine. Au sixième siècle de notre ère, Antar célébrait déjà l'hospitalité poussée jusqu'à l'héroisme (4). Ce doit donc être une obligation morale bien impérieuse pour les Arabes actuels, qui ont conservé la civilisation de leur race.

Le sentiment de la solidarité humaine, de la responsabilité

----

(1) Huc, *Voyage dans la Tartarie*, II, 482. — (2) Fraser, *Hist. univ. des voy.*, vol. XXXV, 109. — (3) Denham et Clapperton, *Hist. univ. des voyages*, vol. XXVII, 24. — (4) *Aventures d'Antar*, trad. M. Devic, 150.

des souffrances d'autrui a pris, dans la morale hindoue, une forme que l'on peut appeler *excessive*. A-t-on perdu un procès, subi ou cru subir une injustice, etc., on se tue, pour faire retomber son sang sur la tête de l'offenseur. Heber rapporte que, dans le district de Ghazeipour (Hindoustan), un homme, débouté par jugement de la possession d'un champ, y amena sa femme et la brûla toute vive, pour que son esprit y revînt après sa mort et que le sol fût maudit (1). Avant la conquête anglaise, la suprême ressource des populations contre la tyrannie des rajahs était de se réunir silencieusement devant le palais du maître et de s'y laisser au besoin mourir de faim, si le pouvoir ne cédait pas. L'homme tout à fait primitif, l'Australien, par exemple, tue et mange son enfant, sans en éprouver ni regret ni remords ; au contraire, l'Hindou a une telle confiance dans l'existence du sentiment altruiste chez les hommes de sa race, qu'il base sur lui sa vengeance. Ces deux hommes sont donc aux extrémités opposées de l'échelle humanitaire. Mais le second a sûrement été jadis ce qu'est encore le premier, et son exemple, avec tant d'autres, prouve combien est indéfini le champ de l'évolution morale.

Néanmoins, rien ne serait plus faux que de considérer les sentiments humanitaires comme des vertus inventées par les races dites *aryennes*. On en retrouve, comme nous l'avons vu, des exemples individuels, même chez les types humains inférieurs, et ils se généralisent au sein de tous les peuples qui s'élèvent à un certain degré de civilisation. Ainsi le christianisme européen a prêché la charité, l'amour du prochain ; mais les Chinois ont été jusqu'à élever des temples à la Pitié.

Tout le monde sait d'ailleurs comment la sympathie, la faculté de souffrir de la souffrance d'autrui s'est lentement développée depuis les premiers temps de l'antiquité gréco-romaine jusqu'à nos jours. Entre Ormuzd et Ahrimane, la lutte a été longue et elle est loin d'être terminée. Au début de leur histoire, le cœur des Grecs fut dur : l'étranger était plus ou moins un ennemi ; l'esclave, une sorte d'animal domestique, que l'on pouvait, selon Aristote, chasser comme un gibier. Mais de bonne heure la religion grecque institua des lieux d'asile pour les proscrits, les vaincus, les esclaves, même les cou-

(1) Heber, *Hist. univ. des voy.*, vol. XXXV, 134.

pables. Euripide en arriva à définir le vrai juste « celui qui vit pour son prochain » (1). A Rome, presque toute la population se délectait aux jeux sanglants du cirque ; les Vestales (ô sensibilité féminine !) tuaient, en abaissant le pouce, les gladiateurs vaincus ; mais peu à peu la philosophie gréco-romaine formulait les préceptes humanitaires, que le christianisme croit ou dit avoir inventés. Avons-nous atteint le terme ultime de cette évolution ? Pour le penser, il faudrait à la fois ignorer le passé et s'aveugler sur le présent.

Mais il n'est pas besoin de remonter jusqu'aux phases primitives de l'évolution sociale pour constater des traces irrécusables de progrès humanitaire. Notre histoire nous en fournit à foison. Ainsi, durant les premiers siècles du moyen âge, le droit de bris était un droit régalien, et un prince de Léon, en Bretagne, contemplant complaisamment les terribles rochers de Sein (Finistère), disait, sans que sa conscience murmurât le moins du monde, qu'ils valaient plus que les pierres précieuses du plus opulent monarque. En effet, la confiscation des épaves de toute sorte provenant des naufrages, si fréquents alors sur cette terrible côte, lui rapportait, bon an, mal an, dix mille écus d'or. Or, aujourd'hui nous dépensons des sommes bien autrement considérables pour élever, à grands frais et à grand péril, sur ces écueils homicides, des phares scientifiquement construits.

Notre histoire d'Europe, si sanglante qu'elle soit, n'est qu'un long effort, pas toujours conscient, vers le progrès humanitaire. Peu à peu l'esclavage des premiers âges s'est adouci en servage ; puis le serf lui-même a fini par devenir politiquement l'égal de son maître ; les distinctions de caste et de classe se sont effacées ; les vassaux ont fini par émietter le fief du suzerain. Peu à peu les classes nobles, dominant de par le droit de conquête, ont perdu les vertus guerrières de leurs ancêtres, sans toujours acquérir celles d'un âge plus humain. Sans doute ce lent travail d'égalisation est loin d'être achevé ; mais déjà, dans les pays civilisés, la seule qualité d'homme entraîne « des droits » ; l'instruction devient et deviendra de plus en plus un bien commun à tous ceux qui en seront sus-

_____

(1) Cette évolution humanitaire de l'esprit grec a été admirablement décrite par M. E. Havet, *Origines du christianisme*.

ceptibles; par suite, la vraie inégalité, l'inégalité morale et intellectuelle, diminuera fatalement de plus en plus. Or, cet exhaussement graduel de l'esprit et de la conscience est nécessaire, car il résulte de la concurrence ethnique; et les peuples, qui, dans cette rivalité salutaire, se laisseront distancer, sont destinés à disparaître de la scène du monde.

CHAPITRE X.

DE LA CONDITION DES FEMMES.

Dans le cerveau humain, les idées de droit, de justice, le sentiment de respect pour les faibles sont des fruits de haute culture, point ou mal connus au sein des civilisations primitives, où l'homme, réalisant certaines conceptions de la mythologie grecque, est encore plus d'à moitié bête. Or, par toute la terre, la femme a le malheur d'être plus faible que son compagnon; il faut donc s'attendre à trouver son sort d'autant plus dur que la société dont elle fait partie est plus rudimentaire. La condition des femmes peut même fournir un assez bon critérium du degré de développement d'un peuple, comme nous l'allons voir en examinant à ce point de vue les principales races humaines.

En Australie, la femme est un animal domestique, servant au plaisir genésique, à la reproduction et, en cas de disette, à l'alimentation. Chasser et guerroyer sont les seules occupations de l'homme, que la femme suit dans ses excursions cynégétiques en portant ses enfants, le mobilier fort simple de la famille, un tison enflammé pour allumer du feu, etc. Sur le bord de la mer, c'est elle qui va, en plongeant, recueillir les coquillages, composant le fond de l'alimentation. Elle ne mange, d'ailleurs, que quand son maître s'est bien repu, et se nourrit des restes qu'il lui jette comme à un chien (1).

Comme nous l'avons vu précédemment, la vie de l'Australienne n'est qu'une longue prostitution et son sauvage pro-

(1) R. Salvado, *Mémoires sur l'Australie.*

priétaire ne paraît éprouver pour elle aucun sentiment d'affection. Il la considère comme sa chose et comme une chose de
peu de valeur : « Un soir, dit le révérend père Salvado, pendant que je disais mon bréviaire, j'entends un bruit au dehors
comme de coups répétés et de cris de femme... Je cours aussitôt et je vois autour du feu huit femmes de sauvages, qui se
battaient sans pitié à grands coups de leurs *ouanes* ou grands
bâtons. Je me jetai au milieu d'elles pour les séparer ; mais
mes paroles étaient emportées par le vent ; ce n'étaient plus
des femmes, mais, pour mieux dire, des bêtes féroces. Alors
je pris un bâton, et en le faisant retomber à coups redoublés
sur les épaules des plus furieuses, je mis fin à une rixe dans
laquelle il y avait eu des têtes brisées, des épaules fracassées
et du sang versé à flots : pas une des combattantes dont la
peau noire ne fût rougie de sang de la tête aux pieds. Voyant
que leurs maris, assis d'un air indifférent autour du feu, ne
faisaient qu'en rire, je les gourmandai vivement. « Comment !
vos femmes s'entre-tuent les unes les autres et vous vous tenez
tranquilles sans vous soucier de les séparer? » — « Qui donc
voudrait, me répondirent-ils, se mêler des querelles des femmes ? — « Mais vous, qui êtes leurs maris ! » — « Nous ? cela
nous importe très peu ! » — « Comment ! cela ne vous fait
rien ? Mais si l'une d'elles vient à mourir, alors cela vous fera
quelque chose ? » — « Rien du tout : s'il en meurt une, il
nous en reste mille (1). »

Ce placide mépris pour la femme se traduit en Australie de
la façon la plus bestiale : à la mort d'un homme, sa femme
devient la propriété du beau-frère, après un délai de trois
jours. Assez rarement une Australienne meurt de mort naturelle : « On les dépêche généralement avant qu'elles deviennent vieilles et maigres, de peur de laisser perdre tant de
bonne nourriture... Bref, on y attache tellement peu d'importance soit avant, soit après la mort, qu'il est permis de se demander si l'homme ne met pas son chien, quand celui-ci est
vivant, absolument sur la même ligne que sa femme et s'il
pense plus souvent et plus tendrement à l'une qu'à l'autre,
après qu'il les a mangés tous deux (2). »

(1) R. Salvado, *Mémoires sur l'Australie.* -(2) Oldfield, *Trans.
Ethnol. Soc.*, nouv. série, III, 220 (cité par Lubbock : *l'Homme avant
l'histoire).

Dans les autres îles de la Mélanésie, le sort de la femme n'est guère plus doux ; car, chez les noirs océaniens, l'humanité n'est pas la qualité dominante. A Viti, un homme a le droit de vendre sa femme, s'il le veut; de la tuer, si bon lui semble. Souvent on attache les femmes à un poteau ou à un arbre pour les fouetter (1). A la Nouvelle-Calédonie, la femme ne doit pas manger avec son mari ; elle habite une annexe du logis ; les labeurs les plus rudes sont pour elle ; les mauvais traitements pleuvent sur elle ; aussi cherche-t-elle souvent un remède à ses maux dans le suicide (2).

Au cours de ce livre, nous avons déjà remarqué combien les races primitives, si diverses pourtant, se ressemblent à bien des égards. Mais en aucun point elles ne diffèrent moins qu'en ce qui touche à l'asservissement des femmes. Être faible est un grand défaut, même dans les sociétés les plus civilisées ; c'est un tort impardonnable au début du développement humain. Aussi la femme n'est guère mieux traitée dans l'Afrique nègre que dans la Mélanésie. Pourtant, en Afrique, on la mange rarement, beaucoup plus rarement qu'en Australie, par exemple. C'est que le continent africain est giboyeux et que, d'autre part, le nègre africain est presque toujours pasteur et le plus souvent agriculteur. Pourtant S. Baker a raconté, d'après un témoin oculaire, un festin anthropophagique, commis à Gondokoro, sur le haut Nil, et dont des femmes esclaves et des enfants fournirent les plats (3). Cependant en général la négresse d'Afrique n'est point mangée par le sexe fort ; elle est seulement chargée des travaux les plus pénibles.

Chez les Hottentots (4) et les Cafres (5), l'homme chasse ou guerroie : occupations qui, par toute la terre, ont été tout d'abord considérées comme nobles par excellence. En outre, il soigne le bétail, le clôture dans des parcs, tanne les peaux de bœuf, nécessaires pour se vêtir plus ou moins. Dans l'opinion publique cafre, soigner le bétail est une besogne supérieure ;

---

(1) Williams, *Viti et les Vitiens*, vol. I, 156. — (2) De Rochas, *la Nouvelle-Calédonie*. — (3) Sir J. W. Baker, *Découverte de l'Albert N'yanza.* — (4) Campbell, *Hist. univ. des voy.*, vol. XXIX, 361. — (5) Campbell, *Id.*, 335. Thompson, *Hist. univ. des voy.*, vol. XXIX, 52-120. Burchell, *Id.*, vol. XXVI, 485-459-430. Levaillant, *Id.*, vol. XXIV, 202.

aussi, en Cafrerie, la vache est-elle appelée « la perle à poil ».
C'est que, pour l'homme primitif, la domestication de la race
bovine marqua une ère de rédemption. Mais tous les autres
travaux moins distingués sont dévolus à la femme. En Hot-
tentotie et en Cafrerie, elle construit les habitations, tresse les
nattes, confectionne la poterie. Chez les Cafres, qui sont agriculteurs, elle fouit la terre, sème et récolte. L'homme n'a
même pas l'idée de lui venir en aide (1) et il en est ainsi, du
plus au moins, dans toute l'Afrique noire. A l'exception des
Hottentots, tous les nègres d'Afrique pratiquent, dans une certaine mesure, l'agriculture; mais le soin de cultiver le sol
incombe partout aux femmes et aux esclaves. Dans certains
districts du Gabon règne une étrange coutume. La femme
y cultive le sol, comme partout; mais, quand elle a suffisamment nourri son mari, elle peut disposer à son gré du surplus
de la récolte (2).

En outre, ces pauvres créatures sont, comme en Cafrerie,
chargées de construire les maisons. Dans certaines régions,
mi-partie nègres et mauresques, par exemple, chez les
Soulimas, elles sont en outre barbiers, chirurgiens. En revanche, les hommes cousent et lavent les étoffes (3). Partout
aussi, elles s'emploient avec les bœufs, les mulets, les ânes,
à porter les fardeaux, sans que les hommes s'abaissent jamais
jusqu'à leur venir en aide (4). En outre, elles sont chargées
de broyer le grain avec des pierres, dans des trous circulaires,
creusés dans des rochers (5). Dans cette région, comme dans
l'Afrique méridionale, l'homme se réserve le soin du bétail,
trait les vaches et les mène paître, etc. (6). Partout aussi, il
est forgeron. Réduire et façonner le fer est, en Afrique, une
noble profession, qui parfois même confère des droits politiques spéciaux; c'est un métier scientifique, et en Cafrerie le
forgeron est appelé « le médecin du fer ».

Mêmes mœurs dans le bassin du haut Nil. Partout, en
Afrique, l'homme est chasseur ou guerrier. Dans ses nombreuses heures de loisir, il se couche paresseusement à l'om-

---

(1) Burchell, *Hist. univ. des voy.*, vol. XXVI, 459.— (2) Du Chaillu,
Voyage dans l'Afrique équatoriale, 331.— (3) Laing, *Hist. univ. des voy.*,
vol. XXVIII, 106.— (4) Clapperton, *Second Voyage*, 123.— (5, *Id.*, 41.
— (6) Laing, *Hist. univ. des voy.*, vol. XXVIII 106.

bre, fumant ou bavardant, pendant que la femme fouille le sol et s'acquitte des gros ouvrages (1).

Dans l'Afrique moyenne, comme en Mélanésie, la femme ne partage jamais le repas de l'homme (2) ; ses enfants la dédaignent, ne l'écoutent pas ; souvent le chef de la famille l'assomme sous le plus frivole prétexte (3). Partout aussi, la pauvre créature se soumet docilement à son triste sort, supportant tout sans murmure : elle semble trouver fort juste toute cette oppression. Dans les contrées, plus civilisées pourtant, où domine l'influence des Maures, le sort de la femme n'est guère meilleur que chez les nègres. En Sénégambie, elles cultivent le sol, portent les fardeaux, soignent même le bétail ; elles n'ont point l'honneur de manger avec leur mari, mais doivent lui présenter l'étrier, quand il monte à cheval. On les bat et on les répudie à volonté (4). Dans le Darfour, elles sont traitées de même et souvent on les voit suivre à pied et chargées de provisions, de bagages, leur seigneur et maître, voyageant commodément sur un âne. En revanche, leurs maris les prêtent volontiers aux étrangers, comme de juste, moyennant une rétribution convenable (5). Seules, en ce pays, les filles du sultan ont le droit de faire leurs quatre volontés, sans se soucier de leur mari. Le pouvoir de leur père suffit à tout couvrir.

La sujétion absolue des femmes est plus difficile chez les races nomades ; il n'y a donc pas lieu de s'étonner, si les femmes touarêg sont beaucoup plus libres que les femmes mauresques. Elles jouissent d'une indépendance relativement grande, circulent sans gêne, causent gaiement avec les hommes, etc. Elles ne sont même pas toujours achetées par leurs maris, comme il arrive d'ordinaire en Afrique ; souvent le prix d'achat est transformé en cadeau gracieux, fait au père (6).

Il semble bien que, par toute la terre, le lot primitif de la femme ait été ou soit encore une servitude plus ou moins dure,

---

(1) G. Schweinfurth, *the Heart of Africa*, I, 212, II, 12-90. — (2) Clapperton, *Second Voyage*, 271. — (3) Raffenel, *Nouveau Voyage au pays des Nègres*, I, 459. — (4) Geoffroy de Villeneuve, *Hist. univ. des voy.*, vol. XXII, 81. — (5) Browne., *id.*, vol. XXV, 410 — (6) Denham et Clapperton, *id.*, vol. XXXVI, 27.

plus ou moins capricieuse, selon les races et les contrées. En Polynésie, chez cette race enfantine, que bien des voyageurs, surtout ceux du dernier siècle, se sont complu à nous peindre sous des couleurs trop attrayantes, la femme était, comme ailleurs, la chose de l'homme. Sans doute, presque partout, elle jouissait, avant son mariage, de la plus grande liberté amoureuse; mais, une fois mariée, elle devenait un champ exploité par son propriétaire. L'adultère lui était sévèrement interdit sans autorisation préalable; mais son devoir était de se prostituer, sur l'ordre de son mari et au profit de ce dernier, quant il jugeait à propos de la louer à un ami ou à un étranger (1). Dans la plupart des îles, les femmes devaient préparer ou recueillir des aliments pour leurs maîtres, soit en brisant péniblement le fruit du *pandanus*, pour en extraire le noyau, soit en passant des heures entières, dans l'eau jusqu'à la ceinture, les pieds nus, sur des coraux tranchants, exposées aux ardeurs du soleil, en pêchant du poisson, des coquillages. Une fois le repas préparé, les hommes en mangeaient goulûment les meilleurs morceaux; et les femmes devaient se contenter des restes, qu'on voulait bien leur laisser ou leur jeter (2). Presque partout, il leur était interdit de manger avec les hommes. A Taïti, elles devaient même faire cuire leurs aliments sur des feux séparés et les manger dans des huttes à part (3). En outre, il leur était prescrit de respecter les lieux fréquentés par les hommes, les armes des hommes, leurs engins de pêche. La tête de leur mari ou de leur père était sacrée pour elles; il leur était interdit de toucher un objet qui avait été en contact avec ces têtes *tabouées*, de passer au-dessus d'elles, quand les hommes étaient couchés, etc (4). Aux îles Marquises (5), les femmes n'avaient pas le droit d'entrer dans les pirogues; leur présence, croyait-on, effarouchait le poisson. L'usage des meilleurs aliments, de ceux qu'on pourrait appeler *divins*, puisqu'on les jugeait seuls dignes d'être offerts aux dieux, était interdit aux femmes : c'était, à Taïti, la volaille, les noix de coco, le plantain (6). Partout, le cochon était réservé aux hommes et aux dieux (7). La faculté de man-

(1) Moerenhout, *Voyage aux îles du grand Océan*, t. II, 64. — (2) *Id.*, II, 71.— (3) *Trans. Ethn. Soc.*, 1870, 367. — (4) Radiguet, *Derniers Sauvages*, 162.— (5) *Ibid.*—(6) *Trans. Ethn. Soc*, 1870, 367. (7) Paulding, *Hist. univ. des voy.*, vol. XVI, 423 (Noukahiva).

ger du porc à volonté fut même un des plus puissants attraits de la religion chrétienne, pour les femmes des îles Sandwich. Dans la petite île de Rapa, tous les hommes étaient sacrés pour le sexe faible, et les femmes devaient, toute l'année, leur mettre elles-mêmes les morceaux dans la bouche ; ce qui, dans les autres îles, ne se faisait que dans les cas de *tabou* (1).

Dans certains archipels, à Noukahiva (2), aux îles des Amis (3), les hommes cultivaient la terre, construisaient maisons et canots ; mais, presque partout, tous les travaux les plus pénibles étaient le lot des femmes, qui devaient labourer, fabriquer les étoffes d'écorce de mûrier, porter les fardeaux. A la Nouvelle-Zélande, porter un fardeau était déshonorant pour le sexe masculin (4). Le plus souvent, l'homme se bornait à pêcher et à guerroyer.

Dans toute la Polynésie, les mœurs ont une même physionomie générale ; néanmoins cela n'exclut pas absolument certaines différences locales, surtout en ce qui concerne la condition des femmes, qui était d'autant plus dure que l'île ou les îles offraient de plus maigres ressources. A la Nouvelle-Zélande, par exemple, la servitude féminine était plus sévère qu'à Noukahiva, où les ressources alimentaires étaient plus abondantes. Dans cette dernière île, les femmes étaient seulement chargées de soigner les enfants, de fabriquer les étoffes de mûrier (5), de préparer la *popoi*, le *keikaï*, le *kaku*, pâtes ou purées de fruits à pain (6) ; les hommes cultivaient la terre, pêchaient, etc. Comme ces diverses occupations n'absorbaient que quelques heures par semaine, le reste du temps se passait à dormir, chanter, se baigner, tresser des couronnes de fleurs, etc. Dans l'archipel Tonga, la condition du sexe faible était par exception beaucoup plus douce ; on y traitait généralement les femmes avec bienveillance ; on les considérait non plus comme des bêtes de somme, mais comme des compagnes (7). Rare exception attestant seulement une fois de plus combien l'homme est divers.

---

(1) Moerenhout, *loc. cit.*, I, 138. — (2) Porter, *Hist. univ. des voy.*, vol. XVI, 323. — (3) Th. West, *Ten Years in South Central Polynesia*, 266. — (4) Duperrey, *Hist. univ. des voy.*, vol. XVIII, 155. — (5) Porter, *id*, vol. VI, 3. — (6) Radiguet, *Derniers Sauvages*, 190. — (7) Th West, *Ten Years in South Central Polynesia*, 260.

Dans l'Amérique sauvage, de la Terre de Feu aux régions arctiques, le sort de la femme est, à peu près partout, celui d'une bête de somme. La femelle du Fuégien entre dans l'eau en toute saison, malgré la rigueur du climat, soit pour recueillir des coquillages, soit pour vider l'eau des pirogues. C'est elle qui construit le wigwam rudimentaire; c'est souvent elle qui rame : elle s'acquitte de toutes ces corvées, même quand elle est nourrice, en portant sur son dos, dans une peau, l'enfant qu'elle allaite (1). Pour la récompenser, quand elle est vieille et ne peut plus rendre de service, on la mange souvent en temps de disette, après l'avoir étouffée en lui maintenant la tête dans la fumée d'un feu de bois vert. Quand on leur demande pourquoi ils ne sacrifient pas plutôt leurs chiens, ils répondent : « Le chien prend l'*iappo*, c'est-à-dire la loutre (2). »

Sur le continent, où la vie est un peu moins difficile et l'homme un peu moins bestial, la femme ne sert pas ordinairement d'aliment de réserve, mais elle est toujours condamnée aux gros ouvrages. En Patagonie, l'homme dort, quand il ne chasse pas et chasse quand il ne dort pas; la femme écorche les animaux, tue, prépare les peaux, les assouplit, les coud avec des tendons pour en faire soit de grands manteaux ornés de peintures, soit les parois des tentes. Quand le gibier d'un canton est épuisé, la femme roule les peaux, les empaquette ainsi que les pieux soutenant les tentes, rassemble et charge les chevaux, se charge elle-même, quand les chevaux manquent, et la tribu va chercher une station plus propice (3).

Mêmes mœurs plus au nord, en dépit des variations du climat et du genre de vie. Dans les courses lointaines, l'homme, se tenant prêt, dit-il, à combattre le jaguar, ne porte absolument que son arc et ses flèches; la femme se charge des bagages, des vivres, des enfants. Quand on fait halte, elle doit aller chercher du bois, faire la cuisine, tandis que l'homme est nonchalamment couché dans son hamac (4). En revanche, on la sacrifie sans difficulté. Ainsi un Indien Moxos n'hésite

---

(1) Bougainville. *Hist. univ. des voy.*, vol. IV, 172. Weddel, *id.*, vol. XXI, 281. A. d'Orbigny, *l'Homme américain*, I, 415. — (2) Fitzroy, *Voyage de l'Adventure et du Beagle.* Darwin, *Voyage d'un naturaliste*, 230. — (3) A. d'Orbigny, *loc. cit.*, II, 71-89. — (4) A. d'Orbigny, *l'Homme américain*, I, 197.

pas à tuer sa femme, quand il lui arrive d'avorter, accident qui doit être fréquent, avec un tel genre de vie (1). Au Paraguay, c'est, pour une femme, un crime capital que d'avoir un commerce intime avec un homme d'une autre tribu (2).

Cette dureté pour les femmes tient non pas à la race, mais au degré de civilisation. Ainsi, sous ce rapport, les anciens Péruviens étaient tout à fait sortis de la barbarie, et, chez eux, les travaux les plus pénibles étaient dévolus à l'homme (3). Mais il en est tout autrement chez les Peaux-Rouges de l'Amérique du Nord, parce qu'ils sont encore plongés dans la sauvagerie. En dehors de la fabrication des armes de chasse et de guerre, tous les travaux incombent à la femme : elle prend soin du ménage, de la cuisine, prépare les peaux et les fourrures, recueille le riz sauvage, laboure, sème et récolte le maïs et les légumes, fait sécher les viandes et les racines pour les provisions d'hiver, confectionne les vêtements, les colliers, etc. L'homme daigne aider la femme dans la construction des canots, quand il est besoin d'en construire, mais chasser, combattre, fumer, manger, boire et dormir sont à peu près ses seules occupations : car à ses yeux le travail est un déshonneur (4).

Chez les Noutka-Colombiens, la femme pêche des moules et des coquillages, comme fait la Fuégienne, rame et manœuvre les embarcations aussi bien que les hommes, prépare des vêtements de lin ou de laine (5), apporte, du rivage dans les habitations, les sardines qu'elle doit préparer. A Sitka, dans la Nouvelle-Arkhangel, les femmes sont en outre chargées de l'office de veilleur de nuit. Dans cette contrée, les indigènes ont coutume de construire leurs demeures temporaires dans des lieux élevés, en quelque sorte fortifiés par la nature, et la nuit, pendant que les hommes dorment tranquillement dans les huttes, les femmes veillent au dehors, rassemblées autour d'un feu (6), charmant d'ailleurs par un babillage animé les ennuis de la faction.

(1) Prichard, *Hist. nat. de l'homme*, II, 214. — (2) P. Mantegazza, *Rio de la Plata*, 425. — (3) A. d'Orbigny, *loc. cit.*, I, 199. — (4) Domenech, *Voyage pittoresque dans les déserts du nouveau monde*, 338-425-467. — (5) Cook, *Troisième Voyage* (*Hist. univ. des voy.*, vol. X, 399. — (6) Kotzebue, *Deuxième Voyage* (*Hist. univ. des voy.*, vol. XVII, 415).

Si nous passons le détroit de Behring, nous trouvons au Kamtchatka une division du travail déjà quelque peu améliorée, et il en est plus ou moins ainsi chez toutes les races mongoles ou mongoloïdes de l'Asie, le principal et probablement le plus ancien laboratoire de la civilisation. Au Kamtchatka, c'est à l'homme que revient le soin de construire les *iourtes*, de fabriquer les ustensiles de ménage, les armes, de préparer les aliments, d'écorcher les animaux sauvages et les chiens, dont la peau sert à faire des vêtements. Les femmes tannent les peaux en les râclant avec un couteau de pierre, puis les frottant avec des œufs de poisson plus ou moins frais ; ensuite elles les teignent, les taillent et les cousent pour en faire des vêtements, des chaussures, etc (1). Dans la Mongolie nomade, les femmes, tout en jouissant d'une grande liberté, pouvant à leur gré chevaucher de tente en tente, sont loin pourtant d'être oisives. Elles doivent aller puiser de l'eau souvent à une grande distance, recueillir, pour alimenter le feu, des *argols* (excréments des troupeaux), les seuls combustibles de la contrée, traire les vaches, faire le beurre, préparer le laitage, fouler la laine, tanner les peaux, confectionner les habits, etc. L'homme se borne à faire paître les troupeaux (2), et le reste de sa vie se dépense soit à chevaucher de iourte en iourte pour boire, en bavardant, du thé ou du koumis, soit à chasser de son mieux tantôt avec un fusil à pierre, tantôt avec un arc et des flèches. Toujours il est prêt à galoper dans la steppe et son cheval est constamment sellé (3). Au Thibet, où la race s'est civilisée, mais théocratiquement, les femmes sont peut-être moins bien traitées encore. Tous les travaux pénibles sont leur lot : elles labourent, commercent, tissent les étoffes. En revanche, chaque femme a d'ordinaire pour maris trois ou quatre frères, auxquels son devoir d'épouse accomplie est de plaire également. Sous le rapport amoureux, elle jouit d'ailleurs d'une grande liberté ; car, au Thibet, l'adultère est un délit inconnu et les maris, habitués de longue date au partage, ne se formalisent de rien (4).

En Chine, où la race mongole a réalisé à sa manière une

(1) Beniouski, *Hist. univ. des voy.*, vol. XXXI, 412. — (2) Huc, *Voyage dans la Tartarie*, I, 65, 302. — (3) Préjevalski, *Mongolia*, I, 59. — (4) Turner, *Hist. univ. des voy.*, vol. XXXI, 450.

forme élevée de civilisation, la plus haute qui ait été conçue par l'homme jaune, la femme, sans être tyrannisée, est considérée comme un être mineur et maintenue dans une perpétuelle sujétion. Quand un Chinois n'a que des filles, il dit ne point avoir d'enfants (1). La jeune fille chinoise est d'ailleurs un objet de trafic, se vendant au plus offrant : « La nouvelle mariée, dit un auteur chinois, ne doit être dans la maison qu'une ombre et un écho. » Elle ne mange ni avec son mari ni avec ses enfants mâles ; elle sert à table en silence, allume les pipes, doit se contenter d'une nourriture grossière et n'a pas même le droit de toucher aux restes de ses fils (2). Enfin les chinoises, exclues de l'héritage, n'ont droit qu'à un petit douaire mobilier en se mariant (3).

Les femmes, encore asservies en Cochinchine, où elles ont à supporter plus que leur part des travaux pénibles, notamment de la manœuvre des barques (4), sont beaucoup plus libres en Birmanie, où les races blanche et mongole se sont mélangées; mais leur position légale est, dans ce pays, bien inférieure encore. De même qu'à Rome, les femmes n'ont pas le droit de profaner par leur présence certains sanctuaires, ainsi, en Birmanie, il leur est interdit de pénétrer dans l'enceinte d'un tribunal. Leur déposition en justice n'a qu'une valeur inférieure et elles la doivent faire seulement de la porte. Les maris birmans ont le droit de louer leurs femmes à des étrangers. Quant à elles, elles répondent, de leur personne, pour les dettes du père ou du mari. En résumé, la femme birmane est une chose possédée et vénale. La chasteté est d'ailleurs tenue en fort mince estime par les Birmans et leurs filles se prostituent comme bon leur semble (5).

Le sort de la femme n'est guère plus relevé dans l'Inde, où pourtant l'influence et le sang des Aryens ont dominé. A ce sujet le Code de Manou nous édifie pleinement. La femme, dit-il, dépend, pendant son enfance, de son père ; pendant sa jeunesse, de son mari ; dans son veuvage, de ses fils ou de ses parents paternels ; à leur défaut, du souverain (liv. V, v. 148).

_____

(1) Duhaut-Cily, *Voyage autour du monde*, II, 369. — (2) Huc, *l'Empire chinois*, I, 268. — (3) G.-E. Simon, *La Famille chinoise* (*Nouvelle Revue*, 1883). — (4) Finlayson, *Hist. univ. des voy.*, vol. XXXIV, 370. — (5) Cox, *Hist. univ. des voy.*, vol. XXXIV, 467.

Elle doit être toujours de bonne humeur (*id.*, p. 150), révérer son mari, même infidèle, comme un dieu (*id.*, v. 154). Veuve, elle ne doit même pas prononcer le nom d'un autre homme que l'époux défunt (*id.*, v. 157). Jusqu'aux temps modernes, les lois et les mœurs hindoues se sont modelées sur ces préceptes sacrés. Lors du voyage de Sonnerat, il était honteux à une femme honnête de savoir lire et danser; ces futiles agréments étaient laissés à la courtisane, à la bayadère. « Servante », « esclave », étaient les épithètes que le mari donnait habituellement à la femme, laquelle devait toujours appeler son époux « maître, seigneur », quelquefois « mon Dieu », et surtout ne jamais l'interpeller par son nom (1). Pendant ses règles, la femme hindoue était considérée comme impure, souillée, même comme souillant tout ce qu'elle touchait : elle était soumise à des purifications légales (2). Les traces d'une opinion analogue se retrouvent d'ailleurs, en Europe, sous forme de préjugé populaire. Ainsi, des marins bretons nous ont affirmé que la boussole ne supportait pas sans s'affoler le voisinage d'une femme en état de menstruation.

Chez les Afghans, la femme n'est pas plus émancipée ; c'est une chose vénale, que l'homme achète, quand il lui plaît, renvoie, quand il lui convient, loue, moyennant finance, à ses hôtes. La veuve, même alors qu'elle se remarie, doit être payée, par les parents de son second époux, à ceux du premier, à moins qu'elle n'épouse son beau-frère, ce qui d'ailleurs est, pour elle, un devoir (3).

Les Afghans occidentaux font mieux encore. Chez eux, la femme, ou plutôt la fille, est devenue l'unité monétaire. Pour beaucoup de tribus africaines, c'est la vache, qui est l'unité, à laquelle on rapporte tout. On sait qu'il en était de même chez les anciens Romains et que l'une des premières monnaies romaines s'appelait *la vache*, et portait l'effigie de cet animal. Or, un rôle tout à fait semblable est rempli par la femme chez les tribus afghanes dont nous parlons. A leurs yeux, une fille représente une valeur de soixante roupies et comme, chez eux, les crimes et délits sont rachetables, ainsi qu'ils

(1) Sonnerat, *Hist. univ. des voy.*, vol. XXXI, 352. — (2) *Id.*, 345.— (3) M. Elphinstone, *Tableau du royaume de Caboul*, I, 168.

l'étaient chez les anciens Germains, l'amende à payer s'évalue en filles. Il en faut douze pour effacer un meurtre ; six pour la mutilation d'une main, d'une oreille ou d'un nez; trois pour une dent, etc. (1).

En pays arabe, on ne fait pas plus cas de la femme qu'en pays aryen. Ainsi, pour certaines tribus nomades, c'était un devoir, et un devoir strict, de donner à un hôte, pour compagne nocturne, une des femmes de la famille et le plus souvent la femme du maître de la tente. Seules, les jeunes filles n'étaient point astreintes à cette obligation. Dans d'autres tribus, chez les Arabes Asyr par exemple, quand un père désirait marier ses filles, il les devait conduire, toutes parées, au marché, en criant : « Qui veut acheter une vierge? » C'était la loi de la tribu (2).

Il n'y a guère plus de souci de la femme et de ses intérêts chez les Arabes sédentaires que chez les nomades. A la Mecque, les hommes ne veulent même pas donner à leurs femmes une instruction religieuse, qui les rapprocherait trop de leurs maîtres, et d'ailleurs, en dépit du Koran, certains théologiens arabes refusent aux femmes une place dans le paradis (3). Buckingham a vu, à Bagdad, les femmes habiller et déshabiller leurs maris, les servir en leur baisant la main, etc. (4). De même, chez nos Kabyles Berbères, différents pourtant à tant d'égards de leurs voisins et coreligionnaires arabes, la femme possédée à titre d'objet mobilier, comme une chose, est vendue par son père, son frère aîné ou son oncle. Son mari, pourvu que le mariage ait été consommé, a la faculté de la répudier sans donner la moindre raison. Alors, ne détenant plus la marchandise, il a le droit d'en réclamer le prix (de 50 à 500 francs), si la femme vient à se remarier. En revanche, les kanouns (lois) kabyles prononçaient contre la femme adultère la peine de la lapidation (5). *Tutto il mondo è paese.*

Somme toute : que la race soit supérieure ou inférieure, la sujétion plus ou moins absolue est, par toute la terre, la condition première de la femme et l'on trouve, dans les anciennes

(1) M. Elphinstone, *Tableau du royaume de Caboul*, I, 156. — (2) Burckhardt, *Hist. univ. des voy.*, vol. XXXII, 380. — (3) *Id.*, 293. — (4) Buckingham, *Hist. univ. des voy.*, XXXII, 497. — (5) E. Sabatier, *Revue d'anthropologie*, juillet 1882 et janvier 1883.

législations écrites, de nombreuses traces de ce servage féminin. En effet, presque partout, les filles sont exclues de la succession. C'est que, là où la propriété foncière appartenait non
pas à l'individu, mais à la famille, il était difficile d'accorder
un droit de propriété aux filles, qui, en passant par mariage
dans une autre famille, auraient démembré le patrimoine
commun. Dans certains cantons basques, on éludait la diffi
culté, en faisant de l'héritière un chef de famille qui absorbait
son mari (1). Le Code de Manou, les antiques législations
d'Athènes et de Rome exhérédaient simplement les filles ; la
loi Voconia, que Caton fit adopter, défendait de leur léguer
plus d'un quart du patrimoine. C'est seulement à défaut d'héritiers mâles que les vieux codes germaniques permettent aux
femmes d'hériter de la terre (2). Aujourd'hui encore, en Russie,
les filles n'héritent que d'une fraction minime, d'un quatorzième des immeubles et d'un septième des meubles appartenant aux parents. Enfin notre Code civil français traite par·
tout les femmes en mineures et aucun grand pays civilisé n'a
encore jugé à propos de leur accorder des droits politiques.

En résumé, le sort de la femme dans l'humanité est d'autant
plus dur que l'homme est plus bestial et la graduelle émancipation de la femme s'effectue au fur et à mesure des progrès
de la civilisation. Tôt ou tard on en arrivera vraisemblablement au régime de l'égalité des droits ; mais il est sage de n'y
arriver qu'avec lenteur. Que la femme ait été la moitié oppri-
mée du genre humain, c'est là un fait incontestable. Comme
nous l'avons précédemment remarqué, la portion féminine de
l'humanité avait l'irrémissible tort d'être faible. Mais, tout
injuste qu'elle ait été, cette tyrannie, bien plus que millénaire,
a laissé son empreinte sur le caractère féminin. Que la femme
soit aujourd'hui organiquement inférieure à son compagnon,
surtout au point de vue du développement cérébral, c'est un
point que l'anthropologie a mis hors de toute contestation ; l'infériorité féminine n'est pas seulement physique, elle est aussi
morale et intellectuelle ; la débilité porte sur l'esprit aussi
bien que sur les muscles. L'inégalité musculaire subsistera
sans doute autant que le genre humain, et elle est d'impor-

(1) F. Le Play, *Organisation de la famille.* — (2) *Lex Salica*, tit. LXII,
chap. VI.

tance secondaire; mais il en est tout autrement de l'inégalité
cérébrale. A coup sûr, dans nos États démocratiques, l'émancipation politique de la femme, si elle était prématurée, aurait
pour résultat un mouvement général de recul. Après avoir
commencé par être bête de somme, animal domestique, la
femme est devenue esclave, puis servante, puis sujette, puis
mineure. Il s'agit maintenant de la rendre majeure, de viriliser
son cerveau par une instruction convenable, de la préparer
peu à peu à supporter l'égalité politique et en user pour le
bien commun.

CHAPITRE XI.

DES MŒURS GUERRIÈRES.

I

Pris en bloc, tel qu'il a été ou est encore dans le temps et
dans l'espace, l'homme est, comme nous l'avons déjà vu,
un assez méchant animal. Mais nous sommes loin d'en avoir
fini avec l'énumération des méfaits du genre humain, et un
coup d'œil jeté sur les mœurs guerrières des différentes races
va nous suffire à recueillir toute une moisson de tristes renseignements.

C'est que l'homme n'est pas un être à part dans l'univers.
Par son origine, par son organisation, il appartient à l'animalité, et en a plus ou moins les besoins et les instincts.
Or, tuer pour vivre est une loi impérieuse, à laquelle le monde
animal ne saurait désobéir; loi inflexible, loi d'airain, à laquelle un être est d'autant plus assujetti qu'il est moins intelligent, moins habile à suppléer ingénieusement à la parcimonie de la nature marâtre. Pour l'être, homme ou animal, sans
invention, sans prévoyance, la limite des subsistances est vite
atteinte et il faut, sous peine de mort, évincer les concurrents. Il en est ainsi pour les animaux herbivores et pour les
hommes omnivores. Quant aux animaux carnassiers, le meurtre des faibles est la condition même de leur existence et beaucoup s'y délectent, y trouvent un vrai plaisir mental, aiment à

faire souffrir leur proie. Audubon nous a donné une description vivante des voluptés meurtrières de l'aigle à tête blanche d'Amérique, alors qu'il a capturé un cygne : « Il plonge son bec acéré au plus profond du cœur et des entrailles du cygne expirant ; il rugit avec délices en savourant les dernières convulsions de sa victime, affaissée sous ces incessants efforts, pour lui faire sentir toutes les horreurs possibles de l'agonie (1). » Les singes anthropomorphes traitent les quadrumanes inférieurs avec une grande dureté ; ils les frappent, les oppriment, les tuent (2). C'est à peu près de cette manière que les races dites aryennes se conduisent aujourd'hui encore avec les races humaines inférieures. Déjà les gorilles se battent et se tuent à la manière des hommes et en poussant de longs cris de guerre (3).

C'est là de la tuerie primitive, sans génie, sans stratégie ; et les animaux vertébrés n'en connaissent guère d'autre. Sous ce rapport, les fourmis sont bien plus humaines. Elles ont, en effet, des guerres étrangères, des guerres civiles, livrent de vraies batailles avec déploiement de colonnes, manœuvres, charges, retraites, retours offensifs, appel des réserves ; pourtant, elles n'ont pas encore inventé d'engins meurtriers, et, par ce côté, nous leur sommes très supérieurs. Leurs luttes sont toujours des luttes corps à corps ; elles sont d'ailleurs fort meurtrières, néanmoins on y fait souvent quartier et les prisonniers sont emmenés par les vainqueurs, qui emportent en même temps leurs morts (4). Ajoutons que, parmi les termites, il y a une caste de guerriers, une armée permanente. P. Huber a été l'historiographe d'une grande et glorieuse guerre entre deux puissantes républiques de nos fourmis indigènes, vivant à cent pas environ l'une de l'autre. Pendant que les deux armées luttaient, se déchiraient avec leurs pinces, s'inondaient de leur âcre venin et s'illustraient par des prodiges d'héroisme, la population civile continuait à cheminer dans la forêt en se livrant, comme il arrive dans les sociétés humaines, aux pacifiques travaux, indispensables au maintien des deux Etats, car la gloire affame plus qu'elle ne nourrit. Comme beaucoup de

(1) Audubon, *Scènes de la nature dans les Etats-Unis*, I, 76 (trad. fr.). — (2) Houzeau, *Études sur les facultés mentales des animaux*, II, 7. — (3) *Id.*, I, 10. — (4) *Id.*, 11.

grandes guerres humaines, celle dont nous parlons n'eut d'autre résultat réel qu'un vaste carnage et une mutuelle capture de prisonniers. A peine l'armée victorieuse réussit-elle à refouler l'ennemi d'une dizaine de pieds. Pour des fourmis, dix pieds de terrain sont une conquête d'une certaine importance, mais que de vies précieuses sacrifiées pour ce mince résultat! Sans compter que la fortune des armes est capricieuse et que l'on ne réussit pas toujours à conserver les provinces conquises. Il va sans dire que, pour être en état de tenir campagne, les fourmis s'y préparent pendant la paix et ont soin de cultiver les exercices gymnastiques et militaires (1). *Si vis pacem*, etc. Pauvre humanité! Même dans le genre d'exploits dont elle a jusqu'ici tiré surtout vanité, elle n'a pas le mérite de l'originalité, puisque, sous le rapport des idées et des mœurs guerrières, l'homme n'a guère fait que singer la fourmi.

Nous avons dit que la grande cause des guerres animales et humaines était le besoin de vivre, et par suite le besoin de se nourrir ; mais si manger est la base nécessaire de la vie, ce n'est pas toute la vie. Vivre, c'est satisfaire tous ses besoins, quels qu'ils soient. Les motifs des guerres sont donc multiples, et si la faim tient le premier rang, l'amour tient sûrement le second dans les sociétés primitives. On sait que quantité de tribus sont exogames et que, même dans notre antiquité historique, l'enlèvement des femmes a occasionné nombre de guerres. Sous ce rapport encore, l'homme ressemble à l'animal, et comment en serait-il autrement, puisqu'il est simplement le couronnement d'une longue lignée animale ? De ces humbles ancêtres l'homme a hérité d'un fonds d'instincts féroces, mal éteints encore, même chez les races les plus civilisées. Ainsi que l'a dit un poète, en parlant de l'homme :

> Le vieux sang de la bête est resté dans son corps.

Comme il est naturel, ces sentiments inférieurs sont d'autant plus impérieux et surtout d'autant moins déguisés que l'homme est plus primitif, mais pourtant ils existent toujours au moins à l'état latent. Si humiliant qu'il soit, ce côté de la nature humaine n'en est pas moins instructif, et il importe de l'esquisser.

(1) P. Huber, *Recherches sur les mœurs des fourmis indigènes*, 138-156.

II

Des mœurs guerrières en Mélanésie.

Comme d'habitude, nous débuterons par les types humains les plus inférieurs ; mais, cette fois, nous nous heurtons à une étrange exception, tout au début de notre sinistre énumération. C'est que l'homme est un être si multiforme, si diversement modelé suivant les innombrables péripéties à travers lesquelles s'est développée chaque race, qu'en psychologie ethnique il est fort difficile de dégager des données générales. Souvent la règle est violée par de flagrantes exceptions. En général, il y a dans la manière de guerroyer d'autant plus d'absence de scrupule, de férocité lâche, de ruse, que l'homme est plus sauvage, et pourtant nous trouvons une sorte de loyauté chevaleresque dans les guerres des Tasmaniens et des Australiens, ces types si humbles de l'humanité. Là, comme partout, la règle était souvent enfreinte ; parfois on luttait sans la moindre courtoisie ; parfois on recourait à la ruse, comme le fit, par exemple, un parti d'Australiens armés, qui, caché dans les roseaux, essaya d'attirer dans une embûche Sturt et ses compagnons, en envoyant des femmes leur faire des agaceries amoureuses (1). Mais, en Tasmanie et en Australie, la guerre loyale est ou était une sorte de duel. Les deux partis se rangeaient en face l'un de l'autre, et, de chaque côté, les combattants sortant des rangs, un à un, se lançaient mutuellement leurs javelots. La série des duels étant épuisée, la tribu la plus maltraitée se déclarait vaincue, ou bien l'on recommençait l'épreuve avec la massue et de la même manière. Chaque combattant devait donner et recevoir un seul coup, toujours porté à la tête, et qu'il n'était pas permis de parer. La victoire alors dépendait du plus ou moins de résistance du crâne (2). Ce souci d'égaliser les chances était si grand qu'on a vu des Australiens donner des armes à des Européens désarmés avant de les attaquer (3).

(1) Sturt, *Hist. univ. des voy.*, vol. XLIII, 348. — (2) Bonwick, *Daily Life and Origin of the Tasmanians*, 44. *Souvenirs d'un déporté*, in *Revue Britannique*, 1826. — (3) Sturt, *Hist. univ. des voy.*, vol. XLIII, 263.

Les scrupules des Tasmaniens et des Australiens sont complètement étrangers aux Néo-Calédoniens. Dans ces vingt dernières années, nous avons vu plus d'une fois, en France et surtout en Allemagne, de doctes historiens démontrer, à grand renfort d'érudition, que le succès est toujours légitime. C'est aussi l'avis des Néo-Calédoniens, aux yeux desquels tous les moyens sont bons pour détruire l'ennemi. A vrai dire, c'est simplement la doctrine que professe le chasseur vis-à-vis du gibier. A la Nouvelle-Calédonie, les guerres sont 'incessantes, car le pays est divisé en un grand nombre de petites nations se jalousant et se nuisant mutuellement. Dans l'opinion publique de la Nouvelle-Calédonie, comme dans celle de l'Europe, rien n'est admirable comme de guerroyer avec succès, et le grand grief des Néo-Calédoniens contre l'autorité française et les missionnaires est qu'on les empêche de se battre : « Nous ne sommes plus des hommes, disent-ils; nous ne nous battons plus (1). » L'astuce sans limite est d'ailleurs le fond de leur stratégie. A leurs yeux, engager un combat à chances égales et risquer ainsi de se faire tuer est une énorme sottise. La vraie gloire consiste à épier ses rivaux, à leur tendre des pièges, à les assaillir à l'improviste, même à les égorger dans une fête à laquelle on les a invités. Il s'agit avant tout de massacrer l'ennemi et de le manger. La guerre néo-calédonienne est simplement une chasse à l'homme (2).

III

Des mœurs guerrières en Afrique.

En Afrique, où l'anthropophagie est assez rare, la guerre n'en est pas pour cela plus humaine. Les Cafres exterminent les Bojesmans, sans distinction d'âge ni de sexe. partout où ils les rencontrent (3). Parfois même, les Cafres Béchuanas traversent le grand désert Kalahari uniquement pour aller tuer les Hottentots Damaras (4). D'ailleurs, ne se piquant point d'humanité, ils dépouillent les morts et les mourants, égorgent les blessés et les femmes, même alors que celles ci les implo-

(1) De Rochas, *Nouvelle-Calédonie,* 241. — (2) *Id.,* 202-206. — (3) Campbell, *Hist. univ. des voy ,* vol. XXIV, 352.— (4) Thompson, *Hist. univ. des voyages,* vol. XXIX, 217.

rent, en découvrant leur sein et criant : « Je suis femme, je suis femme (1)! »

Dans l'Afrique équatoriale, où, comme dans tous les pays sauvages, la rivalité des tribus cause des guerres perpétuelles, on trouve parfaitement ridicule la conduite de certains blancs, qui attaquent l'adversaire de front. Dresser des embûches, fondre sur l'ennemi à l'improviste, le tuer pendant son sommeil, assassiner une femme qui va puiser de l'eau, etc., voilà les exploits que l'on commet et que l'on vante (2). Plus au nord, dans la zone africaine, où le sang mauresque et le mahométisme se sont plus ou moins infiltrés, dans ces régions où la barbarie a succédé à la sauvagerie, l'état de guerre est toujours le régime normal. On guerroie de ville à ville au lieu de guerroyer de tribu à tribu, et les villes rivales ne sont parfois distantes que de quelques centaines de pas. C'est tout à fait le régime guerrier des fourmilières (3). On passe sa vie à se guetter, à se battre, à se venger, à se capturer, et à se vendre.

D'ordinaire, dans tout le genre humain, la guerre est une besogne masculine ; sans doute, la femme en ressent largement les contre-coups, mais n'y prend point part. Dans les guerres australiennes, les femmes et les enfants se rangent derrière les combattants et attendent patiemment l'issue du combat (4). C'est la règle, mais elle souffre des exceptions : dans l'archipel Kawen (A-ur), les femmes forment l'arrière-garde et, chargées de sacs de pierres, elles lancent ces projectiles par-dessus la tête de leurs guerriers (5). Près du Darfour existe aussi un peuple qui utilise les femmes à la guerre ; elles ne prennent point une part directe au combat, mais, placées derrière les combattants, elles leur fournissent continuellement des fers de lance rougis dans un brasier (6). Il y a là, pour les modernes hommes d'Etat que l'Europe admire aujourd'hui, un précieux enseignement. Le service militaire obligatoire pour les hommes a déjà porté tous ses fruits ; mais quelle perspective glorieuse s'ouvre devant le premier peuple européen qui décrétera l'obligation du service militaire pour les femmes !

(1) Thompson, *Hist. univ. des voy.*, vol. XXIX, 110. — (2) Du Chaillu, *Voyage dans l'Afrique équatoriale*, 66, 78. 373. — (3) Clapperton, *Second Voyage*, 281-294. — (4) *Souvenirs d'un déporté* (*Revue Britannique*, 1826.) — (5) Kotzebue, *Hist. univ. des voy.*, vol. XVII, 203. — (6) Browne. *Hist. univ. des voy.*, vol. XXV, 414.

En Abyssinie, la barbarie règne encore, mais déjà en s'atténuant, en se modernisant. L'état social ressemble fort dans ce
pays à celui de notre Europe féodale. Des princes nombreux et
à peu près indépendants règnent et se maintiennent par la
guerre ; ils ont des feudataires, des vassaux formant les cadres
de leurs armées, dans lesquelles s'enrôlent des *bravi* de profession, des compagnies franches, ayant ou prenant partout le
droit de se faire héberger par la population paisible (1). Déjà
on est moins féroce ; on tue moins, mais on a la singulière et
barbare coutume de pratiquer l'éviration sur l'ennemi à terre (2).
Les guerriers victorieux recueillent ainsi des trophées, dont ils
sont fiers et qu'ils vont présenter à leurs chefs (3). Les Abyssiniens ont aussi une pratique guerrière tout à fait moderne :
c'est celle des insignes, des décorations décernées par les
chefs. Ces décorations sont variées : ce sont ou des pèlerines
de guerre, faites en peau de lion, de panthère, en velours ou
en drap bleu ou écarlate, ou des brassards en argent ou en
vermeil, ou des demi-couronnes (4). On le voit, les Abyssiniens
sont presque civilisés.

IV

Des mœurs guerrières en Polynésie.

Un vers de La Fontaine, devenu proverbial, constate que
l'enfance est sans pitié. Cette observation se peut aussi appliquer en ethnographie. Les races surtout sensitives, à mobilité
excessive, sont cruelles presque inconsciemment, comme les
enfants, auxquels elles ressemblent si fort.

Chez toutes les races inférieures, il existe en effet des traits
moraux tout à fait enfantins ; mais, sous ce rapport, aucune
race n'est plus curieuse que la race polynésienne. Son état
mental est parfaitement semblable à celui de nos enfants européens de six à dix ans. Aussi les tribus polynésiennes étaient-
elles constamment en guerre, souvent pour le seul plaisir de
batailler, parfois pour des motifs plus sérieux, soit pour se repaître de chair humaine, quand elles étaient anthropophages,

(1) A. d'Abbadie, *Douze Ans dans la haute Ethiopie*, 155-310-371.
— (2) A. d'Abbadie, *Douze Ans dans la haute Ethiopie*, 223. —
'(3) Bruce, *Hist. univ. des voy.*, vol. XXIII, 378. — (4) A. d'Abbadie,
loc. cit., 250.

comme à la Nouvelle-Zélande, aux Marquises, etc., soit pour capturer des esclaves. Aux Marquises, où il y avait des tribus de montagne et des tribus de plaine, les unes et les autres guerroyaient pour se ravir leurs récoltes diverses. Les montagnards voulaient enlever les fruits de l'arbre à pain aux habitants de la plaine, et ceux-ci escaladaient les montagnes pour s'emparer du *féhi (musa féhi)*, qui poussait sur les hauteurs (1).

Mais. quel que fût le motif de la guerre, les vaincus étaient toujours impitoyablement traités. Le plus souvent, ils étaient massacrés, hommes, femmes, enfants, sans distinction (2). A Taiti on pratiquait une espèce de scalp de la barbe, que l'on enlevait avec la peau du menton, afin de la pouvoir porter en trophée (3). A Noukahiva, on achevait les blessés, et les vainqueurs teignaient dans le sang du vaincu leurs lances, qui dès lors acquéraient une grande valeur et portaient même le nom du guerrier mort (4).

A la Nouvelle-Zélande, on assommait le vaincu, à la manière des Peaux-Rouges, en le saisissant d'abord par la touffe de cheveux qu'il portait sur le sommet de la tête (5).

Pourtant, en Polynésie, la guerre avait déjà perdu le caractère ignoble, qu'elle avait à la Nouvelle-Calédonie.

Sans doute on tuait les vaincus, parfois même on en exterminait totalement la tribu (6). A la Nouvelle-Zélande, on dépeçait quelquefois l'ennemi à terre, sans même attendre qu'il fût mort (7); ou bien on le torturait à la manière des Peaux-Rouges (8). Néanmoins les embûches n'étaient point le fond de la stratégie. D'ordinaire on s'attaquait de front; souvent l'affaire se décidait par des batailles navales, pendant lesquelles on luttait corps à corps sur les plates-formes des doubles pirogues. Souvent il y avait des défis chevaleresques d'homme à homme, en présence des deux partis (9). Quoiqu'il fut de règle en Polynésie d'exterminer les vaincus, sans distinction d'âge et de sexe, la sensualité parlait parfois plus haut que la rage, et

(1) Mœrenhout, *Voyage aux îles*, etc., II, 30-193. — (2) Moerenhout, *loc. cit.*, II, 46-47. — (3) Bougainville, *loc. cit*, 241. — (4) Porter, *Hist. univ. des voy.*, vol. XVI, 190. — (5) Surville, *Hist. univ. des voy.*, vol. III, 445. — (6) Moerenhout, *loc. cit*, II, 38. — (7) Cook, *Troisième Voyage* (*Hist. univ. des voy.*, vol. IX, 282. — (8) Moerenhout, *loc. cit.*, II, 193. — (9) *Id.*, II, 243.

il arrivait que les jeunes femmes obtenaient d'être épargnées, en déchirant leurs vêtements, fort légers d'ailleurs, et s'offrant toutes nues aux vainqueurs (1). Il y a plus; sans renoncer aux cruelles pratiques de leur race, les habitants des îles Sandwich avaient déjà songé à tempérer les rigueurs guerrières par des institutions humaines. A cet effet ils avaient établi des lieux de refuge, dans l'enceinte desquels les femmes, les enfants, même les guerriers vaincus, trouvaient un asile inviolable. Des drapeaux flottaient sur ces asiles et les indiquaient de loin aux fugitifs (2). Les belligérants pouvaient aussi annoncer ou demander la fin des hostilités, en arborant des branches vertes, particulièrement celle du *piper kava*, à la fois symbole de paix et d'ivresse (3).

Sur tout cela d'ailleurs, comme sur la vie tout entière des Polynésiens, planait quelque chose d'enfantin. Avant de commencer l'action, les Néo-Zélandais avaient besoin de s'exciter en entonnant une chanson guerrière, avec accompagnement de gestes, de contorsions, ce qui les jetait dans une sorte de frénésie (4). D'autre part, comme il arrive chez les sauvages, leur patriotisme était fort étroit; ils ne voyaient pas au-delà de la tribu, et les habitants de chaque village priaient Cook de détruire le village voisin. Enfin, leur légèreté, raison principale de leurs mœurs homicides, en atténuait souvent les conséquences; sans compter que, dans bien des îles, notamment aux Marquises et à la Nouvelle-Zelande, chaque tribu avait soin de se ménager des points fortifiés, dans des lieux de difficile accès. On y cherchait un refuge en cas de défaite, et, au besoin, on y soutenait un siège, fort court d'ailleurs, car, au bout de quelques jours, les assiégeants, naturellement très versatiles, se lassaient, abandonnaient la partie (5).

(1) Mœrenhout, *Voyage aux îles,* II, 194. — (2) *Id.,* II, 38. — (3) Wallis, *Hist. univ. des voy.,* vol. III, 328, et Cook, *Deuxième Voyage* (*id.,* vol. VIII, 191). — (4) Cook, *Troisième Voyage* (*loc. cit.,* IX, 282). — (5) Mœrenhout, *Voyage aux îles,* etc., II, 46.

V

Des mœurs guerrières en Amérique.

Les races humaines se sont tellement mélangées à travers les âges, et nous sommes si ignorants au sujet de leur origine, qu'il est fort difficile de tracer le portrait moral d'un type humain ; presque partout des exceptions viennent insolemment violer la règle. Ainsi, nous avons rencontré, chez les Tasmaniens et les Australiens, un vague instinct chevaleresque ; chez les Polynésiens, une certaine loyauté et des instincts humanitaires. En Amérique, sauf chez les anciens Péruviens, l'esprit belliqueux revêt presque invariablement un caractère atroce. La ruse sans scrupule est le fond de la stratégie, et la cruauté la plus impitoyable couronne toujours la victoire. La puérile légèreté des Polynésiens est souvent remplacée, chez l'Américain, par un long calcul. On a vu les indigènes du Pérou préparer pendant vingt ans une insurrection contre les Espagnols, et les Indiens du Grand-Chaco observer pendant deux ou trois ans certains établissements espagnols avant de les attaquer (1).

En tous lieux d'ailleurs l'inhumanité pour le vaincu était extrême, et parfois la cruauté s'assouvissait avec raffinement,

Les Indiens des Pampas guerroient à la manière des Mongols nomades ; ils se mettent en campagne uniquement pour le plaisir d'exterminer les *Gauchos* et les colons hispano-américains. Leurs troupeaux de chevaux leur servent à la fois de mon ures et de garde-manger. Ils galopent dans les vastes plaines, sans se reposer, changeant de temps en temps de coursiers et réservant les meilleurs coureurs pour le moment de l'action (2).

Les Guaranis, ou plutôt les indigènes du Brésil en général, étaient entre eux dans un état de guerre perpétuelle, « ennemis héréditaires », suivant une expression récemment remise à la mode par un grand peuple européen. Toute trève même leur était inconnue (3). A la mode américaine, ils épiaient longtemps leurs ennemis avant de se ruer sur eux, à l'improviste

(1) Lozano, *Descr. del Gran Chaco*, 78. — (2) Head, *Hist. univ. des voy.*, vol. XLI, 335, 337. — (3) A. Thevet, *Singularitez de la France antarctique*, 185.

autant que possible ; et, pour les déchirer, ils se servaient
même de leurs dents (1). Quand la surprise était impossible,
les deux partis, avant de s'aborder, hurlaient, criaient, se mena-
çaient des jours entiers, se rappelant, dans des discours homériques, que précédemment, en telle et telle occasion, ils avaient
mutuellement mangé leurs amis et parents, etc. (2). Faisait-on
des prisonniers, on les traitait fort bien pendant quelque
temps ; on leur donnait même des femmes et une alimentation copieuse ; puis, à un moment donné, on les égorgeait et
on les mangeait cérémonieusement, en ayant soin de barbouiller de leur sang les enfants mâles, afin de les rendre plus hardis. La victime, d'ailleurs, bravait ses bourreaux et entonnait
un chant de mort, dans lequel elle rappelait à ses ennemis
combien des leurs elle avait jadis dévorés (3).

Des coutumes analogues étaient en vigueur dans la plus
grande partie des deux Amériques, et Mollien les a retrouvées
en Colombie à une époque encore récente (4). Comme nous le
verrons, les anciens Mexicains avaient des usages du même
genre. Quant aux Peaux-Rouges de l'Amérique du Nord, ils ne
mangeaient plus guère leurs prisonniers, du moins à l'époque
de la conquête européenne ; mais, en revanche, ils s'étudiaient
à les torturer. Les victimes, liées à un poteau, entonnaient
aussi leur chant de guerre, pendant que les hommes, les femmes et les enfants de la tribu victorieuse les déchiraient à
coups de couteau, leur arrachaient les ongles, les brûlaient
avec des charbons ardents, etc. (5).

Aux yeux des Peaux-Rouges, se laisser prendre était, comme
se laisser tuer, une insigne maladresse, qui ternissait beaucoup
la réputation d'un guerrier ; aussi le prisonnier, à jamais déshonoré aux yeux des siens, était considéré par eux comme un
homme mort. D'autre part, si les vainqueurs avaient subi des
pertes graves, au lieu de mettre à mort les captifs, ils les conduisaient aux huttes de leurs guerriers tués, et, si les veuves consen-
taient à les accepter, ils prenaient tout simplement la place des
défunts (6). A partir de ce moment, les transfuges se mettaient
à guerroyer sans scrupule contre leurs anciens compatriotes,
qui d'ailleurs les avaient reniés. A en croire Charlevoix, il sem-

(1) Thevet, *Singularitez de la France antarctique,* 187.— (2) *Id.,* 192.
— (3) *Id.,* 199. — (4) Mollien, *Hist. univ. des voy.,* vol. XLII, 410. —
(5) Robertson, *Hist. Am.,* liv. IV. — (6) Robertson, *loc. cit.,* liv. IV.

ble bien qu'entre les membres d'une tribu le lien social fût très
faible. Chaque membre de la tribu restait quand même maître
de sa personne, libre ou non de suivre les siens à la guerre (1).
Entre Peaux-Rouges, la guerre se faisait aussi sans la moindre
chevalerie. Tuer, capturer, scalper le plus possible d'ennemis,
sans perdre d'hommes, c'était là le beau idéal de la gloire. Un
succès, qui avait coûté la vie à plusieurs hommes, entraînait la
dégradation, parfois la condamnation capitale du chef triom-
phant, mais maladroit (2).

La même absence de loyauté guerrière, les mêmes mœurs,
que l'on peut appeler *fauves*, se retrouvent à Sitka, dans l'extrême nord de l'Amérique. Dans cette région, les tribus, perpétuellement en guerre, ne s'attaquent jamais ouvertement, et
leurs guerres ne sont qu'une série d'assassinats, accomplis dans
le but de voler ou de se venger. Dans ce dernier cas, la vengeance s'assouvit, à la mode australienne, sans souci de la justice. Ce qui importe, c'est de tuer une personne quelconque
appartenant à la tribu rivale : homme pour homme, femme
pour femme (3).

Pour terminer cette courte étude sur les mœurs guerrières
dans l'Amérique indigène, il nous reste à parler du Mexique
et du Pérou, les seuls États où l'homme américain soit parvenu
à un degré de civilisation assez avancé ; mais cette civilisation
était plus mécanique que morale.

Ainsi, au point de vue du traitement des captifs, les pratiques
des Mexicains étaient horribles. Chez eux, comme partout,
la religion avait sanctionné les instincts sanguinaires de la
race. Les dieux mexicains étaient altérés de sang humain, et,
pour étancher leur soif, on entreprenait des guerres perpétuelles. En somme, le Mexicain demi-civilisé n'agissait pas autrement que le sauvage brésilien. Comme ce dernier, il engraissait
des prisonniers pour les manger ensuite, en ayant soin seulement
de les faire sacrifier par des prêtres et de les offrir aux dieux.
D'ordinaire, le prêtre ouvrait cérémonieusement, avec un couteau d'obsidienne, la poitrine de la victime et lui arrachait le
cœur, qui était ensuite offert à l'idole. Le propriétaire du captif

---

(1) Charlevoix, *Hist. de la Nouvelle-France*, III, 215-268. — (2) G.
Robertson, *Am.*, liv. IV. — (3) Kotzebue, *Hist. univ. des voy.*,
vol. XVII, 415-416, *Deuxième Voyage*.

emportait le reste pour s'en repaître à loisir. Dans tous les villages, on avait de grosses cages en forts madriers où l'on enfermait, pour les engraisser, des hommes, des femmes, des enfants (1). Les cérémonies du sacrifice variaient suivant la divinité. Parfois on allait jusqu'à écorcher les prisonniers. A la fête de Tezcatlipoca, fête de la pénitence, on immolait respectueusement et l'on mangeait ensuite un beau jeune homme, que pendant une année on avait pris soin de rassasier de voluptés de toute sorte. Ne faut-il pas voir, dans cette sanguinaire coutume, une allégorie barbare enseignant la vanité des joies humaines ?

Toute cette cruauté coexistait d'ailleurs avec une organisation militaire savante. Les armées mexicaines étaient hiérarchisées, divisées en corps de huit mille hommes, subdivisés eux-mêmes en compagnies de trois à quatre cents hommes. Il y avait un étendard national, des ordres militaires, une discipline sévère, des hôpitaux pour les malades et les blessés, etc.

L'organisation militaire des Quichuas, ou anciens Péruviens, était aussi fort remarquable (2). On estime à deux cent mille hommes l'effectif qu'ils pouvaient mettre sur pied (3), et ces troupes étaient ordonnées en corps d'armée, bataillons, compagnies, commandés par toute une hiérarchie de chefs, depuis le caporal jusqu'à l'Inca, commandant suprême (4). Les combattants étaient armés de flèches et d'arcs, de lances, de dards, de haches, d'épées courtes, le tout en cuivre ordinairement ; cependant les javelots et les flèches étaient parfois munis d'os pointus ; car l'âge de pierre n'était pas encore bien loin. De distance en distance, des magasins bien fournis de vivres étaient destinés à pourvoir aux besoins des armées en marche (5). Au total, toute cette organisaton du Mexique et du Pérou était, sauf l'usage de la poudre, parfaitement comparable à celle des Européens modernes. Les Quichuas avaient même des forts sur les montagnes, des feux télégraphiques, un système de courriers (6). Comme tous les arts inférieurs, celui de tuer a très vite atteint la perfection.

---

(1) *Bernal Diaz*, II, 594, et *passim* (traduc. Jourdanet). — (2) W. Prescott, *Hist. de la conquête du Mexique*, I, 34. — (3) Müller, *Allgem. Ethnogr.*, 269. — (4) W. Prescott, *Histoire de la conquête du Pérou*, I, 84. — (5) *Id.* — (6) A. d'Orbigny, *l'Homme américain*, I, 290, et Garcilaso, *Com. de los Incas*, lib. VI, cap. VII, 180.

Ce qui distinguait les Péruviens de toutes les nations demi-civilisées et même de la plupart des nations modernes, c'étaient les motifs de leurs guerres et leur manière de traiter les vaincus. Ils ne guerroyaient pas, comme les Mexicains, pour pouvoir offrir aux dieux des victimes humaines et les manger ensuite; leurs campagnes étaient des croisades, des guerres de prosélytisme. Or, faire la guerre pour des idées, même fausses, est sûrement plus noble que de la faire pour conquérir des territoires et asservir ses voisins. Les Quichuas visaient à propager le culte du soleil, qui est certainement le plus excusable de tous les cultes; ils essayaient d'abord de la persuasion, puis déclaraient la guerre au voisin rebelle à la grâce, mais en annonçant d'avance leur attaque et n'exigeant du vaincu que sa soumission (1). « Nous devons épargner nos ennemis, disait un des princes péruviens, autrement nous nous ferions tort à nous-mêmes; car bientôt ils seront à nous avec tout ce qui leur appartient. » Les dieux des vaincus n'étaient point non plus traités avec mépris; on les annexait en les transportant à Cuzco, dans une sorte de panthéon (2). Ces faits établissent, de reste, que la race péruvienne était bien la première des races américaines, et nous en trouverons des preuves encore plus frappantes en étudiant son organisation sociale.

VI

Des mœurs guerrières dans la race mongolique.

Se faire une idée juste de l'esprit général d'une race est chose difficile; pourtant çà et là quelques données maîtresses ressortent de la comparaison de documents nombreux, butinés par des observateurs divers et s'ignorant les uns les autres. Or, d'une multitude de renseignements recueillis, il semble bien résulter qu'en dépit des sauvages invasions mongoles, dont l'Europe n'a pas encore perdu le souvenir, la race mongolique, prise en masse, est la moins belliqueuse des races humaines. Non pas que toutes les populations jaunes soient débonnaires; il y a Mongol et Mongol; car le type jaune compose la majeure partie du genre humain et ses divers groupes

(1) A. d'Orbigny, *l'Homme américain*, I, 228. — (2) W. Prescott, *Hist. de la conquête du Pérou*, I, 87.

ethniques sont loin d'être parvenus au même degré de civilisation. Aujourd'hui encore les Turcomans sont féroces; ils traitent les Persans, leurs voisins, comme des bêtes sauvages, et sacrifient religieusement les vieillards, pour être agréables à dieu (1). Certaines tribus du Boutan pratiquaient volontiers les attaques nocturnes, les embuscades, etc., mangeaient le foie des ennemis tués, faisaient avec leur graisse des cierges, que l'on brûlait devant les idoles, et se servaient de leurs os pour faire des flûtes, tandis que les crânes, cerclés d'argent, tenaient lieu de coupes (2). Aujourd'hui encore, les Mongols nomades égorgent, sans distinction d'âge ni de sexe, leurs prisonniers. En résumé, toutes ces populations sont toujours dans la phase barbare, par laquelle doivent passer tous les types humains ; mais, d'autre part, les faits attestant l'humeur pacifique de la race sont nombreux.

Les Lapons luttent volontiers entre eux, mais ne se battent jamais et ne font jamais usage, dans leurs querelles, du couteau, qu'ils portent toujours sur eux (3). Les habitants des îles Lou-Tchou, archipel dont les Chinois et les Japonais se disputent la possession, semblent avoir dépouillé tout sentiment guerrier. Ils n'ont point d'armes, ni offensives ni défensives; ils affirmèrent au voyageur Hall que, ni par expérience, ni par tradition, ils ne connaissaient la guerre, et c'était avec une extrême surprise qu'ils contemplaient les armes européennes et les kris malais (4).

Le groupe le plus civilisé de la race mongole tient aussi en très médiocre estime l'art de la guerre. En Chine, le métier de soldat est héréditairement le partage des Tartares Mandchoux, campés çà et là sur divers points du territoire, ne se mêlant guère à la population laborieuse, qui dédaigne ces hommes inutiles, *antisapèques* (5). Ces troupes sont d'ailleurs commandées par des mandarins, chinois pour la plupart (6) et nommés au concours, comme les mandarins civils, auxquels ils sont toujours subordonnés (7).

---

(1) Burnes, *Hist. univ. des voy.*, vol. XXXVII, 277. — (2) *Voyage au Boutan*, par un auteur hindou, *Revue Britannique*, 1827. — (3) Capell Brook, *Hist. univ. des voy.*, vol. XLV, 207. — (4) Hall, *Hist. univ. des voy.*, vol. XXI, 193. — (5) Huc, *l'Empire chinois*, I, 426, 432. J. de la Gravière, *Voyage en Chine*, I, 48. — (6) De Sainte-Aldegonde, *Hist. univ. des voy.*, vol. XXXI, 297. — (7) Huc, *loc. cit.*, I, 432.

Le gouvernement impérial prescrit à ses soldats des précau-. tions qui étonneraient fort la plupart des généraux d'Europe : ainsi les porteurs de couleuvrines, dans l'armée chinoise, doivent, par ordonnance, se tamponner les oreilles avec du coton (1). Certains détails de la tactique chinoise sont aussi d'une curieuse naïveté. A Ning-Po, en 1842, les soldats chinois attaquant de nuit les troupes anglaises avaient pris soin de mettre sur leurs têtes des lanternes allumées (2). En 1857, ils tenaient bon dans leurs retranchements, toujours ouverts à la gorge, sous les balles ou les boulets, ou dans leurs jonques, tant qu'on ne les abordait pas corps à corps, et surtout tant que l'on ne tournait pas leurs redoutes. Dans ce dernier cas, ils abandonnaient la partie, tout indignés de la déloyauté de leurs ennemis (3).

En résumé, les Chinois ont, en général, perdu la faculté animale, qui pousse à se ruer furieusement contre l'ennemi ; mais, d'autre part, ils ne se sont pas élevés aux sentiments d'ordre supérieur, qui font à l'homme un devoir de se sacrifier, le cas échéant, par pur souci de l'intérêt général. Leur évolution morale est incomplète ou avortée. Chez eux, sans doute, certains instincts animaux sont morts, mais sans avoir encore été remplacés par des mobiles plus relevés.

Même en face de l'ennemi, les officiers et les soldats chinois s'hébètent en fumant de l'opium, et l'intérêt de la patrie ne les tourmente guère (4). Le ressort moral semble leur manquer. Ils ont d'ailleurs des qualités précieuses : une grande force de résistance passive, beaucoup de persévérance, d'activité, une docilité extrême, une patience excessive, qui leur fait supporter, en se jouant, la faim, la soif, les intempéries (5). C'est qu'il y a diverses espèces de courage, entre autres celui de la bête fauve, simple effet d'action réflexe, et le courage vraiment humain, celui de l'être pensant, qui, volontairement, se dévoue dans un intérêt supérieur. Les Chinois ont perdu la première de ces forces morales ; ils ne semblent pas encore avoir acquis la seconde, et, sous ce rapport, quantité de nos Européens sont plus chinois qu'ils ne le pensent.

(1) Huc, *l'Empire chinois*, I, 432. — (2) Milne, *Vie réelle en Chine*, 27. — (3) Cooke, correspondant du *Times*, 1857. — (4) Préjévalsky, *Mongolia*, II, 130. — (5) Huc, *l'Empire chinois*, I, 445.

VII

Des mœurs guerrières dans la race blanche.

Les divers rameaux de la race blanche ont, comme tous les groupes humains, subi bien des vicissitudes, bien des mélanges, et sûrement c'est en remontant dans le passé que nous avons le plus de chance de retrouver, plus ou moins intact, l'esprit primitif de la race. Or, les mœurs guerrières de l'Inde antique sont déjà empreintes d'une réelle élévation morale, que la plupart des Européens modernes taxeraient sûrement de sottise. D'après le code de Manou, l'usage des flèches empoisonnées, barbelées, incendiaires est prohibé. Il est prescrit d'épargner les hommes désarmés, blessés, ceux qui se rendent. L'homme à cheval ou celui qui monte un char de guerre ne doivent pas tuer le soldat à pied. Il est défendu d'attaquer l'homme accablé de fatigue, couché à terre, l'homme endormi, le soldat qui fuit ou lutte déjà contre un adversaire.

Le pays conquis doit être respecté. La sécurité doit être garantie à tous ses habitants; les lois des vaincus ne doivent pas être changées, ni leur religion, etc. (1). En résumé, il y a là tout un ensemble de préceptes, qui seront sans doute adoptés en Europe d'ici à quelques milliers d'années, mais qui, quant à présent, ne provoqueraient chez les plus illustres des hommes d'Etat européens qu'un dédaigneux haussement d'épaules.

L'homme primitif, de quelque race qu'il soit, est un animal sauvage. Sous ce rapport, l'homme blanc n'est point d'une essence supérieure; il a été et est susceptible de devenir encore aussi féroce qu'un Indien Guarani. Nous venons de voir à quel degré d'humanité s'étaient élevés les anciens Indiens; mais, en général, rien n'est plus sanglant que l'histoire de toutes les nations aryennes. Rien de plus atroce que les mœurs guerrières des Hébreux, ou, plus généralement, des Sémites. Après la victoire, le peuple de Dieu égorgeait, massacrait des nations entières (2), se faisait un jeu de broyer la tête des enfants, etc. Ninus, vainqueur des Mèdes, fit crucifier leur roi,

---

(1) *Code de Manou*, liv. VII, *passim*. — (2) *Gen.*, chap. xiv, v. 5, 6, 7; Job, c. VI, v. 4, etc.

sa femme et leurs sept enfants (1). A cette époque, l'esclavage était le traitement le plus doux qu'un vaincu pût espérer.

Les Romains ne furent pas plus humains, et dans leur histoire les exemples de férocité impitoyable abondent. Nous citerons seulement le massacre des Juifs par le vertueux Titus (2), les hécatombes gauloises accomplies par l'immortel J. César. Sous ce rapport, les annales de l'Europe moderne, depuis la chute de l'empire romain jusqu'à nos jours, sont effroyables. En passant même sous silence les plus mauvais siècles du moyen âge primitif, il suffira de citer la guerre de Cent ans en France, la guerre de Trente ans et le sac de Magdebourg en Allemagne, les horreurs commises par les Espagnols pendant la guerre de l'indépendance des Pays-Bas (3), tous ces affreux sacs de ville, pendant lesquels le meurtre, le vol, le viol, devenaient des actes licites ou louables.

Actuellement encore, les Européens les plus civilisés se font un jeu d'exterminer les races inférieures. En Tasmanie, les Anglais ont détruit les races indigènes, de sang-froid, de parti pris, la Bible à la main et sans doute en s'autorisant des exemples sauvages qui y fourmillent. Le gouvernement américain a plus d'une fois mis à prix la vie des Indiens Peaux-Rouges. Le 2 octobre 1749, le gouverneur de Halifax, Cornwallis, offrait dix guinées pour chaque Indien Micmac tué, scalpé ou fait prisonnier. Le 10 août 1763, le gouverneur Amhurst ordonna de ne pas faire les Indiens prisonniers, mais de les exterminer (4).

Nous trouvons atroces les mœurs de certains groupes attardés de la race blanche, par exemple, celles des Khiviens, qui, tout récemment encore, payaient à chacun de leurs soldats tant par tête d'ennemi coupée, sans préjudice, bien entendu, des insignes honorifiques, prix de la valeur (5). Mais, il y a bien peu d'années, un général français, après avoir massacré une poignée de patriotes italiens, télégraphiait à Paris « que

(1) Diodore, liv. II. — (2) Selon Josèphe, les Romains tuèrent 1 100 000 personnes, *Antiquitates Judæorum*, liv. VII, chap. xvii; *Bella Judæorum*, liv. VI, cap. viii. — (3) Voir J.-L. Motley, *Hist. de la fondation de la République des Provinces-Unies.* — (4) Charlevox, *Hist. de la Nouvelle-France.* Bancroft, *History of the United-States*, c. XVII. — (5) A. Vambéry, *Voyage d'un faux derviche*, 133.

les chassepots avaient fait merveilles », et, en 1870, les armées de la « nation des penseurs » bombardaient les villes françaises, fusillaient les francs-tireurs, etc. Nous ne voulons pas parler des guerres civiles.

En résumé, les Européens actuels, si fiers de ce qu'ils appellent leur civilisation, n'en sont encore qu'à la barbarie mitigée et déguisée, et ils ont fort à faire avant d'avoir accompli en morale, en bonté, en humanité, en justice, le quart des progrès, qu'ils ont réalisés en mécanique depuis un demi-siècle.

CHAPITRE XII.

DE L'ANTHROPOPHAGIE.

I

Que le sens moral soit dans le cerveau humain un fruit de la maturité mentale, c'est ce dont on ne saurait douter en voyant, aujourd'hui même, les nations les plus civilisées, en cas de guerre étrangère ou civile, se delecter dans de vastes carnages. Leurs antiques ancêtres et les races contemporaines peu développées sentaient et sentent moins de scrupule encore. Mais, aux degrés inférieurs de l'évolution humaine, l'homicide, guerrier ou autre, se complique souvent d'anthropophagie. Ni l'opinion publique ni la conscience individuelle ne s'émeuvent alors pour si peu, surtout si le mangé est un ennemi, c'est-à-dire s'il appartient à une autre tribu. Dans ce dernier cas, manger un voisin est même un acte honorable, glorieux. Sous ce rapport, l'homme primitif est absolument animal; il ressemble à nombre de poissons, de reptiles, même de mammifères, qui dévorent volontiers les animaux de leur espèce. Certaines tribus humaines vont même, comme nous le verrons, jusqu'à engraisser pour leur table du bétail humain, absolument comme les fourmis à miel du Mexique (*myrmecocystus mexicanus*), qui tuent l'hiver les individus d'une de leurs castes, dont l'abdomen est un réservoir de miel (1).

(1) *The American Naturalist*, vol. I, 465 (cité par Houzeau).

Notre morale pharisaïque trouve, et cette fois avec raison, de tels actes atroces; mais elle oublie de protester, quand, en temps de guerre, on bombarde des villes remplies de femmes, d'enfants, de vieillards, de malades, ou bien quand, dans une guerre, même civile, on broie en quelques heures, à l'aide de machines à tuer aussi sauvages qu'ingénieuses, des milliers et des milliers d'hommes. Pourtant, aux yeux de l'humanité et du bon sens, tuer un être humain est sûrement plus blâmable que de le manger quand il est mort.

Dans une intéressante communication faite à la Société d'anthropologie de Florence (1878), M. A. Herzen a établi, à l'aide d'observations recueillies au laboratoire de physiologie de la même ville, que la cynophagie répugne à certaines variétés canines et point à d'autres. A propos de l'anthropophagie, on en peut dire autant des races humaines actuelles, mais il n'y en a pas une qui n'ait été anthropophage dans le passé. D'ailleurs, les espèces de cannibalisme sont diverses et nous avons ailleurs essayé de les classer (1).

Les principales sont : le cannibalisme par besoin, le cannibalisme par gourmandise, le cannibalisme par fureur guerrière ou vengeance, le cannibalisme par religion, le cannibalisme par piété filiale; enfin une dernière forme plus relevée, le cannibalisme juridique. Nous citerons quelques exemples de ces divers genres d'anthropophagie, et force nous sera de choisir, car la moisson est abondante.

II

Du cannibalisme mélanésien.

Le cannibalisme le plus répandu est sûrement le cannibalisme par besoin. Il est en usage un peu partout chez les races sauvages, mais spécialement là où les mammifères comestibles manquent ou sont rares : dans les îles de l'océan Pacifique, sur le continent australien, où la faune indigène était si parcimonieuse au point de vue humain. Les Australiens affamés, comme nous l'avons vu plus haut, tuaient volontiers les femmes pour les manger; ils allaient même jusqu'à déterrer les cadavres

(1) Ch. Letourneau, *Science et Matérialisme*, 353.

récemment inhumés (1). Cunningham trouva une gorge de
femme dans le sac d'un des Australiens qui l'accompagnaient (2).
Chez certaines tribus de l'Australie méridionale, on se servait
de crânes humains en guise de vases à boire. Il faut dire, d'ailleurs, que ces pauvres gens ne connaissaient pas la poterie.
Comme il est naturel, le cannibalisme était surtout en vigueur
chez les tribus australiennes les moins civilisées, vivant encore
à l'état de hordes et sous des chefs héréditaires (3).

Les Mélanésiens sont tous plus ou moins entachés de cannibalisme. Nous citerons, à l'appui de cette assertion, quelques
exemples, mais brièvement, pour n'être point fastidieux. A la
Nouvelle-Guinée, le cannibalisme est fréquent. O. Beccari l'y a
constaté après bien d'autres (4). Quant au cannibalisme des
Vitiens, il est célèbre. Avant d'avoir été plus ou moins christianisés, ils dépeçaient et rôtissaient, sur le champ de bataille
même, leurs ennemis tués, ils engraissaient aussi des esclaves
pour les manger; parfois même, ils dévoraient leurs femmes (5).
Chez eux, tout repas officiel devait avoir son plat d'hommes, et
ils appelaient la chair humaine « long porc » (6). Un repas
d'anthropophages marquait chaque solennité vitienne, par
exemple l'inauguration d'un temple (7). Cook a constaté la
même passion pour la chair humaine à Tanna, où pourtant,
comme à Viti d'ailleurs, on avait des cochons, des poules, des
racines et des fruits en abondance (8).

Sur le cannibalisme des Néo-Calédoniens, nous possédons
les renseignements les plus précis et les plus authentiques.
Avant la venue des Européens, on ne connaissait à la Nouvelle-
Calédonie d'autre mammifère qu'une grande chauve-souris, la
roussette (*Pteropus*). On y pratiquait donc le plus habituellement
le cannibalisme par besoin. Le désir de manger de la chair
humaine était même la cause de guerres fréquentes entre les
diverses tribus. « Il y a longtemps, disaient parfois les chefs à
leur peuple, que nous n'avons mangé de la viande. Allons-en
chercher. » Le combat cessait dès que le but était atteint, dès

---

(1) R. Salvado, *Mémoires sur l'Australie.* — (2) Cunningham, *Hist.
univ. des voy.*, vol. XLIII, 81. — (3) *Ibid.* — (4) O Beccari, *loc. cit.*—
(5) Voir le chapitre sur *la Condition des femmes.* — (6) Voir notre
article *Anthropophagie*, dans *Science et Matérialisme.* — (7) Th. West,
Ten Years in South Central Polynesia, 409. — (8) Cook, *Deuxième
Voyage* (*Hist. univ. des voy.*, vol. VIII, 377).

qu'on avait tué quelques hommes. Pour les Néo-Calédoniens,
la chair humaine était une friandise et on la mangeait par
gourmandise. Certains chefs se permettaient parfois de déguster en famille un de leurs sujets ; quelquefois ils en faisaient
saler des morceaux (1). L'opinion publique non seulement n'é-
tait pas sévère pour ces festins de prince, elle les trouvait même
fort glorieux ; aussi, après une rencontre heureuse, les chefs néo-
calédoniens, qui s'étaient fait, dans le gibier humain, la part du
lion, avaient soin d'en expédier quelques morceaux à des amis
incertains afin de s'assurer leur alliance (2).

En voilà plus qu'il n'en faut pour établir que la morale néo-
calédonienne était loin de blâmer l'anthropophagie. Il y avait
même dans l'outillage de la race un instrument spécial, destiné
à dépecer les cadavres humains, et parfois on préludait au
festin par une danse, durant laquelle on tenait d'une main
l'instrument servant à débiter la victime humaine et de l'autre
une lance (3).

III

Du cannibalisme en Afrique.

Les nègres africains ne se font pas plus que les nègres
océaniens scrupule de manger de la chair humaine, et l'anthropophagie, au moins accidentelle, a été constatée un peu
partout dans l'Afrique noire. En temps ordinaire, les Cafres,
pasteurs et agriculteurs, relativement intelligents et civilisés,
ne pratiquent point le cannibalisme ; mais en temps de disette
ils y reviennent volontiers, comme le firent les Cafres Mantatis
observés par Thompson (4). Parfois même, certaines de leurs
tribus, après être devenues anthropophages par nécessité, en
conservent l'habitude par gourmandise. Gardiner a constaté
un fait de ce genre chez les Zoulous (5). De même, il y a peu
d'années encore, quelques tribus de Cafres Basoutos vivaient
uniquement de cannibalisme, au milieu d'une contrée fertile et
giboyeuse. Comme les troglodytes européens nos ancêtres, ils

(1) Ch. Letourneau, *loc. cit.* — (2) De Rochas, *Nouvelle-Calédonie,*
206. *Bull. Soc. d'anthr.*, I, 414. — (3) D'Entrecasteaux, *Hist. univ.
des voy.*, vol. XV, p. 191. — (4) Thompson, *Hist. univ. des voy.*,
vol. XXIX, 113. — (5) Gardiner, *Narr. of a Journey to the Zulu
Country*, 155.

habitaient des cavernes, où ils amenaient et dévoraient leur gibier humain. Un désastre subi par ces tribus les avait d'abord contraintes de recourir à cette extrémité, mais elles en gardèrent longtemps l'habitude, et en 1868 elles ne s'en étaient point encore corrigées, puisque, à cette date, un voyageur anglais a vu dans leurs cavernes des ossements humains fraîchement dépouillés. Le cadavre, raconte-t-il, était débité d'après des procédés réguliers. La mâchoire inférieure avait été détachée à coups de hache, le crâne avait été percé, au sommet, d'un trou pour en extraire la substance cérébrale. Les os longs avaient été fendus longitudinalement, pour en extraire la moelle, à la manière préhistorique (1). Sans doute, le cannibalisme accidentel, par besoin, n'est pas très rare, même chez les Européens modernes, ainsi que nous l'apprennent nombre de relations de naufrage; mais, pour en reprendre l'habitude aussi aisément que le font les Cafres, il faut l'avoir perdue depuis peu.

Dans l'Afrique équatoriale, chez les Fans, appartenant à une des variétés les plus intelligentes de la race nègre, le cannibalisme est une pratique habituellement en usage. On s'y adonne d'ordinaire pacifiquement, commercialement. Tous les Fans, sauf les chefs, les rois et les individus exceptionnellement distingués aux yeux de la tribu, sont mangés après leur mort, au lieu d'être inhumés. D'ailleurs, les Fans apportent certains scrupules dans leur anthropophagie. Autant que possible ils ne donnent point leurs estomacs pour tombeaux aux gens de leurs propres tribus; mais, par voie d'échange ou d'achat, ils se procurent les cadavres des tribus voisines, qui leur achètent les leurs (2), et jusqu'ici aucun moraliste fan n'a songé à blâmer cette manière d'utiliser les morts.

Ainsi font, ou à peu près, les Niam-Niam du haut Nil, qui, outre les prisonniers de guerre, mangent aussi ceux de leurs concitoyens morts dans l'abandon, les équivalents de ceux qu'attend chez nous le scalpel de l'anatomiste (3). Schweinfurth assista un jour chez ces Niam-Niam à une sorte d'idylle anthropophagique. Entre deux cabanes, dont les portes se

(1) *The Cave Cannibals of South Africa* (*Anthropological Review*, année 1869). — (2) Du Chaillu, *Voy. dans l'Afrique équatoriale*, 142, 160, 172. — (3) G. Schweinfurth, *the Heart of Africa*, II, 18.

faisaient vis-à-vis, un enfant, nouveau-né et mourant, était couché sur une natte. A la porte de l'une des cabanes, un homme jouait tranquillement de la mandoline; à l'autre porte, une vieille femme, au milieu d'un groupe de jeunes garçons et de jeunes filles, coupait et préparait des gourdes pour le souper. Une chaudière pleine d'eau bouillante était toute prête, on n'attendait plus que la mort de l'enfant, dont le cadavre devait servir de plat principal. Enfin un éblouissant soleil de midi éclairait la scène (1).

Dans la même région, les Monbouttous, pasteurs, agriculteurs, habitant un pays d'une extrême fertilité et appartenant aussi à une variété supérieure de la race noire, sont de déterminés cannibales. Ils ne mangent guère que leurs prisonniers, mais ils guerroient constamment avec les tribus inférieures, qui les entourent, pour se procurer du gibier humain, dépeçant les morts sur le champ de bataille et chassant devant eux, comme un troupeau, les prisonniers réservés pour de futurs repas (2).

Le cannibalisme est un trait général des mœurs primitives. Il existe ou il a existé par toute la terre, chez toutes les races. Les faits que nous venons de citer en mettent l'existence hors de doute en Mélanésie et en Afrique ; or, rien n'est plus facile que d'en recueillir d'aussi probants au sujet de la Polynésie.

IV

Du cannibalisme en Polynésie et en Malaisie.

L'étude du cannibalisme en Polynésie est particulièrement intéressante. A elle seule, elle suffirait à prouver que la loi du progrès social n'est point une illusion, ainsi que le prétendent les modernes amateurs de pessimisme. Au moment où les voyages des navigateurs européens nous ont fait connaître la Polynésie, le cannibalisme y était partout plus ou moins en vigueur, mais on pouvait l'y étudier aux diverses périodes de son évolution. Dans certains archipels, on le pratiquait avec toute la brutalité primitive ; dans d'autres, il était rare, acci-

(1) G. Schweinfurth, *loc. cit.*, 223. — (2) G. Schweinfurth, *the Heart of Africa*, II, 93.

dentel; ailleurs, il n'existait plus, mais on en retrouvait encore des traces évidentes dans le langage et la religion.

A la Nouvelle-Zélande, terre voisine de la Mélanésie, habitée par des hommes étrangers à l'agriculture et n'ayant d'autre animal domestique que le chien, l'anthropophagie se pratiquait sans la moindre vergogne. Souvent les tribus néo-zélandaises, perpétuellement en guerre, allaient, à des centaines de milles dans l'intérieur, guerroyer uniquement pour se repaître de chair humaine (1) et pour capturer des esclaves, destinés fréquemment à servir de plat principal dans de grands festins, que l'on donnait aux parents et aux amis, soit avant de se mettre en campagne, soit à l'occasion d'une fête quelconque (2). Les Néo-Zélandais étaient très friands de la chair des femmes et des enfants (3). Sur le champ de bataille, ils dépeçaient l'ennemi vaincu et blessé, sans même attendre qu'il fût mort ou se donner la peine de le tuer (4). Déjà, d'ailleurs, ils ne mangeaient plus ordinairement les leurs, et ne touchaient point aux cadavres des gens morts de maladie; mais ils utilisaient consciencieusement les cadavres dont ils se repaissaient, et avaient soin de perforer le crâne pour en extraire la substance cérébrale (5). Contrairement à ce qui se passait dans les autres archipels, les Néo-Zélandaises prenaient souvent part à ces festins de cannibales.

Cette coutume, effroyable aux yeux des Européens modernes, semblait toute simple aux Néo-Zélandais. Manger des ennemis tués et qui, disaient-ils, les auraient traités de même s'ils avaient été victorieux, leur paraissait on ne peut plus légitime (6). Des règles juridiques et des idées religieuses se mêlaient même à ce cannibalisme. Un chef était-il tué, le droit des gens exigeait que la femme du défunt partageât le sort de son mari. On la livrait donc aux vainqueurs, qui la mettaient à mort; puis les cadavres, préalablement rôtis, étaient mangés avec recueillement, sous la haute direction des prêtres ou arikis, qui dégustaient d'abord des petits morceaux

(1) Moerenhout, *Voy. aux îles du grand Océan*, II, 30. — (2) *Id.*, II, 186. — (3) Dumont d'Urville, *Hist. univ. des voy.*, vol. XVIII, 272. — (4) Cook, *Troisième Voyage (Hist. univ. des voy.*, vol. IX, 282). — (5) Cook, *Premier Voyage (Hist. univ. des voy.*, vol. VI, 84). — (6) Cook, *Deuxième Voyage (Hist. univ. des voy.*, vol. VIII, 113).

des victimes (1). On tenait surtout à manger l'œil gauche de
l'ennemi vaincu ; car dans cet œil résidait l'âme du défunt, le
waidoua, et en le mangeant on doublait son être. A la Nouvelle-Zélande, la religion avait sanctifié le cannibalisme,
comme elle sanctifie toujours les penchants dominants des diverses races ; mais au fond du cannibalisme des Néo-Zélandais il y avait surtout le besoin de manger de la viande.
A ces insulaires, presque dépourvus de mammifères et souvent
affamés, la chair, quelle qu'elle fût, semblait exquise.
« La chair humaine est tendre comme du papier », disait au
voyageur Earle un chef très doux et très affable.

De ces mœurs effroyables pour nous autres Européens, on
aurait tort de conclure que les Néo-Zélandais fussent incapables de sentiments humains, tendres même. Quand, dans un
combat, quelques-uns de leurs parents ou amis avaient été
tués, ils en éprouvaient une grande douleur ; du moins ils la
manifestaient d'une façon qui rebuterait la plupart des affligés
en Europe. Ils se tailladaient le front et les joues avec des coquilles, des cailloux tranchants, et ils témoignaient de la même
manière la joie que leur causait le retour d'un ami, après une
longue absence. Enfin, ils portaient, suspendues au cou, des
figurines de pierre avec des yeux de nacre, en mémoire des
morts qu'ils regrettaient (2).

C'est que la morale humaine est chose fort variable, et, dans
tous les pays, sans en excepter les plus civilisés, elle a sanctionné et sanctionne encore nombre d'actes beaucoup plus blâ-
mables que le cannibalisme.

Les Néo-Zélandais étaient, hommes et femmes, cannibales
ouvertement et sans vergogne. Mais déjà, chez les insulaires
des Marquises, on commençait à avoir des scrupules au sujet
de l'usage alimentaire de la chair humaine. Déjà les femmes
(et ceci est, comme l'instinct de la pudeur, tout à fait à leur
honneur) éprouvaient, aux Marquises, une grande répugnance
pour l'anthropophagie, que d'ailleurs les coutumes du pays leur
interdisaient ; car, en temps ordinaire, les chefs, les grands
prêtres, les vieillards avaient seuls le privilège du cannibalisme. C'était seulement en temps de guerre que ce droit s'éten-

(1) *Journal de S. Marsden*, 1819. — (2) Cook, *Troisième Voyage*
(*Hist. univ. des voy.*, vol. IX, 282).

dait au populaire, aux *kikínas* (1). Dès la fin du siècle dernier, les hommes eux-mêmes avaient parfois, aux îles Marquises, des doutes sur la moralité de cette coutume. Ainsi, un
vieux chef disait avec ostentation à Porter que jamais ni lui
ni personne de sa famille n'avaient mangé soit de la chair humaine, soit du cochon volé ou mort de maladie (2). Néanmoins
le cannibalisme a été en vigueur aux Marquises jusqu'à une
époque très avancée; peut-être même l'est-il encore. Le désir
de se procurer un rôti humain était la cause de quantité de
petites guerres, d'escarmouches (3). On commençait cependant,
dans les temps modernes, à se reprocher mutuellement, de
tribu à tribu, l'habitude du cannibalisme (4); mais ces timides
protestations de l'opinion publique ne suffisaient point à triom-
pher d'une coutume invétérée. Le dépècement des victimes et
la répartition des morceaux se faisaient méthodiquement, suivant un ordre hiérarchique. La victime était d'ordinaire étran-
glée, comme on le faisait pour les autres animaux, afin de n'en
pas perdre le sang. Comme à la Nouvelle-Zélande, les yeux
étaient fort prisés, et on les offrait aux guerriers. Le cœur se
mangeait tout cru. Puis le reste du corps, bardé de feuilles de
ti, était cuit au four océanien. On découpait ensuite avec un
roseau tranchant le cadavre rôti. Les pieds, les mains, les
côtes revenaient aux chefs. Les fesses, morceaux de choix,
étaient la part réservée au grand prêtre (5).

Aux îles des Amis (6), aux îles Sandwich, on mangeait aussi,
mais sans le moindre scrupule, les ennemis vaincus, et un
chef des Sandwich dit en riant à Cook que la chair humaine
était un mets des plus savoureux (7). A l'île Bow, on dévorait
d'abord les ennemis, puis les compatriotes qui tombaient dans
un combat; en général, tous ceux qui mouraient d'une mort
violente, enfin les assassins (8). C'est le seul point de la Polynésie où l'on ait constaté l'existence de l'anthropophagie juri-

---

(1) M. Radiguet, *les Derniers Sauvages,* 173. — (2) Porter, *Hist.
univ. des voy.,* vol. XVI, 197. — (3)Moerenhout, *Voyage aux îles
du grand Océan,* II, 30-193. Krusenstern, *Hist. univ. des voy.,*
vol. XVII, 7. M. Radiguet, *loc. cit.,* 170. — (4) M. Radiguet, *loc.
cit.,* 82. — (5) M. Radiguet, *les Derniers Sauvages,* 173, — (6) Th.
West, *Ten Years in South Central Polynesia,* 270. — (7) Cook, *Troisième Voyage (Hist. univ. des voy.,* vol. X, 288). — (8) Beechey, *Hist.
univ. des voy.,* vol. XIX, 191.

dique. Si l'on y était plus avide de chair humaine qu'ailleurs, surtout de la chair féminine, plus tendre, disaient les insulaires, c'est que l'île Bow était une de ces petites îles corallines, si nombreuses dans l'océan Pacifique. Le règne animal y était pauvrement représenté, et il était plus difficile que dans les grandes îles de s'y procurer des aliments riches en azote.

Dans l'archipel taïtien, où l'on avait des fruits féculents, du poisson en abondance, des chiens et des porcs, le cannibalisme n'était plus guère qu'une tradition. Accidentellement et par esprit de vengeance, on rôtissait et l'on mangeait bien encore quelquefois un morceau de l'ennemi vaincu (1), mais, en général, le cannibalisme était condamné par la morale publique. Il avait d'ailleurs été jadis en usage, et l'on en retrouvait des traces évidentes. Ainsi, dans les sacrifices humains, le prêtre offrait d'abord au chef l'œil de la victime, et, sur son refus, il le présentait aux dieux avec le reste du corps. Ces dieux taïtiens étaient, au dire des prêtres, très friands de chair humaine. Après une offrande de cette nature, on pouvait tout leur demander et tout en obtenir (2).

Certains noms rappelaient aussi l'ancienne coutume, par exemple, celui d'Aïmata, que portait Pomaré avant son avènement et qui signifiait « manger l'œil ». Diverses locutions de la langue courante déposaient aussi dans le même sens ; ainsi, une période de disette s'appelait, à Taïti : « saison à manger des hommes » (3).

Dans l'archipel javanais existaient deux formes curieuses d'anthropophagie : l'anthropophagie par piété filiale et l'anthropophagie juridique.

Les Battas de Sumatra, formant une nation nombreuse, agricole, policée, ayant un système régulier de lois et de gouvernement, un alphabet, une littérature, mangeaient pieusement et cérémonieusement leurs vieux parents, en ayant soin de choisir pour cela une saison où les citrons étaient abondants et le sel à bon marché. Au jour fixé, le vieillard destiné à être mangé montait sur un arbre, au pied duquel se groupaient les parents et les amis. Ceux-ci frappaient le tronc de l'arbre en

(1) Cook, *Troisième Voyage* (*Hist. univ. des voy.*, X, 246). — (2) Cook, *Troisième Voyage.* — (3) Cunningham, *Hist. univ. des voy*, vol. XLIII, 81.

cadence et en chantant un hymne funéraire dont le sens général était : « Voilà la saison venue. Le fruit est mûr : qu'il
tombe. » Puis le vieillard descendait; ses parents les plus proches le tuaient avec recueillement, et les assistants le mangeaient (1).

Les Battas pratiquaient aussi la forme la plus élevée de l'anthropophagie : l'anthropophagie juridique. Chez eux, l'adultère,
le voleur de nuit, ceux qui avaient traîtreusement attaqué une
ville, un village, un particulier, étaient condamnés à être mangés par le peuple. On les liait sur trois poteaux, les jambes et
les bras écartés en croix de Saint-André, et, à un signal donné,
toute l'assistance se ruait sur eux et les dépeçait avec des
haches, des couteaux, ou simplement les ongles et les dents. Les
lambeaux arrachés étaient mangés immédiatement crus et sanglants; on les trempait seulement dans une mixture préparée
à l'avance dans une noix de coco et composée de jus de citron,
de sel, etc. Dans les cas d'adultère, le mari outragé avait le
droit de choisir à sa guise le premier morceau (2). Les convives
exécuteurs mettaient une telle ardeur à leur besogne, que souvent ils se blessaient les uns les autres ; c'est que tout en étant
la forme la plus relevée du cannibalisme, l'anthropophagie
juridique ne saurait néanmoins s'exercer sans réveiller les
instincts sauvages, dont elle est la trace dernière.

V

Du cannibalisme en Amérique.

De la Terre de Feu aux régions arctiques, le cannibalisme
existe ou a existé en Amérique. Magellan (3), Candish (4), Fitzroy (5) l'ont constaté à la Terre de Feu. Les Moxos et nombre
de tribus guaranies étaient de déterminés cannibales (6), comme
nous l'avons déjà vu en parlant de leur coutume d'engraisser
les prisonniers et de les bien traiter avant de les manger (7). Les

---

(1) *Asiatic Researches*, X, 202 (cité par Pickering, *Races of Man*).—
(2) *Malacca Observer*, 1827, *Moore's Papers on the Indian Archipelago.*
—(3) *Hist. univ. des voy.*, vol. I, 128. — (4) *Id.*, 188. — (5) *Voyage de
l'Adventure et du Beagle.* — (6) A. d'Orbigny, *l'Homme américain*,
II, 212-231. — (7) *Singularitez de la France antarctique*, 185, 187,
192, 199.

Mexicains, relativement civilisés, avaient des coutumes analogues, sanctifiées par la religion (1); parfois même ils communiaient sous les espèces d'une statue de pâte de maïs, pétrie avec du sang d'enfant, et dont ils se disputaient les morceaux.

Les premiers missionnaires français chez les Peaux-Rouges y trouvèrent le cannibalisme encore en usage. Le père Brébeuf a vu les Hurons manger un de ses néophytes et Charlevoix raconte l'histoire de vingt-deux Hurons dévorés par des Iroquois (2). Enfin, en 1833, l'expédition du capitaine Back put encore constater un fait de cannibalisme chez les Peaux-Rouges de l'Amérique du Nord (3).

Les Noutka-Colombiens, qui forment une sorte de trait d'union entre les Peaux-Rouges et les Esquimaux, ont aussi très volontiers recours à l'anthropophagie. Certains d'entre eux offrirent à Cook des mains et des crânes d'hommes déjà en partie mangés et ayant subi la cuisson (4). Un de leurs chefs était tellement friand de chair humaine, qu'à chaque lune il faisait tuer un esclave pour le manger dans un festin offert à des chefs de rang inférieur. La chose se faisait cérémonieusement. On commençait par chanter la chanson de guerre et par danser autour du feu, dont on activait la flamme en y jetant de l'huile. Puis le chef, les yeux bandés, se livrait, au milieu des victimes désignées, à une sorte de colin-maillard. Aussitôt qu'il avait choisi un esclave, celui-ci était égorgé, dépecé et les morceaux tout fumants en étaient distribués aux convives (5).

En temps de disette, les Esquimaux ne sont pas plus scrupuleux que les Noutka-Colombiens. Celle de leurs hordes qui est affamée se rue sur une autre, la massacre et en dépèce les cadavres, dont la chair est dévorée, parfois toute crue et ge..ce (6). Il faut dire pourtant que l'anthropophagie par gourmandise, que nous avons constatée chez les Noutka-Colombiens, paraît inconnue aux Esquimaux. Ces derniers ne recourent au cannibalisme qu'en temps de famine. Il semble d'ailleurs que jadis ils aient eux-mêmes plus d'une fois servi de gibier à leurs impla-

(1) Bernal Diaz, *Histoire véridique de la conquête de la Nouvelle-Espagne* (trad. Jourdanet, 1re édition), *passim.* — (2) Cité par Voltaire, art. *Anthropophagie* du *Dict. phil.*— (3) *Narrative of the Arctic Land Expedition*, etc., 119. — (4) Cook, *Troisième Voyage* (*Hist. univ. des voy.*, vol. X, 346). — (5) Meares, *Hist. univ. des voy.*, vol. XIII, 369. — (6) Parry, *ibid.*, vol. XL, 459.

cables ennemis, les Peaux-Rouges ; car ils les appellent *Irtkily*, nom donné par les Groenlandais à des hommes anthropophages que leur imagination troublée a gratifiés de têtes de chien (1). Cette conception mythologique suffirait seule à prouver qu'en général le cannibalisme n'est plus dans les mœurs ordinaires des Esquimaux.

VI

Du cannibalisme chez les races mongolique et blanche.

Comme nous l'avons dit et déjà à demi prouvé, le cannibalisme n'est le propre d'aucune race humaine. Il est seulement d'autant plus commun que l'état social est plus inférieur. Chez les races supérieures, mongolique et blanche, il n'existe plus, comme coutume générale, habituelle ; mais il a existé jadis et reparaît encore accidentellement.

Un ancien voyageur hindou raconte que les habitants du Boutan mangeaient jadis les foies des ennemis tués, en les assaisonnant avec du beurre et du sucre ; qu'ils transformaient les crânes en coupes cerclées d'argent, les os en bijoux et en instruments de musique, etc. (2). Tout récemment encore, durant la guerre chinoise des Taïping, un marchand anglais de Schang-Haï rencontra son domestique, qui apportait à la maison le cœur d'un rebelle pour le manger, non point par gourmandise ou besoin, mais par un motif moral plus relevé : pour se donner du courage (3).

Pas plus que les autres, la race blanche n'est indemne du cannibalisme, qui est pour l'humanité une sorte de péché originel. Les peuples mongoliques de l'Europe orientale en donnaient d'ailleurs l'exemple aux anciennes populations grecques. On lit dans Hérodote que les Massagètes assommaient et mangeaient, *par compassion*, leurs vieux parents. Chez eux, les vieillards mourant de mort naturelle étaient considérés comme des impies et leurs cadavres étaient abandonnés aux bêtes féroces. Les Issédons, à l'est de la Scythie, avaient des coutumes analogues (4). A l'aurore de l'histoire grecque, le cannibalisme

---

(1) Parry, *Hist. univ. des voy.*, vol. XL, 451. — (2) *Voyage au Boutan par un auteur hindou*, *Asiatic Researches* (analysé dans la *Revue Britannique*, 1827). — (3) E. Tylor, *Early History of Mankind*, 167. — (4) Hérodote, *Histoires*, liv. IV. 26.

était déjà réprouvé, mais les légendes d'Atrée et de Lycaon prouvent assez que l'usage n'en était pas tombé depuis bien longtemps en désuétude.

Dans les premiers siècles de notre ère, des faits de cannibalisme s'observaient encore en Europe, et saint Jérôme dit, dans une de ses lettres, avoir vu, dans la Gaule, des Écossais anthropophages extrêmement friands des seins des jeunes filles et des fesses des jeunes garçons.

Les peuples sémitiques, moins civilisés que les variétés indo-européennes de la race blanche, retombaient et retombent encore sans trop de peine dans l'anthropophagie. Josèphe a raconté, avec des flots de réthorique hypocrite et bavarde, l'histoire d'une mère juive, qui fit cuire son enfant et le mangea pendant que le vertueux Titus assiégeait impitoyablement dans Jérusalem les derniers défenseurs de l'indépendauce hébraïque (1). L'historien arabe Abd-Allatif cite toute une anthologie d'histoires de cannibales, en racontant une famine qui désola l'Egypte l'an 597 de l'hégire (1200). Dans toutes les villes d'Egypte, à Alexandrie, à Syène, à Damiette, à Kons, etc., l'anthropophagie se pratiqua alors sur une large échelle. On se livrait à la chasse de l'homme et surtout de l'enfant; car l'enfant rôti était réputé un mets excellent. Le supplice du feu, dont on punissait les cannibales, les effrayait si peu, que les suppliciés eux-mêmes, une fois grillés, étaient parfois devorés. Le cannibalisme, qui d'abord semblait horrible, finit en quelque sorte par entrer dans les mœurs; on y prit goût; une femme riche, qui était enceinte, faisait de la chair humaine sa nourriture habituelle. Un épicier en avait amassé une provision, qu'il avait salée, etc. (2). Rien d'étonnant dans tout cela, puisque tout récemment, en Algérie, lors de la dernière famine, nous avons vu les Arabes recourir, çà et là, comme le faisaient leurs ancêtres, à l'anthropophagie.

D'ailleurs, les faits du même genre ne sont pas très rares dans l'histoire moderne des nations européennes. En France, en 1030, durant une famine de trois ans, on allait, comme le faisaient les contemporains d'Abd-Allatif, à la chasse à l'homme. Un homme fut condamné au feu pour avoir mis en vente de la

(1) *Guerre des Juifs*, liv. VI, chap XXI. — (2) *Relation de l'Égypte*, par Abd-Allatif (tr. par Silv. de Sacy), chap. II.

chair humaine sur le marché de Tournay. Dans sa chronique si
curieuse, Pierre de l'Estoile nous parle, en donnant d'intéressants détails, du cannibalisme des Parisiens pendant le siège de
Paris par Henri IV, le bon roi Henri, en 1590 : c'est une dame
riche, qui, ayant vu mourir de faim ses deux enfants, en fait
saler les cadavres par sa servante, avec laquelle elle les mange ;
ce sont des lansquenets, qui pratiquent la chasse à l'homme
dans les rues de Paris et font des festins de cannibales à
l'hôtel Saint-Denis et à l'hôtel de Palaiseau, etc.

Plus tard encore, des gens du peuple exhumèrent le cadavre
du maréchal d'Ancre, le lendemain de son assassinat, et l'un
d'eux fit cuire le cœur sur des charbons et le mangea, en l'assaisonnant avec du vinaigre (1). Schiller rapporte qu'à la fin
de la guerre de Trente ans les Saxons étaient devenus cannibales.

Enfin, bien plus récemment encore, en Amérique pendant
la guerre de l'Indépendance, deux Américains (colons) furent
mangés par les Senecas (Peaux-Rouges), et un colonel de l'armée anglaise était parmi les convives : « c'est ainsi, leur
disait-on en buvant dans les conseils, c'est ainsi qu'il faut
boire le sang des rebelles (2). »

On le voit, nous aurions tort de trop nous enorgueillir de
notre civilisation actuelle, si imparfaite d'ailleurs. La bête n'est
pas bien loin derrière nous ; elle est même encore en nous à
l'état latent. Néanmoins, la revue anthropophagique que nous
venons de faire a un côté consolant. A sa manière, elle atteste
une fois de plus que l'évolution du genre humain est progressive. L'homme commence par être un animal comme les autres,
et il n'est pas le moins féroce. Alors, pour ce pauvre être.
affamé et grossier, le besoin prime tout ; toute chair lui est
bonne, même celle de ses proches, de sa femme, de sa famille
et de ses enfants ; puis il ne mange plus guère que ses ennemis,
c'est-à-dire ses rivaux des tribus voisines. Il est alors canni-
bale presque uniquement par vengeance et par gourmandise,
mais cette dernière passion ne s'assouvit plus que sur des prisonniers ou esclaves. Enfin le cannibalisme revêt la forme

(1) Legrain, *Décades de Louis XIII*, liv. IX (cité dans le *Diction-
naire de Bayle*). — (2) *Mémoires et manuscrits du général Lafayette*,
t. I, 42.

religieuse ou juridique, c'est-à-dire devient assez rare. A partir
de là, il est de plus en plus condamné, réprouvé par la morale
publique, et l'on n'y a plus guère recours que dans les plus
dures extrémités de la famine, ou dans l'état de folie, quand,
l'intelligence et la moralité ayant sombré, la bête se déchaîne
à nouveau.

Encore arrive-t-il le plus souvent que les Européens de
nos jours, en dépit des plus dures extrémités, dans certains
naufrages, par exemple, aiment mieux mourir de faim que de
recourir au cannibalisme de leurs ancêtres. Tout chétif, tout
imparfait qu'il soit, l'homme est donc perfectible. C'est là une
conclusion à la fois consolante et fortifiante.

CHAPITRE XIII.

DES RITES FUNÉRAIRES

I

De l'idée de la mort.

Les animaux ont-ils l'idée de la mort? Cela n'est pas impossible pour certains. Ainsi M. Houzeau rapporte, que, dans
l'Arkansas, une femme ayant été tuée pendant un combat avec
les Indiens, son chien resta obstinément couché sur sa tombe
et s'y laissa mourir de faim (1). Il rappelle en même temps le
fait, cité par Cuvier, d'un chien, qui, chérissant une lionne
avec laquelle il vivait au Jardin des Plantes de Paris, fut si
affligé de sa mort qu'il se laissa aussi mourir d'inanition (2).
De même, les perruches dites *inséparables* meurent de chagrin
en cas de veuvage. Ces faits établissent sans conteste que certains animaux sont doués d'une grande sensibilité morale ;
ils ne prouvent nullement qu'en succombant à leur affliction
ils aient l'idée nette de la mort qui les attend. Ce n'est pas là le
suicide raisonné et prévoyant, comme on en constate trop

(1) Houzeau, *Études sur les facultés mentales des animaux*, t. II,
135.— (2) Fr. Cuvier, *Instinct des animaux.*

d'exemples dans l'espèce humaine et très souvent chez les races sauvages, contrairement à l'opinion courante (1). Mais, s'il était bien établi qu'aucun animal n'a l'idée précise de la mort, il faudrait se garder de voir dans ce fait une différence capitale entre l'homme et l'animal; car, comme nous le verrons, l'idée de la mort naturelle est étrangère à des groupes ethniques tout entiers. La différence serait plutôt dans l'existence ou la non-existence des rites funéraires; mais là encore elle est bien graduée.

Une espèce de lama (*auchenia guanaco*) semble avoir à la fois l'idée de la mort et la velléité de se faire un cimetière; car tous les individus libres appartenant à cette espèce vont mourir dans un même endroit et y entasser leurs os (2). Certaines fourmis font mieux et, après leurs combats, elles enlèvent les cadavres de leurs guerriers (3). D'après Battel, les anthropomorphes de l'espèce *gorilla gina* ont soin de recouvrir avec des branches et du bois mort les cadavres des animaux de leur espèce (4). En revanche, nombre de hordes humaines abandonnent sans plus y songer les cadavres des leurs. Pourtant, il faut bien l'avouer, l'abandon des morts semble être assez rare dans l'espèce humaine. Généralement le rite funéraire est un trait humain, et les savants, qu'obsède l'idée de creuser un abîme entre l'homme et le reste du règne animal, pourraient, avec quelque apparence de raison, faire de l'homme un « règne funéraire ».

Comme nous l'allons voir en passant en revue les principales races humaines, les rites et cérémonies funèbres offrent une grande variété, d'ordinaire en relation avec l'idée que l'on se fait de l'*au-delà* de la vie. Ici on abandonne simplement les morts; ailleurs on les mange. Chez beaucoup de peuples, les cadavres sont enfouis dans le sol, puis recouverts de terre, de pierres. Dans certaines contrées, on les cache dans des grottes naturelles ou dans des caveaux, de forme variée, que l'on clôt et garantit de son mieux pour les abriter contre les atteintes des bêtes sauvages. D'autres peuples ou tribus ont à ce sujet des idées diamétralement opposées; loin de garantir leurs morts, ils les font dévorer par les bêtes fauves, par les

---

(1) Houzeau. *Etudes sur les facultés mentales des animaux*, 135. — (2) Houzeau, *loc. cit.*, 284.— (3) Kirby et Spence. *Introduction to Entomology*, let. XVII (cité par Houzeau, II, 605). — Houzeau. II, 605.

oiseaux de proie, même par des chiens dressés à cet effet. Tel peuple dessèche et momifie ses morts; tel autre les abandonne sur une estrade élevée, sur les branches des arbres, dans une pirogue, etc.

A part l'abandon bestial, toutes ces coutumes funéraires, si diverses, sont dictées par un même sentiment, par un pieux souci de l'avenir des décédés. En effet, pour croire que la personnalité humaine s'évanouit dans le tombeau, il faut d'ordinaire avoir reçu les sévères enseignements de la science. Aux yeux de l'homme primitif ou ignorant, la mort n'est qu'un accident, une secousse, qui donne seulement à l'existence un nouveau cours. Une vapeur, une ombre, des mânes, etc., quelque chose se dégage du corps en putréfaction, et ce quelque chose est le moi conscient de l'individu, qui recommence alors une nouvelle existence plus ou moins calquée sur l'ancienne. Parfois on se figure que le moi absent rentrera un jour dans le corps, provisoirement abandonné, et l'on s'efforce de lui conserver autant que possible son ancienne demeure. Sûrement les phénomènes quotidiens du sommeil et des rêves, les syncopes, etc., ont fortement contribué à égarer sur ce point le jugement enfantin de l'homme primitif. Pour cet esprit grossier, passer de l'exubérante ivresse de la vie à l'anéantissement de la mort est une chose inconcevable. En outre, dans les premiers âges de l'évolution humaine, on est bien loin d'avoir trié exactement le conscient et l'inconscient. L'homme alors prête volontiers aux objets inanimés, qui l'impressionnent de tant de manières, des idées, des sentiments, des passions analogues à ce qu'il ressent. Surtout, comme nous l'avons dit plus haut et comme l'ont chanté tant de fois les poètes, le sommeil semble bien réellement alors le frère de la mort ; on les distingue mal l'un de l'autre : le sommeil a si bien l'air d'une mort temporaire pendant laquelle l'esprit se dégage et erre çà et là ; la mort, de son côté, ne diffère pas trop en apparence d'un long sommeil, qui doit aussi se prêter au dédoublement de l'être.

Il faut avoir bien présentes à l'esprit les vues générales que nous venons d'esquisser pour comprendre les rites funéraires, extrêmement variés, baroques parfois, auxquels s'astreignent les différents groupes humains. Nous allons énumérer les plus typiques de ces coutumes, mais celles-là seulement.

II

Des rites funéraires en Mélanésie

Déjà, en Mélanésie, les coutumes funéraires sont variées, même chez les types mélanésiens les plus infimes, chez les Tasmaniens et les Australiens, en tout si analogues les uns aux autres. Chez eux, le cadavre était parfois enterré; parfois il était déposé dans une légère excavation. Dans les cas d'inhumation, le corps était d'habitude placé dans une position accroupie, les genoux repliés sur la poitrine, les bras croisés. On avait soin alors de l'envelopper dans son manteau. Cette attitude funéraire était ou est encore usitée chez nombre de peuples, notamment chez les Andamanites, les Péruviens, les anciens Écossais, etc., et elle a donné lieu à bien des conjectures, dont la plus vraisemblable doit être la plus simple. Pour l'imagination de la plupart des hommes primitifs, la mort est un long sommeil. Dans cette supposition, rien de plus naturel que de donner au cadavre l'attitude du repos, que l'on a l'habitude de prendre au coin du feu, le soir, après une journée de chasse ou de guerre.

Enfin, hypothèse plus simple encore, on aura souvent visé, surtout dans les cas d'inhumation, à faire en sorte que le cadavre tînt le moins de place possible.

Parfois aussi les Mélanésiens dont nous parlons plaçaient leurs morts soit dans des troncs d'arbres creux, soit dans des cercueils d'écorce. Dans tous les cas, ils deposaient à la portée du décédé ses armes de chasse ou de guerre (1).

Les lieux d'inhumation étaient d'ordinaire isolés et destinés à un seul individu; quelquefois cependant les Australiens se faisaient de petits cimetières communs (2). Mais les modes de sépulture, dont nous venons de parler, étaient usités surtout pour les jeunes gens. Pour les gens âgés, on faisait parfois plus de façons, et, au lieu de les inhumer simplement, on les brûlait; après quoi on en recueillait soigneusement les os calcinés pour en faire des amulettes protectrices contre la mala-

---

(1) Bonwick, *Daily Life and Origin of the Tasmanians*, 91, 92, 145. Sturt, *Hist. univ. des voy.*, vol. XLIII, 307. — (2) Sturt, *loc. cit.*, 219.

die, pour en obtenir du succès à la guerre ou à la chasse (1).
Toutes ces coutumes prouvent, de reste, que, pour le Tasmanien et l'Australien, une sorte de vie se continuait au-delà du
tombeau. Il semble bien aussi que là, comme en bien d'autres
contrées, le quelque chose que l'on se figurait persister après
la mort, les mânes, en un mot, fussent bien plus un objet de
terreur qu'un objet d'affection. Ainsi, après la mort d'un
homme, on évitait de le nommer, et tous les membres de la
tribu, qui étaient homonymes du décédé, devaient changer de
nom (2). Une coutume semblable existe d'ailleurs dans d'autres
races, notamment en Polynésie.

Tasmaniens et Mélanésiens s'infligeaient aussi, lors de la
perte de certains des leurs, soit des blessures, soit l'amputation
d'une phalange (3). Voulaient-ils manifester leur douleur ou
apaiser les mânes plus ou moins irritables du défunt? Ils ne
croyaient pas d'ailleurs à la mort naturelle. Pour eux, la cause
habituelle de la mort résidait dans quelque maléfice inventé
par un ennemi. Aussi chaque décès devait être vengé par les
proches. Tuer les assassins présumés, qui d'ordinaire appartenaient à l'une des tribus voisines, était un devoir strict, et
le carnage était proportionné à l'importance du mort et à l'affection qu'on lui portait. Afin de témoigner au père R. Salvado
la tendresse qu'il ressentait pour lui, un Australien lui promit
d'égorger, s'il venait à mourir, au moins une demi-douzaine
de ses compatriotes (4). C'est là, entre autres, un des résultats fâcheux qu'a eus dans le monde non pas la doctrine de
l'immortalité de l'âme, tardivement éclose dans la conscience
humaine, mais la croyance à une survivance temporaire après
la mort, qui est si commune dans toutes les races.

Chez les Papous et les Néo-Calédoniens, l'incinération des cadavres ne paraît pas en usage. Parfois, au contraire, les Papous
dessèchent, momifient leurs morts et les conservent ensuite pré-
cieusement dans leurs cases (5). Quelques tribus néo-calédoniennes les laissent se putréfier dans des cases *ad hoc*, puis en

(1) Bonwick, *loc. cit.*, 91. Müller,*Reise der Freg. Novara Anthrop.*, 8. Dumont d'Urville, *Hist. univ. des voy.*, vol. XVIII, 225.
— (2) Bonwick, *loc. cit.*, 145. Dumont d'Urville, *loc. cit.*, 225. —
(3) Cook, *Premier Voyage* (*Hist. univ. des voy.*, vol. VI, 391). —
(4) R. Salvado, *Mémoires sur l'Australie.* — (5) O. Beccari, *loc. cit.*

recueillent les os et les placent soit dans une anfractuosité de
rocher, soit dans un petit caveau creusé au fond des bois (1).
Le plus souvent, on les enterre dans un cimetière spécial à la
tribu et qui est un lieu taboué (2). Certaines tribus·néo-calédo-
niennes n'enterrent que leurs chefs et se bornent à placer les
cadavres des gens du commun sur les branches des arbres ou
à les adosser contre leurs troncs. Dans tous les cas, on place
ou l'on fiche, à côté des restes du décédé, tous les ustensiles
qui peuvent lui être utiles ou agréables : les lances, les pagaies,
les bijoux, etc. (3).

La mort d'un chef étant considérée à la Nouvelle-Calédonie
comme une calamité publique et, d'autre part, la population
ayant toujours une tendance fâcheuse à dépasser la limite des
subsistances, il est d'obligation, après une perte de ce genre,
de témoigner sa douleur en s'abstenant, pendant quinze jours
ou un mois, de relations conjugales. On le voit, il ne s'agit pas
ici d'un deuil de cour. Une fois le délai expiré, une fête com-
mémorative marque la levée de l'interdiction (4).

De tous ces faits, on peut évidemment conclure que les Mélanésiens et même leurs types les plus inférieurs croient à une
survivance quelconque après la mort et ressentent plus ou moins
longtemps, à l'occasion de leurs décédés, des sentiments soit
d'affection, soit de vengeance.

III

Des rites funéraires en Afrique.

Des sentiments affectueux pour les morts existent aussi chez
les Africains, même des races les plus humbles. Les Bojesmans
ont-ils des idées quelconques au sujet d'une vie future ? Quelles
sont, dans ce cas, ces idées ? Il est difficile de le savoir. Mais,
quoi qu'il en soit, ils sont déjà sensibles à la perte des leurs et
manifestent énergiquement leur douleur en s'amputant une
phalange du petit doigt. Quelques hommes s'astreignent à cette
douloureuse pratique; mais, déjà chez les Bojesmans, la femme
semble plus affective que l'homme, car la mutilation phalan-

---

(1) De Rochas, *la Nouvelle-Calédonie*, 270. — (2) *Id.* — (3) Cook,
Deuxième Voyage (*Hist. univ. des voy.*, vol. VIII, 452). De Rochas,
loc. cit., 270. — (4) De Rochas, *loc. cit.*, 286.

gienne est beaucoup plus commune chez elle (1). D'ailleurs, l'amputation partielle du petit doigt paraît être, aux yeux des femmes de cette race, une sorte de sacrifice auquel elles attribuent des effets variés; car il leur arrive quelquefois de faire subir cette mutilation à leurs enfants pour les empêcher de mourir (2).

Les Bojesmans n'enterrent guère leurs morts; mais les Hottentots, déjà plus civilisés, déposent souvent les leurs dans une fosse peu profonde. Comme beaucoup de Mélanésiens, ils placent le cadavre dans une position accroupie, en l'enveloppant de son *kros* ou manteau, qu'ils ont soin cependant, en gens économes, de choisir aussi mauvais que possible (3).

Sous le rapport des rites funéraires, les ennemis héréditaires des Hottentots, les Cafres, ne diffèrent pas beaucoup de leurs voisins. Comme nous l'avons déjà pu voir, la race cafre n'a pas précisément le cœur sensible, aussi ses diverses tribus se soucient assez peu de leurs morts. Le populaire cafre jette tout simplement les cadavres de ses proches dans une fosse ouverte, commune à toute la tribu et située à une certaine distance du kraal. Les hyènes et les chacals se chargent du reste. Il n'est même pas rare de voir un fils traînant sans cérémonie à la fosse commune le cadavre de sa mère ou de son père. Seuls, les chefs sont inhumés plus cérémonieusement, sur la place publique, dans l'enceinte même où les hommes de la tribu ont l'habitude de se réunir, et l'on a soin de couvrir leurs corps d'un *cairn* en pierres (4).

Chez les nègres de l'Afrique équatoriale, règne, au fond, une assez grande uniformité dans les rites funéraires. L'inhumation est de règle, et elle se pratique dans une fosse en forme de puits, où le cadavre est placé dans une position accroupie. Clapperton a trouvé cette coutume en usage à Yourriba, Koulfa, Borgou, etc. (5). Schweinfurth a rencontré des coutumes analogues chez les Bongos du haut Nil, mais avec une curieuse recherche. En effet, les Bongos ont soin de pratiquer, en un

(1) Burchell, *Hist. univ. des voy.*, vol. XXVI, 324.— (2) Thompson, id, vol. XXIX, 163.— (3) Levaillant, *Hist. univ. des voy.*, vol. XXIV, 179. — (4) Levaillant, *Hist. univ. des voy.*, vol. XXIV, 210 Burchell, id., vol. XXVI, 465. — (5) Clapperton, *Second Voyage dans l'intérieur de l'Afrique*, 1, 94, Paris, 1829.

point de la paroi du puits funéraire, une niche assez profonde pour recevoir le cadavre accroupi. Leur intention, pleine de sollicitude, est d'éviter au mort la pression de la terre dont ils remplissent la fosse (1). C'est un pieux souci, dérivant évidemment de l'idée que le défunt est sensible encore à la douleur. Des craintes du même genre ont hanté l'esprit de bien des races. « Que la terre te soit légère ! » est un dicton consacré, même en Europe, dans le style des oraisons funèbres. Dans un hymne védique adressé à la Mort, on trouve la même idée poétiquement exprimée : « Terre, soulève-toi. Ne blesse point (ses ossements). Sois pour lui prévenante et douce. O terre, couvre-le, comme une mère couvre son enfant d'un pan de sa robe, etc. (2). »

C'est que, comme nous l'avons dit précédemment, pour l'imagination de l'homme primitif, ou peu développé, la mort n'est le plus souvent qu'une autre forme de la vie. A Koulfa, dans l'Afrique équatoriale, on a soin de pratiquer un trou au haut du tombeau, creusé parfois à la porte même de la maison du défunt. Près de cet orifice, on dépose des pagnes, des objets divers, en priant le défunt de les donner à tel ou tel de ceux qui l'ont précédé dans la mort (3). Les Niam-Niam, qui souvent inhument aussi leurs morts dans une position assise, ont soin au préalable de les parer comme pour une fête, avec des peaux d'animaux, des plumes; en outre, ils les peignent en rouge, la plus belle des couleurs, selon l'esthétique de la plupart des races sauvages (4).

A l'ouest de l'Afrique tropicale, chez les Timannis, on a dans les villes des maisons mortuaires, où sont déposés les restes des rois et des chefs. Ces maisons ne sont jamais ouvertes, mais dans leurs parois on a pratiqué d'étroits orifices, par lesquels on introduit, à des époques déterminées, des aliments et du vin de palme (5). Avant de manger et de boire, les Timannis ont aussi bien soin de prélever pour les morts une petite portion de leurs aliments, qu'ils jettent à terre. Ainsi font encore les Fantis, les Achantis, etc. (6) Des coutumes

(1) G. Schweinfurth, *The Heart of Africa*, I, 303. — (2) *Rig. Véda*. Section VII. Hymne 13, verset 11. Traduction Langlois. — (3) Clapperton, *Second Voyage*, 276. — (4) G. Schweinfurth, *the Heart of Africa*, II, 34. — (5) Laing, *Hist. univ. des voy.*, vol. XXVIII, 33. — (6) *Id.*, 34.

analogues se retrouvent d'ailleurs un peu par toute la terre.
C'est l'idée de la survivance sous sa forme première. Mais il y
a loin de là à l'idée de l'immortalité éthérée, à laquelle la plupart des Européens croient ou feignent de croire. Le quelque
chose, que l'on suppose naïvement persister après la mort, a
tous les besoins, tous les défauts, toutes les qualités que le défunt avait de son vivant.

Rien de plus innocent que les offrandes d'aliments, d'armes,
d'ornements, etc.; mais on n'en saurait dire autant des sacrifices funèbres dérivant de cette même hypothèse d'une vie future, dont nos prêtres, nos moralistes et nos professeurs de
philosophie ne cessent de nous vanter les salutaires effets.

Les sacrifices funéraires ne sont peut-être dans certains cas
qu'une extension de la pratique des mutilations funéraires, en
vigueur chez tant de peuples plus ou moins sauvages, dont la
douleur, affectée ou sincère, se manifeste en s'infligeant des
plaies, des mutilations. Les Mélanésiens, les Hottentots, etc.,
s'amputent souvent une phalange du petit doigt, à la mort d'un
proche. Ailleurs on se contente de se lacérer la peau, d'y faire
des incisions plus ou moins profondes. Ainsi, du temps de Bruce,
les Abyssiniennes manifestaient la douleur que leur causait la
perte d'un parent ou d'un amant en s'incisant légèrement la
peau des tempes avec l'ongle du petit doigt, qu'elles laissaient
même croître à cet effet (1).

De l'idée de se faire souffrir soi-même on passe facilement à
celle de faire souffrir ou de sacrifier les autres. C'est ainsi que,
dans l'Achanti, à la mort du roi, les fils, frères, neveux du défunt, en proie à une démence simulée, se précipitent hors du
palais royal, en tirant des coups de fusil indistinctement sur
tous ceux qu'ils rencontrent (2). Mais le plus souvent les choses
se font avec plus de méthode, plus solennellement, plus logi-
quement aussi. Quand on suppose que le défunt a simplement
passé de ce monde sublunaire à un monde invisible, mais analogue, quoi de plus naturel que de lui donner pour compagnons
les êtres qui lui tenaient de plus près sur la terre? Ne faut-il
pas que le mort, s'il a joué quelque rôle ici-bas, arrive, dans
l'au-delà, aimé, choyé, entouré, servi, comme il avait eu l'habi-

(1) Bruce, *Hist. univ. des voy.*, vol. XXIII, 380. — (2) Bowdich,
Hist. univ. des voy., vol. XXVIII, 428.

tude de l'être en ce bas monde ? On sacrifie donc sur sa tombe soit ses animaux familiers, son cheval ou son chien, comme on le faisait au Borgou (1), soit ses femmes, ses plus proches parents, ses esclaves.

Cette coutume barbare, mais parfaitement logique, est en vigueur dans nombre de localités de l'Afrique équatoriale. Dans l'Achanti, la mort du roi est suivie de véritables hécatombes d'esclaves. Il serait malséant, en effet, qu'un monarque achanti entrât dans la vie future sans une escorte proportionnée à son rang illustre. A Katunga, dans l'Yourriba, quand le roi vient à mourir, le cabocir ou chef de Djannah, trois autres grands cabocirs, quatre des femmes du monarque défunt et quantité de ses esclaves favoris sont obligés de s'empoisonner. C'est dans un œuf de perroquet que le poison leur est servi, et quand par hasard il ne produit pas d'effet, les patients doivent y suppléer en se pendant dans leur maison. A Jenna, sur le Niger, à la mort d'un gouverneur, une ou deux de ses femmes ont le devoir de se suicider le même jour, afin que le défunt ait une agréable compagnie dans le gouvernement *post mortem*, dont il est allé prendre possession (2). Dans les mêmes régions, à Katunga, quand le roi meurt, il est d'obligation stricte, pour son fils aîné, sa première femme et les principaux personnages du royaume, de s'empoisonner sur son tombeau, afin d'être ensevelis avec le défunt (3). Cette coutume a, en outre, une portée politique ; elle prévient les effets souvent funestes de l'hérédité monarchique. Grâce à elle, à Katunga, le monarque est toujours élu et son fils ne lui succède jamais.

Une fois les cérémonies funèbres terminées, quand il y en a, on songe assez souvent à un monument funéraire quelconque. Sous ce rapport, il y a, en effet, toute une gradation. Les Bojesmans semblent d'ordinaire abandonner leurs morts. Les Hottentots les inhument dans une fosse peu profonde et les recouvrent tant bien que mal de terre et d'un petit tas de pierres (4). Les Cafres jettent, comme nous l'avons vu, les gens de rien dans une fosse commune, découverte, sorte de voirie mor-

(1) Clapperton, *Second Voyage*, I, 173, Paris, 1829. — (2) Clapperton, *Second Voyage*, I, 94. — (3) R. et J. Lander, *Hist univ. des voy.*, vol. XXX, 54. — (4) R. et J. Lander, *Hist. univ. des voy.*, vol. XXX, 290.

tuaire, et n'inhument que les chefs (1), en élevant sur la sépulture un amas de pierres, de forme conique. Dans l'Afrique
équatoriale, on enterre aussi les gens considérables dans des
puits cylindriques, profonds d'environ six pieds (2) Souvent en
outre, on indique la fosse par un tumulus en terre ou par
l'érection d'une pierre haute de cinquante à soixante centimè-
tres, quelque chose d'analogue aux *menhirs* dits *celtiques* (3).
Les Niam-Niam et les Bongos ont soin, en outre, d'orienter con
venablement le cadavre, de l'est à l'ouest. Les premiers placent le visage du côté de l'est, si c'est un homme; du côté de
l'ouest, si c'est une femme. Serait-il convenable, en effet, qu'une
femme morte regardât le soleil levant ? Les Bongos, leurs voisins, pourtant, ont sur ce point des idées tout à fait opposées.
Chez eux, ce sont les femmes mortes qui ont le privilège de
regarder l'orient (4).

Le soleil, l'éblouissant soleil, auquel l'homme doit d'exister
et de durer, a joué un grand rôle dans toutes les mythologies,
et nombre de peuples appartenant à toutes les races s'en sont
grandement préoccupés dans l'orientation de leurs morts.

Nous venons de voir que le menhir celtiforme a été inventé
dans l'Afrique centrale. Il l'a été bien ailleurs, notamment dans
l'Hindoustan, aux îles Fidji, etc., et il en est de même d'une
construction lunéraire plus celtiforme encore, du *dolmen*.

Les Hovas de Tananarive, à Madagascar, déposent leurs
morts sous de vrais dolmens funéraires, formés de cinq pierres
plates, quatre verticales et une horizontale ; puis ils recouvrent
le tout de cailloux formant tumulus. La dalle supérieure est
parfois énorme; M. Dupré en a vu une qui avait treize mètres
de côté et jaugeait environ quatre-vingt-dix mètres cubes (5).

L'homme est vraiment de race moutonnière. Cette similitude
entre les monuments funéraires des Hovas et des Européens
préhistoriques de l'âge de la pierre poli suffirait presque à le
prouver, si tant d'autres analogies sûrement spontanées, ayant
surgi çà et là un peu par toute la terre, ne mettaient d'ailleurs

(1) Levaillant, *Hist univ. des voy.*, vol. XXIV, 179. — (2) Burchell,
Hist. univ. des voy., vol. XXVI, 465. Levaillant, *ibid.*, vol. XXIV, 210.
— (3) Clapperton, *Second Voyage*, I, 173-276. Raffenel, *Nouveau voyage
au pays des nègres*, I, 392. — (4) Schweinfurth, *the Heart of Africa*,
I, 303 ; II, 34 — (5) Dupré, *Trois mois de séjour a Madagascar*, 159.

le fait hors de doute. C'est que, dans quantité de circonstances du même genre, nombre d'hommes de toutes races ont des idées semblables. Fait encourageant pour les sociologistes et leur permettant d'espérer qu'un jour le vaste sujet dont ils s'occupent pourra fournir les éléments d'une véritable science.

IV

Des rites funéraires en Polynésie.

Sous le rapport des rites funéraires, comme sous tous les autres, une assez grande uniformité règne en Polynésie, mais sans exclure pourtant quelques différences locales.

D'ordinaire le mort polynésien n'était point inhumé, mais desséché soigneusement à l'air libre, puis placé dans une position accroupie, enroulé dans des bandelettes d'étoffes de papier et conservé ainsi, dans un *moraï* spécial. L'opération de la dessiccation mortuaire était longue et chanceuse. On commençait par exposer le cadavre en plein air sur un châssis soutenu par quatre poteaux, en le recouvrant d'un toit léger, d'une construction analogue au pavillon central des doubles pirogues polynésiennes (1). Parfois, par exemple à Noukahiva, le châssis était remplacé par un tronc d'arbre à pain, creusé en forme de pirogue et recouvert, après la dessiccation, d'un autre tronc excavé comme le premier et s'y adaptant hermétiquement (2). Pour la plupart de ces insulaires, le pays de *l'au-delà* était une île lointaine, où l'on n'arrivait qu'après une longue navigation. Aussi avait-on soin de placer auprès du cadavre des armes, par exemple, une massue, des coques de noix de cocos servant à puiser de l'eau (3), des vivres, de l'eau, des fruits à pain, du poisson, destinés à sustenter l'ombre du défunt, qui était supposée d'ailleurs errer quelque temps autour du corps (4).

Pour obtenir la dessiccation du cadavre, on avait souvent soin d'en extraire les intestins par l'anus; puis, chaque nuit, on mettait le défunt sur son séant et on le frottait d'huile de

---

(1) Cook, *Premier Voyage* (*Hist. univ. des voy.*, vol. V, 178). — (2) Porter, *Hist. univ. des voy.*, vol. XVI, 383. M. Radiguet, *Derniers Sauvages*, 293. — (3) Cook, *loc. cit.*, 117. — (4) Beechey, *Hist. univ. des voy.*, vol. XIX, 196. Cook, *loc. cit.*, 178.

cocos (1). Quand l'opération réussissait, il ne restait plus qu'à
enrouler la momie dans ses bandelettes. Aux îles Gambier, le
cadavre, préparé de la même manière, n'était pas placé dans
une position accroupie, mais, une fois desséché, il était couché
horizontalement et les bras collés au flanc, dans une grotte
funéraire (2). Les habitants de l'île de Pâques inhumaient leurs
morts sous les pierres des plates-formes supportant les célèbres
statues colossales de leur île (3).

Les Néo-Zélandais inhumaient aussi leurs morts, mais seulement trois jours après le décès et après les avoir bien frottés
d'huile et placés dans une attitude accroupie; puis ils recouvraient la tombe d'un tas de pierres, sur lequel ils déposaient
quelques vivres (4).

Un fait singulier, observé par Cook, à la Nouvelle-Zélande,
montre une fois de plus avec quelle circonspection il faut inter-
préter les similitudes ethniques, même quand elles sont toutes
spéciales. Sur une tombe, les Néo-Zélandais avaient érigé une
croix ornée de plumes et tout à fait semblable à la croix catholique (5).

Nous avons vu les insulaires de Gambier placer leurs morts
dans des grottes naturelles. A Tonga, comme en tant d'autres
points du globe, on construisait pour les morts de distinction
une grotte artificielle, une sorte de *dolmen* formé de larges
dalles de grès (6).

En bien des contrées, la douleur, le regret qu'éveille chez les
survivants la perte d'un parent, d'un ami, ont donné l'idée non
seulement d'élever des monuments funéraires, mais aussi de
peindre, de sculpter des emblèmes. Si peu artistes que fussent
les Polynésiens, ils s'étaient cependant exercés quelque peu à
cet art funéraire. A Taïti, Cook vit dans un *morai* mortuaire
des planches, sur lesquelles on avait sculpté des figures d'hommes et d'animaux, notamment un coq, auquel on avait essayé
de donner plus de vérité en le peignant en rouge et en jaune. Ail-

---

(1) M. Radiguet, *les Derniers Sauvages*, 293. — (2) Moerenhout,
Voy. aux îles du grand Océan, I, 101. — (3) Cook, *Deuxième Voyage*
(*Hist. univ. des voy.*, vol. VIII, 180). — (4) Dumont d'Urville, *Hist.
univ. des voy.*, vol. XVIII, 278. — (5) Cook, *Premier Voyage* (*Hist.
univ. des voy.*, vol. VI, 94). — (6) Th. West, *Ten Years in South Central Polynesia*, 268.

leurs on avait sculpté une petite figure de pierre (1). Il semble
bien que les grandes statues de l'Île de Pâques aient eu une des-
tination analogue, qu'elles aient ou non été exécutées par les
Polynésiens actuels, avec les instruments d'obsidienne dont
M. Pinart a récemment présenté des échantillons à la Société
d'anthropologie (2). Il faut cependant observer que la sculpture, surtout la sculpture en pierre, est un art peu familier aux
Polynésiens.

Dans certains archipels, la coutume du deuil, même prolongé, était en vigueur. A Taïti, les veuves portaient sur leur
tête une coiffure de plumes d'une couleur spéciale et même se
couvraient le visage d'un voile (3) Les femmes, qui avaient lavé,
oint, préparé le cadavre étaient soumises à un rigoureux *tabou*,
durant jusqu'à cinq mois, s'il s'agissait d'un chef (4). Pendant
tout ce temps, elles ne pouvaient plus toucher de leurs mains
à aucun aliment et l'on devait leur mettre les morceaux dans la
bouche. Partout aussi, en signe de deuil, on plantait dans les
lieux funéraires des *casuarinas*, arbres sans feuilles, au port
triste, analogue à celui des prêles. Par surcroît, les lamentations, les chants, etc., étaient de rigueur. Aux Îles Marquises,
les lamentations des femmes étaient, quand le défunt était un
homme, accompagnées d'une mimique des plus étranges. La
veuve et quelques jeunes filles sautaient en cadence autour du
cadavre, en prenant des attitudes lascives ; puis se penchant
sur le mort, pour le bien examiner, elles s'écriaient : « Il n'a
pas bougé... Il ne bouge pas... Hélas ! il n'est plus de ce
monde ! » (5) Mais la douleur funéraire ne se manifestait pas
en Polynésie seulement par des cérémonies et des gémissements ; il fallait des blessures, des mutilations, des sacrifices.
Ce n'était pas assez de la douleur morale : le sang devait couler.

Ces coutumes barbares étaient générales en Polynésie et
assez uniformes. Presque partout on se lacérait le corps et le
visage avec une dent de requin ou un coquillage tranchant (6).
Mais c'était surtout à Tongatabou que la douleur funéraire,

---

(1) Cook, *Premier Voyage* (*Hist. univ. des voy.*, vol. V, 201-211).
— (2) *Bulletins Soc. d'anthrop.*, juin 1879. — (3) Bougainville. —
(4) Cook, *Troisième Voyage* (*Hist. univ. des voy*, l'. IX, 429). —
(5) M. Radiguet, *les Derniers Sauvages*, 290. — (6) Moerenhout,
Voy. aux îles du grand Océan, I, 549-552.

sincère ou affectée, se manifestait d'une manière cruelle. Là, comme partout ailleurs, les signes de regret étaient en raison directe de la position sociale du défunt. A la mort d'un chef, on se rasait les cheveux; on se lacérait la face et le corps; on se meurtrissait; on se brûlait la peau (1); on se plongeait une pique dans la cuisse, les flancs, les joues (2); on s'amputait aussi les phalanges du petit doigt et même celles de l'annulaire, comme en Australie, etc. (3).

Quelque violent que fût le désespoir funèbre des Polynésiens, il n'était pas toujours sincère, et Porter a vu à Noukahiva une veuve, dont le mari avait été dévoré par un requin, se prostituer aux matelots américains, tout en ayant sur le cou, la poitrine et les bras nombre de blessures funéraires encore béantes (4). L'hypocrisie n'est pas un vice propre aux seuls civilisés; sans compter que les Polynésiens étaient d'une légèreté enfantine et n'avaient pas encore de pudeur.

A la Nouvelle-Zélande, une seule explosion de douleur n'était pas considérée comme suffisante. Parfois, on y déterrait les morts à certaines époques de l'année et on les pleurait de nouveau avec un nouvel accompagnement de blessures volontaires et profondes (5).

Mais au souci de témoigner sa douleur par des blessures et des mutilations volontaires s'ajoutait souvent le désir de ne pas laisser le défunt arriver seul dans le pays de *l'au-delà*, et pour satisfaire ce pieux désir on recourait aux sacrifices humains.

Sans doute la morale néo-zélandaise n'obligeait pas toujours la femme d'un homme à ne pas survivre à son mari; mais, si celle-ci se pendait spontanément à un arbre, sa conduite était fort admirée (6). Certaines tribus cependant transformaient cette obligation morale en devoir strict, et à la mort d'un chef on avait coutume chez elles d'étrangler les femmes du défunt sur sa tombe (7). Des coutumes aussi barbares régnaient aux îles

---

(1) Th. West. *Ten Years in South Central Polynesia*, 268. — (2) Cook, *Troisième voyage* (*Hist. univ. des voy.*, vol. X, 80.) — (3) Cook, *Deuxième Voyage* (*Hist. univ. des voy*, vol. VIII, 61). D'Entrecasteaux, *id.*, vol. XV, 179. — (4) Porter, *id.*, vol. XIV, 831. — (5) Moerenhout, *Voy aux îles du grand Océan*, II, 243. — (6) Dumont d'Urville, *Hist. univ. des voy.*, vol. XVIII, 269. — (7) Moerenhout, *loc. cit.*, II, 187.

des Amis et ailleurs, concurremment parfois avec des pratiques tout à fait opposées. Ainsi les Néo-Zélandais, si pieux envers leurs morts, mangeaient de temps en temps leurs proches tués dans les combats. Parfois même des fils dévoraient leur mère, et des pères leurs fils (1). Ajoutons que les mêmes insulaires avaient l'habitude, à la mort d'un chef, après l'avoir pleuré et cérémonieusement regretté, de mettre au pillage tout ce qu'il possédait (2).

Souvent des esclaves étaient sacrifiés sur la tombe. Une mère néo-zélandaise, dont l'enfant s'était noyé, insistait pour qu'on mît à mort une femme esclave, afin qu'elle soignât et accompagnât le petit être dans son voyage au pays d'outre-tombe, au *Reinga* (3).

Aux îles Marquises, on immolait parfois deux serviteurs, deux *kikinas*, chargés de porter, l'un la ceinture du défunt, l'autre la tête de porc servie au festin des funérailles. La précaution était importante ; car le gardien du Noukahiva d'outre-tombe aurait impitoyablement repoussé, injurié, lapidé les arrivants, s'ils ne s'étaient pas présentés au séjour des ombres selon les rites convenables (4). Parfois les victimes funéraires, hommes ou femmes, étaient enlevés par embuscades aux tribus voisines.

Les sacrifices humains étaient également de règle, aux îles Sandwich, quand il s'agissait de quelque personnage notable, et l'on y pratiquait aussi le suicide funéraire. A la mort de Tamehameha, plusieurs personnes, qui lui avaient été chaudement attachées, se suicidèrent pour l'accompagner dans l'autre monde ; cela sans préjudice des victimes obligatoires et des mutilations volontaires (5). En outre, dans les années qui suivirent la mort de ce Napoléon hawaïen, on célébrait l'anniversaire de ce funeste événement en s'arrachant une dent incisive (6). Nomalianna, veuve de Tamehameha, avait fait tatouer sur son bras droit, en langue hawaïenne « Notre bon roi Tamehameha est mort le 6 mai 1819. » Allant plus loin encore, certains insulaires s'étaient fait faire la même opération sur la

---

(1) Mœrenhout, *Voy. aux îles*, etc., II, 187. — (2) Dumont d'Urville, *loc. cit.*, 278. — (3) *Missionary Register for* 1828, 615. — (4) M. Radiguet, *Derniers Sauvages*, 170.— (5) Beechey, *H st. univ. des voy.*, vol. XIX, 347. — (6) Kotzebue, *Deuxième Voyage* (*Hist. univ. des voy.*, vol. XVII, 439).

langue (1). Au festin funéraire de ce grand prince, la consommation obligatoire de cochons fut telle qu'on ne trouvait presque plus de porcs dans l'île après cet événement (2). Tout en
étant peut-être excessive, cette admiration des Hawaïens pour
les conquérants ne saurait surprendre en Europe que quelques
esprits chagrins.

Nous terminerons là notre brève énumération des coutumes
funeraires en Polynésie; mais, avant de poursuivre, il est
à propos de remarquer que ces funérailles plus ou moins sanglantes n'ont guère lieu qu'après le décès des hommes et qu'il
en est de même à peu près chez toutes les races sauvages.
A la mort de leurs maris, les femmes sont souvent sacrifiées,
mais on ne voit nulle part que la réciproque ait lieu, et la plupart des voyageurs gardent sur les obsèques féminines un élo-
quent silence, d'où l'on peut induire que, presque partout, la
femme est inhumée sans grande cérémonie. C'est là une
particularité à ajouter aux faits si nombreux qui attestent le
dédain généralement professé pour la femme chez les peuples
primitifs.

V

Des rites funéraires en Amérique.

Au point de vue des rites funéraires, le vaste continent américain peut se diviser en trois grandes régions : méridionale,
centrale et septentrionale. Sans doute ces régions sont assez
mal délimitées ; elles se pénètrent l'une l'autre, et dans chacune
d'elles il existe des tribus ayant des coutumes funéraires spéciales ; mais en général on peut dire que l'Américain du Sud
pratique l'inhumation, et souvent en donnant au cadavre une
position assise ou accroupie. Dans la région centrale, au Mexique, les morts de quelque distinction étaient soumis à la crémation, pratique généralement inconnue en Mélanésie, en
Afrique, en Polynésie et dans l'Amérique méridionale. Quant à
l'Américain du Nord, d'ordinaire il n'inhume ni ne brûle ses
morts : il les place, à la mode polynésienne, sur des estrades
funéraires et recueille ensuite plus ou moins soigneusement

---

(1) Kotzebue, *loc. cit.* — (2) Freycinet, *Hist. univ. des voy.*,
vol XVIII. 89

leurs os. Du reste l'énumération que nous allons faire mettra suffisamment en relief ces traits généraux.

Les Patagons, les Araucanos, les Pampas, les Puelches, les Charruas inhument leurs morts, généralement dans la position accroupie, et ils ont bien soin de déposer à côté du défunt des vêtements, des ornements, des armes, des flèches, quelquefois peintes en rouge (1), des vivres. Souvent ils brûlent le reste des objets ayant appartenu au décédé et tuent sur sa tombe les animaux domestiques dont il s'est servi (2). Chez les Chiquitos, les Araucanos, les Patagons, on a grand'peine encore à croire à la mort naturelle; aussi le décès des chefs est souvent attribué à des maléfices, d'où des vengeances, des meurtres et des guerres sans fin (3).

Chez les Charruas ainsi que chez les tribus du Grand-Chaco, on ne se contente pas, dans les cérémonies funéraires, d'immoler des animaux domestiques; mais, comme en Polynésie, les parents se font de profondes blessures sur les bras, la poitrine, les flancs. Les femmes s'amputent même une phalange et doivent s'astreindre à des jeûnes sévères. Rappelons, en passant, que l'amputation funéraire d'une phalange digitale est aussi une coutume polynésienne.

Chez les Guaranis, le mort est aussi inhumé dans une position assise, mais après avoir été préalablement introduit dans un grand vase funéraire (4). Parfois le défunt est enterré dans sa propre maison, et chaque matin, pendant longtemps, sa famille en fait l'éloge avec force lamentations (5).

Des coutumes funéraires, analogues au fond, régnaient chez les anciens Péruviens, surtout chez ceux du Midi, dans le royaume de Cuzco. Le mort était inhumé assis et vêtu, au milieu des objets qui lui avaient appartenu et d'une provision de vivres. L'inhumation s'effectuait tantôt dans un caveau dépendant de la maison même, tantôt dans un cimetière commun (6). Autant que possible on évitait la putréfaction, soit en desséchant le cadavre, comme les Polynésiens; soit en se

---

(1) Candish, *Hist. univ. des voy.*, vol. I, 184. — (2) A. d'Orbigny, *l'Homme américain*. I, 196, 238, 405. — (3) A. d'Orbigny, *l Homme américain*, I, 229. — (4) A. Thevet, *Singularitez de la France antarctique*, 219. — (5) A. d'Orbigny, *loc. cit.*, II, 338. — (6) A. d'Orbigny, *id.*, I, 284.

servant de résines, comme les anciens Egyptiens. Souvent on
extrayait les entrailles, ce qui est encore une coutume polynésienne (1). Les sacrifices humains, volontaires ou non, étaient
fréquents au Pérou à la mort des grands personnages. Balboa
rapporte qu'à la mort de l'inca Yupangui nombre de courtisans
furent sacrifiés. A la mort de Huayu-Capac, plus de mille personnes se suicidèrent volontairement (2).

Dans l'ancien Mexique, apparaît l'usage de la crémation mortuaire; mais il était loin d'être général, c'était un privilège
réservé seulement aux personnages de distinction. Le corps,
habillé de telle ou telle manière, suivant la divinité qui lui servait de patron, était d'abord jonché de morceaux de papier
couverts d'hiéroglyphes servant de talismans protecteurs.
Après l'incinération, les cendres, recueillies dans un vase,
étaient ou conservées dans la maison du défunt, ou ensevelies
soit en pleine campagne, soit dans des édifices consacrés (3).
Les restes des rois et des grands personnages étaient d'ordinaire déposés dans les tours des temples. Quant aux morts
non brûlés, ils étaient placés dans de profondes fosses en ma-
çonnerie, assis sur des sièges bas appelés *icpallis*, et l'on avait
soin de déposer à côté d'eux les instruments de leur profession : par exemple, à côté d'un militaire on mettait un bouclier
et un sabre; à côté d'une femme, une navette, un fuseau, etc.(4).
Là, comme en tant d'autres pays, les personnages distingués
ne pouvaient pas partir seuls pour le pays d'outre-tombe et
des esclaves plus ou moins nombreux étaient sacrifiés sur leur
tombeau (5). Dans le Zapotécan, on était persuadé que pendant
quelques années les ombres des morts revenaient visiter leurs
familles; aussi avait-on soin, à un certain jour de l'année, de
leur servir un festin, auquel les parents assistaient silencieux,
immobiles et les yeux baissés, pour ne pas troubler le repas
des convives invisibles.

Dans la Colombie, les rites funéraires commencent à varier
quelque peu. Certains peuples, par exemple les Troacas, ense-
velissent encore pompeusement leurs morts, avec leurs armes, etc., en ayant soin de les envelopper d'une épaisse couche

(1) Louis Faliès, *Etudes sur les civilisations*, II, 299-303. —
(2) Velasco, *Histoire du royaume de Quito*, I, 234. — (3) W. Prescott, *Conquête du Mexique*, I, 50. — (4) Bullock, *Hist. univ. des voy.*,
vol. XLI, 127. — (5) W. Prescott, *loc. cit.*, I, 50.

de feuilles de bananier, pour leur éviter le contact de la terre; mais d'autres tribus riveraines de l'Orénoque ont des coutumes toutes différentes : leur désir est d'avoir le plus tôt possible le squelette bien préparé du défunt et, pour cela, elles plongent le cadavre dans le fleuve, en ayant soin de l'attacher à une corde solide. En un ou deux jours les poissons accomplissent l'opération désirée, en dévorant toutes les chairs. Alors on détache les os les uns des autres; on les arrange artistement dans un panier, que l'on suspend au toit de la maison. Ce sont déjà les funérailles aériennes, si usitées dans l'Amérique du Nord (1). Chez les Caraïbes, le panier funéraire est aussi en usage; mais les os sont recueillis seulement après la décomposition du cadavre, qui est d'abord et pendant un temps plus ou moins long couché dans un hamac, sous la surveillance des femmes du défunt, moins une, qui est souvent sacrifiée, s'il s'agit d'un chef (2).

Néanmoins, comme nous l'avons déjà remarqué, il n'y a pas de ligne de démarcation bien nette entre les régions américaines où règne tel ou tel rite funéraire. Ainsi les Mohawks, les Creeks et les Séminoles, les Otoes, les Pimas de l'Arizona, les Comanches, etc., pratiquaient divers modes d'inhumation (3). Sans doute, la coutume de la crémation semble bien n'avoir été usitée en grand qu'au Mexique; mais aujourd'hui encore les Roucouyennes, Indiens de la Guyane, brûlent souvent leurs morts, après les avoir peints et parés (4).

La crémation était et est aussi en usage, çà et là, dans l'Amérique du Nord, surtout vers le sud. Dans beaucoup de tumuli des États méridionaux, on trouve en effet des urnes funéraires contenant des couches de charbon de bois (5). Tout récemment encore, les Shoshoniens brûlaient leurs morts avec tous les objets qui leur avaient appartenu (6). Les Indiens de la baie de San Francisco faisaient de même (7). Les Tahkalis pratiquent aussi l'incinération des cadavres, mais très cérémonieusement,

(1) Mollien, *Hist. univ. des voy.*, vol. XLII, 419. — (2) *Ibid.* — (3) Smithsonian Institution, *Annual report of the Bureau d'Ethnologie* (1879-80). — (4) J. Crevaux, *Voy. d'exploration dans l'intérieur des Guyanes*, Le Tour du monde, juin 1879. — (5) Domenech, *Voy. dans les déserts du nouveau monde*, 255. — (6) Domenech, *loc. cit.*, 547. — (7) La Pérouse, *Hist. univ. des voy.*, vol. XII, 180, et Domenech, *loc. cit.*

en présence de l'homme-médecine, qui par des gesticulations et des contorsions est chargé de faire passer l'âme ou l'ombre du défunt dans le corps de l'un des assistants, héritier dès lors du rang et du nom du mort (1).

A Sitka, on combine la crémation et l'exposition sans inhumation. Les cadavres sont brûlés ; puis les cendres, recueillies dans des boîtes, sont déposées dans des petits bâtiments funéraires (2).

Pourtant l'abandon du cadavre à l'air libre, sur un échafaudage mortuaire, est très usité chez les Peaux-Rouges. Les Assiniboines et nombre d'autres tribus déposent ainsi leurs morts soit sur les branches des arbres, soit sur un échafaudage funéraire assez élevé pour les mettre à l'abri des atteintes des quadrupèdes carnassiers (3). Au bout d'un temps suffisant, les os sont recueillis, amoncelés dans des ossuaires spéciaux, et, en cas d'émigration, la tribu, autant que possible, emporte les restes des siens ou tout au moins les cache dans une caverne ou les enfouit dans le sol (4). Dans l'Amérique plus septentrionale, à la Nouvelle-Albion, les cadavres sont déposés avec des arcs et des traits brisés dans des pirogues, que l'on suspend ensuite entre les arbres à dix ou douze pieds du sol, en les recouvrant d'une large planche. Les cadavres d'enfants sont placés dans des paniers, que l'on suspend aussi à de grands arbres, en y déposant souvent des petites boîtes carrées pleines d'une pâte alimentaire (5). Là, comme chez presque tous les peuples primitifs, on croit que l'ombre du mort a conservé tous les besoins des vivants. D'ailleurs, pour les Peaux-Rouges, le pays d'outre-tombe est tout à fait analogue à leur habitat terrestre; c'est ou une terre promise, pleine de buffles et de chevreuils exquis, d'arbres en fleur, jouissant d'un perpétuel printemps, ou une région glacée, déserte, où l'on souffre de la faim, de la soif, etc. (6). Car les rêves de l'homme ne peuvent être qu'un reflet embelli ou assombri de la réalité, et, comme nous le verrons, par toute la terre et chez toutes les races, la vie future n'a jamais été qu'un calque infidèle de la vie terrestre.

(1) Domenech, loc. cit., 547. — (2) Kotzebue, Deuxième Voyage (Hist. univ. des voy., vol. XVII, 417). — (3) Domenech, Voy pitt. dans les déserts du nouveau monde. 548. — (4) Domenech, id., 551. — (5) Vancouver, Hist. univ. des voy., vol. XIV, 223. — (6) Domenech, loc. cit., 685.

Dans l'extrême nord de l'Amérique, où les grands arbres
manquent, on inhume souvent les morts sur le sommet des collines, en élevant un petit mondrain sur le tombeau (1). Ainsi
fait-on à Ounolaska. Plus au nord encore, chez les vrais Esquimaux, on dépose les cadavres soit sous des pierres, soit
dans la neige. Parfois on recueille ensuite les crânes, pour les
suspendre autour des habitations (2), au milieu des têtes d'ours
et de veaux marins, et souvent sans se soucier plus des unes
que des autres ; car l'Esquimau est peu sensible et assez peu
superstitieux. A Sitka, chez les Kalushes, deux esclaves sont
habituellement dépêchés, à la mort de leur maître, pour l'aller
servir dans l'autre monde (3).

Notre revue des rites funéraires en Amérique est terminée.
Il y faut noter, mais sans y attacher trop d'importance, certaines analogies avec les coutumes polynésiennes, quoique ce
fait, rapproché de beaucoup d'autres, puisse être invoqué à
l'appui de l'origine américaine des Polynésiens. Il faut aussi
remarquer combien l'habitude de la crémation est répandue
dans l'Amérique moyenne. Nous retrouverons bien souvent
cette coutume sur le continent asiatico-européen, dont nous
allons maintenant parler, et nous aurons à nous demander
quelle en est la signification.

VI

Des rites funéraires en Asie et en Malaisie.

Dans l'archipel javanais, les coutumes funéraires sont fort
diverses. Autrefois les Battas tuaient et mangeaient pieusement et cérémonieusement leurs vieux parents, comme le faisaient aussi, selon Marco Polo, certain peuple de l'Inde, et,
selon Hérodote, les Derbices d'Europe.

Actuellement l'inhumation est le mode habituel de sépulture
dans l'archipel javanais. On y a des cimetières placés sur une
colline et ombragés d'arbres funéraires (*plumeria acutifolia*).
Anciennement les morts étaient ou abandonnés au pied d'un

(1) Cook, *Troisième Voyage* (*Hist. univ. des voy.*, vol. VI, 123). —
(2) Parry, *Deuxième Voyage* (*Hist. univ. des voy.*, vol. XL, 422). —
(3) Kotzebue, *Hist. univ. des voy.*, vol. XVII, 414.

arbre dans la forêt, ou jetés à l'eau, ou brûlés en compagnie
d'une ou plusieurs femmes préalablement égorgées, parfois à
coups de *kris*. C'était évidemment une imitation des *suttis* hindous. Ailleurs on préfère la sépulture sur palafittes à la mode
polynésienne et américaine. Le cadavre, placé dans une bière,
est élevé sur des pieux. Les indigènes de *Poulo-Nias* sèment
ensuite, autour de tout l'appareil, des plantes grimpantes, qui
ne tardent pas à faire au mort un linceul de verdure. Les Kajan
de Bornéo font à peu près de même, mais après avoir au préalable gardé le corps plusieurs jours dans leurs maisons, en lui
offrant des aliments et l'entourant de lumières, pendant que les
femmes se lamentent. Avec le mort, on ensevelit tout ce qu'il
possédait et souvent le cadavre d'un esclave tué pour la circonstance (O. Beccari) (1) ; car il faut bien que l'ombre du défunt
soit convenablement accompagnée dans l'autre monde. C'est la
même idée spiritualiste qui pousse les Dayaks de Bornéo à
pratiquer avec ardeur la chasse aux têtes. Les Dayaks sont en
effet convaincus que chaque décapitation représente l'acquisition d'un esclave pour la vie future. Aussi portent-ils le deuil
d'un parent décédé, tant qu'ils n'ont pas réussi à se procurer
une tête, c'est-à-dire à expédier un esclave au défunt. Un père,
ayant perdu son enfant, tue le premier homme qu'il rencontre
en sortant de chez lui : c'est un devoir. Un jeune homme ne
peut se marier avant de s'être procuré une tête. Tendre des
pièges aux gens pour les décapiter était et est encore, chez les
Dayaks, une coutume nationale, qu'ils trouvent fort louable (2).
Au dire de Wallace, les Dayaks ont d'ailleurs un excellent naturel, ce qui est fort possible; car chez les Dayaks, comme
ailleurs, le sentiment du devoir peut porter à des actes atroces,
quand il n'est pas éclairé par l'intelligence.

Chez les Mongols et Mongoloïdes de l'Asie continentale, une
assez grande conformité se retrouve sous la diversité de détail
des rites funéraires. Il semble bien que tous les rameaux ethniques de cette grande race aient commencé par abandonner
simplement les cadavres, soit dans la campagne, soit en les
jetant dans la mer, les fleuves, etc. Puis on a imaginé de brûler
les gens de distinction ; enfin, comme dans la Chine actuelle,
l'inhumation a succédé à la crémation. Çà et là on retrouve

(1) E. Giglioli, *Viaggio della Magenta intorno al globo*, 176. —
(2) Tylor, *Civilisation primitive*, I, 533.

aussi, au moins sous la forme symbolique, les sacrifices funéraires de choses ou de personnes.

L'incinération est un procédé funéraire long, coûteux, qui, nulle part, n'est à la portée des petites gens. Aussi l'abandon des cadavres est fort usité chez les Mongols et Mongoloïdes des classes pauvres. C'est ainsi que les Siamois du peuple jettent sans cérémonie leurs morts à l'eau (1).

De même les Thibétains laissent dévorer les leurs par les corbeaux et le vautours, etc. (2). Ainsi font la plupart des Mongols, en consultant seulement les lamas, afin de savoir dans quelle direction doit être placé le mort (3). Les enfants décédés sont enveloppés dans des sacs de cuir avec des provisions convenables de beurre et d'autres aliments, puis abandonnés sur le bord de la route (4); c'est que leur jeune ombre, prématurément séparée de son corps, a ainsi la chance de se réincarner dans le sein de l'une quelconque des femmes passant sur le chemin.

Il semble bien que, chez les races jaunes, la crémation ait succédé à l'abandon. Parfois même les deux pratiques se mélangent : par exemple, à Siam, avant de brûler un cadavre, on en détache les parties charnues, que l'on abandonne aux charals et aux vautours (5). Nombre de Tartares, à qui la crémation est inconnue, découpent ainsi les cadavres des leurs pour les donner à manger aux chiens (6). Mais, dans l'Asie mongolique, la crémation est très usitée, quand il s'agit de personnages de distinction. A Siam, le corps des chefs se brûle à grands frais, sur un fastueux bûcher (7), qu'on n'élève qu'au prix de beaucoup de temps et d'argent ; aussi a-t-on soin au préalable d'embaumer le cadavre (8). Les gens de basse condition sont quelquefois brûlés aussi, mais toujours à une respectueuse distance des gens distingués ; en outre, comme les familles pauvres ne peuvent pas facilement faire embaumer leurs morts,

---

(1) Finlayson, *Hist. univ. des voy.*, vol. XXXIV, 246. *Résumé d'un voyage à Siam et à Hué* (*Revue britannique*, 1826). Turner, *Hist. univ. des voy.*, vol. XXXI, 493. — (2) Huc, *Voyage dans la Tartarie*, t. II, 351. — (3) Préjévalsky, *Mongolia*, I, 82. — (4) Timkowski, *Hist. univ des voy.*, vol. XXXIII, 337. — (5) *Voyage à Siam et à Hué* (*Revue britannique*, 1826). — (6) Huc, *Voyage dans la Tartarie*, t. II, 3)1. — (7) Finlayson, *Hist. univ. des voy.*, vol. XXXIV, 118. — ()\, *Ibid.*, 248-249.

elles ont souvent soin d'en hacher menu les parties molles, qui sont ensuite, comme chez les Tartares, jetées aux chiens, aux vautours, etc. (1). Les riches Mongols tiennent aussi à honneur de brûler les cadavres de leurs parents (2) ordinairement dans des fourneaux maçonnés pour la circonstance et avec accompagnement de patenôtres débitées par les lamas (3). Les Thibétains incinèrent aussi au son de la musique les cadavres, préalablement placés dans une riche bière. Des prêtres assistent à la cérémonie et se font naturellement payer cet important service (4). Les Chinois de nos jours semblent avoir perdu l'habitude de la crémation, mais ils l'avaient encore du temps de Marco Polo, au moins dans certaines contrées de l'empire.

L'inhumation est aussi fort en usage dans l'Asie mongolique. Les Siamois n'enterrent que les enfants morts avant la dentition et les femmes grosses; encore exhument-ils ces dernières au bout de quelques mois pour les brûler (5). Les Birmans pratiquent tantôt la crémation, tantôt l'exhumation (6). Les Mongols nomades enterrent la plupart des cadavres, qui ne sont pas abandonnés (7). Les rois et princes mongols sont parfois inhumés dans un caveau mortuaire avec une grande dépense d'argent et un large sacrifice de vies humaines. Un grand édifice, orné de statues bouddhiques, est élevé sur le caveau de ces grands de la terre, et l'on y dépose des habits royaux, des pierres précieuses, de grosses sommes d'or et d'argent. Tout autour du mort principal, accroupi dans l'attitude de la méditation bouddhique, sont placés des enfants, empoisonnés pour la circonstance, et tenant l'un l'éventail, l'autre la pipe, etc., du défunt (8).

On sait assez de quelle importance sont en Chine les cérémonies funéraires accompagnant l'inhumation et combien les habitants du Céleste Empire sont étrangers aux puériles terreurs que nous inspire la mort. Il est très doux en Chine, pour un bon fils, de pouvoir offrir une belle bière à l'un de ses vieux

(1) Finlayson, *Hist. univ. des voy*, vol. XXXIV, 249. — (2) Timkowski, *Hist. univ. des voy*, vol. XXXIII, 337. — (3) Huc, *Voyage dans la Tartarie*, t. I, 114; t. II, 351. — (4) Cox, *Hist. univ. des voy.*, vol. XXXIV, 458. — (5) Finlayson, *Hist. univ. des voy.*, vol. XXXVI, 246 — (6) Cox, *loc. cit.* — (7) Timkowski, *Hist. univ. des voy.*, vol. XXXIII, 337. — Préjévalsky, *Mongolia*, 1, 82. — (8) Huc, *Voyage dans la Tartarie*, I, 117.

parents (1). De leur côté, les parents sont ravis d'un pareil cadeau ; car les Chinois, exempts, pour la plupart, de nos sombres croyances relativement à la vie future, envisagent la mort avec un parfait sang-froid. Mais, aux yeux des parents chinois, les cérémonies funèbres ne sauraient être trop magnifiques et souvent des familles se ruinent pour enterrer un mort (2). Il est à noter qu'en Chine l'inhumation ne se fait pas d'ordinaire par enfouissement, mais sous des tumulus, trop souvent insuffisants à garantir longtemps la bière. De là vient la quantité de cercueils à découvert qui jonchent la campagne autour de Pékin, et dont l'abandon jure avec le religieux respect pour les morts, dont on se targue si fort en Chine.

Les sacrifices funéraires, encore en vigueur pour certains Tartares de haut rang, sont, de longue date, dans les traditions et coutumes de la race mongole. Du temps de Marco Polo, quand un grand seigneur tartare était conduit à sa dernière demeure, les assistants avaient l'habitude de mettre à mort toutes les personnes qui se trouvaient sur le chemin du convoi, en leur disant : « Allez servir votre seigneur dans l'autre monde ». Ils avaient aussi coutume de tuer le meilleur cheval du défunt, pour qu'il pût le monter dans l'autre vie.

Presque partout l'imagination primitive du genre humain s'est figuré que la vie se continuait après la mort dans des conditions très analogues à celles de l'existence visible. Rien donc de plus naturel, selon cette idée, que de faire suivre l'ombre éthérée, matérielle, du défunt des ombres également éthérées des gens qui l'avaient aimé et servi de son vivant, des animaux domestiques, des armes, etc., dont il avait usé durant son existence visible. Cette funeste croyance a sûrement coûté la vie à des millions d'êtres humains, et on la retrouve, au moins à l'état de vestige, presque dans toutes les sociétés humaines.

Le peuple chinois, le moins religieux des peuples, a eu, comme tous les autres peuples, sa phase de superstition funéraire. Nous avons vu que du temps de Marco Polo les sacrifices sanglants étaient encore en vigueur dans certaines provinces de la Chine ; mais déjà, dans d'autres districts, on n'en avait plus conservé que le symbole. Les chevaux sellés, les

---

(1) Huc, *l'Empire chinois*, II, 40. — (2) Huc, *ibid*, 245.

armures, les draps d'or, etc., étaient économiquement remplacés par des découpages en parchemin, que l'on brûlait avec le cadavre (1).

A la même époque et dans le même pays on gardait parfois les cadavres enfermés dans leurs bières pendant six mois, en ayant soin de leur offrir chaque jour à manger (2). Actuellement on se borne à inscrire les noms des défunts sur des tablettes de bois laqué, respectueusement déposées sur des socles dans la salle des ancêtres et auxquelles, au moins une fois par mois, on rend un culte, auxquelles même on offre des aliments variés : poules, pigeons, fruits, céréales, vin, etc. (3). Aujourd'hui encore les Chinois donnent des repas funéraires, où le mort est servi comme s'il était réellement présent. Mais ce n'est plus qu'une cérémonie symbolique (4), conservée à cause de l'extrême respect professé en Chine pour les parents, dont on porte le deuil pendant trois ans, s'il s'agit du père ou de la mère. Cependant, comme pendant la durée de ce deuil les fonctionnaires publics sont tenus de quitter leur charge, on en a, pour eux, abrégé la durée en la réduisant à vingt-sept mois (5).

L'usage des aliments funéraires est très répandu par toute la terre et il dérive évidemment de l'idée que la vie n'est nullement abolie par le petit accident de la mort. Dans le Boutan, par exemple, le défunt était gardé trois jours avant d'être porté au bûcher, et pendant ce temps les prêtres lui offraient quotidiennement à manger (6). Aujourd'hui encore, les habitants de la Russie finnoise ont des coutumes analogues. En Sibérie, les Ostiaks représentent leurs morts de distinction par des figurines de bois sculpté, et pendant leurs repas de commémoration funéraire ils servent consciencieusement une part des mets à la poupée funèbre. Les veuves ostiakes ont aussi, pour représenter leurs maris décédés, des figures du même genre, qu'elles couchent avec elles et auxquelles les parents offrent de même à manger (7).

(1) *Récits de Marco Polo*, 165, Paris, 1879. — (2) *Ibid.*, 240. — (3) G.-E. Simon, *la Famille chinoise (Nouvelle Revue*, 15 mars 1883). — (4) Huc, *l'Empire chinois*, II, 245. — (5) *Ibid*, II, 253. — (6) *Voy. au Boutan par un auteur hindou (Revue Britannique*, 1827). — (7) Erman, *Travels in Siberia*, II, 51.

Ailleurs, par exemple à Siam (1) et en Tartarie (2), on recueille les cendres des cadavres brûlés, pour les pétrir avec une pâte et les modeler soit en figurines bouddhiques, soit en disques, que l'on superpose en pyramide. Les restes mortuaires ainsi transformés deviennent des lares, des dieux pénates, que l'on conserve avec soin, évidemment comme la résidence supposée de l'ombre des défunts.

VII

Des rites funéraires chez les races blanches.

La plupart des rites funéraires, que nous venons de passer en revue, ont existé ou existent encore chez les races blanches.

La coutume de faire ou de laisser dévorer les cadavres par les bêtes, c'est-à-dire l'abandon volontaire, était en vigueur chez divers peuples de l'antiquité. En Hyrcanie, dit Cicéron, on nourrissait des chiens spécialement chargés de manger les morts (3). Les Bactriens avaient aussi des chiens *fossoyeurs*, qui dévoraient non seulement les cadavres, mais aussi les gens affaiblis par l'âge et la maladie (4). Les Hindous riverains du Gange jettent leurs morts dans le fleuve sacré, et les poissons se chargent de la sépulture (5). Les Callatiens de l'Inde ancienne avaient coutume de manger leurs parents décédés, et quelques-uns d'entre eux jetèrent les hauts cris quand Darius leur demanda à quel prix ils consentiraient à brûler leurs morts (6). De nos jours encore, dans leurs curieuses « Tours du silence », les parsis de Bombay offrent les cadavres des leurs en pâture aux vautours, épiant avec soin quel œil sera arraché le premier ; car cette particularité permet d'inférer si l'ombre ou l'âme du défunt sera heureuse ou malheureuse dans l'autre monde (7).

Presque tous les Sémites contemporains inhument leurs morts. C'était aussi la coutume des anciens Persans, dont les

(1) *Voyage à Siam et à Hué* (*Revue britannique*, 1826). — (2) Huc, *Voyage dans la Tartarie*, I, 114. — (3) Cicéron, *Questiones tusculanæ*, lib. 1, cap. 45. — (4) Strabon, *Geographia*, lib. VII. — (5) Ward, *History of the Hindoos*, part III, ch. IV, sect. 14. — (6) Hérodote, liv. III, 38. — (7) Heber, *Hist. univ. des voy.*, vol. XXXVI, 496.

descendants actuels poussent l'amour de l'inhumation jusqu'à
la passion, puisque parfois ils n'hésitent pas à payer des ran-
çons considérables aux pillards turcomans pour racheter tout
ou partie du corps de leurs parents, afin de pouvoir enterrer
les précieux restes dans un sol non foulé par les infidèles (1).

Comme nous l'avons vu plus haut, les Aryens Védiques inhumaient leurs morts, en les recommandant à la sollicitude
de la terre. Dans l'Inde actuelle, les funérailles distinguées se
font par crémation, et cela jusque dans le Népaul (2). Cependant, il n'y a pas encore longtemps, beaucoup de dévots venaient se noyer à Bénarès pour mieux assurer leur salut (3).

Nous savons aussi que souvent les anciens Germains brûlaient leurs morts, et l'archéologie préhistorique nous apprend
que nos ancêtres de l'âge de pierre pratiquaient tantôt l'inhumation ou le dépôt dans des cavernes et des tumulus, tantôt
la crémation.

Chez les races blanches, comme chez les autres, les sacrifices funéraires ont été largement usités. En dépit du silence gardé par le code de Manou, qui ne prescrit point de sacrifices humains à l'occasion des funérailles, la coutume de
brûler les veuves sur le bûcher de leurs maris devint générale
dans la caste brahmanique et persista jusqu'à nos jours.
Presque tous les peuples de l'antiquité classique, Perses, Grecs,
Romains, etc., ont plus ou moins pratiqué les sacrifices humains à l'occasion des funérailles. De leur côté, les Germains
brûlaient avec les morts leurs chevaux, leurs armes, et ne
laissaient pas leurs grands personnages partir pour la vie future sans une escorte convenable de captifs égorgés (4).

En ce qui touche ces sanguinaires coutumes, il y a une grande
analogie par toute la terre. On trouve à peu près la même de
raison et la même cruauté dans toutes les races, depuis les anciens Germains jusqu'aux habitants du Dahomey, qui, non
contents de massacrer par centaines, à la mort de leur roi,
des femmes, des eunuques, des chanteurs, des soldats, etc.,
expédient périodiquement dans le Dahomey invisible de nouveaux serviteurs chargés de porter des messages au roi mort.

---

(1) Fraser, *Hist. univ. des voy.*, vol XXXV, 335.— (2) *Ibid.*, 466.—
(3) Heber, *Hist. univ. des voy.*, vol. XXXVI, 154.— (4) Waitz.,
Anthropologie, I, 320 (trad. anglaise).

Le tout le plus honnêtement du monde, et simplement pour prouver au défunt l'affection filiale que lui porte son successeur (1).

De même, les anciens Grecs et Romains ont cru sincèrement, tout comme nombre de sauvages actuels, que les ombres des morts usaient réellement des dons, des aliments offerts par les survivants (2). Dans Lucien, un veuf raconte que sa femme est venue lui redemander une sandale dorée, que l'on avait oublié de brûler avec son corps et ses parures (3). Chez les Romains et les Grecs, comme chez beaucoup d'autres peuples, les esprits des morts étaient souvent considérés comme des êtres méchants, dangereux. C'étaient particulièrement les esprits des gens privés de sépulture ou morts de mort violente, qui étaient animés de ces instincts pervers. Les doctrines d'Épicure vinrent heureusement délivrer les plus sensés des anciens de ces chimériques tortures. Un certain nombre d'épitaphes latines proclament en effet hautement, que la mort est, pour la personnalité, la fin de tout, le repos éternel (4). Mais ces doctrines trop raisonnables n'étaient professées que par une infime minorité, et la multitude continua toujours à se préoccuper de Caron et des enfers, préparant ainsi le terrain au christianisme, qui vint porter au paroxysme la crainte des tourments *post mortem.*

VIII

De notre longue énumération, quelques faits généraux se dégagent. C'est, avant tout, que l'homme est le plus souvent tellement enivré par la fièvre de la vie qu'il ne peut se faire à l'idée de la mort. Tout d'abord, il n'admet pas la mort naturelle et rapporte toujours la cause du décès à quelque maléfice. En outre, il ne voit le plus souvent dans la mort qu'une métamorphose, et se figure une autre vie calquée sur celle qui lui est familière. De là proviennent tous les rites funéraires, qui, malgré leur diversité de détail, se peuvent ramener à un petit nombre de types.

Au début de la vie sociale, l'homme ne se soucie pas plus de

---

(1) E. Tylor, *Civilisation primitive,* I, 537. — (2) Lucien, *De luctu,* 14. — (3) Lucien, *le Menteur d'inclination,* etc., 27. — (4) *Friedlaender,* IV, liv. XII, 449.

ses morts que la plupart des animaux, et il les abandonne
sans scrupule à la dent ou au bec des carnassiers. Parfois
même, cette forme, ou plutôt cette absence de rites funéraires,
persiste jusque dans certaines sociétés assez civilisées ; mais
alors la superstition s'en empare, des cérémonies s'y ajoutent,
le dépècement des cadavres est confié à des animaux privilégiés ; il est nécessaire, par exemple, d'être mangé par les poissons de certains fleuves. Ailleurs, on expose les morts sur des
estrades, sur les arbres, etc. En résumé, dans tous ces cas,
l'abandon cesse d'être absolument bestial.

D'autres peuples inhument les cadavres soit dans des
grottes ou des tombeaux, souvent construits sur le modèle des
habitations des vivants, soit dans la terre, dans l'humus fertile,
où s'alimente directement ou indirectement toute vie. Vient
enfin l'incinération, qui semble être le mode funéraire le plus
luxueux, le plus recherché.

Quelle que soit la coutume funéraire adoptée, on a soin de
munir le mort des objets, des armes, des aliments, qui lui sont
nécessaires, selon l'hypothèse d'une continuation de la vie
après la mort. Comme le corps humain, ces objets ont aussi
leur double, leur âme, leur ombre, destinée à subsister et à
servir dans le royaume des morts. C'est sans doute pour dégager plus vite et plus complètement ces invisibles effigies des
cadavres et des objets que l'on a eu, en tant de pays divers,
recours à l'incinération (1).

Enfin on a été logique jusqu'au bout, et de même que le
plus souvent on ne voulait pas laisser partir le défunt sans
lui donner les moyens de se nourrir et de se défendre, on a
cru bon et nécessaire de ne pas le laisser se mettre en route seul
pour le dangereux voyage d'outre-tombe. On a donc sacrifié
sur sa tombe ou jeté dans son bûcher ses animaux domestiques préférés, ses esclaves, souvent, très souvent, sa ou ses
femmes, si le défunt était un homme. De là d'innombrables
meurtres, des flots de sang ruisselant par toute la terre, pendant des périodes millénaires, et dont nos moralistes et nos
prêtres oublient toujours de parler, alors qu'ils glorifient sur
tous les tons la grande, pure, bienfaisante idée de l'immorta-

---

(1) Cette raison a été donnée au docteur Crevaux par des Indiens
des bords de l'Orénoque, qui pratiquaient la crémation.

lité de l'âme. Nous verrons d'ailleurs que nombre de peuples croient seulement non pas à l'immortalité, mais seulement à une mortalité retardée, à une continuation temporaire de l'existence après la mort.

CHAPITRE XIV.

DE LA RELIGION EN GENERAL

Pour nombre de gens, parfois les plus cultivés, le mot « religion » resonne tout autrement que les autres mots de la langue. C'est une parole magique, qui met en éveil tout un district de l'impressionnabilité affective. Rien n'est plus naturel: à cette idée se rattachent tout un monde de souvenirs, tout un groupe de tendances acquises et héréditaires. Ils sont rares ceux d'entre nous qui, dans leur enfance et leur première jeunesse, n'ont pas subi plus ou moins, souvent plus que moins, l'entraînement de l'éducation religieuse. Combien des impressions de notre enfance, et des plus troublantes, ne sont-elles pas dues à la mise en scène du catholicisme, mise en scène grossière, soit, mais par cela même d'autant mieux adaptée à l'état d'esprit de l'enfant, si voisin de celui du sauvage ! Durant de longues années, de ces premières années où l'être moral se forme ou se deforme, notre mémoire, vierge encore, notre naïve intelligence ont été comme imprégnées d'histoires sacrées, merveilleuses comme des contes de fée. Pendant cette période de développement, alors que chaque jour inscrivait dans notre cerveau quelque notion nouvelle, assise de notre personnalité future, on nous a dressés à peupler l'univers de personnages mythiques, dont notre imagination a fini par être hantée. En même temps on nous ouvrait sur la vie future de terrifiantes perspectives, tout éclairées de flammes éternelles, dans lesquelles grimaçaient des démons cornus. Plus tard, on a moins insisté sur ce côté sensuel du catholicisme, qui eût choqué peut-être notre raison grandie ; mais, profitant de l'épanouissement de notre nature affective, on a tâché d'unir indissolublement nos sentiments les plus élevés, nos aspirations les

plus nobles à des doctrines mystiques ; on nous a démontré
que la religion est l'apanage nécessaire de l'homme, le soutien
de sa moralité, sa gloire et sa force. Enfin, quand il fallait
surtout s'adresser à notre raison, des métaphysiciens officiels, continuant l'œuvre des prêtres, nous ont, à grand renfort
d'arguments scolastiques, prouvé le dualisme de notre être, la
spiritualité de notre vie consciente, l'existence d'un dieu imma-
tériel, réduit à n'être plus que la catégorie inconcevable d'un
certain idéal. Ajoutons que l'esprit de nos ancêtres, revivant
plus ou moins en nous, a été trituré de la même manière, d'où
une sorte d'instinct religieux empreint dans nos cellules cérébrales.

De tout cela résulte que, pour beaucoup de bons esprits, qui
parfois sont moralement des natures d'élite, il existe dans le
cerveau humain un domaine spécial, irréductible, celui des
faits religieux, de la *religiosité*. Pour les personnes dont nous
parlons, le mot religion a quelque chose de prestigieux et elles
sont portées à respecter quand même tout ce qui porte cette
étiquette sacrée. Nous croyons avoir prouvé ailleurs la non-
existence dans l'esprit humain d'une faculté dite *religiosité* (1);
on retrouve, en effet, sans peine, sous ce pompeux néolo-
gisme, des groupes d'actes affectifs et intellectuels ne différant
pas essentiellement des autres faits conscients, c'est-à-dire
cérébraux.

Nous avons ici à passer en revue les croyances religieuses des
diverses races humaines. Aucune étude n'est plus instructive,
plus propre à éteindre l'auréole qui s'attache au mot « religion ».
Savamment interprétée, l'histoire des grandes religions indo-
européennes peut encore faire illusion, mais leur genèse est
singulièrement éclairée par celle des religions primitives, et,
faite sincèrement, sans réticence et sans préjugé, une telle
confrontation porte un coup mortel à toutes les conceptions
surnaturelles.

Dans cette intéressante étude, force nous sera d'être très
bref, de nous borner aux faits typiques, d'ailleurs moins nombreux qu'il ne le semble à première vue ; car, dans ses conceptions religieuses plus que dans toutes les autres, l'esprit humain s'est répété un peu partout. Pour abréger et fondre

(1) *Science et Matérialisme*, p. 117.

ensemble autant que possible les faits analogues, nous grouperons les concepts dits religieux sous trois chefs principaux, savoir : 1° la vie future et les diverses manières dont on se l'est figurée; 2° les dieux; 3° le culte et le sacerdoce.

Cette triple enquête terminée, il ne restera plus qu'à conclure.

CHAPITRE XV.

DE LA VIE FUTURE.

Pour la débile intelligence de l'homme primitif, l'idée de la mort complète, de l'anéantissement de la personnalité est généralement inconcevable. Durant ce stade d'enfance mentale, l'homme ne croit même pas le plus souvent à la mort naturelle. Pour lui, comme nous l'avons déjà vu, le trepas de ses amis, de ses proches, doit être attribué à des sorcelleries, à des maléfices; à ses yeux, toute mort est un assassinat, et souvent il considère comme un devoir de punir l'assassin présumé. D'ailleurs, quelles que soient ses idées au sujet des causes de la mort, il répugne d'ordinaire à la considérer comme la fin de l'existence individuelle, il n'y voit le plus souvent qu'un sommeil prolongé, durant lequel l'ombre, l'esprit, etc., quitte le corps, comme il semble arriver dans le rêve, pour continuer quelque part, non pas éternellement, mais pendant un laps de temps plus ou moins long, une existence invisible. Toutes les idées de l'homme lui venant de l'expérience, et l'imagination n'étant qu'une mémoire capricieusement disloquée par l'intelligence, la vie future, quand on y croit, est invariablement calquée sur la vie terrestre, de sorte qu'étant donnés le genre de vie et l'habitat d'un groupe ethnique, on peut facilement en inférer ce qu'il doit croire au sujet de l'au-delà. Cette vue générale est applicable à toutes les races humaines, à commencer par les Mélanésiens, que nous allons interroger tout d'abord.

I

La vie future selon les Mélanésiens.

Nous venons d'indiquer comment se forme la croyance à une vie future ; mais cette croyance, tout en étant fort commune, n'est pas nécessaire et innée. Elle est étrangère à certains groupes ethniques et surtout à quantité d'individus.

En Tasmanie, les esprits étaient fort partagés sur ce point. D'après le missionnaire Clark, beaucoup de Tasmaniens, surtout dans l'ouest de l'île, n'avaient pas la moindre idée d'une vie future. « Ils mouraient, disaient-ils, comme les kangourous ». D'autres se croyaient destinés à passer après leur mort dans les étoiles ou dans une île, où ils rejoindraient leurs ancêtres et seraient changés en hommes blancs (1). ·

Selon Davis, cette croyance à une réincarnation blanche dériverait directement de l'anthropophagie ; elle aurait été suggérée aux Tasmaniens par ce fait que la chair tasmanienne, écorchée et rôtie, prend une teinte blanche (2).

L'Australien, qui n'a jamais pu concevoir l'idée de la mort naturelle (3), croit aussi qu'il continuera à vivre au-delà du tombeau, sous la forme d'un homme blanc, et dans cette existence *post mortem* il jouira de ce qu'il considère comme la suprême béatitude, c'est-à-dire de la faculté de fumer du tabac à volonté. Telle est du moins la croyance des tribus australiennes voisines du cap York (4).

Les Papous croient aussi à une vie future, diverse d'ailleurs suivant les îles et même les tribus. Certains Papous de la Nouvelle-Guinée, visités par O. Beccari, s'imaginent revivre sous la forme de certains animaux de leur île : le casoar ou émou étant le plus remarquable des animaux qu'ils connaissent, ils y ont logé les ombres de leurs ancêtres, et pour cette raison s'abstiennent d'en manger (5).

Chez les Vitiens, l'imagination mythologique est déjà très développée ; parfois ils vont jusqu'à doter l'homme de deux

---

(1) Bonwick, *Daily Life and Origin of the Tasmanians*, 181. — (2) *Lectures of the Aborigenes of Australia*, 14, -- (3) Bonwick, *loc. cit.*, 185. — (4) Dr Aram, in *Bulletins de la Société d'anthropologie de Paris*, 1868. - (5) O. Beccari, *loc. cit.*

esprits (1). Mais ils ne s'arrêtent point là ; pour eux, tous les objets, tous les êtres, animés ou inanimés, ont une ombre, un esprit, une âme, en résumé une émanation invisible, qui va dans le séjour des mânes, dans le *Bolotou*. Une hache que l'on brise, une maison que l'on démolit, une noix de coco que l'on casse, etc., se dédoublent et leur âme rejoint le Bolotou (2). Pour l'homme, ce dédoublement peut s'opérer durant la vie, et parfois, pendant le sommeil, il arrive que l'esprit du Vitien quitte son corps et va tourmenter d'autres personnes endormies aussi (3). Partout le rêve a joué un grand rôle dans la formation des conceptions religieuses et spécialement de la croyance à une âme quelconque.

L'âme est d'ailleurs conçue, à Viti, comme un être parfaitement matériel, se comportant à la manière du corps vivant et ayant bien du mal à gagner le paradisiaque *Bolotou*. Après la mort, l'âme d'un Vitien s'en va d'abord à la pointe occidentale de *Vanna Levou*, et durant ce voyage il est bien important qu'elle tienne à la main l'âme d'une dent de cachalot, car cette dent doit devenir un arbre au sommet duquel grimpe la pauvre âme humaine ; une fois perchée sur cette cime, force est à l'âme voyageuse d'attendre la venue des âmes de ses femmes, pieusement étranglées, pour servir d'escorte à leur maître. Sans toutes ces précautions et bien d'autres encore, l'âme du Vitien décédé reste tristement assise sur le promontoire fatal, jusqu'à l'arrivée du dieu *Ravuyalo*, qui la tue définitivement cette fois et sans remède (4).

Le Néo-Calédonien n'est pas moins religieux à sa manière que le Vitien. Pour lui, il n'y a pas d'enfer, mais seulement un paradis où vont indistinctement après leur mort tous les hommes de sa race, quelle que soit leur valeur morale. Ce paradis est dans quelque forêt, dans quelque île voisine, même sous la mer. C'est un lieu de délices, tout plein d'ignames, où l'on festine, où l'on danse sans cesse. En outre, on y devient un être supérieur, surtout si l'on est un chef ; alors on peut se venger de ses ennemis, combler de biens ses amis, stériliser les champs ou les fertiliser, fortifier l'un, au contraire affaiblir le bras de

(1) Williams, *Fiji and the Fijians*, I, 183 — (2) Mariner, *Tonga Islands*, II, 137. — (3) Williams, *Fiji and the Fijians*, I, 242. — (4) W.-T. Pritchard, *Polynesian Reminiscences*, 365.

l'autre et le faire succomber dans la bataille, etc. (1) ; en résumé, on a la faculté de satisfaire tous les désirs qui ont été
déçus dans ce bas monde.

Pour être grossier, l'idéal religieux du Néo-Calédonien n'en a
pas moins sur lui un grand empire. Souvent la concentration
de l'attention sur cette mythologie élémentaire détermine une
sorte d'extase, de délire religieux, pendant lequel l'inspiré néo-
calédonien a des visions, voit les ombres des morts, participe
à leurs fêtes, etc. S'il est chrétien, c'est l'enfer catholique qui
lui apparaît ; il est en proie à une sorte de démonomanie, qui
se propage, comme il arrive en Europe, par la contagion de
l'exemple (2).

II

La vie future selon les nègres d'Afrique.

Comme on vient de le voir, il y a chez les Néo Calédoniens
un certain fonds de religion, et les missionnaires catholiques
peuvent espérer de trouver parmi eux des néophytes. Sous ce
rapport les nègres africains sont moins imaginatifs, surtout
dans l'Afrique australe. D'après Levaillant (3), Thompson (4),
Campbell (5), les Hottentots n'auraient aucune idée ni d'une
vie future, ni d'un dieu ou de dieux rémunérateurs ; « ils
croient mourir tout entiers, comme les bêtes, » dit Campbell.

Les Cafres, bien supérieurs d'ailleurs aux Hottentots, croient
à une certaine survivance après la mort. Selon eux, l'homme
qui meurt laisse après lui une sorte de fumée analogue à
l'ombre que projetait le corps vivant, une sorte d'esprit dont
les cadavres seraient dépourvus (6). Souvent ils choisissent,
pour en faire une manière d'ange gardien, l'esprit d'un chef
ou d'un ami, l'appellent à leur secours dans les moments critiques, le remercient des services rendus, lui offrent une portion du bœuf qu'ils tuent, de leur gibier, de leur grain (7).
A leurs yeux, cette ombre a toutes les qualités, tous les besoins
de l'homme à qui elle a appartenu. En outre, comme tant d'au-

---

(1) De Rochas, *la Nouvelle-Calédonie*, 276-280. — (2) De Rochas,
ibid., 135. — (3) Levaillant, *Hist. univ. des voy.*, vol. XXIV, 51, 342.
— (4) Thompson, *ibid.*, vol. XXIX, 196. — (5) Campbell, *ibid.*,
vol. XXIX, 340. — (6) Burchell, *Travels*, II, 550.--(7) Cowper Rose,
Hist. univ. des voy., vol. XXIX, 286.

tres races primitives, ils ont de la peine à croire à la mort naturelle. Pour eux, il n'y a que trois causes de mort : la faim, la violence et la magie ; aussi la mort même d'un vieillard est souvent une occasion de meurtres et de massacres, car il faut la venger (1).

Dans l'Afrique moyenne, la croyance à une vie future quelconque est aussi le plus souvent ou nulle ou fort bornée. Pour les nègres du Gabon, la mort, dont ils ont une horrible peur, n'est jamais naturelle. Comment un homme, bien portant il y a quinze jours, succomberait-il, si quelque sorcier ne s'en était mêlé (2)? Même préjugé dans le bassin du haut Nil, selon Schweinfurth. Les nègres de cette région pensent, comme les Cafres, qu'un homme ne peut mourir si ce n'est par la faim, la sorcellerie ou la violence. Aussi malheur aux vieillards qui, après le décès d'un membre de la tribu, sont trouvés nantis d'herbes ou de racines suspectes ! Fussent-ils père ou mère du défunt, leur mort est certaine (3).

Chez beaucoup de tribus de l'Afrique équatoriale, il semble d'ailleurs n'y avoir aucune idée d'une survivance quelconque après la mort. « Tout est fini et pour toujours, » chantent les Africains orientaux après la mort d'un parent ou d'un ami (4). Au Gabon, les femmes chantaient dans une fête, en exécutant des danses fort lascives : « Tant que nous sommes vivants et bien portants, soyons gais, chantons, dansons et rions ; car après la vie vient la mort, et alors le corps pourrit, le ver le mange, et tout est fini pour toujours (5). » — « Tout est fini, » disent-ils douloureusement, après la mort d'un des leurs (6). Certains croient qu'en mourant l'homme laisse derrière lui une ombre qui lui survit, mais pour un temps seulement (7). L'ombre ou l'esprit de l'homme qui vient de mourir reste, pense-t-on, près de l'endroit où le cadavre a été enterré. Cette ombre est généralement malfaisante, et souvent on la fuit en changeant de campement. Les mânes durent juste autant que le

---

(1) Philip, *South Africa*, I, 118. Campbell, *Hist. univ. des voy.*, vol. XXIX, 366. — (2) Du Chaillu, *Voyage dans l'Afrique équatoriale*, 382. — (3) G. Schweinfurth, *the Heart of Africa*, I, 308. — (4) Burton, *Trans. Ethn. Soc.*, I, 323. — (5) Du Chaillu, *Voyage dans l'Afrique équatoriale*, 43. — (6) Du Chaillu, *loc. cit.*, 96. — (7) *Ibid.*, 378.

souvenir du défunt. Par exemple, il n'y a pas à s'inquiéter de l'esprit de l'arrière-grand-père ; il est anéanti (1).

Au dire de Schweinfurth, les Bongos du haut Nil n'ont pas la moindre idée d'une vie future quelconque, « pas plus, dit le voyageur, que de l'existence d'un océan (2) ».

Les Bambaras, les Mandingues, etc., races plus civilisées et chez qui d'ailleurs l'islamisme a plus ou moins pénétré, croient à une survivance après la mort. Les Bambaras prient les mânes des ancêtres (3). Les Mandingues parlent de la vie future, y aspirent dans leurs ennuis, mais déclarent d'ailleurs qu'on n'a à ce sujet aucune espèce de notion (4). Au Congo, on aurait des croyances plus solides ; car un fils y tue parfois sa mère, afin que, transformée en esprit puissant, elle lui donne aide et assistance (5). C'est là un des nombreux méfaits qu'a inspirés la croyance à une autre vie. Etant donnée l'idée qui les inspire, ces parricides sont tout aussi logiques que les sacrifices humains destinés à assurer une escorte aux décédés, et qui sont ou ont été usités un peu partout, pour peu que le mort en valût la peine ; car on ne fait généralement pas un pareil honneur aux gens de rien, aux femmes et aux esclaves.

Cette idée de la survivance nécessaire des gens importants est la raison des célèbres hécatombes humaines en usage chez les Achantis. Comme la plupart des peuples, les Achantis croient que la vie future est tout simplement la continuation et l'image de la vie visible. Ils pensent qu'après la mort leurs rois et leurs grands dignitaires rejoignent les dieux en conservant auprès d'eux leur train de maison terrestre ; aussi se font-ils un devoir de leur procurer, par immolation, une suite convenable d'individus des deux sexes, chargés de vaquer à leur service et de contribuer à leurs plaisirs. C'est toujours en obéissant à la même croyance qu'ils coupent en morceaux le cœur de leurs principaux prisonniers, assaisonnent ces morceaux avec des herbes sacrées et les font manger à ceux des leurs qui n'ont encore tué aucun ennemi. Il n'y a pas, pensent-ils, d'autre moyen d'empêcher que l'esprit des défunts ne brise la

---

(1) Du Chaillu, *Trans. Ethn. Soc.*, I, 309. — (2) Schweinfurth, *loc. cit*, I, 304 — (3) Raffenel, *Nouveau Voyage au pays des Negres*, I, 396. - (4) Mungo Park, *Hist. univ. des voy.*, vol. XXV, 298. — (5) Winwood Reade, *Savage Africa.*

force et n'énerve le courage de leurs jeunes guerriers. S'agit-il
d'un ennemi célèbre, alors le cœur en revient au roi et aux
grands dignitaires (1). Toutes ces croyances puériles conduisant à des actes atroces montrent évidemment, que la conception de l'âme et de la vie future est, pour toute l'Afrique noire,
des plus grossières et infiniment éloignée de l'âme, pur concept,
des métaphysiciens modernes.

III

La vie future dans la mythologie égyptienne.

Pourtant des croyances aussi enfantines se retrouvent au
fond de la métaphysique égyptienne, dont il est de mode
aujourd'hui d'admirer la profondeur.

L'ancien Egyptien avait plusieurs esprits, plusieurs âmes :
l'une relativement grossière, une sorte de corps affiné, ayant
la couleur, les traits, les formes de l'individu. M. Maspéro
appelle *le double* cette âme si corporelle (2) ; c'était en effet un
fac-simile éthéré du corps, identique aux mânes, aux ombres, etc., des morts, auxquels croient encore tant d'Africains.
Le *double* avait d'ailleurs tous les besoins de l'homme vivant ;
il habitait à côté de la momie le tombeau ou une pièce spéciale
de ce tombeau. Pour suppléer à la momie, qui, si bien embaumée qu'elle fût, finissait par s'altérer, on offrait au *double*
un nombre plus ou moins grand de statues faites à l'image du
mort et placées dans le sépulcre. On avait soin d'ailleurs de ne
point claquemurer trop étroitement le malheureux *double*, et
sa chambre communiquait avec le monde extérieur par une
petite ouverture carrée : un *double* a besoin de respirer. Il avait
bien d'autres besoins : il recevait le culte des parents ; des
prêtres étaient payés pour lui offrir des sacrifices ; il possédait
des bestiaux et des terres, qui subvenaient à son entretien. On
lui offrait des pains, des bœufs, des oies, du lait, du vin, de la
bière, des vêtements, des parfums, souvent en réalité, parfois
en paroles seulement. Car le *double*, qui d'abord était censé

(1) Bowdich, *Hist. univ. des voy.*, vol. XXVIII, 430. — (2) Maspéro, *Histoire des âmes dans l'Egypte ancienne* (*Revue scientifique*,
9 mars 1879) Voir aussi A. Lefèvre, *la Philosophie* (Bibl. des
sciences contemporaines).

consommer réellement les ombres, les âmes, les *doubles* des provisions offertes, finit par être satisfait en les entendant nommer. Il y a des exemples de ces subtilités à la fois pieuses et économiques ailleurs que dans l'antique Egypte. Au seizième siècle, les religieuses d'un couvent de Florence offrirent ainsi en imagination, verbalement, et en rivalisant de splendeur, un précieux écrin à la vierge Marie ; elles prodiguèrent à l'envi, dans cette ombre d'offrande, des intentions de diamants, d'émeraudes, de turquoises, etc.: la Vierge dut être contente. Les Egyptiens faisaient de même, et une inscription placée sur une stèle funéraire recommande aux vivants de dire : « Offrande à Ammon, maître de Karnak, pour qu'il donne des milliers de pains, des milliers d'oies, des milliers de vêtements, des milliers de toutes les choses bonnes et pures au *double* du prince d'Entew (1).

Mais les Egyptiens avaient raffiné sur cette conception primitive. Outre le *double*, on avait imaginé une âme plus éthérée, servant d'enveloppe à une parcelle du feu divin ou de l'intelligence divine, qui pouvait s'en séparer. Cette âme naissait à la vie, puis mourait pour renaître, après avoir navigué avec le soleil pendant les douze heures de la nuit, sous terre, dans de longs et sombres couloirs, où les démons torturaient les damnés (2). Ici, du reste, la croyance n'est pas uniforme ; pour certains, l'âme prenait une forme à son gré, venait rendre visite à son corps, à son *double*, montait au ciel, descendait sous terre. Il semble bien, selon M. Maspéro, que chaque individu se figurât pour son âme une vie future à sa convenance, comme le fait partout l'imagination primitive.

Mais, chez les Egyptiens, comme chez tous les peuples qui ont créé une civilisation assez avancée, les croyances religieuses se sont associées aux idées que l'on avait sur la morale. Dans l'autre monde, l'âme rendait compte de sa vie terrestre et elle y devait arriver chargée d'œuvres charitables. Sur chaque momie on plaçait un exemplaire du Livre des morts, qui disait: « J'ai donné du pain a qui avait faim ; j'ai donné de l'eau à qui avait soif ; j'ai donné des vêtements à qui était nu. Je n'ai pas

(1) Maspéro, *loc. cit.* — (2) Maspéro. *Hist. des âmes*, etc., et A. Lefèvre, *la Philosophie.*

calomnié l'esclave auprès du maître (1). » C'est parmi les âmes les plus pures. que devait être choisie l'âme des rois (2).

Cette mythologie est des plus intéressantes ; car nous y pouvons suivre la filiation des idées, depuis la croyance aux mânes grossières, à la fumée des ancêtres, telle que l'admet encore l'imagination du Cafre, jusqu'à une âme spirituelle, analogue à l'âme catholique.

IV

De la croyance à la vie future chez les Polynésiens.

Au sujet de la vie future, les Polynésiens avaient partout des croyances assez uniformes et qu'il est facile de résumer.

Pour eux, l'homme avait au moins un esprit analogue à l'*anima* des anciens Latins et résidant aussi dans le souffle. Le soir, le Polynésien disait souvent, en invoquant l'un de ses dieux : « Que moi et mon esprit vivions et reposions en paix cette nuit, ô mon dieu (3) ! » Une fois sorti du corps, malgré les soins des parents et amis, qui bouchaient de leur mieux le nez et la bouche du mourant (4), cet esprit restait plusieurs jours, généralement trois jours, autour du cadavre et entendait parfaitement tout ce qui se disait (5). Dans beaucoup d'îles on croyait que l'esprit résidait spécialement dans l'œil gauche ; aussi à la Nouvelle-Zélande on avait soin de manger l'œil gauche de l'ennemi vaincu, et, à Taïti, dans les sacrifices humains, on avait l'attention d'offrir au chef président à la cérémonie l'œil gauche de la victime, que d'ailleurs il refusait déjà au temps de Cook. Mais, à la Nouvelle-Zélande, on était convaincu encore qu'en mangeant l'œil gauche on s'incorporait l'âme du vaincu, on doublait son âme (6). Dans le même archipel, on logeait parfois un esprit dans chaque œil. L'esprit de l'œil gauche, l'esprit par excellence, se changeait en étoile ; l'autre allait dans le paradis néo-zélandais, dont nous reparlerons (7).

---

(1) Maspéro, *loc. cit.* — (2) Champollion-Figeac, *Egypte ancienne*, 143. — (3) Moerenhout, *Voyage aux îles du grand Océan*, II, 82. — (4) M. Radiguet, *les Derniers Sauvages*, 251. — (5) *Proceedings of Church Missionary Society*, vol. V, 557. — (6) Dumont d'Urville, *Hist. univ. des voy.*, vol. XVIII, 276. — (7) *Proceedings of Church*, etc., *loc. cit.*, 558.

Ces esprits d'ailleurs ne survivaient pas toujours au corps. Dans beaucoup d'îles, la survivance était le privilège des chefs, des prêtres, etc.; les gens de rien mouraient tout entiers. Telle était, par exemple, la croyance générale à Tonga (1). En outre, les Néo-Zélandais croyaient détruire ou tout au moins absorber le souffle spirituel d'un homme en le mangeant (2). A Noukahiva, pour que l'esprit d'un mort pût gagner le séjour des ancêtres et des dieux, le corps devait avoir eu des funérailles selon les rites sacrés. Etait-il simplement inhumé ou jeté à la mer, alors l'esprit ne pouvait s'en séparer. Aussi, pour éviter ce malheur, les gens sans enfants s'en procuraient par adoption, en récompensant généreusement les vrais parents (3).

Presque partout on ne se bornait pas à accorder un esprit à l'homme; tous les ustensiles, tous les objets inanimés, tous les animaux en étaient aussi pourvus (4). Quand une âme polynésienne quittait ce bas monde, elle était escortée par toutes les âmes des objets, des ustensiles, etc., qui lui avaient été offerts pendant ses funérailles (5). D'ordinaire, on avait bien soin de *tuer* ces objets en les brisant.

Partout l'âme, quand elle existait, allait après la mort dans une sorte de paradis modelé comme tous les paradis sur la vie réelle des gens qui l'avaient imaginé. Tantôt ce séjour des ombres était situé au fond de la mer, tantôt dans le ciel; parfois c'était simplement une île lointaine et mystérieuse. Sauf des différences de détail, ces imaginations puériles sont les mêmes dans toute la Polynésie. Toujours le paradis est le séjour des dieux, des *eatouas*. Selon les croyances taïtiennes les âmes allaient rejoindre les *eatouas*, qui les *mangeaient* parfois. Mais les âmes privilégiées, celles des chefs, surtout celles des prêtres, devenaient *eatouas* à leur tour. En Polynésie, l'évhémérisme, où, au prix de tant de maladroits efforts, H. Spencer veut à tout prix trouver la base de toutes les religions, était généralement admis, mais seulement pour les dieux inférieurs, comme nous le dirons plus loin. La vie future était, comme partout, une image embellie de la vie réelle. Le

(1) Th. West, *Ten Years in South Central Polynesia*, 255. — (2) Tylor, *N. Zealand*, 101. — (3) M. Radiguet, *Derniers Sauvages*, 181. — (4) Cook, *Third Voyage*, vol. II, 166. — (5) M. Radiguet, *loc. cit.*, 226.

paradis taïtien, le *Rohoutou noa noa* (le *Rohoutou* parfumé), était
situé dans l'air au-dessus d'une haute montagne de Raïatea.
Les prêtres, les chefs, surtout les membres de la célèbre
société des *Aréois*, y entraient d'emblée. Les amis des chefs et
même les simples particuliers y pouvaient à la rigueur aspirer,
mais comme de raison à la condition de faire de riches offrandes
aux prêtres, qui avaient le pouvoir de faire transmigrer les
âmes du séjour des ténèbres *(Po)* au bienheureux *Rohoutou*.
Mais cela coûtait si cher que le peuple ne se flattait guère de
pénétrer dans cet empyrée (1). Comme on peut s'y attendre,
le paradis des sensuels Taïtiens leur ressemblait. Le soleil y
était éclatant ; l'air pur et embaumé ; les fleurs y étaient toujours fraîches, les fruits toujours mûrs, les aliments savoureux
et abondants. On n'y connaissait ni la vieillesse, ni la maladie,
ni la tristesse. On y charmait l'existence par des chants, des
danses, des fêtes sans fin. Il va de soi que le plus grand attrait
de ce paradis sensuel résidait dans les plaisirs amoureux,
goûtés avec des femmes éternellement jeunes, éternellement
belles (2). En résumé, c'était la vie voluptueuse des Aréoïs
transportée dans le ciel. Les maris y retrouvaient leurs femmes
et en avaient des enfants comme sur la terre. Les ennemis se
rencontraient aussi dans le *Rohoutou* et s'y livraient encore de
furieux combats (3). Dans ce délicieux séjour, on mangeait du
fruit à pain et du porc, qu'il n'était pas nécessaire de cuire. Ce
paradis, si bien adapté aux goûts et aux mœurs polynésiennes,
on n'y a pas renoncé sans peine, et quand Taïti, à l'instigation
des missionnaires anglais, eut été christianisée à coups de
fusil, la secte des *Mamaia* refit l'ancien *Rohoutou*, en s'appuyant
sur la Bible et la polygamie de Salomon (4).

   La vie future des Noukahiviens se passait aussi dans une île
délicieusement pourvue et située dans les nuages. L'esprit de
l'homme tué à la guerre allait dans cette île, pourvu que son
corps eût été emporté par ses amis et qu'on eût mis à sa disposition un canot et des provisions. Quand le cadavre était resté
au pouvoir des ennemis, l'esprit ne parvenait à l'île paradisiaque que si on avait tué pour manœuvrer le canot funéraire

---

(1) Moerenhout, *Voyage aux îles du grand Ocean*, I, 434.-- (2) *Ibid.*
— (3) Cook, *Troisième Voyage* (*Hist. univ. des voy.*, vol. X, 239). —
(4) Moerenhout, *Voyage aux îles du grand Océan*, II, 504.

un équipage d'ennemis (1). Le ciel noukahivien était habité par les dieux, la classe aristocratique, les guerriers tombés sur le champ de bataille, les femmes mortes en couches, les suicidés. On s'y empiffrait de *popoi*, de porc, de poissons; on y avait de très jolies femmes, etc. (2).

Les âmes des Hawaiens allaient aussi rejoindre les *eatouas*, surtout quand elles avaient appartenu à des chefs, des prêtres, des héros (3). Notons que, pour les Hawaiens, comme pour tous les Polynésiens, l'âme résidait dans le souffle (4).

A Tonga, le paradis, le *Bolotou*, était une grande île, fort lointaine, où les esprits avaient bien du mal à aborder. C'était aussi un séjour délicieux, plein de plantes utiles, renaissant a mesure qu'on les cueillait. Le *Bolotou* était situé au nord-ouest de l'archipel Tonga. Il était surtout réservé aux chefs, aux personnes distinguées, qui y devenaient les serviteurs des dieux, les intermédiaires entre ceux-ci et les vivants. Quant aux gens du peuple, aux *Touas*, leur survivance était fort douteuse (5).

Trois jours après la mort, les âmes des chefs néo-zélandais se rendaient au *Reinga*, montagne située près du cap Nord, et de là partaient pour leur futur séjour, tantôt dans le ciel, tantôt sous la mer. Les *Coukis*, les gens du peuple, mouraient tout entiers (6). Le paradis était surtout réservé aux grands guerriers, aux victorieux. On y passait le temps dans de perpétuels combats (7), interrompus par de grands festins, où l'on se gorgeait de poisson et de patates douces (8). Un vieux chef, entendant un missionnaire wesleyen décrire la vie future des chrétiens, protesta énergiquement, déclarant qu'il ne voulait pas de ce ciel, encore moins de l'enfer, où il n'y avait que du feu à manger, qu'il entendait aller dans le *Po* néo-zélandais pour s'y régaler de patates douces avec ses amis d'autrefois (9).

Le souffle spirituel, qui survivait aux Polynésiens distingués, ne s'envolait pas toujours dans le séjour des esprits; dans tous

---

(1) Porter, *Hist. univ. des voy.*, vol. XVI, 315. — (2) M. Radiguet, *Derniers Sauvages*, 226. — (3) Freycinet, *Hist. univ. des voy.*, vol. XVIII, 95. — (4) Cook, *Troisième Voyage (Hist. univ. des voy.*, vol. XI, 298). — (5) Cook, *loc. cit*, vol. X, 84. — (5) Th. West, *Ten Years in South Central Polynesia*, 255. — (6) *Cruise's Journal*, 282. — (7) *Proceedings of Church*, etc., vol. V. 558. — (8) Dumont d'Urville, *Hist. univ. des voy.*, vol. XVII, 276. — (9) *Missionary Register for* 1826, 164

les cas, il en descendait souvent pour se mêler aux vivants. A Taïti, cet esprit, ce *Tii*, habitait fréquemment les images de bois placées autour des cimetières (1). A Noukahiva, les esprits devenus *eatouas* inférieurs, les ombres des gens célèbres, de leur vivant, par leur force musculaire, celles des prêtres, se délectaient à tourmenter les humains en se couchant, la nuit, en travers des chemins, en faisant choir et étranglant les voyageurs ; car ils conservaient dans l'autre vie les haines et les passions qui les avaient animés sur la terre (2). Les Néo-Zélandais, qui redoutaient aussi beaucoup les esprits des morts, espéraient les empêcher de revenir parmi eux, en sacrifiant des esclaves aux funérailles (3), afin de les apaiser, d'assouvir leur cruauté.

Il semble bien qu'en Polynésie, comme ailleurs, on ait commencé par ne pas croire à la mort naturelle ; car nombre de maladies étaient attribuées à des maléfices, à la malice des esprits. Ceux-ci revenaient souvent dans leur île natale sous la forme d'animaux (4). A la Nouvelle-Zélande, ces *eatouas* animaux s'introduisaient maintes fois sous la forme de lézard dans le corps des vivants, dont ils rongeaient les entrailles. On expliquait ainsi nombre de maladies mortelles (5). Aux îles Sandwich, on exorcisait ces méchants esprits (6). Les prêtres avaient aussi le pouvoir de loger de malveillants esprits dans le corps de ceux qu'ils voulaient perdre ou punir. On expliquait ainsi toutes les maladies délirantes ou convulsives (7). Souvent aussi on consultait un sorcier, qui imputait parfois la cause du mal aux maléfices d'un des membres de la famille, lequel, terrifié, allait, la corde au cou, au *Morai* implorer l'intervention des dieux (8).

Rien de plus naïf et de moins sublime que ces croyances primitives. L'âme y est conçue comme un souffle matériel, une ombre, que possèdent également les hommes, les animaux et les choses. L'âme humaine peut même transmigrer dans le corps des bêtes. Ainsi, aux îles Sandwich, on donnait parfois des

---

(1) Cook, *Deuxième Voyage* (*Hist. univ. des voy.*, vol. VIII, 295.— (2) M. Radiguet, *les Derniers Sauvages*, 226-231-234. — (3) *Journa of M. Marsden, Second Visit.*, 291. — (4) Muller, *Allgem. Ethnogr.*, 305. — (5) Dumont d'Urville, *Hist. univ. des voy.*, vol. XVIII. 274. (6) Freycinet, *Hist. univ. des voy.*, vol. XVIII, 95. — (7) Moerenhout, *Voyage aux îles du grand Océan*, I, 481. — (8) *Ibid.*, 543.

hommes à dévorer aux requins. L'âme des victimes devait s'incorporer à l'animal et le rendre ainsi plus clément pour les parents de celui qu'il avait mangé (1).

Ces conceptions enfantines ne se rattachaient nulle part à des prescriptions morales. Elles avaient spontanément jailli de l'imagination de la race, elles occupaient et amusaient les Polynésiens, souvent les tourmentaient et les portaient à des actes atroces, mais n'exerçaient d'ailleurs aucune influence sur leur développement moral et intellectuel.

V

La vie future dans la mythologie américaine.

Les idées, que se fait l'homme primitif au sujet de l'âme et de la vie future, sont si uniformes qu'en passant en revue à ce sujet les diverses races humaines, on est condamné à bien des redites. Presque partout, en effet, l'on s'imagine qu'un esprit matériel se sépare de l'homme à la mort et mène dans une contrée invisible une existence calquée sur l'existence terrestre.

Partout aussi on a grand'peine à admettre et à comprendre la mort naturelle. Beaucoup d'indigènes de l'Amérique du Sud, notamment de ceux qui errent encore dans les pampas, attribuaient toujours la mort d'un des leurs à des maléfices. Après chaque décès, on se rassemblait pour chercher en commun qui pouvait être l'homicide, dont on tirait aussitôt vengeance (2). Partout on était convaincu que la vie terrestre se continuait au delà du tombeau, et c'était là la raison des offrandes d'armes, d'ustensiles, de vivres, des sacrifices d'animaux et d'êtres humains dont chaque cérémonie funèbre était ou est encore l'occasion.

Partout aussi la vie future offrait aux décédés toutes les jouissances qu'ils avaient le plus aimées ici-bas. D'ordinaire il ne se mêlait à ces superstitions aucune idée de récompense ou de châtiment; pourtant les plaisirs de la vie future étaient généralement réservés de préférence au meilleur guerrier, au

_____

(1) Freycinet, *loc. cit.*, 95. — (2) Stevenson, *Travels in South America*, I, 60. Head, *Hist. univ. des voy.*, vol. XLI, 339

chasseur le plus adroit. Les Patagons, les Araucanos, les Ancas, le Chiquitos, les Garrayos, etc., espèrent mener après la mort une vie de délices dans d'excellents territoires de chasse (1). Parfois les esprits des défunts reviennent parmi les vivants en revêtant des formes animales. Ainsi, chez les Abipones, des petits canards, volant, la nuit, en poussant de plaintifs gémissements, étaient regardés comme les esprits des morts (2).

L'âme de certains Indiens de la Colombie erre dans les bois, que le défunt fréquentait pendant la vie, ou traverse certains lacs pour aborder à une terre délicieuse où elle danse constamment et s'enivre à bouche que veux-tu. Selon ces mêmes Indiens, les animaux ont une âme tout comme les hommes, et, comme l'ivresse est pour ceux-ci la volupté suprême, ils ont soin de verser dans la gueule des animaux qu'ils ont tués une boisson enivrante. L'âme de la bête morte boit cette liqueur, puis elle fait part aux animaux de son espèce du plaisir qu'elle a goûté. On espère qu'alléchés par cette perspective, ces animaux auront à leur tour envie de se faire tuer (3).

Pour être générale. cette croyance à une vie future n'était pas universelle en Amérique. Certains Californiens s'imaginaient bien aller après leur mort soit dans les nuées, soit dans les gorges des montagnes (4) ; mais d'autres, vivant dans les vallées du Sacramento et du San Joaquin, disaient que la vie future existait seulement pour les blancs. Quant à leurs morts à eux, disaient-ils, comme ils étaient brûlés, ils étaient complètement anéantis (5).

Les Indiens Peaux-Rouges attribuaient aussi, comme tant d'autres peuples, la plupart des maladies aux sortilèges des *hommes-médecines* (6). Ils pratiquaient même l'envoûtement, comme nos ancêtres du moyen âge (7). Pour eux, selon Charlevoix, les âmes étaient les ombres, les images animées du corps. Après la mort, ces âmes allaient dans une terre promise, une vaste prairie où régnait un printemps perpétuel, où se

---

(1) A. d'Orbigny, *l'Homme américain,* I, 405 ; II, 73, 74, 90, 168, 319, 330. — (2) Dobritzhoffer, *History of the Abipones*, II, 74. — (3) Mollien, *Hist. univ. des voy.*, vol. XLII, 416.   (4) La Pérouse, *Hist univ. des voy.*, vol. XII, 243. — (5) (Schoolcraft, *Indian Tribes,* III, 107. — (6) Franklin, *Premier Voyage (Hist. univ. des voy.* vol. XL, 480). — (7) Tanner, *Narrative of captivity among the Indians,* 174.

promenait un peuple de buffles, de chevreuils dont la chair
était exquise et que l'on tuait sans verser leur sang (1). Tout
le monde n'allait pas dans ce séjour béni, où la première place
était réservée au chasseur le plus habile, au guerrier le plus
heureux (2). Les esprits mal partagés se rendaient après la
mort dans une région du nord couverte de neige et de glace et
y souffraient la faim, la soif, etc. (3) Les Osages tâchaient d'ac-
crocher à une perche plantée devant le tumulus mortuaire le
scalp d'un ennemi, dont l'esprit devenait par là le serviteur du
défunt dans l'autre vie (4).

Chez les Peaux-Rouges, il existe donc une tendance à classer
les esprits, dans la vie future, selon leurs mérites terrestres.
Les Esquimaux font de même. L'âme des bons Esquimaux s'en
va après la mort dans un monde inférieur, où le soleil brille
toujours, où des veaux marins, des poissons, des oiseaux aqua-
tiques nagent dans des eaux limpides et se laissent prendre
avec complaisance. Beaucoup d'entre eux même y sont déjà en
train de bouillir dans des chaudières. Mais, pour pénétrer dans
cet Élysée, il faut, de son vivant, avoir capturé beaucoup de
veaux marins, avoir affronté de grands périls ou s'être noyé
dans la mer. La femme morte en couches y entre aussi de
droit (5). Moins favorisées, les âmes des mauvais Esquimaux
vont dans un monde d'en haut où elles souffrent continuellement du froid et de la faim. Ces croyances ne semblent pas
d'ailleurs communes à tous les Esquimaux ; car l'un d'eux, interrogé par Ross, n'avait aucune idée d'une vie future (6).

Quant à la croyance aux maléfices, aux sortilèges, elle paraît générale chez les Esquimaux. Les sorciers esquimaux, les
angekoks, ont des esprits à leurs ordres, maîtrisent les éléments, éloignent ou attirent les veaux marins, donnent des
maladies et les peuvent guérir (7).

Le spiritualisme des Esquimaux est très vaste, comme celui
de la plupart des sauvages ; il ne se borne pas seulement à

(1) Domenech, *Voy pittoresque dans les déserts du nouveau monde,*
585. — (2) Charlevoix, *Nouvelle France,* III. — (3) Domenech, *Voy.
pittoresque dans les déserts du nouveau monde,* 585. — (4) J.-M.
Coy, *Hist. of Baptist Indian Missions,* 360. — (5) Rink, *Tales and
Traditions of the Eskimo,* et Prichard, *Hist. naturelle de l'homme,* 281.
— (6) Ross, *Hist. univ. des voy.,* vol. XL, 20. (7) Crantz, *History
of Groenland,* I, 210.

l'homme. Les animaux ont chacun un esprit, et les esprits des hommes peuvent très bien s'incarner dans des corps d'animaux. D'ailleurs tous les objets ont leur esprit. Cet esprit des objets s'appelle « possesseur » et il gouverne l'objet dont il est l'image (1).

Toute cette mythologie spiritualiste est, comme on le voit, très puérile. Pour être plus complexe, celle des anciens Péruviens et Mexicains n'était guère plus intelligente. C'était toujours une image de la vie réelle, projetée au-delà du tombeau.

Les Incas allaient, après la mort, retrouver le soleil, leur père. Les vassaux péruviens continuaient, dans la vie future, à servir leurs maîtres, comme ils l'avaient fait ici-bas (2). Les Péruviens, déja fort civilisés, avaient aussi imaginé des séjours différents pour les bons et les méchants. Les bons vivaient dans l'autre monde au sein d'une voluptueuse tranquillité. Ils s'y reposaient du communisme laborieux de leur bas monde. Au contraire, les esprits des méchants étaient soumis à d'interminables et pénibles travaux (3). Le soin, que l'on prenait, au Pérou, de dessécher les cadavres, a fait supposer que les anciens Péruviens croyaient à la résurrection des corps; mais cette preuve est sûrement des plus insuffisantes.

Les Mexicains avaient été un peu plus inventifs que les Péruviens dans leur rêve de vie future. Après leur mort, leur âme pouvait aller dans trois séjours distincts. Les élus, à savoir les guerriers morts en combattant ou les victimes sacrifiées aux dieux, rejoignaient d'abord le soleil et l'accompagnaient dans son cours éclatant à travers les cieux, en chantant et en dansant. Puis, après quelques années de cette radieuse existence, ils allaient habiter des jardins fleuris et parfumés : parfois ils s'incorporaient aux nuages, aux oiseaux les plus beaux (4).

On le voit, en Amérique, du Patagon au Péruvien et au Mexicain anciens, si civilisés déja, l'imagination humaine a simplement conçu la vie future comme une prolongation de la vie réelle. Pour trouver des conceptions plus hautes, se rap-

---

(1) Rink, *Tales and Traditions of the Eskimo.* — (2) A. d'Orbigny, *l'Homme américain*, I, 231, 304. — (3) W. Prescott, *Histoire de la conquête du Pérou*, I, 100. — (4) W. Prescott, *Histoire de la conquête du Mexique*, I, 45.

prochant davantage de la vérité scientifique. Il faut arriver à certaines grandes religions asiatiques, au brahmanisme, et surtout au bouddhisme.

VI

De la vie future selon les mythologies asiatiques.

Le vaste continent asiatico-européen, avec les nombreux archipels qui en dépendent, est le grand atelier de l'humanité, dont il renferme la majeure partie. Là se sont formées les plus nombreuses agglomérations d'hommes; là ont été inventées les langues les plus complexes; là ont grandi les races les plus intelligentes, celles qui ont porté au plus haut point de perfection les arts, les sciences, la philosophie. Au sein de ces races supérieures, la métaphysique religieuse a, comme tout le reste, atteint un degré de complication, parfois d'élévation, inconnu partout ailleurs. Tels sont les grands résultats du labeur et de la pensée des individus les plus éminents des races aryenne, sémitique et mongolique. Mais ces grandes races ne sont pas arrivées d'emblée à l'apogée de leur développement; dans leur sein même, la masse est loin d'avoir toujours pu se conformer à l'allure trop rapide de ses conducteurs; enfin de nombreux échantillons des races inférieures subsistent encore en Asie. Quand il s'agit de l'Asie, il est absolument nécessaire de diviser et de subdiviser. Sans doute, nous avons surtout à parler de la vie future selon les grandes religions aryennes et sémitiques, mais nous ne pouvons cependant passer sous silence les idées des autres races asiatiques. Force nous est aussi de mentionner la mythologie védique, d'où sont issues les religions de Brahma et de Bouddha. Nous allons donc essayer de résumer brièvement toutes ces spéculations religieuses et métaphysiques.

Il y en a de fort grossières. Aux îles des Larrons, on pensait que l'esprit des morts transmigrait tout simplement dans le corps des poissons, et, pour mieux utiliser ces précieux esprits, on brûlait les parties molles des cadavres et on en avalait les cendres suspendues dans du vin de coco (1). Les poissons

(1) Alvar de Mindana, *Hist. univ. des voy.*, vol. I.

étaient ainsi frustrés de l'incorporation des âmes humaines, pour lesquelles d'ailleurs ils sont si mal construits.

A Sumatra comme en Polynésie, règne, dans le peuple, la croyance que la vie future est le privilège des riches et des puissants ; les pauvres meurent tout entiers (1). Cela suffit à montrer que les religions brahmanique et mahométane sont loin d'avoir pénétré dans la masse de la population malaise : c'est que partout les grandes religions, à métaphysique complexe, ne sont le partage que du petit nombre.

Chez les Mongoloïdes de l'Asie septentrionale, chez les Kamtchadales et les Sibériens, règne encore un polythéisme tout primitif. Des multitudes de divinités habitent les montagnes, les forêts, les torrents, etc., et les chamans ou sorciers servent de médiums entre ces dieux et les humains. Les Kamtchadales croient à la survivance après la mort. Selon eux, le monde invisible est fait comme le monde visible ; seulement on y travaille moins, plus fructueusement, et on n'y a plus jamais faim (2). Les Sibériens des environs de Tobolsk ont de vives inquiétudes au sujet de leur vie future ; car de méchants et diaboliques esprits guettent leur ombre au sortir du corps ; aussi a-t-on bien soin, chez eux, d'appeler au chevet du moribond le kam, le sorcier, qui bat son tambour magique et fait avec les malins génies des conditions acceptables (3). Les Kamtchadales croient si fortement à la bienheureuse paresse de la vie future, que, pour en jouir plus vite, ils se suicident volontiers ou à tout le moins se font étrangler par leurs enfants (4).

Plusieurs grandes religions existent dans l'archipel japonais. Les principales sont : le sintoïsme, le bouddhisme et la religion de Confucius. La première seule est indigène, les autres sont importées. Nous aurons à reparler du polythéisme sintoique. Pour le moment, nous n'avons à nous occuper que de la vie future selon cette religion primitive. Chez les Japonais, comme chez la plupart des races intelligentes, la croyance à la vie future est devenue la sanction mythique de la moralité. L'âme des sintoïtes japonais survit au corps et des juges divins

---

(1) Marsden, *History of Sumatra*, 289. — (2) Kotzebue, *Deuxième Voyage* (*Hist. univ. des voy.*, vol. XVII, 389). — (3) Gmelin, *Hist. univ. des voy.*, vol. XXXI, 265. — (4) *Races of Man*, by Peschel, 390.

décident de son sort après la mort. L'âme des gens vertueux
entre dans une sorte de paradis où elle est déifiée, où elle devient *kami*. L'âme des vicieux, au contraire, est plongée dans
le royaume des racines (1). C'est déjà l'utilisation éthique des
croyances religieuses.

Il ne semble pas que les Aryas védiques aient songé à rien
de pareil. Leurs hymnes ne parlent ni de châtiment ni de récompense après la mort. D'après un passage védique que nous
avons précédemment cité, les Aryas védiques ont dû croire
que le cadavre même n'était pas absolument privé de conscience et de sensibilité. D'après un autre hymne, il y aurait
eu, dans leur croyance, partage des divers éléments du corps
après la mort : le feu du regard retournant au soleil, le souffle
aux vents, les membres à la terre ; une partie immortelle, re-
commandée à Agni, s'en allait au monde des pieux (2). Ce paradis (*Paralôka*) était situé au-dessus des nuages. On y était
parfaitement heureux ; « la satisfaction y naissait avec le désir (3)». L'âme védique n'était point d'ailleurs immatérielle.
C'était une substance éthérée, mais corporelle (4), comme se
la sont figurée tous les peuples primitifs.

Et comment s'imaginer l'âme autrement, à moins qu'on ne
soit professeur de philosophie officielle en France, c'est-à-dire
condamné à l'absurdité forcée ?

La matérialité de l'âme est aussi admise par la subtile métaphysique du brahmanisme, manifestement entée sur la doctrine
védique. Selon cette grande religion, dont l'idée première,
toute métaphysique à part, n'est pas inconciliable avec la
science matérialiste, il existe des âmes individuelles, émanant
de l'âme suprême, de l'âme du monde, comme des étincelles
émanent d'un brasier. L'âme est une forme élémentaire, subtile, susceptible de s'atténuer de plus en plus. Elle est renfer-
mée dans le corps comme dans un fourreau. Durant le sommeil l'âme se retire, pour revenir au réveil. A la mort, elle
quitte définitivement son enveloppe et se met à transmigrer.
Les âmes pécheresses tombent dans des régions infernales et
y subissent mille tourments. Les âmes vertueuses vont rece-

(1) Kæmpfer, *Hist. univ. des voy.*, vol. XXXI, et Siebold, *Nippon
Archip zu Beschreibung von Japon.* — (2) E. Burnouf, *Essai sur le Véda,*
432. — (3) *Ibid.*, 433. — (4) *Ibid.*, 434.

voir dans la lune la récompense de leurs bonnes actions, puis redescendent sur la terre pour y animer de nouveaux corps. Les sages seuls vont plus haut que la lune, jusqu'au séjour et à la cour de Brahma, où, si leur libération est complète, ils rentrent dans la divine essence, se fondent dans l'âme du monde comme une goutte d'eau s'incorpore à l'Océan (1).

La doctrine du panthéisme, de l'émanation, des incarnations ou transfigurations, enfin de l'absorption dans le grand tout, du *Nirvána*, existait donc déjà dans le brahmanisme, et le bouddhisme n'a fait que lui donner plus de relief. Selon la légende, Çakyâ-Mouni, le fondateur du bouddhisme, était parvenu à ressusciter dans sa pensée le souvenir de ses précédentes incarnations, et il reconnut alors que la totalité des ossements qu'il avait successivement animés, étant en état de péché, constituait une masse matérielle surpassant en volume les planètes et que la quantité de sang qu'il avait répandue, dans les innombrables décapitations subies en punition de ses crimes, durant ses incarnations antérieures, égalait celle des eaux de l'univers. Tous les êtres subissent des transmigrations analogues, et c'est seulement à force de vertu qu'ils réussissent à sortir enfin de ce cycle interminable et insupportable de l'existence personnelle, à s'abîmer dans l'absorption suprême, dans le *Nirvána*. Mais tout le monde n'arrive pas à cet anéantissement si ardemment désiré ; les natures inférieures, celles qui fléchissent dans la lutte vers le bien, en sont punies par des incarnations incessantes et de plus en plus infimes, en proportion de leur croissante perversité ; elles peuvent même s'incorporer à des objets privés de vie (2). Le Bouddha lui-même, tout en s'anéantissant, laisse derrière lui des émanations, des hommes supérieurs, des Boddhisatwas, qui complètent l'œuvre du Bouddha. Les dalaï-lamas du Thibet sont des Boddhisatwas ; mais il en est beaucoup d'autres : chaque lamaserie importante a son petit Boddhisatwa. Selon la croyance lamaïque, ces émanations vivantes du Bouddha sont immortelles, en ce sens qu'elles se réincarnent immédiatement après leur mort dans le corps d'un enfant, qui leur succède. Nous aurons, en parlant du clergé et du culte bouddhiques, à reve-

---

(1) H.-T. Colebrooke, *Essais sur la philosophie des Hindous*, 192-206. — (2) B. Saint-Hilaire, *le Bouddha et sa religion*, 125.

nir sur ce dogme curieux et fructueux, que les catholiques ont eu le grand tort de ne point adopter encore.

Mais combien la grande métaphysique du brahmanisme et du bouddhisme éclipse les puériles mythologies des religions chrétienne, sémitique, etc., dont il nous reste à parler ! En remplaçant les mots par des choses, en écartant tout l'attirail des subtilités cléricales et des superstitions populaires, en substituant à l'idée vague d'essence suprême la notion très scientifique d'une substance matérielle, toujours muable et mobile, d'une étoffe de l'univers changeant incessamment de forme, on arrive tout droit à la réalité, à la grande conception matérialiste, sortie des entrailles mêmes de la science et destinée à mettre à néant toutes les religions.

Auprès du brahmanisme, du bouddhisme, dont il serait bien facile de rapprocher la religion de Zoroastre, les religions monothéistes de Moïse, de Mahomet et du Christ sont de bien pauvres créations de la fantaisie humaine. Les opinions, qu'on y professe au sujet de la vie future, sont tellement connues qu'il nous suffira de les rappeler brièvement.

Le petit peuple hébraïque, le peuple de Dieu, a eu quelque peine à arriver à l'idée de la survivance de l'âme, ce *souffle divin* (1). De bonne heure cependant, les Hébreux crurent à un séjour souterrain, au *Scheôl*, pays ténébreux, fermé par des portes, et où il y a des vallées (2). La pythonisse d'Endor évoque Samuel devant Saül ; elle le fait monter du séjour inférieur (3). Il semble d'ailleurs que les habitants du *Scheôl* y demeurent dans un état de profonde torpeur. Les Hébreux, de leur nature fort peu métaphysiciens, n'attendaient de châtiments ou de récompenses que dans leur vie terrestre ; ils ne comprenaient la survivance que sous la forme grossière et palpable de la résurrection des corps. C'est bien tardivement, et après bien des contacts avec les infidèles, que la doctrine dualiste pénétra dans leur esprit. Elle n'est nettement exprimée que dans l'Ecclésiaste : « La poussière retourne à la terre telle qu'elle était, mais l'esprit retourne vers Dieu qui l'a donné (4).»

Rien aussi de plus matériel que l'âme dans la primitive mythologie des Grecs, telle qu'elle est naïvement exposée dans le

(1) *Genèse*, II, 7. — (2) *Proverbes*, IX, 18. — (3) *Samuel*, XXVIII. — (4) *Ecclésiaste*, ch XII, 7.

onzième chant de l'Odyssée. Les ombres, avec lesquelles converse le prudent Ulysse, ont conservé les besoins et les passions qu'elles ressentaient pendant la vie. Dans l'Hadès, l'ombre d'Ajax est tout aussi courroucée contre Ulysse que le guerrier l'était de son vivant. Orion chasse, sur la prairie d'Asphodèle, les bêtes fauves, que sa redoutable massue a jadis assommées sur les montagnes de son pays. Les eaux du lac, dans lequel Tantale est plongé, fuient ses lèvres altérées : les fruits des poiriers, des grenadiers, des orangers, des figuiers, des oliviers, suspendus sur sa tête, se dérobent, quand il les veut saisir. Enfin toutes les ombres, avec lesquelles Ulysse converse, sont inanitiées ; elles se précipitent pour s'abreuver du sang des victimes, que l'explorateur du sombre Hadès a recueilli dans un trou creusé avec la pointe de son épée ; le mari de Pénélope ne les en écarte qu'en les menaçant de son glaive, et elles ne consentent ou ne réussissent à parler qu'après avoir lapé quelque peu de ce sang vivant. En définitive, la demeure d'outre-tombe, où s'envolaient les âmes grecques, quand la flamme du bûcher avait consumé leur chair, n'est pas plus intelligemment conçue que le paradis des Polynésiens (1).

Dans le christianisme, doctrine sans originalité, où se sont mêlées confusément les antiques religions de l'Asie centrale, le judaïsme, les conceptions mythiques de l'Egypte, le polythéisme gréco-romain et les superstitions populaires, l'âme fut longtemps considérée comme parfaitement matérielle. C'était une ombre, un corps plus affiné que le corps vivant, mais en ayant la forme. En résumé l'âme chrétienne fut d'abord l'âme gréco-romaine : « L'âme, dit Tertullien, est matérielle, composée d'une substance différente du corps et particulière. Elle a toutes les qualités de la matière, mais elle est immortelle. Elle a une figure comme le corps. Elle naît en même temps que la chair et reçoit un caractère d'individualité, qu'elle ne perd jamais (2). » Les grossiers tourments de l'enfer chrétien, les insipides jouissances du paradis, qui lui fait pendant, impliquent d'ailleurs, de toute nécessité, la croyance à la matérialité de l'âme, et il a fallu l'influence des rêveries de Platon et la démence de ses successeurs, les néo-platoniciens, pour

(1) *Odyssée*, chant XI. — (2) *Traité de l'âme.*

introduire dans la métaphysique chrétienne l'inintelligible
conception de l'âme immatérielle.

Plus simple, plus logique, plus imprégné du bon sens terre
à terre du judaïsme, le mahométisme se fait aussi de l'âme
une idée fort concrète. Selon les musulmans, deux anges exter-
minateurs viennent examiner et même châtier rudement, dans
le tombeau, le cadavre, qui, pour subir ce jugement, doit se
mettre sur son séant (1). On sait assez, d'ailleurs, que le
Koran ne promet aux fidèles, dans l'autre vie, que des jouissances et des punitions fort sensuelles. Des fleuves de lait, de
vin, de miel coulent dans le paradis (2). De belles vierges,
dont la peau a la couleur des œufs d'autruche, y caressent les
élus (3). Au contraire, les pécheurs sont plongés dans le séjour
du feu et ils y sont abreuvés d'eau bouillante, qui leur brûle
les entrailles (4). Cependant, comme les grandes religions de
l'Asie centrale, comme le christianisme, qui dérive de ces dernières, l'islamisme a fait de la vie future un instrument de
récompense morale ou de châtiment ; bien supérieur en cela
au grossier judaïsme primitif.

En terminant cette brève revue des chimères conçues par le
genre humain au sujet de la vie future, nous mentionnons, seulement pour mémoire, nos sauvages ancêtres européens. Dans
le Walhalla des Scandinaves, on se taille en pièces, le matin,
pour ressusciter ensuite et boire, dans des crânes, de l'hydromel
versé par les Valkyries. Les Gaulois, plus civilisés, avaient
imaginé ou reçu de l'Asie centrale une théorie de la métempsycose ; mais dans ces religions enfantines on ne constate aucun
effort métaphysique nouveau. Le Walhalla ressemble fort au
paradis des Néo-Zélandais, et la métaphysique gauloise est
bien pâle auprès de celle du brahmanisme et du bouddhisme.

La revue, que nous avons entreprise, serait à l'étroit dans un
gros volume et ressasserait à satiété des redites, si nous vou-
lions y mentionner toutes les particularités imaginées au sujet
de la vie future par tous les peuples, toutes les tribus, etc. Les
faits nombreux et recueillis un peu partout, que nous avons cru

(1) *Livres sacrés de l'Orient* (Préface de la traduction du *Koran* de
Kasimirski).— (2) *Koran*, XLVII, 17. — (3) *Koran*, LII, 20 et *passim.* — (4) *Koran*, XLVII, 17.

devoir citer, suffisent largement à donner une idée générale de toute cette mythologie, à la rattacher à ses causes et à en bien montrer le peu de valeur.

VII

Evolution des idées de survivance.

En s'aidant des enseignements de l'ethnographie et de l'histoire, il est facile de retracer la genèse et l'évolution des idées du genre humain sur la vie future.

Pour l'intelligence si engourdie de l'homme primitif, la mort naturelle est chose inconcevable. Comment, si l'on n'était victime de quelque méchant artifice, passerait-on de la bouillante ardeur de la vie à la froide immobilité de la mort? Mais la mort est-elle bien l'extinction de la vie? En dépit de la décomposition cadavérique, la personnalité du mort n'a point totalement disparu. Le souvenir du défunt vit toujours dans la mémoire des survivants; bien plus, on le voit; on lui parle encore, souvent dans le rêve, parfois dans l'hallucination. La mort n'est donc qu'apparente. C'est une simple dissociation de deux principes. Quand la vie semble s'éteindre, c'est simplement qu'un corps léger, une ombre, se sépare du corps visible et se met à hanter les rochers, les forêts, les montagnes, sans cesser pour si peu de ressentir les besoins, les désirs, les passions, qui l'animaient jadis : tel est le premier degré de la croyance à la survivance.

Plus tard, on a l'idée de réunir ces ombres errantes dans un invisible séjour, un au-delà calqué sur la vie réelle, et dès lors la croyance à une existence future acquiert une importance extrême. Le séjour des ombres devient une image embellie de la vie terrestre, un suprême refuge où l'on jouit sans effort de tous les biens qu'on a vainement pourchassés ici-bas.

Une fois arrivé à cette conception si consolante, l'esprit humain s'y cramponne avec une invincible énergie; c'est, pour lui, au milieu des épreuves de la vie, un réconfort, bien mieux, une sorte d'opium intellectuel, qui le console en l'engourdissant.

Quand une fois le sens moral est né, quand on a des besoins de justice mal satisfaits sur la terre, de nouveaux et puissants motifs viennent fortifier la croyance à l'au-delà. La vie future

devient alors la sanction de la morale. Après la mort, chacun
est traité selon ses œuvres. Pour le méchant s'ouvre un abîme
de douleur ; un voluptueux paradis reçoit et console les bons.
Pas de religion un peu complexe qui ne s'appuie volontiers sur
ce côté éthique de la croyance à une vie future. En rêvant aux
suprêmes délices qui les attendent au-delà du tombeau, les
malheureux, les sacrifiés prennent plus facilement patience :
« Laissez-nous la meilleure part de ce bas monde, leur disent
nombre d'heureux et de puissants, vous serez largement
récompensés dans l'autre. »

Tout va à souhait, tant que l'esprit humain est assez peu
développé pour se payer de cette monnaie imaginaire ; mais, à
mesure que la raison grandit, la science se fonde et, dans
l'univers infra ou supra-terrestre, son œil perçant ne trouve
plus de place pour loger le séjour des âmes. On ne peut plus
ne pas voir dans la vie consciente une fonction des centres
nerveux muables et périssables. On en vient à considérer la
vie comme le son d'une harpe, dont la mort rompt brutalement les cordes. Alors, pour durer, la métaphysique est
obligée de subtiliser de plus en plus. L'âme cesse d'être une
image éthérée du corps véritable, une ombre, pour devenir
l'entité verbale de nos métaphysiciens, un rien tellement im-
palpable et inconcevable, que tout esprit robuste et libre se
refuse à y croire. L'être humain sait alors que sa chétive personnalité est passagère, puisqu'elle résulte seulement du groupement éphémère d'atomes indestructibles, que le choc de la
mort viendra disperser. A partir de ce moment, l'homme est
vraiment homme ; le champ de son activité s'éclaire et se restreint ; il fait descendre du ciel sur la terre ses rêves de bonheur, ses aspirations vers une justice réparatrice ; il sait où il
doit aspirer et se résigne virilement à ce qu'il faut subir.

———

CHAPITRE XVI.

DES DIEUX.

I

De la mythologie en général.

La mythologie, qui, à une certaine période de l'évolution sociale, revêt un aspect si imposant et joue un rôle si capital dans la vie des nations, est bien humble au moment de ce que l'on pourrait appeler sa période ovulaire. Elle n'est alors que le reflet d'émotions fort simples, communes à l'homme et aux animaux supérieurs, et parfois un gauche essai d'explication des phénomènes naturels. Dans les deux cas, l'homme ne fait qu'extérioriser naïvement les créations de son imagination, et ces créations sont des plus grossières. Ce n'est pas chose facile que de se figurer l'état mental de l'homme primitif. Pour y parvenir plus ou moins, il faut se reporter autant que possible aux années de l'enfance et observer les enfants ; il faut aussi faire l'analyse du rêve, du délire, etc. Au début de son évolution mentale, l'homme, inhabile encore à observer, sent incomparablement plus qu'il ne pense ; très peu expert à trier les phénomènes objectifs, il confond sans cesse le réel et l'imaginaire. Surtout il ne saurait mettre un instant en doute la réalité des êtres qui le visitent durant le rêve. Sans doute, ces êtres sont invisibles aux autres, mais lui les a vus ; il existe donc des *esprits*, qui habituellement se dérobent aux yeux de l'homme. De plus, l'homme primitif sait mal distinguer l'animé de l'inanimé ; il est invinciblement porté à doter de conscience et de volonté, à anthropomorphiser ou à zoomorphiser, en un mot, à vivifier tous les agents naturels, qui le servent ou lui nuisent ; il leur prête volontiers des émotions, des idées analogues à celles qu'ils éveillent en lui. Quant aux animaux spécialement, non seulement il ne les considère pas comme lui étant essentiellement inférieurs, mais il est nombre d'entre eux dont il fait le plus grand cas, qu'il redoute, qu'il vénère, qu'il regarde volontiers comme ses ancêtres ; car, faible et mal

armé encore, il se sent parfois bien petit devant leurs griffes,
leurs dents ou leur venin.

C'est bien tardivement, après bien des efforts, bien des expériences que l'homme, mettant un peu d'ordre et de contrôle
dans sa vie consciente, sent diminuer sa crédulité et restreint
sa mythologie. Ses dieux deviennent alors plus puissants et
moins nombreux, plus spiritualisés et moins vivants à ses yeux.
Comme il a gagné du terrain dans sa bataille contre le monde
animal, il commence à dédaigner des rivaux à demi vaincus ;
ses dieux sont alors anthropomorphes et de moins en moins
nombreux. Le mirage mythologique se décolore, devient confus ;
la philosophie le remplace peu à peu et finit, avec le temps,
par considérer toutes les religions comme des rêves de l'enfance et de la jeunesse de l'humanité.

Si nous pouvions lire dans le cerveau des animaux supérieurs, nous y retrouverions sans nul doute toute une mythologie rudimentaire. Nombre de [mammifères, les chiens, par
exemple, ont, comme l'homme, des rêves et des hallucina-
tions ; ils savent déjà rapporter certains faits à leur cause réelle
ou imaginaire. Il n'en faut pas plus pour arriver aux conceptions puériles de la mythologie primitive. Nulle différence es-
sentielle au point de vue mental entre le nègre d'Afrique ado-
rant le crocodile, qui peut-être le mangera, et le chien rampant
aux pieds de son maître et léchant la main qui le châtie.

Il va de soi que la religion ainsi comprise existe plus ou
moins, non pas chez tous les hommes, mais chez la plupart des
groupes ethniques. Pourtant certaines tribus, certains peuples
sont, sous ce rapport, fort pauvrement doués ; nous les avons
énumérés ailleurs (1).

En dépit du préjugé vulgaire, il est sûr que la croyance en
des êtres imaginaires, dignes d'être appelés « dieux », est loin
d'être universelle. Deux causes principales maintiennent certaines tribus et races en dehors ou au-dessus de ces erreurs :
ce sont ou un cerveau si mal développé encore qu'il est incapable de toute spéculation, ou un sens pratique trop net, un
bon sens natif trop solide. Parfois, comme chez les Cafres Makololos, ou Basoutos, une vague croyance aux mânes des ancêtres compose tout le bagage mythique ; parfois, à l'autre bout

(1) Ch. Letourneau, *Science et Matérialisme*, 367.

de l'échelle métaphysique, les penseurs bouddhistes en arrivent à faire de leur religion un vaste système mythologique reposant sur une métempsycose athée.

Néanmoins, il est incontestable qu'en général l'homme peuple plus ou moins le milieu cosmique, au sein duquel il vit, d'êtres fictifs, enfantés par son imagination. Pour passer en revue toutes les rêveries de la spéculation mythique, il faudrait des volumes; mais en citant seulement les faits typiques, en les comparant les uns aux autres, la besogne s'abrège beaucoup; car les différences portent surtout sur les détails, sur la couleur, la forme et le nombre des mythes, dont la genèse et l'évolution sont partout plus ou moins les mêmes.

Tout cet ensemble de créations mythiques peut se classer, se subdiviser de bien des manières. La gradation la plus communément adoptée va du fétichisme au polythéisme, de celui-ci au monothéisme; il faudrait y ajouter le panthéisme, qui comprendrait les grandes religions asiatiques. Cette classification est commode, mais critiquable pourtant; car toutes ces mythologies résultent d'un même procédé mental, que Tylor a appelé *animisme* (1), et qui consiste à loger un moi analogue au moi humain au sein de certains êtres, de certains objets du monde extérieur. Car l'homme primitif admet difficilement le mouvement et l'action sans volonté et sans conscience. A ses yeux tout commence par être animé dans la nature; puis le champ d'abord indéfini de cette vie imaginaire va se rétrécissant de plus en plus à ses yeux, à mesure qu'il observe mieux et raisonne davantage. Cette conclusion générale ressortira clairement de la rapide revue mythologique qu'il nous reste à faire.

II

Des mythes en Mélanésie.

Les Tasmaniens, qui occupaient l'un des plus humbles degrés de l'échelle des races, tenaient aussi le dernier rang au point de vue de la fécondité mythologique. « Ils n'avaient aucune idée de la Divinité », dit le révérend Bonwick (2). Cela veut

(1) *Civilisation primitive.* — (2) *Daily Life and Origin of the Tasmanians*, 171.

dire qu'ils ne croyaient en rien d'analogue au dieu de l'Eglise anglicane, mais le docteur Milligan rapporte qu'ils avaient peuplé d'esprits les crevasses, les rochers, les montagnes. Ces esprits, créés par une race malheureuse et luttant péniblement pour l'existence, étaient généralement malveillants (1) et on ne leur rendait point de culte. De même les Australiens, si analogues aux Tasmaniens, n'avaient d'autre religion qu'une crainte vague des mauvais esprits, qu'ils ne songeaient pas à prier. Pendant l'orage, on maudissait ces êtres méchants, on les injuriait, on crachait à leur adresse vers le ciel. Les dieux australiens étaient généralement anthropomorphes ; parfois aussi ils revêtaient des formes animales. Certaines tribus croyaient à l'existence d'un serpent mythique se cachant dans les étangs, les rivières, et s'efforçant de happer les gens qui venaient se désaltérer (2). La genèse de ces mauvais esprits est fort simple. L'Australien ne doute pas en général de la réalité de ses rêves ; pour lui, les êtres invisibles ou autres, mais qui le visitent pendant son sommeil, existent et il en peuple les forêts, les rochers, les grottes, etc. (3). Ce procédé a été, par toute la terre, une des sources les plus fécondes de la mythologie.

En Australie, nous assistons pour ainsi dire à la naissance de la mythologie ; mais, à Viti, nous trouvons une mythologie toute faite, plus riche, plus compliquée, sans différer d'ailleurs essentiellement de l'autre. Il existe tout un peuple de dieux vitiens. Beaucoup d'entre eux sont simplement l'incarnation des passions, des instincts de leurs adorateurs ; ce sont : l'adultère, le ravisseur nocturne des femmes riches, le querelleur, le bretteur, le meurtrier, celui qui sort d'une tuerie, etc. (4). Ces divins personnages sont classés suivant une hiérarchie divine, analogue à la hiérarchie vitienne. Un maître des dieux, *Dengei*, s'occupe plus ou moins de tous les actes de la vie humaine ; immédiatement au-dessous de lui sont ses deux fils, qui communiquent à leur auguste père les demandes des Vitiens. Plus bas encore, s'agite toute une plèbe divine ; les dieux des pêcheurs, les dieux des charpentiers, des dieux de la guerre, des dieux nationaux, des dieux de districts, des dieux de famille.

(1) Bonwick, *Daily Life and Origin of the Tasmanians*, 181. — (2) R. Salvado, *Mémoires sur l'Australie*. — (3) Lubbock, *Origines de la Civilisation*, 511. — (4) Williams, *Fiji and the Fijians.*, I, 218.

Enfin chaque chef a son dieu familier, qu'il consulte dans les occasions graves (1). Chacun de ces dieux a un habitat terrestre dans l'archipel vitien. Le grand *Dengei* se loge dans le serpent. Les autres dieux séjournent, qui dans une plante, qui dans un oiseau, qui dans le requin, l'anguille, la poule, etc. Chacun d'eux a ses fidèles : ainsi les adorateurs du dieu de l'anguille se font un devoir de ne jamais manger du poisson de leur dieu (2). Certains dieux résident dans des pierres levées, très analogues à nos menhirs druidiques, et auxquelles on offre parfois des animaux ; car il faut bien que les dieux mangent (3). Dans ce panthéon si riche, il y a place pour un bon nombre d'hommes déifiés, ayant de leur vivant frappé l'imagination de leurs compatriotes. Comme il est naturel, ces derniers surtout sont animés de toutes les passions humaines, de celles qu'ils ont ressenties alors qu'ils luttaient pour l'existence (4).

Par sa simplicité même, cette mythologie vitienne est des plus intéressantes. Tous ces dieux grossiers, ces crimes déifiés, sont manifestement des reflets extériorés et personnifiés des désirs, des émotions, des craintes, des terreurs, etc., des insulaires qui les adorent. Tel est et tel a toujours été le procédé de création mythique ; mais il n'est pas toujours aussi simple, aussi évident ; il le faut souvent démêler sous les ornements les accessoires, les transformations, les interprétations plus ou moins subtiles.

Il n'en est pas encore ainsi pour les Néo-Calédoniens, si voisins des Vitiens par la race et si susceptibles d'émotions religieuses, qu'ils sont sujets aux visions, à une sorte d'extase. Comme les Vitiens, ils ont aussi un grand nombre de dieux invisibles, gouvernant les éléments ; comme eux aussi, ils déifient volontiers les mânes de leurs ancêtres, surtout les mânes des chefs. Il existe aussi une certaine hiérarchie parmi les divinités néo-calédoniennes et quelques-unes de leurs peuplades ont même donné un chef suprême à la tribu des dieux ; ce Jupiter mélanésien est un esprit de la terre, ayant le gouvernement suprême des éléments (5).

(1) W.-T. Pritchard, *Polynesian Reminiscences*, etc., 363. — (2) Williams, *Fyi and the Fyians*, I, 219. — (3) Williams, *loc. cit*, I, 220. — (4) W.-T. Pritchard, *loc. cit.* 363. — (5) De Rochas, *Nouvelle-Calédonie*, 276.

Sous d'autres noms et avec des différences de détail, nous retrouverons un peu partout cette mythologie primitive.

III

Des religions africaines.

En faisant abstraction des idées religieuses importées, on peut dire que l'Afrique noire n'a pas dépassé l'animisme le plus inférieur, ce qu'on a appelé le fétichisme, auquel, dans certaines régions, on associe la croyance aux mânes, aux ombres des morts. La plupart des nègres croient volontiers à l'existence d'un esprit invisible, d'un moi conscient, analogue au leur et logé dans divers objets portatifs, très capricieusement choisis et que les Européens ont appelés *fétiches* ou *gris-gris*. De la même manière ils vivifient divers objets de la nature ambiante : des arbres, des rivières, des animaux, etc. En considérant d'une manière générale tous ces essais de mythologie africaine, on y peut suivre une gradation, qui va de l'irréligion à peu près complète à l'antique religion égyptienne. Nous en indiquerons les traits principaux.

Dans l'Afrique australe, chez les Hottentots et les Cafres, la religion est presque nulle. Selon Levaillant, les Hottentots en seraient totalement dépourvus (1). Certains d'entre eux pourtant croient que les morts laissent derrière eux des ombres généralement fort malveillantes. Un Bojesman, ayant tué une sorcière, lui écrasa la tête, l'enterra et alluma sur sa tombe un grand feu pour empêcher son ombre d'en sortir et de le venir ensuite tourmenter (2). Cette même croyance à une survivance plus ou moins longue des mânes des décédés paraît être la seule idée mythique des tribus cafres : encore n'est-il pas suffisamment démontré qu'elle existe partout. Ces ombres erreraient calmes, silencieuses, tantôt bonnes, tantôt méchantes, s'intéressant parfois à leurs descendants. On les maudit, on les injurie, quand elles nuisent ; on les trompe, quand on peut ; ainsi les Basoutos, quand ils vont voler le bétail de leurs voisins, sifflent pacifiquement comme s'ils conduisaient

(1) Levaillant, *Hist. univ des voy.*, vol. XXIV, 51, 101, 342. —
(2) Lichtenstein, II, 61.

leurs propres troupeaux, afin de tromper les *morimos* de la
tribu chez qui ils vont en maraude (1). Toutes ces tribus n'ont
d'ailleurs ni culte, ni idoles, etc.; chez elles, la religion est
réduite à son minimum. Chez quelques-unes cependant, notamment chez les Béchuanas, il y a des traces de zoolâtrie; car
elles portent des noms d'animaux et s'appellent : tribus du
crocodile, du singe, du buffle, de l'éléphant, du lion, etc. En
outre, les Béchuanas s'abstiennent de manger la chair ou de
se vêtir de la peau de l'animal qui est le patron de leur
tribu (2).

Les nègres de l'Afrique orientale, proches voisins des Cafres, croient aussi à l'existence d'esprits méchants, mais qui
sont mortels, que l'on peut tuer. Quand Burton leur parlait de
Dieu, ils lui demandaient où était ce dieu, pour l'aller mettre
à mort : « C'est lui, disaient-ils, qui dévaste nos maisons, fait
périr nos femmes et nos bestiaux, etc. (3). »

Dans l'Afrique équatoriale, la maladie mythique sévit avec
bien plus d'intensité. C'est la patrie classique du fétichisme.
On y adore des serpents, des oiseaux, des rochers, des pics de
montagnes, des plumes, des dents, etc. On y a des idoles hideuses, et chaque chef de famille possède la sienne au Gabon.
Ces dieux inférieurs se conduisent d'ailleurs absolument
comme les hommes ; ils se promènent, boivent, mangent, etc. ;
on les peint, on les orne. A certains esprits errants, on bâtit
des cases pour qu'ils puissent s'y reposer : c'est l'église primitive. Ces dieux nomades sont parfois fort méchants. Il en
est qui se blottissent le jour dans des cavernes et en sortent
la nuit pour saisir et dévorer les voyageurs; ils entrent parfois
dans le corps d'un homme ou d'une femme et commettent alors
mille méfaits, battant, assommant tout ce qu'ils rencontrent.
Quelquefois on peut leur résister et même les tuer ; mais alors
il faut avoir bien soin de brûler leur corps, sans en rien laisser subsister. Ils renaîtraient du moindre petit os épargné (4).
En résumé, les nègres de cette région extériorent les créations
de leur imagination d'enfant. Ils animent ou, si l'on veut, divi-
nisent tout. La pendule de Du Chaillu était pour eux un esprit

---

(1) Casalis, *les Basoutos.* — (2) Casalis, *les Basoutos.* — (3) Lubbock, *Origines de la civilisation,* 221. — (4) Du Chaillu, *Voyage dans
l'Afrique équatoriale,* 228, 267, 378, 370, 380.

très puissant, veillant attentivement sur le voyageur (1). Ils ne doutaient en aucune façon de l'existence du dieu biblique, dont leur parlait Du Chaillu ; mais ils ne voulaient pas s'en occuper : « C'était le dieu des blancs, auxquels il avait donné quantité de bonnes choses ; il ne se souciait point des noirs, qui en étaient réduits à leurs fétiches, à leurs idoles (2). » Quand les tribus possèdent des sorciers en titre, des prêtres primitifs, elles font consacrer, *bénir*, par ces puissants personnages, les gris-gris, les talismans : ainsi procèdent les Fans anthropophages (3).

Les Achantis, notablement plus civilisés cependant, n'ont pas dépassé ce premier degré de la mythologie. Ils ont des fétiches, de nombreuses idoles ; ils déifient leurs rois, leurs chefs, les grands dignitaires du royaume, qu'ils ne laissent pas partir pour l'autre monde sans une suite nombreuse de victimes immolées ; ils adorent des animaux, des serpents, des vautours. Chaque famille a ses fétiches domestiques, ses dieux lares (4). Jamais ils ne boivent sans faire une libation aux fétiches, en jetant à terre un peu de la liqueur. Ils ont déjà des cases à fétiches, des hommes-fétiches habitant la case sacrée, c'est-à-dire des églises, des prêtres : ce sont en somme, des gens très pieux (5).

On trouve des croyances analogues, ni plus ni moins élevées, dans toute l'Afrique moyenne, non mahométane encore, dans la Sénégambie, la Guinée, le Soudan, jusqu'à l'Abyssinie. Les renseignements foisonnent et généralement se répètent ; nous n'en citerons qu'un choix, une anthologie fétichiste.

En Guinée, sur la côte d'Or, on adore les vautours, les crocodiles, etc. (6). Dans le Yarriba (bassin du Niger), on a des arbres fétiches et une foule de gris-gris : fruits, calebasses, plumes, coquilles d'œufs, os d'animaux, etc. (7). Un objet quelconque, aussi capricieusement choisi que possible, peut servir de demeure à un esprit ou plutôt peut devenir esprit. On vénère les arbres fétiches ; on n'y attache point les animaux, mais on y suspend quantité de chiffons, de loques, de

(1) Du Chaillu, *loc. cit.*, 301. — (2) Du Chaillu, *Voyage dans l'Afrique équatoriale*, 286. — (3) *Ibid.*, 174. — (4) Bowdich, *Hist. univ. des voy.*, vol. XXVIII, 426. — (5) Hutton, *Ibid.*, vol. XXVIII, 408.— (6) Hutton, *Hist. univ. des voy.*, vol. XXVIII, 380. — (7) R. et J. Lander, *Hist. univ. des voy.*, vol. XXX, 77.

banderoles (1). Souvent les rivières sont déifiées ou fétichi-
sées. Un guide donné à R. Lander par le roi de Khiama le sup-
plia de ne point nommer de rivière en présence de celle de
Mossa, qui était femme, mariée au Niger, et jalouse de son mari,
lequel lui était disputé par d'autres rivières. Sans cesse la rivière
Mossa reprochait au fleuve les familiarités qu'il se permettait
avec ses rivales, et, à l'endroit de leur jonction, il y avait
incessamment une dispute conjugale, effroyable, bruyante à
l'excès (2). Avant de laisser s'embarquer sur le Niger R. et
J. Lander, le roi de Boussa consulta le fleuve et en obtint la
promesse « de conduire les voyageurs sains et saufs jusqu'à son
embouchure » (3). Le conducteur d'un canot, qui descendait le
Niger avec les mêmes voyageurs, poussait de grands cris à
chaque sinuosité du cours d'eau et, quand un écho lui répondait, il versait dans l'eau un demi-verre de rhum et y jetait un
morceau d'yam et du poisson. C'était, disait-il, pour nourrir le
fétiche, qui sans cela aurait été fort dangereux (4).

En effet, les fétiches ne sont pas de purs esprits ; ils ont les
besoins de l'homme. On recommanda à R. et J. Lander de faire
rôtir un taureau, qu'ils avaient tué, sous le nez d'un fétiche
habitant un petit temple couvert de chaume, afin que le dieu
pût humer l'odeur du rôti et en manger un peu, si bon lui semblait (5). Car, dans toute cette région, on construit de grossiers édifices sacrés, on fait des sacrifices aux fétiches, on pratique même l'art augural.

Le temple est encore fort rudimentaire ; c'est une case, une
demeure, affectée au fétiche et contenant souvent de grossières sculptures en bois, représentant des hommes, des alligators, des boas, des tortues, etc. (6). On adore les fétiches
en se prosternant ; parfois on leur offre des cauris, etc. (7).
Les adorateurs supplient le fétiche de ne pas les laisser dans
le besoin, de les aider dans leurs entreprises, parfois dans
leurs vengeances. Laing entendit, un jour, dans une case à
fétiche, un nègre prononcer une imprécation tout à fait analogue aux formules de l'excommunication catholique. Le dévot

(1) Mungo Park, *Travels*, 1817, vol. I, 64. — (2) *Journal de Richard Lander*, 284. — (3) R. et J. Lander, *Hist. univ. des voy.*,
vol. XXX, 228. — (4) *Ibid.*, 468. — (5) *Ibid.*, 405. — (6) Clapperton,
Second Voyage, 122, 210, 228. Laing, *Hist. univ. des voy.*, vol. XXVIII,
70. — (7) Clapperton, *Second Voyage*, 122, 210, 228.

demandait la mort d'un homme, qui avait violé le tombeau de son père, et il avait au préalable sacrifié une volaille et un peu de vin de palme : « S'il mange, disait-il, que ses aliments le suffoquent ; s'il marche, que les ronces le déchirent ; s'il se baigne, que les alligators l'avalent ; s'il va en canot, qu'il coule, etc. » (1). L'offrande ou le sacrifice d'un poulet est fort usité. Les Bambaras s'en servent même pour tirer des augures. Ils coupent à demi le cou de l'animal et le jettent à terre dans la case à fétiche. On consulte le dieu par oui ou par non. Si la poule meurt en rejetant la tête en arrière, c'est oui ; c'est non, si elle la rejette en avant (2).

Parfois on bat le fétiche, quand il n'a pas exaucé les désirs de ses adorateurs (3).

On ne se borne pas toujours à sacrifier aux fétiches des poulets, des vaches, des moutons, etc. Dans l'Yarriba, l'homme du fétiche, le prêtre primitif, déclare parfois qu'un sacrifice humain est nécessaire (4).

Peu à peu le fétichisme se complique et s'organise. C'est d'abord l'animisme tout nu, l'attribution de pouvoirs supérieurs à un objet, à un animal quelconque ; puis on construit une maison pour le dieu ou son emblème ; enfin on fait garder la maison consacrée par l'homme du fétiche : dès lors le sacerdoce est institué ; il y a des sorciers en titre, des hommes divins, faisant parler le fétiche, connaissant mieux que personne ses besoins, ses intentions, des médiateurs parasites entre les dieux et les dévots.

Dans le haut Nil, Schweinfurth a trouvé des croyances analogues chez les Niam-Niam et les Bongos. Les nègres de cette contrée croient à l'existence d'esprits, toujours méchants, ennemis de l'homme. Ces esprits sont cachés dans la profondeur des bois et le murmure du feuillage est leur langage. Grâce à certaines racines magiques, on peut se garantir de ces dangereux fantômes ; on peut même s'en servir pour nuire aux autres. On a aussi recours aux augures soit avant d'entreprendre une guerre, soit pour découvrir un coupable, etc. (5).

(1) Laing, *Hist. univ. des voy.*, vol. XXVIII, 35. — (2) Raffenel, *Voyage au pays des Nègres*, I, 238. — (3) Astley, t. II, 668. — (4) Clapperton, *Second Voyage*, 99. — (5) G. Schweinfurth, I, 304-308, II, 33.

La même mythologie primitive fleurit dans la vallée du haut Nil, jusqu'aux rives du lac Albert Nyanza, mais avec des nuances locales. Dans la grande monarchie du roi M'tésa, dans l'Ouganda, près du lac Albert, on avait des talismans, des cornes magiques, des fétiches, des sorciers, des sorcières ; on croyait à des esprits des lacs, des forêts, communiquant avec les hommes par l'intermédiaire d'un clergé, grassement pourvu de biens de mainmorte. Dans l'Ounyoro, on a foi surtout à la magie, aux augures tirés des mouvements péristaltiques des intestins de poulets éventrés. Chez les Obbos, plus au nord, on ne croit plus guère qu'aux sifflets magiques, forçant les nuages à se résoudre en pluie. Enfin l'impiété la plus grande, l'athéisme le plus complet semblent régner chez les Latoukas, si l'on s'en rapporte à une intéressante conversation qu'eut sir S. Baker avec le roi (1). Nous avons cité ailleurs ce curieux dialogue (2).

D'une manière générale, on peut dire que toute l'immense zone africaine, que nous venons d'examiner, est fétichiste. Pourtant, par sa frontière septentrionale, l'islamisme y a plus ou moins pénétré. Les Arabes en ont été les missionnaires et les nègres Foulahs les néophytes ardents. Le conflit entre le monothéisme si simple et si sec des mahométans et le fétichisme multiforme des nègres est curieux à étudier. Cet examen prouve une fois de plus que la conversion d'une race inférieure à la religion d'une race supérieure est purement apparente. Comme toutes les grandes manifestations intellectuelles et morales, l'état religieux d'une race est l'expression d'un état mental propre à cette race, résultant de son degré de développement, des péripéties, du milieu, au sein desquels elle a soutenu sa lutte pour l'existence. Aucune métamorphose rapide n'est possible sur ce terrain, et la conversion n'est presque toujours qu'apparente.

Les Fellatahs récitent en arabe leurs formules et prières religieuses ; mais la plupart n'en comprennent pas un mot. Ils prient d'ailleurs cinq fois le jour, et sont surtout fermement convaincus que les biens, les femmes, les enfants, etc., des infidèles leur appartiennent ; qu'il est parfaitement légitime de voler ou de tuer un infidèle (3). Encore les Fellatahs sont-ils

(1) *Découverte de l'Albert Nyanza*, 170.— (2) *Science et Matérialisme*, 314. — (3) Clapperton, *Second Voyage*, II, 105.

les mieux convertis. Presque partout ailleurs, on adore Allah sans renoncer aux vieux fétiches. Allah est seulement un fétiche de plus. Les Bambaras l'appellent *Nallah*. On a d'ailleurs simultanément des dieux indigènes, auxquels on sacrifie des poulets, auxquels on offre du mil cuit, etc. (1). Tout en se disant mahométan, à Kiama sur le Niger, on a grand soin de placer, à la porte des maisons, des fétiches chargés de les garder (2).

Et comment vivre sans gris-gris ? Les Bambaras en sont tout chargés : ce sont des racines, des coquilles, des cornes, des pierres, des dents, des morceaux de peau séchée, surtout un fragment du cordon ombilical ; on y ajoute seulement des sapnis ou versets du Koran écrits par les marabouts. Ces derniers gris-gris sont cependant plus estimés et plus chers (3). De même les Nubiens du Sennaar, plus voisins cependant du grand foyer de l'Islam, adorent la lune, des arbres, des pierres (4). Les Abyssiniens, en dépit de leur christianisme, révèrent encore des pierres levées, analogues à nos menhirs, et les couvrent d'amulettes, d'onctions de beurre, de fils votifs, de péritoines d'animaux (5). Ils vénèrent aussi les serpents, les prient, les consultent dans les affaires importantes. Ils respectent le Nil Bleu et s'abstiennent de s'y baigner, d'y laver leurs vêtements (6).

A Madagascar, le fétichisme sans mélange reprend son empire. On y a des gris-gris ; on y croit à des méchants esprits ; on a des idoles, auxquelles on offre des sacrifices d'animaux, que l'on prie, mais uniquement quand on a quelque service à leur demander. Certaines de ces idoles ont une existence officielle, des cases à elles, des prêtres, des apanages (7). Au point de vue mythologique du moins, l'île de Madagascar est bien africaine.

La rapide revue qui précède nous semble prouver à l'évidence que la forme la plus grossière de l'animisme, le fétichisme, est le fond de toute la mythologie africaine. D'elles-

---

(1) Raffenel, *Voy. au pays des Nègres*, I, 396-397. — (2) R. et J. Lander, *Hist. univ. des voy.*, vol. XXX, 131. — (3) Raffenel, *loc. cit.*, I, 402-435. Mungo Park, *Hist. univ. des voy.*, vol. XXV, 57. — (4) Bruce, *Hist. univ. des voy.*, vol. XXIII, 477. — (5) A. d'Abbadie, *Douze ans dans la haute Éthiopie*, I, 285. — (6) Bruce, *Hist. univ. des voy.*, vol. XXIII, 454. — (7) Le père H. de Régnon, *Madagascar et le roi Radama II*, 30, 34, 39, 55.

mêmes les races noires de ce vaste continent n'ont pas dépassé cette phase première de l'évolution religieuse. Le culte de l'antique Egypte ne fait pas exception, tout modifié qu'il ait été par l'introduction de certains mythes asiatiques, supportant toute une métaphysique et un polythéisme distribué en séries géométriques.

Dans ce singulier pays, patrie originaire de tant d'arts, de sciences, etc., le culte des animaux atteignit les dernières limites de l'extravagance. Comme nombre de tribus nègres contemporaines, chaque localité de l'ancienne Egypte avait ses animaux sacrés, ses saints animaux. Les habitants de Mendès adoraient les chèvres et mangeaient les brebis ; ceux de Thèbes honoraient les brebis et mangeaient les chèvres (1). Aux environs du lac Mœris, les crocodiles étaient vénérés ; à Eléphantine, on les exterminait, etc. (2). Le meurtrier, même involontaire, d'un animal sacré était torturé et mis en pièces par le peuple (3). On nourrissait le plus délicatement possible un certain nombre de ces divins animaux dans des parcs consacrés, on les ornait de bijoux, on les parfumait. De gros revenus étaient affectés à leur entretien. Des personnages de haut rang les soignaient et s'ingéniaient à leur rendre la vie agréable (4). En cas d'incendie, un père de famille songeait d'abord à sauver son chat, puis tâchait d'éteindre le feu (5). La dynastie des bœufs Apis est justement célèbre.

A ce culte primitif se mêla plus tard un anthropomorphisme, toujours plus ou moins zoolâtrique. Horus portait la tête de son faucon sacré ; Athor avait une tête de vache et Typhon un corps d'hippopotame. L'astrolâtrie se mariait à tout cela, puis l'adoration des principes générateurs, si répandue en Orient et dans l'antiquité classique. C'était Isis, *magna mater*, mère d'Horus ; puis Osiris, le principe fécondant, dieu mortel, subordonné à sa femme Isis, immortelle et reine de toute la terre (6). La langue, la musique, l'écriture, l'architecture, etc., avaient été enseignées aux ancêtres par le dieu Thoth (7). Enfin par Ammon-Ra, le dieu suprême, les Egyptiens, qui

---

(1) Hérodote, II, 42, Strabon, XVII. — (2) Hérodote, II, 69-70. Ælian., *De nat. animal.*, X, 21-24. Strabon, XVII. — (3) Hérodote, II, 65, 66. — (4) Hérodote, II, 65. Diod., I, 93, 94, 95. — (5) Hérodote, II, 66. — (6) Diodore, I, 27. — (7) Ch. Figeac, *l'Egyp'e ancienne*, 134.

avaient de la foi pour tous les genres de culte, avaient fini par
tendre au monothéisme; mais, conservateurs par excellence, ils
gardaient tous les dieux anciens et nouveaux, les animaux sa.
crés, adorés par les antiques ancêtres, et les dieux simplifiés
et subtils, issus de la métaphysique sacerdotale. Pour mettre
de l'ordre dans ce panthéon disparate, on avait distribué les
dieux en triades scrupuleusement hiérarchisées, s'enchaînant
les unes aux autres et ayant d'autant plus d'importance qu'elles
se rapprochaient davantage de la triade suprême, formée par
Isis, Osiris et Horus.

Dans cette religion bigarrée, dans cette foule de divinités
zoolâtriques, astrolâtriques, anthropomorphiques, métaphysiques, chaque Egyptien trouvait sans peine un dieu à la taille
de son esprit. Tout avait été conservé pieusement et la mythologie égyptienne ressemble à une vaste nécropole de croyances
embaumées. Mais au fond, à la base de tout cela, il y a le
fétichisme, conçu sur la plus vaste échelle qui ait jamais été;
et, par ce côté, le panthéon égyptien est bien indigène, bien
africain.

IV

Des religions de l'Amérique méridionale.

En établissant le bilan mythologique du genre humain,
comme nous essayons de le faire, on est obligé à bien des redites. Car, dans tous les coins de notre petit globe, la spéculation religieuse des races primitives a été fort indigente et fort
monotone. Partout on a adoré les animaux; partout on a peuplé
les forêts d'esprits généralement malfaisants, anthropomorphes
ou zoomorphes; souvent on a déifié les astres, les fleuves, les
hautes montagnes. En résumé, l'homme primitif a extérioré
ses désirs, ses passions, ses émotions; il en a doté tout ce qu'il
apercevait de la grande nature.

Sous le bénéfice de cette vue générale, nous pourrons être
bref en esquissant l'état religieux des races humaines d'Amérique. Ch. Darwin a vu en Patagonie un arbre sacré, que l'on ho-
norait en poussant de grands cris (1). En outre, les Patagons et
aussi les Araucanos, les Puelches, les Charruas, etc., croient à

(1) *Researches in Geology and Natural History,* 79.

l'existence d'esprits malfaisants, ennemis de l'homme, tandis que d'autres esprits, d'un meilleur naturel, prennent plaisir à aider la pauvre humanité. Ils ne s'abaissent pas d'ailleurs à prier les uns ou les autres (1). Les Moxos avaient des dieux de la moisson, de la pêche, de la chasse ; ils avaient aussi déifié le tonnerre (2); et les Yurucarès, la plupart des indigènes du Brésil les avaient imités. Comment ne pas faire un dieu d'un phénomène aussi bruyant, aussi effrayant? Les Yurucarès avaient aussi un dieu de la guerre, un dieu ravisseur, qui les guettait et les enlevait, quand ils erraient dans les bois.

Mais un des cultes les plus répandus dans l'Amérique du Sud était celui du jaguar (*felis onca*). Ce dieu, malheureusement trop réel, avait à coups de griffes gravé sa religion dans le cœur des Indiens. La terreur inspirée par cette divinité désagréable était telle qu'elle avait donné aux Moxos l'idée de l'apaiser par un culte. On lui dressait donc des autels ; on lui consacrait des offrandes ; on jeûnait rigoureusement pour obtenir sa prêtrise, attribuée de préférence aux hommes qui avaient eu la chance de tomber entre ses griffes et d'en sortir (3).

Bien d'autres animaux ont été déifiés en Amérique, notamment le crapaud, auquel certains Indiens des bords de l'Oré-noque attribuent la faculté de faire pleuvoir, et qu'ils fustigent quand il n'exauce pas leurs vœux (4).

Les Guarayos en étaient arrivés à l'anthropomorphisme ; ils adoraient Tamoï, le grand-père, le vieux du ciel. C'était leur premier ancêtre et il leur avait enseigné l'agriculture ; aussi lui édifiaient-ils des temples de forme octogone, où ils allaient de-mander de la pluie, de bonnes récoltes, etc. (5).

Chez bien des tribus, les astres avaient été divinisés, et cette astrolâtrie est d'autant plus commune qu'elle se rapproche du Pérou, où elle était devenue une grande religion.

Les Chiquitos appelaient la lune leur mère ; quand elle s'éclip-sait, ils lançaient des flèches contre elle afin de blesser et de mettre en fuite les chiens occupés, croyaient-ils, à la dévorer (6).

(1) A. d'Orbigny, *l'Homme américain*, I, 405; II, 23. P. Mante-gazza, *Rio de la Plata*, 429. — (2) A. d'Orbigny, *loc. cit.*, II. 235. G. Robertson, *Hist. Amér.*, liv. IV. — (3) A. d'Orbigny, *loc. cit.*, I, 234, II, 235. — (4) Mollien, *Hist. univ. des voy.*, vol. XLII, 416. — (5) A. d'Orbigny, *l'Homme américain*, II, 319. — (6) A. d'Orbigny, *id* , II. 168.

Dans la Colombie les Indiens adoraient le soleil (1). Les habitants de Bogota révéraient le soleil et la lune, mais comme leur civilisation était déjà avancée, leur animisme s'était fort perfectionné; ils avaient des temples, des autels, des prêtres, des cérémonies religieuses et pratiquaient les sacrifices humains (2), dont, par toute la terre, les dieux de toute provenance ont été souvent avides.

V

Des religions dans l'Amérique centrale et septentrionale.

En passant en revue les conceptions mythiques des peuples de l'Amérique du Sud, de la Patagonie à l'Amérique centrale, nous avons vu le fétichisme multiforme des races primitives se simplifier, sans changer d'essence, et devenir, à Bogota, une astrolâtrie plus savante. Nous constaterons la même gradation en descendant des régions arctiques jusqu'à l'ancien Mexique. Bien des hypothèses sans fondement sérieux ont été faites pour rattacher quand même à l'ancien continent les civilisations antiques de l'Amérique centrale. A tout prix, il fallait que l'Eden biblique eût été le berceau du genre humain. Mais, comme nous le verrons bientôt, les mythologies péruvienne, yucatèque et mexicaine ne diffèrent pas au fond de l'animisme fétichique; ce sont simplement des formes un peu moins grossières de la zoolâtrie, du naturalisme, de l'astrolâtrie et de la croyance aux esprits.

Dans l'Amérique septentrionale, comme dans l'Amérique du Sud, nous retrouvons les racines de toutes ces croyances, sous une forme d'autant plus rudimentaire que la race est moins civilisée, que l'on est plus loin des grands empires de l'Amérique équatoriale.

Les Groënlandais et les Esquimaux avaient des croyances religieuses analogues, dans lesquelles dominait la foi en des esprits invisibles, dont le plus grand était Torngarsuk, dirigeant un peuple d'esprits inférieurs dont il mettait parfois un échantillon au service des sorciers ou angkoks, intermédiaires entre lui et les hommes. On avait aussi de merveilleux fétiches,

(1) Mollien, *Hist. univ. des voy.*, vol. XLII, 416. — (2) G. Robertson, *Hist. Amér.*, liv. IV.

des amulettes, qui donnaient à leur propriétaire la faculté de prendre la forme de l'animal avec la peau duquel ils étaient faits. On pouvait même se créer des animaux magiques, par exemple tailler dans une peau d'ours l'image de cet animal et charger ensuite ce fétiche d'aller mettre à mort un ennemi (1).

Plus au sud, chez les Peaux-Rouges, le culte des animaux était très répandu. On vénérait l'ours, le bison, le lièvre. Les Mandans adoraient les serpents (2). Les Selischs et les Sahaptins avaient déifié le loup des prairies (3). Quand les Peaux-Rouges arrivent sur les bords d'un grand lac ou d'un grand fleuve, ils font une offrande à l'esprit des eaux (4). On loge des esprits à forme humaine un peu partout. Un chef de Peaux-Rouges, effrayé par un violent orage, offrit du tabac au tonnerre en le priant de se taire (5). Les tribus les plus civilisées croyaient à un esprit plus puissant que les autres, à un grand esprit, de forme humaine comme la plupart de ses subalternes (6). Outre ces dieux invisibles, on avait des fétiches, des manitous dont on implorait le secours dans les moments critiques (7). Dans le Midi, l'astrolâtrie dominait et d'autant plus qu'on se rapprochait du Mexique. Les Comanches du Texas adoraient surtout le soleil, la lune, la terre (8). Les Natchez vénéraient particulièrement le soleil, entretenaient en son honneur un feu constant, lui avaient élevé des temples desservis par des prêtres, etc. (9). C'est déjà l'astrolâtrie, que nous allons voir dominer dans les grands empires de l'ancienne Amérique centrale.

VI

Des anciennes religions de l'Amérique centrale.

Au fond, les religions des anciens Etats de l'Amérique centrale, du Mexique et de l'Yucatan, du Pérou et des républiques voisines ne différaient guère de l'animisme primitif existant

(1) Rink, *Tales and Traditions of the Esk.* — (2) Lubbock, *Origines de la civilisation*, 267. — (3) Domenech, *Voy. pittoresque dans les grands déserts.* — (4) Carver, *Travels*, 383. — (5) Tanner, *Narrative of Captivity among the Indians*, 136. — (6) Charlevoix, *Nouvelle-France*, III. — (7) *Ibid.* — (8) Schoolcraft, *Indian Tribes*, II, 127. — (9) Charlevoix, *Nouvelle-France*, III.

chez les tribus primitives des deux Amériques. Le panthéon mexicain était énormément peuplé, d'autant plus qu'on donnait volontiers le droit de cité aux dieux des peuples voisins.

On vénérait les serpents, le jaguar, le lion puma, etc., et des représentations de ces animaux figuraient dans les temples. On avait déifié jusqu'à la syphilis, et cette dégoûtante maladie était devenue le dieu Nanahuatl. De grandes fêtes étaient consacrées au dieu Tlaloc, le génie des eaux. Chaque mois, et il y en avait dix-huit dans le calendrier mexicain, était sous le patronage d'une divinité spéciale ; le dixième mois était consacré au dieu du feu ; le treizième au génie des montagnes ; le quatorzième au dieu des chasseurs ; un autre aux dieux du vin et de l'ivresse, en l'honneur desquels on faisait de larges libations de pulque, etc.

Avec tous ces dieux et quantité d'autres on adorait le soleil, la lune, les étoiles ; mais le dieu favori, le grand dieu des Mexicains, était le dieu de la guerre, le féroce Huitzilopochtli. Presque toutes les fêtes religieuses du Mexique exigeaient des sacrifices humains ; jamais la folie religieuse n'a été plus sanguinaire que dans ce pays : ce ne sont que victimes, dont on ouvre la poitrine avec des couteaux d'obsidienne, ou que l'on jette au feu, etc.

A chaque avènement souverain, il fallait égorger assez de milliers d'esclaves pour former un petit lac de sang humain, capable de porter un bateau.

Mais le dieu de la guerre, le farouche Huitzilopochtli, était, de tous les dieux, le plus altéré de sang. A l'occasion de la dédicace du grand temple de cette divinité, à Mexico, on ne sacrifia pas moins de 80000 victimes humaines (1). On estime à 20000 au moins le chiffre des victimes annuellement immolées dans l'Anahuac mexicain, à tout propos. Les fidèles étaient convaincus que les individus sacrifiés allaient directement trouver les dieux, et souvent ils les chargeaient de transmettre à ceux-ci leurs vœux et leurs prières.

En dépit du degré assez avancé de la civilisation mexicaine, de la savante organisation de sa religion atroce, de son nombreux clergé, des immenses Téocallis pyramidaux élevés en

---

(1) Ixltixochitl, historien indigène de la famille royale de Texcuco. Prescott, *Hist. conq. du Mexique*, etc.

l'honneur des dieux et quotidiennement souillés de sang humain ; en dépit de certaines analogies du culte mexicain avec le culte catholique, comme le baptême, la confession, etc., nous ne voyons dans tout cela rien qui s'élève au-dessus du naturalisme borné de tous les peuples primitifs, rien qui autorise à croire au débarquement providentiel de prétendus civilisateurs asiatiques ou européens dans l'Amérique centrale. Les traditions de ce genre, qui avaient cours au Mexique lors de l'arrivée des Espagnols, ne diffèrent en rien des légendes de même nature, existant dans tous les pays du monde. La religion et la civilisation mexicaines nous paraissent tout à fait indigènes. Tout au plus les pourrait-on rattacher aux anciennes sociétés, dont on retrouve les nombreuses traces dans les vallées du Mississipi, de l'Ohio, etc. Les Américains dont nous parlons, bien antérieurs aux anciens Mexicains, élevaient déjà d'immenses tertres, les uns funéraires, les autres religieux, de forme tantôt circulaire, tantôt elliptique, parfois pyramidale. Enfin ils adoraient vraisemblablement les animaux, comme l'attestent d'énormes tertres symboliques élevés par eux, et figurant des alligators, des serpents, etc. Comme les Mexicains, ils se servaient d'instruments en obsidienne et en cuivre (1). C'est vraisemblablement de cet antique centre que sont venues les migrations civilisatrices au Mexique, dans l'Yucatan, au Pérou, si tant est qu'il y en ait eu.

La grande masse de l'ancienne population mexicaine ne s'est pas élevée au-dessus du naturalisme grossier, que nous venons de décrire, et le monothéisme de Nezalmalcoyotl, roi de Tezcuco, qui fit bâtir un temple « au dieu inconnu, à la cause des causes » (2), est une opinion purement individuelle.

On a voulu aussi retrouver le même « dieu inconnu » dans la mythologie yucatèque, toute peuplée de divinités naturalistes : dieux de l'air, de la mer, des rivières, des forêts, du milieu desquels se détachent quelques dieux abstraits, le dieu de la mort, celui de la vie, celui de l'amour, etc. Enfin les Yucatèques mettaient encore dans leur panthéon ceux de leurs souverains, qu'ils avaient beaucoup aimés ou beaucoup re-

---

(1) Squier et Davis (*Ancient Monuments of the Mississipi Valley*), *Smithsonian Contributions to Knowledge*, I, 1868). — (2) W. Prescott, *Hist. conq. du Mexique*, I, 154.

doutés, et surtout le grand Zamna, leur civilisateur légendaire. Eux aussi avaient des temples, des prêtres, des vestales ; eux aussi pratiquaient largement les sacrifices humains, et les victimes étaient précipitées par centaines dans le puits sacré de Chichen, après avoir été chargées de commissions pour les dieux (1).

Rien dans tout cela qui doive exciter l'admiration, et il en est exactement de même pour la mythologie péruvienne,

Au Pérou, comme au Mexique, les dieux étaient fort nombreux, mais n'avaient pas tous le même rang dans la hiérarchie mythologique. On avait aussi coutume au Pérou de placer parmi les divinités secondaires de l'empire les dieux des peuples conquis. Comme partout, le peuple était fétichiste ; il adorait des arbres, des animaux, des montagnes, des rivières, des sources. Sous le nom de *Mama-Cocha*, la mer était la divinité principale des Chinchas (2). Mais la religion officielle était surtout astrolâtrique. Le dieu des dieux était le soleil, conçu évidemment comme un être anthropomorphe, puisque les Incas faisaient remonter jusqu'à lui leur généalogie et que, lors de sa fête principale, au solstice d'été, alors qu'on allait en grande pompe guetter son lever, l'Inca lui offrait, dans un grand vase d'or, de la liqueur fermentée du maïs, du *maguey*. Si le dieu-soleil était le père des Incas, la déesse-lune, sa sœur, en était la mère ; si l'or était le métal consacré aux effigies et aux décorations du temple du soleil, l'argent jouait le même rôle dans les chapelles de la lune. Après ces astres souverains venait le cortège des étoiles, auxquelles on attribuait aussi une forme humaine. La planète Vénus, appelée Chasca ou « le jeune homme aux longs cheveux bouclés », était vénérée comme page du soleil. L'arc-en-ciel avait aussi son culte, et il en était de même du tonnerre et de l'éclair, ministres des vengeances de l'astre-roi.

Tous ces dieux étaient adorés dans des temples nombreux, quelques uns d'une extrême somptuosité, notamment le célèbre temple du soleil, à Cuzco (3). Enfin une armée de prêtres célé-

(1) Louis Falıès, *Études histor. et phil. sur les civilisations,* t. I, 261. — (2) *Report on the Indian Tribes*, 40. W. Prescott, *Hist. de la conquête du Pé ou*, I, 104. — (3) W. Prescott, *Conquête du Pérou*, I, 107, Ibid., I, 102.

brait les cérémonies du culte, présentait les offrandes, immolait des lamas à la grande fête du solstice d'été et tirait des présages de l'inspection de leurs entrailles.

Les dieux fétiches et l'astrolâtrie ne peuplaient point seuls le panthéon péruvien. Dans le royaume de Quito, on avait élevé des temples au dieu de la santé. Enfin un grand esprit, Pachacamac, qu'on ne représentait par aucune image, avait un temple dans le Pérou méridional. Les mythologues, que possède la monomanie monothéiste, ont essayé de retrouver la personnification de leur idée fixe dans le dieu Pachacamac, divinité secondaire pourtant au Pérou et débris probable d'un culte fort ancien, bien antérieur aux Incas. C'est à cet antique dieu que, selon le légendaire récit de Balboa, un Inca, Yupangui, aurait attribué le gouvernement du monde ; c'est lui que, dans une sorte de concile, il aurait proclamé comme étant la cause première. Il est prudent de tenir en légitime suspicion toutes les analogies catholiques, que les écrivains espagnols du temps de la conquête se sont acharnés à retrouver au Pérou comme au Mexique. De la masse des renseignements recueillis sur la religion de ces deux pays, on est sûrement autorisé à conclure qu'elle ne dépassait pas l'astrolâtrie anthropomorphique. C'était simplement l'épanouissement de l'animisme primitif, que l'on trouve par toute la terre au début des civilisations. Nous aurons à en signaler bien d'autres exemples avant d'avoir terminé notre petit voyage à travers la mythologie du genre humain. Le vieil animisme de l'Amérique centrale est loin d'être éteint, en dépit des efforts et des cruautés de l'orthodoxie espagnole. Le docteur Bell a vu une source sacrée au Nouveau-Mexique. Le colonel Mac-Leod a vu le feu sacré brûlant encore dans quelques vallées du Mexique méridional(1). Bullock a entendu, à Mexico même, un vieillard d'extraction indienne regretter les anciens dieux en dépit « des trois bons dieux espagnols » (2), et c'est uniquement au moyen de cérémonies éclatantes, de danses, de chants, etc., que les prêtres catholiques ont rattaché en apparence au catholicisme les Péruviens, les Chiquitéens, les Moxéens, les Guaranis (3). On

(1) Lubbock, *Orig. civil.*, 298-311. — (2) Bullock, *Hist. univ. des voyages*, vol. XLI, 137. — (3) A. d'Orbigny, *l'Homme américain*, I, 200.

ne saurait trop le répéter : c'est seulement par une longue et saine culture que l'on modifie sérieusement l'état mental d'une race.

VII

Des dieux polynésiens.

Quoique chaque île, chaque district, chaque tribu, quelquefois chaque chef eussent en Polynésie des dieux différents, le fond de la mythologie est tellement homogène dans tous ces archipels disséminés pourtant sur un énorme espace qu'il est facile de décrire à grands traits l'état religieux de leurs habitants. C'est là sûrement un des principaux arguments à invoquer en faveur de leur commune origine.

Tous les degrés de l'animisme se rencontrent dans la mythologie polynésienne, depuis le fétichisme le plus grossier jusqu'à un petit nombre de dieux cosmogoniques, anthropomorphes et invisibles.

A Tonga, tout ce qui excitait un sentiment de crainte, d'étonnement, etc., était adoré ; les animaux, notamment les requins, étaient déifiés (1). Ailleurs on préférait les reptiles. Dès qu'un insulaire avait choisi son dieu animal, il lui confiait ses craintes, le consultait sur ses projets, lui demandait secours (2). Les fétiches portatifs étaient fort répandus : c'était tantôt des plumes rouges, tantôt de nombreuses statuettes de bois, sortes de jouets divins, que Porter a vu un chef noukahivien ranger devant lui en chantant et en frappant des mains, des heures durant (3). Aux îles Pomotou, on avait pour fétiches des morceaux de bois décorés d'une mèche de cheveux humains. Autant que possible on remplaçait le bois par un fragment du fémur d'un ennemi ou d'un parent morts. A ces dieux on adressait des prières et l'on en changeait sans difficulté, quand ils n'exauçaient pas les vœux de leur adorateur (4). Les Noukahiviens avaient aussi, suspendus à leur cou, des petits dieux taillés dans des os humains (5).

A la Nouvelle-Zélande, la matière des dieux portatifs chan-

---

(1) Th. West, *Ten Years in South Central Polynesia*, 256. — (2) Moerenhout, *Voyage aux îles du grand Océan*, I, 455. — (3) Porter, *Hist. univ. des voy.*, vol. XVI, 319. — (4) Beechey, *id.*, vol. XIX, 195. — (5) Porter, *loc. cit.*, 315.

geait et les hommes portaient volontiers sur la poitrine une
petite idole grimaçante, en jade vert (1).

Si la zoolâtrie est très commune dans le monde, l'anthropo-
lâtrie, du moins la déification d'un homme vivant, l'est moins.
Elle était pourtant pratiquée en Polynésie. Cook a vu, à Bola-
bola, un vieillard impotent, qui était le dieu du pays (2). Ces
hommes-dieux n'étaient pas très rares dans les divers archipels (3). Ce n'est d'ailleurs qu'une application grossière de
l'anthropomorphisme divin. Pourquoi ne pas déifier les hommes, quand on se figure les dieux ancestraux, naturalistes,
cosmogoniques, sous la forme d'esprits invisibles, ayant figure
humaine?

Or, les dieux invisibles des Polynésiens avaient généralement une forme humaine. C'est pourquoi les Hawaïens n'hési-
tèrent pas à adorer Cook et à lui décerner les honneurs divins.
La mort même du célèbre navigateur ne désabusa point les
insulaires, et ses ossements, pieusement recueillis et portés en
grande pompe, servaient chaque année à recueillir des taxes
pour le dieu Rono (4). On sait d'ailleurs avec quelle facilité
les Polynésiens déifiaient, après leur mort, les chefs, les personnages marquants, etc. Un chef de Somosomo disait à M. Hunt :
« Si vous mourez le premier, je vous prendrai pour mon
dieu (5). »

On attribuait la forme humaine aux nombreuses divinités
inférieures, aux esprits de second ordre, dont on avait peuplé
la nature. Les dieux habitaient dans les eaux, les bois, au
fond des précipices, sur le sommet des montagnes. Chaque
état, chaque travail de l'homme avait sa divinité tutélaire. L'une
veillait au développement des plantes ; l'autre, à la maturité
des fruits; elles causaient la pluie, le vent, le chaud, le
froid, etc. (6). Ces dieux familiers, généralement appelés *Tiis*,
étaient souvent représentés par de grossières statues, le plus
souvent de bois, parfois de pierre, que l'on plaçait, soit aux
abords des moraïs, dont elles gardaient l'enceinte, soit sur les

---

(1) Duperrey, *Hist. univ. des voy.*, vol. XVIII, 153. — (2) Cook
Hist. univ. des voy., vol. X, 105. — (3) Moerenhout, *Voy. aux îles
du grand Océan*, I, 479.— (4) *Revue britannique*, 1826. — (5) Erskine,
Western Pacific, 246. —(6) Moerenhout. *loc. cit.*. 1, 451.

rochers, le long des rivages, pour maintenir la bonne harmonie entre la terre et la mer, etc. (1).

Comme l'avaient fait les Islandais, les Guanches de Ténériffe, etc., les Polynésiens des îles volcaniques avaient déifié leurs volcans. A Tonga, un dieu habitait le volcan de Tofoua ; il était couché au fond du cratère, mais mal couché, aussi éprouvait-il de temps en temps le besoin de se retourner, ce qui occasionnait un tremblement de terre (2). La puissante déesse Pélé, qui avait pour demeure le grand volcan d'Hawaï, est célèbre. Il y a moins d'un demi-siècle, elle avait encore ses prêtresses aux îles Sandwich ; et souvent elle sortait de son cratère pour inspirer, posséder ces prêtresses, qui acquéraient alors le pouvoir de guérir les maladies, etc. (3).

La mythologie inférieure des Polynésiens était dans un perpétuel devenir : de nouveaux dieux se créaient, d'anciens étaient oubliés. On adoptait volontiers les dieux d'une tribu victorieuse, souvent ceux du chef. Il y avait des dieux mâles et des dieux femelles. Du temps de Cook, c'était une déesse qui gouvernait, à Tonga, le tonnerre, les vents, les pluies, etc. ; était-elle fâchée, elle détruisait les récoltes, etc. (4).

Il existait aussi des dieux pour chaque maladie, presque pour chaque organe du corps humain. A la Nouvelle-Zélande, il y avait le dieu du mal de tête, celui du mal de cœur, un dieu-lézard causant les maladies de poitrine, un dieu de la phthisie, un dieu de l'estomac, un dieu des pieds, etc. (5).

Il y avait des dieux lares, d'ordinaire bienveillants, pacifiques, maintenant autant qu'il était en eux la paix dans les familles, châtiant les querelleurs par des maladies (6). Dans certaines îles, on avait déifié les vices les plus honteux chez les Européens ; ainsi un dieu spécial présidait aux amours contre nature (7). On faisait aussi des offrandes à *Hiro*, dieu des voleurs, quand on projetait quelque larcin.

L'astrolâtrie, qui prédominait dans la mythologie de l'Amérique centrale, jouait un rôle subalterne dans celle de la Polynésie. Pourtant, à Taïti, le soleil était déifié ; on y avait logé

(1) Moerenhout, *loc. cit.*, I, 461. Porter, *Hist. univ. des voy.*, vol. XVI, 309. — (2) Th. West, *Ten Years in South Central Polynesia*, 114. — (3) *Revue britannique*, 1828. — (4) Cook, *Troisième Voyage* (*Hist. univ. des voy.*, vol. X, 82). — (5) Yate, *New Zealand*, 141.— (6) Moerenhout, *Voy. aux îles*, t. I, 354. — (7) *Id.*, ı, 167.

une divinité anthropomorphe, très belle, pouvue d'une chevelure qui lui tombait jusqu'aux pieds (1). Mais ce sont les mythes cosmogoniques, qui donnent un caractère spécial aux croyances religieuses des Polynésiens.

Le dieu *Rii* avait séparé la terre des cieux, qu'il avait étendus au-dessus d'elle comme un rideau. Le dieu *Mahoui* avait tiré la terre du fond des eaux; il avait, en réglant le cours du soleil, créé le jour et la nuit et réjoui les hommes qui jusqu'alors vivaient dans une profonde obscurité. *Rou*, le dieu du vent d'est, avait gonflé la mer et émietté la terre en îles nombreuses (2), etc., etc. Ces légendes, qui formaient la haute mythologie polynésienne, variaient dans chaque archipel, mais toutes racontaient les hauts faits des dieux anthropomorphes, la manière dont ils avaient débrouillé le chaos, pêché des îles au fond de l'Océan avec des hameçons de nacre, etc. Les plus curieuses et les plus compliquées de ces légendes ont été recueillies à la Nouvelle-Zélande, et l'une d'elles a quelque ressemblance avec le mythe aryen d'Ouranos (3).

Ces dieux supérieurs, cosmogoniques, habitaient d'ordinaire dans des cieux étagés, hiérarchisés, et, d'après Moerenhout, on les avait, à Taïti, subordonnés à un dieu souverain, à un « grand esprit » appelé *Taaroa*, « dont l'univers n'était que la coquille » (4).

Tout en admettant dans une certaine mesure une vie future, dont nous avons déjà parlé, les Polynésiens n'y attachaient aucune idée de récompense ou de châtiment. Leurs dieux ne se souciaient aucunement de la moralité ou de l'immoralité humaines; ils punissaient seulement, et toujours durant la vie terrestre, les irrévérences commises à leur égard. Aussi la crainte de les offenser hantait perpétuellement l'esprit des pauvres Polynésiens. Chaque action de la vie était d'ailleurs marquée par quelque cérémonie. On ne coupait pas un arbre, à Taïti, avant d'avoir été, la hache à la main, au moraï pour en donner avis aux dieux, avant de leur avoir apporté le premier

---

(1) Cook, *Troisième Voyage* (*Hist. univ. des voy.*, vol. VIII, 295.
— (2) Moerenhout, *Voyage aux îles du grand Océan*, I, 466. —
(3) Sir G. Grey, *Polynesian Mythology*, I (cité par E.-B. Tylor, *Civilis. primitive*, 369). On peut lire la même légende dans *Quatre Années en Océanie*, par A.-E. Foley. — (4) Moerenhout, *loc. cit.*, I, 437.

morceau de l'arbre. On n'enlevait une pirogue du chantier où
elle avait été construite qu'après des prières faites au moraï
et en présence d'un prêtre, accompagnant la procession, qui
lançait l'embarcation à la mer, en ayant bien soin qu'elle ne
touchât pas la terre auparavant. On ne recevait pas un étranger sans le consentement des dieux; on n'hébergeait pas un
ami sans offrir aux dieux les prémices du repas, etc.

En résumé, la mythologie imprégnait la vie entière des Polynésiens. Aussi la religion y était-elle fortement organisée. On
avait construit des moraïs ou temples, où il fallait apporter de
fréquentes offrandes; car tous ces dieux mangeaient beaucoup.
Des cochons, des fruits, etc., parfois des hommes, leur étaient
souvent offerts. Parfois cependant on essayait de les tromper
par des ruses enfantines. On leur apportait des fruits verts,
en leur en promettant de meilleurs s'ils voulaient bien faire
mûrir les fruits à pain (1).

Les Polynésiens n'en étaient déjà plus au culte primitif, purement individuel. Ils avaient un clergé nombreux, puissant,
où le sacerdoce était héréditaire et dont les membres avaient
le pouvoir de *tabouer,* de rendre inviolable toute chose et, dans
nombre d'archipels, de désigner des victimes humaines pour
être offertes aux dieux.

VIII

Des, religions asiatiques.

Pour classer sans trop de peine les religions de l'Asie, il est
utile d'avoir bien présente à l'esprit la distribution des races
humaines dans le vaste continent asiatique et ses dépendances.
Une race à la peau noire, mais aux cheveux bouclés, d'une petite stature et ayant les traits du visage plus fins, plus délicats,
plus aryens que les nègres de la Mélanésie et de l'Afrique, semble avoir primitivement habité l'archipel malais, la presqu'île
de Malacca, Ceylan et toute la moitié méridionale et orientale
de l'Inde. On en retrouve encore les débris dans toutes ces
contrées et notamment chez les Weddahs de Ceylan.

Deux grandes races, les premières du genre humain, vinrent
par des chemins divers se mettre en contact avec les noirs abo-

_____

(1) Moerenhout, *Voy. aux îles,* t. I, 523.

rigènes : ce sont les races mongolique et aryenne. La première, qui domine dans les trois quarts du continent asiatique, a probablement formé les sous-races mongoloïdes de la Malaisie, de Siam, de la Cochinchine en se mêlant aux races primitives. Ailleurs, dans la Mongolie, le Thibet, la Chine, le Japon, elle a mieux conservé son type. En Birmanie et dans la partie orientale de l'Inde, elle s'est croisée avec l'élément aryen. Ailleurs, en Sibérie, au Kamtchatka, elle existe encore à l'état sauvage.

L'autre grande race, la race blanche, aryenne et sémitique, n'occupe en réalité que le quart sud-occidental de l'Asie, et, si elle a dominé dans l'Inde, elle n'y a conservé sa pureté que dans le nord-ouest de cette contrée, où elle a pénétré par la vallée de l'Indus. .

Au point de vue de la mythologie, nous avons à passer successivement en revue ces trois grandes couches ethniques.

A. *Mythologie des races primitives de la Malaisie et de l'Inde.* — Les débris contemporains de ces aborigènes et certaines races métisses, qui sont résultées de leur croisement avec des immigrants étrangers, n'ont pas dépassé la phase rudimentaire de l'évolution mythologique : le culte des animaux, des arbres, des pierres, etc., la croyance aux mânes ou esprits des ancêtres, tout au plus à des génies personnifiant telle ou telle partie du milieu ambiant.

Les pauvres Weddahs de Ceylan offrent encore aujourd'hui, du miel, des racines, de la chair de singe aux esprits des morts, pour se les concilier (1). Les insulaires des Mariannes conservaient dans des huttes les os de leurs ancêtres. Suivant Alvar de Mindana, ils en incinéraient les chairs et avalaient la cendre en suspension dans du vin de coco (2). Les Tikopiens adoraient la murène(3). Dans l'île de Sambawa, les Orang-Dangos attribuent un pouvoir magique au soleil, à la lune, aux arbres, aux pierres, qu'ils identifient avec leurs génies (4). Chez certaines tribus Dayaks on confie la garde des sentiers, qui mènent aux habitations, à de grossières idoles de bois auprès desquelles on place un panier contenant des noix de bétel-

(1) *Revue britannique*, 1876. — (2) *Hist. univ. des voy.*, I, 215. — (3) Dumont d'Urville, *Hist. univ. des voy.*, vol. XVIII, 334. — (4) Zollinger, *Journ. Ind. Archip.*, II, 692.

sans doute pour les payer de leur peine (1). Chez d'autres tribus
de la même race, sûrement métisse, il est interdit de couper
certains arbres habités par des esprits (2). De même, certains
Siamois offrent des gâteaux et du riz aux arbres avant de les
abattre; dans le même cas, les Karens de Birmanie commencent par prier l'esprit de l'arbre.

Aux îles Philippines, les indigènes, apercevant un alligator,
jetaient à l'eau, pour le lui offrir, tout ce que contenaient leurs
canots, puis suppliaient l'animal de ne point leur nuire (3).
Les indigènes de Sumatra appellent les tigres « ancêtres », n'en
parlent qu'avec respect et leur font des excuses, tout en préparant des pièges pour les capturer (4).

Les Dayaks ont aussi des génies : *Tapa*, créateur et protecteur de l'homme; *Jirony*, qui préside à sa naissance et à sa
mort, etc. (5).

Les Khonds de l'Inde ont une foule de dieux locaux, souvent
représentés par des pierres levées. Ces divinités sont hiérarchisées et soumises elles-mêmes à une aristocratie divine, constituée d'abord par les esprits divinisés des ancêtres, au-dessus
desquels planent quelques dieux souverains, savoir : le dieu
de la pluie, le dieu de la chasse, le dieu de la génération, le
dieu de la guerre, la déesse des premiers fruits, le dieu de
frontières, etc., plus haut encore le dieu soleil et sa femme,
la déesse de la terre (6). C'est à la déesse de la terre, *Tari-
Pennou*, que les Khonds offraient récemment encore des victimes humaines, des femmes ordinairement, des *Mériahs*, que
l'on dépeçait toutes vivantes et dont on jetait dans les champs
les lambeaux arrachés (7).

Les Karens de Birmanie construisent dans les champs une
petite maison et y déposent, pour la déesse des moissons, des
présents et aussi deux ficelles, afin qu'elle puisse garrotter
les esprits des intrus mal intentionnés qui pénétreraient dans
le champ. Après quoi ils donnent à la déesse des instructions
convenables : « Grand'mère, veille sur mon champ, » etc.; « attache les étrangers avec cette corde, » etc. Lors du battage

(1) Saint John, *Far East*, I, 198. — (2) Beeker, *Dyaks*, in *Journ.
Ind. Archip*, III, 111. — (3) Marsden, *Sumatra*, 303. — (4) Marsden, *History of Sumatra*, 292. — (5) Saint-John, *Far East*, I, 180.—
(6) Macpherson, *India*, 84. — (7) Macpherson, *India.*, chap. VI.

du riz, ils s'adressent encore à la même divinité : « Secoue-toi, grand'mère ! Secoue-toi ! que mon tas de riz devienne aussi gros qu'une colline, qu'une montagne ! etc. » (1). En Birmanie encore, le démon de la fièvre règne dans les jungles, et les attaques d'apoplexie sont des méfaits causés par d'autres méchants esprits, etc. (2).

Tous ces faits, dont il serait très facile d'allonger indéfiniment l'énumération, montrent assez que les populations dont nous nous occupons n'ont pas dépassé l'animisme le plus primitif. Nous allons retrouver des croyances équivalentes chez les fractions et les individus peu développés de la grande race mongolique.

B. *Mythologie des races mongoliques et mongoloïdes.* — Les Kamtchadales croyaient à une multitude de génies des forêts, des montagnes, des torrents, au-dessus desquels trônait un dieu plus puissant, *Koutka* ou Koutkou (3). Cela ne les empêchait pas d'adorer les baleines, les ours et les loups (4). Comme les Aïnos du Japon, les Yakouts de Sibérie adorent l'ours, et devant les tribunaux russes les Ostiaks prêtent serment sur la tête de cet animal. Ils plantent sur les montagnes des poteaux ornés de chiffons et les adorent. De même les Samoïèdes adressent leurs hommages à certaines pierres (5) ; en outre, comme un grand nombre de tribus tartares, les Tongouses, les Ostiaks, les Wogouls, etc. (6), ils ont déifié le soleil, tout en ayant quantité de petits fétiches et croyant à des esprits de la forêt, des fleuves, du soleil et de la lune (7).

Du temps de Marco Polo, les Tartares avaient des dieux lares, gardiens de leurs familles, de leurs animaux, de leurs biens. Ils les représentaient par des idoles faites de feutre et de drap simulant le dieu, sa femme et ses enfants. On ne mangeait pas sans avoir au préalable frotté avec de la chair grasse la bouche de ces divinités protectrices (8). Timkowski a encore retrouvé chez les Mongols le culte et les idoles dont parle Marco Polo (9). Gmelin a vu les Tartares de Tobolsk se

---

(1) E.-B. Tylor, *Civilisation primitive*, 475. — (2) *Ibid.*, 176. — (3) Beniouky, *Hist. univ. des voy*, vol. XXXI, 416, et Kotzebue, *ibid.*, vol. XVII, 389. — (4) Steller, *Kamtschatka*, 276. — (5) E.-B. Tylor, *Civilisation primitive*, 212. — (6) *Ibid.*, 379. — 7) *Samoiedia*, Pinkerton, I, 531. — (8) Marco Polo, *loc. cit.*, 53. — (9) *Hist. univ. des voy.*, vol. XXXIII, 152.

tourner, chaque matin, vers le soleil levant, en lui disant :
« Ne me tue pas ! (1). » D'autres tribus touraniennes ont divinisé et adoré le feu (Tylor).

Dans le Thibet, en plein pays bouddhique, des montagnards
ont encore des idoles consacrées au dieu du brigandage (2).

Les Tartares de l'Altaï ont des dieux, qu'ils se représentent
sous la forme de vieillards barbus, vêtus en officiers de dragons russes (3) : chez l'homme peu développé, toute émotion
forte peut engendrer un dieu.

Un trait général des religions primitives des Mongols est le
rôle important joué par les sorciers, souvent appelés chamans,
servant d'intermédiaires entre les hommes et les esprits,
qu'ils évoquaient d'ordinaire au moyen d'un tambour magique
et en simulant ou en éprouvant une sorte d'extase. On a voulu
voir dans ces pratiques quelque chose de spécial et l'on a désigné l'animisme mongol par le nom de *chamanisme*. Mais,
sauf la pratique habituelle des convulsions sacrées ou de l'extase, il n'y a là rien de caractéristique. Par toute la terre, dans
toutes les races, les croyances primitives ont suscité d'abord
des sorciers, qui, plus tard, avec les progrès de la civilisation,
se sont transformés en prêtres.

Les grossières mythologies, que nous venons d'esquisser, se
retrouvent facilement dans les grands empires de la Chine et
du Japon, plus savamment organisées dans ce dernier pays
où elles sont devenues la religion de Sinto.

En Chine, la croyance aux esprits de la nature est très répandue. Chaque chaîne de montagnes a sa divinité. On y élève
des idoles au dieu du printemps, qui a, croit-on, la forme
d'un jeune homme (4). On y croit à des démons incubes et succubes, que l'on tâche de mettre en fuite par le bruit des gongs
et des pétards (5). On fait des libations de vin au demi-dieu
Chinnoung, qui a enseigné aux hommes à faire la cuisine (6).
La religion des *Tao-sse* ou « docteurs de la raison », tout en
proclamant, selon les enseignements du fameux *Lao-tze*, contemporain de Confucius, la croyance à la « raison primor-

(1) *Hist. univ. des voy.*, vol. XXXI, 265. — (2) Huc, *Voy. dans la
Tartarie*, II, 191. — (3) Lubbock, *Orig. civil.*, 227. — (4) Milne, *Vie
réelle en Chine*, 90-145. — (5) Jurien de la Gravière, *Voyage en
Chine*, I, 289. — (6) Milne, *loc. cit.*, 135.

diale », admet aussi l'existence d'innombrables génies. Ses prêtres et prêtresses pratiquent la magie, l'astrologie, la nécromancie, etc. (1).

L'ancien culte naturaliste, évidemment importé de la Mongolie, est la religion officielle de l'empereur et des lettrés. Le fils du ciel, et lui seulement, adore à Pékin, dans des temples différents, le ciel, la terre, le soleil, la lune, tous objets sacrés auxquels il est interdit à tout autre d'adresser des hommages. Les personnages d'un rang inférieur doivent se borner à sacrifier aux esprits du vent, de la pluie, du tonnerre, du dragon, etc. (2). Si l'on met au-dessus de tout ce monde mythologique, le « Ciel » ou *Tien*, seule divinité, vaguement conservée par Confucius, on aura presque exactement la religion des Samoièdes, des Tongouses, de nombre de tribus tartares, qui considèrent le ciel comme un dieu présent partout et ayant délégué le gouvernement du monde à des dieux inférieurs : le soleil, la lune, la terre, le feu, etc. (3).

A ces croyances naturalistes, scrupuleusement conservées en Chine, s'ajoute le culte des ancêtres, qui semble y être pris plus au sérieux. C'est aussi d'ailleurs une relique mongolique. Ainsi les Mongols ont déifié et adoré Gengis-Khan et sa famille (4) ; de même, en montant sur le trône, la dynastie tartare-mandchoue a fait faire l'apothéose de *Kouang-ti*, fameux guerrier, Mars mongol, et l'a choisi pour esprit tutélaire de la dynastie (5), figurant dans le culte officiel et obligatoirement adoré par les fonctionnaires et surtout les mandarins militaires. On doit aussi sacrifier aux mânes de Confucius, à ceux de certains sages ou guerriers célèbres, à qui l'empereur a fait élever des temples, aux patrons des villes, choisis aussi par l'empereur parmi les personnalités célèbres (6). C'est le culte des grands hommes, réédité de nos jours par A. Comte et ses adeptes. Le culte des mânes proprement dit est pris plus au sérieux par les sceptiques chinois. Ainsi les familles riches ont, dans leur maison, un petit sanctuaire, où sont déposées

---

(1) Huc, *l'Empire chinois*, II, 203. — (2) Sinibaldo de Mas, *la Chine et les Puissances chrétiennes*, I, 80. — (3) E.-B. Tylor, *Civilisation primitive*, 453. — (4) Castrén, *Finn. Myth.*, 122. — (5) Huc; *l'Empire chinois*, I, 313. — (6) Sinibaldo de Mas, *la Chine et les Puissances chrétiennes*, I, 80.

les tablettes des ancêtres (1). Les Chinois, ou du moins beaucoup d'entre eux, pensent que l'un des trois esprits présents
chez l'homme vient, après la mort, habiter les tablettes des
ancêtres et y recueillir les adorations des survivants ; un second esprit demeure auprès du cadavre, que, pour cette raison, l'on conserve autant que possible dans un cercueil de
laque dorée, près duquel on prie (2).

En Chine, comme ailleurs, les esprits des divinités inférieures et ceux des morts sont souvent animés des plus méchantes intentions ; souvent ils se logent dans le corps des
hommes pour leur nuire, les rendre malades, etc. Des médiums spéciaux, souvent de sexe féminin, ont qualité pour
chasser ces démons, par des pratiques fort analogues à celles
des chamans sibériens (3) et qui vraisemblablement ont même
origine.

En voilà assez pour montrer que toute la mythologie mongolique s'est conservée en Chine, et l'introduction du bouddhisme n'a fait que lui apporter des éléments nouveaux. Nous
aurons à parler de la grande religion de Çakya-mouni, en
traitant des religions aryennes. Mais la doctrine bouddhique,
dont l'idée primordiale est si scientifique, s'est beaucoup
altérée en Chine, au contact des vieilles croyances mongoliques.

En dépit des limites restreintes de cet ouvrage, qui ne nous
permettent pas de nous étendre sur ces altérations, nous voulons cependant en mentionner une qui fait honneur à l'esprit
humanitaire des Chinois. Dans le céleste empire, une secte
nombreuse vénère, sous la figure d'une femme tenant un enfant dans ses bras, la déesse de la Pitié. Cette déification d'un
des plus nobles sentiments humains constitue toute une religion, qui compte de nombreux sectateurs, ayant leurs temples,
et même des couvents de femmes, dont le devoir est d'assister
les fidèles, de visiter les pauvres et les malades. Ces nonnes
chinoises de la Pitié font vœu non seulement d'abnégation,
mais aussi de virginité. On les appelle « les annihilées », « les
absorbées », parce que, conformément à la doctrine de
Bouddha, elles espèrent mériter, par leurs sacrifices, l'absorp-

---

(1) Milne, *Vie réelle en Chine,* 166. — (2) E.-B. Tylor, *Civilisation
primitive,* 198. — (3) *Ibid.,* 176.

tion, l'annihilation après la mort (1). L'analogie avec les sœurs
de charité catholiques est frappante ; mais la doctrine chinoise
est plus noble et le dévouement plus désintéressé.

Nous venons de peindre l'état religieux des Chinois, il faut
aussi dire quelques mots de leur état irréligieux. Au dire de
tous les voyageurs, missionnaires et autres, il n'y a pas de
pays au monde où l'indifférence totale en matière de religion
soit plus répandue qu'en Chine. Sans doute l'homme du peuple
est souvent superstitieux de la façon la plus grossière; il a des
idoles qu'il bat ou adore, suivant qu'elles n'exaucent pas ou
exaucent ses vœux (2), mais les diverses catégories de lettrés,
« les classes dirigeantes », sont le plus souvent indifférentes
ou impies. C'est sans y croire qu'elles pratiquent les rites des
cultes officiels, d'ailleurs purement civils. L'obséquieuse politesse des Chinois fait un devoir de dire aux gens, s'ils vous le
demandent, que l'on croit à leur religion, quelle qu'elle soit;
car c'est chose indifférente (3). La loi chinoise va jusqu'à
frapper d'une espèce de mort civile les bonzes et les tao-sse;
elle leur défend de sacrifier aux ancêtres, et même. à peine de
cent coups de bambous, de porter le deuil de leurs parents
morts (4).

Quelque temps avant son avènement au trône, un empereur,
Tao-Kouang, adressa au peuple une proclamation dans laquelle, passant en revue toutes les religions de l'empire, y
compris le christianisme, il concluait que toutes étaient
fausses et que l'on ferait bien de les mépriser indistinctement (5). Ce fait, sûrement unique dans le monde, donne la
mesure de l'impiété publique en Chine, de cette impiété qui
désespère et paralyse les missionnaires catholiques et dont
sont frappés tous les voyageurs (6).

Force est bien pourtant de blâmer avec les Chinois un
genre d'impiété stigmatisé dans leur code avec un soin et
une netteté, qui font honneur à ce pays, si différent de notre
Europe : « L'impiété, dit le code, est le manque de respect et

(1) Milne, *la Vie réelle en Chine*, 117, 119. — (2) Astley, *Coll. of
Voyages*, IV, 218. — (3) Lavollée, *la Chine contemporaine*, 249
(d'après une correspondance du *Times*, 1857). — (4) Huc, *l'Empire
chinois*, II, 313. — (5) Huc, *l'Empire chinois*, I, 84, 146. — (6) S. de
M s, *Chine et Puissances chrétiennes*, I, 84. Huc, *loc. cit.*, I, 173 ;
II, 223-240. Milne, *Vie réelle en Chine*, 430.

de soins pour ceux à qui l'on doit l'être, de qui l'on tient l'éducation et dont on est protégé. C'est être encore impie que d'intenter un procès à ses proches parents, de les insulter, de ne pas porter leur deuil et de n'en pas respecter la mémoire (1) ! »

En dépit des progrès du bouddhisme, le vieux culte touranien existe encore au Japon. Dans ce pays, l'antique religion nationale, celle de *Sin-Tou*, est officiellement reconnue, et l'on en retrouve des traces dans chaque hutte et dans chaque palais. C'est un animisme grossier, auquel est joint le culte des ancêtres, des *kamis*, promus au grade de génies bienfaisants, se recrutant sans cesse dans l'humanité; car les mânes des hommes vertueux vont grossir le nombre des glorieux *kamis*, auxquels, matin et soir, on adresse des prières devant leurs chapelles.

On a divinisé en outre les animaux et les phénomènes naturels. A l'exemple des Aïnos, qui adorent l'ours, les Japonais ont érigé des temples au renard et ils le consultent dans les affaires épineuses (2). Les tremblements de terre sont attribués à une grosse baleine se traînant sous la terre; les trombes sont des dragons volants, etc. (3). Le sintoïsme comprend aussi l'adoration des corps célestes. La déesse-soleil a ses temples, et on se la figure d'une manière tout anthropomorphique: avant de la prier on met en branle une cloche, pour attirer son attention (4). Dans tout cela il n'y a qu'un animisme grossier sans aucune originalité. L'origine de ce culte remonte sans doute, comme le disent les Japonais, aux ancêtres, aux *kamis*, auxquels on attribue, à bon droit, la fabrication des reliques de l'âge de pierre japonais. C'est un ensemble de conceptions enfantines, comme on en trouve un peu par toute la terre, dans les sociétés primitives de toute race et de toute couleur.

Mythologie des races blanches. — I. C'est dans le sein des races blanches que sont nées les grandes religions, les mytho logies les plus complexes; mais si, sous le rapport de la spéculation religieuse, comme sous tous les autres rapports, les variétés de ce type humain se sont montrées plus intelligentes

(1) Huc, *l'Empire chinois*, II, 310. — (2) Kæmpfer, *Hist. univ. des voy.*, vol. XXXI, 116. — (3) *Id.*, 119 120. — (4) Smith, *Ten Weeks in Japan*, 49.

et plus inventives que les autres, elles partagent avec elles les plus puériles croyances. Sans doute l'animisme de ces races est devenu plus savant, mais, comme le reste de l'humanité, elles ont pratiqué et pratiquent encore le fétichisme le plus grossier; chez elles aussi, il est bien facile de retrouver toutes les phases de l'animisme.

Le culte des animaux se rencontre un peu partout, chez les nations aryennes et sémitiques. Le serpent a été adoré dans l'Inde, la Phénicie, la Babylonie, en Grèce, en Italie, chez les Lithuaniens, en Perse, etc. (1). Hamman, singe-dieu, avait dans l'Inde des temples et des idoles. Ganésa a une tête d'éléphant. La vache est encore, dans l'Inde, un animal sacré et il en était de même du chien dans la religion de Zoroastre. Les Lombards adorèrent une vipère en or jusqu'au jour où Barberousse s'en empara; les anciens Prussiens faisaient aux serpents des offrandes d'aliments, etc., etc. (2).

Il y a, dans l'Indo-Europe, toute une mythologie des arbres. Ainsi, dans le cours de ses innombrables transmigrations, le Bouddha a été quarante-trois fois le génie d'un arbre (3). Le polythéisme gréco-romain avait ses dryades et ses hamadryades. Suivant Caton, avant de s'attaquer à un bosquet sacré, le bûcheron doit sacrifier un cochon aux dieux et déesses du bois (4). Chaque village hindou a son arbre sacré (*ficus religiosa*). Les anciens Slaves consultaient les vieux chênes, et la vénération des Celtes pour les mêmes arbres est bien connue. Les sources sacrées étaient et sont encore sans nombre en Europe, sans même parler de celle de Lourdes.

Le culte des pierres et aussi très répandu dans l'Inde. Sans doute on y loge le plus souvent un esprit, une divinité: Shashty, Siva, les cinq Pandous; mais il est permis de croire que les premiers adorateurs avaient un culte moins subtil (5). Les Grecs avaient aussi leurs pierres sacrées, qu'ils arrosaient d'huile et priaient dévotieusement (6), etc., etc.

L'adoration des fleuves est moins rare encore. Pour l'Hindou, le Gange est toujours une divinité sacrée. Le fleuve Scamandre est déifié dans Homère, etc., etc.

---

(1) Voir toute cette bibliographie dans Lubbock, *Orig. civil.*, 263. — (2) E.-B. Tylor, *Civil. primitive*, II, 312. — (3) *Id.*, 283. — (4) *De re rustica*, 139. — (5) Hislop. *Aboriginal Tribes*, 16. Ward, *Hindous*, II, 142, 182. — (6) Grote, *Hist. de la Grèce*, vol. IV.

Les vents divinisés, les Marouts védiques, chassent les nuées sur la mer en fureur. Dans l'Iliade, Achille offre des libations à Borée et à Zéphire, pour qu'ils soufflent sur le bûcher de Patrocle. Aujourd'hui encore, le paysan de la Carinthie place sur un arbre, devant sa maison, un vase de bois contenant de la viande, pour que le vent mange et s'apaise (1).

Le culte de la terre, des astres, du soleil, du ciel, a eu une bien autre importance. C'est la seconde phase de l'animisme, celle où, le regard de l'homme portant plus haut et plus loin, on commence à dédaigner les petits dieux locaux, sans toutefois les abandonner.

La terre-mère, *prithivi mâtar*, est déifiée dans le Rig-Véda. Les Romains avaient aussi la terre-mère, *terra mater*, et Tacite retrouvait cette divinité chez les Germains. Hésiode raconte que chaque nuit le ciel, *Ouranos*, descendait sur la terre pour la féconder jusqu'au jour où Chronos, Saturne, le dieu du temps, ayant guetté un moment favorable, châtra Uranus d'un coup de sa faux, mythe gracieux et ingénieux, qu'il serait facile de traduire scientifiquement.

La terre déifiée par les diverses mythologies aryennes n'est pas le globe astronomique roulant dans l'espace, c'est la campagne fertile, ayant pour chevelure des arbres, des moissons, etc. Aussi adorait-on en même temps la mer. Cléomène, marchant sur Thyrée, sacrifia un taureau à la mer avant d'embarquer son armée (2). La mer, c'est le Poseidon d'Homère, le Neptune des Latins, le dieu qui ébranle la terre, etc.

Le soleil, la lune et les étoiles ont été divinisés un peu partout. La Bible prend même la peine d'en interdire le culte au peuple de dieu. L'astre d'argent, Sélènè, Diane, était fort respecté en Grèce et à Rome.

Les chantres védiques célébraient le grand *Sûrya*, qui sait tout, qui voit tout, devant lequel les étoiles s'enfuient comme des voleurs. « L'œil du soleil, disent-ils, est le bienfait suprême ». C'est l'Hélios des Grecs, le Mithra persan, le Baal tyrien, l'Apollon latin, dont le Noël chrétien fête encore, chaque année, inconsciemment, la renaissance. La grande religion de Zoroastre, basée sur la lutte de la lumière et des ténèbres, personnifiant le bien et le mal sous la forme d'Ormuzd et d'Ahri-

---

(1) E.-B. Tylor, *Civil. primitive*, 350. — (2) Hérodote, VI, 76.

man, est la plus célèbre des religions solaires. En écartant
même, avec toute l'irrévérence convenable, les mythes solaires
créés de toutes pièces par l'esprit inventif de nombre de mythologues, il en reste encore un grand nombre d'incontestables,
dans toutes les antiques religions aryennes, jusque dans celles
des Germains et des Celtes.   ·

Par un plus grand effort de généralisation, nos ancêtres
aryens ont divinisé le ciel tout entier. Tout d'abord ils adorèrent le ciel brillant *Dyu* (*Dyaus*), dans le sein duquel circulent
les orages. Puis les chantres védiques spéculant à leur manière, le ciel devient, pour eux, *Dyaus pitar*, le ciel-père, mari
de la terre-mère. Puis c'est le ciel étoilé, Varouna aux cent
yeux, etc., que nous retrouvons, divinité toute-puissante, maître
des dieux, dans le Zeus grec et le Jupiter latin (1). Des divinités
secondaires accompagnent le grand dieu : c'est, par exemple,
l'*Indra* indien, le dieu du tonnerre, etc.

Le puissant Odin des Scandinaves paraît aussi devoir être
identifié avec le ciel, qui, comme nous l'avons vu, est aujour-
d'hui encore la divinité principale de la grande race mongolique.

Le ciel, conçu comme un être animé, vivant, est bien le
mythe qui réalise le mieux l'omniprésence. On ne saurait
échapper à sa vigilance ; il est bien partout, comme le dieu
subtil de la métaphysique chrétienne, qui lui a vraisemblablement emprunté cette qualité.

Tous ces exemples, que l'on pourrait multiplier à satiété,
prouvent sans conteste que dans sa mythologie primitive
l'homme blanc ne s'est pas élevé au-dessus des races inférieures,
et nous savons de plus que, comme elles, quand il a voulu se
représenter ses divinités naturalistes, il les a conçues anthro-
pomorphiquement. Il n'a pas été davantage supérieur aux autres types humains dans sa conception des mânes des ancêtres,
des esprits et des génies.

II. Selon la mythologie védique, les mânes, les âmes des
morts vont se confondre avec les esprits des vents, formant
cortège à Indra, ou se réunir aux dieux dans les espaces célestes et partager leur existence, image amplifiée de l'existence
humaine (2). Les mânes des Hindous ont besoin, comme ceux

_____

(1) Max Muller, *Lectures*, 2ᵉ série. — (2) Girard de Rialle, *les
Aryas primitifs*, in *Revue scientifique*, mai 1879.

de tant d'autres peuples, qu'un descendant leur fasse des
offrandes. Le treizième jour de la lune, on doit leur présenter
du riz bouilli dans du lait, du miel, etc. Car ce sont des êtres
très corporels, ayant plus ou moins les besoins de l'homme (1).
Ils en ont aussi toutes les passions. Comme les insulaires des
Marquises et tant d'autres peuples primitifs, les Romains
croyaient que les esprits des méchants, devenus larves ou lé-
mures, tourmentaient les hommes par leurs apparitions (2).
Grecs et Romains pensaient que les mânes des hommes morts
de mort violente ou laissés sans sépulture s'acharnaient à
poursuivre et à perdre même les innocents (3). Pour conjurer
les mauvais desseins des mânes, qui souvent attiraient à eux
leurs proches, on leur offrait des sacrifices. Dans une épitaphe,
un mari supplie sa bien-aimée femme défunte de l'épargner
pendant bien des années, afin qu'il puisse continuer à lui offrir
des sacrifices, à lui apporter des couronnes et à remplir d'huile
parfumée sa lampe sépulcrale (4). On sait de reste quelle place
occupent les apparitions des morts dans la mythologie chrétienne. Ces morts sont souvent animés de fort mauvaises intentions, si l'on en croit l'opinion populaire de la Bretagne contemporaine. Il est tel district de cette province où presque
toutes les femmes ont vu des morts, des revenants leur apparaître, et où, la nuit, l'homme le plus courageux ne passe pas
sans crainte auprès d'un cimetière.

La croyance aux démons et aux génies est tout aussi répandue. Dans l'Inde méridionale, on n'ose pas sortir après le coucher du soleil, de peur des esprits ; au moins a-t-on soin de se
munir d'un tison pour les écarter. Le jour même, on allume
des lampes pour éloigner les démons (5). Les Grecs et les Romains ont cru aussi à la possession démoniaque. Les malades
d'Homère étaient torturés par un horrible démon. Pythagore
pense que des démons flottent dans les airs et causent les maladies. Les fous, les épileptiques surtout étaient des possédés.
Plutarque admet toute une hiérarchie démoniaque. Selon lui,
les mânes des meilleurs parmi les hommes peuvent devenir
héros ; ceux-ci démons ; et ces derniers sont parfois promus au

rang de dieux (1). Le *Nouveau Testament* est plein d'histoires démoniaques, et tous les pères de l'Église chrétienne décrivent minutieusement la possession et les pratiques de l'exorcisme. Tout le moyen âge européen a été en proie à une sorte de monomanie démonomaniaque. Nos bûchers orthodoxes ont dévoré des sorciers par centaines de mille, et durant des siècles nos ancêtres ont été tourmentés par des démons incubes, par des démons succubes, sucés par des vampires, etc., etc.

Comme beaucoup de sauvages, les Sémites et les Aryens ont métamorphosé diverses maladies en mauvais génies. Les Persans ont vu sous une forme humaine la fièvre scarlatine : « Connaîtriez-vous Al ? Elle a l'aspect d'une jeune fille rougissante, aux boucles de flamme, aux joues rosées (2). » Les Hébreux avaient fait de la peste un ange exterminateur; les Romains adoraient la fièvre paludéenne, etc., etc.

Les génies de l'antiquité, les anges gardiens et les anges en général de la religion de Zoroastre et du christianisme sont aussi des conceptions toutes primitives. Le génie de Socrate est célèbre. Ménandre croit à un génie serviteur, à un ange gardien attaché à chaque homme depuis sa naissance. Auguste avait un génie tutélaire, auquel il faisait des offrandes et par lequel il jurait, etc. Selon Maxime de Tyr, toute une légion de ces génies servaient d'intermédiaires entre l'homme et les divinités supérieures. Les caractères de ces génies sont aussi variés que ceux des hommes, et il y a d'ailleurs parmi eux beaucoup d'ombres humaines. Ils guérissent les maladies, donnent des conseils, protègent parfois de préférence certains individus. Certains, comme Esculape, continuent à s'occuper des choses qu'ils aimaient ici-bas. Il y en a d'une noire méchanceté, etc. (3). A Rome, la déification des empereurs, vivants ou morts, tient au même ordre d'idées, auquel se rattache aussi l'hagiographie chrétienne, et tout cela en fin de compte dérive d'une superstition toute primitive, de l'adoration des ancêtres.

Le culte des idoles, dans les races blanches, ne s'élève en rien non plus au-dessus des rites les plus grossiers de nombre de tribus sauvages. Rien de plus inférieur, de plus fétichique que

(1) Plutarque, *Romulus*, XL, VII; *Isis et Osiris*. — (2) Jos. Atkinson, *Customs of the Women of Persia*, 49. —(3) Maxime de Tyr, *Diss.*, XIV, 8.

le culte des idoles, et nous entendons par idoles les représentations figurées des divinités, quelles qu'elles soient. A ce
titre, la plupart des grandes religions aryennes se ravalent au
niveau du fétichisme africain. On nous dit bien que ce sont des
emblèmes et que l'adorateur adresse ses hommages aux purs
esprits, représentés par ces grossières images ; mais la plupart des dévots de toutes les religions ne sont pas si forts en
métaphysique ; c'est bien le dieu, le saint de bois, de plâtre,
de marbre qu'ils adorent. A Rome, les bigots venant prier
dans les temples, s'arrangeaient avec les desservants pour
être placés le plus près possible de l'oreille de l'idole, afin
d'en être mieux entendus (1). Les Tyriens enchaînaient la statue
du soleil pour l'empêcher de quitter leur ville. Auguste châ-
tiait en effigie Neptune, qui s'était mal comporté. Les anciens
Arcadiens rossaient leur dieu Pan, quand ils revenaient de la
chasse les mains vides. Le jour de la mort de Germanicus, on
jeta par terre, à Rome, les autels des dieux (2).

Quand le missionnaire Dietrich renversa les idoles des Es-
thoniens, ceux-ci s'étonnèrent beaucoup de ne pas les voir
saigner (3). On sait de reste que les catholiques vénèrent telle
ou telle statue de saint ou de vierge de préférence à toutes les
autres. En règle générale, la prière suivante d'un Finnois
russe fait bien comprendre quelle idée grossière se fait des
personnages divins et de leurs idoles l'Européen peu éclairé :
« Dis donc, Nicolas Dieu, peut-être mon voisin le petit Michel
t'a-t-il dit du mal de moi ou peut-être t'en dira-t-il. S'il s'en
avise, ne le crois pas. Je ne lui fait aucun mal et ne lui en
souhaite aucun. C'est un vil fanfaron et un bavard. Il ne te ré-
vère nullement et joue l'hypocrite. Moi, je t'honore du fond
de mon cœur ; et vois, je te fais brûler un cierge (4) ! »

C'est sûrement dans ce style que le nègre d'Afrique s'entretient avec ses dieux, et, si l'on veut bien songer que le fétichisme le plus sauvage, la vénération des gris-gris, des manitous, des reliques sont très largement pratiqués dans plus
d'une religion dite supérieure, on pourra hardiment en conclure que, par une large portion de sa mythologie, l'homme
blanc ne se distingue nullement des races inférieures. Pour-

---

(1) Sénèque, *Lettres*, 41, 1.— (2) Suétone, *Caligula*, V.—(3) E -B.
Tylor, *Civil. primit.*, II, 222. — (4) M. Wallace, *la Russie*, I, 215.

tant, par un côté, cette mythologie des races blanches s'élève au-dessus des religions primitives, et c'est ce qui nous reste à examiner.

C. *Des grandes religions aryennes et sémitiques.* — Les principaux dogmes des grandes religions aryennes sont si connus qu'il serait superflu de les rappeler ici ; notre tâche est surtout de mettre en lumière le côté supérieur de ces mythologies.

Que, dans la plupart des grandes manifestations du sentiment et de l'intelligence, les races blanches aient surpassé les autres, cela est incontestable ; mais il importe de ramener cette supériorité à sa vraie valeur. Il suffit de regarder autour de soi pour voir que, chez les races dites aryennes, le niveau moyen de la majorité des individus ne s'élève guère au-dessus de celui du nègre africain. Seulement les races privilégiées dont nous parlons ont fourni une très petite élite d'individus, tantôt meilleurs, tantôt plus intelligents que le reste de leur espèce. Ces intrus, naturellement novateurs, presque toujours bafoués, persécutés, souvent mis à mort, ont peu à peu élargi dans tous les sens l'horizon de l'esprit humain, et grâce à leurs conquêtes le vulgaire troupeau s'est fait une existence de plus en plus *humaine.*

C'est de cette manière que, comme tout le reste, les religions se sont lentement perfectionnées. Dans l'Asie aryenne et son annexe, l'Europe, la masse a pratiqué et pratique encore le plus grossier animisme. Quand les Aryas védiques faisaient des libations à Agni, à Indra, etc., ils entendaient bien abreuver réellement leurs dieux : « Viens donc vers nous, dit le poète Toutsa, parlant à Indra ; on dit que tu aimes le *sôma.* Nous t'en avons préparé : bois en jusqu'à l'ivresse ; remplis tes larges entrailles » (1) En voyant le premier chemin de fer, des Hindous ont divinisé « la vapeur » et lui ont offert des guirlandes et du beurre fondu. De même ils avaient, de longue date, déifié la petite vérole, devenue la déesse Matadjie, etc. Cette naïveté inintelligente n'est pas particulière aux Hindous. Burton a entendu une vieille femme de la tribu arabe des Eesa s'écrier dans un accès de névralgie dentaire : « Oh ! Allah !

(1) *Rig-Véda* (Traduction Langlois), section première, lecture VII, hymne 10, verset 9.

Puissent tes dents te faire autant souffrir que les miennes (1) »!
Mais pour trouver des exemples de cette sauvagerie religieuse
l'Européen n'a que faire de quitter son pays.

Tout cela est incontestable, et néanmoins les spéculations
religieuses des races aryennes ont pris une ampleur tout à fait
caractéristique. Nous savons par les Védas, que les anciennes
tribus blanches de l'Asie centrale ont tout d'abord voué au feu
un culte tout à fait fétichique, ne se distinguant pas en cela de
nombre de peuples primitifs, héliolâtres et pyrolâtres ; mais,
par un lent effort de la pensée, les descendants de ces féti-
chistes védiques ont ennobli leur culte et vu dans le dieu Agni
à la fois le feu physique, la chaleur vitale et le principe pensant (2). Là ne s'est point arrêté leur progrès ; à force de simplifier, de synthétiser leur polythéisme, ils ont fini par en dégager la trinité presque scientifique de Brahma, Vichnou et
Çiva : production, conservation , dissolution ou retour dans le
sein panthéistique de Brahma, d'où émanent tous les êtres, où
ils rentrent tous après une série plus ou moins longue d'incarnations.

De même Agni, dont nous avons parlé, le dieu Agni, après
avoir été longtemps alimenté avec du beurre fondu et la liqueur
alcoolique de l'asclépias acide, le *Sóma* sacré, est devenu d'a-
bord un enfant glorieux, puis une divinité métaphysique, un
médiateur, vivant dans les pères, revivant dans les fils (3).
Enfin d'Agni est sorti tout un mythe, où l'on a pu retrouver avec
une grande vraisemblance toute la légende du Christ (4).

De leur côté, les Parsis, dont les dogmes se sont si largement infiltrés dans le christianisme, ont d'abord considéré le feu
comme un dieu anthropomorphe, donnant aux hommes le bonheur et la santé, mais à condition qu'on lui fournît amplement
du bois, des parfums et de la graisse. De nos jours, devenus
plus intelligents, c'est seulement à l'invisible esprit du feu
qu'ils adressent leurs prières (5). Cette religion des Parsis, ou
plutôt l'antique religion de Zoroastre, se distingue aussi des
cultes inférieurs par l'extrême simplification de ses personnages divins, presque réduits au dieu de la lumière et au dieu

---

(1) Lubbock, *Orig. civil.*, 221. — (2) E. Burnouf, *Science des religions*, 154. — (3) E. Burnouf, *Science des religions*, 226.— (4) E. Burnouf, *loc. cit.*, ch. viii. — (5 Wilson, *the Parsi Religion*, ch. iv ; cité
par E.-B. Tylor, *Civil. primit.*

des ténèbres, à Ormuzd et Ahrimane. De plus, elle s'est honorée par la suppression des idoles, si chères aux Hindous.

Enfin, et ceci est encore un trait des religions supérieures, le brahmanisme, le mazdéisme, surtout le bouddhisme, ont dans une large mesure associé la morale à la mythologie. Le bouddhisme a même tenté toute une révolution sociale ; il a entrepris de briser la chaîne sociale des castes et d'inaugurer, dans le monde, le règne de l'humanité et de la paix. Or, quoiqu'elle soit surtout pratiquée aujourd'hui par les races mongoliques, cette religion est d'origine aryenne. Le Dalaï-Lama de Lhassa et tous les lamas du Thibet et de la Mongolie, qui exploitent si habilement la doctrine de la transmigration et des régénérations, vivent du bouddhisme, mais ne l'auraient pas inventé.

Cette absorption de la morale par la religion caractérise les grandes mythologies, dont nous parlons. En effet, les créateurs de ces métaphysiques religieuses ne se sont pas contentés, comme le faisaient les tribus védiques, comme le font et l'ont fait tous les peuples primitifs, d'imaginer des mythes simplement, naïvement, uniquement pour incarner leurs émotions ou expliquer grossièrement les phénomènes du monde extérieur. Ils ont eu des visées de pratique sociale, ont intéressé leurs dieux à la conduite des hommes et fait de leurs religions la sanction de leur morale.

Ainsi procédèrent aussi, quoique plus tardivement et moins complètement, les polythéismes grec et romain, si évidemment dérivés des antiques croyances de l'Asie centrale et où l'on constate encore un autre caractère d'élévation : la divinisation de certaines idées, de certaines facultés supérieures du cerveau humain, par exemple la déification du Temps-Saturne. de la Raison-Minerve, etc.

Les grandes religions sémitiques, le judaïsme et l'islamisme, inférieures par tant de côtés aux synthèses mythologiques de l'Asie aryenne, ont aussi soudé étroitement leur morale et leurs dogmes, tout en proscrivant de leur mieux les fétiches, les idoles, etc.; mais combien leur dieu anthropomorphe, violent, cruel, capricieux, véritable despote oriental, est au-dessous du panthéisme brahmanique et bouddhique, qui, au fond, exprime mythologiquement la grande formule de l'univers, la circulation de la vie, comme l'a dit Moleschott !

En dépit du néant de sa métaphysique, le christianisme, religion hybride, amalgame confus de védisme, de mazdéisme, de brahmanisme, de bouddhisme, de judaïsme, mérite néanmoins quelques-uns des éloges que nous avons donnés aux grandes religions asiatiques. Comme elles, il s'est largement préoccupé de la morale, en leur empruntant d'ailleurs la plupart de ses prescriptions. Mais la métaphysique chrétienne, indigente et sans cohésion, ne se distingue que par l'adoption d'une idée insensée, l'idée de création *ex nihilo*, inventée par les rêveurs alexandrins. De plus, le christianisme s'est dégradé en s'incorporant toutes les grossières manifestations des religions primitives : les fétiches, les idoles, le culte des ancêtres, celui des génies, etc. Les rites, servilement calqués pour la plupart sur les rites parsis et bouddhiques, manquent d'originalité. Enfin, et ceci est bien plus grave, le brahmanisme et le bouddhisme ne sont pas incompatibles avec la science, à laquelle le christianisme est radicalement antipathique ; c'est malgré lui que la pensée scientifique est née et a grandi ; c'est par elle qu'il doit mourir.

IX

Evolution de la mythologie.

La gradation mythologique, assez généralement admise, et partant du fétichisme pour aboutir au monothéisme et au panthéisme, en passant par le polythéisme, est commode pour l'exposition des faits, et elle répond assez bien aux principales phases de l'évolution religieuse. Pourtant, il faut se garder de lui accorder une valeur absolue; surtout il ne faut pas croire qu'entre les diverses nuances de l'erreur il y ait des divisions tranchées. En définitive, tous ces degrés se fondent dans une même illusion, que Tylor a appelée l'*animisme* [1].

Durant les longues périodes de son enfance et de sa jeunesse, l'esprit humain s'extériore sans cesse lui-même; il dote libéralement de facultés conscientes, semblables aux siennes, tout ce qui lui tombe sous les sens : arbres, montagnes, pierres, animaux, fleuves, etc., etc. Il y a pourtant dans cet animisme une

(1) Voir A. Lefèvre, *Dialogue entre A et B sur la survivance et l'animisme*, in *Revue internationale des sciences*, mars 1879.

gradation, qui correspond aux progrès de l'intelligence et de l'expérience.

Tout vaste que soit réellement l'univers, le milieu ambiant est d'abord fort restreint pour la courte vue de l'homme. Pour les yeux mal ouverts du sauvage, rien n'existe au-delà du petit district où il se débat pour l'existence, et son animisme y est enfermé comme lui ; c'est seulement aux objets et aux êtres circonvoisins que l'homme primitif prête une conscience analogue à la sienne ; c'est ce que l'on a appelé fétichisme.

Puis, à mesure que la vision intellectuelle devient de plus en plus distincte, l'horizon animique s'élargit ; ce sont les grands phénomènes, de la nature que l'on anthropomorphise. En même temps, la plèbe des petits dieux primitifs tombe de plus en plus dans le discrédit. Les divinités diminuent en nombre et croissent en importance ; c'est, si l'on veut, le polythéisme.

Mais cette aristocratie divine, triée sur le volet, ne résiste pas plus que la démocratie antérieure aux progrès de la raison humaine, et, à force de supprimer tantôt l'un, tantôt l'autre de ces personnages imaginaires, on en arrive soit au monothéisme, soit au panthéisme. Enfin ces grandes et dernières conceptions mythiques subissent à leur tour la tragique destinée des dieux précédents, dont elles étaient la synthèse ; elles succombent sous les coups de bélier de la science, malgré les efforts désespérés que fait la métaphysique pour rattacher l'homme au divin.

Cette fois, le cycle mythologique a été parcouru tout entier. L'homme a enfin une vue juste et précise de sa situation dans l'univers ; la Nature des choses, comme dit Lucrèce, en langage plus moderne, la raison éclairée par la science lui dit : « Pauvre être, si humble et si sublime à la fois ; force est bien de le reconnaître, tu n'es que le premier des vertébrés terrestres. Ton extraction est bien infime ; tu es de bien mauvaise maison ; mais, par une lente série d'efforts, tu as su t'élever au-dessus de tes frères inférieurs. Tu vois et comprends ce qu'ils ne savent ni voir ni comprendre, et l'ampleur acquise peu à peu par ta vie de conscience fait de toi un être singulier. Ton origine, tu la connais ; mais le but vers lequel tu tends, à peine le peux-tu entrevoir. Persévère, travaille encore ; le chemin qui te reste à parcourir est bien plus long que celui déjà parcouru. Avant que s'éteigne le noyau de ma-

tière stellaire, qui fut jadis Apollon, d'innombrables générations humaines auront à lutter, à souffrir : à vivre. »

Mais, pour ne point s'égarer, il importe à cette future humanité de bien savoir que le monde extérieur qui l'étreint est
aveugle et sans pitié, que, pour le dominer, il faut surprendre
ses lois ; il lui importe surtout de ne pas oublier que, pour
l'individu, la vie consciente est strictement limitée entre le
premier vagissement et le dernier soupir. C'est seulement dans
les futures destinées de l'humanité qu'il faut placer le souci de
l'*au-dela*. S'améliorer soi-même, travailler au progrès général,
tel doit être le but de l'effort humain. Il faut « payer la dette
de l'ancêtre », comme disait Manou ; c'est-à-dire léguer aux
descendants, mais quelque peu agrandi, le patrimoine reçu
des générations mortes. C'est là le grand devoir, et il porte
avec lui sa récompense. En résumé, il faut vivre utilement et
mourir sans plainte.

CHAPITRE XVII.

DU CULTE ET DU SACERDOCE.

L'évolution mentale, d'où sont sortis le culte et le sacerdoce,
a été si analogue par toute la terre que le sujet de ce chapitre
se peut résumer en quelques pages.

Chez les races très inférieures, chez les Fuégiens, les Tasmaniens, les Australiens, les Hottentots, etc., il n'y a ni temples, ni prêtres, ni rites. A cette phase primitive du développement humain, la religiosité consiste tout au plus à croire à
l'existence d'esprits anthropomorphes ou zoomorphes, hantant
les rochers, les grottes, les arbres, etc., et l'idée de communiquer avec ces êtres généralement malfaisants ne vient à personne.

Un peu plus tard, l'homme, devenu plus avisé, plus raison-
neur, en arrive tout naturellement à penser que, par des présents, des génuflexions, etc., il parviendra à peser sur les décisions de ses dieux, faits à son image. Alors le temple s'édifie
et le prêtre apparaît. Au début le temple est bien humble ;
c'est une case comme les autres. Les dieux étant conçus comme

des êtres errants, très analogues aux hommes, on leur offre simplement une maison pour se reposer, un asile. Puis, dans cette demeure, on met l'image des dieux, qui souvent se confond avec eux-mêmes, quand on ne sait pas encore abstraire l'esprit de l'idole qui le représente (1). Rien de plus commun que ces temples primitifs dans l'Afrique équatoriale, dans la vallée du Niger, dans l'Achanti, etc. Rien de plus naturel aussi, une fois l'idole ou le fétiche convenablement logés, que de leur offrir des aliments, des fruits, des animaux. Dans le principe, le sacrifice, l'offrande, n'ont d'autre but que de nourrir le dieu. C'est pour cela que le nègre d'Afrique égorge des poulets dans la case du fétiche ; c'est pour cela que les Polynésiens laissaient des cochons se putréfier dans leurs moraïs.

Avec le temple, et souvent avant lui, apparaît le prêtre. Ce n'est pas encore le personnage majestueux et officiel des civilisations plus avancées ; c'est simplement un membre de la tribu qui, de bonne ou de mauvaise foi, prétend posséder le privilège de communiquer avec les esprits, de servir de médium entre eux et les humains, de guérir les maladies, si souvent occasionnées par la malice ou la colère des puissances invisibles. Cet homme choisi n'est encore qu'un modeste sorcier. Nous le trouvons réduit à sa plus simple expression chez les Cafres, où il a seulement la faculté de faire pleuvoir.

Mais une fois la case de l'esprit édifiée, le sorcier devient très facilement l'homme-fétiche, le gardien, le serviteur du dieu. Pourtant il n'en est pas toujours ainsi. A cette période, le culte est souvent encore exercé par le chef de la famille ; car la famille a fréquemment des dieux, qui lui appartiennent en propre. Chez les Aryas védiques, c'était le chef de la famille, qui sacrifiait à Agni ; et il en est encore ainsi dans beaucoup de districts de l'Afrique équatoriale. Mais, quand il y a des dieux de tribus, le soin de communiquer avec eux est souvent dévolu soit aux chefs, soit à des sorciers spéciaux, à des prêtres, qui, ayant l'oreille des divinités, savent comment on doit s'y prendre pour se les concilier et que le public entretient pour ce service. Peu à peu ces prêtres, chez qui le sacerdoce était personnel, finissent par former, chez bien des peuples, une

(1) Clapperton, *Hist. univ. des voy.*, vol. XXX, 405-468, et *Second Voyage*, 122, 210, 228. Hutton, *Hist. univ. des voy.*, vol. XXVIII, 408.

caste héréditaire. Il en était déjà ainsi dans la plupart des archipels polynésiens, à Taïti (1), aux Marquises (2), à Tonga (3), etc. Dès lors ces personnages importants se mêlent à tous les actes de la vie sociale. Leur grande fonction est de présenter aux dieux les offrandes, de sacrifier les victimes animales et humaines, parfois, comme en Polynésie, de désigner ces dernières; car, presque partout, les dieux primitifs sont grands mangeurs, grands amateurs de sang et souvent de sang humain.

Une fois constitués en castes ou même en classes bien définies, les prêtres tendent presque invariablement à gouverner la société civile et ils y arriveraient partout, si, dans les sociétés primitives, l'état de guerre perpétuel n'engendrait fatalement une classe de chefs militaires. Parfois cependant, comme dans l'Inde de Manou, l'aristocratie guerrière elle-même se soumet plus ou moins docilement aux hommes divins, devenus aussi d'ordinaire les gardiens de la morale. Ou bien il se forme seulement une alliance plus ou moins intime entre le roi, les nobles et les prêtres, entre les hommes du sabre et ceux de l'autel; les pouvoirs spirituel et temporel se soutiennent mutuellement au mieux de leurs intérêts.

Pour que la théocratie triomphe, il est presque nécessaire que le pays soit plus ou moins complètement à l'abri des invasions guerrières. La théocratie thibétaine nous offre le plus remarquable exemple de ce triomphe absolu du pouvoir religieux. Là existe un vrai peuple de lamas, entretenus par la partie laborieuse de la nation et habitant des milliers de riches couvents, d'où ils gouvernent le pays (4).

Ce clergé, hiérarchiquement organisé, a ses koutoutkous, assez comparables aux cardinaux catholiques, et son Dalaï-Lama, le grand lama de Lha-ssa, pape trois fois saint, ayant sur son confrère du Vatican l'inestimable avantage d'être immortel, privilège que partagent d'ailleurs avec lui les grands dignitaires de l'Eglise lamaïque. Aucun de ces saints personnages ne meurt. De temps à autre seulement ils transmigrent,

(1) Cook, *Deuxième Voyage* (*Hist. univ. des voy.*, vol. VIII 295). — (2) M. Radiguet, *Derniers Sauvages*, 158. — (3) Th. West, *Ten Years in South Central Polynesia*, 255. — (4) Huc, *Voyage en Tartarie*, etc. Préjévalsky, *Mongolia.*

quittant un corps usé pour renaître dans un enfant miraculeux, qui a gardé le souvenir de son existence antérieure, ainsi qu'il le prouve dans un interrogatoire. Parfois même les dignitaires lamaïques désignent avant de changer de corps le lieu de leur future régénération (1). Beaucoup de simples lamas jouissent aussi de cette faculté de reviviscence, et, dans certains couvents du Boutan, la part du bien temporel assignée à chaque père est proportionnelle au nombre de ses transmigrations (2).

Partout où le sacerdoce est fortement constitué, le rituel, sans cesse perfectionné, devient une science, et en même temps les demeures des dieux, si humbles au début, se changent en edifices somptueux. Mais, en définitive, le cérémonial se ramène toujours a certaines pratiques obséquieuses, destinées à apaiser les divinités ou à capter leur bienveillance. Toujours le culte n'est que l'art de demander des faveurs aux personnages divins. Cet art varie beaucoup suivant la race, le degré de civilisation, etc., mais le fond en est toujours l'offrande, le don spontané de présents que l'on suppose agréables aux dieux. Ces présents sont d'abord fort grossiers. Ce sont, dans le principe, des aliments, des boissons, des parfums, etc., et souvent des victimes animales ou humaines ; car l'anthropophagie existe ou a existé dans tous les pays, et partout les dieux ressemblent aux hommes, leurs créateurs.

Dans la phase la plus primitive, on a voulu seulement donner à manger aux dieux ; puis, pour leur plaire, on s'est ingénié à s'imposer des privations, des souffrances ou à en infliger à des victimes choisies. Les faits de ce genre fourmillent dans les annales de l'humanité. Au moment de perdre une bataille, le roi des Moabites promet de brûler son fils aîné sous les murs de la ville. Le sacrifice de la fille de Jephté est célèbre. Les Phéniciens brûlaient en l'honneur de leur Moloch les enfants des plus nobles familles, etc. (3).

Mais à mesure que grandit l'intelligence d'un peuple, sa ferveur devient moins farouche et plus parcimonieuse. La prière et les génuflexions remplacent peu à peu les offrandes onéreuses et les sacrifices sanglants. Parfois, comme en Chine, on

---

· (1) *Voy. ou Boutan par un auteur Hindou*, in *Revue britannique*, 1827. — (2) *Ibid.* — (3) E.-B. Tylor, *Civil. primitive*, II, 512.

ne fait plus d'offrandes qu'en effigie; des images en papier
tiennent lieu des objets réels et sont brûlées à leur place.
L'homme primitif prie grossièrement, mais sincèrement, poussé
par quelque besoin ou quelque émotion. « Viens à la prière,
disait un missionnaire à un Malgache. — Prier quoi? répondit
celui-ci. Je n'ai besoin de rien maintenant (1). » Plus tard, la
prière devient une formule, mécaniquement débitée à heure
fixe; les cérémonies et les rites s'accomplissent sans élan,
sans ferveur, par pure habitude. Ce changement indique que
les temps sont proches, que l'âge de foi va céder la place à
l'âge d'examen, l'âge d'ignorance à l'âge de science.

(1) Le Père H. de Régnon, *Madagascar et le roi Radama* II, 30.

LIVRE IV.

CHAPITRE I.

DU MARIAGE.

I

Des unions sexuelles dans le règne animal.

Au sujet du mariage, comme à celui de la plupart des questions psychologiques et sociologiques, un coup d'œil jeté sur le règne animal ne sera pas sans nous procurer quelques lumières.

La reproduction étant la condition *sine quá non* de la durée d'une espèce organique, quelle qu'elle soit, tous les animaux à sexes séparés, surtout ceux chez qui l'accouplement est nécessaire, se cherchent et se rapprochent, à de certaines époques, pour vaquer à la fécondation. Si nous faisions de la psychologie, nous aurions à nous demander d'où naît, comment s'est formé l'instinct amoureux, sauvegarde de la durée de l'espèce, cet instinct tyrannique, qui fait de l'altruisme avec de l'égoïsme. Au point de vue sociologique, nous n'avons qu'à constater le fait et à en énumérer les divers modes.

Ces modes sont multiples. Le plus inférieur de tous et l'un des plus communs est celui de la promiscuité. Nombre d'animaux copulent ensemble, au hasard du besoin, sans se soucier de la liberté du choix, sans se piquer de fidélité. Nous savons pourtant que chez certaines espèces, spécialement certaines espèces d'oiseaux, le mâle courtise la femelle et cherche à lui plaire. On se quitte parfois dès que le désir est assouvi, souvent seulement après que les jeunes sont élevés.

Si la promiscuité est fréquente chez les animaux, la poly-

gamie n'est pas très rare. Alors le mâle s'approprie un certain
nombre de femelles et en éloigne ses rivaux. Notre coq de
basse-cour est un type d'animal polygame et jaloux. Mais la polygamie est loin d'être la règle chez les espèces animales. En
effet, elle n'est guère possible que chez les animaux sociables,
vivant en troupeaux, que là aussi où le nombre des femelles
l'emporte de beaucoup sur celui des mâles. Elle est de toute
nécessité, par exemple, dans les sociétés d'hyménoptères, où
une immense population de femelles ne possède que quelques
mâles.

La polyandrie animale n'existe guère, puisque, chez presque
toutes les espèces supérieures, la femelle, en raison de sa faiblesse relative, est contrainte à subir les caresses du mâle et
ne saurait former et défendre un sérail masculin. Dans un certain nombre d'espèces d'ailleurs, la femelle semble avoir une
prédilection décidée pour le plus fort, et, quand les mâles rivaux
luttent avec plus ou moins de fureur pour sa possession, elle
attend patiemment le vainqueur afin de se livrer à lui. Il faudrait fermer volontairement les yeux pour ne pas reconnaître
jusque dans l'espèce humaine cette forme de sélection amoureuse, plus déguisée et plus variée seulement.

La monogamie, que certaines races humaines supérieures
ont adoptée, avec des tempéraments d'ailleurs, et que nos moralistes ont l'habitude de considérer comme la forme par
excellence du mariage humain, n'est pas très rare chez les
animaux. Elle est d'abord nécessaire, chez les espèces très
disséminées, ne pouvant guère vivre que par couples, soit
parce que leur subsistance est rare, soit parce qu'elles sont
particulièrement insociables. Cependant ces conditions ne sont
pas absolument nécessaires. Le macaque *ouanderou* (*macacus
silenus*) de l'Inde n'a qu'une femelle et lui est fidèle jusqu'à la
mort. Dans l'espèce pintade, le mâle se borne à une femelle,
quel que soit le nombre des poules (1). Parfois le mode d'union
change avec le genre de vie. Ainsi le canard sauvage, qui
d'ordinaire est monogame, devient polygame par la domestication. Peut-être les monogames sociables, comme la pintade,
descendent-ils d'ancêtres ayant longtemps vécu par couples
isolés.

(1) J.-C. Houzeau, *Études sur les facultés mentales des animaux*,
t. II, 394.

Chez certains animaux, on le sait, la vraie monogamie, la monogamie morale, s'élève bien au-dessus de la monogamie humaine. Dans notre espèce, la mort d'un époux laisse assez rarement son conjoint inconsolable. Or, chez la perruche Illinois (*psittacus pertinax*), veuvage et mort sont d'ordina re synonymes et un cas semblable a été observé chez un ouistiti (*hapale jacchus*), au Jardin des Plantes de Paris. C'est que, chez l'homme comme chez l'animal, la force des sentiments affectifs ne se proportionne pas toujours au degré d intelligence.

Citons, pour finir, certaines espèces éminemment sociables, les abeilles, les fourmis, chez qui le souci de la prospérité publique a dominé les instincts personnels, au point que la reproduction est devenue, par division du travail, une tâche affectée à certains individus seulement. Tant d'abnégation ne s'est encore observée dans aucun groupe humain; car il semble bien que le célibat des lamas, thibétains et autres, ait un tout autre but que de se livrer au travail dans l'intérêt du corps social tout entier.

Mais, chez les animaux, il n'y a ni lois ni codes régissant et réglant l'union des sexes. Pourquoi les modes de cette union sont-ils si variés ? C'est uniquement dans la concurrence vitale, dans les nécessités de la lutte pour l'existence qu'il en faut chercher la raison. La dispersion ou l'agrégation des individus, la proportion des sexes dans l'espèce jouent sûrement le principal rôle dans la production de la promiscuité, de la monogamie ou de la polygamie. La forme conjugale, qui a le mieux assuré la reproduction de l'espèce, qui s'est le mieux adaptée aux circonstances de l'habitat, des rivalités à soutenir, etc., cette forme utile est nécessairement devenue objet de sélection, puis habitude et instinct. Nul doute que la monogamie à toute épreuve, dont nous avons cité des exemples, n'ait été, pour certaines espèces, dans des circonstances données, un avantage considérable; elle leur permettait de mieux soigner leurs jeunes, d'en conserver un plus grand nombre.

Les mêmes lois, les mêmes nécessités ont poussé les diverses sociétés humaines dans telle ou telle voie conjugale. A vrai dire, sous ce rapport, l'homme, tout intelligent qu'il soit, n'a guère été plus inventif que l'animal. Il l'a même été moins, puisqu'il n'a jamais songé à créer, comme les fourmis et les abeilles, des castes uniquement consacrées à la reproduction.

Seulement l'homme a souvent, non toujours, mieux déterminé la forme de ses unions sexuelles. C'est seulement dans les sociétés humaines qu'il y a mariage, c'est-à-dire union sexuelle, réglée par des conventions sociales ; mais ces conventions sont loin d'avoir, partout et toujours, la forme de lois rigoureuses.

II

Du mariage humain.

Nous verrons que, dans beaucoup de sociétés humaines primitives, les unions sexuelles sont tout à fait animales, sans règle et sans frein. Cet état bestial est-il, chez l'homme, un premier degré, à partir duquel le mariage évolue en passant par des phases régulières, partout analogues, comme l'ont supposé quelques sociologistes? Nullement. Comme les animaux, les hommes obéissent aux lois d'airain de la nécessité, et cette nécessité a des exigences fort variables. Comme les animaux aussi, les hommes primitifs satisfont autant qu'il est en eux leurs grossiers désirs. Aussi, dans le sein d'une même race, d'une même tribu, on peut trouver des formes diverses d'union sexuelle ; car chez la plupart des sauvages il n'y a pas de lois sauvegardant la morale et protégeant les faibles. Nous avons vu combien, dans les sociétés primitives, la vie des enfants était abandonnée au caprice des parents. La vie des femmes n'est guère mieux protégée et leur liberté est moins garantie encore. Pourtant, comme en définitive la prospérité d'un groupe social dépend des actes individuels de chacun de ses membres, telles ou telles mœurs finissent par amener l'extinction ou la survie d'une tribu luttant avec ses rivales pour l'existence. Aussi, sous la pression des circonstances extérieures, les coutumes socialement utiles finissent par s'implanter dans les groupes ethniques. Il se forme des habitudes, des mœurs auxquelles il est mal de déroger ; mais ces mœurs varient parce que les conditions de la bataille pour vivre ne sont pas partout les mêmes. C'est pourquoi la forme des unions sexuelles, des mariages, si l'on veut, est assez variable. Promiscuité, polygamie, polyandrie, mariages partiels n'obligeant les conjoints que pour une portion de la semaine ou du mois et permettant simultanément des unions multiples, mono-

gamie, mariage exogamique, mariage endogamique, tout cela
existe dans les diverses sociétés humaines, et assez capricieusement. Ainsi la monogamie persistante, que tous nos moralistes préconisent comme le type conjugal par excellence, est
en vigueur chez les Weddahs de Ceylan, si peu supérieurs à
certains animaux. C'est que, comme nombre de ceux-ci, ils vivent à l'état de dispersion extrême, par couples, et la polygamie aussi bien que la polyandrie leur ont toujours été impos-
sibles. Les formes conjugales les plus nobles, selon nous, ne
sont donc pas toujours le signe d'un haut développement intellectuel. Le mariage, comme tout le reste, s'est réglé sur les
nécessités de l'existence. C'est ce que vont démontrer les faits.

III

Du mariage en Mélanésie.

Il y avait en Tasmanie, et il y a encore en Australie ainsi que
dans la plupart des îles mélanésiennes, un mariage par capture,
un mariage exogamique. C'est, chez ces races, la forme légale
de l'union sexuelle, et nous aurons tout à l'heure à la décrire.
Mais, en dehors de ce mariage légal, une large promiscuité
est permise. C'est même la forme amoureuse des unions
sexuelles; car le mariage exogamique a uniquement pour but, en
Australie, la possession d'une esclave, d'une bête de somme,
qui portera l'eau, le bois, les fardeaux (1). Dans le sein de la
tribu, les filles depuis dix ans, les garçons depuis l'âge de treize
ou quatorze ans, cohabitent librement ensemble. On célèbre
même certaines fêtes, donnant aux jeunes gens le signal et la
liberté des accouplements. En outre, le devoir des jeunes filles
est d'aller, la nuit, partager la couche des hôtes accueillis dans
la tribu : les parents s'unissent souvent à leurs enfants, etc. (2).
A vrai dire, le mariage n'existe pas en Australie, et, en y regardant d'un peu plus près, on se serait épargné des théories
à perte de vue sur l'exogamie des Australiens. Ce que les
voyageurs ont à tort appelé mariage est simplement la capture
d'une esclave, qui, sans doute, pourra servir aux plaisirs
amoureux du maître si cela lui convient, puisqu'elle est son

(1) Eyre, *Discoveries,* vol. II, 321. — (2) *Ibid.,* II, 320.

animal domestique, sa chose, un être qu'il a le droit de frapper, de blesser, de tuer, et même au besoin de manger. On conçoit que cette position peu enviable ait été réservée aux femmes enlevées aux tribus rivales et que l'homme n'ait pas le droit de l'infliger aux femmes portant le même nom que lui, aux femmes de sa tribu. Eyre nous a décrit ce prétendu mariage. L'homme commence par étourdir d'un coup de *douak* la femme qu'il a rencontrée loin des siens, puis il la traîne au loin par les cheveux. Il attend alors qu'elle soit revenue à elle, puis l'oblige à le suivre dans sa tribu (1). Il va de soi qu'il la viole, si bon lui semble. Ce rapt est une action fort louable en Australie et les enfants s'y exercent dans leurs jeux (2). C'est là la forme la plus brutale de l'union sexuelle, et sûrement elle ne mérite pas le nom de mariage. Le rapt adouci, qui se pratique quelquefois, est un peu plus digne de ce nom. Parfois, en Tasmanie, la femme est prévenue, et le rapt seulement fictif, à en croire le révérend Bonwick (3). Cela était sûrement assez rare, mais souvent on entrait, après l'enlèvement, en arrangement avec la tribu de la femme. A un certain jour, en présence des deux tribus rassemblées, le ravisseur devait servir de but à la tribu adverse, qui lui lançait un certain nombre de javelots ; il avait d'ailleurs la liberté de parer avec son petit bouclier (4). Tout finissait d'ordinaire sans effusion de sang ; des agapes communes scellaient la réconciliation, et parfois on célébrait le mariage en attachant les conjoints au même arbre et en leur cassant une même dent incisive (5). A partir de ce moment, la femme enlevée appartenait légitimement à l'homme, qui avait le droit de la traiter à sa guise et aussi de la prêter ou de la louer à tout venant (6). Quant à la femme possédée, l'infidélité non autorisée lui était interdite et elle en était souvent brutalement punie (7); car la femme ravie était la propriété de son maître.

Ce prétendu mariage exogamique n'étant pas toujours facile

---

(1) Oldfield, *Trans. Ethn. Soc.*, III, 230. — (2) Collins, *English Colony in New South Wales*, 362. — (3) *Daily Life and Origin of the Tasmanians*, 85. — (4) *Souvenir d'un déporté à la Nouvelle-Galles du Sud* (*Revue britannique*, 1826). — (5) A.-E. Foley, *Quatre Années en Océanie*, etc., 182. 183. — (6) Eyre, *Discoveries*, II, 320. — (7) Bonwick, *loc. cit.*, 72.

à conclure, beaucoup d'Australiens sont célibataires, et la plupart ne volent guère de femme avant l'âge de trente ans (1). Il va de soi que la polygamie ne leur est pas interdite. Ceux qui ne possèdent pas de femme en propre ont pour ressource la promiscuité endogamique, quand ils ne louent pas, moyennant quelques présents, les femmes de leurs amis (2).

Ces coutumes, combinées avec l'infanticide des filles, maintiennent la population au niveau des rares subsistances de l'Australie sauvage. Aussi, dans nombre de tribus, les femmes sont moins nombreuses que les hommes, d'où la nécessité de la promiscuité et une tendance naturelle à l'exogamie.

La coutume de capturer les femmes existe dans un certain nombre d'îles mélanésiennes. A Bali, île située entre Java et la Nouvelle-Guinée, l'enlèvement des femmes se pratique exactement comme en Australie, et il est immédiatement suivi de viol. Après quoi, le ravisseur paie aux parents le prix de la femme ravie, qui devient son esclave (3). Aux Fidji aussi, le rapt réel ou simulé était chose habituelle. Quant à la femme, ou elle se sauvait auprès de quelqu'un qui pût la protéger, ou elle acceptait le ravisseur pour mari, et un festin donné aux parents légalisait l'affaire (4). A Viti, comme en Australie, les femmes sont la propriété de leurs maris; les chefs en possèdent parfois plusieurs centaines, parmi lesquelles un petit nombre de légitimes, dont les enfants seuls héritent. Les autres sont des concubines, des esclaves, des animaux domestiques, que le maître tient à la disposition de ses guerriers, afin d'encourager leur fidélité. Même les femmes légitimes des chefs vitiens ont à remplir vis-à-vis de leur mari de singuliers devoirs. Au moment de leur mariage, elles doivent choisir, dans le peuple, une très jeune fille, qu'elles élèvent avec sollicitude jusqu'à l'âge nubile; puis, un beau jour, après l'avoir lavée, parfumée, coiffée avec des fleurs, elles la conduisent, toute nue, à leur maître; après quoi elles doivent se retirer silencieusement (5).

Il ne semble pas que le mariage par capture soit fréquent à la Nouvelle-Calédonie. Les enfants y sont même fiancés de très

---

(1) Baudin, *Hist. univ. des voy.*, vol. XVIII, 34. — (2) *Ibid.* — (3) *Notices of the Indian Archipelago*, 90. — (4) Williams, *Fyi and the Fyians*, 1, 174. — (5) Moerenhout, *Voyage aux îles du grand Ocean*, II, 235

bonne heure, ce qui d'ailleurs ne tire guère à conséquence. Comme dans tout le reste de la Mélanésie, la polygamie est permise à tous ceux qui peuvent la pratiquer ; c'est elle qui remplace la domesticité inconnue aux Néo-Calédoniens.

A la Nouvelle-Calédonie, on ne se marie pas entre proches parents du côté maternel, ce qui, là comme ailleurs, indique vraisemblablement une antique époque de promiscuité, où le père était difficile à connaitre. La Néo-Calédonienne mariée est aussi la propriété de son mari, qui a le droit de la mettre à mort en cas d'adultère, mais qui parfois se contente de la corriger ou de la chasser, après lui avoir fait subir une sorte de scalp. A la Nouvelle-Calédonie, les relations sexuelles sont curieuses par leur brutalité même. Elles n'ont guère lieu de nuit, car les hommes et les femmes dorment dans des cases distinctes. C'est d'ordinaire le jour, dans les fourrés, que l'homme et la femme s'unissent et d'une manière tout animale, *more canino*, comme disent les théologiens (E. Folley, *Bull. Soc. d'anthropologie*, 9 octobre 1879). Selon O. Beccari et Micluho-Maclay, des coutumes analogues existent aussi chez les Papous de la Nouvelle-Guinée.

Ajoutons que les mœurs néo-calédoniennes obligent tout homme, marié ou non, à épouser immédiatement la veuve de son frère ; coutume d'ailleurs fort répandue, et qui était en vigueur jusque chez les Juifs.

Ce qui précède montre combien peu l'union des deux sexes mérite le nom de mariage à la Nouvelle-Calédonie ; pourtant l'institution commence à naitre, puisqu'il y a une convention amiable avec les parents, droit de propriété sur la femme et même dans certaines tribus, notamment à Kanala, une espèce de contrôle légal sur les choses conjugales. Dans cette dernière tribu, en effet, tout individu surpris en adultère est jugé par le conseil des vieillards, que préside le chef, et il est d'ordinaire mis à mort sur l'heure. C'est que cette infraction aux droits du mari est un grave attentat à la propriété (1).

On peut rapprocher du mariage ou du soi-disant mariage mélanésien la promiscuité des Andamanites. Elle est toute primitive, animale. Chez eux, les femmes appartiennent à tous les membre du clan ; résister à l'un d'eux est, pour elles, un

---

(1) De Rochas, *Nouvelle-Calédonie*, 262.

grave délit, sévèrement châtié Pourtant, une sorte d'union temporaire subsiste quelquefois entre un homme et une femme, quand celle-ci devient grosse, mais le sevrage de l'enfant y met toujours un terme (1).

En résumé, les mœurs mélanésiennes nous font assister à l'origine du mariage dans la race. Il y a eu d'abord une promiscuité de clan qui subsiste encore plus ou moins largement dans les divers groupes ethniques ; puis la rareté des femmes et le besoin d'une ou plusieurs bêtes de somme ont poussé à pratiquer autant que possible le rapt exogamique, d'abord avec une extrême violence, à la manière des fauves. Puis les tribus intéressées ont ratifié, après examen, convention débattue, le fait accompli. Enfin le rapt est devenu, de plus en plus, une cérémonie, une comédie concertée. Mais toujours la polygamie a été licite ; toujours la femme a été la propriété du maître, ne pouvant lui être infidèle que s'il l'ordonnait, n'ayant jamais le droit d'être jalouse de son mari et exposée à tous les mauvais traitements qu'il convenait à celui-ci de lui faire subir.

IV

Du mariage en Afrique.

La promiscuité a-t-elle été générale dans tous les clans primitifs ? Cela est possible ; mais on ne la retrouve déjà plus chez les Hottentots, et il en est de même du rapt exogamique, dont M. Lennan a voulu faire une phase conjugale existant ou ayant existé à peu près partout. La fille hottentote appartient à ses parents, qui la troquent à l'amiable, généralement contre un bœuf ou une vache (2). Comme les Hottentotes vieillissent vite, les hommes, mariés ou non, puisque la polygamie n'est pas interdite, ont l'habitude de retenir d'avance des petites filles de six à sept ans pour remplacer plus tard leurs femmes devenues vieilles. En effet les Hottentotes sont nubiles à douze ou treize ans (3), et leur vieillesse est précoce

---

(1) Lubbock, *Orig. civ.*, 80, 94 (d'après *Trans. Ethn. Soc.*, vol. V, 45, et vol. II, 35. Nouvelle série). — (2) Campbell, *Hist. univ. des voy.*, vol. XXIX, 363. Levaillant, *ibid.*, vol. XXIV, 348. — (3) Levaillant, *Hist. univ. des voy.*, vol. XXIV, 162.

comme leur nubilité (1). Le mariage hottentot est d'ailleurs un
acte purement commercial, dépourvu de toute sanction et résiliable à volonté (2). Chez les Hottentots, les femmes seraient
plus nombreuses que les hommes ; par suite la polygamie serait nécessaire ; aussi, dans les colonies agricoles fondées par
les missionnaires, l'introduction du mariage chrétien, monogamique, rencontre les plus grandes répugnances de la part des
deux sexes (3). Rien dans tout cela qui ressemble, même de
loin, au mariage tel que l'entendent les légistes et les moralistes d'Europe ; aussi les Bojesmans, que l'on peut considérer
comme les moins civilisés des Hottentots, n'ont dans leur langage aucune expression pour distinguer une fille d'une femme
mariée (4).

Relativement aux unions sexuelles, les mœurs cafres se rapprochent beaucoup de celles des Hottentots. L'amour n'y entre
pour rien, dit Lichtenstein (5), et le témoignage de nombre
d'explorateurs confirme cette appréciation. Les gens riches,
les chefs, ayant toujours plusieurs femmes, la marchandise féminine est relativement rare sur le marché conjugal ; aussi a-t-
on coutume d'acheter les filles aux parents dès leur enfance (6).
Chez les Makololos, le prix payé au père de la future femme
aurait pour objet de racheter le droit de propriété qu'aurait
sans cela le beau-père sur les enfants de sa fille (7). Une fois
dûment achetée, la femme cafre est, dans toute l'acception du
mot, la propriété de son mari. Le maître de la femme en peut
user et abuser, il a le droit de la tuer, si elle a osé lever la
main sur lui, etc. (8); il peut la battre comme il l'entend, la
louer. moyennant rétribution, au premier blanc venu (9). De
leur côté, les femmes cafres paraissent étrangères à toute
jalousie ; elles désirent même vivement que leur propriétaire
achète d'autres femmes plus jeunes ; leur autorité s'en accroît et leur labeur s'en allège (10). L'exogamie ne semble pas

---

(1) Levaillant, *loc. cit.* — (2) *Ibid.*, 164. — (3) Burchell, *Hist. univ.
des voy.*, vol. XXVI, 204. — (4) Wood, *Natural History of Man*, I,
269. — (5) *Travels in South Africa*, I, 261. — (6) Campbell, *Hist. univ.
des voy.*, vol. XXXIX, 357, et Burchell, *id.*, vol. XXVI, 486. —
(7) Giraud-Teulon, *Orig. Famille*, 160. — (8) Burchell, *Hist. univ.
des voy.*, vol. XXVI, 479. — (9) Levaillant, *id.*, vol., XXIV, 211. —
(10) Waitz, *Anthropology*, I, 299.

exister, comme règle générale, chez les Cafres, à moins qu'on
ne la veuille à tout prix retrouver dans les rapts exercés par
les Damaras aux dépens des Hottentots Namaquois (1), ou dans
la répugnance des Bakalaharis à épouser une femme qui leur
est alliée.

On trouve au Gabon des mœurs très analogues. Les filles
sont achetées et retenues, fiancées, si l'on veut, dès l'âge de
trois ou quatre ans; elles sont mères à treize ou quatorze ans,
vieilles de fort bonne heure et souvent meurent jeunes et stériles; car l'acheteur prend possession dès que la marchandise
a huit ou neuf ans (2). Partout la polygamie existe et les
femmes sont des bêtes de somme, cultivant la terre et obligées
de fournir des aliments au maître, qui ne fait rien (3), et les
lacère à coups de fouet, selon son caprice (4). La femme étant
une propriété, ses adultères, auxquels elle est fort sujette, sont
punis sur elle et son complice, surtout s'il s'agit de la femme
en chef, qui est ordinairement la première épousée. L'amant
de cette première femme est à tout le moins vendu comme
esclave (5). A la mort d'un homme, son héritier a le droit de
s'approprier toutes ses femmes et la liberté de les distribuer,
si bon lui semble, aux autres parents (6).

Chez les Achantis, relativement civilisés, même polygamie,
mêmes fiançailles précoces, à l'africaine. Les droits du mari
sont toujours excessifs. Toute privauté prise avec sa petite
fiancée est punie d'une amende à son profit. Plus tard, en cas
d'adultère, le maître peut ou tuer sa femme ou lui couper le
nez et la marier à un esclave. Il a aussi le droit de lui couper
la lèvre supérieure, si elle trahit un de ses secrets; une oreille,
s'il la surprend aux écoutes. Pourtant, si le mari disparaît
pendant trois ans, sa femme peut se remarier, mais en cas de
retour du premier mari les enfants du second lit lui appartiennent. Seules, les filles du roi ont la liberté de prendre tel
amant ou mari qui leur convient, et ce dernier est littéralement leur esclave et obligé de se tuer si sa femme vient à

---

(1) Campbell, *Hist. univ. des voy.*, vol. XXIX, 343. — (2) Du Chaillu,
Voy. dans l'Afrique équatoriale, 67. — (3) *Ibid.*, 376. — (4) Du
Chaillu, *Voy. dans l'Afrique équatoriale*, 377. — (5) *Ibid.*, 67. —
(9) *Ibid.*, 268.

mourir (1). Dans ce cas particulier, la prééminence masculine baisse pavillon devant le prestige monarchique.

Dans le bassin du Niger, dans le Soudan, où l'islamisme a plus ou moins pénétré, chez les Foulahs, Iolofs, Mandingues, Bambaras, etc., le mariage s'est déjà un peu humanisé ; la femme est moins maltraitée. Parfois même elle est plus ou moins consultée; le mari, s'il est riche, donne en douaire à sa femme des femmes esclaves, des objets de toilette, des mortiers et des pierres pour écraser le grain, etc. (2). Çà et là on accorde aux femmes certains droits ; par exemple, à Wouou et Boussa, une femme ne peut se marier qu'avec le consentement de sa grand'mère, tant que celle-ci est vivante (3).

Chez les Soulimas, la femme peut quitter son mari pour s'unir à un autre homme, à la condition de restituer le prix payé pour elle lors de son mariage (4). Les femmes fantis de la côte de Guinée ont un droit analogue; mais, outre les restitutions, elles doivent acquitter un certain droit pour chacun des enfants que le mari a pris la peine de leur faire. Il faut ajouter que, dans cette région, les hommes font de la polygamie une source de revenus en trafiquant de leurs enfants (5).

Dans nombre de districts du Soudan, l'union des sexes s'effectue aussi brutalement que chez les nègres les plus inférieurs. Chez les Timannis, la fille n'est nullement consultée. L'homme l'achète aux parents pour des jarres de vin de palme, des étoffes, etc. (6). Mêmes mœurs chez beaucoup de Mandingues, qui, une fois l'affaire conclue, emportent la fille avec l'aide de leurs amis. C'est là une sorte de mariage par capture (7). Dans l'Yarriba, les indigènes prennent une femme avec la plus parfaite indifférence, « comme ils cueilleraient un épi de blé » (8). Dans le Kouranko, les jeunes filles commencent par être achetées par de riches vieillards, à la mort desquels elles prennent leur revanche en choisissant un jeune homme à leur gré; car, cette fois, elles sont libres (9). Dans l'Yarriba, le fils

---

(1) E. Bowdich, *Relation d'une mission anglaise chez les Aschantis*, passim. — (2) Clapperton, *Deuxieme Voyage*, II, 86. — (3) R. et J. Lander, *Hist. univ. des voy.*, vol. XXX, 244. — (4) Laing, *Hist. univ. des voy.*, vol. XXVIII, 106. — (5) G. Teulon, *Orig. famille*, 143. — (6) Laing, *loc. cit.*, 31. — (7) Gray et Dochard, *Hist. univ. des voy.*, vol. XXVIII, 306. — (8) R. et J. Lander, *loc. cit.*, 94. — (9) Laing, *loc. cit.*, 71.

hérite des veuves de son père (1). Ailleurs les femmes sont vendues à la mort de leur mari, si elles n'en ont point eu d'enfant (2). Dans certains districts de la Sénégambie, ou a inventé un justicier fantastique, le Mumbo-Jumbo, qui, vêtu d'un costume étrange, vient le soir, devant toute la population rassemblée à cet effet, choisir et fustiger les femmes malvivantes (3).

Si la négresse d'Afrique est presque partout traitée comme un bétail, elle semble en revanche, au dire de la plupart des voyageurs, avoir des mœurs fort dissolues. Il en est ainsi depuis le Gabon, selon Du Chaillu, jusqu'au bassin du haut Nil, d'après Schweinfurth (4). Là aussi le mariage est polygamique et la femme est achetée d'ordinaire au prix de divers ustensiles de fer, que, chez les Bongos, le père doit restituer, au moins en partie, en cas de divorce. La restitution doit même être totale, si le mari garde les enfants (5).

En droit, la propriété féminine est inviolable et l'adultère est puni de mort immédiate (6).

En résumé, presque partout dans l'Afrique nègre la femme est la chose de son mari, qui a le droit d'en user comme d'une bête de somme et presque toujours la fait travailler, tout comme il ferait d'un de ses bœufs. « Je l'ai achetée, disait un jour un Cafre en parlant de sa femme; elle doit donc travailler (7). » Chez les nègres musulmans, le marabout bénit le mariage, mais partout ailleurs c'est un contrat commercial et purement civil où la religion n'a rien à voir. Partout aussi il est polygamique, et, moyennant certaines compensations pécuniaires, le divorce est facultatif pour le mari. A Madagascar, où pourtant le mariage se conclut devant un magistrat et moyennant le payement d'un certain droit, le mari peut, en acquittant une seconde fois le même droit, répudier sa femme, qui devient libre si dans les douze jours l'homme ne revient pas sur sa détermination (8).

La virginité de la femme n'est appréciée et exigée que dans

(1) Clapperton, *Second Voyage*, 90. — (2) *Ibid.*, 156. — (3) Mungo Park, *Hist. univ. des voy.*, vol. XXV, 58. — (4) *The Heart of Africa*, II, 91. — (5) *Ibid.*, I, 301. — (6) Schweinfurth, *the Heart of Africa*, II, 27. — (7) H. Spencer, *Sociologie*, II, 284. — (8) Dupré, *Trois Mois à Madagascar*, 153.

les pays musulmans où la race mauresque s'est plus ou moins
infiltrée. A Kaarta, les femmes du pays se réunissent le lendemain des noces, le matin, pour examiner soigneusement le
lit nuptial, qui doit, sous peine de nullité du mariage, témoigner avec éclat de l'innocence de la mariée (1). Il en est tout
autrement chez les Sakkalaves de Madagascar, où les jeunes
filles se déflorent elles-mêmes avant le mariage, si leurs parents
n'ont pas songé plus tôt à exécuter cette opération préliminaire (2).

Dans l'Afrique arabe, berbère, nubienne, abyssinienne, les
mœurs conjugales varient ; car dans ces contrées les races sont
diverses et certaines sont d'origine asiatique ; enfin les civilisations et les religions de l'Egypte, de l'Arabie, de Byzance ont
laissé des traces profondes dans toute cette région septentrionale du continent africain. Les anciens Egyptiens étaient monogames, dotaient les filles, punissaient l'adultère en donnant
mille coups de verges à l'homme et coupant le nez à la femme(3).
Aucune de ces coutumes n'a survécu ; mais il faut peut-être
rapporter à des traditions égyptiennes la grande liberté dont
jouissent les femmes berbères, maîtresses absolues de leurs
biens, de leurs actes, de leurs enfants, qui portent leur nom (4).
Dans certaines tribus du Sahara, berbères aussi selon toute
apparence, la répudiation est un honneur pour les femmes. On
les entend se dire : « Tu n'es qu'une femme de rien... les
hommes t'ont dédaignée et un seul a voulu de toi (5). »

Chez les Arabes Hassiniyeh de la Nubie règne une coutume
bien plus étrange encore, celle des mariages aux trois-quarts,
permettant à la femme de disposer de sa personne, un jour sur
quatre (6). Dans d'autres tribus sahariennes et touarêg, la fille,
avant de se marier, doit gagner par la prostitution le prix
qu'elle a coûté à sa famille, et elle est d'autant plus recherchée
en mariage qu'elle a eu plus de succès dans ce trafic (7). L'esprit d'initiative et de liberté en matière conjugale paraît être
un trait caractéristique des Berbères ; car les Guanches, qui
semblent bien avoir appartenu à cette race, au moins par leur

(1) Mungo Park, *Hist. univ. des voy.*, vol. XXV, 291. — (2) Noël,
Bull. Soc. Géogr. Paris, 2e série, t. XX, 294. — (3) Diodore, liv. I.
—(4) Duveyrier, *Touarêgs du Nord.* — (5) Raffenel, *Nouveau Voy.
au pays des nègres*, 1, 355. — (6) Peschel, *Races of Man*, 221. —
(7) Duveyrier, *loc. cit.*, 340.

civilisation, avaient, dans certaines îles des Canaries, établi la polyandrie (1).

Les mariages entre frères et sœurs, légaux et honorables dans l'ancienne Egypte, où nombre de reines se glorifiaient d'être « sœurs et épouses du roi », se retrouvent encore dans le Dar-Four. Dans cette contrée, où la liberté des mœurs est d'ailleurs fort grande, les filles du sultan sont aussi maîtresses absolues de l'homme qu'elles admettent à l'honneur de partager leur couche, quoique la polygamie, le concubinage effréné et le servage des femmes soient dans les mœurs du pays (2).

Nous avons cité le mariage aux trois-quarts de certains Nubiens. A l'autre extrémité de l'Afrique septentrionale, chez les juifs du Maroc, nous trouvons des mariages temporaires, bénis par le rabbin, pour trois mois, six mois ; l'homme fait seulement une donation et s'engage à reconnaître l'enfant, le cas échéant (3).

A Haïti et en Abyssinie, on pratique, aujourd'hui encore, le mariage libre, et déjà, du temps d'Hérodote, certaines tribus éthiopiennes ne connaissaient pas le mariage. Nous savons qu'en Abyssinie, en dépit de la religion chrétienne ou soi-disant telle, on se prend et l'on se quitte à sa guise. Bruce a vu une femme abyssinienne entourée de sept anciens maris (4). De même à Haïti, à côté du mariage légal, monogamique, etc., il y a des' unions libres, n'entraînant nul déshonneur; ce sont les unions des *placés*. Les personnes les plus respectables contractent de ces unions libres. Les enfants qui en naissent ont tous les droits des enfants légitimes et les séparations seraient plus rares chez les placés que les divorces chez les gens mariés (5).

De tout ce qui précède il serait bien difficile de déduire une théorie générale sur l'origine et l'évolution du mariage, mais nous sommes loin d'avoir terminé notre enquête. Voyons si l'Amérique, la Polynésie, l'Asie et l'Europe nous fourniront des documents nouveaux.

---

(1) Berthelot, *Mém. Soc. Ethn.*, 121, 155, 185, 210. — (2) Browne, *Hist. univ. des voy.*, vol. XXV, 409,410. — (3) Decugis, *Bull. Soc. Géographie de Paris*, 1879. — (4) *Travels*, IV, 487, I, 1. — A. d'Abbadie, *Douze Ans dans la haute Ethiopie*, I, 100, 128. — (5) *Science politique* (Revue), 1879.

V

Du mariage en Amérique.   •

Chez les stupides Fuégiens, dès qu'un jeune homme est devenu suffisamment habile à la chasse, dès qu'il a su construire
ou voler un des grossiers canots d'écorce dont se sert sa race,
il a le droit de posseder une femme, et d'ordinaire il l'enlève (1);
mais le texte de Fitzroy semble bien indiquer qu'il s'adresse à
une fille de sa horde et que l'enlèvement n'est pas exogamique.

L'enlèvement endogamique se pratique aussi chez les Araucanos, où les femmes défendent toujours la jeune fille avec des
pierres et bâtons et où, en cas d'opposition des parents, le futur
convoque ses amis à son de cor pour donner la chasse à la
jeune fille qu'il convoite (2). Cet enlèvement endogamique
n'exclut d'ailleurs en rien le rapt exogamique. Autant que possible on se fait un harem de prisonnières et, dans le sein de
la tribu, l'enlèvement réel ou simulé n'empêche pas de payer
la femme plus ou moins cher (3). Chez les Charruas, polygames comme toutes les races primitives, la première femme
avait pourtant la haute main sur les autres; ce qui est fort
habituel (4).

Chez ces Indiens, comme chez la plupart des indigènes de
l'Amérique du Sud, l'union des sexes étaient d'ailleurs une pure
affaire civile, souvent commerciale, cessant, suivant le caprice
de l'homme, qui avait sur sa femme un droit despotique,
puisque chez les Moxos il pouvait la mettre à mort, alors qu'elle
avortait (5).

Même polygamie, même servitude de la femme, chargée
de tous les travaux agricoles, de toutes les corvées, chez les
Guaranis; mêmes enlèvements de femmes aussi. C'est même
la cause de la plupart de leurs guerres et migrations (6). Mais
la raison de ces rapts, c'est uniquement le désir d'avoir plusieurs femmes et nullement l'amour de l'exogamie. Au contraire, dans les unions de gré à gré, l'endogamie et même le

(1) Fitzroy, *Voy de l'Adventure et du Beagle*, II. — (2) Smith, cité
par H. Spencer, *Sociologie*, II, 242, 243. — (3) A. d'Orbigny, *l'Homme
américain*, I, 403. — (4) *Ibid.*, II, 89. — (5) Pritchard, *Hist. nat. de
l'homme*, II, 214. — (6) A. d'Orbigny, *loc. cit.*, II, 307.

mariage entre parents sont de règle chez la plupart des tribus de l'Amérique du Sud (1).

Ainsi faisaient les Caraïbes, qui épousaient leurs parentes indistinctement, à l'exception de leurs sœurs (2). Sous ce rapport d'ailleurs, les coutumes varient d'une région à l'autre. Ainsi les Indiens de la Guyane sont exogames. Chez eux, aucun individu ne peut épouser une personne de la même famille, portant le même nom ; en outre l'enfant appartient à la famille maternelle et en prend le nom (3). Au dire de Thevet, les Brésiliens avaient sur ce point des idées tout à fait opposées. Selon eux, le père jouait dans la génération le principal rôle et celui de la mère n'était que secondaire (4). Rien d'uniforme dans les coutumes matrimoniales au Brésil, nous dit Martius (5); les mœurs résultent strictement de la nécessité. Dans les petites tribus isolées, les plus proches parents se marient entre eux ; au contraire, dans les districts peuplés, l'exogamie devient la règle. Il en va ainsi par toute la terre. « Nécessité fait loi, » comme dit le vieux proverbe français. Ainsi, quoique la polygamie soit générale dans l'Amérique du Sud, il faudrait faire une exception pour la tribu des Otomaques, pourtant des moins intelligentes (6).

Notons encore que, chez les indigènes de l'Amérique du Sud, comme chez la plupart des races sauvages, la chasteté des filles est fort peu prisée. On n'en a cure ni souci tant qu'elles ne sont pas la propriété d'un homme (7). Plus tard l'adultère de la femme est sévèrement puni, de mort, s'il plaît au propriétaire (8); mais, nous dit Thevet, au Brésil, le châtiment ne frappait que la femme. On épargnait l'homme par crainte des représailles (9).

Dans l'Amérique du Nord, rien d'uniforme non plus en fait de mariage. Une promiscuité à peu près complète règne chez les Indiens de la Californie. On s'accouple sans aucune formalité et il n'y a pas de mot dans le langage pour dire

(1) A. d'Orbigny, I, 135. — (2) Squier, *the States of Central America*, 237. — (3) Brett, *Indian Tribes of Guiana*, 98. — (4) A. Thevet, *les Singularitez de la France antarctique*, 215. — (5) Martius, *Von den Rechtszustanden unter den Ureinwohnern Brasiliens*, 63. — (6) Mollien, *Hist. univ. des voy*, vol. XLII, 416. — (7) Thevet, *les Singularites*, etc, 215. — (8) D'Orbigny, *l'Homme américain*, II, 307. — (9) *Loc. cit.*, 212.

« mariage » (1). Les femmes semblent appartenir à tous les hommes de leur clan et la jalousie de ceux-ci s'éveille seulement quand elles prennent leurs amants dans une autre horde (2). Au contraire beaucoup de tribus des bords du Gilo, du Colorado et du Nouveau-Mexique sont monogames et l'adultère est chez eux fort rare et fort blâmé (3).

Partout ailleurs la polygamie est permise à quiconque est assez riche pour se procurer plusieurs femmes par achat ou autrement. Mais le trait général des mariages peaux-rouges est l'exogamie. Les sociologistes, qui, à l'exemple de M. Lennan (*Primitive Marriage*), veulent faire de ce mode d'union conjugale une phase générale, commune à toute l'humanité, ont puisé dans l'Amérique du Nord leurs arguments les plus convaincants.

Les tribus des Peaux-Rouges se divisent d'ordinaire en plusieurs clans ayant chacun leur blason, leur *totem*, et le mariage est habituellement interdit entre gens ayant le même *totem*. Cette coutume, déjà notée par Charlevoix (4), a été depuis constatée par nombre de voyageurs (5). Il s'agit ici d'une exogamie raisonnée, conséquente, entraînant une filiation exclusivement maternelle ; car les enfants prennent le totem de leur mère et appartiennent à son clan.

Chez nombre de tribus : les Sheyennes, les Jowas, les Kaws, les Osages, les Blackfeet, les Crees, les Minnitaris, les Crows, etc., l'exogamie se complique de polygamie consanguine ; car l'homme a le droit d'épouser les sœurs cadettes de sa femme, si celle-ci est l'aînée, et chacune d'elles se considère comme la mère des enfants de sa sœur (6). Cette exogamie pacifique a-t-elle succédé à l'exogamie par enlèvement? Cela est possible, au moins dans certaines régions, au Canada par exemple, où le mari, une fois le mariage consacré par le chef, porte sa femme jusqu'à sa tente aux acclamations des spectateurs (7). Remarquons en passant qu'ici le mariage n'est plus

(1) Bagaert, *Smithsonian Report*, 1863, 368. — (2) Amiral de Wrangel, *Etudes ethnographiques sur les populations de l'Amérique russe*, Pétersbourg, 1839. — (3) Domenech, *Voy. pitt. dans les déserts du nouveau monde*, 510. — (4) *Hist. et Description gen. de la Nouvelle-France*, Paris, 1744. — (5) Diverses citations dans Lubbock, *Orig. civil.*, 128, 129, 141, etc. — (6) Lubbock, *Orig. civil.*, 161, 173. — (7) Carver, *Travels in North America*, 374.

considéré comme un acte individuel ; c'est déjà un fait social, que le chef de la tribu doit sanctionner.

Mais ce mariage n'en résulte pas moins d'une transaction commerciale. Le mari doit acheter sa femme et, s'il est pauvre, force lui est de contracter un mariage par servitude, en se mettant, pendant un temps déterminé, au service des parents de sa fiancée (1), au profit desquels il chasse, cultive, creuse des canots. Dans certaines tribus une servitude relative était de règle. Ainsi le mari devait prélever sur les produits de sa chasse une dîme pour les parents de sa femme, et il n'était exonéré qu'à la naissance d'une fille, laquelle devenait la propriété et dans la suite parfois la femme de son oncle maternel (2).

La règle exogamique, à laquelle sont soumises les unions sexuelles, chez la plupart des Peaux-Rouges, prouve que cette race tend déjà à faire du mariage une institution sociale. Mais cette tendance est bien faible encore. En effet, chez la plupart des tribus, le mariage se contracte sans témoins, sans magistrats, sans prêtre : c'est toujours un acte individuel (3) et souvent un simple accouplement. Les Indiens Tinné ne possédaient pas de mots pour dire « cher » ou « bien-aimé » ; l'idiome algonquin n'avait pas de verbe « aimer » (4). Les dialectes américains différant de tribu à tribu et le mariage des Peaux-Rouges étant habituellement exogamique, les époux parlent souvent des langues fort diverses et souvent se contentent de communiquer par signes, leur intimité morale étant si faible qu'ils vivent ensemble des années durant sans apprendre la langue l'un de l'autre (5). Partout l'homme est polygame toutes les fois que cela lui est possible. Chez les Apaches, on est d'autant plus respecté que l'on possède plus de femmes (6), et la religion s'en est mêlée. Ainsi les Chippeouays disent que la polygamie est agréable au Grand Esprit (7). Aussi, chez les Peaux-Rouges comme chez les Hottentots, les femmes sont demandées en mariage de fort bonne heure, dès l'âge de dix

---

(1) Domenech, *Voy. pitt. dans les déserts du nouveau monde,* 508. Lafitau, *Mœurs des Sauvages américains,* I, 560. — (2) Lafitau, *loc. cit.,* I, 557, 561. — (3) Schoolcraft, *Indian Tribes,* 248, 132. — (4) Lubbock, *Civil. primit.,* 68. — (5) *Ibid.,* 152. — (6) H. Spencer, *Sociologie,* 283. — (7) *Ibid.,* 285.

à douze ans (1), et l'union conjugale dure le temps qui convient au maître, lequel a toujours le droit de renvoyer sa femme pour la raison la plus légère ou sans raison (2). La chasteté n'est imposée aux femmes mariées qu'à titre d'esclaves, possédées par un maître. Les Natchez, une des tribus les plus civilisées pourtant, prêtaient sans difficulté leurs femmes à leurs amis (3). De même, selon Hearne, deux amis algonquins troquent volontiers leurs femmes pour une nuit. Chez les Nandowessies, une femme libre s'honore en se donnant, après un festin, à tous les principaux guerriers de la tribu, et un pareil exploit assure toujours à celle qui l'a accompli un mari de haut rang (4).

Acheter une femme ne suffit pas toujours à un Peau-Rouge pour être le maître légal de son acquisition. Dans beaucoup de districts, le mari doit être constamment prêt à défendre sa propriété féminine. Dans le nord de l'habitat des Peaux-Rouges, les hommes se disputent les femmes au pugilat et, à moins d'être un chasseur fort estimé, un homme faible garde rarement la femme qu'un plus fort désire s'approprier (5). Tous ces faits prouvent assez qu'en dépit de l'exogamie le mariage est loin d'être solidement institué chez les Peaux-Rouges. En outre, cette exogamie souffre de notables exceptions. Ainsi les Chippeouays épousent souvent leurs sœurs, leurs filles et parfois cohabitent avec leur mère (6). Les mêmes Indiens obligent un homme à épouser la veuve de son frère, que son mariage ait été ou non exogamique. C'est la fameuse coutume du lévirat en vigueur chez nombre d'autres tribus, chez nombre de races même, sans parler des Juifs.

Cette coutume du lévirat, incestueuse selon notre morale européenne, a évidemment sa raison d'être dans les phases primitives de la civilisation, partout où, pour une femme, l'abandon équivaut à la mort. C'est un fait instructif, montrant que, dans ses dispositions essentielles, la morale s'inspire nécessairement de l'utile. De plus, chez les tribus sauvages, la fécon-

---

(1) Domenech, *Voy pitt.*, etc., 506. — (2) Lafitau, *Mœurs des Sauvages américains*, I, 580. — (3) *Lettres édifiantes*, 20ᵉ recueil, 116. — (4) Carver, *Travels in North America*, 152. — (5) *Journey to the Northern Ocean*, 30 juin 1771. — (6) Hearne, *Journey to the Northern Ocean*, 24 mai 1771. Franklin, *Journey to the shores of the Polar Sea*, vol. VIII, 43, etc.

dité des femmes est d'ordinaire courte et fort limitée, par suite la coutume du lévirat a dû être favorable aux groupes humains primitifs dans la lutte pour l'existence.

Les Esquimaux, dont les coutumes sociales sont curieuses à tant d'égards, semblent avoir jadis plus ou moins pratiqué l'exogamie, si, comme il est probable, le mariage par enlèvement doit être considéré comme un reste de cette coutume. L'Esquimau du cap York (1) et aussi le Groënlandais (2) traitent d'abord le mariage de gré à gré avec les parents, puis procèdent à un enlèvement simulé, dans lequel la fille fait une résistance, d'ordinaire simulée aussi. Nous retrouverons une coutume analogue chez les Kamtchadales, si analogues aux Esquimaux d'Amérique.

Rien de moins rigide d'ailleurs que les coutumes des Esquimaux, relativement aux unions sexuelles. Les chefs des Noutka-Colombiens, voisins des Esquimaux, avaient l'habitude d'échanger leurs femmes (3). Chez les Groënlandais, prêter sa ou ses femmes à ses amis était considéré comme un acte louable, indiquant un noble caractère (4). Le prêt de la femme, chez les Esquimaux, peut se faire pour plusieurs mois; c'est une marque toute particulière d'affection donnée par le prêteur à son ami; seulement ce dernier doit rendre la ou les femmes prêtées exactement à l'époque fixée, si du moins il est un galant homme (5). Les Esquimaux pratiquent d'ailleurs simultanément la polygamie et la polyandrie. Au sein de certaines tribus observées par Ross, les mariages polygamiques étaient autorisés par les mœurs uniquement dans les cas de stérilité. En effet, chez les Esquimaux, les enfants sont considérés comme une richesse; ils se rendent utiles dès l'âge de huit ans, et soutiennent leurs parents lorsque ceux-ci sont vieux; aussi une veuve se remarie d'autant plus facilement qu'elle a une lignée plus nombreuse (6).

De tous ces faits il est permis de conclure que chez les tribus sauvages des deux Amériques l'union des sexes est peu ou point réglée, et que dans toutes ces vastes régions il n'y a rien

---

(1) Hayes, *Open Polar Sea*, 432. — (2) Egède, *History of Greenland*, 143. — (3) Meares, *Hist. univ des voy.*, vol. XIII, 375. — (4) Egède, *History of Greenland*, 142. — (5) Ross, *Hist. univ. des voy.*, vol. XL, 158. — (6) *Ibid.*, 173.

qui mérite vraiment le nom de mariage. C'est seulement dans
les sociétés déjà civilisées que le mariage se légalise et prend
la forme d'une institution. Il en était arrivé à cette période
chez les anciens Mexicains et Péruviens, dont il nous faut
maintenant parler.

VI

Du mariage au Mexique et au Pérou.

Dans les grands empires de l'Amérique centrale, dont la
structure sociale était fort complexe, les unions sexuelles n'é-
taient plus considérées comme des transactions purement individuelles. Au Pérou, où toute la population était en quelque
sorte la propriété de l'Inca, où l'homme était parqué par
groupes réglementaires et exploité comme une sorte de bétail,
le mariage était devenu un acte administratif. Chaque année,
on réunissait dans tout le royaume de Cuzco, sur les places des
villes et des villages, tous les individus des deux sexes en âge
de se marier. A Cuzco, l'Inca en personne mariait, sur une
place publique, les personnes de sa famille, en mettant les
unes dans les autres les mains des différents couples. Les chefs
de districts ou *curacas* remplissaient, dans leurs circonscrip-
tions respectives, les mêmes fonctions vis-à-vis des personnes
de leur rang ou d'un rang inférieur. Le consentement des parents était, dit-on, nécessaire, mais celui des parties contrac-
tantes ne l'était pas (1). Aux termes de la loi, l'âge des gens
mariables devait être de 24 à 26 ans pour les hommes, de 18 à
20 ans pour les femmes. Au populaire on imposait la monogamie; la polygamie était un luxe réservé aux grands et à
l'Inca (2). Ce dernier en usait largement, car le dernier Inca,
Montézuma, avait 3 000 femmes ou concubines. Contrairement
aux habitudes exogamiques de l'Amérique du Nord, une endogamie rigoureuse était de règle au Pérou. Il était sévèrement
interdit de se marier hors du groupe administratif dont on
faisait partie ; par conséquent les mariages ne pouvaient guère
se faire qu'entre parents ; l'Inca seul épousait sa propre sœur,

---

(1) W. Prescrott, *Hist. de la conquête du Pérou*, I, 121. — (2) Gar-
socila de la Vega, *Com. de los Incas*, 25, 218, 113

ponrvu cependant qu'elle ne fût pas de la même mère (1). Pourtant cette faculté incestueuse finit par être laissée aussi aux grands de l'empire.

L'ingérence de l'Etat dans les mariages péruviens avait son côté bienfaisant. Une habitation était en effet préparée, pour les nouveaux époux, aux frais du district, et une portion de terre d'une étendue déterminée leur était assignée pour leur entretien. C'était le communisme autoritaire dans toute sa rigueur; et il servit sûrement de modèle à l'organisation des missions jésuitiques au Paraguay et dans diverses contrées de l'Amérique. Les jésuites allèrent pourtant plus loin encore que les Incas, puisque, dans les provinces de Moxos et de Chiquitos, ils avaient soin de faire réveiller les époux une heure avant la messe, mais sans les obliger à se lever : curieuse application du précepte biblique « Croissez et multipliez (2). »

En sanctionnant le mariage le curaca faisait prêter aux époux le serment de fidélité conjugale, généralement tenu, selon P. Pizarre ; car la loi punissait l'adultère de la peine capitale. A Quito, où la loi n'intervenait pas dans les rapports des sexes, où les époux pouvaient se séparer par simple consentement mutuel, la femme adultère était cependant enterrée vive avec son complice. Il semble, du reste, qu'à Quito, comme à Cuzco, la loi se souciât surtout de la conduite des femmes mariées ; car, dans les deux royaumes, la prostitution était tolérée.

Au Mexique aussi, la monogamie était la règle. Sans doute les grands pouvaient avoir plusieurs femmes ; mais une seule était légitime, et ses enfants, à l'exclusion des autres, héritaient du titre et des biens paternels. Le lévirat était légal, même quand le frère du mari défunt était déjà marié (3).

Le mariage se célébrait, au Mexique, avec beaucoup d'apparat, mais il se traitait de gré à gré entre les parents, sans que le pouvoir civil intervînt. Nulle trace non plus d'exogamie au Mexique ; pas le moindre enlèvement simulé. Au contraire la fiancée était conduite en grande pompe au domicile du fiancé, qui sortait au-devant d'elle avec sa famille. Au moment de la rencontre, on se parfumait mutuellement avec des casso-

---

(1) Prescott, *loc. cit.* — (2) A. d'Orbigny, *l'Homme américain*, I, 43. — (3) Fr. Müller, *Allgem. Ethnogr.*, 263.

lettes où brûlait de l'encens. Puis les deux fiancés allaient s'asseoir sur une natte et un prêtre les mariait, en nouant un bout de la robe de la jeune fille au manteau de son futur mari. Dès lors la femme appartenait à la famille de son époux.

Ajoutons que le mariage ne se contractait qu'après diverses consultations de devins et d'augures. Rigoureusement il ne devait se consommer qu'au bout de quatre jours, durée des fêtes nuptiales, auxquelles les mariés ne prenaient point part (1). En principe, l'union conjugale devait persister jusqu'à la mort ; mais le divorce était admis et il y avait même un tribunal spécial, uniquement chargé de trancher toutes les questions s'y rattachant (2). Après un minutieux examen des faits et trois comparutions des parties, les époux qui persévéraient dans leur résolution étaient renvoyés sans jugement, et par cela seul libres désormais et séparés à jamais ; mais la loi ne voulait pas prononcer le divorce explicitement : elle le tolérait seulement (3).

Dans cette courte étude sur le mariage en Amérique nous avons tâché de citer les faits les plus intéressants, les plus significatifs. Sans doute ils sont bien insuffisants, car les groupes ethniques de l'Amérique ou n'ont pas d'histoire ou n'ont qu'une histoire légendaire, incomplète et ne remontant guère dans le passé. Néanmoins, tous ces documents semblent bien prouver qu'en Amérique aussi l'institution du mariage n'a pas évolué régulièrement, par phases rigoureuses. Chaque tribu, chaque groupe ethnique a consulté ses besoins, ses inspirations, et de grandes nations, à peu près également civilisées, comme le Mexique et le Pérou, avaient réglementé leur institution du mariage, chacune à sa guise et suivant un type légal fort différent. Ces faits et bien d'autres prouvent combien il est prématuré aujourd'hui de prétendre formuler des lois sociologiques, précises et rigoureuses, comme les lois scientifiques. Rassembler des faits, les grouper et hasarder prudemment quelques théories générales, sujettes à révision : voilà à peu près tout ce que nous pouvons nous permettre dans nos essais de sociologie.

---

(1) L. Faliès, *Etudes hist. et phil. sur les civilisations*, II, 53-54. — (2) W. Prescott, *Hist. de la conquête du Mexique*, I, 28. — (3) L. Faliès, *Etudes hist. et phil. sur les civilisations*, etc., II, 56.

VII

Du mariage en Polynésie.

Après ce que nous avons dit du penchant désordonné des Polynésiens pour les plaisirs de l'amour, de leur naïve impudeur, de leur société des Aréoïs, fondée sur la promiscuité et l'infanticide, on ne saurait s'attendre à trouver chez eux un mariage sévèrement réglementé.

Presque partout, en Polynésie, les femmes et filles non mariées étaient libres de se donner à qui bon leur semblait et elles ne s'en faisaient point faute, presque dès l'enfance. Aux îles Marquises (1) et un peu partout, les filles se livraient à la débauche dès l'âge de douze ans. Grâce à ce genre de vie, la fécondité était assez rare; aussi une fille grosse trouvait sur-le-champ vingt épouseurs (2). Dans quelques îles pourtant, notamment à Rotouma, la virginité des filles était fort prisée. Son absence pouvait justifier la répudiation, et les filles, qui l'avaient su conserver, en faisaient montre en se poudrant le sinciput avec de la chaux de corail et se fardant les joues en rouge (3).

Chose assez singulière, en Polynésie, où les rites religieux intervenaient dans la plupart des actes de la vie, le mariage, ou plutôt l'union des sexes, ne donnait lieu à aucune cérémonie : c'était une transaction purement individuelle (4), conclue entre les parties et surtout entre l'homme et les parents de la fille, auxquels il offrait des cochons, des étoffes, etc. (5). L'union, consommée sur-le-champ dans une des cases de l'une des familles, était célébrée d'ordinaire par un festin, dont un porc faisait les frais (6). Une fois mariée, la femme, si volage jusqu'alors, ne pouvait plus être infidèle à son mari sans l'autorisation ou l'ordre de ce dernier, facile du reste à acheter. Ce mariage libre était résiliable à volonté, parfois à la volonté de l'une ou de l'autre partie, et il était souvent résilié, surtout quand il n'y avait pas d'enfants. Dans ce dernier cas, lors d'une séparation, les enfants suivaient soit le père, soit la mère, aux

---

(1) M. Radiguet, *Derniers Sauvages*, 180. — (2) *Ibid.* — (3) Duperrey, *Hist. univ. des voy.*, vol. XVIII. 164. — (4) Moerenhout, *Voy. aux îles du grand Océan* II, 67. — (5) *Ibid*, 62. — (6) M. Radiguet, *Derniers Sauvages*, 179.

termes d'une convention préalable (1). La femme infidèle sans
autorisation était châtiée par le mari, parfois même mise à
mort ; car elle était la propriété du maître. A la Nouvelle-Zélande, le père ou le frère, en donnant sa fille ou sa sœur au
futur époux, lui disait : « Si vous en étiez mécontent, vendez-
la, tuez-la, mangez-la. Vous en êtes le maître absolu. » (Moerenhout, *Voy. aux îles*, etc., t. II, 68.) Ce que l'opinion publique condamnait avec le plus de sévérité, ce n'était pas l'adultère,
mais bien la mésalliance. Avoir commerce avec une femme
d'un rang supérieur, c'était encourir la peine capitale (2). Une
femme appartenant à l'aristocratie était *tabouée* pour un plébéien et il lui était interdit de l'épouser (3).

Après avoir été cédée à un homme, une jeune fille dépendait
encore de son père, qui parfois la reprenait, quand il n'était
pas content des présents reçus, pour la revendre plus avantageusement (4).

La polygamie était partout permise, surtout aux riches, sans
préjudice de nombreuses concubines. A Samoa, spécialement,
les chefs se constituaient ainsi de nombreux harems, qu'ils re-
nouvelaient selon leur caprice. Souvent les maîtresses, dont les
grands étaient las, étaient attachées au service de certains
caravansérails, où les étrangers, gratuitement hébergés, trouvaient le vivre, le couvert et l'amour (5). Enfin le lévirat était
légal dans ces îles, comme dans tant d'autres contrées.

Aux îles Marquises, certaines femmes étaient polyandres (6) ;
car les Polynésiens étaient sans préjugés sur le chapitre des
unions sexuelles. Ellis parle même de la polyandrie de certaines femmes mariées à des chefs. Aux îles Hawaï, il y avait
aussi des maris constitutionnels, régnant sans gouverner, et
légitimant seulement les enfants de leurs femmes, qui conservaient leurs propriétés personnelles (7). Le mariage entre
frères et sœurs, assez rare dans la plupart des archipels et
pratiqué seulement par les nobles pour éviter une mésalliance (8), était très ordinaire aux îles Hawaï. Souvent aussi,

---

(1) Moerenhout, *loc. cit.*, II, 62. — (2) Cook, *Troisièm⁰ Voyage*
(*Hist. univ. des voy.*, vol. X, 31). — (3) Moerenhout, *loc. cit.*, II, 67.
— (4) Cook, *loc. cit.*, 232. — (5) W.-T. Pritchard, *Polynésian Reminiscences*, etc., 132-372. — (6) M. Radiguet, 180. — (7) *Revue de
l'Orient*, 1844, — (8) Moerenhout, *Voyage aux îles du grand Océan*,
II, 167.

dans ces îles, les frères d'un côté, les femmes de l'autre, possédaient en commun leurs femmes et leurs maris (1).

La grande liberté conjugale des Polynésiens coexistait à la Nouvelle-Zélande avec la pratique de l'endogamie, à laquelle se rapporte aussi le mariage incestueux des Sandwichiens. Epouser ou plutôt acheter une femme appartenant à une autre tribu était sévèrement interdit aux Néo-Zélandais, et il fallait un puissant motif politique pour faire lever l'interdiction (2). Pourtant l'endogamie néo-zélandaise était accompagnée d'enlèvement et de combat simulé, en un mot de toute la cérémonie du mariage par capture : fait instructif, montrant une fois de plus le néant des théories hâtives mises en avant au sujet de l'évolution du mariage. La cérémonie du mariage par capture n'est donc pas nécessairement un signe ou un vestige d'exogamie, comme l'a prétendu M. Lennan. L'endogamie n'est donc pas davantage spéciale aux races pacifiques, comme le veut H. Spencer, car rien n'était plus belliqueux que les Néo-Zélandais.

La prudence du serpent est la vertu, qu'il ne faut pas se lasser de recommander aux sociologistes de nos jours, chargés de fonder ou plutôt d'ébaucher la science sociale.

VIII

Du mariage en Malaisie, etc.

Nous ne parlerons guère que pour mémoire des coutumes matrimoniales usitées dans les archipels mongoloïdes de l'océan Pacifique. La polygamie y est générale ; les femmes y sont habituellement achetées à leurs parents. L'adultère y est blâmé e puni, comme étant un attentat à la propriété ; aussi, aux îles Carolines, le mari outragé se laisse-t-il apaiser par un présent convenable et ne fait pas difficulté de prêter sa femme ou ses femmes aux étrangers (3). Dans la plupart des îles, notamment aux îles Pelew (4), le mariage n'est, comme en Polynésie, qu'une transaction purement individuelle.

(1) De Varigny, *Quatorze Ans aux îles Sandwich*, 14. — (2) Yate, *New Zealand*, 99. Earle. *Residence in New Zealand*, 244. Moerenhout. *loc. cit.*. II, 68. — (3) Freycinet, *Hist. univ. des voy.*, vol. XVIII. 82. — (4) Wilson, *ibid.*, vol. XIII, 385.

Aux îles Philippines, chez les Akitas, on a conservé encore le cérémonial du mariage par capture. L'amant doit chercher et trouver dans les bois sa future, qu'il lui faut ramener avant le coucher du soleil et à qui on donne sur lui une heure d'avance (1).

Les modes de mariage sont plus variés et plus intéressants en Malaisie. A Sumatra, diverses coutumes matrimoniales étaient simultanément en vigueur : 1° la femme pouvait acheter l'homme, qui par suite devenait propriété de la famille de son épouse ; dès lors, cette famille était responsable des écarts du mari acheté ; en revanche, celui-ci travaillait pour elle, ne possédait rien en propre et pouvait toujours recevoir son congé ; 2° La femme et l'homme pouvaient se marier sur le pied d'égalité ; 3° Enfin l'homme pouvait acheter sa femme ou ses femmes (2). Dans ces mariages ou dans l'un d'eux, car les détails nous manquent, le cérémonial de la capture était conservé.

Quant à la coutume de l'endogamie ou de l'exogamie, il est impossible de rien dire de général en ce qui concerne la Malaisie, et il est permis de croire que dans ces grandes îles si peuplées les habitudes étaient et sont encore fort diverses. Pourtant les Kalangs de Java étaient endogames et, chez eux, avant d'obtenir une fille en mariage, l'homme devait prouver qu'il faisait partie de sa famille (3). En fait de mariage, comme pour tout le reste, il n'y a sûrement rien d'uniforme dans l'archipel malais, où plusieurs races se sont mélées, où diverses civilisations se sont superposées.

*

IX

Du mariage chez les aborigènes de l'Inde.

Dans l'Inde, l'invasion aryenne, de date relativement récente, ne détruisit point les races inférieures, pour la plupart négroïdes ou mongoloïdes, qui occupaient antérieurement la contrée. Elle les refoula seulement, sur bien des points, dans les montagnes, d'où leur dénomination de *Paharias* (montagnards), contractée souvent en *Parias*. Mais ces îlots eth-

(1) Lubbock, *Civil. prim.*, 107. — (2) Marsden, *History of Sumatra*, 262. — (3) Lubbock, *loc. cit.*, 135.

niques, que leur indignité même, au point de vue brahmanique, a tenus en dehors de la civilisation des conquérants, ont conservé en grande partie leurs mœurs antiques, et leurs coutumes matrimoniales sont des plus curieuses.

Déjà nous avons signalé la monogamie des Weddahs de Ceylan, qui doit sans doute s'attribuer à leur extrême infériorité intellectuelle, entraînant une grande dissémination. Il va de soi que ces pauvres gens sont endogames, mais déjà avec certaines restrictions. Selon Bailey, ils épouseraient sans difficulté une sœur cadette, jamais une sœur aînée ou une tante.

Ailleurs, depuis Ceylan jusqu'au Thibet, bon nombre d'îlots ethniques, débris des vieilles races, pratiquent la polyandrie, qui dans bien des cas doit être une forme amoindrie et légalisée de la promiscuité primitive. Cette dernière se retrouve même encore chez certaines tribus, notamment chez les Sonthals, où, comme dans l'ancien Pérou, tous les mariages se célèbrent simultanément, une fois l'an, et sont toujours précédés de six jours de promiscuité (1). On peut aussi rapprocher de cette coutume les mariages à l'essai de Ceylan, unions provisoires durant quinze jours, puis ensuite annulées ou confirmées (2).

Pour les tribus habitant les communes de Chittagong, le mariage est une simple union animale et aussi un moyen commode de faire cuire son dîner; car il entraîne la servitude de la femme (3).

Chez les Reddies de l'Inde, on marie une fille de seize à vingt ans à un enfant de cinq à six ans. Puis l'épousée devient la femme effective d'un oncle ou cousin, parfois du père de son mari fictif. Pourtant, ce dernier est réputé le père légal des enfants de sa prétendue femme. Une fois le mari constitutionnel devenu grand, sa femme légale est déjà vieille; aussi, rendant ce qu'on lui a fait, il engendre à son tour des enfants pour le compte d'un autre bambin marié (4).

Chez les Naïrs du Malabar, chez les Todas des collines du Nilgherry, chez les Yerkalas de l'Inde méridionale, chez les

(1) Dubois, *Peuples de l'Inde*, I. — (2) Davy, *Ceylan*, 286. — (3) Lewin, *Hill Tracts of Chittagong*, 116. — (4) Shortt, *Trans. Ethn. Soc.*, nouvelle série, vol. VII, 194.

Cingalais de Ceylan, ce sont déjà des formes diverses de la polyandrie, qui sont en usage : elles sont assez variées et certaines ne sont évidemment qu'une promiscuité réglementée.

Chez les Naïrs formant la caste supérieure des indigènes du
Malabar, la femme a d'ordinaire cinq ou six maris, mais elle en
peut épouser dix à douze. Parfois même il lui est permis de
cohabiter avec un nombre quelconque d'hommes, sauf certaines restrictions relatives à la tribu et à la caste. Quand le
nombre des maris est limité, la femme cohabite avec chacun
d'eux, à tour de rôle, pendant une dizaine de jours. Dans ces
singuliers ménages, la bonne intelligence est généralement
parfaite. D'ailleurs il est licite à chaque homme de faire partie
de plusieurs combinaisons matrimoniales (1). Ce genre d'association conjugale est bien une sorte de mariage, mais réduit
à sa plus simple expression. Chez les Todas, une fille épousée
par un homme devient la femme de tous les frères puînés de
son mari, à mesure qu'ils arrivent à l'âge viril, et réciproque-
ment ceux-ci deviennent les maris de toutes les sœurs cadettes
de la première épousée aussitôt qu'elles deviennent nubiles.
Le premier enfant de ces unions, incestueuses selon nos mœurs,
est attribué au frère aîné, le second au frère cadet, etc. (2).
Une coutume du même genre règne chez les Yerkalas, où
l'oncle maternel peut réclamer comme femme, pour ses fils,
les deux filles aînées de sa sœur (3).

Chez les Cingalais de Ceylan, surtout dans la classe aisée, la
polyandrie est générale et les maris communs sont presque
toujours des frères. (J. Emerson Davy). C'est la famille et non
l'individu qui se marie ; c'est à elle que les enfants appartiennent en indivis (4).

Chez les Tottiyars de l'Inde, les femmes sont possédées en
commun par les frères, les oncles et les neveux (5).

Cette polyandrie des vieilles races de l'Inde coexiste parfois
avec l'exogamie ou l'endogamie. Chez les Todas, il y a cinq
classes sociales, entre lesquelles le mariage est interdit (6).
Ainsi, dans nombre de tribus, on ne peut épouser une fille de

---

(1) Forbes, *Oriental Memoirs*, I, 385. H. Spencer, *Sociologie*, II,
265. — (2) Shortt, *loc. cit.*, 240. — (3) Shortt, *ibid.*, 187 —
(4) M. Joinville, *Asiat. Res.* or *Tr. of the Soc. Bengal*, vol. VI, 425.
— (5) Dubois, *Description des peuples de l'Inde*, 3. — (6) Metz, *Tribes
of the Neilgherry Hills*, 21.

son clan. Au contraire, chez les Khonds et chez un certain
nombre de tribus de l'Inde centrale, le cérémonial du mariage
est un enlèvement simulé(1).

Nous retrouverons la polyandrie au nord de l'Inde, parmi
les montagnards mongoliques de l'Himalaya, du Thibet, et
aussi au sein d'anciennes races européennes, probablement d'o-
rigine asiatique. Même dans le code brahmanique de Manou,
les curieux versets autorisant le frère à féconder sa belle-sœur
stérile peuvent être considérés comme des vestiges de la polyandrie primitive. Celle-ci a-t-elle, toujours et partout, succédé
à la promiscuité ? C'est ce qu'il nous faudra examiner en terminant cette étude ethnographique sur le mariage.

X

Du mariage chez les Indo-Chinois, Birmans et Thibétains.

Chez les Mongoloïdes Cochinchinois, Cambodgiens, Birmans, etc., les mœurs sont fort libres, et l'on peut dire que le
mariage existe à peine.

En Birmanie, la cérémonie nuptiale consiste simplement en
un échange de promesses, que l'on sanctionne en goûtant
d'une feuille de thé trempée dans de l'huile. On se quitte d'ailleurs sous le plus frivole prétexte et avec moins de façon encore. En outre le mari a toujours le droit d'acheter autant de
concubines qu'il lui plaît (2).

Du temps de Marco Polo, aucune femme ne pouvait se marier en Cochinchine avant que le roi l'eût vue et eût exercé
sur elle, s'il lui convenait, son droit de prélibation ; seulement,
dans ce dernier cas, il la devait doter. A l'époque dont nous
parlons, le monarque régnant avait trois cent quatre-vingt-six
enfants (3).

Au treizième siècle, d'après une relation analysée par A. Rémusat (4), le roi du Cambodge avait cinq femmes légitimes,
dont une principale, et plusieurs milliers de concubines. Les
particuliers, très assouplis au despotisme monarchique, se faisaient un devoir de faire entrer leurs filles au service du palais,

---

(1) W. Elliot, *Trans. Ethn. Soc.*, 1869. — (2) Cox, *Hist. univ. des
voy.*, vol. XXIV, 461 — (3) Marco Polo, *loc. cit.*, 187. — (4) A.
Rémusat, *Nouveaux Mélanges asiatiques*, 1, 113.

pour peu qu'elles fussent belles. Comme c'est la coutume de
nos jours encore au Japon, les filles ne se mariaient souvent
qu'après avoir mené pendant un certain temps une vie licen-
cieuse, et elles n'etaient pas déshonorées pour cela (1).

D'ailleurs les époux cambodgiens ne se piquaient point de
fidélité. Au dire du voyageur chinois qui nous fournit ces
renseignements, les femmes ne supportaient pas de dormir
seules plus d'une dizaine de nuits. Quant aux maris, ils etaient
libres d'acheter des concubines à leur gré (2).

Dans ce licencieux pays, les filles étaient mariées, autant
que possible, dès l'âge de sept à neuf ans. Seules, les pauvres
attendaient jusqu'à onze ans, à cause de la singulière coutume
du *Tchin-than* ou défloration légale et religieuse, dont il nous
faut dire quelques mots. Chaque année, le jour de cette étrange
cérémonie était fixé par un fonctionnaire public et les parents
pourvus de filles à marier en devaient faire la déclaration ;
après quoi ils réclamaient le service d'un prêtre de Fo (Bouddha)
ou d'un prêtre *tao-sse*. Le saint homme acceptait d'ordinaire et
recevait en retour de riches présents. Les parents pauvres
étaient naturellement servis les derniers, aussi leurs filles attendaient quelques années de plus que celles des riches, à
moins que quelque personne pieuse ne se chargeât de payer
les frais de la cérémonie. Une fois la convention arrêtée, le
prêtre était porté, au jour dit, en grande pompe, le soir, dans
la maison en fête ; puis reconduit de même le lendemain matin
avec palanquin, parasol, tambour et musique. La besogne étant
achevée, on lui faisait alors de nouveaux présents pour racheter la fille, qui, sans cela, n'aurait pu se marier, étant
censée appartenir au bonze, qui avait daigné la déflorer (3).

Dans l'Himalaya thibétain et dans le Thibet proprement dit,
les filles peuvent disposer d'elles à leur gré avant le mariage et
sans que leur réputation en soit ternie (4). La polygamie n'est

---

(1) Rémusat, *loc. cit.*, I, 118. — (2) A. Rémusat, *Nouveaux Mélanges
asiatiques*, I, 115. — (3) *Audivi illum cum virgine simul in proximum
cubiculum ingredi, ibique eam, manu adhibita, constuprare. Manum
deinde in vinum immittit, quo, si quibusdam credideris, pater, mater,
proximi tandem atque vicini, frontem signant ; si alii, vinum ore ipsi
degustant. Sunt et qui sacerdotem puellæ pleno coitu misceri asserunt,
alii contra contendunt.* A. Rémusat, *loc. cit.*, 118. — (4) Turner, *Hist.
univ. des voy.*, vol. XXXI, 437.

point interdite, mais c'est le régime polyandrique qui domine. Il est curieux que dans le foyer du bouddhisme, dans ce pays profondément religieux, où les pratiques du culte se mêlent à tous les actes de la vie, le mariage ne soit pourtant qu'un contrat purement civil dont les prêtres ne s'occupent pas. C'est un simple engagement mutuel devant témoins, qui constitue toute la cérémonie (1), et le divorce est aussi facultatif, si les époux y consentent (2).

Aux yeux des lamas, qui, par état, fuient les femmes, aux yeux des fonctionnaires d'un rang élevé et même à ceux de beaucoup de Thibétains, le mariage est chose odieuse, honteuse. C'était, on le sait, à peu près l'opinion de saint Paul. Au Thibet, il n'y a guère que les gens du peuple qui daignent concourir à la reproduction de l'espèce (3), et ils s'associent pour alléger le fardeau. En général les coassociés sont frères et l'aîné choisit une femme pour tout le monde (4). Les enfants provenant de ces ménages polyandriques donnent le nom de « père » tantôt à l'aîné (5) des maris, tantôt à tous les époux (6). Parfois la polygynie fraternelle existe aussi concurremment avec la polyandrie. Ainsi un jeune homme, qui épouse une vieille femme, dispose en même temps de sa sœur plus jeune (7).

Les maris associés vont d'ordinaire habiter la maison de leur épouse commune; car c'est la femme qui possède et c'est d'elle que les biens se transmettent aux enfants (8), lesquels sont même sa propriété (9). En dépit de sa polyandrie, la Thibétaine n'en est pas moins morale à sa manière ; elle est fort laborieuse, tisse, laboure, commerce et s'efforce de mériter le titre d'accomplie, en plaisant à tous ses maris (10). Au dire de tous les voyageurs, ces ménages en commun sont d'ordinaire fort paisibles, nullement troublés par la jalousie. Ces polyandres ne comprenaient même pas V. Jacquemont, quand il leur demandait si les préférences de la femme pour l'un d'eux ne

(1) Turner, *Hist. univ. des voy.*, vol. XXXI, 437, 454. — (2) *Ibid.*, 437. — (3) *Ibid.*, 435. — (4) *Ibid.*, 434. — (5) *Voyage au Boutan par un auteur hindou*, in *Revue britannique*, 1827. — (6) Rousselet, *Ethnographie de l'Himalaya occidental* (*Revue d'Anthrop.*, 1878). — (7) *Ibid.* — (8) Rousselet, *Renseignements inédits.* — (9) Fraser, *Hist. univ. des voy.*, vol. XXXV, 477. — (1) Turner, *loc. cit.* 450.

suscitaient pas de querelles conjugales (1). Ajoutons que l'adultère, rare selon les uns, fréquent selon les autres, n'est que légèrement puni, et concluons que la morale est chose fort variable.

XI

Du mariage chez les Mongols et Mongoloïdes du nord de l'Asie.

Les Thibétains et les Bhots de l'Himalaya sont déjà des gens civilisés, et leur polyandrie, tout opposée qu'elle soit à nos idées sur le mariage légal, est pourtant une forme régulière et policée de l'union des sexes. Des mœurs beaucoup plus barbares existent chez les Mongoloïdes encore sauvages du nord de l'Asie. Ainsi, chez les Kamtchadales, e prétendant doit tout d'abord se constituer. souvent pendant un long laps de temps, le serviteur des parents (2). Puis, quand il est agréé, il lui faut pratiquer sur sa future femme un attentat à la pudeur poussé plus ou moins loin. C'est une sorte de cérémonie publique. Fortifiée par des camisoles, des caleçons, des courroies, la fiancée est gardée, en outre, par les autres femmes de la yourte. Le prétendu se rue sur elle, quand le père lui a dit : « Touche-la, si tu peux »; mais la fille est rigoureusement défendue et d'ordinaire des assauts multiplies sont nécessaires. La victoire de l'homme est proclamée seulement après un attouchement intime, que la femme reconnaît elle-même en criant : « *Ni, ni,* » d'un ton plaintif. Cette épreuve est de rigueur, mais les parents peuvent ne point l'autoriser, et alors le prétendant perd tout son temps de servage (3).

Le mariage des Kamtchadales et des Tongouses est sûrement une des formes les plus singulières du mariage par capture ; il est d'ailleurs monogamique ou polygamique, selon les goûts de chacun. Ce mariage est aussi résiliable à volonté et peut se conclure à tous les degrés de parenté, sauf entre père et fille ou fils et mère (4).

Chez presque tous les peuples mongoliques de l'Asie, on re-

<hr />

(1) G. Teulon, *Orig. famille*, 79. — (2) Kotzebue, *Deuxième Voyage* (*Hist. univ. des voy*, vol. XVII, 292). — (3) Kotzebue, *loc. cit.*, 393. — Beniouski, *Hist. univ. des voy.*, vol. XXXI, 408. — (4) *Ibid.*, vol. XXXI, 410.

trouve avec des formes plus ou moins adoucies cette union
conjugale, à la fois si brutale et si fragile.

En effet, ces races, qui toutes ont vécu ou vivent encore à
l'état nomade et étaient jadis si belliqueuses, ont un faible
pour le mariage par capture. Les Tongoutans (1) et les Turcomans (2) le pratiquent encore en réalité. Les premiers enlèvent les femmes de leurs voisins ; les seconds ravissent aussi
les filles de leurs tribus, sans parler des prisonnières de
guerre. Les cas de rapt guerrier exceptés, l'enlèvement est
suivi d'un arrangement, d'une indemnité, qui se paye en chameaux, chevaux, etc. Cependant les vieilles mœurs tombent
en désuétude, et la forme régulière du mariage est le mariage
par achat sans que les époux, surtout quand ils sont jeunes,
soient même consultés ; car ils appartiennent à leurs parents,
qui les marient de fort bonne heure et stipulent par contrat,
après de longs débats, le nombre de chevaux, de bœufs, de
moutons, la quantité de toile, de beurre, de farine, d'eau-de-
vie de grain, que doit livrer le futur (3). Du temps de Marco
Polo, les Mongols allaient jusqu'à marier fictivement des enfants morts en bas âge. On brûlait ensuite l'acte pour l'expédier dans l'autre monde aux époux défunts et les familles se
considéraient dès lors comme parentes (4).

Le mariage une fois conclu, on le célèbre en simulant un
mariage par capture. Chez les Turcomans, la jeune fille, en
costume de fiancée, fuit sur un cheval fougueux en emportant
à l'arçon de sa selle un chevreau ou un agneau, que l'on vient
de tuer fraîchement; le fiancé et les jeunes gens de la noce,
à cheval aussi, se lancent à sa poursuite (5). Chez les Mongols
proprement dits, il faut seulement forcer la porte de la mariée et placer celle-ci sur un cheval, malgré la résistance simulée des parents, des amis, surtout des femmes (6).

Les Mongols n'ont qu'une femme légitime; c'est elle qui
gouverne seule la maison, et ses enfants possèdent seuls le
droit d'héritage ; mais le mari peut à son gré acheter un grand

(1) Préjévalsky, *Mongolia*, II, 121. — (2) Burnes, *Hist. univ. des
voy.*, vol. XXXVII, 130, 270. — (3) Huc, *Voy. dans la Tartarie*, I, 299.
— (4) Marco Polo, *loc. cit.*, 61. — (5) Vambéry, *Voy. d'un faux
derviche*, etc., 295. — (6) Timkowski, *Hist. univ. des voy.*, vol. XXXIII,
332. Huc, *loc. cit.*, I, 299.

nombre de « petites épouses », soumises d'ailleurs à la première (1). Pourtant cette polygamie déguisée n'est à la portée que des riches; car les femmes semblent être en Mongolie beaucoup moins nombreuses que les hommes, et ce serait même là la raison majeure du célibat des lamas (2).

Les femmes mongoles suppléeraient, dit-on, au nombre par une grande liberté de mœurs avant et pendant le mariage (3). Pourtant l'adultère est légalement puni : l'homme coupable paye en bétail une amende, qui est perçue par les princes, le délit étant considéré comme social ; quant à la femme, elle est fort châtiée par son mari, qui peut même la mettre à mort (4). Mais cette sévérité doit être rare ; car, suivant Préjévalsky, les femmes ne prennent même pas la peine de cacher leurs amours illégitimes.

Rien de plus fragile d'ailleurs que le lien conjugal, en Mongolie. Le divorce est facultatif et il est, comme le mariage, un acte purement individuel, où n'intervient aucune autorité civile ou religieuse (5). Pour répudier sa femme, le mari n'a nul besoin de donner des raisons ; il en perd seulement le prix ; c'est un simple contrat commercial qui est résilié. Si c'est la femme qui, d'elle-même, retourne chez ses parents, ceux-ci doivent la renvoyer jusqu'à trois fois au mari ; mais à la quatrième fois le divorce est nécessaire, et les parents sont obligés de restituer une partie du bétail payé jadis par l'acquéreur (6).

De même que le mariage mongol n'est qu'une atténuation du mariage kamtchadale, le mariage chinois n'est à son tour qu'une forme adoucie du mariage mongol.

XII

Du mariage à la Chine et au Japon.

L'évolution de la plupart des races que nous venons de passer en revue, étant peu ou point connue, nous n'avons pu signaler les modifications subies par les rites conjugaux au sein

(1) Préjévalsky, *Mongolia*, I, 69. Huc, *loc. cit.*, I, 301. — (2) Préjévalsky, *loc. cit.*, 71. — (3) Préjévalsky, *Mongolia*, 70. — (4) Timkowski, *loc. cit.*, 341. — (5) Huc, *Voy. dans la Tartarie*, I, 301. — (6) Timkowski, *Hist. univ. des voy.*, vol. XXXIII, 332

d'un même groupe ethnique, comme nous nous efforcerons de faire pour les grandes nations civilisées de l'Asie et de l'Europe. A en croire leurs traditions, les Chinois auraient débuté par la promiscuité, et c'est à leur premier souverain, Fo-Hi, qu'ils attribuent l'institution du mariage (1). Le mariage par capture a-t-il été en usage chez leurs ancêtres ? Il est permis d'en voir des vestiges dans la coutume, qui leur est commune avec tant d'autres peuples, d'enlever la fiancée au-dessus du seuil quand elle entre pour la première fois dans la maison de son mari (2). Jadis aussi les Chinois ont dû être polygames, puisque chez eux, comme chez les Mongols, la monogamie légale coïncide avec la coutume d'acheter « des petites femmes » soumises à la femme légitime. Dans ces familles, mi-partie légitimes et illégitimes, la « grande femme » est mère putative de tous les enfants, qui lui donnent ce titre de son vivant, et après sa mort portent son deuil et non celui de leur mère réelle (3). Comme partout, la polygamie chinoise n'est guère que le privilège des grands. Dans la classe moyenne, l'opinion publique blâme l'achat de petites femmes, excepté quand l'épouse légitime est stérile depuis dix ou douze ans (4); car, pour une Chinoise, la stérilité est un opprobre ; c'est même un cas de répudiation (5). De pareilles mœurs conjugales indiquent assez que, dans le Céleste Empire, la femme occupe une place fort humble. Sa sujétion est en effet extrême : fille, elle est soumise à ses parents; femme, à son mari; veuve, à ses fils (6). La jeune fille chinoise n'a pas même l'idée qu'on la puisse consulter sur le choix d'un mari (7). Les arrangements matrimoniaux sont arrêtés souvent, non seulement dès l'enfance des futurs, mais même avant leur naissance, dans l'hypothèse d'une différence de sexe (8), par les pères et mères, ou, à leur défaut, par les aïeux ou les plus proches parents (9). Comme en Mongolie, la fille est achetée, et une partie de la somme se paye en signant le contrat (10). En cas de mort de l'un des fiancés, l'opinion publique prescrit à la jeune fille, à

---

(1) Goguet, *Orig. des lois*, I, 38. — (2) Lubbock, *Orig. civil.*, III. — (3) Huc, *l'Empire chinois*, II, 258. — (4) Sinibaldo de Mas, *la Chine et les Puissances chrétiennes*, I, 51. — (5) Huc, *loc. cit*, II, 309. — (6) Milne, *Vie réelle en Chine*, 159. — (7) *Ibid.*   (8) *Ibid.* 151. — (9) Huc, *l'Empire chinois*, II, 255. — (10) *Ibid.*, 256.

elle seule, de se vouer au célibat (1). Une fois mariées, les femmes aisées vivent en recluses dans leurs appartements intérieurs (2). En cas d'adultère de la femme, le mari a le droit de la vendre ou de la faire vendre judiciairement. Le flagrant délit autorise même l'époux à tuer les coupables. Ce droit si féroce est en vigueur un peu par toute la terre, et, sous ce rapport, les Européens, qui dédaignent si fort les Chinois, n'ont rien à leur envier (3). En revanche, l'épouse chinoise doit adorer son maître, et son suicide, en cas de veuvage, est considéré comme une action très louable, que l'on enregistre sur des tablettes d'honneur et qui s'accomplit parfois solennellement devant des milliers de spectateurs (4).

En Chine, le divorce par consentement mutuel est permis, mais le mari a en outre le droit de répudier sa femme pour stérilité, pour immoralité, pour mépris envers ses père et mère, à lui mari, pour propension à la médisance, pour penchant au vol, en outre si elle a un caractère jaloux ou une maladie habituelle (5).

Nous aurons achevé de noter les principaux traits du mariage chinois en disant qu'il est exogamique. Il n'y a guère que cent noms de famille dans toute la Chine et le mariage entre personnes de même nom est interdit (6). On est fondé à voir, dans cette coutume, un vestige traditionnel de l'ancien mariage par capture; car il semble bien, cette fois, que, du Kamtchatka à la Chine, en passant par la Mongolie, nous ayons l'évolution d'un type conjugal, depuis sa forme primitive et grossière jusqu'à son institution légale et réglée dans tous les détails. En effet, nous voyons dans cette vaste région le mariage par capture incliner graduellement vers la monogamie, qui, fictive en Mongolie et en Chine, devient réelle aux îles Lou-Tchou, où l'on parle avec horreur de la polygamie chinoise, tout en maintenant encore les femmes dans une dure sujétion (7).

Le Japon ancien, qui a reçu de la Chine toute sa civilisation,

---

(1) Milne, *loc. cit.*, 153. — (2) *Ibid.*, 154. — (3) Sinibaldo de Mas, *la Chine et les Puissances chrétiennes*, I, 54. - (4) Sinibaldo de Mas, *la Chine*, 55.— (5) Huc, *loc. cit.*, II, 309. — (6) Goguet, *Orig. des lois*, III, 21 Davis, *the Chinese*, I, 282. Giraud-Teulon, *Orig. fam.*, 108. - (7) Hall, *Hist. univ. des voy*, vol. XXI, 190, 191.

garda jusqu'à la fin de son âge féodal le mariage chinois, despotiquement décidé par les parents et résiliable pour les
mêmes causes. Peu à peu cependant, la sujétion féminine s'est
relâchée (1), et aujourd'hui la jeune fille japonaise a voix au
chapitre, quand il s'agit de choisir un mari. L'adultère de la
femme donne toujours au mari japonais le droit de la tuer
avec son complice, mais non de tuer l'un des coupables sans
l'autre. Il va sans dire qu'au Japon comme partout, il y a, pour
le mari et la femme, deux poids et deux mesures. Ainsi, en cas
de divorce, la femme japonaise rentre dans sa famille, mais
sans emmener ses enfants (2).

D'autre part, la monogamie n'est guère mieux assise au
Japon qu'en Chine. Elle y est fort adoucie, pour l'homme, par
la liberté des mœurs concédée aux filles du peuple avant leur
mariage. On sait qu'au Japon les parents pauvres louent volontiers leurs filles pour un service de quelques années dans
le quartier réservé aux prostituées, dans les grandes villes.
Certaines de ces filles de joie japonaises, à qui on enseigne les
arts d'agrément, etc., sont fort honorées, figurent dans les pro-
cessions religieuses, ont, après leur mort, des statues dans les
temples (3). D'une manière générale, on les peut comparer aux
célèbres hétaïres grecques. La profession de prostituée n'étant
nullement stigmatisée par l'opinion publique du Japon, n'empêche aucunement les femmes qui l'exercent de se marier à
l'expiration de leur bail. Enfin, au Japon, comme en Chine,
le mari a la faculté d'introduire dans sa maison un nombre
illimité de concubines, luxe polygamique, réservé à peu près
uniquement aux classes supérieures ; car il est fort coûteux.

En résumé, la grande race mongolique, envisagée dans son
ensemble, nous fait assister, dans l'espace et dans le temps, à
une véritable évolution du mariage, depuis le rapt brutal, encore pratiqué par les Kamtchadales, les Tongouses et les Sa-
moyèdes, jusqu'à la monogamie fort tempérée des Chinois et
des Japonais, en passant par la polygamie des nomades. En
même temps le sort de la femme mongole s'améliore graduellement. D'abord enlevée comme une proie, elle est ensuite
seulement achetée. Absolument soumise au début à l'autorité

---

(1) Masana Maëda, *la Société japonaise,* in *Revue scient.*, août 1878.
— (2) *Ibid.* — (3) Ch. Letourneau, *Science et Matérialisme*, 275.

des parents, propriété de la famille, elle acquiert peu à peu une liberté de plus en plus grande ; elle est de plus en plus traitée comme une personne.

Enfin la curieuse organisation de la prostitution japonaise autorise peut-être à supposer que, dans un lointain passé, une période d'hétaïrisme a précédé, au Japon, l'institution du mariage. Incontestablement cette évolution est un fait sociologique des plus importants ; car la race mongolique représente à elle seule au moins le tiers du genre humain. Nous nous garderons cependant de l'ériger en loi commune au genre humain tout entier ; car l'humanité est un tout fort bariolé, et à travers les âges écoulés les groupes ethniques se sont pliés de bien des manières aux nécessités de la lutte pour vivre. Aussi, en essayant de formuler des lois sociologiques précises, rigoureuses, comme les lois de la physique et de la chimie, on ne fait peut-être que chevaucher à la poursuite d'un beau rêve.

XIII

Du mariage chez les races blanches d'Asie.

Pictet et plusieurs autres indianistes distingués ont prétendu, en donnant la question aux textes védiques, en extraire des notions précises sur le mariage des Aryas primitifs ; nous ne les suivrons pas dans ces tentatives aventureuses, où les notions positives sont ce qui manque le plus.

Des renseignements un peu plus précis nous sont fournis par le poème du Mahâbhârata (1), qui parle de la promiscuité comme d'une coutume fort ancienne et en soi point blâmable. D'autre part, un reste adouci de cet état primitif semble avoir longtemps subsisté dans l'Inde ; car à Goa, à Pondichéry et dans certaines vallées du Gange, c'était pour les filles une obligation de se présenter d'abord dans les temples de Jaggernaut (2), et des vestiges de coutumes analogues se sont conservés jusqu'aux temps modernes. Au Malabar, lors du mariage du roi, les trois premières nuits appartenaient au grand prêtre, qui recevait même cinquante pièces d'or en échange du

---

(1) Le Mahâbhârata, onze episodes, etc., par Ed. Foucaux, intr. XV.
— (2) Grosse, Hist. abrégée des cu les, I, 431, II, 108.

service rendu ; cette étrange coutume n'est évidemment pas
autre chose que le *Tchin-Than* cambodgien, dont nous avons
précédemment parlé (1). Ailleurs toute femme lasse de son
mari, toute veuve fatiguée de sa viduité, devenaient libres de
disposer à leur gré de leurs personnes, à la condition d'offrir
un sacrifice dans l'un des temples de Tulavâ (2). Aujourd'hui encore, des troupes de courtisanes sont attachées à divers grands
temples hindous, au profit desquelles elles exercent leur profession nullement flétrie par l'opinion publique. Jusqu'à une
époque toute récente, c'étaient même les seules femmes de
l'Inde qui reçussent de l'éducation (3). Au temps du Bouddha
la grande maîtresse des courtisanes était fort respectée dans
la ville de Vesali, et Çakymouni, cette divine incarnation, ne
dédaigna pas de loger chez elle (4). Si tous ces faits ne suffisent
pas à prouver l'existence d'une antique période de promiscuité, ils attestent au moins un grand laisser-aller dans les
mœurs,

Déjà le code de Manou prescrit un vrai mariage, en apparence monogamique. Ce mariage est indissoluble, et les époux
se doivent mutuellement fidélité. En cas de veuvage, l'homme
peut se remarier, ce qui pour la veuve est une action fort blâmable. Les hommes de toute caste peuvent prendre femme
dans les castes inférieures, mais il leur est interdit sévèrement
d'épouser une femme appartenant à une caste supérieure à la
leur (5).

Contre l'adultère, le code édicte des peines atroces. Le roi
doit faire dévorer par des chiens, sur une place publique très
fréquentée, la brahmine infidèle, et son complice, s'il n'est
point brahmane, doit être couché sur un lit de fer rougi au
feu (6). Quant au mari *brahmane,* ses écarts ne sont châtiés
que fort légèrement (7) : Dieu protège les siens.

Le mariage hindou est exogamique. On ne peut épouser une
femme de même nom que le futur époux, ni une parente jusqu'au sixième degré.

(1) J. Forbes, *Oriental Memoirs,* I, 416, Londres, 1813. — (2) Fr.
Buchanan, *Journey from Madras,* etc., vol. III, 65. — (3) Dubois,
Description du peuple de l'Inde, 217. 402. — (4) Mrs. Spier, *Life in
Ancient India,* 28. — (5) *Code de Manou.* livre III, v. 13. — (6) *Ibid.;*
VIII, v. 371, 372. — (7) Ch. Letourneau, *Sicence et Matérialisme,* 267.

Comme il advient fréquemment, cette exogamie coexiste avec
une extrême sujétion de la femme. Le mari doit traiter sa
compagne comme un enfant, il doit lui faire observer la loi. Il
peut pourtant lui permettre d'innocents plaisirs, mais en revanche elle lui doit une obéissance absolue. En dehors de l'état
de mariage, la femme vit sous l'autorité de ses parents masculins. Une femme peut être répudiée, si elle est d'un caractère
méchant, si elle est adonnée à l'ivresse, si elle a été stérile
pendant huit ans ou n'a pas donné d'enfant mâle à son mari (1).
Bien plus, le mari a le droit de faire féconder sa femme stérile, une fois et même deux fois, par un frère ou un parent,
et les veuves peuvent être traitées de même (2); car il faut
« payer la dette de l'ancêtre. »

Le code ne fait nulle mention des *sutties*, qui semblent être
un raffinement relativement moderne, mais il considère la
femme comme un être dangereux, malfaisant. « Il est, dit-il,
dans la nature du sexe féminin de chercher à corrompre les
hommes (3). Il ne faut pas demeurer dans un lieu écarté avec
sa sœur, sa mère ou sa fille, etc. (4) »

De nos jours encore, dans l'Inde, le libre choix n'a rien à
voir dans l'union conjugale ; ce sont les familles des jeunes
gens qui les marient à leur gré (5). Enfin la polygamie est tolérée chez les personnages d'un rang élevé (6).

Les veufs se remarient le plus tôt possible, car, dans l'Inde,
un homme non marié est en quelque sorte exclu de la société.
Comme les mariages se négocient sans consulter la fille, dont
les parents tiennent surtout à la fortune, on voit souvent des
brahmanes sexagénaires épouser ou plutôt acheter pour femmes
des enfants de cinq à sept ans (7). Au total, la femme hindoue
est une honnête esclave, qui n'a même pas le droit de manger
avec son mari (8).

Dans le nord de l'Inde, le mariage a des formes plus brutales, plus primitives. Les Khasias du district d'Almorah, rigides
brahmanistes d'ailleurs, pratiquent encore l'exogamie sauvage,
le rapt réel. La femme ainsi enlevée est considérée comme une

---

(1) *Code de Manou*, livre IX, v. 80, 81. — (2) *Ibid.*, liv. IX, 50, 60,
61. — (3) Liv. II, 213. — (4) *Code de Manou*, liv. II, 245 — (5) Sonnerat, *Hist. univ. des voy.*, vol. XXXI, 350. — (6) *Ibid.*, 341, 349. —
(7) *Ibid.*, 350. — (8) *Ibid.*, 341.

propriété que l'on maltraite à son gré, que l'on accable de corvées (1).

Dans certaines régions himalayennes, près des sources de la Djemnah, dans le Népaul, etc., les Aryens Hindous ont adopté la polyandrie thibétaine. Les femmes sont pour eux une véritable marchandise qu'ils vendent et achètent. Du temps de Fraser, une femme, chez les paysans, coûtait de 10 à 12 roupies, somme qu'il était doux de recevoir et douloureux de débourser. Aussi on vendait volontiers les filles, et les frères de chaque famille achetaient une femme commune, qu'ils louaient sans difficulté aux étrangers (2). Là, comme dans toutes les contrées où règne la polyandrie, les femmes n'en sont nullement scandalisées, et cette coutume ne préjudicie pas toujours à la moralité générale. Ainsi, chez les polyandres des sources de la Djemnah, le mensonge, même innocent, est en horreur (3). D'autre part, les polyandres du Népaul sont les meilleurs cultivateurs de la contrée (4). Nulle discussion non plus au sujet des fruits de ces unions polyandriques. Le premier-né est la propriété du frère aîné, et ainsi de suite (5).

Dans l'Afghanistan, le sort des femmes est aussi des plus humbles. Les Afghans, mahométans et conséquemment polygames, achètent leurs femmes, qu'ils ont le droit de répudier selon leur caprice et de louer à leurs hôtes (6).

Pour eux, le lévirat est un devoir. La veuve continue d'ailleurs à être une chose possédée, comme elle l'était du vivant de son mari, et en cas de second mariage les parents du nouvel époux payent la valeur de la femme aux parents du premier (7).

Chez les autres peuples asiatiques de race blanche, chez les Persans et les Sémites, les unions sexuelles ont été aussi et sont toujours bien loin de la monogamie idéale. Au siècle dernier, les Persans contractaient encore des mariages temporaires. On faisait, pour un temps donné, un bail conjugal, à la fin duquel les contractants reprenaient leur

---

(1) Heber, *Hist. univ. des voy.* vol., XXXVI, 239. — (2) Fraser, *Hist. univ. des voy.*, vol., XXXV, 462 — Skinner, *ibid.*, vol., XXXVI, 458, 468. — (3) Skinner, *ibid.*, 459. — (4) Fraser, *loc. cit.*, 462. — (5) *Ibid.* — (6) M. Elphinstone, *Tableau du roy. de Caboul*, I, 168. — (7) *Ibid.*, 168.

liberté. Si, à ce moment, la femme était enceinte, le mari transitoire devait pourvoir à sa subsistance pendant un an. L'enfant issu de cette courte union appartenait au père ou à la mère, suivant qu'il était de sexe masculin ou féminin (1). Du temps de Chardin, une grande liberté régnait dans le même pays à l'endroit des unions sexuelles. Le mariage, polygamique comme dans tous les pays musulmans, se contractait sans le consentement des parents, et tous les enfants étaient légitimes, que leur mère fût épouse, concubine ou esclave (2).

Chez les populations de l'Asie Mineure, où se sont plus ou moins mélangées les races sémitique, iranienne, caucasique, on peut aussi noter des traits de mœurs curieux et significatifs, surtout dans l'antiquité. Il semble bien que la promiscuité ait été plus ou moins largement pratiquée jadis dans ces régions. Strabon nous parle des Tapyres (Parthes), chez qui une femme devait changer de mari, quand elle avait eu deux ou trois enfants d'un homme (3). A Babylone, une loi fondée sur un oracle ordonnait à toutes les femmes de se rendre, au moins une fois dans leur vie, au temple de la déesse Mylitta pour s'y prostituer à des étrangers, et cela moyennant un salaire, quelque modique qu'il fût (4). Ensuite, mais seulement ensuite, elles vivaient chastement (5). De même, à Chypre, les jeunes filles devaient à de certains jours aller sur le bord de la mer offrir, en se prostituant, leur virginité à Vénus (6). Aux îles Baléares, primitivement peuplées, selon toute apparence, par des colonies phéniciennes, les mariées appartenaient, la première nuit de leurs noces, à tous les hôtes présents (7).

En Arménie (8), les prêtresses avaient, par privilége spécial, la faculté d'être polyandres, et dans certains cantons de la Médie il était honorable pour une femme d'avoir au moins cinq maris (Strabon, XI).

Chez les Sémites proprement dits, si adonnés aux plaisirs et aux excès sensuels, comme le prouvent leurs religions et leur histoire, la polygamie est de tradition tout à fait primitive. Le

(1) Hanway, *Travels through Russia into Persia*, 1744. — (2) Chardin, *Hist. univ. des voy.*, vol. XXXI, 236. — (3) Strabon, II, 514. —(4) Hérodote, I, 199. Strabon, I. XVI. — (5) Hérodote, I, 199. — (6) Strabon, XVIII, 5. — (7) Diodore de Sicile. — (8) Strabon, *Géographie*, liv. XII.

vertueux Salomon avait sept cents femmes, trois cents concubines (1), et le commun des Hébreux imitant autant que possible ce glorieux exemple. Les Arabes ont fait et font comme leurs cousins d'Israël, avant et depuis l'islamisme. Mais les uns et les autres mettaient et mettent, au rebours des Babyloniens, le plus grand prix à la virginité de leurs femmes. Chez les Hébreux, toute femme accusée par son mari de s'être mariée sans être vierge était passible de la lapidation, si les parents ne parvenaient pas à prouver aux anciens la fausseté de l'accusation (2).

Aujourd'hui encore, en Arabie, la même faute est un cas de répudiation immédiate, et, dans l'Yémen, le mari va quelquefois jusqu'à tuer la coupable (3). Cela n'empêche point, d'ailleurs, dans la sainte ville de la Mecque, tous les gens riches d'entretenir à côté de leurs épouses légitimes des concubines, généralement abyssiniennes (4).

D'autres Arabes, dépaysés, il est vrai, et probablement mélangés avec des Berbères, ne se soucient nullement de la fidélité de leurs femmes. Ce sont les Arabes Hassanyeh du Nil Blanc, chez qui le fiancé achète seulement certains jours déterminés de la semaine, en payant un nombre de têtes de bétail proportionné à ses prétentions. Les jours non réservés dans le contrat, la femme dispose de sa personne comme elle l'entend (5).

En voilà plus qu'il n'en faut pour établir qu'en ce qui touche les mœurs conjugales les races blanches d'Asie et d'Afrique non seulement ne possèdent aucune noblesse innée, mais même qu'elles se sont rapprochées et se rapprochent encore en bien des points des races inférieures. C'est en Europe seulement que l'on s'est efforcé d'introduire plus de dignité dans le mariage et de relever quelque peu la femme de la sujétion qu'elle subit par toute la terre; mais cette besogne, qui est loin d'être achevée, n'a pas été l'œuvre d'un jour.

---

(1) *Rois*, XI, v. 3. — (2) *Deutéronome*, XXII, v. 18, 20, 21. — (3) Niebuhr, *Hist. univ. des voy.*, vol. XXXI 330.   (4) Burckhardt, *ibid.*, vol. XXXII, 148. — (5) *Ausland*, janvier 1867.

XIV

Du mariage gréco-romain.

La civilisation grecque, ce levain de l'esprit humain, a été, comme toutes les autres, greffée sur un état de sauvagerie primitive. La tradition affirme, en effet, qu'avant Cécops (environ au dix-septième siècle avant Jésus-Christ) les Grecs vivaient dans la promiscuité. A cette époque, les enfants ne connaissaient que leur mère et en portaient le nom (1). C'est une légende, mais elle est corroborée par bien des vestiges, qui se sont perpétués dans les temps historiques.

Lycurgue autorisait encore les maris à prêter leurs femmes à ceux qu'ils jugeaient dignes de cet honneur, afin qu'elles pussent en avoir des enfants. Le mari âgé faisait, selon le même législateur, une action louable en cherchant, pour sa femme plus jeune, un homme beau et vertueux (2). En pleine floraison de la civilisation athénienne, Platon blâmait Minos et Lycurgue de n'avoir pas déclaré les femmes communes (3), et, dans sa *République*, il enseigne que les femmes doivent passer de main en main (4). Socrate, pratiquant par anticipation les préceptes de son disciple, prêta sa femme Xantippe à Alcibiade (5). Enfin on sait de quelle considération certaines courtisanes étaient entourées à Athènes.

Le mariage hellénique fut d'abord fort grossier. On achetait la fille soit par des présents, soit par des services rendus au père (6). De bonne heure le mariage fut monogamique, mais les concubines étaient tolérées. Etre le fils d'une concubine n'était d'ailleurs nullement honteux, puisque tel était le cas d'Ulysse (7). Seulement ces enfants illégitimes n'héritaient pas de leur père. Enfin, en Grèce comme à Rome, le mariage primitif ne suffisait pas à établir la filiation, qui se basait uniquement sur la déclaration paternelle (8).

Des traces d'un ancien mariage par capture subsistèrent

---

(1) Varron, in *Cité de Dieu*, de saint Augustin, liv. XVIII, c. 9. — (2) *Vita Lycurgi*, XXIX, dans Plutarque.— (3) *Des Lois*, liv. VI et VII.— (4) Liv. V.— (5) Tertullien, *Apologétique*, ch. xxxix.— (6) Aristote, *Politique*, II, 8. — (7) *Odyssée*, XIV. — (8) Giraud-Teulon, *Orig. famille*, 205.

longtemps à Sparte, où le jeune homme devait enlever sa fiancée « non point petite garse, mais grande fille, vigoureuse, et déjà mûre pour porter enfants (1) ». En outre, pendant un certain temps, le nouveau marié ne pouvait voir sa femme qu'à la dérobée (2).

Peu à peu, au lieu de vendre les filles, on en vint à les doter, et même à mépriser les filles sans dot; mais primitivement, en Grèce et à Rome, il fut permis à la jeune fille de gagner sa dot en trafiquant de sa personne (3). La dot payée par les parents fut constituée d'abord par des gages, des cautions donnés en présence de témoins, puis par un acte public; elle était hypothéquée sur les biens du mari (4).

En dépit de la dot, la femme grecque était considérée comme une chose. Son père la pouvait marier sans la consulter. Quand elle héritait, à défaut d'héritier mâle, elle faisait corps avec l'héritage et devait épouser le parent, qui, sans elle, eût été légataire, ou le plus vieux des parents, s'il y en avait plusieurs (5). Si, au moment d'hériter, elle était légitimement mariée, son mariage antérieur était annulé (6). Le père pouvait léguer sa fille avec son héritage, et le mari avait le droit de léguer sa femme à un ami; ce qui était arrivé à la mère de Démosthène (7).

La femme mariée, surprise en flagrant délit d'adultère, pouvait être mise à mort par son mari, mais pourtant après délibération devant témoins (8).

Les mœurs conjugales des Latins étaient très analogues à celles des Grecs. Chez les Samnites, les notables assemblaient chaque année les jeunes gens, les classaient par ordre de mérite et leur permettaient ensuite de choisir une jeune fille successivement et d'après leur place hiérarchique (9). Des traces du mariage par capture subsistèrent à Rome, jusqu'aux empereurs, dans la coutume de soulever la fiancée au-dessus du seuil et de lui partager les cheveux avec un javelot (10). La

---

(1) Plutarque, *Vie de Lycurgue*, XXVIII. — (2) *Ibid.*— (3) Giraud-Teulon, *loc. cit.*, 83. — (4) *Revue de législation*, oct. 1845. — (5) *Revue de législation*, oct. 1845. — (6) Isée, *Succession de Pyrrhus.* — (7) *Démosthène contre Aphobus.* — (8) Legouvé, *Hist. morale des femmes*, 162. — (9) Montesquieu, *Esprit des lois*, liv. VI, ch. vii. — (10) Plutarque, *Vie de Romulus*, XXII.

jeune fille ne se mariait point elle-même. On contractait pour elle, souvent dès son enfance, mais alors elle ne devenait femme légitime qu'à l'âge de douze ans (1). Le père qui avait le droit de marier sa fille sans son consentement, avait aussi celui d'annuler son mariage (2), et ce pouvoir exorbitant ne fut atténué que par Antonin (3). Dans les premiers âges de Rome, la femme ne faisait partie de la famille du mari qu'à titre d'esclave, comme ses enfants d'ailleurs, puisqu'un fils émancipé n'héritait plus. Elle était primitivement possédée comme une chose, puisque le vertueux Caton prêta à son ami Hortensius sa femme Marcia et la reprit à la mort de cet ami (4). Le mari romain avait le droit de battre sa femme ; car, selon l'expression de Monique, mère de saint Augustin, le mariage romain n'était qu'un « contrat de servitude » (5).

La femme fut longtemps achetée et le mariage *per coemptionem* subsista toujours. Si la fiancée était de race patricienne, la vente était déguisée par la cérémonie de la confarréation, consistant à partager avec le futur, devant dix témoins, un gâteau donné par le pontife de Jupiter. Car, à Rome, le mariage, les *justes noces*, longtemps privilège des seuls patriciens, réclamait la consécration religieuse. Mais une fois mariée, par coemption ou confarréation, la femme appartenait à son mari corps et biens ; elle était « dans sa main ».

La coutume de la dot vint modifier ce mariage barbare, en assurant aux femmes une indépendance dont elles abusèrent souvent.

Par le mariage dotal, la fille restait dans la famille paternelle, héritait des biens de son père et les régissait elle-même. D'ordinaire elle se déchargeait de ce soin sur un esclave spécial, *l'esclave dotal* (6), ou un procureur, qui devenait son confident. Ce « mariage libre » devint presque le seul en usage dans les classes supérieures sous l'empire, et les écrivains latins ne tarissent pas en critiques au sujet de l'arrogance et de l'inconduite des femmes ainsi mariées (7). Certes, il y avait loin de ces mœurs libres et libertines aux

----

(1) Plutarque, *Parallèle de Lycurgue et de Numa*, VIII. — (2) Plaute, *Stichus.* — (3) Laboulaye, *Droit romain.* — (4) Lubbock, *Orig. civil.*, 117. — (5) Saint Augustin, *Confessions*, liv IX, ch. ix — (6) Plaute, *Asinaire.* — (7) Friedlaender, *Mœurs romaines*, I, 363.

sauvages coutumes de la Rome primitive, quand la femme adultère était traduite devant le tribunal domestique et exécutée par les parents eux-mêmes, comme ils l'entendaient : « *Cognati necanto uti volent* », dit la loi des Douze Tables.

De ce rapide coup d'œil jeté sur notre antiquité classique il appert que le mariage y a été une institution assez tardive, que sa forme première a été des plus barbares, mais qu'elle s'est adoucie peu à peu et que la femme, d'abord esclave, sujette à être vendue, léguée, prêtée, a peu à peu conquis une assez large indépendance. Il faut ajouter que, de fort bonne heure, le mariage gréco-romain a été monogamique, sans interdire d'ailleurs à l'homme le concubinat, puisque les concubines avaient même à Rome une situation légale, et que Commode put se donner ostensiblement le luxe d'un harem de trois cents femmes (1).

XV

Du mariage européen en dehors de la Grèce et de Rome.

Des mœurs analogues à celles des Grecs et des Romains primitifs ont existé chez les autres races aryennes de l'Europe ; elles furent aussi grossières et ne s'humanisèrent sérieusement qu'après une large infiltration de la civilisation latine. Il est donc permis de repousser avec un sourire l'opinion fantaisiste des théoriciens qui, en traitant les textes védiques par une sorte d'alchimie linguistique, démontrent l'existence, dans l'hypothétique Arye, d'un mariage noble, pur, monogamique, etc., etc.

Le mariage par capture était en usage chez les Slaves primitifs (2). Longtemps il fut pratiqué en Russie, en Lithuanie, en Pologne et dans quelques parties de la Prusse. Les jeunes gens enlevaient d'abord leurs amantes, puis entraient en négociation avec les parents. Tout récemment encore, chaque mariage était, dans le pays de Galles, l'occasion d'un simulacre de combat (3). Chez les Slaves, les Scandinaves, les Francs et les Germains, le mariage légal n'était qu'une vente de la jeune fille. L'époux devait payer le *mundium*, c'est-à-dire

(1) Friedlaender, *loc. cit.*, 118. — (2) X.-K. Branicki, *Nationalités slaves*, 60, etc. Lubbock, *Orig. civil.*, 110. — (3) Lord Kames, *History of Man*, II, 59.

acheter du père le droit de propriété (1). Peu à peu cependant les Germains substituèrent à l'achat pur et simple un douaire constitué à la nouvelle mariée au fur et à mesure de sa possession par le mari. Celui-ci paya l'oscle (*osculum*), le prix du premier baiser, puis le « don du matin », le *morgengabe*. Que de verbiage on a dépensé pour essayer de poétiser ces grossières coutumes, qui consistaient simplement à remettre à la jeune fille elle-même le prix de sa possession ! Mais la coutume des fiançailles, germanique aussi, est plus raisonnable et indique déjà une certaine noblesse morale. De bonne heure, ces fiançailles constituèrent pour le fiancé un engagement sérieux, que l'on n'éludait pas sans de graves motifs (2). Ce ne fut pas non plus d'emblée que tous ces peuples arrivèrent à la monogamie sacramentelle. César signale, chez les anciens Bretons, des cas de polyandrie (3). Les Slaves primitifs furent longtemps polygames et, avant de se laisser baptiser, un de leurs rois, Vladimir, n'entretenait pas moins de huit cents concubines dans trois localités différentes (4). Aujourd'hui encore, dans le *Mir* russe, il existe souvent un concubinage incestueux, tout spécial. Le chef de famille, *pater familias*, marie volontiers des garçons de huit à dix ans à des filles de vingt-cinq à trente ans, et ensuite devient fréquemment l'amant de sa belle-fille, en attendant la puberté du mari légal.

Dans toutes les sociétés barbares de l'Europe, la femme fut ce qu'elle a été partout, une chose possédée. Chez les Saxons, les Bourguignons, les Germains, etc., la veuve était soumise à la tutelle de son fils aîné, dès qu'il avait atteint l'âge de quinze ans ; elle ne pouvait ni se marier, ni entrer dans un couvent sans son consentement, à peine de perdre ses biens (5). Sous le régime féodal, la vassale de tout fief royal avait, pour se marier, besoin du triple consentement de son père, du seigneur et du roi. Parfois même le seigneur pouvait la contraindre à épouser tel mari qu'il lui convenait, dès qu'elle avait atteint l'âge de douze ans (6). Enfin, comme du

(1) Branicki, *Nationalités slaves*. Nials Saga, I, 9, 10 Laboulaye, *Hist. de la succession des femmes*. — (2) Legouvé, *Hist. morale des femmes*, 109. — (3) *De Bello Gallico*, V, 14. — (4) X.-K. Branicki, *Nationalités slaves*, 60. — (5) E. de Laveleye, *De la propriété*, 35. Lois Lombardes, titre 37. — (6) Legouvé, *Hist. mor. des femmes*, 93.

Cange et Boetius l'ont établi, la jeune fille devait à sa
manière au seigneur le service de son corps, d'où l'ignoble
droit de marquette, commué plus tard en une redevance.

Une fois mariée, la femme était esclave de son mari. « Tout
mari peut battre sa femme, quand elle ne veut pas obéir à son
commandement, ou quand elle, le maudit, ou quand elle
le dément, pourvu que ce soit modérément, et sans que
mort s'ensuive (1) ».

Chez les Scandinaves, qui conservèrent le plus tardivement
les lois germaniques, le divorce était facultatif pour l'homme,
qui pouvait répudier sa femme selon son caprice (2).

L'adultère de la femme était partout sévèrement puni. Chez
les Germains, la coupable était promenée nue à travers
la bourgade (3). Dans certaines tribus celtiques, le mari s'assurait de la légitimité de son enfant nouveau-né, en le lançant
dans un bouclier sur un fleuve. Etait-il submergé, cela voulait
dire que la femme avait enfreint le pacte conjugal et devait
être mise à mort. Au moyen âge, la femme adultère était encore enfermée pour toujours dans un couvent et, en cas
de flagrant délit, le mari pouvait la mettre à mort, en récla-
mant au besoin l'aide de son fils (4). C'est du droit canonique;
et les rédacteurs de ce code n'ont pas même songé à punir
l'adultère du mari. Que l'on vienne après cela célébrer l'émancipation de la femme par le christianisme !

Chez les Tcherkesses du Caucase, qui ont sûrement conservé beaucoup des anciennes mœurs européennes, le
mariage, au temps de Klaproth, n'était permis qu'entre gens
de même classe, noble avec noble, paysan avec paysanne. Le
mari pouvait répudier la nouvelle épouse, si elle n'était
pas vierge, et, dans ce cas, les parents, dont elle était la propriété, la vendaient ou la mettaient à mort. Même traitement
pour la femme adultère ; mais, avant de la renvoyer, le mari
offensé lui rasait les cheveux et lui fendait les oreilles. Toujours et dans tous les cas, le droit de divorce appartenait au
mari (5).

De tout ce qui précède il résulte incontestablement que la

_____

(1) Beaumanoir, titre 57.— (2) Nials Saga — (3) Tacite, *Mœurs des
Germains*, XIX. — (4) *Summa cardinalis Hostiensis*, lib. V, *De adul-
teriis*. — (5) Klaproth et Gamba, *Hist. univ. des voy.*, vol. XLV, 435.

race blanche, qui aujourd'hui tient la tête dans la marche en avant de l'humanité, a eu, au point de vue moral comme à tous les autres, de bien grossiers commencements. Sans doute actuellement aucun groupe ethnique de la race blanche ne vit à l'état vraiment sauvage, mais pendant des milliers et des milliers d'années nos primitifs ancêtres n'ont pas dépassé le niveau moral et social des races inférieures actuelles. On est donc fondé à ne pas trop désespérer de celles-ci, à ne pas trop glorifier ceux-là.

XVI

Evolution du mariage.

Nous voilà parvenu au terme de notre longue énumération.

Certes, les notions qu'elle nous fournit sont bien incohérentes, bien insuffisantes surtout. Pourtant quelques données générales en résultent, et il nous reste à les résumer.

Aux degrés inférieurs de la civilisation, dans les hordes humaines les plus primitives, il n'y a rien encore qui mérite le nom de mariage. C'est au hasard des besoins que se font les unions sexuelles ou plutôt les accouplements, et une seule loi les régit : la loi du plus fort. Dans ces troupeaux humains, on ne se pique ni de chasteté, ni de pudeur, ni d'humanité ; c'est exactement comme un bétail, qu'en raison même de sa faiblesse la femme est possédée et exploitée. Alors la promiscuité existe plus ou moins ; mais le plus souvent elle n'existe pas seule ; souvent en effet l'homme le plus fort s'arroge la propriété d'une ou de plusieurs femmes, soit en les capturant aux dépens des tribus voisines, soit en achetant à ses compagnons les femmes capturées, soit en les prenant dans le sein de sa propre tribu, parce qu'il s'appelle lion. La femme ainsi possédée, étant un butin, appartient plus spécialement à l'homme qui s'en est emparée. Elle est à lui, comme son chien, comme ses armes ; il a le droit de la céder, de la prêter, de la vendre, de la battre, de la tuer, d'en user et d'en abuser. C'est *sa* femme, dans l'acception la plus entière de l'adjectif possessif, et y toucher sans son autorisation, c'est le léser, c'est attenter à sa propriété. Cette possession d'une femme par capture coexiste d'ailleurs avec la promiscuité endogamique, et on n'est nullement fondé à en faire une phase nécessaire et générale de l'évolution du mariage.

Dès qu'une femme est un objet, une propriété. plusieurs hommes peuvent se la partager et on n'y répugne pas; si cette forme d'union sexuelle est commode, avantageuse, si dans un pays peu giboyeux ou stérile elle réprime un accroissement fâcheux de la population, comme il arrive dans le Thibet (1), on la pratique sans scrupule. Elle a du reste un effet moral, qui est de restreindre la promiscuité animale.

Posséder des femmes capturées était bien tentant. Ces pauvres êtres étant dépourvus de tout appui dans la tribu du maître, celui-ci pouvait mésuser à son aise de ces captives à tout faire : mais souvent la tribu volée réclamait son bien, usait de représailles, se vengeait. Aussi, de bonne heure, on eut l'idée de légaliser le rapt exogamique et de dédommager les propriétaires dans le rapt endogamique. Pour cela on légitima l'enlèvement par une transaction amiable. Le rapt devint de plus en plus une cérémonie établissant seulement le droit du capteur; le fait accompli fut légalisé : ce fut le traité après la guerre. Nulle règle d'ailleurs dans le mode de ces unions; chaque petit groupe ethnique procéda à sa guise. L'un fut exogame, l'autre endogame: mais du moment où il y eut convention délibérée, il exista un mariage, polygamique le plus souvent, polyandrique parfois, plus rarement monogamique.

Comment naquit la monogamie ? D'abord, généralement, de la nécessité, là où le nombre des femmes n'excédant pas celui des hommes, la possession de plusieurs femmes ne pouvait être qu'un luxe d'homme riche ou puissant. D'autres causes y poussèrent : la rivalité, le conflit des convoitises, car chacun réclamait ses droits; enfin la constitution plus rigoureuse de la famille, la filiation étant plus régulière, plus strictement établie dans les mariages monogamiques. Mais on ne s'y résigna pas sans peine. Longtemps pour le mari la monogamie fut une fiction légale et presque partout il fut permis à l'époux d'entretenir, a côté de la femme légitime, des concubines, des « petites femmes », souvent des esclaves; car durant les phases inférieures de la civilisation la jalousie est interdite aux femmes. Avec le temps, surtout chez les races aryennes, le ma-

(1) Wilson. *The Abode of Snow* (H. Spencer, *Sociologie*, II, 270).

riage monogamique se fit plus rigoureux; mais les infractions au pacte conjugal furent toujours fort peu réprimées chez le mari, et l'on est en droit de conclure que la monogamie réelle, sérieuse, répugne encore aujourd'hui à la majeure partie de l'espèce, surtout masculine. Pourtant, cette forme de mariage ayant été plus ou moins adoptée, en Amérique, en Asie, en Europe, par les groupes ethniques les plus civilisés de leur race, il faut la regarder comme supérieure aux autres genres de mariage en usage jusqu'ici, sans pourtant y voir le terme ultime de l'évolution conjugale.

Avec l'établissement de la monogamie, le sort de la femme s'améliore de plus en plus ; de la condition de chose possédée elle s'élève peu à peu jusqu'à devenir une personne. Longtemps on la marie, sans même la consulter, parfois quand elle est encore enfant. La famille, les parents contractent pour elle, d'abord en la troquant soit contre des présents, soit contre une somme d'argent, quand il existe une monnaie. Peu à peu cependant la femme acquiert une certaine indépendance. Tantôt le futur lui remet à elle-même sa valeur, qui lui constitue un douaire ; tantôt les parents lui allouent une dot, qui reste sa propriété. Une fois élevée à la dignité de propriétaire, la femme fut beaucoup plus respectée, tout en restant cependant dans un état de sujétion plus ou moins dure. Longtemps elle fut répudiable à volonté ou pour les raisons les plus légères. Toujours son adultère, presque toujours le sien seulement, fut sévèrement puni. Dans notre mariage européen, où les coutumes barbares et féodales, les traditions légales de l'ancienne Rome, les idées chrétiennes sont arrivées a un compromis boiteux, la femme n'est plus ni esclave ni servante ; elle est simplement mineure, et la loi fait de l'union conjugale une association que la mort seule peut dissoudre, du moins dans la plupart des pays catholiques.

En sera-t-il toujours ainsi ? Évidemment non. Dans l'évolution des sociétés il n'y a pas de dernier mot. Deja le divorce légal, admis ou sur le point de l'être dans divers pays d'Europe, a ébranlé la fiction du mariage monogamique et inébranlable.

Nous l'avons vu : aucune forme de mariage n'est absolument nécessaire et on en a essayé un bon nombre. On innovera surement encore. Dans quel sens ? Nous ne pouvons guère que le conjecturer ; mais ce sera sûrement dans le sens le plus utile socialement. Or l'utile varie avec la constitution si diverse des sociétés. Là où l'État se désintéressera de l'élevage des enfants, une monogamie plus rigoureuse sera nécessaire ; la famille devra être solidement constituée ; car ce sera seulement dans son sein que les générations nouvelles pourront trouver abri, protection, éducation.

Là au contraire où les intérêts individuels iront en se solidarisant de plus en plus, l'État tendra graduellement à se substituer à la famille dans le soin d'élever ses futurs citoyens. Peu à peu la société s'occupera moins de réglementer le mariage, et plus de former les générations nouvelles ; le souci de l'enfance deviendra pour elle un intérêt capital ; les unions sexuelles en elles-mêmes tendront à être de plus en plus considérées comme des actes de la vie privée. Élever, bien élever l'enfant, voilà à quoi visera la communauté, et elle se chargera de plus en plus de cette importante besogne ; alors il n'y aura nulle raison pour ne pas laisser une latitude beaucoup plus grande aux contrats conjugaux. Les intéressés auront la faculté de les combiner à leur guise, comme les autres contrats, en observant seulement quelques règles très générales, consacrées par l'expérience.

Qu'on n'essaye pas de glorifier « le sanctuaire de la famille ». Il faut s'aveugler de parti pris pour ne pas voir quel est ce sanctuaire dans la plupart des familles et combien l'enfant y est trop souvent torturé dans son corps et dans son âme. On est donc fondé à croire, contrairement à l'opinion de H. Spencer, que, dans certaines sociétés au moins, le rôle de la famille ira s'amoindrissant sans cesse. Comment s'effectuera cette transformation profonde dans l'organisme social ? On ne le saurait prédire. En matière aussi grave on ne peut évidemment procéder par *a priori*. C'est lentement que s'opèrent les évolutions sociologiques. Pour qu'un État disposât de ressources capables de parer aux nouvelles charges qui lui incomberaient dans l'hypothèse où nous nous plaçons, il faudrait que la propriété individuelle fût en grande partie devenue un usufruit ; mais pour cela il serait nécessaire que l'altruisme en arrivât à primer de beaucoup l'égoïsme, que le niveau moral se fût considérablement élevé. Ce ne sera sûrement pas l'œuvre d'un jour. Pourtant le progrès est fatal ; car toute société est un organisme en évolution, que la concurrence ethnique pousse incessamment à la recherche du mieux.

CHAPITRE II.

DE LA FAMILLE.

I

De la famille animale.

Pour étudier quelque peu sérieusement la famille, il faut commencer par oublier tous les lieux communs tant de fois débités et imprimés à ce sujet. Il n'est peut-être pas de thèse au sujet de laquelle la rhétorique ait épanché plus abondamment les flots de son verbiage. La famille est un fait social comme un autre. On peut en scruter la genèse et le développement, en signaler les bons et les mauvais côtés, en rechercher les origines dans le règne animal, dire quelle en est la raison d'être et montrer même qu'elle n'est pas absolument nécessaire au maintien des sociétés. Étudions-la d'abord dans le règne animal.

Pour qu'une espèce animale quelconque se maintienne, il faut de toute nécessité qu'elle engendre des jeunes et que ces jeunes survivent en nombre suffisant Ce résultat indispensable se peut obtenir de diverses manières. Règle générale, le nombre des germes ou des rejetons est d'autant plus considérable que l'espèce animale est plus inférieure, moins intelligente, et que les adultes s'occupent moins de leurs descendants. C'est ainsi que, chez beaucoup de poissons, la femelle pond des œufs par centaines de mille, mais ne s'en préoccupe nullement. De ces germes ainsi abandonnés à tous les hasards destructeurs, la plupart périssent, mais il en survit toujours assez pour assurer la permanence de l'espèce. La famille n'existe pas encore, même à l'état le plus rudimentaire. On la voit poindre chez quelques reptiles. Déjà certaines femelles de crocodiles montrent un peu de sollicitude pour leurs œufs; elles essayent de les cacher; parfois elles portent elles-mêmes dans l'eau les petits éclos. La femelle d'un crocodile de la rivière de Guayaquil, après avoir caché ses œufs dans le sable, revient au moment de l'éclosion, casse les œufs avec précaution et prend les jeunes sur son dos pour les porter à l'eau. Le mâle la suit, mais animé d'un tout autre souci, celui de manger les petits qui tombent à terre durant le trajet (1). Car, dans la plupart des espèces, c'est d'abord chez la femelle que s'éveille la sollicitude pour les jeunes.

Pourtant, chez nombre d'espèces d'oiseaux, le mâle partage plus ou moins cette tendresse maternelle, surtout dans les espèces monogames où déjà existe une famille temporaire ; car d'ordinaire, chez les animaux, l'affection des parents, même celle de la mère, s'éteint entièrement dès que l'élevage est terminé.

Chez les mammifères, où l'élevage des petits réclame toujours un certain temps, c'est surtout la femelle qui en prend souci ; parfois même elle doit protéger les jeunes contre la férocité du mâle. Chez la plupart des vertébrés, même supérieurs, l'amour paternel est rare ou faible ; quant à l'amour filial, il est tout à fait exceptionnel ; pourtant on en cite des exemples observés chez un des mammifères les plus intelligents, chez l'éléphant. On a vu en effet un jeune éléphant caresser et défendre sa mère tombée sous les coups des chasseurs (2).

Les grands singes, notamment les chimpanzés, vivent aussi en famille rudimentaire. Progéniteurs et jeunes restent associés, plus ou moins longtemps ; et d'ordinaire la troupe obéit à un mâle adulte, conservant le pouvoir tant qu'il est le plus fort, tant que les jeunes ne songent pas à s'affranchir de son autorité, soit en l'abandonnant, soit en le tuant.

Le plus souvent, c'est la femelle mammifère qui est le centre de la famille animale et c'est autour d'elle que se groupent les jeunes. Même quand le mâle reste dans l'association, c'est bien plus par attachement pour la femelle que pour les petits. Le matriarcat, que nous trouvons si fréquemment chez les races humaines inférieures, est déjà en germe dans le règne animal.

Mais la famille est loin d'être indispensable aux sociétés animales. L'élevage et l'éducation des jeunes, voilà l'essentiel, et il est plus d'un procédé pour y pourvoir. Ainsi, dans les plus

---

(1) J.-C. Houzeau, *Études sur les facultés mentales des animaux*, etc., II, 98 — (2) *Ibid*, 110.

compliquées des sociétés animales, dans celles des fourmis, si supérieures à nombre de sociétés humaines, la famille est supprimée. C'est à une caste spéciale qu'incombe le soin des jeunes, et les progéniteurs n'en n'ont ni cure ni souci.

Dans l'espèce humaine, l'institution de la famille semble marquer une phase du développement social. Parfois elle manque à peu près; ailleurs elle ne s'élève guère au-dessus de la famille de certains mammifères supérieurs. Au sein des groupes ethniques plus ou moins civilisés, la famille se constitue, mais selon des modes assez variés, comme nous le verrons en passant en revue le genre humain.

II

De la famille en Mélanésie.

La famille du chimpanzé semble exister encore dans toute sa rudesse chez certains sauvages, errant dans les forêts de l'intérieur de Bornéo et qui sont sans doute les débris de populations négroïdes, ayant primitivement occupé les archipels malais (1). Ces aborigènes rôdent dans les bois comme des bêtes fauves. Parmi eux, le mâle enlève la femelle et s'accouple avec elle dans les fourrés. Dès que les enfants sont capables de trouver seuls leur nourriture, les parents se séparent. La famille, si on peut l'appeler ainsi, passe la nuit sous un gros arbre. On attache les enfants aux branches dans une espèce de filet, et on allume autour de l'arbre un grand feu pour écarter les bêtes féroces. Pour tout vêtement, on n'a qu'un morceau d'écorce. De même aux îles Andaman, l'homme et la femme se séparent aussitôt que l'enfant est sevré et, dès lors, le père, qui n'est pas d'ailleurs facile à désigner, ne s'occupe plus en aucune façon de la mère (2). On sait d'ailleurs que le sevrage est tardif chez les sauvages. Néanmoins, tout cela n'est guère encore que de l'accouplement animal.

En Australie, la famille, dans le sens européen du mot, n'existe pas non plus. A peine la trouve-t-on à l'état d'ébauche! La parenté par la mère, le matriarcat, est déjà institué, mais la famille est sans père et souvent c'est l'oncle qui exerce l'au-

---

(1) J. Lubbock, Orig. civil., 9. — (2) Trans. Ethn. Soc., vo'. V, 45.

torité paternelle. Le mariage étant exogamique et les enfants
appartenant à la tribu de leur mère, ils sont, en cas de guerre,
obligés de rejoindre la tribu maternelle et de combattre contre
leur père (1), qui, dans l'opinion publique, n'est pas considéré
comme leur parent (2). Çà et là pourtant un lien commence à
se former entre le père et le fils. Parfois, quand le fils aîné
d'un homme a reçu un nom, son père prend le même nom (3);
parfois on voit le fils succéder à son père, quand celui-ci est
un chef renommé.

Un système de parenté analogue est en usage à Viti, où le
père et le fils ne sont point considérés comme parents (4), où
le neveu a le droit de prendre ce qui lui convient des biens de
son oncle (5). Car, chez les Vitiens, comme chez beaucoup
d'autres peuples, les termes « parents », « enfants, frères,
sœurs » indiquent surtout la succession des générations, des
classes, la position relative dans la tribu bien plus que le degré
de consanguinité (6).

Cette famille informe ne saurait être évidemment considérée
comme une institution primordiale, comme « la cellule » des
sociétés. A vrai dire, entre la structure des sociétés et celle
d'un organisme animal, il n'y a aucune similitude réelle. La
comparaison entre les éléments histologiques d'un animal et
les individus ou familles constituant une société humaine n'est
qu'un artifice de rhétorique ; elle peut fournir des métaphores,
des développements oratoires, rien de plus.

III

De la famille en Afrique.

La filiation par les femmes, ce que les sociologistes ont appelé « le matriarcat », est manifestement la forme la plus inférieure, la plus animale de la parenté ; aussi est-elle fort commune, presque ordinaire, dans toutes les sociétés primitives.

(1) Giraud-Teulon, *Orig. fam.*, 44. — (2) Tylor, *Researches in
Early History of Mankind*, I, ch. IX. — (3) Eyre, *Discoveries in Australia*, II, 325. — (4) Erskine, *Islands of the Western Pacific*, 153-
215. — (5) Williams, *Fiji and Fijians*, I, 34. — (6) J. Lubbock,
Orig. civil., 170-171.

Dans toute l'Afrique noire, elle est générale. Il faut cependant
en excepter les Bojesmans, qui n'ont pas de mot pour distinguer une femme mariée d'une fille (1); car, chez eux, il y a ni
famille ni parenté établies.

Presque partout ailleurs, le matriarcat domine; les fils n'héritent d'ordinaire que des biens de la famille maternelle; souvent ce ne sont pas les fils d'un homme, mais ses neveux,
les fils de sa sœur, qui lui succèdent ou héritent de lui (2).
Chez les Cafres Béchuanas, le pouvoir du chef passe, à sa
mort, à son frère, s'il en a un, et, à défaut de frère, au neveu
maternel (3).

Chez les Kimbundas, les enfants appartiennent à l'oncle maternel, qui a le droit de les vendre. Le mari n'a sur eux aucune
autorité et ne considère comme ses fils que les enfants de ses
femmes esclaves (4). La parenté par les femmes domine de
même au Sénégal, au Loango, au Congo (5). Sur la côte de
Guinée, les enfants suivent rigoureusement la condition de la
mère; ils sont esclaves quand elle est esclave, quand même
leur père serait roi (6). Chez les Commi, la filiation et les suc-
cessions suivent la ligne maternelle; le fils d'un Commi et
d'une femme étrangère n'est pas un Commi (7). Dans l'Afrique
centrale, dit Caillié, la souveraineté ne se transmet jamais du
père au fils : c'est d'ordinaire le fils de la sœur qui succède.

Même chez les Touarêg, l'enfant n'est le fils que de sa mère;
il hérite de sa position sociale et est esclave ou noble comme
elle. En outre, les biens collectifs, acquis par toute la famille,
reviennent au fils aîné de la sœur aînée; les enfants n'héritent
que des biens strictement individuels acquis par le père (8).
La succession masculine s'établit pourtant ou tend à s'établir,
chez les nègres africains, là où ils ont réussi à former des sociétés quelque peu complexes. Ainsi est-il arrivé dans le
royaume de Dahomey (9). Néanmoins à Madagascar le matriar-

---

(1) Brace, *Man. of Ethnol. The Races of the Old World*, 233. —
(2) D'Alberti, *Collection Walckenaer*, XXI, 261. — (3) Letourneau,
Science et matérialisme, 381.—(4) Giraud-Teulon, *Orig. famil.*, 166.—
(5) *Ibid.*, 26, 27, 268. — (6) Bosman, *Voyage en Guinée*, 197. — (7) Du
Chaillu, *Voy. dans l'Afrique équatoriale*, 282. — (8) H. Duveyrier, *les
Touarêg du Nord*, 337, 393, etc. — (9) H. Spencer, *Sociologie*, II,
340.

cat subsiste encore; c'est « le ventre qui teint l'enfant » (1).

Dans les contrées du nord et du nord-est de l'Afrique, là où ont pénétré plus ou moins l'islamisme et le christianisme, le patriarcat tend à supplanter le matriarcat; cependant chez les Nubiens c'est encore au neveu que se transmet le pouvoir du chef.

Chez les anciens Égyptiens, le patriarcat régnait déjà sans mélange. Tous les enfants d'un homme étaient égaux, que leurs mères fussent libres ou esclaves, femmes légitimes ou non (2). Il en est de même aujourd'hui encore en Abyssinie (3), où, comme nous l'avons vu, le lien conjugal est d'ailleurs très fragile, tellement qu'un accident fréquent dans les guerres abyssiniennes, l'éviration, le rompt et fait passer la femme du mutilé dans le lit de son beau-frère (4).

En résumé, en Afrique, la famille, dans le sens européen du mot, n'est pas encore constituée, du moins, chez les races vraiment nègres. Presque partout les intérêts de la famille sont subordonnés à ceux de la tribu. On confond les fils et les neveux; le plus souvent même ces derniers priment les autres. Avec un tel régime, l'affection du père pour ses enfants est naturellement fort légère. Parfois le mari se soumet à la cérémonie de *la couvade*, pour renforcer ses liens de parenté avec les enfants de sa femme. Partout aussi l'adoption est facile et on ne distingue guère entre le fils réel et le fils adoptif. L'adoption est une vraie parenté, que l'on scelle, à Madagascar, en s'arrosant mutuellement de son sang et en en buvant quelques gouttes (5), ou, en Abyssinie, ce qui est plus significatif encore, en présentant le sein aux lèvres de l'adopté, qui s'engage par serment à se conduire comme un fils (6).

(1) Noël, *Bull. Soc. géogr. Paris*, XX, 297. deuxième série. — (2) Champollion-Figeac, *Egypte ancienne*, 193. — (3) Bruce, *Hist. univ. des voy.*, vol. XXIII, 358. — (4) A. d'Abbadie, *Douze Ans dans la haute Ethiopie*, 273. — (5) Giraud-Teulon, *Orig. famille*, 201. — (6) A. d'Abbadie, *Douze Ans dans la haute Ethiopie*, 272.

IV

De la famille en Amérique.

Dans toute l'Amérique du Sud, la paternité existe peu ou point, et partout c'est la filiation maternelle qui domine. L'exogamie est commune et se règle d'après la généalogie féminine. Il en est ainsi chez les Araouaks (1), chez les Indiens de la Guyane (2), etc. Dans mainte tribu, on observe aussi l'habitude de la couvade, qui semble bien être un effort pour créer la filiation paternelle. Les Cayuvavas s'abstiennent de tout travail pendant la menstruation de leurs femmes (3). Les Guaranis jeûnaient à l'occasion de la nubilité de leurs filles, de la grossesse et surtout de l'accouchement de leurs femmes. Pendant les grossesses de celles-ci, ils ne se risquaient point à chasser les bêtes féroces (4). Chez les Chiriguanos, tribu des Guaranis, la femme vaque à ses occupations ordinaires immédiatement après son accouchement, tandis que son mari se couche pendant plusieurs jours dans son hamac, jeûne, évite les courants d'air et est l'objet d'une tendre sollicitude (5). La couvade s'observe encore chez les Abipones (6), chez les Caraïbes (7), etc. Cette coutume de la couvade, si répandue chez les races primitives, par toute la terre, équivaut à une adoption ; par elle, en effet, l'homme affirme sa paternité ; il essaye d'instituer la filiation paternelle en regard de la filiation maternelle, antérieurement adoptée et si prédominante, que chez les Indiens du Brésil l'homme était presque dépourvu de tout sentiment d'affection pour ses enfants (8).

L'exogamie et la filiation utérine dominent surtout dans l'Amérique du Nord. C'est la mère qui donne le nom ; c'est d'après elle que se règlent les droits de succession et la consanguinité ; les enfants appartiennent à la tribu de leur mère (9). Les dénominations employées chez les Indiens de l'Amérique du Nord pour désigner les degrés de parenté semblent indiquer un état

---

(1) *Notice of the Indians of British Guiana Roy. Geog. Soc.*, vol. II. — (2) Brett, *Indian Tribes of Guiana*, 98. — (3) D'Orbigny, *l'Homme américain*, II, 257. — (4) *Ibid.*, II, 320. — (5) D'Orbigny, *l'Homme américain*, II, 338. — (6) Dobritzhofer, *Historia de Abiponibus*, II, 231. — (7) Brett, *Indian Tribes of Guiana*, 355. — (8) Spix et Martius, *Reise in Brasilien*, Bd. I, s. 381. — (9) Carver, *Voy. Amér. sept.*, 285.

primitif où les frères et les sœurs vivaient en promiscuité
et où par conséquent on ne distinguait pas les enfants des
neveux. Puis, les frères et les sœurs ne pouvant plus se marier
ensemble, les premiers eurent cependant leurs femmes en commun, tandis que les sœurs appartenaient toutes au même
homme. Alors les femmes appelèrent « neveux » les fils de leurs
frères, « fils » les fils de leurs sœurs, et inversement (1). C'est
ainsi que se règle encore la parenté chez les Mic-Mac de
l'Amérique du Nord (2). Chez quelques tribus on est arrivé, de
restriction en restriction, à donner aux enfants le nom paternel,
mais c'est encore un privilège des riches et des chefs ; les gens
de peu en sont restés à la famille utérine et leurs enfants
prennent exclusivement le nom de la mère. Il en est ainsi, par
exemple, chez les Tlinkithes de l'Amérique russe (3).

Çà et là aussi on trouve dans l'Amérique du Nord l'habitude
de la couvade, notamment chez les Chaktas (4).

Comme nous venons de le voir, les termes usités chez les
Peaux-Rouges pour désigner les divers degrés de parenté semblent bien indiquer des habitudes de promiscuité restreinte,
de promiscuité familiale ; mais peut-être faut-il faire la part
de la confusion inhérente à l'esprit et au langage des sauvages
et se méfier des inductions hâtives. Ainsi l'Esquimau donne à
son ou à ses beaux-pères le titre de « père », même quand il
n'y a entre eux et lui aucune différence d'âge (5). C'est que,
en tout, l'esprit de l'homme primitif perçoit les choses en gros,
comme celui de l'enfant.

Nous n'avons que des renseignements bien incomplets sur la
constitution de la famille dans les grands Etats de l'Amérique
centrale, tels qu'ils étaient avant la brutale intrusion de la conquête espagnole. Mais ces antiques civilisations semblent en
tout bien indigènes. En dépit de mainte légende inventée à
leur sujet, on les doit considérer comme s'étant développées
sur le fond même des races américaines, dont elles représentent la plus haute floraison. Or, la filiation par les femmes
étant fréquente dans tout le continent américain, il faut s'atten-

---

(1) Giraud-Teulon, *Orig. fam.*, 112. Lubbock, *Orig. civil.*, 172, 175.
— (2) Lubbock, *ibid.*, 175. — (3) Holmberg, *Skizzen über die Wœlker
des Russischen Amerika*, 32. — (4) Du Tertre, *Hist. gen. des Antilles*,
II, 371. — (5) Ross, *Hist. univ. des voy.*, vol. XL, 126.

dre à en retrouver les traces dans l'ancienne Amérique centrale. En effet, au Pérou, le matriarcat était général et le patriarcat commençait seulement à poindre. Déjà il était institué pour la race des Incas, dont les descendants masculins avaient seuls le droit de se prévaloir de leur origine et dont les fils héritaient, tandis que, d'après Gomara, dans la masse de la nation, l'héritage se transmettait aux neveux et non aux fils (1). Il faut entendre évidemment l'héritage de certains objets mobiliers, puisque, chez les Péruviens, le sol était encore propriété commune.

Au Mexique, l'évolution familiale était plus avancée ; on était arrivé au patriarcat. En effet, c'est toujours la personnalité paternelle qui domine ; c'est le père qui dicte aux enfants des règles de conduite, des préceptes de morale, qui nous ont été conservés (2). Les mères recommandent aussi à leurs filles d'être soumises à leur mari, de lui obéir, de s'efforcer de lui plaire, etc.

On assiste donc en Amérique à la formation graduelle de la famille. Au degré le plus inférieur, il existe une promiscuité, qui va se restreignant de plus en plus. Puis la famille utérine s'établit peu à peu pour faire enfin place à la famille paternelle. Nous retrouverons en d'autres points du globe cette remarquable évolution.

V

De la famille en Polynésie.

Que nombre de sociétés primitives aient débuté par la promiscuité et ne soient arrivées que graduellement à constituer la famille, cela semble incontestable. A *priori*, on peut s'attendre à trouver des traces de cet état grossier chez les voluptueux insulaires de la Polynésie, dont le mariage était si fragile, pour qui la pudeur n'existait pas. Ajoutons que, toutes choses égales d'ailleurs, la promiscuité a plus de chances de s'établir dans les petites îles, où l'habitat est forcément restreint, où il est impossible à l'individu de s'isoler et où par conséquent les tentations érotiques s'éveillent à chaque instant. Les Poly-

(1) H. Spencer, *Sociologie*, II, 340. — (2) Zurita, *Rapport sur les différentes classes de la Nouvelle-Espagne*, 136 à 150.

nésiens n'essayaient guère de s'y soustraire. Au contraire, aux îles de la Société, on voyait souvent vingt personnes mariées vivre en commun dans la même case (1) et coucher sur la même natte. Aussi la famille n'existait presque partout qu'à l'état d'ébauche. Les Hawaïens, qui avaient des mots spéciaux pour désigner un fils adoptif, les parents d'un gendre, etc. (2), n'en n'avaient point pour dire « cousin, oncle ou tante, neveu ou nièce, fils ou fille, père ou mère ». Dans la nomenclature familiale des Hawaïens, les parents étaient classés en cinq sections : grands parents, parents, frères et sœurs, enfants, petits-enfants. Tous les membres d'une de ces sections étaient entre eux frères et sœurs. L'enfant appelait « parent femelle » sa mère et les sœurs de sa mère ; « parent mâle » s'appliquait également au père, aux oncles, même à des parents éloignés. Le terme usité pour dire « enfant » signifiait seulement un petit (3). En résumé, le père hawaïen n'était pas parent de son fils (4) : aussi l'adoption était extrêmement facile ; on se donnait à volonté des pères et des fils (5). Pourtant, au siècle dernier, on commençait à restreindre la promiscuité primitive. Le plus souvent les frères possédaient encore leurs femmes en commun ; les sœurs avaient aussi des maris communs, mais ces maris ne pouvaient être leurs frères. Au temps de Cook, la famille utérine se formait déjà pour les chefs, dont le rang et les dignités se transmettaient dans la ligne féminine (6).

A Tonga, la filiation maternelle était bien établie. Le père n'y était point parent de son fils (7), mais le rang se transmettait par les femmes, qui même régnaient quelquefois (8). Enfin, dans ces dernières années, la filiation masculine se substituait peu à peu à la filiation féminine (9).

Aux îles de la Société, la filiation masculine était généralement adoptée pour les chefs et même avec exagération, puisqu'en droit le fils premier-né d'un chef succédait, dès le

---

(1) Mœrenhout, *Voy. aux îles du grand Océan*, II, 69. — (2) Lubbock, *Orig. civil.*, 168, 169. — (3) Giraud-Teulon, *Orig. famille*, 90, 91, 102.—*Revue de l'Orient*, 1844.—(4) De Varigny, *Quatorze Ans aux îles Sandwich*, 14. — (5) *Revue de l'Orient*, 1844. — (6) De Varigny, *Quatorze Ans aux îles Sandwich*, 14. — (7) Mariner, *Voy. aux îles des Amis ou Tonga*, II, 165. — (8) Th. West, *Ten Years in South Central Polynesia*, 260. — Erskine, *Islands of the Western Pacific*.

moment de sa naissance, à son père, qui, réduit dès lors aux fonctions de régent, devait rendre hommage à son fils, au point dé ne pouvoir rester en sa présence sans se découvrir jusqu'à la ceinture (1).

Nous avons dit quelques mots de l'excessive facilité avec laquelle se pratiquait l'adoption aux îles Sandwich. C'était une coutume générale et, par ses abus mêmes, elle montre combien on attachait peu d'importance à la filiation. Aux îles Marquises, il n'était pas rare de voir des personnes âgées se faire adopter par des enfants ; on adoptait même des animaux. Ainsi un chef avait adopté un chien, auquel il avait offert dix porcs et des ornements précieux ; il le faisait porter constamment par un *kikino* et l'animal avait sa place marquée aux repas des chefs, à côté de son père adoptif (2). Aux îles Tonga, on ne faisait point de distinction entre une mère réelle et une mère adoptive (3).

Tout ce qui précède prouve à l'évidence qu'en Polynésie la famille était seulement en voie de formation. Mais on retrouve, chez bien d'autres races, des états sociaux analogues.

VI

De la famille dans la race mongole, etc.

Aux îles Mariannes, il n'y a point de parenté entre le père et le fils (4). A Sumatra, dans nombre de localités, le père prenait le nom de son premier-né, et dans le district de Batta le titre du chef se transmettait au fils de sa sœur (5). Nous avons vu d'ailleurs que, dans une antique forme de mariage malais, le père était considéré comme la propriété de la famille de sa femme et pouvait être chassé à volonté (6). L'établissement de la filiation masculine est sûrement incompatible avec de telles coutumes.

En Birmanie, le langage ne distingue pas entre le père et

(1) Cook, *Deuxième Voyage* (*Hist. univ. des voy.*, vol. VII, 417). Moerenhout, *Voyage aux îles du grand Océan*, II, 13, 15. — (2) M. Radiguet, *Derniers Sauvages*, 181. — (3) Mariner, *Tonga Islands*, II, 98 — (4) De Freycinet, *Voy. autour du monde*. — (5) Marsden, *History of Sumatra*. — (6) W. Marsden, *History of Sumatra*, 262.

l'oncle, la mère et la tante, le fils et le neveu (1). Les Cambodgiens étaient plus avancés, dès le septième siècle ; car,
au dire d'un auteur chinois, ils avaient dès lors des dénominations différentes pour désigner le père et l'oncle (2).

Une grande confusion règne encore dans la terminologie
familiale chez les grossiers Karens dispersés dans le Tenas-
serim, la Birmanie, le royaume de Siam ; dans leur langue,
les enfants des cousins sont appelés neveux ; les enfants des
neveux sont regardés comme petits enfants et les frères et
sœurs d'un grand-père s'appellent respectivement grand-père
et grand'mère. Par une singularité, qu'il faut bien attribuer
seulement à l'analogie du développement mental et social,
la nomenclature familiale est presque identique chez les
Karens et les Esquimaux (3).

Des vestiges de promiscuité se retrouvent aussi chez presque
tous les groupes ethniques vraiment mongoliques. Au Boutan,
au Thibet, où règne encore la polyandrie, c'est-à-dire une
forme restreinte de la promiscuité, la paternité est le plus
souvent impossible à déterminer et le matriarcat s'impose.
Chez les anciens Mongols, la famille paraît aussi avoir été
fort confusément déterminée, puisque Baber, le fondateur de
l'empire mongol de Delhi, parle, dans ses mémoires, d'un
de ses lieutenants qui possédait toute une tribu d'oncles
maternels (4).

En Chine, la filiation masculine est établie depuis longtemps,
mais le langage garde encore les traces d'un ancien état social, où les frères pratiquaient entre eux la communauté des
femmes ; car un Chinois appelle toujours « ses fils » les fils de
son frère, tandis qu'il considère ceux de sa sœur comme ses
neveux (5).

Au Japon, la filiation est subordonnée à l'indivision et à
l'inaliénation du patrimoine. C'est au premier-né, garçon ou
fille, que se transmet l'héritage ; il lui est interdit de le quitter,
et lors du mariage le conjoint doit prendre le nom de l'héritier ou de l'héritière : la filiation est donc tantôt masculine,

---

(1) Lubbock, *Orig. civil.*, 177. — (2) A. de Rémusat, *Nouv. Mélanges asiatiques*, I, 121. — (3) Lubbock, *loc. cit.*, 189. — (4) Giraud-
Teulon, *Orig. fam.*, 165. — (5) L.-H. Morgan, *Systems of Consan-
guinity*, etc., in *Smithsonian Contributions*, XVII, 416 417.

tantôt féminine. Mais l'oncle maternel porte encore le nom de « second petit-père »; la tante paternelle s'appelle « petite-mère »; l'oncle paternel est un « petit-père »; la tante maternelle est une « petite-mère, » etc. (1).

Sans doute, comme nous l'avons déjà remarqué, l'imperfection de la terminologie familiale n'implique pas nécessairement la confusion familiale; mais nous savons que cette confusion a existé ou existe un peu partout, et les Japonais sont trop intelligents pour qu'on les puisse soupçonner de n'avoir pas su distinguer dans le langage ce qu'ils distinguaient dans la réalité.

On peut donc considérer comme acquis que, chez les Mongoloïdes et chez les Mongols, la famille se constitue ou s'est constituée fort lentement; qu'une promiscuité plus ou moins restreinte a existé chez la plupart de leurs groupes ethniques, et que la polyandrie en est encore un vestige vivant; qu'enfin, au sein de ces races, la filiation s'est établie parfois dans la ligne féminine, plus souvent dans la ligne masculine.

VII

De la famille chez les aborigènes de l'Inde.

Chez nombre de tribus aborigènes de l'Inde, la famille est à peine ébauchée; elle est à l'état naissant.

Chez les Naïrs, qui, nous l'avons vu, en sont encore à la promiscuité restreinte et régularisée, il n'y a nulle parenté entre le père et le fils, par la raison fort simple qu'un fils ne peut guère connaître son père. Aussi un Naïr considère comme ses enfants ses neveux utérins et c'est à eux que revient son héritage (2), duquel il faut exclure la propriété foncière; celle-ci se transmet par les femmes et ne sort jamais du clan maternel.

Chez les Cingalais de Ceylan, il n'y a point non plus de parenté entre le père et le fils. C'est la tribu qui est censée se marier, et les enfants lui appartiennent, de même que les terres, qui restent toujours indivises (3). Ce sont là des cou-

(1) Lubbock, *Orig. civil.*, 177. — (2) Giraud-Teulon, *Orig. famille*, 15, 41. — (3) *Ibid.*, 15, 60.

tumes malaises, qui peuvent contribuer à éclairer l'origine des Cingalais.

Un régime analogue existe chez les Khasias, chez les Kochs, où il n'y a non plus nulle parenté entre le père et le fils (1).

Une tribu du sud de l'Inde, nommée Macua, a institué deux sortes de mariages, l'un que l'infidélité de la femme peut seule dissoudre, l'autre qui est une sorte de mariage libre, suivant lequel les enfants doivent suivre la mère, en cas de séparation (2).

C'est que, chez la plupart des peuples primitifs, les enfants sont considérés comme une simple propriété, lucrative ou onéreuse suivant les cas. C'est d'après cette donnée brutale que se règle la filiation dans les mariages polyandriques. Ainsi certains polyandres du Népaul assignent la propriété du premier-né à l'aîné des époux généralement frères, le second enfant appartient au frère puîné le plus âgé, etc. (3). Ailleurs, chez d'autres tribus polyandres et bouddhistes, habitant une contrée du Turkestan située entre l'Oxus et l'Hindou Kô, les enfants appartenaient tous à l'aîné des frères (4). Ce fait est des plus curieux ; c'est un cas de filiation masculine, uniquement basée sur les convenances sociales, sans le moindre souci de la consanguinité, dont, par toute la terre et dans toutes les races, on se préoccupe d'autant moins qu'on est moins civilisé.

VIII

De la famille chez les races blanches d'Asie.

Sous peine de divorcer avec le bon sens, il faut dédaigner comme elles le méritent nombre d'élucubrations sociologiques, laborieusement extraites, à l'aide du forceps, de l'interprétation linguistique des textes védiques. Pas plus que les autres, la race blanche n'a surgi du néant, toute civilisée, parée des plus nobles attributs moraux et intellectuels. Comme les autres types humains, l'homme blanc est issu de bien bas

---

(1) M. Lennan, *On Primitive Marriage*, 189, 213 — (2) Buchanan, *A Journey from Madras*, etc., II, 527. — (3) Fraser, *Hist. univ. des voy.*, vol. XXXV, 462 — (4) A. de Rémusat, *Nouv. Mélanges asiatiques* (d'après un écrivain chinois du treizième siècle), I, 245.

et il a évolué fort lentement. Pour lui, comme pour ses frères de diverses couleurs, ébaucher, perfectionner, préciser les relations familiales n'a pas été une mince besogne.

La race qui a composé les Védas, et dont les origines nous sont absolument inconnues, en était, à ce qu'il semble, déjà arrivée au patriarcat ; mais, pour elle, le père n'était pas seulement le générateur, il était encore ce qu'il avait sans doute commencé par être, le propriétaire (*pitâ-janitâ, pater genitor,* (1). Les Aryas védiques avaient aussi des dénominations pour désigner le « frère du père » et le « fils du frère du père ». D'autres mots signifient « le père, la mère, le frère, la sœur de l'épouse, les sœurs et les frères de l'épouse, les femmes de ces frères ». De tout cela on peut conclure que la famille védique était déjà assez bien constituée. Mais il n'en avait sûrement pas toujours été ainsi, puisqu'on retrouve, jusque dans le code de Manou, des vestiges d'un état familial antérieur et des plus grossiers.

D'après le législateur Manou, l'enfant d'une fille-mère, secrètement accouchée, appartient à l'homme que cette fille épouse (2) ; l'enfant d'une femme enceinte, qui se marie sans déclarer sa grossesse, appartient au mari (3). Tous les frères de père et de mère sont les pères du fils de l'un d'eux (4) ; toutes les femmes d'un même mari sont les mères de l'enfant mâle de l'une d'elles (5). Quand on n'a pas d'enfant, on peut faire féconder sa femme par un frère ou un parent (6). Le fils légitime, le fils engendré par le parent autorisé, le fils adopté ou donné, le fils né clandestinement et dont le père est inconnu, le fils rejeté par ses parents naturels sont tous les six parents et héritiers de la famille (7). Le code de Manou est d'ailleurs en plein patriarcat et la filiation y est toute masculine. « La femme, dit-il, est considérée par la loi comme le champ et l'homme comme la semence (8). » Quelle que soit la bassesse de son extraction, une femme, mariée légitimement, acquiert les qualités de son mari et il en est de même de son fils (9). Le droit d'aînesse existe, mais dans la ligne masculine seule-

---

(1) Rig-Véda, I, 33, 166. Max Müller, *Mythol. comp.*, trad. Perrot, 29. — (2) *Code de Manou*, liv. IX, v. 173. — (3) *Ibid*, v. 172. — (4) *Ibid*, v. 182. — (5) *Ibid.*, v. 183. — (6) *Ibid.*, v. 59, 63 — (7) *Ibid.*, v. 159. — (8) *Ibid.*, v. 33, 35, 36. — (9) *Code de Manou*, v. 9, 22.

ment (1); l'aîné prélève sur l'héritage la plus forte part; les filles n'héritent pas, mais les frères doivent les doter en leur octroyant le quart de leur part (2), etc., etc.

Une antique période de promiscuité est plus nettement accusée encore à Babylone, dans l'Asie Mineure, etc., par les cultes de Mylitta, Anaïtis, Aphrodite. Nous avons vu que, pour obtenir le droit de se marier, c'est-à-dire de n'appartenir qu'à un seul homme, les femmes devaient d'abord faire acte d'hétaïrisme, dédommager la communauté.

Chez les Cyrénéens nomades de l'antiquité et chez certaines tribus arabes, dont nous parle Strabon, les femmes étaient encore assignées à tous les membres d'une même famille; puis, le progrès moral engendrant le progrès social, la famille se fonda peu à peu. Il est sûr, d'ailleurs, que, chez certaines nations de l'antique Asie, la filiation par les femmes, le matriarcat, précéda le patriarcat. Les Lyciens, dit Hérodote, prenaient le nom de leur mère, établissaient leur généalogie par leur mère et leurs aïeules; les enfants d'une femme noble et d'un père esclave étaient nobles, etc. (3).

Y a-t-il eu, chez les Arabes, une période de promiscuité suivie d'une période de matriarcat? On le peut supposer, mais il est difficile de le savoir. Dans le Koran, qui résume les mœurs arabes au temps de Mahomet, la filiation masculine est déjà nettement établie. Les femmes, dit le saint livre, sont le champ de l'homme (4). Le mari doit assigner une dot à ses femmes (5). Après le décès du père, le fils hérite de la portion de deux filles (6). Enfin c'est le nom paternel qui est porté par les fils. Mais des mœurs grossières sont attestées par certaines prohibitions mêmes; ainsi le Koran défend aux fils d'épouser les femmes qui ont été épouses de leur père, mais il est dit expressément qu'il n'y aura pas de rétroactivité dans l'application de ce précepte (7).

Les degrés de parenté sont d'ailleurs bien établis par le Koran; car il est interdit d'épouser sa mère, ses filles, ses sœurs, les tantes paternelles et maternelles, aussi les sœurs de lait; l'allaitement commun étant considéré comme consti-

---

(1) *Code de Manou*, v. 104, 117. — (2) *Ibid.*, 118. — (3) Hérodote, liv. I, 173. — (4) *Koran*, ch. II, 223. — (5) *Ibid.*, ch. IV, 3. — (6) *Ibid.*, ch. IV, 12. — (7) *Ibid.*, ch. IV, 26.

tuant une parenté (1), ainsi qu'il était d'usage en Écosse et ailleurs.

Ces mœurs, plus ou moins altérées par les coutumes locales, plus anciennes, se sont introduites chez les nations, sémitiques ou autres, où s'est implanté l'islamisme.

Considérées en général, les races blanches d'Asie sont donc arrivées au patriarcat, après avoir traversé une phase, probablement fort longue, où les relations familiales étaient très confuses. De même les nations dites *aryennes* de l'Europe ont passé par une évolution analogue, attestée d'ailleurs par de nombreux documents, que nous avons en partie cités en parlant du mariage.

IX

De la famille dans l'Europe barbare.

La communauté des femmes a sans doute régné dans nombre de tribus ou hordes anciennement fixées en Europe. Diodore de Sicile en relate encore un vestige, existant presque de son temps, aux îles Baléares, où toute fiancée devait d'abord appartenir aux parents et amis du mari.

Mais la promiscuité engendre nécessairement la filiation utérine, alors que l'homme commence à se soucier de sa généalogie et essaye de constituer la famille; aussi les traces et les restes de cet antique état social ne manquent pas en Europe.

La couvade, qui existait, selon Strabon (2), chez les Ibères, est encore en usage de nos jours dans quelques vallées de la Biscaye et du Guipuzcoa (3); car les mœurs des Ibères se sont en partie conservées chez leurs descendants, les Basques contemporains. Pour ceux-ci, le domaine familial devait rester indivis et inaliénable sous l'administration du premier-né; quand ce premier-né était une fille, son mari venait habiter chez elle et prenait son nom, qui se transmettait aussi aux enfants (4), exactement comme au Japon.

(1) *Koran*, ch. IV, 27. — (2) Strabon, 3, 165. — (3) Laborde, *Hist. de l'Espagne*, I, 273. — (4) F. le Play, *Organisation de la famille*, 41. Eug. Cordier, *le Droit de famille aux Pyrénées* (*Revue hist. de droit français et étranger*, 1859).

Chez les Cosaques Zaporogues, c'était par les femmes que se déterminaient la parenté et la généalogie (1).

Tacite dit des Germains que les oncles maternels ont autant et quelquefois plus d'affection que les pères pour leurs enfants (2). Une confusion plus ou moins grande dans les relations familiales a vraisemblablement existé dans tous les pays et dans tous les temps où le sol était une propriété commune, exploitée par le clan tout entier, qui souvent habitait sous le même toit. Or il en était ainsi dans l'antique Germanie ; il en est encore de même dans les communautés familiales de la Croatie et des confins militaires autrichiens, dans celles de la Lombardie, etc. (3).

Ce sont autant de petites républiques, où le sentiment de la famille est très vif, parce qu'il repose sur des intérêts de premier ordre. Nestor, ancien historien des Slaves, vante, chez eux, la force de ce sentiment : s'affranchir des liens de la famille était pour un Slave violer les plus saintes lois de la nature (4). C'est que là où tout est commun, l'égoïsme devient un crime. On chercherait en vain, le plus souvent, quelque chose de semblable dans notre famille actuelle, qui semble bien être le résultat de l'émiettement des anciennes communautés et dont il nous reste à retracer la genèse.

X

De la famille en Grèce et à Rome.

A en croire la tradition grecque, le mariage fut inconnu, chez les Hellènes, avant Cécrops, d'où l'on peut induire qu'il y a été précédé d'une période de promiscuité et de confusion familiale. Le matriarcat en sortit, comme l'atteste un passage de Varron cité par saint Augustin (5), et suivant lequel, dans la primitive Athènes, les enfants portaient le nom de leur mère. D'autre part, Hérodote relate que, de son temps, les Lyciens en étaient encore au matriarcat (6). Puis la filiation

---

(1) M. Lennan, *On Primitive Marriage*, 189, 213. — (2) *De mor. Germ.*, XX. — (3) E. de Laveleye, *De la propriété*, 206. — (4) E. de Laveleye, *loc. cit.*, 202. — (5) *Cité de Dieu*, XVIII. — (6) Hérodote, liv. I, 173.

masculine s'établit; et c'était déjà une coutume ancienne à l'époque homérique. Les fils portaient alors le nom de leur père; les filles n'héritaient qu'à défaut d'enfant mâle et elles étaient considérées comme une propriété, que le père avait le droit de léguer (voir le chapitre *Mariage*). Les Grecs en arrivèrent même à pousser jusqu'à l'absurde la théorie de la filiation masculine. Dans la troisième partie de son Orestie, dans *les Furies*, Eschyle expose tout au long cette étrange appréciation de la consanguinité : la mère, selon lui, n'est que dépositaire; c'est le père seul qui enfante. En fin de compte, Oreste est absous de son matricide parce qu'il n'était pas parent de sa mère.

A Rome aussi la famille n'arriva à se constituer que tardivement, après une longue période de confusion. Néanmoins, dès l'origine de Rome, la filiation masculine, la parenté agnatique était établie chez les clans grossiers, qui se groupèrent pour former le noyau du grand peuple romain. Mais, au début, les patriciens, ceux qui étaient capables de nommer leur père, n'étaient qu'en petit nombre; car la masse ne pratiquait pas le mariage solennel, les *justes noces*. Cette masse se composait de plébéiens, vivant dans un état de quasi-promiscuité, *more ferarum*, et n'ayant point de paternité légale. La famille patricienne elle-même avait pour base bien plus la raison sociale, la propriété, que la consanguinité, puisque le mot *familia* signifiait la collectivité des esclaves d'un patricien. Par lui-même le mariage ne suffisait point à établir l'agnation, la filiation masculine: la déclaration, la reconnaissance de l'enfant par le père étaient nécessaires. Les enfants d'un même père et de mères différentes étaient agnats; mais aucune parenté légale ne reliait les fils d'une même mère et de pères différents (1). Jusqu'au temps de Nerva, l'adoption se symbolisait encore à Rome par un accouchement simulé (2), et l'on ne faisait nulle différence entre le fils adoptif et le fils consanguin. Celui-ci même ne faisait plus partie de la famille et par conséquent n'héritait plus, alors qu'il était émancipé, c'est-à-dire cessait d'être l'esclave de son père. C'est que, dans la Rome primitive, tout reposait sur la propriété; le sol apparte-

---

(1) Giraud-Teulon, *Orig. fam.*, 71, 205, 206. — (2) Bachhofen, *Das Mutterrecht*, 254.

naît à la famille et le père n'avait pas le droit d'en disposer par testament. Avant tout on était membre de la communauté familiale, et cela constituait une qualité, que l'on pouvait perdre ou acquérir.

Ce fut lentement, graduellement, que l'idée de filiation, de consanguinité, en vint à primer celle de copropriétaire, mais sans cesser de lui être intimement associée, puisque, dans nos codes modernes, le degré de la consanguinité confère encore un droit rigoureux et proportionnel à l'héritage, dans les pays qui ont plus ou moins adopté le droit romain.

XI

Evolution de la famille.

Grâce aux faits énumérés dans les pages précédentes, nous pouvons maintenant suivre l'évolution de la famille depuis son origine jusqu'à nos jours et même hasarder quelques conjectures sur son avenir.

Dans les âges les plus lointains, quand l'homme commença à se distinguer de l'animalité, une sorte de famille simienne dut exister dans l'espèce humaine. Nos primitifs ancêtres errèrent alors dans les forêts, par petits groupes, composés chacun du père, du mâle plutôt, de sa ou de ses femmes, des jeunes : le tout formant une association temporaire sous l'autorité paternelle. C'est ainsi que vivent encore aujourd'hui les Weddahs des jungles à Ceylan. Puis l'intelligence des grossiers progéniteurs du genre humain se développant un peu en même temps que leur instinct de sociabilité, ils s'associèrent en hordes, composées de plusieurs familles ; car l'union fait la force. Dans ces sociétés rudimentaires, composées d'êtres infiniment peu intelligents et dépourvus de toute délicatesse morale, le régime de la promiscuité dut s'établir; toutes les femmes appartinrent à tous les hommes, mais surtout aux hommes d'un certain âge, mieux pourvus de force et d'expérience. Aujourd'hui encore, dans certaines tribus australiennes, les hommes âgés ont un droit de possession privilégiée sur les femmes de leur groupe. Nécessairement, dans une pareille société, les enfants n'ont pas de pères; ils appartiennent à la communauté.

Pourtant de cette promiscuité émergea peu à peu la famille,

et ce fut vraisemblablement l'œuvre de la femme. Que la femelle éprouve pour les jeunes une affection instinctive, beaucoup plus vive que celle du mâle, c'est une loi chez tous les mammifères. Dans la horde, les enfants n'avaient pas de pères, mais ils avaient des mères, qui les allaitaient pendant plusieurs années, s'attachaient à eux et ne les abandonnaient que de plus en plus tardivement. La filiation féminine commença donc à s'établir et peu à peu se régularisa. Les enfants héritèrent des objets mobiliers ayant appartenu à leur mère, tandis que l'héritage de l'homme finit par se transmettre aux neveux utérins, aux enfants de la tante paternelle.

Mais à mesure que nos pauvres ancêtres se développaient moralement et intellectuellement, leurs instincts génésiques devenaient un peu moins animaux; un peu d'amour se mêlait à leur rut; ils en arrivèrent à s'attacher à telle femme plutôt qu'à telle autre. De là une certaine prédilection pour les enfants de la femme préférée. En même temps ils commençaient à se préoccuper de leur généalogie et de leur descendance; ils en vinrent à vouloir posséder en propre une ou plusieurs femmes, d'ordinaire brutalement conquises, ou au moins achetées. Ces femmes et les enfants de ces femmes, ils les considérèrent comme leur propriété. Dans le sein de la tribu, une grande liberté de relations sexuelles continuait à régner, mais les femmes appartenant à un homme à titre d'objet mobilier, d'animal domestique, étaient plus ou moins respectées. Or ces femmes pouvaient désigner le père de leurs enfants, qui néanmoins continuèrent longtemps à porter le nom de leur mère, souvent à appartenir à sa tribu. En fin de compte cependant, la filiation masculine finit par s'établir, mais seulement dans les groupes ethniques à civilisation complexe, là où le mariage était devenu une institution sérieuse, servant de base à une famille bien définie.

Telle semble avoir été l'évolution de la famille, indépendamment de la race, dans tous les groupes ethniques qui ont réussi à sortir définitivement de la sauvagerie primitive.

En même temps que se constituait la filiation, d'abord féminine, puis masculine, on se préoccupait des parentés collatérales; on notait divers degrés de consanguinité, en leur appliquant des dénominations spéciales, d'autant plus précises que la race était plus intelligente et la langue plus riche. La répar-

tition de la propriété finit par suivre celle de la consanguinité;
on se mit à morceler le fonds primitivement possédé par toute
la tribu et la communauté familiale se substitua à celle du
groupe ethnique.

Il s'établit alors de petites sociétés consanguines, des clans,
vivant sous le même toit, ayant les mêmes intérêts. Dans ces
clans, le sentiment de la famille s'exalta et finit par primer
les intérêts plus généraux de la tribu ou de la nation. Durant
cette phase sociale, la famille devint, pour l'individu, l'abri, le
refuge par excellence; tout fut subordonné à son maintien et
l'égoïsme familial fut promu au rang de vertu. Il n'en pouvait
être autrement; car alors la grande communauté, l'Etat, la
nation, ne se souciaient guère de l'individu, qui s'élevait et
vivait comme il pouvait.

Mais, dans l'humanité, l'évolution morale et intellectuelle ne
s'arrête point. Aussi un travail de fusion, de solidarisation sociales succéda au morcellement des clans et des familles. En
face des intérêts de famille, les intérêts généraux se dressèrent,
l'Etat se constitua et, sous la tutelle des lois établies par lui,
les individus exigèrent une plus grande somme de liberté personnelle; par suite les entraves légales, dont le maintien ne
semblait pas nécessaire à la prospérité commune, se relâ-
chèrent peu à peu. On en est là en Europe et dans les Etats
civilisés à l'européenne. La famille existe encore et l'héritage
se répartit toujours d'après la consanguinité; mais, d'autre
part, les intérêts généraux, personnifiés dans l'Etat, veulent de
plus en plus être respectés. Sans cesse grandit l'ingérence de
l'Etat dans l'éducation des enfants; on attente toujours davantage à la propriété individuelle par des droits de succession,
de mutation, constamment en voie d'augmentation; car il faut
pourvoir aux charges publiques, tous les jours plus pesantes.

Somme toute, le lien familial se relâche, moralement et légalement. L'autorité des parents sur les enfants se restreint
sans cesse; elle est en raison inverse des obligations, toujours
plus graves, que la grande communauté sociale impose à
l'individu.

Si ce mouvement continue, comme il est probable, que deviendra la famille?

Ici il faut distinguer. Sans doute, à mesure que l'esprit
scientifique prévaudra davantage dans la direction des sociétés

humaines, on se préoccupera de plus en plus de la consanguinité, directe et collatérale , le vocabulaire familial s'enrichira,
d'autant plus que l'on se a plus familier avec les lois de l'hérédité. Il y a un intérêt social de premier ordre à connaître autant que possible les ascendants d'un individu, puisque chaque
homme, dans ses vertus et dans ses vices, dans ses qualités et
dans ses défauts, résume toute une lignée d'ancêtres. C'est là
le côté scientifique de la famille ; mais le côté sentimental
évoluera en sens inverse. Le sentiment familial ira déclinant
toujours ; il cèdera peu à peu le terrain à un altruisme plus
large, au souci grandissant de l'intérêt général. Qui oserait
nier que, dans la grande majorité des cas, le milieu familial ne
soit, pour la plupart des enfants, une déplorable école, faite
tout exprès pour étioler le corps, pervertir le cœur et fausser
l'esprit ?

Au fur et à mesure des progrès sociaux, toujours extrêmement
lents, la collectivité substituera de plus en plus son autorité et
sa direction aux aveugles et souvent malsaines influences de la
famille. Comment s'effectuera cette métamorphose ? Jusqu'où
ira-t-elle ? Autant de questions, auxquelles il est aujourd'hui
impossible de répondre. Plus d'une voie peut mener au but. Là
comme partout, plus que partout, il faut s'en rapporter à l'observation sagace, à l'expérimentation prudente. L'écheveau des
faits sociologiques est infiniment complexe et on ne saurait le
démêler qu'à force d'essais et de tâtonnements.

CHAPITRE III.

DE LA PROPRIÉTÉ.

I

Origine de la propriété

Dès qu'un être, animal ou homme, est capable d'éprouver du
plaisir et de la douleur, dès qu'il garde le souvenir des impressions perçues et est plus ou moins susceptible de prévoyance,
il s'ingénie à écarter ce qui lui déplaît, à s'approprier ce qui

lui plaît ; il a, en résumé, le sentiment de la propriété. **Rien
n'est plus égoïste, mais rien n'est plus naturel et plus nécessaire dans la lutte pour vivre.**

Ainsi les fourmis considèrent comme une propriété collective les galeries qu'elles ont construites, les avenues qui y
aboutissent, les pucerons qu'elles traient et auxquels elles ont
bâti des étables (1); elles revendiquent même la possession du
territoire ambiant. Certains animaux carnassiers ont aussi leur
territoire de chasse, qu'ils défendent au besoin contre l'intrusion de nouveaux concurrents. Nos chiens domestiques ont à
un haut degré le sentiment de la propriété personnelle et ils le
manifestent de cent manières. Nos enfants, qui commencent
par être des animaux assez inférieurs, ont de fort bonne heure,
pour la propriété personnelle, un goût très vif, qui s'étale au
grand jour avec un égoïsme naïf, dont Pascal avait été
frappé.

Dans les sociétés humaines, le sentiment de la propriété est
universel ; mais, comme tout le reste, il a revêtu, revêt et sans
doute revêtira bien des formes, que nous avons à passer en
revue. Que de déclamations creuses n'auraient jamais vu le
jour, si les théoriciens de la propriété s'étaient d'abord attachés à en étudier la genèse et l'évolution ! En soi, la propriété
n'a rien ni d'exécrable ni de sacré. Comme tous les grands
faits sociologistes, elle a et a eu sa raison d'être; comme eux,
elle est destinée à se modifier sans cesse, à mesure que le
cœur et l'esprit humains s'élargiront, à mesure que le sentiment de la justice deviendra plus délicat, que la solidarité sociale sera plus étroite. Or, à peine d'extinction, la concurrence
ethnique impose à chaque groupe l'obligation de progresser
indéfiniment, d'utiliser de mieux en mieux ses forces vives,
c'est-à-dire de se donner une organisation qui soit de plus en
plus scientifique et équitable. Mais c'est le passé qui a enfanté
le présent, d'où sortira l'avenir. Par conséquent, pour se former sur la propriété des idées justes, pour faire, sur ses métamorphoses futures, des conjectures vraisemblables, rien ne
saurait être plus utile que d'en retracer les modes principaux
chez les diverses races humaines.

(1) P. Huber, *Recherches sur les mœurs des fourmis indigènes*, 171,
173, et passim.

II

De la propriété en Mélanésie.

Chez les Mélanésiens, la propriété, nous entendons la propriété territoriale, foncière, est commune, dans certains groupes ethniques, et individuelle chez d'autres.

En Tasmanie, chaque tribu ou horde avait son territoire de chasse, bien délimité et qu'un étranger ne pouvait violer qu'au péril de sa vie (1) ; car entreprendre sur ce domaine, c'était léser la tribu dans ce qu'elle avait de plus précieux au monde ; c'était lui couper les vivres. Mais ce bien appartenait sans distinction à tous les membres de la communauté, et la propriété foncière, personnelle, était inconnue (2).

Il en était tout autrement chez les Australiens, où le braconnage était toujours puni de mort, mais où, du moins chez certaines tribus, la propriété individuelle était déjà instituée. Chaque individu mâle possédait une parcelle bien limitée du territoire de la tribu ; il avait le droit de la vendre, de l'échanger, même de la subdiviser de son vivant entre ses fils (3). Il est curieux de trouver, chez une des races les plus inférieures de l'humanité, la propriété individuelle et aliénable, c'est-à-dire telle qu'elle existe chez les races les plus civilisées. En outre, il n'y a pas lieu d'invoquer ici l'influence de l'agriculture, qui n'était pas même soupçonnée en Australie.

Une circonstance pourtant a pu favoriser l'établissement de la propriété foncière individuelle en Australie : c'est la rareté des espèces animales de grande taille. Le kangourou et l'émou étaient à peu près les seuls animaux qu'il fût nécessaire de poursuivre longtemps et loin. Le plus habituellement le petit opossum, des reptiles, des larves d'insectes, des racines, des gommes, le poisson des rivières, les coquillages du littoral faisaient le fond du régime australien ; il n'y avait donc pas grand inconvénient à cantonner chaque individu dans une large parcelle du vaste territoire appartenant à la tribu, qui d'ailleurs conservait toujours le domaine éminent. Ainsi les

(1) Bonwick, *Daily Life and Origin of the Tasmanians*, 83. — (2) Rév. W. Ridley (cité par Bonwick, *loc. cit.*). — (3) Eyre, *Discoveries in Australia*, II, 297.

familles n'avaient le droit d'aller dans certains districts riches en gommes comestibles qu'au moment de la récolte (1). La chasse même était aussi assujettie à certains règlements; par exemple, il était interdit aux jeunes gens de manger la chair de l'émou.

La propriété individuelle existe aussi à la Nouvelle-Calédonie, où tout homme, noble ou plébéien, possède une étendue plus ou moins considérable de champs cultivés (2), et cette propriété est respectée même par les chefs. Les conditions de la vie néo-calédonienne, l'absence totale de grands mammifères, la pratique de l'agriculture, se prêtaient mieux encore qu'en Australie au morcellement de la propriété.

Néanmoins ces faits sont instructifs; ils prouvent sans réplique que la propriété foncière individuelle n'est en aucune façon le signe et le sceau d'une civilisation très avancée.

A Viti, la propriété individuelle se retrouve encore, mais moins démocratique; les chefs, toujours exposés à être dépossédés par leurs neveux, sont seuls propriétaires et bénéficient du travail de leurs serfs (3). Au total, les races mélanésiennes semblent avoir eu un goût précoce pour la propriété individuelle.

III

De la propriété en Afrique.

En Afrique, au contraire, la propriété foncière ne s'individualise plus ou moins qu'en Abyssinie et dans les contrées du nord où s'est introduite la civilisation musulmane; encore y est-elle, comme nous le verrons, soumise à bien des restrictions. Mais, dans l'Afrique noire, la propriété foncière, quand elle est instituée, appartient en principe à la communauté ou au chef qui la représente.

Chez les Hottentots, nomades et pasteurs, ce sont les bestiaux qui constituent les vraies richesses, et la propriété consiste seulement en territoires de pâture et de chasse assez mal définis.

---

(1) Grey, *Journal of two Expeditions of Discovery in North-West and Western Australia*, II, 298. — (2) De Rochas, *Nouvelle-Calédonie*, 261. — (3) W.-T. Pritchard, *Polynesian Reminiscences*, 370.

Chez les Cafres, déjà agriculteurs, le territoire arable appartient à la tribu, mais n'est pas exploité en commun.

Chaque année, le chef répartit les parcelles cultivées ou cultivables entre les membres de la tribu (1). Puis, une fois en possession de son champ, chaque famille s'y établit, s'y isole, vivant surtout du grain qu'elle a récolté et qu'elle broie entre deux pierres (2). Des coutumes analogues règnent, selon M. Fleuriot de Langle, sur la côte de Gorée, chez les Yoloffs, où, chaque année, le chef d'un village, assisté du conseil des anciens, répartit les terres à cultiver, en calculant les lots, suivant les besoins de chaque famille (3). A Sackatou, pour avoir le droit d'enclore et de défricher un terrain, il faut au préalable en avoir obtenu la concession du gouverneur (4).

Dans les contrées de l'Afrique équatoriale visitées par Du Chaillu et où la sauvagerie est plus grande, la faculté de cultiver le sol paraît être abandonnée au caprice de chacun. Les villages sont peu stables; on les brûle souvent, dès qu'un des habitants est mort de maladie, pour aller s'établir ailleurs. On a d'ailleurs à sa disposition beaucoup plus de terres arables qu'on n'en peut mettre en valeur. La vraie richesse consiste dans la possession d'un grand nombre de femmes et d'esclaves, que l'on fait travailler à sa guise (5). En résumé, un petit nombre de privilégiés s'arrogent l'usufruit de quelques parcelles arables, en se servant de l'homme et surtout de la femme comme d'animaux domestiques.

Dans les sociétés plus stables et plus savamment organisées, l'usufruit viager devient propriété inaliénable ; alors les plus forts s'associent pour former une ou plusieurs castes se partageant les produits d'un sol, que cultivent, pour eux, des esclaves. Tel était le régime agraire de l'Égypte ancienne, où le populaire, le fellah d'alors, labourait le limon du Nil, parfois en s'attelant lui-même à la charrue, pour le compte de la famille royale, de la caste sacerdotale et de celle des guerriers. Un cinquième des récoltes ainsi obtenues était prélevé pour remplir des greniers d'abondance ; car il faut bien

---

(1) Ch. Letourneau, *Bull. Soc. d'anthrop.*, VII, 688, deuxième série. Campbell, *Hist. univ. des voy*, vol. XXIX, 351. — (2) Levaillant, *Hist. univ des voy.*, vol. XXIV, 208. — (3) E. de Laveleye, *De la propriété*, 100. — (4) Clapperton, *Second Voyage*, II, 91. — (5) Du Chaillu, *Voy. dans l'Afrique équatoriale*, 294, 312.

nourrir l'homme attaché à la glèbe. Seule, la caste sacerdotale était exonérée de cet impôt : elle recevait l'aumône, mais ne la faisait pas (1).

D'après les idées musulmanes, le sol appartient au souverain. C'est le principe ; mais dans la pratique il n'est pas toujours scrupuleusement respecté. Ainsi, dans l'Égypte moderne, la plus grande partie du territoire est *mirieh* ; les possesseurs n'en sont qu'usufruitiers et ne peuvent transmettre leurs biens fonciers sans l'autorisation du chef de l'État; mais une portion du sol est *moulk* et abandonnée à la libre disposition des propriétaires (2).

Dans l'Algérie musulmane, les régimes agraires sont divers. Les Arabes proprement dits reconnaissent quatre sortes de propriétés : celle de l'État, celle des corporations religieuses, celle des communautés ou tribus, celle des particuliers. En fait, c'est la tribu qui exerce le domaine éminent. La part d'une famille reste indivise entre les ayants droit, qui la cultivent en commun et s'en partagent les produits. Chaque copropriétaire peut vendre sa part, mais les autres membres de la famille ont le droit de retrait lignager : ils peuvent récupérer la portion vendue en en restituant le prix.

Dans la Kabylie, pays essentiellement agricole, la propriété individuelle est instituée à l'européenne ; les champs, bien délimités, sont souvent enclos ; il y a des titres de propriété fort détaillés, mentionnant jusqu'au nombre des arbres.

De même, dans les oasis plantées de palmiers, chaque arbre constitue une propriété individuelle (3).

L'organisation familiale de la propriété foncière se retrouve dans l'Abyssinie chrétienne, et nous la rencontrerons désormais un peu partout, en dépit de la dissemblance des religions et des civilisations. Chez les Abyssins, les domaines familiaux sont délimités avec soin ; ils se transmettent rarement hors de la famille, et les femmes qui, par leur mariage, pourraient faire passer à des étrangers le bien commun, n'héritent qu'à défaut d'héritiers mâles jusqu'aux sixième et septième degrés (4).

(1) Champollion-Figeac, *Égypte ancienne*, 43, 86, 91, 146, et passim. — (2) E. de Laveleye, *De la propriété* 369. — (3) E. de Laveleye, *De la propriété*, 97. — (4) B. d'Abbadie, *Douze Ans dans la haute Éthiopie*, 101, 121, 132.

Au total, l'individualisation et la mobilisation de la propriété foncière n'existent en Afrique qu'à titre d'exception. Nous verrons que presque par toute la terre cette forme de l'appropriation du sol est la moins généralement et la plus tardivement admise.

IV

De la propriété en Amérique.

L'Amérique indigène est ou était presque partout communiste

A la Terre de Feu, on n'a pas encore inventé la propriété foncière ; la mer est le principal garde-manger de la race, et chaque Fuégien ne possède en propre que son canot d'écorce et ses ustensiles mobiliers.

Chez les tribus sauvages de l'Amérique du Sud, pour qui l'agriculture n'est qu'un accessoire, par exemple chez les riverains de l'Orénoque, les districts de chasse et de pêche sont possédés en commun par chaque tribu, mais toute parcelle mise grossièrement en culture devient propriété personnelle de ceux qui l'ont plus ou moins défrichée (1). Le territoire est si vaste que la tribu ne songe pas encore à réprimer ces insignifiantes tentatives d'appropriation personnelle ou familiale.

En Colombie, les Indiens sont, pour la plupart, étrangers à toute idée de propriété foncière, individuelle, mais ils ont à un haut degré le sentiment des droits de propriété possédés par leur tribu sur les territoires de chasse. C'est avec un soin jaloux qu'ils surveillent leur gibier, et les délits de braconnage entraînent souvent des conflits sanglants (2).

Il en est exactement de même chez les Peaux-Rouges de l'Amérique du Nord. Les vastes territoires de chasse ou de pêche de chaque tribu sont propriété indivise de tous les membres de l'association ; les frontières en sont plus ou moins bien délimitées et leur violation est un délit qui souvent suscite des guerres. Dans l'enceinte du territoire de la tribu, de la petite patrie, le droit de chasse et de pêche appartient à tous les membres de l'association, et chacun possède en pro-

(1) Gilii, *Nachr. v. Lands Guiana*, 327. — (2) Mollien, *Hist. univ. des voy.*, vol., XLII, 410.

pre le gibier et le poisson dont il s'est emparé. De même, le défrichement d'une parcelle du sol confère le droit de propriété individuelle sur les produits de ce sol, mais à titre d'usufruit, et jamais il n'y a de transmission de possession d'un Indien à un autre (1). Certains Peaux-Rouges du littoral nord-occidental étaient de forcenés propriétaires ; ils allèrent jusqu'à vouloir faire payer aux marins de Cook le bois et l'eau qu'ils embarquaient pour leur usage (2).

Les règles qui régissent la propriété chez les Esquimaux sont bien plus nombreuses, bien plus curieuses. Nulle part le domaine éminent de la communauté n'a été plus hautement proclamé ; car il s'exerce même sur les produits de la chasse, même sur les objets mobiliers, qui, presque partout, sont la propriété incontestée de l'individu, de celui qui les a fabriqués.

Les Esquimaux forment entre eux de petites associations, habitant souvent la même demeure, et ils ont soin de déterminer les limites d'un petit district qui sera exploité en commun. Les règles de cette exploitation sont précises et curieuses :

Les baleines, les morses, les ours, tous les gros animaux, de quelque manière qu'ils aient été pris, sont propriété commune ; car on considère que, sauf de rares exceptions, un individu est incapable de s'en emparer tout seul.

De tout phoque pris à une station d'hiver, de petites parts de chair et de gras sont distribuées entre les associés d'un même groupe.

En cas de perte ou de dégât d'une arme ou d'un ustensile empruntés, l'emprunteur ne doit aucun dédommagement au prêteur ; car on ne prête jamais que son superflu.

Un Esquimau n'a le droit de posséder en propre que deux kayaks. S'il en a un troisième, il doit le prêter à un compagnon de la maison commune : ce qui ne sert pas est considéré comme étant sans propriétaire.

La propriété individuelle est donc, par ces règlements, limitée à quelques armes et ustensiles, à de très petites provisions.

Cependant les amateurs de propriété individuelle ont la faculté de sortir du district habité par l'association, de se bâtir

---

(1) G. Richardson, *Hist. amér.*, liv. IV. — (2) Cook, *Hist. univ. des voy.*, vol. X, 360.

hors de ces frontières une hutte qui leur est personnelle, et de chasser et pêcher à leur guise et à leurs risques.

En outre, même dans la communauté, chacun a le droit de s'approprier tout morceau de bois flottant, à la seule condition d'être assez fort pour le traîner tout seul sur le rivage hors des atteintes du flux. Une pierre posée sur l'épave suffit alors pour en garantir la propriété (1).

Ce n'est pas sans étonnement que l'on trouve, chez une race si peu développée sous tous les autres rapports, un système d'association si ingénieux, si équitable, un si vif sentiment de la solidarité humaine, uni au respect de l'indépendance individuelle. La plupart des Européens, si fiers de leurs arts, de leurs sciences, etc., en un mot de leur civilisation, sont sûrement, au point de vue des aptitudes sociales, fort inférieurs aux Esquimaux.

V

De la propriété au Pérou et au Mexique.

Comme les Esquimaux dont nous venons de parler, les anciens Péruviens avaient pris le communisme pour base de leur société ; mais, chez eux, il n'était plus question de communisme républicain et égalitaire : c'était un communisme patriarcal et autoritaire, laissant le travail à la plèbe, que guidaient à leur gré des castes dirigeantes. C'est le plus large essai de communisme centralisé et despotique qui ait jamais été réalisé dans le monde : il vaut la peine de le décrire avec quelque détail :

Le territoire de l'empire péruvien était divisé en trois parties : une pour le soleil, c'est-à-dire la caste sacerdotale ; une autre pour l'Inca ; la troisième, pour le peuple.

Les terres du soleil produisaient un revenu consacré à l'entretien des temples, à la célébration de somptueuses cérémonies et enfin à subvenir aux besoins d'un nombreux clergé.

Le luxe de la cour, le personnel considérable qui y était attaché, l'immense famille de l'Inca, absorbaient les revenus des terres royales.

Le reste du territoire était partagé entre le peuple, et la répartition des lots se répétait chaque année. Pour qu'elle fût

(1) Rink, *Tales and Traditions of the Esq.*

équitable, on avait soin de la baser sur une statistique soignée de la population et des ressources de chaque district. Rien n'était abandonné aux caprices individuels. Tout Péruvien devait se marier à un certain âge, et à ce moment le district auquel il appartenait lui fournissait une habitation et un lot de terre suffisant pour lui et sa femme. A la naissance de chaque enfant, une parcelle additionnelle était ajoutée au lot primitif, qui croissait ou diminuait chaque année en proportion de la famille. Les *curacas,* ou employés du gouvernement, recevaient un lot, dont l'importance était proportionnée à celle de leur fonction (1).

Le peuple, en retour, travaillait pour tout le monde ; les trois espèces de terres arables étaient labourées par lui et dans un certain ordre. D'abord on cultivait les terres du soleil : dieu et ses ministres devant naturellement passer avant tout. Venaient ensuite, et cela est curieux dans un état despotique, les terres des incapables et des empêchés par quelque service public : celles des vieillards, des malades, des veuves, des orphelins, des soldats en activité de service. Puis chacun était libre de travailler pour soi, mais avec l'obligation générale d'assister ses voisins. Enfin, et en dernier lieu, on s'occupait des terres de l'Inca. On s'était efforcé de faire de ce dernier travail une réjouissance publique ; c'était en chantant et revêtue de ses habits de fête que la population labourait les terres royales (2).

Tous les travaux s'exécutaient de la même manière : exploiter les mines, faire paître et soigner les nombreux troupeaux de lamas, les tondre, tisser les étoffes de laine ou de coton, tracer des routes, etc. Mais chaque Péruvien ne devait à l'État qu'une part réglée de son temps. Aussitôt sa tâche terminée, il était remplacé par un autre (3) ; de plus, il était entretenu par l'État tant qu'il était requis par lui

La plus grande partie des récoltes, de la laine des lamas, etc., était déposée dans trois catégories de magasins répondant aux trois grandes divisions sociales ; mais les magasins du soleil devaient au besoin combler les déficits de ceux de l'Inca, dont le trop-plein refluait à son tour dans les magasins populaires

---

(1) W. Prescott, *Hist. de la conquête du Pérou,* I, 62. — (2) *Ibid.,* 64. — (3) W Prescott, *Hist. de la conq. du Pérou,* I, 69.

servant à entretenir les malades, les infirmes, etc. (1). Les étoffes étaient fabriquées par les femmes, qui s'entendaient très bien à filer et à tisser. Avec ces étoffes les familles s'habillaient d'abord, puis l'excédent était déposé dans les magasins de l'Inca. Des employés surveillaient la distribution des matières premières et l'exécution du travail.

En résumé, tout se faisait par réquisition et les divers emplois passaient ordinairement de père en fils.

Grâce à ce système, la famine était inconnue au Pérou (2); il n'y avait ni mendiants ni charité privée. L'abandon n'était à craindre pour personne; la communauté obviait de son mieux à tout: à la vieillesse, aux maladies, aux infirmités, aux accidents, etc. (3).

Le régime péruvien a donc réalisé, point par point, certains systèmes modernes considérés comme des utopies irréalisables. Ajoutons que pendant des siècles ce système a donné au Pérou toute la prospérité compatible avec une civilisation d'ailleurs peu avancée. Excluait-il tout progrès, comme on l'a prétendu ? Qu'en serait-il sorti ? La sauvage conquête espagnole a mis fin à l'expérience ; mais c'est un fait sociologique important que celle-ci ait réussi dans une si large mesure. Le « chacun pour soi, Dieu pour tous » de nos sociétés européennes a ses bons côtés : il stimule l'activité personnelle, excite l'individu à s'ingénier, à inventer; mais que de sacrifices il exige ! Et combien de fois, dans l'inexorable lutte pour vivre, le meilleur ne succombe-t-il pas devant le pire, la dignité devant la bassesse ! Combien de fois une vie d'honnêteté et de labeur n'aboutit-elle pas à une vieillesse misérable et abandonnée ! Dans une société bien organisée, il faudrait réussir à concilier la solidarité de tous les membres avec leur indépendance individuelle : pour êt e ardu, le problème n'est peut-être pas insoluble.

Rien de comparable au communisme systématique et autoritaire des Péruviens n'existait au Mexique. Cependant une organisation sociale, ayant la communauté pour base, paraît avoir préexisté à la fondation de l'empire aztèque, et l'on en retrouve encore les restes dans les *pueblos* actuels du Nouveau-Mexique, évidemment faits à l'image de ces *casas grandes* à cinq, six, sept étages qui étonnèrent jadis les conquérants. A l'exposi-

(1) W. Prescott, *loc. cit.*, 70. — (2) *Ibid.*, 174. — (3) *Ibid.*, I, 74.

tion anthropologique de 1878, on a pu voir des modèles de ces curieuses constructions pyramidales, dont chaque étage est en retrait sur l'étage inférieur. Tout l'édifice est divisé en chambres, en cellules où l'on pénètre par un trou percé dans le plafond. Point d'escalier; on ne communique d'un étage à l'autre qu'au moyen d'échelles extérieures. Chaque construction forme un village, d'accès difficile, gouverné par un chef élu chaque année. Tout le monde s'accorde à faire l'éloge des Indiens des pueblos; ils sont paisibles, hospitaliers, industrieux et intelligents; en dépit de la vie commune, ils pratiqueraient assez strictement la monogamie.

L'organisation générale de l'ancien Mexique était fort différente; pourtant le domaine éminent était presque toujours exercé par l'empereur. C'était une sorte de régime féodal, dans lequel l'empereur, propriétaire du sol en principe, accordait des fiefs dont l'investiture devait être confirmée à chaque avènement. En retour, les tenanciers devaient fréquenter la cour du prince, le soutenir au besoin avec leurs vassaux armés, et lui payer un tribut annuel. Pourtant la propriété personnelle existait déjà pour certains domaines conquis ou donnés en récompense de services publics; il était seulement interdit aux titulaires de disposer de leur bien en faveur d'un plébéien; certaines de ces possessions n'étaient transmissibles qu'aux fils aînés et, à défaut d'hoirie, revenaient à la couronne (1).

En résumé, nous voyons en Amérique la propriété foncière, nulle chez les Fuégiens, apparaître chez les autres indigènes sous la forme de territoires de chasse et de pêche possédés en commun, mais dont il est parfois permis aux individus de s'approprier quelques parcelles au prix d'un défrichement. Dans l'Amérique centrale, la propriété foncière s'organise plus savamment : au Pérou, dans le sens de la communauté; au Mexique, dans celui de la propriété individuelle. Là encore on ne peut dire que la propriété individuelle procédât d'une civilisation supérieure. Les deux sociétés mexicaine et péruvienne étaient sensiblement au même degré de développement intellectuel et la seconde surpassait de beaucoup la première en développement moral.

(1) W. Prescott, *Hist. de la conquête du Mexique*, I, 21.

VI

De la propriété en Polynésie.

En Polynésie, on trouvait et on trouve encore les trois principaux modes de posséder : la communauté par tribu, la communauté par famille et la propriété individuelle.

Dans certains districts de la Nouvelle-Zélande, il existe de petites sociétés vivant dans un état de communisme absolu, même avec promiscuité (1). Les étoffes, les filets sont en commun. Labourer la terre, fabriquer les filets, attraper les oiseaux, pêcher dans les pirogues : voilà le labeur des hommes. Recueillir les racines de fougère et, sur le bord de la mer, des coquillages, des crustacés, etc., préparer les aliments, confectionner les étoffes : tel est le lot des femmes (2). Ailleurs une portion du sol est affectée à chaque famille, et cette portion se subdivise en parts individuelles délimitées à la naissance de chaque enfant (3).

A l'île de Pâques, de grandes maisons communes logeaient, comme les pueblos mexicains, des centaines de personnes (4). A Uliétea existaient aussi des édifices analogues (5). Aux îles Marquises, tout indigène en course a le droit de pénétrer dans une case quelconque, de plonger la main dans le baquet à *popoi* et de se retirer, aussitô trepu, sans même remercier (6). Dans ces mêmes îles, le vol n'est considéré que comme un délit véniel, rarement puni (7).

Ailleurs la propriété individuelle était instituée parfois dans toute sa plénitude. A Tongatabou, la maison des chefs et les cabanes de leurs domestiques ou serfs étaient construites au milieu d'une plantation close de haies (8). Aux îles Sandwich, il existait une organisation féodale basée sur la conquête. Le chef conquérant partageait le district conquis entre des grands vassaux qui subdivisaient leur part entre des tenanciers taxés à volonté par le maître (9). Un régime analogue régnait à Taïti.

,1) Giraud-Teulon, *Orig. famille*, 50. — (2) Cook, *Troisième Voyage* (*Hist. univ. des voy.*, vol. VI, 194). — (3) Tylor, *N. Zealand and its Inhabitants*, 344. — (4) La Pérouse, *Hist. univ. des voy.*, vol. XII, 99. — (5) Cook, *Second Voyage, loc. cit.*, vol. VIII. — (6) M. Radiguet, *Derniers Sauvages*, 158. — (7) *Ibid.*, 166. — (8) Cook, *Troisième Voyage, loc. cit.*, vol. IX, 398. — (9) *Revue de l'Orient*, 1844.

Les seigneurs de district en concédaient des portions à des vassaux qui faisaient exécuter tous les travaux pénibles par la plèbe, par les *tatous* (1). La propriété individuelle était constituée dans toute sa rigueur. Chaque parcelle avait son propriétaire particulier. On avait même imaginé ce qu'on appelle dans la Bretagne française le domaine congéable ; parfois les arbres appartenaient à un individu et le sol à un autre (2). Par une singularité que nous avons déjà signalée, la nue propriété des immeubles passait du père au fils aussitôt la naissance de ce dernier (3).

On était même parvenu, à Taïti, au degré extrême du droit de propriété individuelle : le mourant avait le droit de tester; il dictait ses volontés dernières, réputées sacrées, à ses parents et amis (4).

Conséquemment à une telle organisation de la propriété, le vol n'était plus toléré, comme aux îles Marquises, et ceux qui s'en rendaient coupables s'exposaient au moins à la bastonnade, parfois à la mort (5).

A Taïti, comme en bien d'autres contrées, l'institution de la propriété individuelle, quoique presque romaine dans la forme, coïncidait avec un état social fort peu avancé. Mais les conditions générales de la Polynésie avaient hâté l'évolution du droit de posséder. Dans les îles de médiocre étendue, où la grande chasse est inconnue, puisqu'il n'y existe aucun mammifère sauvage, il faut vivre surtout aux dépens du règne végétal, et recourir pour se procurer des substances animales à la pêche et aux animaux domestiques. On peut donc, sans dommage pour personne, restreindre le droit de possession foncière et, quand on en arrive à pratiquer l'agriculture, on est vite amené à fonder la propriété individuelle. Cependant le domaine éminent est toujours exercé par le chef et le principe de la primitive communauté n'est point aboli.

---

(1) Cook, *Premier Voyage*, *loc. cit.*, vol. V, 314. — (2) Ellis, *Polynesian Researches*, II. — (3) *Ibid.*, II, 346, 347. — (4) *Ibid.*, II, 362. (5) Cook, *Deuxième Voyage* (*Hist. univ. des voy.*), vol. VIII, 5.

VII

De la propriété en Malaisie, etc.

Aux îles Pelew, l'organisation de la propriété est en contradiction avec l'effet habituel de l'habitat insulaire ; c'est que les diverses races n'obéissent pas toutes de la même manière aux mêmes causes ; c'est aussi que tout se modifie et évolue.

Aux îles Pelew, l'individu ne possédait en propre que sa maison, ses meubles et son canot ; le roi était le propriétaire général des terres, et il en rétrocédait l'usufruit aux particuliers. L'usufruitier venait-il à se déplacer, la parcelle dont il avait la jouissance revenait au roi, et chaque année il y avait une répartition nouvelle des terres libérées (1).

Aux îles Carolines, il existe aussi une communauté relative. Chaque district possède une grande maison publique où l'on s'assemble, où l'on conserve les pirogues, les métiers à tisser, les instruments utiles à la communauté (2).

Mais c'est surtout à Java que règne pleinement la communauté agraire et un régime qui, dans bien des provinces, se rapproche de celui du *mir* russe.

Dans l'opinion des Javanais, le sol appartient au Créateur, à Dieu, et par suite au représentant de Dieu sur la terre, au souverain. Ce dernier concède la jouissance du fonds soit à la commune, soit à l'individu qui l'a mis en valeur. Le concessionnaire en jouit, lui et ses descendants, aussi longtemps qu'il remplit les conditions déterminées par la coutume (3). En conséquence le sol est inaliénable, la majorité même d'une commune ne peut y porter atteinte.

L'administration coloniale des Hollandais n'a affaire, pour la perception des impôts et les corvées, qu'aux communautés de village (4). La culture du riz, qui est la céréale par excellence des Javanais, est très favorable à la formation et au maintien des communes ; en effet, à Java, pour cultiver le riz,

(1) Wilson, *Relation des îles Pelew*, tr. fr. II, 155, et *Hist univ. des voy.*, vol. XIII, 381.— (2) Duperrey, *Hist. univ. des voy.*, vol. XVIII, 175. — (3) *Discours d'un représentant en Néerlande*, 1866-67, cité par E. de Laveleye, *De la propriété*, 60. — (4) Cf. E. Giglioli, *Viaggio della Magenta intorno al Globo*, Milano, 1876.

il est presque toujours nécessaire de créer un système d'irrigation pour l'exécution duquel l'association est indispensable; aussi les terres fertilisées par le travail commun deviennent tout naturellement la propriété indivise des travailleurs (1). Les champs irrigués sont répartis entre les familles des intéressés, tantôt chaque année, tantôt tous les deux ou trois ou cinq ans ; mais pour obtenir une part il faut posséder un joug, c'est-à-dire une paire de buffles ou de bœufs : il y a donc des prolétaires ne participant point à l'allotement.

La commune javanaise (*dessa*) est régie par un chef annuellement élu, et auquel on alloue presque partout une part de terre plus grande ou plus avantageuse (2). Les maisons et les jardins attenants sont seuls propriété privée.

Çà et là pourtant la propriété individuelle se crée. Dans certaines provinces, les bois et les terrains vagues sont bien communaux, mais en défrichant une partie du fonds communal l'individu en devient propriétaire, tantôt pour plusieurs années, tantôt pour un temps indéfini; le champ mis en culture peut même passer aux descendants du premier propriétaire, et ceux-ci en jouissent tant qu'ils continuent à le cultiver (3). Mais la vente des parts tenant à la propriété commune est interdite si l'acquéreur est un étranger (4).

Ce régime semble très favorable à l'accroissement de la population. En effet, il rend inutile ce que Malthus appelle le *moral restraint*. De temps en temps des essaims de famille quittent la communauté pour fonder un nouveau village. Aussi la population de Java, qui, en 1780, n'était que de 2 029 300 individus, s'élevait en 1808 à 3 730 000 ; en 1826, à 5 400 000 ; en 1863, à 13 649 680; en 1872, à 17 298 200.

De pareils faits se recommandent d'eux-mêmes à l'attention des hommes d'État ayant charge de légiférer dans certains pays d'Europe où la propriété individuelle, quiritaire, semble avoir pour conséquence le décroissement progressif de la natalité.

(1) E. de Laveleye, *De la propriété*, 64. — (2) *Ibid.*, 50-51. — (3) *Ibid.*, 53. — (4) *Ibid.*, 54.

VIII

De la propriété chez les races mongoles.

Chez les Mongols nomades et pasteurs, c'est la propriété des troupeaux qui importe, et elle est toujours plus ou moins commune. Même quand ces troupeaux sont possédés par un grand propriétaire, tout individu appartenant à un groupe de tentes est, dans une certaine mesure, intéressé aux bénéfices de l'exploitation; il a droit à un minimum fixé par la nature même de ses besoins (1).

Dans la transmission héréditaire de la propriété, les Tartares ont remplacé le droit d'aînesse par le droit de jeunesse. A mesure que les fils aînés d'un homme arrivent à la majorité, ils quittent la tente paternelle avec les bestiaux que leur père veut bien leur abandonner. Après ce prélèvement, les biens paternels reviennent au plus jeune. Cette coutume, aussi humaine et raisonnable que le droit d'aînesse l'est peu, se retrouve aussi dans certains districts de l'Inde (2); elle a existé dans quelques provinces anglaises, notamment dans le comté de Cornouailles et le pays de Galles, par conséquent en pays celtique. Enfin le même usage a été en vigueur dans l'Armorique française, où il s'appelait le *droit du juveigneur* (3).

En Tartarie, les habitudes communistes ont entretenu à un tel point le sentiment de la solidarité que les habitants d'un groupe de tentes sont tenus d'aller à la recherche des animaux perdus par des voyageurs ayant campé dans leur voisinage, et de les remplacer s'ils ne les retrouvent point (4). C'est que partout le caractère des peuples finit par se modeler sur les institutions sociales.

La longue durée de l'empire chinois nous fournit un tableau fort instructif de l'évolution du droit de propriété. Selon les anciennes chroniques, vers 2205 ans avant Jésus-Christ, la Chine, déjà agricole, était divisée en communes s'administrant elles-mêmes, élisant leurs chefs, auxquels on assignait un lot convenable de terre. Le reste du sol était réparti entre

---

(1) Le Play, *les Ouvriers européens*, 15, 19, 45, 50. — (2) Lewin, *Hill Tracts of Chittagong*, 194. — (3) *Acad. sciences mor. et pol.*, 5 oct. 1878. — (4) Huc, *Voyage dans la Tartarie*, 1, 99.

tous ceux qui pouvaient le cultiver, de l'âge de vingt à celui de soixante ans. Puis, comme il est arrivé un peu partout, les bergers entreprirent contre le troupeau, les chefs de provinces usurpèrent l'hérédité, les souverains se mirent à concéder des fiefs, etc. Cependant, jusqu'en 254 avant Jésus-Christ, les familles des cultivateurs se partageaient le sol arable proportionnellement au nombre de bras. Un lot sur neuf était cultivé au profit de l'État. Mais peu à peu les riches accaparèrent les terres, puis les louèrent en métayage aux cultivateurs dépossédés, en percevant de par le droit du plus fort la moitié du produit (1). Pourtant, aujourd'hui encore, l'empereur est en principe propriétaire de tout le sol de l'empire, et la plupart des familles possèdent en commun une certaine portion de terrain inaliénable ; le fisc traite encore avec des communes autonomes, élisant leurs chefs ; mais en fait le droit impérial se borne à exproprier pour cause de non-paiement d'impôts et à confisquer pour crimes d'Etat (2). En retour le gouvernement veille à la création, à l'aménagement du vaste système d'irrigation qui sillonnait déjà les provinces du nord de la Chine six cents ans avant Jésus-Christ (3). En résumé, la propriété foncière s'est individualisée en Chine par suite d'une lente série de violences et d'usurpations.

Au Japon, l'origine de la propriété individuelle est aussi fort brutale : elle repose uniquement sur le droit de conquête. Les premiers occupants mongoliques du Japon y établirent violemment le régime féodal. Les chefs concédèrent à leurs compagnons des terres dont la possession les anoblissait eux et leurs descendants, en perpétuant le privilège. Les fiefs étant considérables, les titulaires les partagèrent entre leurs hommes-liges, qui constituèrent une noblesse de second rang, et ceux-ci, moyennant une redevance, louèrent le sol dont ils avaient la libre disposition à des paysans dont le travail nourrissait tout le monde.

Mais à la base de tout cet édifice féodal se retrouve encore la communauté familiale. Ainsi le premier-né, quel que soit

(1) E. de Laveleye, *De la propriété*, 143. — (2) Huc, *Empire chinois*, I, 96. Milne, *Vie réelle en Chine*, 269. — (3) J. de la Gravière, *Voyage en Chine*, I, 299. — (4) M. Maéda, *la Société japonaise*, in *Revue scientifique*, août 1878.

son sexe, hérite du domaine sans avoir le droit de le quitter.
La qualité d'héritier prime tout ; aussi l'héritière impose-t-elle
son nom à son mari (1). Ce sont là évidemment les derniers
vestiges du communisme primitif.

IX

De la propriété dans l'Asie non mongolique.

Le régime de la communauté était ou est encore en vigueur
chez nombre de tribus aborigènes de l'Inde. Ainsi, chez les
Naïrs, la propriété foncière se transmet par les femmes et ne
sort jamais du clan maternel (2). A Ceylan, chez les Cingalais,
où, lors d'un mariage, c'est la famille qui est censée se marier
et avoir des enfants, les terres ne sont jamais divisées entre
les individus (3). Les Tihurs de l'Oude vivent ensemble dans
de grands établissements où tout est commun et où le lien du
mariage n'est que nominal (4).

Quand il traite de la propriété, des impôts, etc., le code de
Manou ne parle jamais que des villages, qui, aujourd'hui
encore, sont, dans l'Inde, les unités politiques et économiques.

Avant la domination anglaise, le droit de propriété n'impli-
quait pas celui d'aliéner. Les indigènes ne pouvaient concevoir qu'on saisît et vendît des terres pour acquitter une dette
particulière (5); ils ne connaissaient pas le testament et n'en
avaient pas même l'idée; ils ne vendaient, ne louaient, ni ne
léguaient la terre (6). Peu à peu, dans certains districts, on
en arriva à aliéner les terres, mais il y fallait le consentement
des parents, des co-propriétaires, des voisins (7).

C'est que l'ancien village hindou était une communauté agricole, exploitée en commun par les ayants droit, qui à la fin de
l'année se partageaient les fruits et les moissons, ainsi que le
rapporte déjà Néarque, lieutenant d'Alexandre (8).

Aujourd'hui encore, dans le Penjaub, le village est une asso-

(1) Giraud-Teulon, *Orig. famille*, 178. — (2) Giraud-Teulon, *Orig.
famille*, 41. — (3) Joinville, *Asiatic Researches*, vol. VI, 425. —
(4) *The People of India*, by J. Watson et J.-W. Kaye, vol. I, 85. —
(5) Campbell, *Systems of Land Tenure*, 151. — (6) E. de Laveleye,
De la propriété, 170. — (7) Colebrooke, *A Digest of Hindu Law*, II,
161. — (8) Strabon, liv. XV, chap. I, 66.

ciation d'hommes libres ayant ou croyant avoir un ancêtre
commun (1). Dans la présidence de Madras, certains villages
ne se soumettent qu'en apparence, depuis cinquante ans, à
l'impôt individuel; en réalité ils payent l'impôt en bloc, en
le répartissant entre les membres de la communauté. Le
village possède la forêt et les terrains incultes. La terre arable
est allotie entre les familles et leur appartient. On accorde un
lot de terre au corroyeur, au cordonnier, au prêtre, au secré-
taire-trésorier. Chaque famille obéit à un patriarche jouissant
d'un pouvoir despotique. Quant au village, il reconnaît un chef
élu ou héréditaire (2). Pourtant la propriété individuelle tend à
se fonder : par le seul fait de sa naissance, un fils a, dans certains districts, droit à une portion des biens paternels (3).

Chez les Afghans, le régime de la communauté s'est mieux
conservé. Après une période quinquennale ou décennale, suivant la coutume locale, on procède à un allotement égal des
terres entre les familles. Les domaines sont échangeables,
mais seulement entre les membres de la tribu (4).

Les Bhots polyandres sont déjà arrivés à établir la propriété
individuelle. Chez eux, la fortune des maris est réunie sur la
tête de la femme, dont les enfants héritent conjointement, et
le plus souvent même par avancement d'hoirie ; en effet, d'habitude les parents transmettent leurs biens, par parts égales,
à leurs enfants, au moment de leur mariage, en ne gardant
pour eux que le strict nécessaire (5).

En parlant du régime de la propriété dans l'Afrique musulmane, nous avons parlé des biens communs entre tous les
membres d'une tribu, d'une communauté, d'une famille. Ce
régime est fort ancien chez les Sémites ; car Diodore (ch. 34)
signale déjà l'existence sur les côtes de l'Arabie heureuse,
dans l'île Panchaia, de communautés agricoles récompensant
leurs membres suivant les œuvres de chacun, et assignant au
plus habile cultivateur une part plus forte dans la récolte. Il
faut noter comme une exception ce souci de la véritable équité,
qui est rare dans les communautés primitives.

(1) E. *de* Laveleye, *loc. cit*, 351. — (2) E. de Laveleye, *De la propriété*, 66, 67. — (3) Maine, *Ancient Laws*, 228. — (4) Elphinstone,
Tableau du royaume de Caboul, tr fr., Paris, 1817, t. III, 205, 209.
— (5) Communication de M. L. Rousselet, auteur de *l'Inde des Rajahs.*

Chez les anciens Hébreux, la terre était possédée collectivement par la famille; il y avait des familles riches et des familles pauvres, mais tous les cinquante ans un jubilé réparateur et égalitaire venait annuler la vente des terrains aliénés et rendre la liberté aux esclaves hébreux. C'était comme une marée communiste, submergeant les îlots de la propriété individuelle (1) Cette périodique annulation du droit de propriété prouve assez que la propriété commune avait précédé la propriété familiale.

X

De la propriété en Grece et à Rome

Dans notre antiquité classique de la Grèce et de Rome, la propriété commune a aussi précédé l'autre.

Sparte avait un vaste domaine communal comprenant les forêts et les montagnes, et dont le revenu servait à défrayer les repas publics (2). Le territoire de Lacédémone étant pays conquis, cultivé par les anciens possesseurs (hilotes) réduits en esclavage, Lycurgue réussit, sans trop de peine, à le faire répartir en portions égales (3); il régularisa en même temps l'usage des repas communs, aussi pratiqués en Crète et dans diverses parties de la Grèce.

Des portions du sol lacédémonien pouvaient être octroyées, même à des étrangers, pourvu que ceux-ci se soumissent aux lois du pays; mais il était interdit à tout le monde d'aliéner les parcelles possédées (4). D'autres pratiques, bien plus communistes encore, étaient en vigueur; ainsi il était licite aux Lacédémoniens de se servir des chevaux, des chiens, des ustensiles de leurs voisins, si ceux-ci n'en usaient point eux-mêmes (5).

L'interdiction de vendre le sol et la défense de tester maintinrent longtemps l'égalité des fortunes à Sparte. Ce fut seulement après la guerre du Péloponèse que s'introduisit dans la république l'usage du testament. Le droit de tester et la faculté d'hériter laissée aux femmes engendrèrent peu à peu l'opulence, l'accumulation de grands biens entre les mains d'un

---

(1) S. Munck, *Palestine*, 185. — (2) E. de Laveleye, *De la propriété*, 179. — (3) Plutarque, *d'Amyot. Apophtegmes des Lacédémoniens*, XVI, 68. — (4) *Ibid.*, 115. — (5) *Ibid.* Aristote, *Politique*, II.

petit nombre d'individus. Il faut ajouter que les femmes recevaient souvent des dots considérables (1). Le père ou, à son défaut, le tuteur, mariaient à leur gré la fille héritière et en même temps ses biens (2). Aussi avec le temps les deux cinquièmes du territoire laconien devinrent propriété féminine (3) ; avec l'inégalité des fortunes naquirent une inimitié violente entre les riches et les pauvres et des dissensions sociales, corollaire ordinaire d'un semblable état de choses.

Des causes analogues produisirent les mêmes effets à Athènes, où les lois de Solon avaient individualisé bien davantage la propriété. Les biens fonciers appartenant aux individus furent délimités avec soin; on en vint même à régler la distance minimum à laquelle devaient être plantés les arbres des voisins (4). Enfin, et ceci est bien plus grave, le droit de tester fut accordé à quiconque n'avait pas d'héritier mâle (5), et la propriété foncière put se transmettre par le mariage des filles héritières.

Néanmoins, Solon et ses successeurs soumirent la propriété individuelle à de lourdes restrictions, vestiges probables du communisme primitif. Aux termes des lois de Solon, la vente d'une propriété entraînait pour le vendeur la perte de ses droits de citoyen (6); les biens fonciers subissaient un impôt progressif (7). En outre, les riches étaient astreints à remplir des charges publiques fort dispendieuses (8), et un droit de mutation d'un centième de la valeur était prélevé lors de toute vente d'immeubles (9).

Enfin, à côté du droit de propriété individuelle, des coutumes absolument communistes avaient été conservées : le Trésor public dotait les filles pauvres; on distribuait à bas prix et même gratuitement des grains aux nécessiteux; chaque jour on donnait des représentations théâtrales, auxquelles tout citoyen pouvait assister sans bourse délier (10).

Au total, le dogme de la propriété individuelle était mal assis

❦

(1) Aristote, *Politique*, II, 6. — (2) *Ibid.* — (3) Aristote, *Politique*, II. — (4) Plutarque, *Vie de Solon*, LXVII. — (5) Plutarque, *Vie de Solon*, XL — (6) Eschine, *contre Timarque, Diogène Laërce*, I — (7) Dumesnil-Marigny, *Histoire de l'Economie politique des anciens peuples*, etc., 3e édit., t. III, 202. — (8) *Ibid.*, 206. — (9) *Ibid.*, 209. — (10) *Ibid.*, 214.

encore dans la législation athénienne : l'État n'y était pas ce qu'il est devenu plus tard, un personnage abstrait ne s'occupant guère des individus que pour châtier leurs délits ou leur imposer des charges.

À Rome comme en Grèce, ce fut lentement que la propriété individuelle se dégagea de la propriété commune.

Le droit de propriété ne s'applique d'abord qu'aux esclaves, au bétail, aux objets mobiliers, à cela seulement que la main pouvait saisir (*mancipatio*).

C'est par la communauté de village que débute à Rome la propriété foncière; puis cette communauté se fractionne en communautés consanguines (1), en *gentes*. C'est par les mâles que se continuent la famille et la *gens*. La famille proprement dite est constituée par le groupe des *agnats*; c'est une série généalogique, dont les degrés sont connus, se peuvent compter.

Les *gentiles* descendent aussi d'un ancêtre commun, mais légendaire ; on ne peut plus énumérer les anneaux de la chaîne ancestrale, qui les relie au commun progéniteur (2).

Les *agnats* ont l'hérédité réciproque, parce qu'ils ont un même culte domestique et que leurs ancêtres reposent dans le même tombeau (3).

Les *gentiles* n'héritent qu'à défaut de fils et d'agnats (4), dit la loi des Douze Tables.

Dans l'association familiale, tout appartient à tous, et la famille romaine est une communauté comprenant hommes et choses. Le personnel s'en recrute non seulement par la consanguinité, mais aussi par l'adoption. Le père est avant tout le chef, l'administrateur; on lui donne le nom de père, même quand il n'a pas de fils ; la paternité est une question de droit, non une question de personnes (5). L'héritier ne fait que continuer la personne du défunt ; il est héritier malgré lui, pour l'honneur du défunt, pour les dieux Lares, le foyer, le sépulcre héréditaire et les mânes (6).

Le patrimoine est immobile, comme le foyer et le tombeau, auquel il est attaché. C'est l'homme qui passe, ce sont les gé-

---

(1) E. de Laveleye, *De la propriété*, 183. — (2) R. Cubain, *les Lois civiles de Rome*, 415. — (3) *Ibid.*, 414. — (4) E. de Laveleye, *De la propriété*, 197. — (5) R. Cubain, *loc. cit.*, 412. — (6) *Ibid.*, 413.

nérations qui se succèdent, et qui, à tour de rôle, continuent le culte et prennent soin du domaine. L'héritier hérite de lui-même ; il est *heres suus* (1).

Le fils émancipé est exclu de l'héritage ; le fils adoptif n'hérite que de la famille adoptante; enfin, du vivant de son père, un fils n'est jamais majeur.

A partir de la loi des Douze Tables, la propriété individuelle est fondée, puisque le droit de vente et le droit de testament sont établis.

Pourtant la vente est encore entourée de formalités religieuses ; il y faut la présence d'un prêtre.

Le droit de tester vint, avec le droit de vente, achever la mobilisation de la propriété. Pourtant le droit de *l'héritier sien* subsista à moins d'exhérédation expresse ; or, l'exhérédation était une sorte d'excommunication excluant l'exhérédé du sacerdoce domestique et du sépulcre héréditaire (2), qui resta toujours inaliénable.

Cependant plusieurs lois, postérieurement édictées, limitèrent le droit de tester, dont on ne tarda pas à sentir les abus. La loi *Voconia* défendit de léguer à qui que ce fût plus qu'aux héritiers naturels; la loi *Falcidia* assura aux héritiers naturels le quart de la succession ; la loi *Glicia* obligea le testateur à donner de bonnes raisons pour deshériter ses enfants, etc. La loi Voconia interdit de léguer à des femmes plus du quart du patrimoine.

Enfin, le droit de conquête, qui dans l'antiquité ne respectait pas la propriété, familiale ou individuelle, constitua longtemps à Rome un *ager publicus*, distinct des *heredia*.

En définitive, l'idée religieuse et morale, qui dans la Rome primitive présidait au droit de propriété, s'évanouit peu à peu. Tout sentiment de solidarité s'éteignit. Le droit de tester, le droit de vente, le droit d'hériter accordé aux femmes avec celui de posséder une dot, le bénéfice d'inventaire, etc., finirent par faire de la propriété une chose absolument mobile, qui pouvait s'accumuler en énorme quantité entre les mains d'un individu. Les mœurs s'en ressentirent bien vite ; l'importance sociale se mesurant à la fortune bien plus qu'au

---

(1) Fustel de Coulanges, *Cité antique*, 79, 80. — (2) R. Cubain, *Lois civiles de Rome*, 422, 425.

mérite, la cupidité se déchaîna ; les renards eurent le pas sur les lions. Dès lors la captation devint une industrie des plus féconde et des plus exploitées ; on acquit la richesse *per fas et nefas*, et Pline put écrire avec raison : *Latifundia perdidere Italiam*. La grande propriété dévora la petite. Dans certaines provinces, tout l'*ager publicus* fut possédé par quelques familles ; la moitié de l'Afrique romaine appartenait à six propriétaires, quand Néron les fit mettre à mort (1).

Le même émiettement de la communauté primitive, la même transformation du droit de propriété dans le sens égoïste se sont effectués, comme nous l'allons voir, dans tout le reste de l'Europe.

XI

De la propriété européenne en dehors des contrées gréco-romaines.

Avant la conquête romaine, le régime de la communauté existait plus ou moins dans l'Europe entière. Les membres de la tribu celtibère des Vaccéens, dit Diodore de Sicile, se partageaient annuellement le sol pour le cultiver ; mais les récoltes étaient mises en commun et chacun en recevait sa quote-part. On avait même édicté la peine de mort contre quiconque enfreindrait ces dispositions (2). Dans ses *Commentaires*, Jules César parle de la communauté familiale, qu'il a encore trouvée chez les Aquitains. Selon Strabon, les Dalmates faisaient tous les huit ans un nouvel allotement de la terre.

Chez les Gètes des bords du Danube, une semblable répartition s'effectuait chaque année, au dire d'Horace. Au temps de César, les Germains, assez peu adonnés encore à l'agriculture, ne cultivaient jamais deux années de suite le même champ ; chaque année, les magistrats assignaient les parts aux familles. En Gaule, les domaines communaux étaient considérables à l'époque romaine, et nos biens communaux actuels nous en représentent les débris.

Dans l'ancienne Germanie, le testament était inconnu. Le fils aîné héritait, mais seulement de la maison et de l'enclos attenant. Parfois on construisait dans cet enclos des habitations pour les frères puînés, alors qu'ils se mariaient (3) ; car

(1) Pline, *Hist. nat.*, XVIII, 7. — (2) Diodore, liv. V, ch. 34. — (3) E. de Laveleye, *De la propriété*, 95.

ce petit coin constituait la terre salique, transmissible par successsion aux enfants mâles et aux proches, toujours à l'exclusion des femmes. Une haie vive entourait cette propriété privée ; mais tout le reste du territoire appartenait au clan, dont les membres se tenaient pour issus d'un même ancêtre. Il y avait des allotements ; on formait des lots arables, que l'on tirait ensuite au sort, et qui tous, sauf celui du chef, étaient égaux (1).

L'allod, ou domaine spécial de la famille, était la copropriété du père et de ses fils (2).

Le territoire commun du clan germain s'appelait *mark* ou *allmend ;* il comprenait les terres arables, la forêt et les eaux ; les familles n'y possédaient qu'un droit d'usage (3). La répartition des terres était annuelle (4).

La Mark était une petite patrie; elle avait ses autels et son tribunal (5).

C'est par l'agriculture que la propriété individuelle semble s'être implantée dans l'antique Germanie. Pour des tribus, barbares encore, dispersées sur un vaste territoire couvert de forêts, l'agriculture est loin d'avoir l'importance qu'elle acquiert dans les sociétés plus civilisées. Aussi le défrichement, étant considéré comme un travail considérable, donna en Germanie sur la parcelle mise en culture un droit de propriété héréditaire : dès lors l'inégalité des fortunes commença (6). Puis le droit de tester, introduit avec la législation romaine, porta un nouveau coup à la communauté.

Enfin le régime féodal l'acheva en se substituant, dans la plus grande partie de l'Europe, aux clans primitifs, barbares, mais plus ou moins républicains.

La féodalité, reposant presque partout sur le droit de conquête, fit bon marché des droits antérieurement acquis par les communautés conquises. Cependant au fond du droit féodal on retrouve encore le principe de la communauté. C'est le conquérant, le suzerain qui possède le domaine éminent, et il concède le fief, le bénéfice, mais en jouissance usufruitière et comme rétribution de services rendus et à rendre. Le bénéfice

---

(1) Laveleye, *loc. cit.*, 76, 82, 93. — (2) Maine, *Ancient Laws*, 228. — (3) Tacite, *Germ.*, XXVI. — (4) *De bello gall.*, liv. VI, 22. — (5) E. de Laveleye, *loc. cit.*, 76. — (6) *Ibid.*, 110.

fut d'abord viager, et il entraînait l'obligation de s'acquitter de certaines fonctions et surtout du service militaire (1).

Puis la jouissance viagère se transforma en droit héréditaire, et, la faculté de tester aidant, de grands domaines se formèrent, tout spécialement au bénéfice de l'Église, dont les biens de main-morte, définitivement soustraits au domaine commun et exempts de toute charge, allaient s'étendant toujours, à ce point qu'au neuvième siècle déjà le tiers de la Gaule appartenait au clergé (2). D'autre part, la noblesse féodale entreprit sans cesse contre les territoires communaux, de par le droit du plus fort; elle envahit d'abord les forêts, puis les terres cultivées. Guillaume le Bâtard, dit Ducange, ruina vingt-six paroisses anglaises pour faire une forêt de trente lieues. La forêt Nantaise, allant de Nantes à Clisson et de Machecoul à Rincé, fut établie sur les ruines de nombreux villages, pour que le duc de Retz pût chevaucher, en chassant, d'un de ses châteaux à l'autre (3).

En Angleterre, où, en vertu de la conquête normande, le roi fut et est encore considéré en principe comme propriétaire de toutes les terres du royaume, les concessions féodales, faites d'abord en échange de certains services, sont devenues en fait des propriétés absolument indépendantes, et la grande propriété a fini par exproprier complètement la propriété communale et absorber la petite propriété. Cette absorption, commencée d'abord par l'usurpation et la violence, se continue aujourd'hui par achat; car les frais d'examen légal sont tellement considérables en Angleterre que les gros capitalistes seuls sont assez riches pour faire de petites acquisitions. En résumé, l'effet combiné des abus du passé et du présent a eu pour résultat en Angleterre de faire passer la propriété de certaines provinces entre les mains de cinq ou six personnes (4). Ainsi la moitié de l'Angleterre appartient à cent cinquante individus ; la moitié de l'Ecosse, à dix ou douze personnes (5).

En dépit de ces transformations, dont nous aurons bientôt à apprécier la moralité, l'ancien régime des communautés de village et de famille est loin d'avoir disparu en Europe.

(1) E. de Laveleye, *De la propriété*, 114-131. — (2) *Ibid.*, 112. — (3) E. de Laveleye, *De la propriété*, 326. — (4) *Ibid.*, 141-142. — (5) J. Bright, *Discours à Birmingham*, 27 août 1866.

En Lombardie, il existe encore des associations agricoles de quatre ou cinq ménages, habitant en commun de grands bâtiments de ferme, sous la direction d'un chef élu (*reggitore*) et d'une ménagère en chef (*massaia*) (1).

En Espagne, le droit de clôture, supprimant la vaine pâture, n'a été accordé que tout récemment et a provoqué plus d'une rébellion.

En Angleterre, il subsiste encore des associations agricoles coopératives, dont chaque membre ne peut vendre sa part que du consentement de la communauté et du propriétaire. Au moyen âge, des associations du même genre entre serfs ou paysans existaient en grand nombre; elles étaient personnes civiles et possédaient sans interruption (2).

En Irlande, les communautés de village, avec tirage annuel de lots et parfois travail en commun, durèrent jusqu'au règne de Jacques Iᵉʳ. Walter Scott trouva encore de semblables associations aux îles Shetland et Orkney (3). Enfin les petites îles d'Haedic et de Houat sont aujourd'hui encore possédées et cultivées en commun sous la direction du curé, assisté d'un conseil de douze vieillards (4).

Ce fut seulement en 1793 que s'effectua en France le partage de la plus grande partie des biens communaux, en vertu d'un décret de la Convention. Mais, en dépit des décrets et du Code civil, la communauté familiale subsiste encore, chez les Basques français, d'après l'ancien mode. La loi a été éludée et le bien familial se transmet toujours à l'aîné des enfants, garçon ou fille. C'est au domaine que le nom de famille est attaché, et il est donné par la coutume au mari de l'héritière. Les produits de ce domaine, propriété réputée inaliénable de l'héritier ou de l'héritière, sont affectés aux intérêts généraux de la famille, à l'éducation des enfants, au mariage et à l'établissement des adultes hors du foyer familial (5).

La Mark germanique n'a pas non plus disparu complètement devant les empiètements incessants de la propriété individuelle. Elle existe toujours dans la région sablonneuse de la

(1) E. de Laveleye, *loc. cit.*, 245. — (2) E. de Laveleye, *De la propriété*, 224. — (3) *Ibid.*, 89. — (4) Notice de l'abbé Durand, cité par E. de Laveleye, *loc. cit.*, 241. — (5) F. Le Play, *Organisation de la famille*, 81, 122, etc.

Néerlande, où le champ commun est encore soumis à la rotation triennale et divisé en trois parties où l'on sème du seigle d'hiver, du seigle d'été, du sarrazin. C'est seulement après délibération des intéressés que sont fixées les époques des labours, des semailles, des moissons, etc. (1).

En Suisse, les marches ou *allmenden* sont encore nombreuses dans les cantons de Schwytz, de Saint-Gall, de Glaris, etc. Dans ces communautés, le droit d'usufruit ou d'usage appartient héréditairement aux descendants de familles, qui l'ont possédé de temps immémorial. Les *allmenden* comprennent des terres arables, des forêts, des pâturages. Les terres arables, situées près du village, sont alloties en parcelles, que l'on tire au sort tous les dix, quinze ou vingt ans; parfois le droit d'usage est viager. La veuve et les enfants héritent du droit d'usage jusqu'à nouvel allotement. Les ayants droit se réunissent d'habitude, une fois par an, pour entendre la reddition des comptes et régler les affaires courantes. L'assemblée élit son président, ses fonctionnaires et nul ne peut se refuser à remplir une fonction. Un conseil de quelques membres élus règle l'exploitation des bois, le partage des coupes, l'allotement; il fait exécuter les petits travaux, fixe le montant des amendes et dommages-interêts; il représente la corporation dans les instances judiciaires, etc. (2). Partout les *allmenden* sont admirablement cultivés, tout en n'étant pas propriété individuelle Partout aussi les usagers sont soustraits à l'extrême misère. Enfin une portion de la propriété commune est affectée aux services publics, à l'école, au bureau de bienfaisance, à l'église.

Mais c'est surtout dans les pays slaves, en Croatie, en Slavonie, dans les confins militaires autrichiens, particulièrement dans la grande Russie, au-delà du Dnieper, que la communauté de village s'est conservée dans toute son intégrité. Le *mir* russe en est le type, et il existe encore chez une masse slave de 30 à 35 millions d'individus.

Jadis, dans les communes slaves, le travail d'exploitation s'effectuait en commun et les produits en étaient répartis entre les ayants droit. Il en est encore ainsi dans quelques districts de la Serbie, de la Croatie, de la Slavonie autrichienne .

(1) E. de Laveleye, *Propriété,* 316. — (2) E. de Laveleye, *Propriété,* 120-308, etc.

et chez quelques groupes de Raskolniks. En Russie, la terre arable de la commune, soumise à la rotation triennale, est généralement divisée en trois zones concentriques au village, puis chaque zone est subdivisée en bandes étroites, larges de 5 à 10 mètres et longues de 200 à 300 mètres.

Jadis on procédait chaque année à un allotement par tirage au sort; aujourd'hui la répartition se fait à des intervalles divers, variant de trois à quinze ans (1). La prairie est aussi soumise à un allotement; mais la redistribution périodique n'atteint jamais la maison et le jardin possédés par chaque famille dans le village et qui sont propriété héréditaire (2).

C'est la commune qui paie les impôts; elle est d'ailleurs complètement autonome, nomme elle-même son *starosta*. C'est l'assemblée du *mir* qui fixe l'époque de la fenaison, du labour du champ en friche, qui admet les *nouveaux membres*, accorde ou non la permission de changer de domicile, de s'absenter d'une façon permanente, mais moyennant caution. L'assemblée, dont les décisions sont sans appel, est composée de tous les chefs de famille, même des femmes, en cas de veuvage ou d'absence du mari (3).

En principe, chaque habitant mâle et majeur a droit à une part égale de la terre commune.

Dans le *mir*, c'est la raison d'utilité commune qui prime tout. La qualité de copropriétaire et de coimposé ne se perd pas même par l'absence prolongée (4): il y a là des devoirs qu'il n'est pas permis d'éluder.

Les chefs de famille, réunis en assemblée générale, peuvent dissoudre le *mir* et instituer la propriété individuelle; mais pour cela les deux tiers des voix sont nécessaires (5).

Le même caractère utilitaire domine dans la constitution de la famille, qui est l'unité de la commune russe. Le chef de la maison est appelé *khozaïn*, mot qui signifie administrateur et n'éveille aucune idée de parenté. Quand un ménage se dissout, les membres n'héritent pas; ils se partagent la propriété collective. Ainsi tous les membres mâles reçoivent une part égale, mais la fille mariée et le fils précédemment séparé du

---

(1) E. de Laveleye, *loc. cit.*, 18. — (2) M. Wallace, *la Russie*, I, 189. — (3) M. Wallace, *la Russie*, I, 172, 173, 177, 180, 181. — (4) M. Wallace, *la Russie*, I, 198. — (5) E. de Laveleye, *De la propriété*, 22.

ménage sont exclus (1). S'il ne reste que des mineurs, un parent voisin vient s'établir avec eux et devient copropriétaire (2).

En Serbie, c'est seulement quand tous les membres de la famille sont morts que le dernier survivant peut disposer à son gré de la propriété (3).

Cette organisation, à coup sûr fort intéressante, de la propriété, a des avantages et des inconvénients. D'une part, elle rattache intimement entre eux les membres des familles et des communes par la solidarité des intérêts et des devoirs; elle prévient à la fois la richesse et la pauvreté excessives; elle abolit à peu près complètement le salariat; elle rend inutile toute taxe des pauvres, tout bureau de bienfaisance, etc.

D'autre part, et c'est un inconvénient des plus graves, elle entrave la liberté individuelle; elle rend chacun des membres de la communauté plus ou moins esclave de tous. Elle gêne toute initiative privée, partant tout progrès.

La somme des biens résultant de la propriété commune l'emporte-t-elle ou non sur la somme de ses inconvénients? Faut-il la regretter? Doit-on viser à la rétablir en l'amendant? Ce sont là des questions auxquelles on ne saurait répondre avant d'avoir jeté un coup d'œil d'ensemble sur l'évolution du droit de propriété. C'est ce qui nous reste à faire.

CHAPITRE IV.

ÉVOLUTION DE LA PROPRIÉTÉ.

I

De l'exposition qui précède il résulte clairement que notre conception actuelle du droit de propriété est relativement récente. Notre propriété moderne, soumettant au despotisme absolu d'un individu une partie du sol commun, est presque une anomalie, quand on embrasse d'un regard syn-

(1) M. Wallace, loc. cit., 125. — (2) E. de Laveleye, loc. cit., 23. — (3) Ibid., 210.

thétique l'évolution du genre humain dans le temps et dans l'espace.

Au début des sociétés, les familles primitives ou les groupes de famillles, les clans, les tribus, ordinairement composés d'individus consanguins, ne songeaient guère à la propriété quiritaire. Les populations formaient de petites associations luttant entre elles pour l'existence. De cette concurrence résulta une sorte d'appropriation collective du sol. Chaque petit groupe défendant *unguibus et rostro* le coin de terre où il trouvait sa provende quotidienne, il s'ensuivit forcément un cantonnement général. Bon gré, mal gré, chaque petit clan dut élire domicile dans un district limité avec plus ou moins de précision. Dans cet habitat relativement très vaste, chaque tribu vivait comme elle pouvait, chassant, pêchant, recueillant çà et là des fruits, des racines comestibles. C'était une petite patrie fort précieuse, car elle servait de garde-manger ; aussi y était-on fort attaché, et autant que possible on n'y permettait pas l'intrusion de convives étrangers, tout en ne se faisant pas faute d'empiéter, le cas échéant, sur le territoire des voisins : du conflit incessant de tous ces appétits, de tous ces égoïsmes résultaient naturellement des guerres perpétuelles.

Le plus souvent on ne songeait pas à l'appropriation individuelle. Le territoire de chasse était possédé en commun par toute la tribu. Il en était toujours ainsi là où pour vivre il fallait pourchasser à de grandes distances de grands animaux. Quand le gros gibier était rare, comme en Australie, ou absent, comme dans les îles du Pacifique, les membres masculins de la tribu s'avisaient parfois de morceler en propriétés individuelles le territoire commun, en stipulant toutefois des restrictions d'intérêt général. Ce précoce établissement de la propriété foncière individuelle a une grande importance théorique, car il prouve que l'appropriation personnelle n'est nullement liée à une haute civilisation.

Quand les chasseurs des tribus primitives en arrivèrent à la vie pastorale, le pâturage resta indivis, comme l'avait été la forêt, car les migrations étaient pour les troupeaux une condition d'existence.

Dès son apparition, l'agriculture suggéra l'idée et le désir de la propriété individuelle ; mais cette propriété fut d'abord bornée à l'usufruit. Quand un membre de la tribu, plus intelli-

gent et plus prévoyant que les autres, s'avisa de défricher et
d'ensemencer plus ou moins grossièrement un coin de forêt ou
de prairie autour de sa cabane, cela fut tout d'abord considéré comme un fait insigniflant, tant les terrains de chasse ou
de pâture étaient immenses ! L'original, qui, à la sueur de son
front, ou plus souvent du front de ses femmes ou de ses esclaves, avait abattu ou brûlé les arbres, sarclé ou ensemencé le
sol, resta donc le plus souvent propriétaire incontesté de sa
récolte. Mais, d'une part, l'art des assolements et des fumures
n'était pas même soupçonné ; d'autre part, le village changeait
souvent de place ; aussi la parcelle défrichée était vite abandonnée par le premier occupant agricole, qui allait ailleurs
renouveler ses essais.

Plus tard, quand l'agriculture, au lieu d'être accessoire, devint
une industrie importante, exigeant la mise en culture de vastes
espaces de terrain et le concours de tous les bras, le sol arable
fut, comme le pâturage, comme la forêt, possédé en commun.
La tribu exerçait sans conteste le domaine éminent ; le sol
était exploité par des communautés de village obéissant à un
chef élu et, après la moisson, les produits du labeur commun
étaient répartis entre les ayants droit.

Peu à peu le besoin d'indépendance individuelle se développant chez les sociétaires, le clan tendit à se fractionner en
groupes plus petits. Au lieu d'exploiter en commun, on en vint
à allotir périodiquement la terre entre chaque famille, qui formait à son tour une communauté usufruitière obéissant à son
chef, d'ordinaire fort despotique. Mais même alors la prairie
et la forêt continuèrent le plus souvent à être possédées en
commun. Cette forme de possession a persisté dans le *mir* slave
et l'*allmend* suisse.

Mais les formalités de l'allotement, les servitudes qui en résultaient pour les familles, constituaient une gêne que l'on
finit par secouer. En principe, le clan resta bien propriétaire
du fond, mais la jouissance de chaque lot fut accordée à chaque
famille pour un laps de temps indéfini. D'ailleurs les familles
vivaient encore en communauté, chacune obéissant à un chef,
père ou administrateur. C'est surtout dans la Rome primitive
que l'on retrouve le type complet de cette phase de la propriété. Maître absolu des choses et des gens, le *pater familias*
avait le droit de tuer sa femme et de vendre son fils. Prêtre et

roi tout à la fois, c'était lui qui représentait la famille dans le culte domestique, et quand, après sa mort, il allait se coucher dans le tombeau commun, à côté des ancêtres, il était déifié et grossissait le nombre des dieux Mânes.

Cette communauté familiale est sûrement la forme la plus noble qu'ait revêtue le droit de propriété ; mais elle avait ses règles et ses bornes : les filles n'héritaient point, et le père de famille n'avait ni le droit d'aliéner ni celui de tester.

A son tour, la rigide organisation de la famille romaine devint intolérable aux individus, du moins dans certaines contrées, chez les races les plus perfectibles, les plus novatrices : alors naquit la propriété individuelle. Le père eut d'abord le droit de tester et d'exhéréder tel ou tel membre de sa famille ; puis il eut la faculté d'aliéner le patrimoine, de le morceler ; les femmes héritèrent, reçurent de grosses dots, et portèrent, en se mariant, dans une autre famille tout ou partie du patrimoine de la leur. Dès lors la propriété quiritaire fut constituée, et le droit de propriété individuelle poussé jusqu'à l'extrême. Le droit romain dit : *Dominium est jus utendi et abutendi re sud;* pourtant, même alors, la grande communauté civique attestait encore son ancien droit en formulant une réserve : *quatenus juris ratio patitur.*

C'est en Europe seulement que s'établit ce droit de propriété presque absolue ; mais, grâce à la conquête romaine, il se glissa dans presque toutes les parties de ce continent, battant en brèche l'antique propriété commune.

A l'empire romain succéda la féodalité, qui, basée sur la conquête entraînant le droit d'éviction, fit passer en principe la propriété de tous les pays conquis entre les mains du chef conquérant, lequel, selon son bon plaisir, concédait à ses compagnons des portions du territoire volé. Pourtant cette concession n'était, en théorie, qu'usufruitière. Le maître restait le vrai propriétaire, et le fief, accordé d'abord en viager, entraînait non seulement des redevances, mais encore l'obligation de s'acquitter de certaines fonctions, notamment de rendre la justice et de prendre, les armes à la main, le parti du suzerain dans ses guerres. Peu à peu cependant les concessions temporaires devinrent héréditaires, sauf les formalités de l'investiture, et le possesseur féodal finit par jouir de presque tous les droits du propriétaire romain. Une fois de plus, l'instinct d'indépendance individuelle avait réussi à secouer presque complètement le joug du domaine éminent. Pourtant les communes conservèrent longtemps et en les défendant pied à pied de vastes domaines, objet constant des convoitises des grands feudataires et du clergé, qui, les premiers par la force, le second sournoisement et par des captations d'héritages, s'en appropriaient incessamment de nouvelles portions.

Mais ce fut seulement lors de l'écroulement du système féodal que la propriété individuelle fut affranchie totalement, aussi bien en droit qu'en fait. La possession cessa d'être un fief concédé, une tenure entraînant certaines charges ; elle ne releva plus que d'elle-même et ne correspondit plus à aucune fonction sociale. La propriété devint une chose vénale et mobilisable suivant les besoins et les caprices du propriétaire. On n'eut même plus à craindre comme autrefois la confiscation décrétée par le maître ou l'éviction pratiquée par le conquérant, dernier danger qui, à tout le moins, rendait le propriétaire forcément patriote. On en arriva à notre droit moderne de la propriété individuelle. Selon cette conception, chaque parcelle du sol forme un petit empire dont le possesseur est maître absolu. A lui appartient non seulement la superficie, mais le fond ; il dispose du dessus et du dessous de chaque domaine foncier, petit ou grand, qui représente un cône ou une pyramide ayant son sommet au centre du globe. En outre, le droit de tester fut plus ou moins admis. Dans tous les cas, à défaut de testament, la propriété individuelle survécut à l'individu, et à sa mort elle passa à ses descendants directs ou à ses consanguins collatéraux, lesquels, pour jouir de l'énorme privilège de posséder en maîtres absolus, ne se donnèrent d'autre peine que celle de naître.

Nous en sommes là. En résumé, dans les pays de civilisation européenne, le droit de propriété a constamment évolué et toujours dans le sens d'une plus grande indépendance laissée à l'individu ; à parler net, il a évolué au profit de l'égoïsme individuel. Cette évolution est-elle terminée ? Avons-nous, en matière de propriété, réalisé le beau idéal ? Qui oserait le prétendre ? L'évolution, et une évolution progressive, est, pour les sociétés, une condition d'existence. Le droit de propriété devra donc évoluer encore ; mais dans quel sens ? C'est ce qu'il nous reste à conjecturer.

II

L'exposition par laquelle commence cette étude prouve de reste que « le principe de la propriété » n'a en soi rien d'inviolable, rien de saint et de sacré. Le *jus utendi et abutendi* a grandi bien lentement, et, en général, ne s'est établi qu'à grand renfort de violences et de ruses. Mais enfin, en dépit de ses origines, y a-t-il intérêt social à le conserver tel qu'il est ? Est-il essentiel au progrès des sociétés ? Qu'il ait rendu de grands services, on ne saurait le nier; car, malgré d'innombrables injustices de détail, il a garanti le loisir et l'indépendance à une minorité que les liens serrés de la propriété commune auraient paralysée. Parmi ces privilégiés, la plupart ont usé de leur privilège uniquement dans leur intérêt personnel; mais certains ont employé leur initiative à pousser en avant le chariot si cahoté du progrès. Beaucoup même, tout en ne visant qu'à des satisfactions égoïstes, ont servi la cause commune, par cela seul qu'ils étaient libres. Mais, somme toute, le résultat utile n'a été qu'une différence. Il est donc à croire que l'avenir portera de sérieuses atteintes au droit de propriété individuelle; car de plus en plus l'homme civilisé a soif de justice, de mieux en mieux il sait aménager scientifiquement les ressources sociales. Ajoutons qu'en vertu de la concurrence ethnique chaque nation doit progresser ou disparaître dans un temps donné; mais pour progresser toute société doit utiliser autant que possible la totalité de ses forces, et pour cela il lui faut établir entre ses membres une solidarité de plus en plus sérieuse.

Mais les défenseurs de la propriété actuelle, et avec eux (qui s'y serait attendu ?) Proudhon lui-même (1), s'écrient que la propriété est un bouclier contre la tyrannie, « la cuirasse de la personnalité » (2). Mais le souci de se défendre contre la tyrannie s'évanouit avec la tyrannie elle-même, et les gouvernements despotiques sont en voie de disparition. D'autre part, la « cuirasse de la propriété » ne peut tout au plus garantir que l'individu cuirassé; or, les autres, étant dépourvus de toute armure défensive, se trouvent livrés, pieds et poings liés, à la

(1) P.-J. Proudhon. *Théorie de la propriété.* — (2) *Ibid.*, 237

merci des hoplites. Enfin, si la propriété individuelle et héréditaire, telle qu'elle est constituée dans les pays de droit romain et féodal, peut être une bonne cuirasse, elle est aussi pour beaucoup un excellent oreiller sur lequel il leur est loisible de dormir, à poings fermés, du plus profond sommeil. Combien d'individus, qui, stimulés par la nécessité, seraient devenus des citoyens laborieux, ont vécu et vivent en parasites oisifs, parce que, de par leur filiation présumée (*Is pater est quem nuptiæ demonstrant*), ils n'ont jamais eu besoin de faire le plus léger effort ! Le poids de leur cuirasse les a tenus éloignés du champ de bataille.

L'énormité du privilège résultant de notre droit moderne de la propriété a été condamnée par nombre d'écrivains, qu'on ne saurait accuser de manie démagogique. Nous ne les énumérerons pas tous, car il faudrait remonter à Platon, puis aux Esséniens et aux chrétiens primitifs. Mais, sans sortir de la littérature moderne, on n'a, en fait de protestations, que l'embarras du choix.

« Le droit de propriété, dit M. Laboulaye, est une création sociale... Toutes les fois que la société change de moyens, qu'elle déplace l'héritage ou les privilèges politiques attachés au sol, elle est dans son droit, et nul n'y peut trouver à redire en vertu d'un droit antérieur, car avant elle et hors d'elle il n'y a rien ; en elle est la source et l'origine du droit (1). »

Le grave Stuart Mill, après avoir proposé de supprimer le droit d'héritage pour les collatéraux (*Principes d'économie politique*, II, 256) et de restreindre la quotité de l'héritage direct à une provision suffisante (*ibid.*, 259), ajoute : « Je ne reconnais ni comme juste ni comme bon un état de société dans lequel il existe une « classe » qui ne travaille pas ; où il y a des êtres humains qui, sans être incapables de travail et sans avoir acheté le repos au prix d'un travail antérieur, sont exempts de participer aux travaux qui incombent à l'espèce humaine (*ibid.*, 360). »

J. Fichte prédit que la propriété « perdra son caractère exclusivement privé pour devenir une véritable institution publique. Il ne suffira plus de garantir à chacun la propriété

---

(1) E. Laboulaye, *Histoire du droit de propriété* (couronné par l'Académie des inscriptions et belles-lettres).

légitimement acquise; il faudra faire obtenir à chacun la propriété, qui doit lui revenir en échange de son légitime travail...
Le travail est un devoir pour tous ; celui qui ne travaille pas
nuit à autrui, et par conséquent mérite une peine (1) »

« La justice, dit H. Spencer n'admet pas la propriété appli-
quée au sol, car, si une partie du sol peut être possédée par
un individu, qui la retient pour son usage personnel, comme
une chose sur laquelle il exerce un droit exclusif, d'autres
parties de la terre peuvent être occupées au même titre, et
ainsi toute la surface de notre planète tomberait entre les
mains de certains individus » (2).

« Il faut arriver, dit E. de Laveleye, à réaliser cette maxime
supérieure de la justice : « *A chacun suivant ses œuvres,* » de
sorte que la propriété soit réellement le résultat du travail et
que le bien-être de chacun soit en proportion du concours
qu'il a apporté à l'œuvre de la production (3). » — « Aujour-
d'hui la propriété a été dépouillée de tout caractère social :
complètement différente de ce qu'elle était à l'origine, elle n'a
plus rien de collectif. Privilège sans obligations, sans entraves,
sans réserves, elle semble n'avoir d'autre but que d'assurer le
bien-être de l'individu (4). » — « Le produit net des terres est
absorbé maintenant par les consommations individuelles, qui
ne contribuent aucunement en elles-mêmes au progrès de la
nation (5), etc., etc., etc. »

Quoi donc! Doit-on revenir au *mir* slave, faisant de chaque
citoyen un travailleur surveillé, attaché à la glèbe? Non, sans
doute. L'antique propriété commune a péri précisément à cause
de son caractère tyrannique, et la civilisation générale a progressé
en raison même du degré de liberté accordé à l'individu. Mais
la liberté individuelle ne saurait cependant dégénérer en un
privilège hérité. Une réaction est donc probable. Tout en res-
pectant la propriété individuelle, cette réaction la ramènera
vraisemblablement, lentement et par une série de mesures
graduées, à n'être plus qu'un usufruit viager, récompensant
l'intelligence, les efforts utiles, les services rendus. Il va de
soi que cette réforme, en raison même de son caractère radi-
cal, ne saurait s'effectuer qu'avec d'infinies précautions et de

(1) *System der Ethik*, B. II, paragr. 93 et 97. — (2) H. Spencer,
Social Statics, ch. IX. — (3) E. de Laveleye, *De la propriété*, XII. —
(4) *Ibid.*, XX. — (5) *Ibid.*, 363.

manière à porter bien plus sur les générations futures que sur la génération contemporaine.

Mais alors la famille se dissoudrait ! — Nombre de familles subsistent, tout en n'héritant point. Ajoutons que la même tendance fatale à l'individuation, qui déjà a détruit la propriété commune, détendra sûrement de plus en plus les liens de la famille, qu'il y a utilité à remplacer par des liens sociaux d'un caractère plus général. Mais y a-t-il quelque chose de plus funeste au sentiment de la famille que les malsaines cupidités résultant du droit d'héritage? Aussi, ce sentiment de la famille, si puissant dans les communautés slaves, va-t-il en s'éteignant de plus en plus chez nous ! S'il conserve encore de la force, c'est sûrement en vertu du fonds moral légué par les ancêtres, ayant vécu sous un régime plus collectif. Sans doute, dans nos générations contemporaines, les meilleurs ne se disent pas que la vie d'un père, d'une mère, etc., est une barrière entre eux et le luxe, le bien-être, cent choses désirables; mais les moins bons et les pires se le disent incessamment.

Ajoutons que le souci de la propriété individuelle est sûrement la principale cause de l'affaiblissement de la natalité en France et ailleurs. Le détenteur d'une certaine fortune ne veut pas qu'elle soit après lui trop divisée ; il tient à laisser à ses enfants le moyen de vivre dans une noble oisiveté ; et, à l'inverse des patriarches, il met sa gloire à avoir peu de rejetons. Mentionnons en passant les francs égoïstes qui veulent jouir tout seuls de leurs biens actuels et de leurs « espérances ». Mais à ce régime, nous dit la statistique, l'extinction de la race française doit être un fait accompli dans cinq ou six siècles.

Mais la réduction de la propriété individuelle à un usufruit viager imposerait naturellement à la grande société des devoirs nouveaux. La collectivité, grande ou petite, plutôt petite que grande, devrait se soucier bien davantage des jeunes générations, donner à quiconque en serait susceptible une éducation complète, générale et spéciale; elle devrait, dans nombre de cas, se substituer à la famille, cultiver non seulement l'intelligence, mais aussi le caractère. La pédagogie deviendrait alors la première des sciences.

Enfin, l'éducation une fois terminée, il faudrait s'efforcer d'ouvrir à chacun la carrière à laquelle il est propre, créer des banques de district, qui avanceraient aux individus offrant de

suffisantes garanties morales et intellectuelles le capital nécessaire à un premier établissement. On devrait en outre viser à
récompenser autant que possible le mérite réel, etc., etc., faire
en sorte que toute une vie de labeur n'aboutisse pas à la misère
et à l'abandon, etc.

Pour accomplir tout cela, de vastes ressources pécuniaires sont
indispensables. On les pourrait demander à la réforme elle-même.
Déjà Stuart Mill a proposé un maximum modeste d'héritage ;
on peut, dans cette voie, aller plus loin. Dès à présent, par les
droits de succession dont il frappe la transmission héréditaire
de la propriété, l'État entreprend sans cesse contre l'héritage.
On pourrait élever progressivement le taux de ces droits, les
plus légitimes de tous, en les graduant non plus d'après le
degré de parenté, mais d'après la quotité de l'héritage. Sage-
ment échelonnée sur une longue série d'années, cette progres-
sion permettrait d'arriver sans secousse à l'abolition totale ou
presque totale de l'héritage. En même temps, on aurait peu à
peu, scientifiquement, en prenant conseil de l'expérience, paré
aux besoins sociaux résultant de cette grande réforme, auprès
de laquelle tous les remaniements politiques sont des jeux
d'enfants.

CHAPITRE V.

DE LA MORALITÉ.

A mesure que l'esprit humain s'éclaire et s'élargit, il se cor-
rige de plus en plus de l'infatuation dont il était comme enivré
durant les siècles de sa première jeunesse. Le genre humain
ne sait pas encore très bien où il va, mais il n'ignore plus d'où
il vient. Le fameux vers :

L'homme est un dieu tombé, qui se souvient des cieux.

nous fait aujourd'hui sourire. Nous savons que l'homme (*genus
homo*) a débuté bien humblement sur la scène du monde ; ce
n'est pas sans effort qu'il s'est dégagé de l'animalité et, de la
tête aux pieds, il en est tout imprégné encore, le pauvre demi-

dieu ! C'est sur ce fonds grossier que sont greffées les plus nobles des qualités humaines, celles même dont un épais brouillard métaphysique, amassé depuis des milliers d'années, obscurcit encore l'origine. Parvenus à leur complet épanouissement chez quelques glorieux échantillons de l'espèce, certains sentiments nous éblouissent, sans être autre chose cependant que l'amplification de phénomènes de conscience fort communs chez l'animal. Il n'en va pas autrement pour le sens moral, privilège humain au dire de la philosophie officielle. Ce sera sûrement faire œuvre d'hygiène mentale que d'en retracer l'évolution.

Nous avons dit ailleurs comment les cellules nerveuses, fonctionnant comme des appareils enregistreurs, gardent la trace des vibrations moléculaires dont elles ont été le siège et comment ces vibrations rythmiques se ravivent et se reproduisent d'autant plus aisément qu'elles se sont effectuées un plus grand nombre de fois (1). Bien souvent ces empreintes sont tout à fait inconscientes ; c'est ainsi, par exemple, que les cellules de la moelle épinière enregistrent quantité d'associations de mouvements. Le phénomène est plus frappant encore chez certains invertébrés, qui, en vertu d'une éducation héritée, de ce qu'on a appelé des instincts, exécutent inconsciemment des séries d'actes fort compliqués et auxquels, à première vue, on serait tenté d'attacher une valeur morale.

Si les insectes avaient des professeurs de philosophie à leurs gages, nous subirions sûrement bien des élucubrations sur l'abnégation de la femelle du *liparis chrysorrhœa,* enveloppant soigneusement ses œufs dans un tissu imperméable, que l'animal fabrique en arrachant pendant un ou deux jours les poils de son corps (2). L'opération est cruelle et le bombyx en meurt, mais sûrement sans avoir la moindre notion du but auquel il semble se dévouer, puisqu'il n'a point connu sa mère et ne verra jamais ses petits. Il obéit machinalement à une habitude automatique, qu'un lent travail de sélection a imposée à son espèce.

Ce n'est pas autrement que se forment, dans le cerveau humain, les instincts moraux. Sous la pression persistante d'influences variées, des habitudes morales s'établissent et deviennent souvent héréditaires. De là vient que, dans une foule de

(1) *Science et Matérialisme,* 40-48. — (2) J.-C. Houzeau, *Etudes sur les facultés mentales des animaux,* II, 483.

circonstances, une voix intérieure, la voix des ancêtres, nous crie impérieusement de faire telle chose, de nous abstenir de telle autre : cela en l'absence de tout raisonnement, parfois en dépit de tous les raisonnements. C'est là le sens moral, le sentiment du devoir, que nous admirons à bon droit quand il pousse, par exemple, un Winkelried à s'immoler pour sa patrie, mais dont le schéma se peut facilement retrouver chez certains animaux, chez les sauvages les plus grossiers.

A ce point de vue, rien de plus intéressant à observer que le chien, à qui l'homme a réussi à inculquer tant de penchants singuliers, contraires à sa nature.

Sans avoir jamais été dressé, tel de ces animaux tombe en arrêt, la première fois qu'on le mène à la chasse ; tel autre, dans les mêmes conditions, rapporte d'instinct le gibier à son maître ; tandis qu'un jeune chien de berger se met de lui-même à courir non pas sur, mais autour d'un troupeau de moutons. Pourquoi ces jeunes animaux agissent-ils si singulièrement, si contrairement à la nature de leurs ancêtres sauvages? Evidemment parce que les ordres de nombreuses générations de maîtres humains, réitérés toujours de la même manière à la série de leurs aïeux domestiques, et convenablement appuyés de punitions et de récompenses, ont fini par se graver dans le cerveau de l'animal, par s'y incorporer, en y déterminant une habitude héréditaire, une association automatique de détentes nerveuses, s'enchaînant et se provoquant les unes les autres. Une fois l'instinct bien implanté dans les cellules nerveuses, il y commande en maître ; c'est avec plaisir que l'animal cède à l'impulsion irraisonnée qui le sollicite ; il souffrirait de lui résister.

Mais si l'on veut bien regarder au fond des choses, n'est-ce pas là une sorte de moralité, fort inférieure sans doute, puisque l'animal n'a nul souci du but de ses actes et que la tendance machinale, à laquelle il obéit, a eu uniquement pour principe la volonté de plusieurs générations de maîtres? Mais les exemples de cette basse moralité sont loin d'être rares dans l'espece humaine. N'est-ce pas le seul caprice du maître qui, dans nombre de pays despotiques, donne aux actions des sujets leur valeur morale? Là tout ce qui plaît au tyran est bien, tout ce qui lui déplaît est mal, et alors que ce régime a duré un nombre suffisant de siècles, c'est la servilité la plus abjecte

qui est devenue la moralité du peuple asservi. En Birmanie (1),
par exemple, à Siam, etc. (2), la soumission du bétail humain
au maître est sans limite. Tout Siamois, nous dit H. Mouhot,
s'intitule respectueusement « l'animal du roi ». Dans le langage légal de certains petits États javanais, les crimes et les
délits sont considérés comme lésant le souverain et non les
particuliers qui en ont été victimes (3). Dans tous les États
musulmans de l'Afrique moyenne, le caprice du maître est la
règle suprême et tout individu dégradé par lui est méprisé,
maltraité, hors la loi (4).

Au sein des sociétés tout à fait primitives et anarchiques encore, l'influence dirigeante d'une volonté despotique est souvent remplacée par l'opinion publique, c'est-à-dire par l'habitude sociale. Il en est ainsi dans certaines tribus australiennes,
où l'on peut vraiment faire l'embryologie de la moralité
humaine.

Le règne animal est parcimonieusement représenté en Australie ; aussi, pour les pauvres indigènes de ce continent mal
pourvu, la viande de l'émou (sorte de casoar) est un mets exquis et, comme les rôtis d'émou sont rares, on les réserve aux
seuls vieillards, qui jouissent de grands privilèges dans les
tribus australiennes. Manger de cette viande sacrée est sévèrement interdit aux jeunes gens : c'est un attentat à la morale.
Or cette interdiction, subie par une longue série de générations, a engendré chez l'Australien une moralité spéciale, tout
instinctive ; car l'Australien raisonne peu. La chair est faible ;
les morsures de la faim sont bien cuisantes ; aussi arrive-t-il
parfois qu'un jeune homme, chassant loin du campement de
sa tribu, enfreigne secrètement la loi, la loi de l'émou. Mais
alors, comme il arrive dans bien d'autres contrées, une fois
le besoin satisfait, l'instinct moral se réveille. Le coupable entend dans sa conscience une voix qui lui crie : « Tu as mangé
de l'émou ! » Tout bourrelé de remords, il revient parmi les
siens, s'assied silencieux à l'écart, et sa contenance suffirait à
déceler son crime, si le plus souvent il ne l'avouait lui-même,
en se soumettant à la punition qu'il a méritée (5).

(1) Cox, *Hist. univ. des voy.*, vol. XXXIV. — (2) H. Mouhot
Voyages dans les royaumes de Siam, de Cambodge, de Laos. —
(3) Waitz, *Anthropology*, I, 360. — (4) *Ibid.* — (5) Sturt, *Hist. univ
des voy.*, vol. XLIII, 298.

C'est au voyageur Sturt que nous devons de connaître ce f it si curieux; mais on a observé en Australie bien d'autres exemples de morale inchoative. Sous ce rapport, rien de plus typique que la *vendetta* australienne. La même morale qui a réglé la consommation de l'émou fait, dans certains , à cas l'individu un devoir impérieux de la vengeance, mais de la vengeance aveugle, sans nul souci de la justice. Si, par exemple, un indigène a été offensé par un blanc, il lui suffira de se venger sur un blanc quelconque. Aux yeux de l'Australien, il n'y a pas de mort naturelle; tout décès résulte de quelque maléfice et doit être vengé; de là, pour chaque indigène, une incessante série de sanglants devoirs. Or, comme l'âme australienne est fort simple, comme les mobiles ne s'y font pas mutuellement échec, ces obligations morales sont très fortement ressenties. Un Australien, raconte le docteur Lander (1), ayant perdu sa femme, morte de maladie, déclara qu'il lui fallait aller tuer une femme d'une tribu lointaine, afin que l'esprit de la défunte pût trouver le repos. On le lui interdit en le menaçant de la prison. Mais dès lors sa conscience devint le théâtre d'un douloureux conflit moral. Bourrelé de remords, il devint triste, languit, dépérit, jusqu'au jour où, n'écoutant plus que le devoir, il s'échappa. Au bout d'un certain temps, on le vit reparaître bien portant et la conscience en repos: il s'était acquitté d'une obligation sacrée.

Des faits de ce genre mettent à nu tout le mécanisme de la morale primitive, d'autant mieux obéie chez l'animal et le sauvage qu'aucun raisonnement ne la vient entraver. C'est un pur dressage. Certaines associations de sentiments et d'idées se sont lentement inscrites dans les centres nerveux conscients et, sous le choc d'une impulsion convenable, elles se déroulent presque fatalement.

C'est en vertu de faits psychiques de même ordre que l'éléphant évadé, après une suffisante domestication, obéit encore docilement à la voix de son *mahoud,* s'il vient à le rencontrer (2). C'est ainsi qu'à Londres on a vu un éléphant savant devenu furieux, et dont l'exécution avait été décidée, se conformer machinalement aux ordres de son gardien, même au milieu des coups de feu tirés sur lui (3). Car le cerveau de l'élé-

(1) Cité par H. Maudsley, in *Physiologie de l'esprit,* 377. — (2) J. Franklin, *la Vie des animaux,* II, 43. — (3) *Ibid.,* 49.

phant garde avec ténacité les empreintes reçues : l'éléphant est un animal éducable, moralisable.

Les exemples de cette morale automatique sont loin d'être rares dans le genre humain, depuis les races les plus sauvages jusqu'aux races les plus civilisées. Le chasseur hottentot revenant au kraal, les mains vides, supporte sans sourciller les injures de sa femme affamée; mais tout son stoïcisme s'évanouit, si sa ménagère, détachant son unique vêtement, son petit tablier de pudeur, l'en frappe au visage (1). A ce comble de l'opprobe, le Hottentot ne résiste plus, et, coiffant son bonnet de peau de hyène, il part comme un forcené, décidé, coûte que coûte, soit à voler une pièce de bétail, soit à tuer un gibier quelconque pour se laver d'un tel affront. C'est déjà la morale du point d'honneur, si puissante encore dans nos sociétés policées. Pour des raisons du même genre, un Bédouin arabe se croit obligé, rapporte Niebuhr, de poursuivre une *vendetta* cruelle, quand on lui dit : « Ton bonnet ou ton turban est sale. Arrange mieux ton bonnet, il est de travers (2). » C'est ainsi que nos raffinés d'honneur se font un devoir de laver tout démenti dans le sang, tout en n'ayant souvent aucune horreur pour le mensonge.

Durant les premières phases du développement social, la moralité ne s'élève pas au-dessus de ce dressage de chien d'arrêt : jamais on ne raisonne les actes; jamais on n'en pèse la valeur dans la balance de l'utile, et l'altruisme est encore à naître; la morale n'est alors qu'une habitude mécanique · Pour le Kamtchadale, violer une femme surprise loin de sa *iourte* est une action très licite; mais le même homme se considérerait comme déshonoré, si, ayant capturé et embarqué dans son canot un veau marin, il avait la faiblesse de le rejeter à la mer, alors qu'éclate une tempête (3).

C'est à cette absence de tout contrôle intelligent qu'il faut rapporter la grossièreté de toutes les morales primitives. La raison du plus fort est la seule à laquelle l'homme commence par obéir. Les langues australiennes manquent de mots pour dire « justice, faute, crime (4) ». « On commet une mauvaise action,

---

(1) Levaillant, *Hist. univ. des voy.*, vol. XXIV, 408. — (2) Niebuhr, *Hist. univ. des voy.*, vol. XXXI, 330. — (3) Beniouski, *Hist. univ. des voy.*, vol. XXXI, 389. — (4) Eyre, *Discoveries in Central Australia*, II, 384. Waitz, *Anthropology*, t. I.

disait un Bojesman, quand on m'enlève ma femme ; je fais une
bonne action quand je ravis la femme d'un autre. » Dans
l'Afrique orientale, au dire de Burton (1), un vol distingue un
homme ; un meurtre atroce en fait un héros. « Comment,
disait un nègre au même voyageur, faut-il que je meure de
faim, quand ma sœur a des enfants qu'elle peut vendre ? » A
la Nouvelle-Archangel, quatre hommes amoureux de la même
fille et jaloux les uns des autres se mirent d'accord en tuant à
coups de lances l'objet de leur passion. Pendant l'exécution,
dit Kotzebue, ils chantaient : « Tu n'as pu vivre. Les hommes
te regardaient et tu allumais la folie dans leurs cœurs (2). »
Wallace a vu, à Timor, l'opinion publique trouver tout simple
que deux officiers empoisonnassent les maris de leurs maîtresses ; car ces maris n'étaient que des hommes de demi-
caste (3).

Des traits de cette morale sauvage se retrouvent sans peine
au sein des races supérieures, surtout si l'on remonte dans le
passé. Pour le meurtre d'un Çoudra, le code de Manou inflige
au brahmane la même punition que pour celui d'un geai bleu,
d'une mangouste, d'une grenouille, d'un chien, d'un crocodile,
d'une corneille, d'un hibou ; car le Çoudra n'est qu'un esclave (4). De même, l'ancien Wehrgeld germanique tarifait la
vie humaine à un taux inversement proportionnel à l'importance sociale. En Chine, il existe des associations de gens
hors la loi, dont l'idéal moral consiste à donner et à recevoir
des coups avec impassibilité, à tuer les autres avec sang-froid
et à ne pas redouter la mort. Enfin, dans notre Europe soi-
disant civilisée, ne savons-nous pas trop bien que les plus
effroyables hécatombes humaines deviennent non seulement
légitimes, mais même glorieuses, pour peu que les passions
politiques et sociales les justifient ?

Comment de ce degré si inférieur de moralité l'homme en
arrive-t-il parfois à s'élever jusqu'à la fièvre de vertu, d'abnégation, d'héroïsme, que nous admirons chez les plus nobles
spécimens de notre espèce ? Ce n'est pas que l'essence des
mobiles moraux ait changé ; mais elle s'est ennoblie. L'intel-

_____

(1) *First foot Steps in East Africa*, 176. — (2) Kotzebue, *Hist.
univ. des voy.*, vol. XVII, 417. — (3) *The Malay Archipelago*, I, 198,
—(4) *Code de Manou*, liv. XI, v. 130-131

ligence sociale a grandi lentement et peu à peu les empreintes
morales emmagasinées dans les centres nerveux se sont considérablement enrichies. L'expérience aidant, on a de mieux en
mieux évalué la valeur des actes individuels au point de vue
de l'utilité générale. En même temps l'opinion publique devenait moins bornée et la vindicte sociale plus sévère. Par suite,
le nombre et la force des habitudes morales ont augmenté.
Quantité d'entre elles, considérées comme indifférentes par la
conscience inculte de l'homme primitif, ont fini par éveiller
chez l'homme vraiment civilisé un sentiment de répugnance ;
les accomplir ou même en être témoin entraînait une certaine
perturbation des empreintes enregistrées, de temps immémorial, dans les cellules cérébrales ; d'où, le cas échéant,
souffrance morale, remords. Une fois acquise, la délicatesse
morale se transmettait dans une mesure variable aux descendants. D'autre part, l'éducation travaillait plus ou moins
intelligemment à développer ces tendances héritées, en
même temps qu'une pénalité frappait les infractions à certaines règles morales admises. C'est ce fonds de tendances
héritées, qui forme la base la plus solide de la morale individuelle ; l'éducation peut développer ces tendances ; elle n'y
saurait suppléer.

Comme il est naturel, c'est dans les sociétés ayant trouvé
une assiette plus ou moins stable, là où une longue chaîne de
générations a été soumise à une même culture, que la moralité supérieure s'est surtout développée. A titre d'exception
pourtant, elle n'est pas toujours étrangère à l'homme peu ou
point civilisé, même à certains animaux intelligents. Ainsi
deux éléphants indiens étant tombés dans une fosse creusée
pour les capturer, l'un deux réussit à en sortir ; puis, au lieu
de s'enfuir, il tendit une trompe secourable à son compagnon
d'infortune pour l'aider à en faire autant (1).

En général, l'honnêteté dans les transactions, la véracité, etc., sont rares chez l'homme primitif ; pourtant elles ne
sont pas inconnues à toutes les sociétés sauvages. Selon l'abbé
Domenech, certaines tribus de Peaux-Rouges plantent au
milieu de leurs villages un poteau appelé « arbre de la probité », auquel on suspend les objets trouvés (2). De même la

(1) J. Franklin, *la Vie des animaux*, II, 27. — (2) Domenech, *Voy.
dans les grands déserts du nouveau monde*, 520.

plus stricte probité préside aux transactions des Esquimaux
entre eux, mais entre eux seulement ; car vis-à-vis de l'étranger
ils ne se considèrent pas comme moralement obligés (1). Au
dire de Wallace, les Dayaks des montagnes de Bornéo sont
d'une véracité poussée jusqu'au scrupule (2). Mungo Park a
vu une négresse de la Sénégambie suivre son fils gravement
atteint d'un coup de feu en se lamentant et en énumérant les
belles qualités du blessé : « Il ne disait jamais un mensonge,
s'écriait-elle ! Non, jamais » (3) !

A ce sujet, il y a, relativement à l'évolution du sens moral,
une importante distinction à faire. C'est la partie la moins
relevée de la moralité, ce que l'on pourrait appeler la moralité
commerciale, qui tout d'abord se développe. Il n'est pas rare
de voir la probité dans les transactions, la fidélité à la parole
donnée coexister avec le plus farouche mépris de la vie
humaine. Ainsi la méticuleuse véracité des Dayaks ne les
empêche nullement de s'adonner avec ardeur à la chasse aux
têtes. Les Taïtiens, qui se faisaient un jeu de l'infanticide,
observaient religieusement le *tabou* et se confiaient sans
hésitation à un ennemi, quand celui-ci leur avait juré amitié
sur un panache de plumes jaunes (4). Le féroce Turcoman verse
le sang humain comme de l'eau, mais il laisse avec une confiance pleine et entière entre les mains d'un débiteur la reconnaissance écrite que celui-ci lui a signée. Qu'en ferait-il, dit-il,
lui créancier ? Au contraire, le débiteur en a besoin pour se
rappeler le montant de la dette et la date de l'échéance (5).
C'est qu'au point de vue du maintien des sociétés, même très
rudimentaires, ce qui importe avant tout, c'est une certaine
bonne foi dans les transactions quotidiennes, dans le train
habituel de la vie, surtout au sein du groupe social. C'est
bien plus tardivement que naissent la bonté, la charité, l'humanité, le respect de la liberté des autres, etc.

Comme tout le reste, la moralité a donc évolué lentement,
et il saute aux yeux qu'elle est bien loin d'avoir atteint
l'apogée de son développement. Les plus avancées des so-

---

(1) Parry, *Troisieme Voyage* (*Hist. univ. des voy.*, vol. XL, 454).
—(2) *The Malay Archipelago*, I, 89. — (3) *Hist. univ. des voy.*, vol.
XXV, 121. — (4) Cook, *Hist. univ. des voy.*, vol. VII, 436. —
(5) Vambéry, *Voyage d'un faux derviche*, etc., 97.

ciétés humaines se débattent encore dans un furieux conflit d'égoïsme, de cupidité, de cruauté. Il s'en faut que les primitifs instincts de la bête soient éteints dans tous les cœurs, et le niveau moral est si peu élevé que, même chez les peuples soi-disant civilisés, la noblesse du caractère est trop souvent une cause d'insuccès dans la lutte pour vivre. Combien de fois la duplicité, la bassesse, la rapacité, la dureté, etc., n'aident-elles point à terrasser les meilleurs, ceux qui se sont dégagés trop vite de la moralité bestiale et qui, par suite, combattent à armes courtoises des rivaux peu scrupuleux, pour qui toute arme est bonne à la seule condition qu'elle tue! Les faits à l'appui de cette triste vérité foisonnent et dans l'histoire et dans la vie de tous les jours. Ce serait perdre son temps que de les énumérer. Il nous suffit d'avoir esquissé à grands traits l'origine et le développement du sens moral. Peu de sujets sont aussi dignes des méditations des pédagogues, des législateurs, de tous ceux à qui incombe la tâche si délicate de former et de tremper les caractères.

CHAPITRE VI.

DE LA CONSTITUTION DES SOCIÉTÉS.

I

Des sociétés animales.

Assez longtemps l'homme s'est leurré de l'idée flatteuse qu'il était fait à l'image de la Divinité. Il est plus que temps de dire et de redire à ce pauvre être que, par toutes les fibres et cellules de son corps, il tient à l'animalité. Dans les chapitres précédents nous avons maintes fois relevé les analogies mentales qui relient l'homme à ses « frères inférieurs ». Nombre de tendances, d'aptitudes, dont l'homme s'enorgueillit, se retrouvent plus ou moins développées chez l'animal, et il est trop facile de faire la même remarque au sujet des manifestations sociales. Sans doute l'homme est un être sociable et l'on peut, avec Aristote, le définir « un animal politique »; mais la définition ne s'applique pas à l'homme seul

Il va sans dire que pour nous le mot « société » signifie autre chose que juxtaposition. Les polypes, les madrépores, les ascidies, les huîtres, etc., vivent en agrégations, mais leur groupement n'est pas plus social que celui des bourgeons ou des feuilles d'un arbre. On en peut dire autant des nuées de sauterelles, qui de temps en temps dévastent l'Algérie, ou des immenses colonnes de papillons vanesses qui parfois l'été s'éparpillent dans nos campagnes. L'idée de société implique celle de concours actif; il y a état social là seulement où des êtres doués plus ou moins de sensibilité, de volonté et d'intelligence, poursuivent ensemble un but commun.

Une revue du monde animal, faite à ce point de vue, est intéressante et instructive. En fait d'aptitudes sociales, la palme est loin d'appartenir aux mammifères, même aux mammifères les plus voisins de l'homme ; d'ailleurs on ne pourrait même pas la décerner aux groupes humains inférieurs. Beaucoup de mammifères ne se rapprochent guère que temporairement, durant la saison des amours. Déjà les chevreuils forment de petites sociétés, mais qui ne dépassent pas l'association familiale. Les rennes, les chevaux sauvages, les buffles, les éléphants, certaines espèces simiennes, etc., constituent parfois de nombreuses agglomérations, où s'établit déjà une sorte de gouvernement, d'ordre hiérarchique. Ainsi les troupeaux de rennes sauvages sont guidés et protégés par les vieux mâles, qui, à tour de rôle, font sentinelle pendant que le reste se repose, et ils ont soin au besoin d'arrêter l'avant-garde et de stimuler les retardataires (1). De même les tribus d'éléphants ne s'ébattent que sous la garde de quelques vieux mâles vigilants (2).

De même encore le chef des hordes de cercopithèques a soin de monter de temps en temps au sommet d'un arbre pour explorer les environs, et il communique par des cris gutturaux à ses associés le résultat de son examen (3). Les singes anthropomorphes ne forment que de petits groupes, des familles

(1) *Voyage de la Germania* (*Tour du monde*, 1874, 2ᵉ semestre).— (2) Th. Anquetil, *Aventures et Chasses dans l'extrême Orient*, II. — (3) Brehm, I, 62.

polygames, vivant sous l'autorité despotique d'un mâle adulte,
obéi et servi jusqu'au jour où les jeunes se révoltent et l'assas-
sinent (1). Les gorilles, groupés aussi en petites hordes, savent occuper en maîtres tout un district et, en s'armant de
pierres et de bâtons, chasser du sol de la patrie tout ce qui
les gêne.

Combien ces ébauches d'associations sont grossières auprès
des savantes républiques constituées par les abeilles et les
fourmis! Tout le monde connaît ces sociétés si nombreuses et
si bien ordonnées, où l'instinct amoureux, qui fait faire et dire
tant de sottises aux hommes, a été subordonné à l'intérêt social, où le régime des castes est en vigueur, où la division du
travail est poussée si loin. Dans les républiques d'abeilles, il y
a en premier lieu une femelle uniquement chargée de fournir
des citoyens à l'État, puis des mâles ou frelons et des ouvrières
ou neutres. Ces dernières elles-mêmes se subdivisent en ouvrières nourrices et ouvrières cirières. La prévoyance sociale
est poussée fort loin : on a soin de pourvoir aux éventualités
en remplissant de cire des cellules closes de toutes parts.
Veut-on construire une ruche, la besogne se subdivise. Certaines
ouvrières fournissent les matériaux nécessaires ; d'autres ébau-
chent l'ouvrage, qu'achèvent les ouvrières finisseuses ; tout
cela pendant que d'autres citoyennes alimentent les travail-
leuses. En effet, une ouvrière a-t-elle faim, il lui suffit d'abais-
ser sa trompe. A ce signal, une pourvoyeuse ouvre son sac de
miel et en verse quelques gouttes à portée de la première (2).
C'est librement, spontanément, que s'accomplit toute cette
besogne ; il n'y a point de despotisme dans ces sociétés, et
l'initiative individuelle n'a d'autre guide que l'instinct du devoir. Les ouvrières, asexuées et privées des jouissances de la
maternité, n'en sont pas moins pleines de sollicitude pour les
jeunes ; elles les soignent, les élèvent, et les sentiments affectueux, qui se développent entre les nourrissons et les nourrices, se transforment ensuite en un lien social des plus puissants.

Les fourmis et leurs analogues, les termites, ont su créer
aussi une organisation sociale analogue. Chez elles, les fe-

---

(1) J.-C. Houzeau, *Études sur les facultés mentales des animaux*,
II, 462, 465. — (2) J. Franklin, *la Vie des animaux*, III, 224.

melles, une fois fécondées, s'arrachent elles-mêmes les ailes pour se consacrer à la fondation d'une tribu nouvelle (1). Une fois en nombre, celle-ci aura vite fait de construire une résidence souterraine, ou tout sera ordonné en vue de perpétuer l'espèce, une cité que l'on défendra courageusement, dont les portes seront gardées le jour et fermées la nuit.

Chez les termites, il n'y a qu'une seule mère féconde, plus des mâles ailés et oisifs, enfin des neutres aptères, dont les uns s'occupent des soins du ménage et de la construction du grand phalanstère de la république, tandis que les autres forment une caste exclusivement guerrière (2). Mentionnons encore les fourmis qui ont su domestiquer les pucerons, celles qui, comme la *formica rubescens*, ont confié à des esclaves le soin de construire leur nid, de nourrir leurs larves; fourmis tellement aristocratiques qu'elles ne savent même pas manger seules et meurent de faim, quand elles n'ont plus d'esclaves pour leur donner la becquée (3).

Ce dernier cas est une monstruosité sociale : les fourmis, étrangères à nos petits préjugés, ont, en poussant les choses à l'extrême, réalisé la caricature de nos aristocraties humaines. Mais que de bons exemples nous donnent la plupart de ces petites républiques, où l'égoïsme familial s'est fondu et élargi en un altruisme dont les hommes ont jusqu'ici été incapables !

Mais un moyen infaillible de faire admirer bien davantage encore les cités des abeilles et des fourmis, c'est de passer en revue les sociétés humaines.

II

Des sociétés mélanésiennes

Les races mélanésiennes nous offrent toute une échelle graduée de sociétés et de gouvernements ; mais les termes les plus humbles de cette série confinent de bien près à l'animalité.

Les Tasmaniens, groupés en hordes fort peu nombreuses, mais ayant déjà leurs totems (4), vivaient dans un état presque

---

(1) P. Huber, *Recherches sur les mœurs des fourmis indigènes*, 274. — (2) *Ibid.*, 278. — (3) J. Franklin, *la Vie des animaux*, 298. — (4) Bonwick, *Daily Life and origin of the Tasmanians*, 83.

anarchique. En temps de guerre, mais seulement alors, chaque horde se serrait autour d'un chef temporaire, aux ordres duquel elle obéissait, mais dont l'autorité s'évanouissait avec le danger (1).

Dans ces petites sociétés, il ne s'était encore produit aucune trace de division du travail social : ni aristocratie, ni castes, ni esclaves. Car l'esclavage implique déjà un certain degré de civilisation ; au début des sociétés les guerres sont impitoyables, et l'on ne fait pas quartier au vaincu.

Pourtant, même chez les Tasmaniens, l'idée de la loi commençait à poindre. Attenter au droit de propriété d'un homme sur sa ou ses femmes était considéré comme un délit entraînant un châtiment sévère. Le délinquant, attaché à un arbre, devait expier sa faute en servant de but aux javelots de ses concitoyens ; il lui était d'ailleurs loisible de les éviter ou de les parer de son mieux (2).

Les hordes tasmaniennes devaient être bien peu nombreuses, puisque les Australiens mêmes, déjà plus civilises, ne forment que de très petites agglomérations. Dampier ne les vit jamais que par groupes de vingt à trente, en comptant les hommes, les femmes et les enfants (3). Sur les bords de la Morumbidge, Sturt ne rencontra que cinquante individus sur un espace de 180 milles (4). Pourtant, dans les forêts qui bordent la Murray, le pays est mieux peuplé.

L'organisation sociale des Australiens, qui nous est mieux connue que celle des Tasmaniens, est déjà plus compliquée. Une sorte d'aristocratie existe au sein de leurs tribus. De même que les hordes de chimpanzés sont despotiquement gouvernées par les vieux mâles, les petites sociétés australiennes sont aussi dominées par leurs vieillards ou leurs membres les plus robustes. Tout un ensemble de règlements et de coutumes met à la discrétion de ces privilégiés la vie et les biens des faibles, des jeunes gens, des femmes ; tout ce qu'il y a de meilleur leur est dévolu de droit : les meilleurs morceaux, les plus belles femmes, etc. (5). Comme nous l'avons vu précédemment, la chair de l'émou est interdite aux jeunes gens. Toutes ces

---

(1) Bonwick, *loc. cit.*, 81. — (2) *Ibid.*, 83. — (3) *Hist. univ. des voy.*, vol. I, 393. — (4) *Ibid.*, vol. XLIII, 295. — (5) Lang, *Aborigines of Australia.* Eyre, *Discoveries in Central Australia*, vol. II, 385.

coutumes tyranniques n'ont d'ailleurs rien de familial; elles supposent une agglomération déjà assez nombreuse (1). Pour les faibles, la servitude est de rigueur, et songer seulement à s'y soustraire est un crime souvent puni de mort (2). Pourtant il existe déjà une sorte de justice sociale; pour certains délits, l'offensé a le droit de donner à l'offenseur des coups de lance dans telle ou telle partie du corps (3). Des sentiments de solidarité sociale s'affirment aussi, quoique d'une façon fort barbare. La mort d'un homme n'étant jamais considérée comme naturelle, c'est toujours un devoir sacré de la venger sur le meurtrier réel ou supposé, ou sur une ou plusieurs personnes de sa tribu. Peu importe que le défunt ait été tué ou soit mort d'accident ou de maladie. Dans ce dernier cas, on en est quitte pour imputer sa mort à des maléfices (4) pratiqués par quelque membre d'une tribu ennemie, et c'est, pour les amis et parents du défunt, un devoir strict de le venger en tuant un nombre de personnes proportionné à son importance.

Si l'on veut bien se rappeler que, dans les petites sociétés australiennes, la famille et l'héritage sont aussi réglés par des coutumes précises, on conviendra sans peine que déjà ces sociétés, toutes grossières qu'elles soient, se sont élevées au-dessus des sociétés simiennes, mais en restant d'ailleurs prodigieusement inférieures à celles des abeilles et des fourmis.

Chez les Mélanésiens de l'archipel Fidji, le despotisme s'est organisé; il est mieux réglé et plus savant. Les chefs vitiens, dont la dignité est héréditaire, jouissent d'un pouvoir absolu. A leur approche, les gens du peuple se prosternent; pour leur parler, ils usent de tout un vocabulaire servile; ils les appellent « Dieu », « racine de la guerre », etc. La propriété des sujets existe seulement sous le bon plaisir des chefs, qui s'en emparent quand bon leur semble (5). Lors du voyage de Dumont d'Urville, l'archipel obéissait à un monarque possedant plus de cent femmes, et prélevant en tribut des jeunes filles, des dents de baleine, des pirogues, des étoffes de mûrier, des nattes, des bananes, des cochons, etc. (6).

(1) Grey, Australia, II, 222. — (2) Waitz, Anthropology, I, 167. — (3) G. Grey, Australia, II, 243. — (4) R. Salvado, Mémoires sur l'Australie. — (5) Moerenhout, Voyage aux îles du grand Océan, I, 2. — (6) Hist. univ. des voy., vol. XVIII, 300.

À Viti, la pénalité juridique est hiérarchisée comme la société et la gravité d'un crime varie avec la position sociale du coupable. Un vol commis par un homme du peuple est beaucoup plus grave qu'un meurtre perpétré par un chef. Les actes, que l'on juge à propos de punir, sont d'ailleurs peu nombreux ; ce sont le vol, l'adultère, le rapt, la magie, l'incendie, le manque de respect à un personnage important (1). En résumé, les délits se groupent presque tous sous deux chefs : offenser le maître, attenter à la propriété. Cette remarque est applicable à bien d'autres races et groupes ethniques. Nous verrons, en effet, que, dans nombre de sociétés barbares, on a bien plus de souci de la propriété que de la vie humaine.

La société néo-calédonienne est mieux hiérarchisée ; elle est aussi un peu moins servile. Suivant M. de Rochas, chaque tribu néo-calédonienne est un petit organisme féodal. Au bas de l'échelle sociale, des vilains, corvéables, propriétaires cependant et plus ou moins libres de leurs personnes, à la condition de payer au maître des redevances. Au-dessus, une aristocratie héréditaire, selon le droit de primogéniture masculine. Cette aristocratie, composée de vassaux et d'arrière-vassaux, obéit à un suzerain très respecté, mais ne pouvant disposer ni de la vie ni des biens de ses nobles (2). Avec les vilains, il fait moins de façons, et un chef nommé Bouarate, qui a laissé derrière lui une glorieuse renommée, croyait très licite de manger de temps en temps en famille un de ses sujets inférieurs 3). Un autre chef, qui, comme le précédent, avait fait de son peuple un bétail comestible, avait imaginé de conserver par la salaison la chair des victimes (4).

À la Nouvelle-Calédonie, l'esclavage n'existe pas encore ; aussi les guerres y sont-elles fort meurtrières. Néanmoins quelques lueurs d'humanité commencent à poindre. Ainsi, au plus fort de la mêlée, la vie d'un vaincu est épargnée pour peu qu'un chef le prenne à merci.

Plus tard même le prisonnier peut être adopté, avec l'agrément du chef, et dès lors il est incorporé à la famille et à la

---

(1) Williams, *Fiji and the Fidjians*, I, 28. — (2) *Nouvelle-Calédonie*, 244. — (3) Ch. Brainne, *Nouvelle-Calédonie*. — (4) Bourgarel, *Des races de l'Océanie* (*Mém. Soc. Anthrop.*, II).

tribu du père adoptif (1). Cette facilité d'adoption et d'assimilation est commune chez les races primitives, où le sentiment patriotique est fort mal défini encore.

Au total, l'organisation sociale des Néo-Calédoniens semble être la plus compliquée et aussi la plus avancée qui existe en Mélanésie. A la confusion primitive a déjà succédé une hiérarchie héréditaire et, quelque despotique que soit cette hiérarchie, un certain droit individuel commence à s'établir ; même il y a place pour un peu d'humanité. Mais il est permis de se demander si cette constitution sociale relativement avancée est bien l'ouvrage des Mélanésiens. On ne la rencontre nulle part ailleurs en Mélanésie, et il est sûr que la Nouvelle-Calédonie a reçu plus d'une fois des immigrants polynésiens, qui y ont même introduit l'usage du *tabou* (2). Dans tous les cas, indigène ou importée, la civilisation néo-calédonienne indique un certain degré de perfectibilité chez la race qui l'a adoptée.

III

Des sociétés dans l'Afrique australe.

Les races noires ou négroïdes du vaste continent africain sont anthropologiquement fort dissemblables ; elles ont sûrement eu des origines diverses et beaucoup de leurs groupes ethniques ont évolué isolément. Néanmoins une sorte de gradation sociologique peut être notée en Afrique, en allant du sud au nord.

Tout au bas de l'échelle il faut placer les Bojesmans, errant en familles, en petits groupes, en troupeaux humains, dans les forêts et les steppes de l'Afrique australe. Sans agriculture, sans animaux domestiques, ils vivent de chasse ou de maraude, croquant au besoin des racines, des larves de fourmis, des sauterelles, etc., gîtant dans des grottes naturelles ou dans des trous creusés en terre. Ils n'en sont encore qu'aux plus humbles modes de la société animale.

Les types les plus élevés de la même race, les Hottentots proprement dits, ont fondé des sociétés pastorales beaucoup plus avancées. Mais, étrangers à l'agriculture, du moins dans

(1) De Rochas, *Nouvelle-Calédonie*, 252. — (2) *Ibid.*, 281.

leur état natif, ils redescendaient parfois à la vie bestiale des
Bojesmans, quand il leur arrivait de perdre leurs bestiaux.
Thompson a vu des membres de l'une des tribus les plus
avancées, des Korannas, subir cette régression sociologique (1) : car, tout en étant général, dans l'humanité, le progrès n'a rien de fatal.

Même dans les villages, dans les kraals hottentots, il ne
s'est dessiné encore aucune forme de gouvernement. En temps
de paix, chaque clan n'a guère d'autres lois qu'un petit nombre de coutumes. Pourtant chaque kraal a un chef, dont
l'autorité, presque nominale en temps de paix, est tantôt temporaire, tantôt héréditaire (2). Dans quelques kraals korannas,
le chef abdiquait en faveur de son fils, quand celui-ci, luttant
avec lui, avait réussi à le renverser (3); c'était strictement le
droit du plus fort. En résumé, il n'y a chez les Hottentots
aucune hiérarchie sociale: l'aristocratie et l'esclavage sont
également inconnus. Déjà pourtant on fait une grande différence entre le riche et le pauvre. La possession d'un nombreux troupeau donne une grande influence sociale. Ce n'est
pas encore l'aristocratie de l'argent; c'est déjà celle du bétail.

Cette aristocratie se retrouve aussi chez les rivaux et voisins
des Hottentots, chez les Cafres, pasteurs et agriculteurs à la
fois, mais elle y coexiste avec un état social plus complexe.
« L'organisation de chaque tribu cafre est une grossière hiérarchie féodale, dominée par un monarque absolu, dont l'autorité est tempérée par des représentations. Chaque homme
est le chef de sa famille, maître sans conteste de ses femmes,
qu'il achète, maître de ses enfants jusqu'au moment où son
fils est assez grand pour partager l'autorité paternelle. Chaque
père de famille relève ordinairement d'un suzerain, près la
cotla (forum cafre) duquel il a placé sa case. Enfin ce suzerain
lui-même obéit au chef de la tribu. Celui-ci est le maître
suprême. C'est lui qui répartit les terres suivant les besoins de
chacun, puisque la propriété foncière est commune en Cafrerie;
c'est lui qui conduit les hommes à la chasse et à la guerre,

---

(1) Thompson, *Hist. univ. des voy.*, vol. 191. Thompson, *ibid.*,
191, 213. — (2) Burchell, *ibid.*, vol. XXVI, 208. Campbell, *ibid.*, vol.
XXIX, 361 Levaillant, *ibid.*, vol. XXIV, 180. — (3) Campbell, *ibid.*,
vol. XXIX, 304.

qu'il décide à son gré. Pourtant ce roitelet, qui parfois domine dans des villes de huit à dix mille habitants, ne prend pas habituellement une décision importante sans convoquer une assemblée nationale ou *pitsho*. Dans ces assemblées, les orateurs parlent avec la plus grande liberté. Le roi doit tout entendre sans s'irriter. Il a, pour se consoler, le droit de ne point tenir compte de l'opposition qui lui est faite.

« Les rois cafres sont nécessairement riches, propriétaires de troupeaux nombreux; car ils sont les grands pourvoyeurs de la tribu, et ne prélèvent pas d'autres impôts réguliers qu'une part dans le gibier tué ou dans le butin guerrier. Il y faut ajouter les amendes infligées par eux aux condamnés, quand on a recours à leur justice; mais ces cas sont relativement rares, car le code cafre est purement traditionnel et fort élémentaire; il ne punit qu'un petit nombre de crimes ou de délits. Le vol est assez régulièrement châtié par l'amende et même la mort. L'adultère est assez souvent réprimé, mais simplement *à titre de vol;* car les mœurs sont loin d'être sévères. En revanche la vie humaine est fort peu protégée. Le mari peut tuer sa femme pour les motifs souvent les plus futiles. Le meurtre ne produit dans les villes et villages cafres presque pas de sensation. Chacun se défend comme il peut et se venge à sa guise (1). »

Ajoutons que le pouvoir et le rang social sont héréditaires que, dans certaines tribus, la servilité est extrême, puisque l'inférieur doit saluer le chef en lui disant: « Tu es mon che et je suis ton chien (2). » L'aristocratie cafre paraît avoir pour première base la richesse; car, chez les Matchlapis, quiconque possède assez de betail pour entretenir une famille a droit au titre de chef (3).

Chez certaines tribus, notamment chez les Bachapins et les Betchouanas, il existe en outre une classe servile, chassant avec les chiens et comme eux pour le compte de ses maîtres, à qui elle est obligée d'apporter les peaux des animaux tués. Des lois somptuaires interdisent aux membres de cette classe de se servir, comme vêtements, des peaux dont les riches font

(1) Ch. Letourneau, article *Cafres* (*Dict. encyclop des sc. médicales*, t. XI). — (2) Cowper Rose, *Hist. univ. des voy.*, vol. XXIX, 292. — (3) Campbell, *ibid.*, 358.

usage, par exemple, des peaux de chacal, et leur qualité d'esclave est héreditaire, comme les dignités des gens riches (1).

En résumé, les Cafres ne sont sortis de l'anarchie primitive que pour organiser la servitude. Comme nous le verrons, nombre de races humaines ont suivi la même marche, qui est pourtant un progrès, un acheminement barbare vers un avenir meilleur.

Remarquons encore que, dans ces sociétés grossières, c'est de la propriété que les lois ont d'abord souci, tout en faisant fort bon marché de la vie humaine. C'est là un fait significatif, fréquent aussi, et qu'il faut rapprocher de ce que nous avons dit précédemment en parlant de la moralité

La pitié, la charité, la justice, etc., sont, dans le cœur de l'homme, des fruits d'arrière-saison.

La société cafre, avec sa hiérarchie, ses castes, son monarque, a déjà pris des formes rigides, fort analogues à celles que l'on retrouve chez la plupart des groupes humains à un certain moment de leur évolution.

Chez les tribus du Gabon, nous pouvons étudier cet état social à l'état naissant. En effet, dans cette région, chaque tribu se divise en clans, subdivisés eux-mêmes en petits villages, plus ou moins nomades, et ayant chacun leur chef independant. Le pouvoir de ces petits chefs est déjà quasi-héréditaire, ordinairement de frère en frère, comme chez les Cafres; mais les anciens ont droit de *veto;* ils peuvent exclure l'héritier et en élire un autre.

C'est encore à ce même conseil des vieillards qu'il appartient de décider si la communauté doit émigrer, si elle doit faire la guerre. Le roi ne tranche que les affaires courantes (2).

L'esclavage est aussi en vigueur dans ces tribus, et nous en voyons clairement la raison d'être. Car la pénalité, fort simple encore, frappe de mort tous ceux qu'elle ne condamne pas à l'esclavage. Là aussi le droit de propriété est le plus respecté de tous les droits. On vend comme esclave l'adultère, c'est-à-dire celui qui a volé la propriété féminine, puis les fripons, les debiteurs insolvables qui servent de gage à leurs créanciers. Les sorciers, les enfants, dont on veut se débar-

---

(1) Campbell, *ibid.*, 338. Burchell, *ibid.*, vol. XXVI, 475. — (2) Du Chaillu, *Voy. dans l'Afrique equatoriale*, 22, 371-372.

rasser, partagent le même sort. On vend aussi les prisonniers épargnés. Sans l'esclavage, tous ces déshérités des petites sociétés gabonnaises seraient mis à mort. Le commerce d'esclaves se fait partout de tribu à tribu et, sur le littoral, avec les négriers. Mais dans l'intérieur aussi bien que sur la côte l'esclave est l'unité monétaire. Quant aux esclaves conservés dans le village, ils font souche; leur descendance est servile par droit de naissance. On traite d'ailleurs assez doucement les esclaves de cette catégorie et on ne les vend que dans le pays même (1). Un certain sentiment d'humanité s'est déjà éveillé en leur faveur, car ils ont le droit de se réfugier dans un village voisin et de s'y choisir un nouveau maître, auquel la morale publique fait une obligation de les recevoir (2).

IV

Des sociétés dans l'Afrique moyenne.

Déjà certains des groupes nègres dont nous venons d'esquisser l'état social tendent plus ou moins nettement à instituer l'esclavage, les castes et le pouvoir absolu. Cette organisation, encore à l'état embryonnaire ou confus chez les noirs du Gabon et les Cafres, s'épanouit et se fixe dans l'Afrique nord-équatoriale. Il y a là, à travers tout le continent, une large zone, que l'on pourrait appeler la zone servile, et qui va de la Sénégambie et de la Guinée à l'Abyssinie.

Dans toute cette vaste région, occupée par l'élite des races noires, par des populations plus ou moins mélangées de sang berbère ou sémitique, le despotisme monarchique s'exerce presque sans contrôle.

Dans l'Achanti, le roi, qui a 330 femmes, nombre mystique de rigueur (3), hérite de tout l'or de ses sujets (4). Dans ses achats, il se sert de poids plus pesants d'un tiers que ceux du reste de la nation (5). Il est entouré d'enfants, qui portent ses arcs-fétiches, ses flèches-fétiches et ont droit de pillage sur le vulgaire (6). Quand ce demi-dieu crache, des enfants,

---

(1) Du Chaillu, *loc. cit.*, 373. — (2) *Ibid.*, 504. — (3) Hutton, *Hist. univ des voy.*, vol., XXVIII, 409. — (4) Bowdich, *ibid*, 425. — (5) Hutton, *loc. cit.* — (6) *Ibid.*

porteurs de queues d'éléphants, essuient soigneusement le crachat royal ou le couvrent de sable (1). Quand il éternue, tous les assistants mettent deux doigts en travers sur le front et sur la poitrine, ce qui équivaut à demander une bénédiction (2).

Les Bambaras du Kaarta sont un peu moins serviles. A son avènement, leur roi doit subir une espèce d'investiture, être élevé sur un pavois de peau de bœuf par les représentants de la caste des forgerons et entendre de leur bouche la petite allocution suivante : « Avant d'accepter le pouvoir, tu dois connaître quatre choses : la première, que tu es notre maître et que nos têtes t'appartiennent; la deuxième, que tu dois nous traiter comme les pères nous ont traités ; la troisième, que tu dois faire respecter les lois et protéger la nation ; la quatrième, qu'il te faut gagner la faveur que tu reçois en te signalant dans une expédition guerrière (3). »

Cette cérémonie n'empêche point d'ailleurs le monarque de jouir d'un pouvoir absolu et même de choisir sa capitale selon son caprice (4).

C'est chez les Mandingues, et chez eux seulement, que le despotisme monarchique est quelque peu mitigé. Pour déclarer la guerre, conclure la paix ou décider une affaire de quelque importance, tout roi mandingue doit prendre l'avis d'un conseil composé des principaux membres de sa petite nation et des anciens (5).

Chez les Timanis, il y a aussi des assemblees délibérantes, ce qu'on appelle dans la majeure partie de l'Afrique noire des *palavers ;* mais ces assemblées sont de pure forme, car en y parlant les orateurs ont grand soin d'épier la physionomie du roi afin de deviner son opinion et d'y conformer la leur (6).

Chez les Felatahs du Soudan, le despotisme est absolu et le roi concède, retire, vend à son gré, à qui bon lui semble, le gouvernement de ses provinces (7).

A Katunga, dans la vallée du Niger inférieur, quand le roi donne audience, les eunuques, les courtisans, tous les assistants doi-

---

(1) Bowdich, *loc. cit.*, 429. -- (2) *Ibid.* — (3) Raffenel, *Nouv Voy. au pays des Negres*, I, 389. — (4) *Ibid.*, I, 221. -- (5) Mungo Park, *Hist. univ. des voy.*, vol. XXV, 36. — (6) Laing, *Hist. univ. des voy*, vol. XXVIII, 14. — (7) Clapperton, *Second Voy.*, II, 89.

vent, avant de s'asseoir, se prosterner ventre à terre et nus jusqu'à la ceinture, puis se traîner vers le maître en baisant le sol avec ardeur, en roulant leur tête dans la poussière. On rivalise à qui aura le corps et le visage les plus souillés (1).

Même despotisme sans contrôle à Borgou, où le roi juge toutes les affaires, tous les différends, uniquement selon son bon plaisir (2).

A Kiama, toujours dans la vallée du Niger, le roi, quand il chevauche sur son superbe coursier et suivi d'une nombreuse escorte armée, a autour de lui six jeunes filles esclaves, portant dans la main droite trois légers javelots et ayant pour tout vêtement une bande de toile autour de la tête et un cordon de verroterie autour de la taille (3).

Le roi de Boussa trouvait que, pour les gens du commun, la monogamie européenne était très bonne ; mais elle lui semblait tout à fait impertinente pour les monarques (4).

Nous devons au capitaine Speke de curieux détails sur la grande monarchie de M'tésa, près du lac Victoria-Nyanza. C'est en quelque sorte la caricature du pouvoir absolu. Quand le monarque donne audience, les nobles, les grands dignitaires se tiennent autour de lui, accroupis ou agenouillés dans une attitude d'adoration muette. Toute faute contre le cérémonial est immédiatement punie de mort. Les familiers, les envoyés, ayant à rendre compte d'une mission, s'approchent du roi en rampant dans la poussière. Le monarque expédie promptement les affaires, condamnant en un clin d'œil à la confiscation, à la fustigation, à la peine capitale, pendant que des jeunes femmes nues font circuler des coupes de vin de banane. Toute décision royale, quelle qu'elle soit, doit être acceptée comme une grâce, et celui qui en est l'objet doit se rouler dans la poussière, ramper ventre à terre, pousser des gémissements joyeux, des aboiements entrecoupés, etc. En même temps le grand roi reçoit le montant des amendes qu'il a prononcées, les présents qu'on lui fait en bétail, en femmes. Celles-ci sont ordinairement des jeunes filles respectueusement offertes par leurs pères et destinées à remplacer les

(1) Clapperton, *loc. cit.*, 101. R. et J. Lander, *Hist. univ. des voy.*, vol. XXX, 100. — (2) *Ibid.*, 175. — (3) Clapperton, *Second Voy.*, 128.— (4) *Ibid.*, 198.

odalisques du harem, que le monarque fait assommer, chaque jour, quand elles n'ont plus l'heur de lui plaire, etc. (1).

Plus au nord, mais toujours dans le bassin du haut Nil, les rois niam-niam bondissent de temps en temps, à la manière des fauves, sur un de leurs sujets et lui tranchent la tête avec leur cimeterre, uniquement afin de montrer que ce bétail humain est leur propriété (2). Chez les Monbouttous, tout objet touché par le roi est sacré ; nul ne doit plus y porter la main (3).

Dans les États mahométans du Fezzan, du Sennaar, du Darfour, le gouvernement est aussi la monarchie la plus absolue. Au Sennaar, lors de l'avènement du prince, tous ses collatéraux sont mis à mort (4) ; toutes les terres appartiennent au roi ; tous les habitants du pays sont ses esclaves (5).

De même, en Abyssinie, tout homme naît esclave du souverain, qui plane au-dessus de toutes les lois, est propriétaire du sol et tranche souverainement toute affaire civile ou ecclésiastique : il est à la fois pape et sultan (6).

A Madagascar, comme en Abyssinie, le souverain exerce un pouvoir sans borne ; il dispose à son gré de la vie et des biens de ses sujets (7).

Mais, tout en étant la personnification la plus complète du despotisme, le monarque africain n'est pas le seul maître. Au-dessous de lui s'échelonne d'ordinaire toute une hiérarchie de tyrannie et de servilité ; il existe une ou plusieurs castes de tyranneaux aristocratiques, à plat ventre devant le roi, mais mettant leur pied brutal sur le cou de l'esclave. Avec quelques variantes sans grande importance, c'est là l'organisation sociale de la zone servile dont nous parlons.

Dans l'Achanti, une sorte de conseil d'État, composé de quatre membres de l'aristocratie et des principaux chefs, a voix consultative pour les affaires d'administration intérieure (8).

Chez les Bambaras du Kaarta, il y a trois castes aristocra-

---

(1) J.-H. Speke, *les Sources du Nil*, ch. ix. — (2) G. Schweinfurth, *the Heart of Africa*, II, 21. — (3) *Ibid.*, 96. — (4) Bruce, *Hist. univ. des voy.*, vol. XXIII, 481. — (5) Cailliaud, *ibid.*, vol. XXV, 447, — (6) Bruce, *ibid.*, XXIII, 351. — (7) Dupré, *Trois Mois à Madagascar* 135. — (8) Bowdich, *Hist. univ. des voy.*, vol. XXVIII, 424.

tiques, savoir : 1° la caste des forgerons, dont le chef couronne les rois et a droit de justice dans sa caste ; 2° les ouvriers en cuir ; 3° les griots (sorte de troubadours sauvages) (1). Les revenus de l'État se composent du butin guerrier, des tributs payés par les voisins, d'une dîme prélevée *ad valorem* sur les marchandises transportées par les caravanes, de tailles arbitraires capricieusement levées par le roi, de dîmes en nature, pesant sur le travail des castes ou corporations (2). Un régime analogue existe dans le Bondou (3), chez les Timanis (4). Dans les pays mahométans, comme au Bondou, chez les Foulahs (5), les lois musulmanes sont plus ou moins appliquées ; mais partout les imans, qui les représentent, sont bons courtisans.

Chez les Mandingues, il existe, comme chez les Bambaras, des castes professionnelles : celles des forgerons, des cordonniers et en plus celle des orateurs, des musiciens, enfin au premier rang la classe des professeurs de Coran (6).

Déjà, dans ces sociétés barbares, l'organisation devient plus complexe, plus spécialisée ; le despotisme se régularise et les agglomérations les plus civilisées, celles des Mandingues, par exemple, commencent à attacher quelque prix aux aptitudes artistiques et intellectuelles. Le despotisme monarchique n'en existe pas moins, et à un tel degré, que, dans le Bondou, tuer un lion est un délit, dont il faut demander pardon aux chefs, car c'est manquer de respect à un souverain (7). A Kiama, les hommes saluent un supérieur en se mettant à plat ventre ; les femmes en se mettant à genoux, les coudes appuyés et les mains ouvertes (8). A Kano, le gouverneur loue les boutiques de la ville à tant par mois et fixe à son gré le prix de chaque denrée (9).

Le gouvernement et les détenteurs du pouvoir ne s'occupent guère des sujets que pour les vexer et les pressurer, leur laissant d'ailleurs la liberté de mal faire ; aussi les villes

---

(1) Raffenel, *Voy. au pays des Nègres*, I, 384. — (2) *Ibid.*, 386. — (3) Gray et Dochard, *Hist. univ. des voy.*, vol. XXVIII, 338. — (4) *Ibid.*, 40. — (5) Mungo Park, *ibid.*, vol. XXV, 80. (6) Laing, *ibid*, vol. XVIII, 46-47. — (7) Gray et Dochard, *Hist. univ. des voy*, vol. XXVIII, 331. — (8) Clapperton, *Second Voy.*, 142. — (9) Denham et Clapperton, *Hist. univ. des voy.*, vol. XXVII, 379.

sont toujours en guerre entre elles et se pillent mutuellement à chaque occasion favorable (1).

Cet état social, que l'on retrouve à peu près partout dans toute cette zone africaine, est manifestement une ebauche de régime féodal et, en Abyssinie, il a abouti à une véritable féodalité, tout à fait analogue à celle qui a existé en Europe. Une infinité de liens, de droits et de devoirs établissent entre les Abyssins une solidarité réciproque, dont chacun se fait gloire. L'homme affranchi de toute sujétion est hors la loi, en dehors du pacte social (2).

A Madagascar, les nobles, avant d'être asservis par le pouvoir royal, vivaient en petits souverains, retranchés dans leurs forteresses, pillant les voisins, détroussant les voyageurs, comme l'ont fait si longtemps nos barons féodaux. Comme ces derniers aussi, ils payaient la dîme au suzerain ou au roi (3). En revanche les vilains étaient taillables et corvéables à merci.

De pareilles similitudes suggèrent forcément l'idée d'une loi d'évolution.

Mais nous n'avons encore parlé que des classes dirigeantes ou plutôt opprimantes. Au-dessous de ces privilégiés gémit toute une masse servile, pour laquelle il y a beaucoup de devoirs et fort peu de droits.

Dans les pays dont nous parlons, comme dans le Gabon, la classe servile se recrute, soit par la guerre, soit par des condamnations pour insolvabilité ou pour un délit quelconque (4).

Pour l'esclave de fraîche date, il n'y a nulle sûreté, nulle garantie ; on peut le tuer ou le vendre à volonté. L'esclave héréditaire est un peu plus respecté et, chez les Mandingues, son maître ne doit pas le mettre à mort sans avoir au préalable provoqué un *palaver* sur sa conduite (5).

Partout il incombe aux esclaves de cultiver la terre, de soigner le bétail, de s'acquitter de tous les offices serviles. Parfois on leur permet d'avoir une habitation particulière et d y

(1) Clapperton, *Second Voy.*, 142. — (2) A. d'Abbadie, *Douze Ans dans la haute Éthiopie*, 265. — (3) Dupré, *Trois Mois à Madagascar*, 135. — (4) Mungo Park, *Hist. univ. des voy.*, vol. XXV, 41. — (5) *Ibid.*

exercer un métier, mais à la condition de verser entre les mains du maître tout ou partie de leur gain (1).

Le nombre des esclaves est énorme. A Boussa et dans les districts voisins, il comprendrait les quatre cinquièmes de la population, selon R. et J. Lander (2), les trois quarts, selon Mungo Park (3).

A Madagascar, où l'esclavage a la même origine qu'ailleurs et s'entretient aussi, soit par des condamnations, soit par le simple fait d'insolvabilité, on a créé toute une hiérarchie servile, dont chaque degré entraîne des droits divers ; les esclaves hovas sont les plus favorisés, puis viennent les Malgaches de toute race, enfin les noirs.

Des côtes de la Guinée à Madagascar, à travers tout le vaste continent africain, il existe donc un état social partout très analogue au fond, et seulement plus ou moins bien défini et spécialisé suivant les régions. Mais, pour achever d'en donner une idée sommaire, il nous reste à dire quelques mots de la manière dont on y rend la justice.

Rien de plus restreint que l'horizon moral de l'homme peu développé. Pour cet être si inférieur encore, tout désir est légitime ; pour lui, sa personnalité, si petite soit-elle, remplit tout l'univers. A cette phase de son évolution, l'homme ne soupçonne même pas les idées égalitaires et humanitaires de droit et de justice. Examinée à ce point de vue, l'Afrique servile prouve surabondamment notre dire.

Dans l'Achanti, tuer un esclave est une action tout à fait indifférente (4). Au contraire le meurtre d'un grand personnage par un autre de rang égal entraîne, pour l assassin, la peine de mort, mais il est permis au condamné de se tuer lui-même (5). En revanche, on ne doit jamais mettre à mort un des fils du roi, quels que soient ses crimes (6). Tout chef, mais tout chef seulement, a le droit de tuer ou de vendre sa femme infidèle. La lâcheté, étant un manque d'obéissance au roi, entraîne la peine capitale. Toute intrigue amoureuse avec une femme appartenant à la famille royale est punie par la castration (7). Là, comme dans mainte autre contrée africaine, l'ac-

(1) Denham et Clapperton, *Hist. univ. des voy.* vol., XXVII, 422 R. et J. Lander, *ibid.*, vol. XXX, 273. — (2) *Ibid.* — (3) *Ibid.*, vol. XXV, 41. — (4) Bowdich, *Hist. univ. des voy.*, vol. XXVIII, 425. — (5) Hutton, *ibid.*, 406. — (6) Bowdich, *loc. cit.* — (7) Hutton, *loc. cit.*

cusation de sorcellerie motive la torture et la mort, etc.. etc.
En résumé, la justice n'est que la vengeance d'actes domma-
geables ou désagréables aux puissants et surtout au roi, de qui
tout procède.

Dans toute la région africaine dont nous nous occupons, le
droit de haute et basse justice appartient en principe au roi,
à peu près libre de trancher toute affaire à son gré. Dans les
petits États, le maître juge lui-même (1). Chez les Bambaras
de Kaarta, les membres de la famille royale n'ont que le droit
de moyenne et basse justice ; la haute justice constitue une
prérogative royale (2). Les crimes entraînant la peine de mort
et, par suite, soumis à la juridiction royale sont : le vol, le
meurtre et l'adultère. Mais les forgerons et les membres de la
famille royale ne sont pas passibles de la peine capitale, qui
est remplacée par la confiscation, le bannissement, parfois la
flagellation. Pourtant l'adultère flagrant d'un forgeron avec la
femme d'un Massassi ou membre de la famille royale ou avec
une femme d'une autre caste que la sienne entraîne la peine
de mort (3). Dans tout le Soudan d'ailleurs, le genre de mort
varie suivant la caste à laquelle on appartient, suivant la religion qu'on professe. Dans les pays mahométans les vrais
croyants sont décapités, les autres sont empalés ou cruci-
fiés (4).

Chez les Mandingues, relativement plus intelligents, l'organisation de la justice a fait un pas en avant. Les affaires se débattent publiquement, dans un local particulier, analogue à la *cotla*
des Cafres. Les témoins sont cités, et c'est un fonctionnaire spécial, juge héréditaire, qui prononce la sentence (5).

Chez les Kourankos, le meurtre seul est puni de mort ; mais
le coupable peut toujours se racheter en indemnisant les amis
et parents du mort. L'affaire est considérée comme tout individuelle, et nul ne songe à prendre en main les intérêts de la
société (6). Cette conception si grossière de la justice existe un
peu partout dans l'Afrique moyenne. A vrai dire, il n'y a jamais
de délit; il y a dommage causé soit au maître, soit à un par-

(1) Mungo Park. *Hist. univ. des voy.*, vol. XXV, 180. — (2) Rai-
fenel, *Nouv. Voy. au pays des Nègres*, I, 383.   (3) *Ibid.*, 384. —
(4) Denham et Clapperton, *Hist. univ des voy.*, vol. XXVII, 419. —
(5) Mungo Park, *Hist. univ. des voy.*, vol. XXV, 36. — (6) Laing,
ibid., vol. XXVIII, 73.

ticulier. C'est ainsi qu'en cas de meurtre les habitants de l'oasis de Syouah livrent le coupable aux parents de la victime, qui sont libres de le tuer, de le torturer, de lui rendre la liberté, suivant qu'il leur agrée (1).

Dans le Darfour, le sultan juge selon ses caprices : sa volonté fait loi et n'a d'autre contrôle que la représentation des imans (2). Dans les provinces, l'autorité du maître est déléguée à des fonctionnaires, à des sous-tyrans, dont l'arbitraire s'exerce seulement sur une plus petite échelle.

En Abyssinie, une classe de légistes se targue de connaître par tradition les Pandectes et les Institutes apportées jadis de Byzance; mais le prince est au-dessus de toutes les lois (3). C'est à lui que l'on doit en principe demander le redressement de tous les torts. Sa porte et ses fenêtres sont assaillies de gens qui pleurent, se lamentent, demandent justice, et si par hasard les véritables opprimés font défaut, on salarie des gens à gages pour en jouer le rôle (4).

A Madagascar, des fonctionnaires spéciaux rendent la justice en plein air, mais toujours au nom du souverain et en lui réservant la décision dans les cas graves (5). A Madagascar encore, comme en bien d'autres pays, comme dans l'Achanti, par exemple (6), les juges dans l'embarras avaient souvent recours à l'épreuve judiciaire par le poison. Ce mode de jugement, ce jugement de Dieu, pouvait être requis soit par les juges, soit par les parties, et l'épreuve se faisait tantôt sur l'accusé, tantôt sur des animaux et cela aussi bien dans les procès civils que dans les affaires criminelles (7).

Les faits précédents suffisent à établir que, dans toute l'Afrique moyenne, les idées de justice et d'injustice sont des plus confuses encore. Contre l'esclave, surtout contre l'esclave de date récente, tout est licite, et dans les relations entre les hommes soi-disant libres l'oppression du faible par le fort est la règle commune. Observons cependant que le despotisme du maître de chacun de ces petits États est encore, si dur soit il,

---

(1) Cailliaud, *Hist. univ. des voy.*, vol. XXV, 411. — (2) Browne, *ibid*, 405. — (3) D'Abbadie, *Douze Ans dans la haute Éthiopie*, I, 126. — (4) Bruce, *Hist. univ. des voy.*, vol. XXIII, 345. — (5) Dupré, *Trois Mois à Madagascar*, 145. — (6) Bowdich, *Hist. univ. des voy.*, vol. XXVIII, 426. — (7) Dupré, *loc. cit*, 145.

une sorte de sauvegarde sociale. Souvent la mort du despote est le signal d'un déchaînement de violences et de crimes ; les mauvais instincts, que la crainte seule tenait en bride, se donnent alors libre carrière (1). L'opprimé devient oppresseur dès que cela lui est loisible.

Pourtant une certaine organisation sociale s'est établie ; les fonctions se spécialisent ; la propriété individuelle existe, mais plutôt tolérée que fondée. Déjà le maître songe à ne plus tuer la poule aux œufs d'or ; au lieu de tout confisquer, il se contente d'ordinaire de prélever des impôts lourds et capricieusement assis. A Kano, dans le Haoussa, le gouverneur s'empare des deux tiers des dattes et autres fruits apportés au marché (2).

On ne songe encore ni à protéger la société en général ni à peser scrupuleusement le degré de nocuité des délits et des crimes. La vie humaine est peu ou point garantie, et souvent, comme chez les Bambaras, le vol est réputé le plus grand des crimes (3) ; car, dans nombre de sociétés barbares et même dans quelques sociétés civilisées, l'on tient plus à son bien qu'à sa vie et surtout qu'à celle des autres.

Néanmoins, pour passer de ces sociétés confuses, ébauchées, à une organisation plus savante et à bien des titres remarquable, à l'organisation de l'ancienne Égypte, par exemple, il suffirait de mieux spécialiser les fonctions, de les rendre rigoureusement héréditaires, de mieux définir l'action et le contrôle du pouvoir. Sans doute la vieille race égyptienne s'est assimilé quelques appoints berbères et sémites, mais par le fond elle ne se distingue pas des grossiers États de l'Afrique noire. Elle n'a fait que régulariser, porter au dernier degré de perfection les tendances et les idées sociales des races africaines ; après quoi elle s'est momifiée.

---

(1) R. et J. Lander, *Niger Expedition*, I, 95 — (2) Clapperton, *Second Voy.*, II, 89. — (3) Raffenel, *Nouv. Voy. au pays des Nègres*, I, 385.

V

De l'état social dans l'Égypte ancienne.

Dans l'Égypte antique comme dans l'Afrique moyenne de nos jours, on trouvait à la base de la société une masse servile, dont les membres, réduits à l'état d'animaux domestiques, s'acquittaient de tout le gros labeur agricole et industriel. Au-dessus de ces humbles cariatides de l'État, sur leur dos, se prélassaient des castes aristocratiques, savamment étagées, les plus inutiles occupant, comme de juste, le plus haut rang. Enfin un monarque despotique siégeait au sommet de la pyramide, dans toute sa splendeur parasitique, faite des efforts et des souffrances de toute une nation.

Nous n'avons pas à décrire ici minutieusement l'organisation et la constitution sociales de l'ancienne Égypte, mais nous en rappellerons pour mémoire les traits principaux.

Le nombre des castes égyptiennes paraît avoir été de quatre, savoir : celles des prêtres, des militaires, des agriculteurs et des commerçants. Tout le reste était esclave.

Les castes supérieures, celles des prêtres et des guerriers, possédaient en propre une portion du territoire. Il semble que la première ait d'abord institué une pure théocratie, à laquelle la caste militaire substitua ensuite une monarchie, le gouvernement d'une famille royale prise dans son sein.

L'immobilité sociale était la loi générale de l'État. Nul ne sortait de sa caste, et chacun exerçait la profession paternelle. Les médecins mêmes avaient des spécialités héréditaires; chacun d'eux devait, de père en fils, s'occuper des mêmes maladies.

Au-dessus de toute la société trônaient le roi et la reine, honorés du titre de « dieux » et entourés d'une cour nombreuse, minutieusement hiérarchisée. Des ordres de chevalerie rehaussaient la situation des courtisans; il y avait des agrafes et des colliers d'honneur, appartenant de droit aux courtisans en chef, aux « parents ».

L'obéissance passive était la loi générale du royaume. Le gouvernement savait tout, pouvait tout. Aucune initiative n'était laissée aux individus.

Néanmoins la constitution de l'État égyptien se distinguait

des grossières monarchies de l'Afrique contemporaine par des traits importants et tout à son avantage. La justice, rendue d'ordinaire par des membres de la caste sacerdotale, était soigneusement organisée. Dans chaque affaire, le pour et le contre étaient plaidés, mais seulement par écrit, et les juges rendaient leur verdict après avoir consulté les livres de Thôt. Le souci de l'équité était tel qu'on jugeait même les morts, avant d'autoriser leur inhumation dans la sépulture de la famille.

En outre des tourments variés étaient infligés dans la vie future, dans l'enfer, aux ombres des coupables. Ces ombres étaient tantôt décapitées, tantôt cuites dans des chaudières ; parfois elles traînaient leur cœur arraché, etc. En résumé l'enfer égyptien ressemblait fort à notre enfer chrétien, auquel il semble bien avoir servi de modèle.

Un trait honore beaucoup l'antique société égyptienne et dénote un vif sentiment de la solidarité humaine. C'était un devoir strict de défendre son semblable. On punissait comme homicide quiconque ne portait pas secours à un homme en danger. Poursuivre en justice un coupable était une obligation ; quiconque ne la remplissait pas était battu de verges (1).

Rien de plus typique que cette forme de société ; elle résume, dans tout leur épanouissement, toutes les tendances sociales primitives. L'individu n'est rien encore. La structure de la société est comme figée ; elle ne suppose pas la possibilité d'un progrès et s'y oppose. Cependant la conscience publique, tout en ayant légitimé et légalisé l'oppression et le privilège, n'est point étrangère au sentiment de la justice. Toute violence illégale est interdite, et l'assistance mutuelle est un devoir. Ajoutons que déjà le débiteur insolvable n'est plus réduit en esclavage ; il répond de sa dette par ses biens, et non par sa personne.

L'Égypte semble bien avoir réalisé l'idéal social conçu par les races africaines. Il nous reste à décrire celui qu'ont imaginé les autres types humains.

(1) Ch. Figeac, *L'Égypte ancienne, passim.*

VI

Des sociétés de l'Amérique australe et septentrionale.

Comme le continent africain, l'Amérique nous montre les sociétés humaines à diverses phases.

Au degré le plus inférieur se trouvent les stupides Fuégiens, dont la vie, au témoignage de Cook, se rapproche de celle des brutes plus que celle d'aucune autre nation (1). Essentiellement ambulants et vagabonds, ils vaguent par hordes peu nombreuses, changeant de séjour dès qu'ils ont épuisé les animaux et surtout les coquillages d'un point de la côte (2). Aucune organisation sociale : c'est l'anarchie pure et l'égalité absolue. Donne-t-on une pièce d'étoffe à un Fuégien, il la morcelle, et chacun en a une part (3).

Déjà les Patagons, les Araucanos, les Charruas et généralement les tribus nomades, qui chevauchent dans les pampas de l'Amérique du Sud et que d'Orbigny a appelées nations pampéennes, ont un commencement d'organisation sociale, bien informe encore. C'est que, ayant déjà des moyens de subsistance plus assurés que les Fuégiens, ils peuvent se grouper en plus grand nombre, constituer des tribus. Mais, dans ces tribus, le gouvernement est toujours réduit à sa plus simple expression. La principale occupation étant la guerre, les hommes, avant d'entreprendre une expédition, s'asseyent en rond pour délibérer, et ils désignent un chef momentanément chargé de diriger l'expédition (4). Sous les tentes, il n'y a aucune subordination, aucune soumission de personne à personne, pas même du fils au père (5). N'ayant pour vivre que les produits de leur chasse, de leurs razzias, et la chair de leurs chevaux, ils quittent un district, dès qu'ils en ont épuisé les pâturages, et leur principale passion est celle de la guerre (6). C'est l'État anarchique dans toute sa brutalité. Il n'y a encore nulle idée de protection, de justice sociale. Chacun fait ce qui

---

(1) Cook, *Deuxième Voyage* (*Hist. univ. des voy.*, vol. IX, 70) — (2) A. d'Orbigny, *l'Homme américain*, I, 413. — (3) Darwin, *Voyage d'un naturaliste*, 247. — (4) Azara, cité par d'Orbigny, *l'Homme américain*, II, 90. — (5) A. d'Orbigny, *loc. cit.*, II, 22 ; I, 404. — (6) Head, *Hist. univ. des voy.*, vol. XLI, 334.

lui plaît, se défend comme il peut et se venge à son gré (1).
Les Botocudos du Brésil ne sont guère plus civilisés que les
Fuégiens. Tout à fait étrangers à l'agriculture, ils errent tout
nus, par petites hordes, vivant de gibier, qu'ils dévorent tout
cru.

Chez les Guarayos, on a fait un pas dans l'organisation sociale. Chaque groupe de familles a un chef héréditaire, dont
le pouvoir se borne d'ailleurs à donner des conseils en temps
de paix et à diriger les opérations guerrières. Mais déjà deux
délits sont réprimés très sévèrement. Ce sont les deux principales formes de l'attentat à la propriété : le vol et l'adultère (2).

Chez les Caraïbes et les Topinambas, les chefs ne sont nullement chargés d'administrer la justice. Chacun doit venger lui-
même les offenses qu'il subit et, s'il ne le fait, l'opinion publique le flétrit (3).

Les mœurs de la plupart des indigènes de ces vastes régions
sont donc quasi-bestiales. C'est ce qui explique avec quelle
facilité les jésuites réduisirent à l'état d'animaux domestiques
les Indiens du Paraguay. Ces pauvres êtres se mettaient, dès
huit heures du matin, à leur tâche quotidienne, sous la surveillance des corrégidors. Les hommes travaillaient, soit à la
terre, soit dans des ateliers ; les femmes filaient du coton. La
soumission des Indiens aux curés était absolument servile.
Le fouet, administré, sans distinction de sexe, à la manière
enfantine, punissait les fautes publiques, et parfois, obéissant
à la voix de leur conscience, les pécheurs venaient d'eux-
mêmes solliciter un châtiment pour leurs fautes mentales ou
ignorées. Les Paraguayens, dépourvus de toute initiative individuelle, se soumettaient docilement à cette existence mécanique ; ils vivaient sans plaisir et mouraient sans regret (4).

Déjà plus intelligents et plus énergiques, les sauvages de la
Colombie se choisissent des chefs, qu'ils honorent comme des
êtres d'une nature supérieure, mais après leur avoir fait subir
une initiation des plus rudes. Le candidat au pouvoir doit
supporter, sans donner le moindre signe de sensibilité, d'abord
une vigoureuse fustigation. Puis on le couche, les mains liées,

(1) A. d'Orbigny, loc. cit., II, 90, I, 404. — (2) Ibid., II, 329. —
(3) Dutertre, Histoire des îles Caraïbes. — (4) Bougainville, p. 112
(édition de la bibliothèque des communes).

dans un hamac, et l'on jette sur lui des myriades de fourmis venimeuses. Enfin on allume sous le hamac d'initiation un feu d'herbes, disposé de telle sorte que le patient en sente la chaleur et soit enveloppé dans sa fumée. Tout cela doit être subi avec la plus complète impassibilité. Le moindre mouvement d'impatience, le plus léger gémissement, entraînent la déchéance du candidat (1).

Nous aurons bientôt à décrire les civilisations plus ou moins avancées de l'Amérique centrale ; mais il importe, pour mettre de l'ordre dans notre exposition, de parler d'abord des sociétés peu développées encore de l'Amérique septentrionale.

Au point de vue sociologique, les indigènes californiens sont assez comparables aux Fuégiens. Vivant encore dans l'anarchie égalitaire, ils ne connaissent d'autres droits que celui du plus fort. Chacun d'eux agit à sa guise, sans se soucier du voisin. Tous les vices, tous les crimes restent impunis ou plutôt, dans leur opinion publique, il n'y a ni vice ni crime. Chacun doit se défendre comme il l'entend. C'est ainsi du moins que les décrit le jésuite Baegert, qui a vécu dix-sept ans parmi eux (2).

Quoique les Indiens Peaux-Rouges soient de beaucoup supérieurs aux Californiens, l'organisation de nombre de leurs tribus était et est encore aussi rudimentaire que celle des Araucanos et des Patagons. Point de gouvernement en temps de paix (3). En temps de guerre on obéit au plus brave. Ce n'est pas la naissance, mais bien la force physique et morale, qui rend digne du commandement ; le chef militaire *conduit* seulement les guerriers qui sont toujours libres de l'abandonner (4). En outre les affaires importantes sont débattues souvent avec éloquence dans un conseil de vieillards (5). Il n'y a d'ailleurs nulle justice sociale, et chacun se venge à son gré (Charlevoix). L'opinion publique fait même de la vengeance un devoir (Catlin, *la Vie chez les Indiens*, 13).

Celles de ces tribus qui se sont adonnées quelque peu sé-

---

(1) Mollien, *Hist. univ. des voy.*, vol. XLII, 408. — (2) *Nachrichten von der Amer. Halb. Californie*, 1773. *Smithsonian Reports*, 1863. — (3) Charlevoix, *Hist. Nouv.-France*, III, 272. — (4) Domenech, *Voy. pitt. dans les déserts du nouveau monde*, 534. — Catlin, *la Vie chez les Indiens*, 65. — (5) G. Robertson, *Hist. Amer.*, liv. IV.

rieusement à l'agriculture ont notablement perfectionné leur
état social. Ainsi avaient fait les Iroquois, dont toutes les tribus
s'étaient confédérées contre leurs ennemis blancs ou rouges (1).

Les Creecks avaient établi chez eux la commune agricole. A
époques fixes, tout le monde devait exécuter sa part du travail
des champs, et la récolte se partageait entre les familles (2).

Certaines tribus avaient déjà institué une justice barbare.
Chez les Comanches, la femme adultère était punie par la section du nez, mais c'était la famille du mari offensé qui se constituait en tribunal (3).

Les pacifiques Esquimaux, à qui Ross ne réussit pas à faire
comprendre ce que c'était que la guerre et qui n'avaient aucune
arme (4), obeissent parfois à un chef, à qui ils payent une redevance (5), mais le plus souvent ils forment de petites communautés libres. Ils ne pouvaient concevoir qu'il y eût des
chefs, des officiers, dans l'équipage de Parry (6). Dans leurs
petites républiques du Groënland, tous les citoyens sont
égaux. La communauté n admet un nouveau membre dans son
sein que de l'assentiment général, et c'est, pour tout sociétaire,
une obligation de chasser les phoques et les baleines, tant
que son âge le lui permet et qu'aucun fils ne le remplace (7).

Cet instinct d'égalité, ces sentiments de solidarité sociale,
unis à une grande douceur de mœurs, font des Esquimaux
une race à part, qui vraisemblablement a une origine tout à
fait distincte de celle du belliqueux Peau-Rouge, son ennemi
et son tyran.

Parmi les sociétés de l'Amérique centrale, dont il nous reste
à nous occuper, l'ancien Pérou nous offrira un intéressant
exemple de société communiste ; mais, tout en étant beaucoup
plus complexe que les associations d'Esquimaux, l'organisation péruvienne leur était moralement inférieure, car elle
avait pour base le despotisme monarchique et le régime des
castes.

(1) Domenech, loc. cit , 346. — (2) Von Haxthausen, Studien,
1, 443. Wappaens, Nord America, 993. — (3) Domenech, Voy. pitt.
dans les déserts du nouveau monde, 533. — (4) Ross, Hist. univ. des
voy., vol. XL, 25. — (5) Ibid. — (6) Parry, Deuxième Voy., ibid.,
434. — (7) Rink, Tales and Tradit. of the Esk.

VII

Des Sociétés de l'Amérique centrale.

Entre les races américaines, il y a d'assez grandes ressem-
blances anatomiques et même assez d'analogies mentales pour
qu'on leur puisse supposer une origine commune et pour que
les degrés si inégaux de leur organisation sociale puissent se
subordonner comme les étapes d'une grande évolution. Le
Fuégien et le Botocudo, par exemple, seraient au bas de
l'échelle ; les antiques États de l'Amérique centrale en occu-
peraient le sommet. Mais les grands empires du Mexique et
du Pérou ne doivent pas être considérés comme des îles civilisées au milieu d'un océan de sauvagerie. Tout autour d'eux
existaient des sociétés moins importantes, mais ayant déjà
une organisation sociale bien supérieure à celle des Peaux-
Rouges ou des Guarayos.

Déjà, lors de la conquête de Fernand Cortez, il y avait dans
le Nouveau-Mexique, où on les peut voir encore, des communautés plus ou moins phalanstériennes, les *Pueblos*. Chaque
Pueblo est une petite république, composée de quarante à cinquante familles, habitant une vaste maison commune, de difficile accès et ayant la forme d'un colossal marchepied, dont
chaque marche forme un étage. Chaque étage est subdivisé en
cellules, contenant chacune une famille, et dans lesquelles on
n'accède qu'au moyen d'échelles. Les Indiens des Pueblos sont
des agriculteurs assez habiles; ils savent même fertiliser le
sol par des canaux d'irrigation (1). Leurs mœurs sont douces,
et ils sont en tout fort supérieurs aux tribus des Indiens chasseurs.

Ailleurs existaient de petites monarchies, qui n'étaient
guère que des réductions des grands empires de l'Amérique
centrale.

Les Natchez étaient gouvernés par un grand chef, frère du
soleil. Ce demi-dieu avait droit de vie et de mort. Ses femmes

---

(1) Domenech, *Voy. pitt. dans les déserts au nouveau monde*, 260
338.

et ses serviteurs devaient s'immoler sur sa tombe. Au-dessous de lui s'étageait une noblesse héréditaire (1).

En Floride, des caciques héréditaires aussi étaient l'objet d'un respect servile (2).

De même, les insulaires des Antilles obéissaient à des chefs par droit de naissance, jouissant d'un pouvoir absolu, parlant au nom des dieux et régissant les éléments (3).

A Bogota, un peuple nombreux, déjà habile en agriculture, avait édifié des villes importantes, des maisons commodes ; il avait des lois traditionnelles, réprimant certains crimes, et reconnaissait pour maître absolu un roi, qu'on n'abordait qu'en tremblant, dont on jonchait la route de fleurs, alors qu'il sortait en palanquin ; enfin ce monarque prélevait des taxes et recevait de riches présents (4).

C'est déjà, sur une petite échelle, l'organisation de l'empire aztèque. Dans ce dernier, dont les chroniqueurs ne font remonter l'origine qu'à la fin de notre douzième siècle, nous trouvons une société théocratique et monarchique, très analogue, par ses traits principaux, à l'ancienne Égypte.

Le monarque mexicain était élu parmi les frères du monarque défunt, assistés de quatre délégués de la noblesse (5), et il devenait dès lors une quasi-divinité, a tout le moins le représentant des dieux sur la terre. Un cérémonial compliqué l'entourait ; son harem ne renfermait pas moins de 3 000 concubines. Ses repas somptueux lui étaient servis par de belles jeunes filles (6). Il avait sa garde du corps, ses courriers postaux, échelonnés sur toutes les routes de l'empire, ses ministres de la guerre et de la paix, etc.

Au-dessous du roi et autour de lui, une nombreuse classe aristocratique et héréditaire possédait le sol et occupait les principaux emplois à la cour et dans l'administration ; à ses membres était confié le gouvernement des provinces et des villes (7).

Gouverner et guerroyer, souvent sans autre but que de se

---

(1) G. Richardson, *Hist. Amer.*, liv. IV. — (2) Charlevoix, *Hist. Nouv.-France*, III. — (3) G. Richardson, *Hist. Amér.*, liv. IV. — (4) *Ibid.* — (5) W. Prescott, *Hist. conq. du Mexique*, I, 18. — (6) *Ibid.*, II, 98. — Müller, *Allgem. Ethnogr.*, 262. — (7) Prescott, *Hist. conq. du Mexique*, I, 18.

procurer les prisonniers nécessaires aux sacrifices humains, impérieusement exigés par la religion, c'étaient là les principales occupations de la caste aristocratique. Quant à la grosse besogne sociale, elle était dévolue aux serfs et aux esclaves. Les premiers, attachés à la glèbe, ne pouvaient s'éloigner du coin de terre dont la culture leur était confiée et se transmettaient héréditairement de main en main avec le domaine, comme des animaux domestiques. Leur sort différait de celui des esclaves par un seul point : on ne pouvait les sacrifier aux dieux.

Comme en Afrique, il y avait au Mexique plusieurs catégories d'esclaves. La plupart étaient des prisonniers de guerre. D'autres avaient été condamnés à la servitude pour divers crimes. Certains étaient des esclaves volontaires, car les hommes libres avaient la faculté d'aliéner leur liberté. Les parents pauvres pouvaient aussi vendre leurs enfants. Dans ce dernier cas, on dressait, devant témoins, le contrat de vente, spécifiant exactement le genre de service exigible. L'esclave pouvait d'ailleurs avoir sa famille et même posséder d'autres esclaves (1). Enfin les maîtres ne vendaient guère leurs esclaves sans motifs sérieux. Néanmoins ils en avaient le droit, et il y avait même de grandes foires spéciales pour ce trafic. Les esclaves, vêtus de leurs plus beaux habits, y devaient chanter, danser, allécher les acheteurs, en leur montrant leurs talents. L'esclave vicieux était mis en vente avec un collier spécial et en cas de récidive était destiné aux sacrifices, la grande affaire de la société mexicaine.

En revanche, les enfants de l'esclave étaient libres. On ne naissait pas esclave au Mexique (2).

En dehors des esclaves et des serfs agricoles, il existait des corporations de métiers, dont chacune occupait à Mexico un quartier particulier, avait ses fêtes, sa divinité protectrice, son patron. Dans ces corporations, le métier était héréditaire, et chacun devait exercer la profession de son père (3).

Une organisation analogue existait dans le Mexique proprement dit et dans les royaumes tributaires de Tezcuco et de Tlacopan. Même à Tlascala et dans les autres républiques limitrophes de l'empire aztèque, on retrouvait encore à peu

---

(1) Prescott, loc. cit. — (2) Ibid — (3) Ibid., I, 118.

près la même hiérarchie sociale. Le monarque seul manquait.

Les Aztèques semblent avoir eu autant de souci de la justice que le comporte une société despotique et barbare encore ; mais leur législation était peu compliquée et leurs pénalités sévères. On punissait de mort le vol, le meurtre, même celui d'un esclave. L'adultère était lapidé. L'ivrognerie entraînait, chez un jeune homme, la peine de mort : chez les personnages d'âge mûr, elle était punie de la dégradation et de la confiscation des biens (1).

Le soin de rendre la justice était attribué à des fonctionnaires spéciaux, et il y avait diverses juridictions. Des magistrats inférieurs prononçaient dans les petites causes, et ils étaient élus par le peuple. Dans chaque province, une cour de trois membres, nommés à vie, avait dans son ressort les causes importantes. Elle-même relevait d'un juge suprême, aussi nommé à vie par le roi et dont les sentences étaient sans appel.

Une portion des terres de la couronne était affectée à l'entretien des juges supérieurs.

A Tezcuco, ces juges se réunissaient, tous les quatre-vingts jours, sous la présidence du roi pour prononcer sur des causes difficiles ou importantes, qui leur avaient été réservées (2).

Le juge coupable de s'être laissé corrompre ou influencer encourait la peine de mort (3).

Partout l'attribution des fonctions judiciaires à un corps spécial indique une société sortie de la barbarie ou faisant effort pour en sortir. C'est déjà un degré élevé de la division du travail social. L'organisation de la justice, chez les Aztèques, dénote donc une certaine élévation morale, contrastant avec leur férocité et leur religion sanguinaire, qui les rabaissaient si fort au-dessous des Péruviens, dont nous allons maintenant parler.

Quoique assez voisins l'un de l'autre et séparés seulement par des États relativement civilisés, il semble bien que les deux empires du Mexique et du Pérou aient vécu en s'ignorant mutuellement. Par suite, les traits communs de leur organisation sociale n'en sont que plus curieux.

La monarchie des Incas, dont nous avons déjà parlé, offre

_____

(1) Prescott, *Hist. conq. du Mexique*, I, 26. — (2) Prescott, *ibid.*, I, 22. — (3) *Ibid.*, 23.

aux sociologistes un sujet d'étude des plus intéressants. C'est la plus vaste société communiste qui ait jamais existé, et elle semble réaliser en grande partie les utopies de maint réformateur ancien et moderne. Néanmoins, en dépit des traits qui lui sont propres, l'organisation de l'ancien Pérou ne s'écarte pas trop de celle de l'Égypte antique et du Mexique. Là aussi on retrouve au sommet de la pyramide sociale un monarque absolu, et au-dessous de ce potentat s'échelonnent des castes. Enfin le labeur constant d'une grande plèbe servile fait vivre tout le monde.

Au Pérou, le roi n'était pas seulement, comme au Mexique, le vicaire des dieux : il était le fils du dieu suprême, le rejeton du soleil, et « quand il était rappelé dans les demeures du soleil, son père (1) », en langage ordinaire, quand il mourait, il passait dieu (2). Ce monarque divin planait pour ainsi dire au-dessus de son peuple. Grand pontife, représentant du soleil, il présidait aux grandes solennités religieuses ; généralissime, il levait et commandait les armées ; roi absolu, il établissait des taxes, légiférait, nommait et révoquait à son gré les fonctionnaires et les juges : c'était vraiment un soleil terrestre.

Fils aîné de la *coya* ou reine légitime, il était cependant élevé à l'école militaire, comme les rejetons des seigneurs incas, descendants putatifs du fondateur de la monarchie et de ses successeurs. Comme eux, il était rompu aux exercices gymnastiques et guerriers (3).

A la mort d'un Inca, ses palais, ses résidences étaient fermés, pour toujours ; tout ce qui lui avait appartenu restait dans l'état où il l'avait laissé, et ses funérailles pompeuses étaient largement ensanglantées. Ses serviteurs, concubines et favorites, au nombre d'un millier parfois, étaient immolés sur sa tombe, car il lui fallait une suite convenable dans l'autre monde, en attendant que son ombre revînt animer sa momie, embaumée avec soin, et déposée dans le grand temple de Cuzco, à côté de celles de ses prédécesseurs (4).

Après le roi, mais bien au-dessous de lui, venaient deux castes privilégiées, les Incas ou descendants de la série poly-

---

(1) Prescott, *Hist. conq. du Pérou*, I, 46. — (2) Fr. Muller. *Allgem.*, *Ethnogr.*, 269. — (3) *Ibid.*, I, 37. — (4) *Ibid.*, 46-40.

gamique des rois et les *curacas* ou caciques des nations soumises (1).

Les nobles péruviens de sang royal portaient un costume
particulier, et beaucoup d'entre eux vivaient à la cour. Seuls,
ils occupaient les grands emplois; seuls, ils exerçaient des
commandements militaires. Les lois, fort sévères pour les
autres, n'étaient pas faites pour eux (2). Ils ne s'humiliaient
que devant le maître, en présence duquel ils ne devaient paraître qu'avec un léger fardeau.

Comme de raison, la meilleure partie du domaine public
était affectée à l'entretien de cette caste de sang divin.

Plus bas étaient les *curacas* ou caciques des nations subjuguées.

Le gouvernement péruvien les maintenait généralement en
possession de leurs charges en leur imposant seulement l'obligation de venir de temps en temps dans la capitale et d'y faire
élever leurs enfants (3).

Quant à la masse du peuple, elle était régie à peu près
comme un bon cultivateur soigne et exploite ses animaux
domestiques. Tout individu héritait de la profession de son
père; il ne pouvait ni en changer ni se déplacer. Par obligation de naissance, on était laboureur, mineur, industriel,
soldat. La population, divisée en groupes de 10, de 50, de 100,
de 500, de 1 000 personnes ayant chacun son chef, était attachée au sol. Les délégués du gouvernement traitaient le populaire comme un troupeau, assez paternellement d'ailleurs.
Chaque individu avait sa besogne déterminée à l'avance; on
le mariait; on lui assignait pour sa subsistance un lot de
terre; on veillait à sa moralité; on l'habillait; on le secourait
au besoin. Dans l'empire des Incas, la misère et la liberté
étaient également inconnues (4).

Au Pérou, le gouvernement spirituel se confondait avec le
gouvernement temporel. Rien de plus naturel, puisque l'Inca
était dieu. Par suite encore la *mission* de l'Inca était d'étendre
de plus en plus le territoire de l'empire, de diriger contre l'infidèle une perpétuelle croisade : aussi le Pérou était-il constamment en guerre avec ses voisins (5). Les vaincus étaient

(1) Fr. Muller, *Allgem. Ethnogr.*, 51. -- (2) W. Prescott, *Hist.
conq. du Perou*, I, 51. — (3) *Ibid.* — (4) *Ibid*, I, 58, 93, 125, etc. —
(5) W. Prescott, *Hist. conq. du Pérou*, I, 95.

d'ailleurs traités doucement et soumis seulement aux lois du vainqueur, qui tendait uniquement à les assimiler. Il n'existait au Pérou rien d'analogue à la brutale tyrannie que les Mexicains faisaient peser sur leurs vassaux (1).

En vertu même du rôle passif imposé à la population, il régnait au Pérou une centralisation méthodique et bien réglée. Le royaume était divisé en quatre parties, à chacune desquelles conduisait une grande route partant de Cuzco, la capitale, le *nombril* de la monarchie; cette ville était elle-même divisée en quatre quartiers correspondants. Quatre vice-rois régissaient les quatre provinces subdivisées à leur tour en départements, et ces dignitaires étaient astreints à passer à Cuzco une partie de l'année; ils y formaient une espèce de conseil d'État à la disposition du maître (2).

Un service de statistique tenait, au moyen de *quipos* (cordelettes à nœuds), registre des naissances et des morts, des produits et des ressources de l'empire. Muni de ces documents, le gouvernement répartissait les charges et les revenus, les travaux, les réquisitions, etc. (3).

Le service des postes, bien organisé, était fait par des relais de coureurs, portant des *quipos* et échelonnés à distances égales sur toutes les routes; de petits édifices leur servaient d'abri; d'autres constructions plus vastes étaient destinées soit à l'Inca, soit aux fonctionnaires, soit aux troupes en marche : il n'y avait pas d'autres voyageurs au Pérou (4).

Les lois, peu nombreuses, étaient fort sévères. La peine capitale y jouait un grand rôle. On la prononçait pour vol, pour adultère, pour meurtre, pour blasphème contre le soleil ou l'Inca (c'était tout un), pour avoir incendié un pont, etc. En cas de révolte d'une ville ou d'une province, les habitants en étaient exterminés (5). Se rebeller contre le fils du dieu-soleil, quel crime abominable !

Si incomplet qu'il soit, le tableau précédent suffira à faire connaître l'économie sociale du curieux pays dont nous parlons. Nulle part la conception monarchique n'a été réalisée plus savamment, plus minutieusement. C'est le beau idéal rêvé par les

---

(1) W. Prescott, *loc. cit.*, 160.— (2) Prescott, I, 56. — (3) *Ibid.*, I, 8. Garcilaso de la Véga, *Com. real de los Incas*, liv. II, ch. xiv. — (4) W Presco t, *Hist. conq. du Pérou*, I, 79-80. — (5) *Ibid.*, 59.

premiers fondateurs d'empire ; la servitude y est organisée dans sa gloire et même avec bonté. Un pouvoir surhumain, divin, conduit tout, règle tout, prévoit tout ; le sujet est une simple mécanique, un automate sans initiative et sans liberté au service des castes supérieures et d'un maître omnipotent.

VIII

Des sociétés polynésiennes.

Les vieux empires du Mexique et du Pérou nous montrent la phase monarchique épanouie dans toute sa splendeur : c'est l'âge adulte de la royauté. En Polynésie, où chaque archipel formait une petite société indépendante, l'évolution ethnique n'ayant pas progressé partout avec la même vitesse, nous pouvons étudier en quelque sorte l'embryologie monarchique, stade après stade.

Dans la société polynésienne arrivée à l'apogée de son développement, on retrouve tous les degrés sociaux qui existaient dans les monarchies de l'Amérique centrale : une caste d'esclaves alimentée surtout par les prisonniers de guerre, une classe populaire, une aristocratie héréditaire et, trônant sur le tout, un despote (1), mais cette gradation n'est pas complète dans toutes les îles. Souvent le couronnement de l'édifice manque : il n'y a point de monarque suzerain des chefs de tribus.

Les insulaires, pourtant peu nombreux, de l'île de Pâques, étaient divisés en peuplades, gouvernées chacune par un chef (2). De même, aux îles des Navigateurs, les chefs pullulaient et gouvernaient la plèbe à grands coups de bâton (3).

A Noukahiva, chaque vallée est la patrie d'une tribu indépendante, ayant ses lois, ses prêtres, ses chefs. Déjà le régime de ces tribus est monarchique, et chacun de ces petits groupes ethniques obéit d'ordinaire à un vieillard influent, possédant beaucoup de cocotiers et d'arbres à pain (4).

Le pouvoir du chef est considérable ; il a le droit de s'em-

---

(1) Fr. Müller, *Allgem. Ethnographie*, 363. — (2) D. Rollin, *Expédit. de la Pérouse* (*Hist. univ. des voy*, vol. XIII, 171). — (3) La Pérouse, *ibid.*, 124. — (4) Porter, *ibid.*, XVI, 176.

parer de tout objet à sa convenance partout où il va; aussi à l'approche du souverain ou de la souveraine les sujets s'empressent-ils de cacher ce qu'ils possèdent de plus précieux (1). Pourtant, avant de déclarer la guerre, le chef noukahivien doit rassembler les nobles en conseil; mais on est presque toujours disposé à se ruer sur une tribu voisine, qui a ou offensé une femme, ou enlevé quelque victime pour l'offrir en holocauste à ses dieux (2).

La dignité de chef, d'ordinaire héréditaire, ne s'exerce guère que sur quelques centaines d'individus; car les tribus sont peu nombreuses (3). Au-dessous du chef, il existe, sans parler des esclaves, deux classes sociales : celle des nobles et celle des vilains. La classe des nobles ou *akaïkis* existe par droit de naissance, mais elle ouvre ses rangs aux individus valeureux, à ceux qui épousent une *femme-chef*, à ceux qu'un chef veut bien adopter. La classe inférieure, celle des *kikinos*, sert d'ordinaire l'autre dans la paix et dans la guerre. D'ailleurs les *kikinos* mangent avec leur supérieur au même plat, couchent sur la même natte, partagent souvent la même femme et peuvent à volonté changer de patron.

Les *akaïkis* jouissent pourtant de droits importants : ceux de prendre tous les objets à leur convenance, de prélever une dîme sur les récoltes, un impôt sur les bénéfices de toute sorte. Ils peuvent enfin chasser les *kikinos* de leur domaine et aussi prononcer le *tabou* (4). Nous reviendrons sur cette dernière prérogative.

Dans les vastes îles de la Nouvelle-Zélande, il ne s'était établi non plus aucune grande monarchie. Les insulaires y étaient groupés en tribus assez peu nombreuses, gouvernées par un chef dont l'autorité n'était vraiment reconnue qu'à la guerre. En temps de paix, ce chef n'avait guère d'autre droit que de vivre dans une noble oisiveté en prélevant une dîme sur les provisions des autres. A la guerre, il avait le privilège de garder comme trophée les têtes des prisonniers décapités. Quant à sa tête à lui, elle servait d'objectif aux ennemis, qui tenaient extrêmement à s'en emparer (5). Le pouvoir se trans-

---

(1) M. Radiguet, *Derniers Sauvages*, 157. — (2) *Ibid.*, 167. — (3) M. Radiguet, *Derniers Sauvages*, 19. — (4) M. Radiguet, *loc. cit.*, 156. — (5) Duperrey, *Hist. univ. des voy.*, vol. XVIII, 158.

mettait souvent de frère en frère ; on pouvait l'acquérir par
une grande valeur, de grandes richesses, un grand prestige
sacerdotal ; mais, pour être chef, il fallait appartenir à la
classe aristocratique, à la caste des *rangatiras* (1).

Cependant plusieurs archipels polynésiens obéissaient déjà à
un seul maître, dominant toute une hiérarchie féodale. Il en
était ainsi à Taïti, à Tonga, aux îles Hawaï (Sandwich), aux îles
Gambier, etc. Dans ces îles, le pouvoir souverain, presque toujours héréditaire, se transmettait, tantôt directement, tantôt en
ligne collatérale. A Taïti, la couronne passait virtuellement à
l'enfant du roi, le jour même de sa naissance, et à partir de ce
moment le père n'était plus qu'un régent (2).

De grandes marques de respect étaient dues au monarque
taïtien et à tous les membres de sa famille. Au passage de
chacun de ces augustes personnages, chacun devait se découvrir les épaules (3).

A Tonga, pour saluer le monarque, on se prosternait devant
lui et l'on glissait la tête sous la plante de ses augustes
pieds (4). Le corps du roi n'était point tatoué, comme celui de
ses sujets ; on ne pouvait, sous quelque prétexte que ce fût, se
tenir au-dessus de la tête royale (5). Quand le monarque
daignait s'endormir, des femmes devaient lui faciliter cette
importante occupation, en lui donnant doucement et artistement de petites claques sur les cuisses (6). Le roi de Tonga
était l'héritier naturel de ses sujets ; mais d'habitude il rétrocédait l'héritage au fils aîné du défunt (7). Pourtant le pouvoir
se transmettait du prince défunt à ses frères et à leur défaut
à ses sœurs (8).

Tels étaient les usages à Tonga, lors du passage de Cook.
Plus récemment (1845), le roi mourant avait la faculté de désigner pour son successeur un membre pris dans la famille
royale, sous le bénéfice d'une ratification prononcée par le
conseil des chefs (9) ; puis on célébrait l'avènement du nouveau

(1) Dumont d'Urville, *Hist. univ. des voy.*, vol. XVIII, 265. —
(2) Cook, *Hist. univ. des voy.*, vol. V, 195, *Premier Voyage* —
(3) Cook, *ibid.*, vol. VIII, 11, *Deuxième Voy.* — (4) Cook, *Troisième Voy.*,
ibid., vol. IX, 381, 340, 389 — (5) Cook, *ibid.*, 89. — (6) Cook, *ibid.*,
X, 13. — (7) Cook, *ibid.*, X, 92. — (8) D'Entrecasteaux, *ibid.*, vol. XV,
173. — (9) Th. West, *Ten Years in South Central Polynesia*, 260.

prince dans une grande fête de Kava, cérémonieusmeent réglée (1).

Le pouvoir du monarque tongan avait déjà les caractères qu'il revêt dans les vraies monarchies. La vie, la liberté, les biens des sujets étaient à la disposition du maître (2).

Pourtant, dans la plupart des archipels, la dignité suprême ne restait pas indéfiniment dans la même famille ; les chefs les plus puissants se la disputaient sans cesse. C'est aux îles Sandwich seulement que l'on a trouvé une vraie dynastie régnant de temps immémorial (3).

Dans toutes les îles polynésiennes, qu'elles fussent ou non gouvernées par un monarque, il existait une caste aristocratique, généralement héréditaire et jouissant de privilèges excessifs.

Le pouvoir des principaux chefs était à peu près absolu. Aux îles Sandwich, les gens du peuple devaient se prosterner devant eux, littéralement « se coucher pour dormir en leur présence » (4). A Taïti, ils avaient sur le populaire droit de vie et de mort. Un chef, qui avait tué un vilain, se mit dans une violente colère, quand on lui dit que pour une peccadille pareille il serait pendu en Angleterre (5). Il y avait même des prérogatives culinaires; ainsi à Taïti l'usage de la viande de porc était interdit au populaire (6). Aux îles Sandwich, quand la pirogue d'un chef cinglait vers les navires de Cook, elle heurtait et coulait sans le moindre ménagement les petites pirogues des gens de rien, qui ne pouvaient se garer ; car il leur fallait avant tout se mettre à plat ventre dès qu'ils apercevaient l'embarcation seigneuriale (7). Dans les combats, on s'efforçait surtout de frapper le chef ennemi; car sa mort équivalait à la défaite de son parti (8).

Dans leur jeunesse, les chefs polynésiens étaient presque adorés; on n'en approchait qu'en tremblant Après leur mort, s'ils avaient à leur actif quelque action d'éclat, ils étaient en réalité mis au rang des dieux. Leur prestige était tel que, nus

---

(1) Th. West, *loc. cit.*, 59.— (2) *Ibid.*, 260.— (3) Moerenhout, *Voy. aux îles du grand Océan*, II, 2. — (4) Cook, *Troisième Voyage* (H st univ. des voy)., vol. X, 228.— (5) *Ibid.*, 137.— (6) Bougainville, *Voy., cit.*, édit. Biblioth. communes, 253. — (7) Cook, *Troisième Voy.*, *loc. cit.*, 327.— (8) Moerenhout, *Voy. aux îles du grand Océan*, II, 5.

et sans armes au milieu du peuple, ils étaient obéis au moindre signe (1). Mais ce pouvoir sans bornes n'était le partage que des chefs suprêmes, de ceux qui étaient de grande race et, en outre, possédaient assez de terres pour nourrir beaucoup de monde (2).

Partout au contraire les gens de la plèbe étaient à la merci des grands chefs ; les *toutous* de Taïti, les *kikinos* des Marquises, les *touas* de Tonga, etc., ne possédaient rien en propre. Sans être absolument esclaves, ils constituaient une classe servile. C'étaient les domestiques et les soldats des chefs, et à Taïti c'était d'ordinaire parmi eux que l'on choisissait les victimes humaines, dont les dieux étaient si friands (3). On naissait, on mourait *toutou*, sans jamais pouvoir sortir de sa condition.

Néanmoins il y avait aussi une hiérarchie parmi les classes dirigeantes et, dans les grands archipels, il existait une organisation quasi-féodale. En haut de l'édifice aristocratique se tenaient à Taïti les *Arii* ou princes, seigneurs soit d'une île entière, soit d'une partie d'île. Après eux venaient des sortes de barons féodaux, ayant eux-mêmes leurs vassaux, au-dessous desquels il n'y avait plus que la masse des *toutous*. A Taïti, pourtant, quelque excessifs que fussent les droits des *arii*, il ne leur était pas permis de confisquer les biens de leurs inférieurs ; mais ils prélevaient arbitrairement une grande partie des récoltes (4).

Le concours de la petite noblesse taïtienne étant indispensable aux membres de la haute aristocratie pour faire la guerre, les *arii* n'entreprenaient jamais une campagne sans consulter leurs vassaux (5). Toutes les dignités, tous les privilèges et titres nobiliaires se transmettaient strictement par hérédité, et, à défaut d'héritier mâle, les Taïtiens recouraient à l'expédient du prince-consort ou de seigneur-consort, uniquement chargé de susciter des héritiers de sexe masculin (6).

A Tonga, on avait établi un ordre social analogue, mais plus franchement despotique. Le roi était le maître suprême et les

---

(1) Moerenhout, *loc. cit.*, II, 16. — (2) *Ibid.*, I, 7 ; II, 11. — (3) Cook, *Troisième Voy.* (*Hist. univ. des voy.*, vol. X, 120). — (4) Moerenhout, *Voy. aux îles du grand Océan*, II, 9.— (5) Moerenhout, *loc. cit.*, II, 9. — (6) *Ibid.*

nobles ne possédaient leurs domaines qu'à titre de fiefs, toujours à la disposition du roi (1). La noblesse et les titres étaient héréditaires et entourés du plus servile respect. Toucher la personne d'un chef, entrer dans sa maison était interdit. Les membres de l'aristocratie se servaient même d'un dialecte spécial, à leur seul usage, et ils n'étaient pas le moins du monde tenus de respecter la personne ou la propriété des gens de rien (2). La noblesse de Tonga se subdivisait elle-même en quatre classes subordonnées l'une à l'autre. Certaines professions étaient strictement héréditaires, notamment celles de charpentier, de pêcheur, etc. Au-dessus de cet édifice social dominait le pouvoir royal, despotique et sans contrôle (3). Cette société, si exactement féodale, avait même ses chevaliers errants. C'étaient des jeunes guerriers, marchant toujours armés de leur javeline et de leur massue, sans cesse en quête d'aventures belliqueuses et allant parfois les chercher jusqu'à Viti, se targuant en outre vaniteusement de manger les cadavres (4).

Aux îles Sandwich, la caste aristocratique se subdivisait aussi en diverses classes, dont les deux principales étaient : celle des chefs de district, jouissant d'une autorité absolue, puis celle des nobles simplement propriétaires et n'étant revêtus d'aucune fonction. Au-dessous de ces nobles de race, et préposés à leur service, étaient les vilains, les roturiers, les *toutous*, n'ayant ni rang, ni droit, ni propriété (5).

A Taïti et dans les îles occidentales, quand un chef disait : « A qui ce cochon, cet arbre ? » etc., le propriétaire ne répondait jamais : « A moi », mais : « A nous deux » ou: « A toi et à moi (Notava) » (6).

Dans cette société, si grossière encore et fondée sur le despotisme héréditaire, la justice était ce à quoi on songeait le moins. Aussi la fonction judiciaire ne s'était pas spécialisée. Parfois les parties lésées s'adressaient aux chefs; mais ceux-ci avaient en tête bien autre chose que le souci de redresser les torts et de soutenir le faible contre le fort. Ils ne châtiaient

(1) Th. West, *Ten Years in South Central Polynesia*, 262. — (2) *Ibid.*, 263. — (3) *Ibid.*, 260. — (4) J. de la Gravière, *Souvenirs d'un amiral*, I, 186. — (5) Cook, *Troisième Voyage* (*Hist. univ. des voy.*, vol. X, 288). — (6) Moerenhout, *Voy. aux îles du grand Océan*, II, 181.

guère, mais cela avec fureur, qu'à l'occasion de leurs griefs personnels ; la moindre offense, le moindre tort, faits soit à eux-
mêmes, soit à leurs favoris, étaient à leurs yeux des crimes
irrémissibles (1). En réalité, il n'y avait pas de justice sociale
en Polynésie. Chacun se vengeait à sa manière. Œil pour œil,
dent pour dent : telle était encore la loi des lois (2). Pourtant
une moralité grossière s'était établie, et l'opinion publique
sanctionnait ou réprouvait certaines représailles. Comme dans
la plupart des sociétés barbares, le vol et l'adultère étaient
tenus pour les plus graves délits. Comme toujours aussi, la
pénalité était simple et terrible : le vol, le viol et l'adultère
étaient souvent punis de mort (3). A la Nouvelle-Zélande, on
décapitait le voleur et l'on en suspendait la tête à un poteau
ayant la forme d'une croix (4). A Taïti, le mari pouvait tuer
sa femme adultère, mais le plus souvent il se contentait de la
battre (5).

A Taïti encore, l'homme coupable de meurtre était attaqué
par les amis du défunt. S'il était vaincu, sa maison, ses meubles, ses terres devenaient la propriété des assaillants et réci-
proquement. En résumé, dans ces conflits, le plus fort dépouil-
lait le plus faible (6). Quant à l'infanticide, on n'y prenait
point garde, et chacun avait le droit de faire ce qu'il voulait
de ses enfants, nés ou à naître (7). Le grand crime était le
vol. Parfois même le voleur, accablé par le verdict de l'opinion
publique, était abandonné à la vengeance des personnes lésées,
sans qu'on lui reconnût le droit de se défendre (8).

A Tonga, on invoquait parfois contre le voleur le jugement
de Dieu. L'homme soupçonné d'avoir commis un vol devait se
baigner dans certains endroits hantés par des requins, et il
était déclaré coupable s'il était mordu ou dévoré (9).

A Noukahiva, on avait une justice moins sévère ; passer
pour un habile voleur donnait même du relief. Le meurtre se
vengeait par le meurtre. Un homme affamé avait, selon l'opi-

(1) Moerenhout, loc. cit., II, 17. — (2) Williams, Polynesian Researches, II, 369-372.— Dumont d'Urville, Hist. univ. des voy., vol. XVIII,
267. — (3) Moerenhout, loc. cit., II, 17. — (4) Dumont d'Urville, loc.
cit. — (5) Cook, Premier Voyage (Hist. univ. des voy., vol. V, 320). —
(6) Cook, Troisième Voy. (Hist. univ. des voy., vol. X, 249). — (7) Ibid.—
(8) Moerenhout, Voy. aux îles du grand Océan, II, 181.— (9) Dumont
d'Urville, Hist. univ. des voy., vol. XVIII, 292.

nion publique, le droit de manger sa femme ou son enfant.
L'adultère n'était un crime que dans les familles princières, où
il était pourtant légalement autorisé dans certaines circonstances. Ainsi, lors du voyage de Krusenstern, il y avait près
de la femme d'un potentat, que le voyageur appelle le roi de
Noukahiva, un fonctionnaire appelé « l'allumeur du feu du
roi ». Le devoir de ce dignitaire était d'abord de se tenir auprès du monarque pour en exécuter les ordres, puis de le
suppléer, en tout et pour tout, auprès de la reine, en cas
d'absence prolongée de sa part (1). Dans un pays où existe
une pareille coutume, l'adultère n'est pas évidemment une
action bien coupable en soi. C'est qu'en effet, dans toutes les
sociétés primitives, l'adultère est assimilé au vol et devient
tout à fait licite lorsqu'il est autorisé par le propriétaire ou la
coutume.

En Polynésie, la morale publique, si indulgente ou si confuse
pour nombre d'actes réprouvés et réprimés en Europe, avait
pris une forme toute spéciale : son expression sacramentelle
était le *tabou*. Par *tabou*, il faut entendre une sorte d'interdit
qui pouvait être jeté sur toute chose par les prêtres, en cela
presque invariablement d'accord avec les chefs ; car ils avaient
fait du *tabou* un puissant instrument de despotisme. Parfois
pourtant le tabou avait sa raison d'être.

Quand on appréhendait une mauvaise récolte de fruits à
pain, un *tabou* prévoyant protégeait les bananes et ignames
sauvages, etc., ce qui assurait à la population une réserve
alimentaire (2). Les poules et les cochons étaient taboués, quand
ils devenaient rares. Certaines baies devenaient tabouées pour
la pêche aux flambeaux, quand le poisson s'en éloignait, etc. (3).
A la Nouvelle-Zélande, une marmite de fer, d'origine européenne, fut déclarée tabouée, et, par ce fait, les aliments que
l'on y cuisait étaient interdits aux esclaves (4). Les idoles, les
morais, les sépultures, la personne des prêtres, des chefs et
leurs demeures, parfois des districts entiers, étaient taboués (5).
Nombre de *tabous* étaient étranges, capricieux, vexatoires. Le

---

(1) Krusenstern, *Hist. univ. des voy.*, vol. XVII, 12. — (2) Moerenhout, *Voy. aux îles du grand Océan*, I, 531. — (3) Max, Radiguet,
Derniers Sauvages, 165. — (4) *The New Zealanders*, 155.— (5) Moerenhout, *loc. cit.*, I, 522.

tabou interdisait parfois à un individu de sortir de sa maison pendant un nombre donné de jours, de faire du feu, de manger après le lever et avant le coucher du soleil. En vertu du *tabou*, les femmes ne pouvaient toucher aux mets des hommes, même à ceux de leurs maris, frères ou enfants; elles ne pouvaient entrer dans les morais, etc. (1). La nouvelle accouchée était tabouée; elle devait rester dans une cabane à part et ne pas toucher à ses aliments; des femmes venaient lui mettre les morceaux dans la bouche (2). Les chefs taboués étaient nourris de la même manière parfois pendant des mois (3); durant ce temps ils devaient s'abstenir de tout commerce intime avec les femmes (4). A Tonga, les mains qui avaient touché les pieds du roi étaient tabouées jusqu'à ce qu'elles eussent été lavées, et avant cette ablution on ne pouvait s'en servir (5). A la Nouvelle-Zélande, la tête et le dos des hommes libres étaient taboués, ce qui leur interdisait de porter des fardeaux (6). Aux îles Marquises, les désastres publics, les maladies, etc., étaient généralement considérés comme les conséquences de la violation de quelque *tabou* (7). Aussi partout l'infraction à un *tabou* était regardée comme un crime et sévèrement punie. Aux îles Hawaï, une femme qui avait osé manger du porc à bord d'un vaisseau européen fut sacrifiée aux dieux (8). Généralement enfreindre un *tabou* était un crime capital; il suffisait même d'être soupçonné d'un tel forfait pour être mis à mort. Enfin la révocation d'un *tabou* nécessitait une cérémonie religieuse, pour laquelle des holocaustes humains étaient indispensables (9), et, comme le soin de désigner les victimes appartenait aux prêtres, cette prérogative leur conférait en fait un droit de vie et de mort sur le vulgaire (10). De cette coutume du *tabou*, si caractéristique, on peut conclure que le sens moral commençait pourtant à s'éveiller chez les Polynésiens. Ils avaient un vif sentiment du licite et de l'illicite, mais leur morale enfantine était tout irraisonnée encore et se confondait avec

---

(1) Moerenhout, *loc. cit.*, I, 532.-- (2) Moerenhout, *Voy. aux îles du grand Océan*, I, 535.—(3) *Ibid.*, 530.—(4) Porter, *Hist. univ. des voy.*, vol. XVI, 192.— (5) Cook, *Hist. univ. des voy.*, vol. X, 90.— (6) Fr. Müller, *Allgem. Ethnogr*, 306.—(7) M. Radiguet *Derniers Sauvages*, 160. — (8) Portlock et Dixon, *Hist. univ. des voy.*, vol. XIII, 239. — (9) M. Radiguet, *loc. cit.*, 160, 162. — (10) Moerenhout, I, 6.

leurs obligations religieuses. Pour qu'un acte devînt coupable, il suffisait qu'un prêtre le décrétât tel.

Telle était l'ancienne organisation sociale en Polynésie, celle qui s'y était spontanément développée. C'était un despotisme souvent brutal, plus souvent encore tempéré par la légèreté puérile de la race. Avec le temps, les Polynésiens seraient sans doute arrivés d'eux-mêmes à des institutions plus raisonnables et plus humaines ; mais l'intrusion des Européens a coupé court à toute évolution progressive dans ce pays. C'est à Taïti surtout que les déplorables effets de cette perturbation ont été éclatants. Là, les missionnaires anglais ont réussi à civiliser le pays à leur manière. Tout d'abord ils ont intronisé leur domination en faisant exterminer une moitié de la population par l'autre. Puis ils ont fondé une monarchie grotesquement théocratique. Un missionnaire, le révérend Nott, muni d'une sainte ampoule, oignit et sacra roi de l'archipel dévasté le prince Pomaré (1). Puis, s'aidant du pouvoir séculier de ce fils aîné de l'Église, on entreprit d'imposer aux insulaires la religion et la morale anglicanes.

Jusqu'alors le libre amour avait été, presque sans restriction, pratiqué à Otaïti. Les voluptueux Polynésiens ne vivaient guère que pour goûter les plaisirs de l'amour sensuel, et ils n'y voyaient aucun mal, surtout quand on respectait à peu près la propriété légitime. Pour les missionnaires, les écarts de ce genre devinrent des délits, et les pécheresses, en fort grand nombre, furent condamnées à exécuter des travaux publics : des routes, des ponts, etc. (2). La grande route qui longe le rivage à Taïti représente une somme très considérable de galanteries taïtiennes. Le plus curieux est que chaque condamnation était précédée d'un débat public, devant un tribunal, où les délinquantes exposaient sans détours, avec une candeur cynique, toutes les circonstances du délit (3). La moralité taïtienne y gagnait peu, mais les Taïtiens finirent par acquérir un vice qui jusqu'alors leur était inconnu, l'hypocrisie. On ne pécha pas moins, mais on se cacha davantage. Alors, pour arracher des aveux, devenus moins spontanés, les

(1) Moerenhout, *Voy. aux îles du grand Océan*, 492. — (2) Moerenhout, *Voy. aux îles du grand Océan*, 482. — (3) Moerenhout, *loc. cit.*, II, 482 ; I, 276. — *Ibid.*, I, 354.

pieux législateurs eurent recours à la question. Un nœud coulant, serré par deux hommes et passant autour de la taille des pécheresses, finissait par leur arracher la confession de leurs fautes. Après quoi, on les marquait au visage d'un tatouage particulier et indélébile (1).

On connaît le résultat général de cette tyrannie imbécile. La moralité rudimentaire de la race périt et ne fut point remplacée. Les Taïtiens n'empruntèrent à la civilisation européenne que ses vices. Dans les petites îles surtout, où l'on était plus ou moins soustrait à la vigilance des missionnaires, à Raiatéa, Tahaa, Bora-Bora, la principale occupation de la population convertie consista à distiller de l'alcool et à s'enivrer. Partout le nombre des insulaires diminua avec une extrême rapidité, et aujourd'hui la reine de l'archipel, la belle Otaïti, la Nouvelle-Cythère, dont Cook et Bougainville nous ont tracé de si gracieux tableaux, ne compte plus que quelques milliers d'habitants. *Ubi solitudinem faciunt, religionem appellant.*

IX

Des sociétés malaises et indo-chinoises.

Pour croire qu'en un tour de main et en recourant à la force on va changer la moralité d'un peuple, il faut être missionnaire. L'état mental d'une race, ses appétits, ses tendances résument la vie même de cette race, la série des empreintes cérébrales, résultant des faits et gestes de toute une chaîne de générations, et, pour effacer la trace des siècles, il faut une longue éducation, dont l'effet se transmet des pères aux enfants.

Dans l'archipel malais, les Hollandais, dont le principal souci est moins de sauver les âmes javanaises que d'exploiter commercialement le pays, ont obtenu des résultats beaucoup plus satisfaisants que ceux des fanatiques missionnaires anglais en Polynésie.

Sans rien changer en apparence à l'organisation sociale des Malais de Java, Célèbes, etc., ils se sont contentés de mettre à côté de chaque chef indigène un résident, qui est appelé « le frère aîné » du petit prince et ne lui donne jamais d'ordres,

(1) Moerenhout, *loc. cit.*, II, 519.

mais lui fait de simples « recommandations ». A côté du résident
est un contrôleur, qui visite les natifs, écoute leurs plaintes,
inspecte les plantations (1). En même temps, on introduit de
meilleurs procédés de culture, même des cultures nouvelles,
comme celle du café, et l'on fonde des écoles. C'est un despotisme paternel et déguisé, dont les résultats semblent excellents. Dans certains districts de Célèbes, les indigènes ont
passé de la vie presque sauvage à une civilisation relative. Ils
sont maintenant bien vêtus, bien logés, bien nourris, mieux
éduqués (2), et, au lieu de décroître, leur nombre augmente.

Mais nous avons surtout ici à décrire les sociétés natives de
l'archipel malais et aussi les monarchies fondées par la même
race sur le continent, à Siam, en Cochinchine, etc. Or ces
sociétés mongoloïdes sont toutes plus ou moins sorties de la
sauvagerie primitive, mais sans parvenir à dépasser la phase
despotique.

A Célèbes, il existait encore récemment des tribus sauvages,
ayant chacune leur dialecte particulier et constamment en
guerre entre elles. Toujours la case du chef, bâtie sur pilotis,
selon l'antique coutume malaise, était ornée de quelques têtes
humaines. C'était un devoir de déposer sur sa tombe des trophées semblables, mais fraîchement coupés pour la circonstance. Autant que possible, on offrait aux mânes du maître
des têtes d'ennemis, mais à défaut d'ennemis on sacrifiait des
esclaves (3).

Dans toutes les tribus de l'archipel malais, le pouvoir des
chefs est absolu. Il en est ainsi à Lombock, à Célèbes, etc. (4).
Dans cette dernière île même, personne n'oserait se tenir
debout en présence des rajahs.

Partout il y a des esclaves. A Savou, ils sont attachés à la
glèbe et se vendent avec le sol (5). A Timor, les insulaires
guerroient constamment entre eux, uniquement pour se procurer des esclaves (6), qui partout se vendent et s'achètent
comme une marchandise.

Les lois sont fort sévères et rappellent parfois celles de la
Polynésie. A Timor, la coutume du *pomali* ressemble beaucoup
au *tabou* polynésien et, pour y mettre un jardin à l'abri des

---

(1) Wallace, *Malay Archipelago*, I, 94.— (2) *Ibid.*, I, 242-253. —
(3) *Ibid.*, I. 242.— (4) *Ibid.*, I, 173-219.— (5) Cook, *Premier Voyage*
(*Hist. univ. des voy.*, vol. VII, 20). — (6) Wallace, *loc. cit.*, I, 196.

voleurs, il suffit de le placer sous la protection de quelques feuilles de palmier convenablement disposées (1).

A Lombock, le vol, qui est, dans la plupart des sociétés primitives, un grand crime, est puni de mort (2).

Comme dans toutes les sociétés barbares encore, on est, dans les îles malaises, fort conservateur, fort attaché aux antiques usages. Certaine tribu de Dayaks décida de punir d'une amende quiconque, pour abattre un arbre, en attaquerait le tronc par des entailles en V, à l'européenne. Le seul procédé moral consistait à frapper l'arbre perpendiculairement à son axe, suivant l'usage transmis par les ancêtres (3). En Malaisie, ce qui vient des ascendants a souvent un prix tout particulier. A Savou, une maison qui abrite plusieurs générations devient presque sacrée, et l'on tient pour très précieuses les pierres, qui, à force de servir de siège, en sont devenues polies (4).

Avec de pareilles tendances, il est naturel que l'on réalise sans peine le beau idéal du despotisme monarchique. Aussi, en Cochinchine, à Siam, etc., partout où les races mongoloïdes, dont nous parlons, se sont groupées en États à demi civilisés, elles ont créé les monarchies les plus absolues qui se puissent rêver. Jouer du bâton sur le dos des subalternes, en recevoir de ses supérieurs : telle était en Cochinchine la manière de gouverner et d'être gouverné. L'idée de résister à une fantaisie despotique quelconque ne passait par la tête de personne (5). L'avilissement des Siamois, qui avait étonné jadis Finlayson, a encore étonné, il y a une quinzaine d'années, le voyageur français H. Mouhot.

A Siam, le roi, propriétaire absolu des personnes et des biens de ses sujets, a seul le droit de se tenir debout. A tous les degrés de la hiérarchie siamoise, chacun rampe littéralement devant son supérieur et exige que ses inférieurs rampent devant lui. A une collation donnée à Bangkok par un fonctionnaire de cinquième ordre, les serviteurs devaient apporter les plats en marchant à quatre pattes (6). Quand le roi donne au-

---

(1) Wallace, *loc. cit.* — (2) *Ibid*, I, 173. — (3) E.-B. Tylor, *Civil. prim*, 82. — (4) Cook, *Premier Voy.* (*Hist. univ des voy.*, vol. VII, 20). — (5) Finlayson, *Hist univ. des voy.*, vol. XXXIV, 416. — (6) Finlayson, *Hist. univ. des voy.*, vol. XXXIV, 135.

dience, il est placé sur un trône, dans une niche, à douze
pieds au-dessus du sol, immobile, accroupi dans l'attitude
sacramentelle du Bouddha, pendant que les assistants sont
prosternés, la face contre le tapis (1). « Moi cheveu, moi animal » : telles sont les formules respectueuses dont on doit se
servir à Siam en parlant à un supérieur (2). Quiconque néglige
de se découvrir, en passant devant les portes du palais royal,
reçoit, à titre d'avertissement, des balles de terre fort dures,
lancées par des gardiens, préposés à ce service. Le roi a un
harem de six cents femmes, incessamment recruté par les dons
volontaires des pères de famille, etc.

Pendant que les hauts dignitaires de l'État se promènent sur
le fleuve Mé-nam dans de longues embarcations surchargées
de dorures, des femmes, des enfants, des officiers, prosternés
devant eux, ont soin de recueillir dans des vases d'or les crachats du maître.

A Siam, les impôts prélevés par le dieu terrestre sur ses sujets, si admirablement respectueux, sont énormes. Selon
H. Mouhot, le fisc ne laisserait au paysan que 2 et demi pour
100 de son revenu ; mais le maître a le droit de tout prendre (3).

On est forcé de vendre le sucre, le poivre, le benjoin, etc.,
au roi, qui les revend, en en fixant le prix. Pour avoir le droit
de pêcher dans les cours d'eau, de distiller de l'*arack*, etc., il
faut en acheter le privilège à la couronne.

Pourtant des traces de progrès se peuvent constater même
parmi le troupeau siamois. Finlayson nous rapporte comment
la manière d'apprécier l'adultère y a peu à peu évolué. Tout
d'abord le mari lésé fut libre de se venger à sa guise, de tuer
ou de transiger, moyennant compensation. Puis la loi intervint
et accorda le droit de mettre à mort les délinquants, mais seulement en cas de flagrant délit et à l'instant même. Enfin on
en vint à penser qu'il n'y avait point là de crime capital, sauf
pour les femmes du palais, et une amende fut jugée une punition suffisante (4).

---

(1) Finlayson, *loc. cit.*, 154. — (2) H. Mouhot, *Voy. dans le roy.
de Siam, de Cambodge, de Laos.* — (3) H. Mouhot, *Voy. dans le roy.
de Siam, de Cambodge, de Laos,* passim. — (4) Finlayson, *Hist. univ.
des voy.,* vol. XXXIV, 260, 261.

Si le progrès pénètre, même parmi le bétail humain de la monarchie siamoise, où donc ne se fera-t-il pas sentir ?

X

De l'organisation sociale des Mongols nomades et les Thibétains.

Interroger le genre humain tout entier pour déterminer les besoins, les tendances, le degré de développement de chacune de ses principales races, c'est entreprendre une tâche gigantesque, et l'on ne saurait la mener à bien qu'en la limitant, en s'attachant seulement aux faits caractérisques, aux grands traits de ce vaste ensemble. Force nous est, dans cette revue si rapide, d'omettre mille détails intéressants, de passer presque sous silence des groupes ethniques tout entiers. Nous ne dirons rien, par exemple, du gouvernement de la Birmanie, où règne, comme à Siam, le plus pur despotisme monarchique. Les quelques pages précédentes suffisent à prouver que les Malais et leurs congénères du littoral asiatique sont bien parvenus à sortir de l'état sauvage proprement dit, mais seulement en organisant la plus abjecte servitude.

La grande race mongole, qui, dans l'humanité, est la première par le nombre et la seconde en dignité morale et intellectuelle, a réalisé des formes sociales plus variées, plus savantes aussi. Mais les divers peuples qui la composent n'ont pas tous marché du même pied, et, des plus arriérés aux plus avancés, ils forment une série progressive fort intéressante à décrire.

Selon les traditions chinoises, les ancêtres des fils du ciel étaient, dans un passé fort lointain, de misérables sauvages n'ayant pas dépassé l'âge de pierre, et dont les hordes peu nombreuses erraient au pied des montagnes du Thibet, à peu près dans l'état où sont encore aujourd'hui les Kamtchadales les moins civilisés. Le fait est vraisemblable, puisque les traces de l'âge de pierre se retrouvent aujourd'hui encore un peu partout en Chine, tandis que toute la moitié septentrionale de l'Asie est occupée par des Mongols nomades. C'est seulement au Thibet, au Japon et en Chine que la race jaune a réussi à fonder des sociétés dignes d'être appelées civilisées. Un peu sous l'influence de la Chine, nombre de tribus tartares

ont essayé de s'organiser régulièrement ; mais à l'ouest, chez
les Turcomans, à l'est, dans le bassin de l'Amour, vivaient à
la fin du siècle dernier, et vivent encore, des Mongols à l'état
natif. Tels sont ceux avec lesquels la Pérouse entra en relation sur le littoral asiatique, à la hauteur de l'île Sakhalien.
Ils en étaient encore au régime patriarcal. Chaque famille
avait son chef naturel. De mœurs extrêmement douces, ils pro-
fessaient un grand respect pour les vieillards. Des chiens,
qu'ils attelaient l'hiver à leurs traîneaux, étaient leurs seuls
animaux domestiques. Ils vivaient surtout de poisson, que les
femmes préparaient et faisaient sécher. Par la race et par les
mœurs, ils ne différaient en rien des insulaires de Sakhalien (1).

Les nomades de Khorassan, plus exactement les Turcomans
en général, vivent encore sans gouvernement et à peu près
sur le pied d'égalité. Ils forment de petits groupes de trente,
cent, deux cents familles, ayant chacune pour directeur débonnaire une *barbe blanche*, que l'on respecte, mais qui exerce
seulement dans la communauté les fonctions de conseiller et
d'arbitre (2).

Ce sont des chefs constitutionnels, des gérants payés de
leurs peines, obéissant comme tout le monde aux usages tra
ditionnels , mais n'affichant aucune prétention exorbitante,
qui d'ailleurs ne serait pas tolérée. « Nous sommes, disent les
Turcomans, un peuple sans chefs, et nous n'en voulons aucun.
Nous sommes tous égaux, et parmi nous chacun est roi (3). »
Chez les nomades primitifs de toute race, le despotisme organisé est rare, néanmoins on en trouve peu qui ressentent
autant que les Turcomans le besoin d'égalité et d'indépendance individuelle.

Chez les Mongols plus civilisés, dépendant spirituellement
du grand lama de Lhassa et temporellement du gouvernement
chinois, l'égalité sociale a déjà totalement disparu. Des princes
mongols se targuant pour la plupart de descendre de Gengis-
Khan, parfois des grands dignitaires lamaïques, sont à la tête
des diverses fractions ethniques. Au-dessous des princes est la
caste des nobles, propriétaires du territoire, et non moins

(1) La Pérouse, *Hist. univ. des voy.*, vol. XII, 402. Docteur Rollin,
ibid., vol. XIII, 200. — (2) Fraser, *ibid.*, vol. XXXV, 107 — (3) Vambéry, *Voy. d'un faux derviche dans l'Asie centrale*, 283.

descendants de Gengis-Khan. Cette caste se subdivise elle-même en plusieurs sous-castes dont le rang et les dignités se transmettent héréditairement du père au fils aîné, ou, à défaut d'enfant légitime, au plus proche parent (1). Plus bas encore, au-dessous des princes, des nobles et du clergé, est une masse servile, qui, tout en fumant avec ses maîtres, vivant sous la même tente, est néanmoins esclave. Tout noble mongol a le droit de faire subir à son serf telle injustice qu'il lui plaît ; il peut confisquer son bétail ; il peut le vexer selon son bon plaisir ; il a sur lui droit de vie et de mort (2). Nul moyen d'échapper à la tyrannie ; car, en dépit de la vie encore à peu près nomade, les districts sont bien délimités, et l'on n'en peut sortir (3).

D'ailleurs tout le monde, princes, nobles et peuples, est enrégimenté en escadrons, régiments, bannières. Les princes relèvent du gouvernement de Pékin, qui les paye, et auquel ils sont obligés d'aller rendre hommage tous les trois ou quatre ans (4). Au total, la Mongolie forme un vaste camp, où erre une population de quelques millions de pasteurs, militairement hiérarchisés et constituant la réserve de l'armée chinoise, réserve uniquement composée de cavalerie. C'est une colonie guerrière, dont toutes les affaires importantes se tranchent au *foreign office* de Pékin (5).

Néanmoins la Mongolie ne paye point tribut à la Chine, et elle se gouverne elle-même, nonobstant la présence d'un fonctionnaire chinois à côté du gouverneur mongol d'Urga (6), la plus importante des villes embryonnaires de la Mongolie.

Les coutumes tartares, réunies en un code par les soins du gouvernement chinois, servent plus ou moins de règle aux princes (7), qui se soucient d'ailleurs médiocrement de l'équité. Ainsi, l'impôt en bétail, qu'ils prélèvent sur leurs sujets, pèse uniquement sur les pauvres. La quotité en est fixée à un mouton sur vingt, deux moutons sur quarante et jamais plus, eût-on des troupeaux innombrables (8).

Par son organisation sociale la Mongolie ne se distingue

(1) Préjévalsky, *Mongolia*, I, 86. — (2) Préjévalsky, *ibid.*, I, 74. Huc, *Voy. dans la Tartarie*, I, 271. — (3) Huc, *ibid.*, I, 271. — (4) Timkowski, *Hist. univ des voy.*, vol. XXX, 339. Préjévalsky, *Mongolia*, I, 86. — (5) Préjévalsky, *loc. cit.*, I, 84. — (6) *Ibid.*, I, 15. — (7) *Ibid.*, I, 87. — (8) Huc, *Voy. dans la Tartarie*, I, 414.

donc point de tous les pays à demi civilisés que nous avons jusqu'ici passés en revue. Le plus grand nombre y est ouvertement exploité par le petit nombre ; mais ce petit nombre ne fonde plus ses droits à d'exorbitants privilèges sur la force seulement. On est esclave ou maître par droit de naissance. La, comme partout, l'homme est un animal hiérarchique : commander lui est bien doux et obéir ne lui est pas très difficile. Comme, en outre, l'homme est un être intelligent, il justifie sa manière d'agir par cent raisons. Comment un noble ne dominerait-il pas, puisqu'il descend de Gengis-Khan ? Comment un peuple esclave ne s'humilierait-il point ? Il n'a point de sang héroïque. Et de fait, l'homme étant éducable et susceptible de penchants héréditaires, la tendance soit à imposer sa volonté, soit à subir docilement celle des autres, est le plus souvent innée en lui. C'est sûrement là la raison principale, qui par toute la terre a empêché et empêche les classes serviles de tordre le cou à leurs oppresseurs.

Les maîtres par droit de naissance ne sont pas les seuls dont le pied pèse sur le cou du pauvre Mongol : il a encore des maîtres par droit divin, ceux dont il est le plus difficile de se délivrer ; car ils prennent l'homme par le côté idéal de sa nature, par l'imagination, par le souci de l'au-delà.

Tout un monde de lamas est dispersé dans les steppes mongoles ; ils y peuplent quantité de riches monastères, où affluent les offrandes des fidèles. Disons cependant, à la louange des lamas, que, plus généreux que le clergé chrétien des premiers siècles, ils admettent l'esclave dans leurs rangs : ce qui équivaut pour lui à une émancipation.

Tout en consacrant sa vie aux choses divines, le clergé lamaïque est loin de se désintéresser de celles du siècle. Les hauts dignitaires de l'Église lamaïque sont en même temps de grands seigneurs, et le koutoukhtou d'Urga, sorte de cardinal bouddhique, possède autour de la ville environ cent cinquante mille esclaves, formant toute une catégorie sociale (1). Dans le Thibet proprement dit, le pouvoir spirituel, comme disent les sectateurs du positivisme, a complètement absorbé le pouvoir temporel. De cette confusion si regrettable, au point de vue de l'école comtiste, est résultée une curieuse théocratie, où les

(1) Préjévalsky, *Mongolia*, I, 1.

principaux abus des sociétés semi-barbares ont été sanctifiés, mais point corrigés.

L'organisation politique du Thibet lamaïque ressemble fort, ainsi que l'observe judicieusement le père Huc, à celle des anciens États pontificaux. La clef de voûte de cette société cléricale est le pape lamaïque, le grand lama, dans les mains duquel réside en principe tout pouvoir législatif, exécutif et administratif. Ce dieu terrestre est, comme on sait, une incarnation du Boudha ; il ne saurait mourir et transmigre seulement (1). Comme, en dépit de son immortalité, le grand lama n'a pas le don d'omniprésence, il délègue les fonctions les plus importantes, le gouvernement de ses provinces, à des dignitaires de second ordre, a des koutoukhtous ou cardinaux, souverains au petit pied, jouissant d'une grande independance, guerroyant sans cesse entre eux (2), pillant et incendiant le populaire. Mais ces saints personnages, étant avant tout des hommes de paix, ne combattent pas eux-mêmes. On a pour cette besogne inférieure des rajahs laïques (3), commandant à une sorte de caste guerrière, celle des *zinkabs*, auxquels on abandonne aussi les petits emplois (4). Au-dessous de ces classes dirigeantes et combattantes, sue et ahane la classe laborieuse et paisible, qui nourrit ses maîtres, la classe des laboureurs, pillable à merci, mal nourrie, mal vêtue et déposant toutes ses économies dans les pieuses mains des lamas, qui en gardent naturellement une partie (5).

En cas de contestation, il est de règle que les tribunaux lamaïques ne condamnent jamais l'oint du Seigneur. Sur le pauvre paysan pleuvent les réquisitions, les contributions, les corvées ; soldats, rajahs, lamas, le dépouillent sans trêve (6).

Pendant ce temps, des caravanes de pèlerins apportent sans cesse aux grands dignitaires du lamaïsme de riches offrandes, des lingots d'argent et d'or, etc., une sorte de denier de Saint Pierre, en retour duquel on distribue aux donateurs des chiffons de papier où sont imprimées de pieuses sentences,

---

(1) Huc, *Voy. dans la Tartarie et le Thibet*, II, 279 — (2) *Ibid.*, 280. — (3) *Voy. au Bhoutan par un auteur hindou* (*Rev. britannique*, 1827. — (4) Turner, *Hist. univ. des voy.* vol. XXXI, 450. — (5) *Voy. au Bhoutan*, loc. cit. — (6) *Voy. au Bhoutan par un auteur hindou* (*Rev. britannique*, 1827).

des statuettes de terre cuite, des morceaux de vêtements ayant été portés par de saints personnages, etc. (1).

Il faut bien que la race mongolique soit inférieure à la race blanche, car les Thibétains n'ont pas encore eu de Rabelais.

La manière dont Mongols et Thibétains entendent et rendent la justice indique aussi un niveau moral assez bas. Chez eux, comme chez la plupart des races mal civilisées, comme à Siam, comme en Birmanie, etc., le vol est considéré comme un crime beaucoup plus grave que le meurtre. A l'époque des pérégrinations de Marco Polo, les petits vols, les larcins, étaient, en Tartarie, punis par des bastonnades dont parfois on mourait ; mais pour le vol d'un cheval on méritait de droit la peine capitale, et l'on était coupé en deux tronçons (2). D'ailleurs la communauté n'a point de magistrats chargés de la défendre spontanément. C'est aux individus lésés ou à leurs parents qu'incombe le soin de poursuivre le coupable devant le maître (3). Pourtant tout sentiment de solidarité n'est pas inconnu, et l'on punit la tente inhospitalière, qui a refusé d'abriter la nuit un voyageur, s'il est arrivé malheur à l'individu repoussé (4).

Au Thibet, il y a des tribunaux lamaïques, mais leur jurisprudence est encore grossière et souvent inique. Le vol est toujours considéré comme un grave attentat. Après un emprisonnement de six mois ou d'un an, le voleur est vendu comme esclave, ses biens sont confisqués, et parfois le châtiment va frapper même les parents du coupable (5). L'adultère donne au mari le droit de tuer les délinquants, en cas de flagrant délit. Mais l'homme riche peut racheter un meurtre en payant une indemnité au rajah, aux grands fonctionnaires et à la famille du mort. En cas d'insolvabilité, le meurtrier peut être lié au cadavre de sa victime et jeté à l'eau avec lui (6). Le jugement de Dieu n'est pas non plus inconnu dans l'Himalaya thibétain ; on y prouve son innocence en prenant dans l'huile bouillante une pièce de monnaie, en tenant dans la main une boule de fer rougie au feu. Parfois chacune des parties em-

---

(1) Huc, *Voy dans la Tartarie et le Thibet*, II, 282. — (2) M. Polo, *Voy. dans la Tartarie*, 60. — (3) Huc, *loc. cit.*, I, 415. — (4) Timkowski, *Hist univ. des voy.*, vol. XXXIII, 312. — (5) *Voy. au Bhoutan, par un auteur hindou (Revue britannique*, 1827). — (6) *Ibid.*

poisonne un chevreau, et l'animal qui survit donne gain de cause à son propriétaire (1).

Si la race mongolique n'avait pas constitué de sociétés plus élevées que celles de la Tartarie et du Thibet lamaïque, elle n'occuperait, dans la hiérarchie du genre humain, qu'un rang bien modeste, mais le Japon et la Chine autorisent à lui assigner la seconde place parmi les races humaines.

XI

De l'organisation sociale au Japon.

A propos du Japon, nous pouvons une fois de plus faire une remarque encourageante pour l'avenir de la sociologie. Certes, il n'a existé aucune relation directe entre nos sociétés du moyen âge dans l'Europe occidentale et la société japonaise. Dans l'un et l'autre pays, les agglomérations humaines ont évolué isolément, et pourtant leur organisation est identique au fond : aujourd'hui encore la féodalité du Japon est une fidèle image de la nôtre, et, comme la nôtre, elle est probablement sortie de la conquête.

Au sommet de la société siège dans sa gloire un empereur, le *mikado*, entouré d'un prestige divin. Ce mortel surhumain ne fait rien comme tout le monde ; une majestueuse étiquette règle tous les actes de sa vie. Une fois, en 1788, un irrespectueux incendie l'obligea à courir et à se nourrir, pendant deux jours, de riz qui n'avait pas été choisi grain à grain. Ce fut un événement dans les annales de la monarchie ! Le *mikado*, successeur et représentant des dieux, est en principe propriétaire de tout l'empire ; c'est seulement à titre de fiefs que les princes et nobles en possèdent des parcelles, mais ils n'en ont que l'usufruit. On sait que l'un de ces grands personnages en sous-ordre, le *siogoun, shogun* ou *taïcoun*, laissant le *mikado* s'engourdir dans la solennité de son existence quasi divine, était devenu une sorte d'empereur temporel, enlacé, lui aussi, dans une rigide étiquette, au point de ne plus faire que par délégué sa visite annuelle au suzerain.

Au-dessous de ces grands personnages s'étageait toute une

(1) Fraser, *Hist. univ. des voy.*, vol. XXXV, 476.

hiérarchie de grands seigneurs terriens de premier ordre (*daïmios*), qui eux-mêmes avaient concédé, de seconde main, des arrière-fiefs à des vassaux du second rang, lesquels les cédaient, moyennant redevance, à des paysans. Ajoutons à cette aristocratie les nobles n'ayant d'autres fiefs que leurs deux sabres, les *samouraïs*, sorte de *condottieri* au service des princes, et nous aurons passé en revue toute les classes dirigeantes du Japon.

La nation tout entière se divise en huit ordres ou castes héréditaires (1) : 1° les princes et nobles de premier rang ; 2° les nobles de second rang, devant le service militaire à leur suzerain ; 3° les prêtres sintoïstes et bouddhistes ; 4° les *samouraïs* ou petits nobles déclassés ; 5° une sorte de bourgeoisie comprenant les officiers subalternes et les médecins, ayant encore le droit seigneurial de porter un sabre, mais un seul ; 6° les gros négociants ; 7° les marchands au détail et artisans ; 8° les paysans et journaliers, la plupart serfs des nobles et écrasés de redevances.

Enfin, après ces huit classes ou plutôt en dehors de toute classe, existe une catégorie de parias, obligés d'habiter dans des villages particuliers, ne pouvant entrer dans les auberges et lieux publics, ne comptant point dans les recensements et sur lesquels, tout récemment encore, les nobles se faisaient un jeu d'essayer la trempe de leurs sabres.

Ces maudits sont les tanneurs, corroyeurs, tous ceux qui vivent de la préparation et du commerce des peaux, les mendiants, etc.

Au Japon, les fiefs sont héréditaires, mais, en cas de déshérence, ils retournent au suzerain.

Cette société, si bien étagée, où tout membre des classes dirigeantes rend hommage à son suzerain et le reçoit de son vassal, où les fiefs sont possédés à titre d'usufruits héréditaires, est bien l'image de notre féodalité européenne, mais elle s'en distingue par un caractère particulier.

Sans doute la défiance est un trait propre aux sociétés semi-barbares. Dans toutes, le supérieur se considère comme étant

---

(1) Siebold-Nippon, *Archiv. zur Beschreibung von Japon.* Kæmpfer, *Histoire naturelle, civile et ecclésiastique de l'empire du Japon.* M. Maeda, *la Société japonaise,* in *Revue scientifique,* 1878, passim.

d'une tout autre étoffe que son inférieur ; il a la prétention de le diriger, et souvent il s'en méfie. Mais au Japon la méfiance était érigée en principe de gouvernement. Les familles des princes étaient retenues en otages a Yeddo et les princes eux-mêmes devaient passer dans cette ville une année sur deux, ou six mois de chaque année. A Yeddo, les plus menus détails de leur existence étaient réglés par une sévère étiquette. On ne permettait pas aux princes de deux fiefs limitrophes de résider ensemble dans leurs domaines, excepté quand ils étaient notoirement ennemis ; car ces hauts personnages guerroyaient volontiers entre eux.

Quand ils étaient trop riches, le *siogoun* les ruinait en s'invitant a dîner chez eux et en les obligeant à une représentation somptueuse. Enfin, une police à mailles très serrées ne perdait jamais de vue les personnages importants, et les nobles les plus fiers s'y enrôlaient volontiers.

Le système d'espionnage descendait plus bas encore. Les maisons étaient partagées en groupes de cinq, dont les chefs répondaient les uns des autres. Tout chef de famille était astreint à surveiller la portion de rue contiguë à son habitation et obligé de rédiger au besoin un rapport, ce, sous peine de l'amende, du fouet, de l'emprisonnement

Nul ne pouvait changer de résidence sans avoir obtenu un certificat de bonne conduite de ses voisins.

Ce régime policier avait été poussé à l'extrême chez les pacifiques insulaires des îles Lou-Tchou, ou un œil tutélaire et défiant surveillait les moindres actions des particuliers. Les paysans, constamment pressurés par les nobles, vivaient dans la misère, et le souverain, mikado ou taïcoun en miniature, prenait, après sa mort, place parmi les dieux ou kamis du pays. Le populaire, qu'il avait fait trembler de son vivant, le redoutait encore après sa mort et offrait des sacrifices à son ombre, non pour en obtenir des grâces, mais pour qu'elle voulût bien ne plus nuire (1) du fond de son tombeau.

Néanmoins, dans cette société où la tyrannie est organisée avec tant de soin, où l'édifice social repose sur la force et la ruse, l'administration de la justice ne se confond déjà plus avec le seul bon plaisir des puissants. Il y a des tribunaux

(1) J. de la Gravière, *Voy. en Chine*, I, 232.

jugeant publiquement, solennellement, et rendant des arrêts sans appel. Le crime ne peut pas se racheter à prix d'argent; car on n'a pas voulu assurer l'impunité aux riches. Les peines sont peu nombreuses et sévères; ce sont : la privation des charges, l'emprisonnement, le bannissement, la confiscation, la mort, souvent accompagnée de la torture. La peine capitale entraîne toujours la confiscation des biens.

La solidarité pénale était étroite au Japon, comme dans l'ancienne Égypte. On était coupable de crimes qu'on n'avait pas empêchés et souvent puni pour la faute des autres (1).

Il serait insensé de nier l'influence des institutions et du gouvernement sur le caractère des peuples; mais toutes les races, tous les groupes ethniques n'ont pas le même ressort. Le despotisme brise à jamais les uns, tandis que d'autres lui résistent. Il semble que la nation japonaise soit de cette dernière espèce.

Tous les voyageurs, en effet, s'accordent à reconnaître aux Japonais de l'énergie, de la fierté, de l'indépendance, et les efforts si remarquables qu'ils font en ce moment même pour s'assimiler la civilisation européenne, montrent assez que le despotisme féodal et inquisitorial n'a pas réussi à les énerver.

XII

De la société chinoise.

Déjà, dans notre rapide résumé sociologique, bien des groupes ethniques appartenant à des races fort diverses ont défilé devant nous. Les uns étaient sauvages, les autres barbares ou semi-barbares; quelques-uns étaient plus ou moins civilisés; mais toutes ces sociétés, si diverses soient-elles, ont un caractère commun. Ce qui y domine, c'est l'égoïsme sans fard ni artifice. Dans toutes, la forme sociale n'est que l'organisation plus ou moins sauvage, plus ou moins intelligente du droit du plus fort.

Nous trouvons en Chine et pour la première fois une société que règlent des mobiles plus élevés. Non pas que l'on soit arrivé à sortir du despotisme; on y est toujours plongé;

(1) Kæmpfer, *loc. cit.*

mais la conscience des classes dirigeantes s'est élargie et éclairée : les meilleurs de leurs membres ont éprouvé un vif souci du bien général et, à leur éternel honneur, ils ont tenté de mettre les rênes du gouvernement entre les mains des plus intelligents.

Sans doute il s'en faut que l'idéal de la société chinoise soit juste ; la conception gouvernementale réalisée dans ce pays n'est, à tout prendre, qu'un calque agrandi de la famille. L'humanité, prise en masse, y est considérée comme une collection d'enfants et de mineurs, ayant toujours besoin d'être guidés, protégés, châtiés, etc.; mais on s'y préoccupe fortement de la prospérité générale et, sans songer le moins du monde à laisser à l'individu une liberté dont on ne le croit pas digne, on tâche au moins de mettre chacun à sa place dans la hiérarchie sociale; on veut que la nation soit gouvernée par les plus intelligents de ses membres, par des mandarins, choisis après un concours, sans aucun souci de caste, de naissance, et auxquels on mesure l'autorité en proportion de leur merite.

Comme d'ordinaire, nous trouvons à la tête de la société un monarque entouré d'un prestige divin, un fils du ciel, prodigieusement élevé au-dessus du reste des humains. C'est lui qui fait et abolit la loi ; il élève ou dégrade les mandarins ; il a le droit de vie et de mort ; les forces et les revenus de l'empire sont à sa disposition : tout aboutit à sa personne ; tout émane de lui (1). A son avènement au trône, les principaux personnages du pays lui conduisent leurs filles pour qu'il daigne choisir parmi elles cinq femmes, dont l'une sera l'épouse principale, celle dont les fils seront, toutes choses égales d'ailleurs, préférés aux autres enfants, quand le fils du ciel devra désigner son héritier (2).

Mais l'omnipotence impériale trouve une barrière et un contrepoids dans la vaste hiérarchie des lettrés. En théorie, l'empereur est le chef d'une immense famille, le « père et la mère de l'empire » (3); c'est lui qui délègue tous les pouvoirs administratifs; mais à la condition de se conformer à une loi supérieure. En théorie, il est tout-puissant ; mais il ne peut,

---

(1) Huc, l'Empire chinois, I, 94. — (2) Timkowski, Hist. univ des voy., vol. XXXIII, 213. Huc, loc. cit. — (3) Ibid.

en fait, choisir ses agents que parmi les lettrés et selon les classifications établies par des concours gradués (1), divisés en trois séries, que tout Chinois peut aborder successivement et qui ouvrent seuls la carrière administrative.

C'est l'idée de la famille qui préside à toutes ces distinctions sociales. Chaque fonctionnaire possède une portion d'autorité paternelle. Sans cesse les dissertations des moralistes et des philosophes, les allocutions des mandarins, les proclamations des empereurs recommandent, commentent, louent la piété filiale. Le sentiment de la famille est une vertu fondamentale, que l'on réussit parfois à exalter jusqu'à la passion (2).

En bon père de famille, l'empereur de la Chine est stricte-ment obligé de venir au secours de ses enfants; son devoir est de remplir des greniers d'abondance où, en cas de disette, les nécessiteux trouveront à bon marché de l'orge, du riz, du millet, etc. (3). Un edit impérial de 1260 déclare que les lettrés âgés, les orphelins, les individus abandonnés et sans asile, les malades et infirmes sont la *population du ciel* (4). Mais le père théorique des 400 millions de Chinois est lui-même surveillé et morigéné. De son vivant « le fils du ciel » est épié par des censeurs chargés, même au péril de leur vie, de le rappeler au devoir, s'il s'en écarte. Lorsque l'empereur Thsin Chi, 212 ans avant notre ère, ordonna, dans un accès de folie despotique, de brûler tous les livres contenant les lois politiques et religieuses, les monuments historiques de la Chine, etc., 460 lettrés, à Pékin seulement, aimèrent mieux se laisser enterrer tout vivants que d'approuver les écarts du souverain (5). Mainte fois, les censeurs impériaux se sont honorés par des actes analogues. Enfin l'empereur une fois mort, sa vie et son règne sont jugés, et une qualification pos-thume, élogieuse ou critique, est attachée à son nom (6). De son vivant, on le rend même quelquefois responsable des épi-démies, tremblements de terre, etc., et à cette occasion les censeurs, comme ils firent en 1069, l'invitent à examiner, s'il n'y a pas dans sa conduite quelque chose de répréhensible et

_____

(1) Huc, *l'Empire chinois*, I, 95. — (2) *Ibid.*, I, 92. — (3) Marco Polo, *loc cit.*, 142. — (4) *Ibid.* — (5) Milne, *Vie réelle en Chine*, introd., XVI. — (6) Huc, *loc. cit*, I, 95.

dans le gouvernement quelques abus à réformer (1). Actuellement encore les censeurs adressent de temps en temps à l'empereur des rapports critiques sur tels ou tels actes de sa vie publique ou privée, et ces rapports sont publiés dans la *Gazette de Pékin* (2). En résumé, l'empereur de la Chine, qui est « le fils du Ciel » et du trône duquel on ne peut approcher qu'en frappant neuf fois la terre de son front, ne peut choisir un sous-préfet que sur une liste de candidats dressée par les lettrés (3).

En Chine, les titres héréditaires n'existent que pour les membres de la famille impériale et les descendants plus ou moins authentiques de Confucius ; mais ces distinctions sont purement honorifiques (4). En réalité, dans l'empire du milieu, la seule classe dirigeante est celle des lettrés, qui se recrute, à l'aide des concours, dans toute la population de l'empire.

Il vaut la peine de nous arrêter un moment sur cette curieuse organisation, dont le but est de mettre les rênes du gouvernement dans les mains des plus intelligents.

La fondation de la classe des lettrés chinois remonte au onzième siècle avant notre ère, à une époque où toute l'Europe était encore plongée dans la plus grossière barbarie. Dans le principe, la corporation reposait sur le suffrage universel, qui aujourd'hui ne nomme plus que les maires. Ce fut seulement au huitième siècle que le concours littéraire fut substitué à l'élection (5).

Un règlement minutieux a pour objet de prévenir toute fraude dans les examens, auxquels les candidats se portent par milliers ; car il n'y a pas d'autre voie pour arriver aux emplois et, du haut en bas de l'administration, les fonctions sont exercées par des employés civils. Les chefs militaires n'ont d'autorité que sur leurs subordonnés ; les troupes campent loin des grandes villes et n'y pénètrent que sur l'invitation des mandarins civils (6).

L'idée de confier le pouvoir aux plus intelligents fait sûrement honneur à la nation qui l'a eue la première ; malheureuse-

---

(1) Abel Rémusat, *Nouv. Mélanges asiatiques*, II, 156. — (2) S. de Mas, *la Chine et les Puissances chrétiennes*, II, 327. — (3) Huc, *l'Empire chinois*, II, 103. — (4) Huc, *ibid.* I, 97. — (5) Huc, *l'Empire chinois*, I, 331. — (6) Sinibaldo de Mas, *la Chine et les Puissances chrétiennes*, II, 335.

ment la science chinoise est fort arriérée, aussi ne demande-t-on guère aux candidats que des exercices mnémoniques. Plus une composition renferme de citations des auteurs anciens, plus elle a de mérite (1).

Quoi qu'il en soit, une foule de candidats assiègent les salles d'examen. A Ning-Po, Sinibaldo de Mas a vu 3000 aspirants briguer 37 places (2).

Les épreuves sont graduées et tiennent pendant bien des années en haleine le lettré ambitieux. Il y a quatre degrés, que l'on pourrait dénommer : baccalauréat, licence, doctorat, professorat. Il les faut franchir successivement, et chaque grade ouvre l'accès à des carrières de plus en plus importantes. Mais, pendant plusieurs années, des examens additionnels viennent encore éprouver les forces de l'élu (3).

On ne concourt pas pour des fonctions spéciales ; chaque mandarin peut occuper n'importe quelle place correspondant à son rang.

En théorie, l'organisation de la classe des lettrés est infiniment remarquable ; c'est le plus grand effort qui ait jamais été fait pour réaliser la vraie formule sociale : à chacun suivant ses mérites. Dans la pratique, et en dépit de tous les règlements, l'institution a fort dégénéré. On a fait commerce des grades ; les juges ont vendu leurs suffrages (4). En fait, cette intéressante organisation s'est altérée comme toutes choses, mais après avoir fondé, maintenu et gouverné pendant des milliers d'années une nation qui compte aujourd'hui au moins 400 millions d'individus, la plus grande agglomération ethnique qui ait jamais existé ; après avoir, dans cette énorme collectivité, tellement déraciné toute idée de privilège héréditaire que les Chinois n'ont pas appris sans un grand ébahissement qu'il existait, dans certaines contrées d'Europe, des nobles de père en fils (5). En Chine, des grades équivalents à nos titres de duc, marquis, comte, baron et chevalier sont donnés à ceux des mandarins civils et militaires qui se sont distingués dans leur administration ; mais ces titres sont purement viagers ; ce n'est pas aux descendants, mais bien aux

(1) S. de Mas, *loc. cit.*, 331. — (2) *Ibid.* — (3) Milne, *Vie réelle en Ch ne*, 191. — (4) S. de Mas, *loc cit.*, II, 334. — (5) Macartney, *Hist. univ. des voy.*, vol. XXXIII, 457.

ascendants qu'ils se transmettent ; car on ne pourrait permettre, sans porter atteinte au principe fondamental de l'empire, qu'un fils fût plus qualifié que son père (1).

En revanche tout mandarin d'un rang supérieur convaincu
de négligence dans l'accomplissement de ses devoirs descend
de deux degrés dans la hiérarchie, qui en compte neuf, et
perd deux années de traitement (2). Obtenir par la brigue auprès d'un grand personnage une recommandation élogieuse
dans un rapport à l'empereur, est un crime, aussi bien pour
le protecteur que pour le protégé. Si la connivence est prou-
vée, le haut fonctionnaire est bâtonné et exilé ; sa créature est
punie par la décapitation et la confiscation des biens (3). Loin
de faire toujours et quand même cause commune avec ses
fonctionnaires, le gouvernement chinois s'en méfie et s'en sépare souvent. Une sédition populaire vient-elle à éclater, le
gouverneur est mis invariablement en retrait d'emploi. Le
peuple, pense-t-on, est débonnaire, il ne se soulève pas sans
de graves motifs ; il y a donc eu soit des abus de pouvoir, soit
une énorme incapacité (S. de Mas, II, 338).

Il est interdit en outre aux fonctionnaires ayant une juridiction d'acquérir des terres dans leur district (4). En principe
l'administration chinoise est conçue avec beaucoup de bon
sens et un grand souci de la justice. Mais aujourd'hui la pratique gouvernementale s'écarte beaucoup de l'ancien idéa
légal. En Chine, comme dans bien d'autres pays, les hommes
valent moins que leurs institutions. Mais ces institutions sont
encore entourées d'un tel prestige que l'armée chinoise peut
ne se composer que de huit corps d'armée de 10,000 hommes,
force militaire insignifiante pour le vaste empire du Milieu.

La Chine est sans doute le seul pays au monde où l'on fasse
fi de la gloire militaire et où le métier des armes soit tenu en
mince estime. Un philosophe chinois connu et cité parmi les
lettrés a dit : « Ne rendez aux vainqueurs que des honneurs
funèbres ; accueillez-les avec des pleurs et des cris, en mémoire
de leurs homicides, etc. ». Dans ces dernières années, après
les violences et les insultes que leur ont fait subir les Européens, les Chinois sont un peu revenus de leur dédain pour la

___

(1) Huc, *l'Empire chinois*, I, 97. — (2) Timkowski, *Hist univ. de
voy.*, vol. XXXIII, 201. — (3) *Ibid.* — (4) Huc, *loc. cit.*, II, 299.

guerre et tout ce qui y touche : l'Europe pourra s'en apercevoir un jour.

Dans le gouvernement intérieur du pays, l'autorité des mandarins est encore et surtout morale. En théorie, les gouvernants sont des pères de famille ; à ce titre l'administration est tout naturellement méticuleuse, tracassière. Il faut bien surveiller la conduite des enfants. Confucius l'a dit : Les fonctionnaires « doivent chérir le peuple comme un fils ». Mais cette tendresse administrative ne va pas sans une jalouse surveillance. Au quatorzième siècle, un fonctionnaire passait, tous les soirs, dans chaque auberge et y enfermait tous les voyageurs, après avoir pris leurs noms. Le lendemain matin il retournait faire l'appel, puis les voyageurs se mettaient en route sous la garde d'un surveillant, qui, à la station suivante, les délivrait contre reçu à un autre fonctionnaire (1). A la même époque, un écriteau fixé sur la porte de chaque maison en indiquait nominativement tous les habitants et même le nombre et l'espèce des animaux qu'on y pouvait entretenir (2).

Pourtant on est bien loin en Chine de l'intolérable tyrannie des pays à castes héréditaires. Chaque Chinois embrasse et exerce en toute liberté la profession qui lui agrée, sans avoir besoin d'autorisation, et même (chose fort enviable !) sans payer de patente. Il est aussi licite, en Chine, au premier venu d'imprimer, de vendre, de distribuer des livres et brochures, de placarder des affiches et feuilles volantes. Enfin les seules associations interdites sont celles qui visent au renversement de la dynastie (3). Sous ce rapport, comme sous bien d'autres, les Européens ont beaucoup à apprendre des Chinois.

Les impôts sont peu nombreux dans le Céleste Empire; leur somme, y compris le revenu des mines, ne dépasse guère 1 300 millions, et leur assiette est des plus simples. Une taxe sur le sel, dont les Chinois sont très friands, est le principal impôt de consommation (4). Les autres impôts, dont la quotité est immuable, frappent toujours la propriété foncière et ne pèsent qu'indirectement sur le marchand et l'artisan (5). Au

---

(1) Ibn Batoutah, voyageur arabe, 1343. — (2) Marco Polo, *loc. cit.*, 168. — (3) Huc, *l'Empire chinois*, II, 92, 94, 99. — (4) Huc, *l'Empire chinois*, I, 361.

total chaque habitant de la Chine ne verse annuellement dans le trésor public que la modique somme de trois francs (E. Simon).

La Chine n'a pas non plus, comme certains pays d'Europe, poussé à l'extrême la manie de la centralisation ; ses 400 millions d'habitants, couvrant une contrée immense, s'en seraient mal accommodés. Chaque province forme, sous l'autorité d'un gouverneur, comme un petit État ayant ses usages spéciaux, répartissant ses impôts, rédigeant ses contrats, etc., à sa manière (1). La commune jouit aussi d'une grande indépendance. En Chine comme ailleurs, la nation résulte du groupement de petites agglomérations, d'unités ethniques, ayant des goûts dissemblables, des besoins divers, vivant dans des milieux sensiblement différents et qu'il serait absurde d'écraser sous le rouleau d'une administration uniforme. Combien de nos hommes d'État auraient besoin d'aller en Chine chercher cette idée si simple !

Pour bien gouverner un pays, il le faut connaître à fond. Aussi la dynastie régnante a-t-elle eu soin de faire rédiger en deux ou trois cents volumes un état général de l'empire contenant des détails minutieux sur la population, les produits, la topographie, les villes, les fortifications, les temples, les salles d'examen, etc. En outre, des monographies de chaque province, département ou district complètent ce vaste recueil (2).

Enfin, en dehors des coutumes et rites consacrés par le temps, des constitutions écrites, remaniées et modifiées de temps en temps, servent de règle générale au gouvernement (3).

L'organisation de la justice chinoise est aussi des plus intéressantes ; comme tout le reste, elle repose sur l'idée fort agrandie de la famille. Aussi le condamné doit remercier le mandarin du châtiment qu'il a bien voulu lui infliger ; car il ne s'agit après tout que d'une correction paternelle, et c'est bien à regret que le juge s'est vu dans la nécessité de l'appliquer (4).

On s'est efforcé de réduire le nombre des affaires portées

(1) Huc, *loc. cit.*, II, 52. — (2) Milne, *Vie réelle en Chine*, 315. — (3) A. Rémusat, *Mélanges asiatiques*, 244. — (4) Amhurst, *hist. univ. des voy.*, vol. XXXIII, 387.

devant les tribunaux. Chaque petit clan familial a sa juridiction et peut condamner tel ou tel de ses membres à la prison, à la bastonnade, à l'expulsion ou excommunication familiale; pourtant le condamné a le droit de faire appel devant les tribunaux du district (1). D'autre part, chaque groupe de cent familles a un chef, chargé de la perception des impôts et responsable d'une foule de délits. Il doit, par exemple, sous peine de bastonnade, veiller à la bonne culture des terres, etc. (2). Pour dégoûter des procès, un empereur alla jusqu'à enjoindre aux tribunaux d'accabler les plaideurs, qui seraient ainsi amenés à recourir à des transactions, à des arbitrages, aux décisions de leurs maires (3).

Pour prévenir les violences contre les personnes, l'abandon des gens en détresse, etc., on a imaginé des responsabilités souvent fort injustes : un homme vient-il à mourir dans un champ, sur le seuil d'une boutique, etc., le propriétaire du sol, le marchand encourent une pénalité (4).

Tout meurtre entraîne, pour le meurtrier, la peine capitale et la privation des honneurs funèbres; pour ses parents, la ruine et le déshonneur. Or, comme on est, au contraire, responsable de tout suicide dont on a été la cause ou l'occasion, c'est par la menace du suicide que le faible fait souvent trembler le puissant; c'est par le suicide qu'il s'en venge. Pour un mot blessant, un affront, etc., on se pend, on se précipite au fond d'un puits. Les suicides sont extrêmement communs, et l'opinion publique les honore, les glorifie (5).

La justice chinoise est tout utilitaire, assez grossière et nullement métaphysique. La pénalité s'y mesure non pas à la gravité morale du délit, mais à l'étendue du préjudice causé. Par exemple, la peine prononcée pour un vol se proportionne à la valeur de l'objet volé (6).

Les peines sont brutales et sentent la justice primitive ; ce sont : la bastonnade, qui joue en Chine un rôle très important, les soufflets appliqués avec d'épaisses semelles en cuir, les cages de fer trop petites où il faut rester accroupi, la cangue, la prison, le bannissement à l'intérieur de l'empire ou l'exil en

---

(1) E. Simon, *la Famille chinoise* (*Nouvelle Revue*, 1883). — (2) Huc, *l'Empire chinois*, II, 291. — (3) Huc, *loc. cit.*, I, 114. — (4) *Ibid*, II, 35. — (5) *Ibid.*, I, 304, 306. — (6) Huc, *l'Empire chinois*, II, 291. —

Tartarie, la mort par strangulation ou décapitation (1). Autrefois l'esclavage entrait aussi dans la pénalité chinoise (2).

Un seul juge compose tout le tribunal; il interroge l'accusé, qui se tient à genoux devant lui, et les témoins à charge et à décharge, qu'un bourreau, toujours présent, soufflette, sur l'ordre du juge, quand leurs dépositions déplaisent. Point d'avocat; cependant le magistrat peut, usant de son pouvoir discrétionnaire, permettre aux parents ou amis de plaider la cause de l'accusé. Tout récemment encore, un décret impérial inséré dans la *Gazette de Pékin* défendit d'employer préventivement la torture pour arracher des aveux à l'accusé (3).

Sous d'autres rapports, la législation criminelle des Chinois est fort avancée, au moins en théorie. Elle admet : les circonstances atténuantes, la non-rétroactivité, le droit d'appel, la liberté provisoire sous la responsabilité des magistrats, la confusion des peines, enfin le droit de grâce réservé au souverain (4).

D'autre part, tout n'est pas rose dans le métier d'un juge chinois. Des précautions sont prises contre lui, et de sévères châtiments le menacent. Lui arrive-t-il de se marier ou de prendre « une petite femme » dans l'étendue de son ressort, il est passible de quatre-vingts coups de bâton, et du double si par aventure l'épousée ou la concubine est la fille d'un plaideur dont il doit juger l'affaire (5). Pour une décision erronée, rendue même en appel, le juge est bâtonné (6).

Bâton de ci ! bâton de là ! Maître bâton joue un grand rôle dans l'administration du Céleste Empire. C'est toujours le régime de la famille : qui aime bien châtie bien.

Néanmoins tout n'est pas enfantin dans cette vaste organisation. La Chine représente le plus grand et le plus ingénieux effort social fait par la race mongolique. C'est la plus nombreuse agglomération humaine qui ait jamais existé ; elle dure depuis des milliers d'années et a tenu longtemps la tête du genre humain, dans sa marche incessante vers le mieux. C'est la première grande société, qui, à son éternel honneur, ait brisé

---

(1) Huc, *loc. cit.*, II, 287. — (2) Walckenaer, *Essai sur l'histoire de l'espèce humaine*, 116, Paris, 1798. — (3) *Le Temps*, 13 juin 1883. — Huc, *l'Empire chinois*, II, 286. — (4) Huc, *loc. cit.*, II, 296. — (5) *Ibid.*, II, 259. — (6) *Ibid.*, II, 301.

à jamais le moule des castes, aboli les privilèges héréditaires.
C'est, encore aujourd'hui, le seul pays au monde où, du moins
en théorie, on s'efforce partout et systématiquement de faire
au mérite individuel la place qui lui est due. L'idée a de la
grandeur et surtout de la justesse ; elle servira sûrement de
base aux sociétés meilleures que nous espérons dans l'avenir.
Si gauchement que la Chine ait réalisé cette vue si féconde,
c'est sûrement à elle qu'elle doit son antique prospérité. Peu
à peu l'Europe moderne s'engage dans la même voie, et d'ordinaire aussi maladroitement. En Europe comme en Chine, les
examens ne demandent d'ordinaire aux candidats que des
efforts de mémoire, sans se soucier aucunement de l'originalité.
Enfin, ce mode d'épreuves fut-il même mieux entendu, l'intelligence est beaucoup dans l'homme, mais elle n'est pas tout.
Derrière elle, il y a ce qui la supporte, le caractère, les sentiments généreux, etc., tout le fond moral, si absolument nécessaire à qui a charge d'âmes. Or tout ce côté de l'être humain,
si difficile à apprécier, n'a rien à voir avec les examens sco-
laires et autres ; et pourtant c'est là ce qui vivifie l'intelligence
et l'activité ; c'est là ce qu'il importe surtout de connaître pour
jauger la valeur d'un homme.

Une autre critique, tout aussi grave, doit être adressée à la
civilisation chinoise, au sujet de son stupide engouement pour
le passé. Après avoir organisé sa classe des lettrés, la Chine se
trouva si supérieure à tous les peuples circonvoisins qu'elle
se prit pour elle-même d'une admiration béate ; elle nia le progrès, dont elle était cependant un si remarquable exemple, et
décréta l'immobilité. A partir de ce moment, tout fut figé en
Chine ; des rites minutieux réglèrent jusqu'aux moindres détails de la vie sociale. Avant la guerre de 1840, un commerçant
de Canton s'avisa de munir une jonque d'un gouvernail à l'européenne ; mais, avant même que l'embarcation eût pris la
mer, un mandarin, scrupuleux esclave de son devoir, fit détruire la barque et punit d'une amende l'irrespectueux novateur (1). Des faits de ce genre donnent la mesure de l'esprit
d'un peuple ; c'est le *laudator temporis acti* élevé à la dignité
d'un principe. A coup sûr, en ébréchant cette civilisation vieil-

(1) S. de Mas, *la Chine et les Puissances chrétiennes*, II, 369.

lotte, les agressions brutales des Européens ont rendu service à l'empire du Milieu.

Néanmoins l'édifice de la société chinoise est par bien des côtés recommandable et, toutes réserves faites, il y a beaucoup de vrai dans cette appréciation élogieuse d'un homme très familier avec tout ce qui touche à la Chine : « L'organisation politique du gouvernement chinois, qui date de plus de quatre mille ans, est la plus philosophique, la plus rationnelle, la plus dépouillée de préjugés de toute sorte, qui ait jamais existé jusqu'ici en aucun temps et en aucune contrée du monde : c'est là la cause de sa durée (1). »

Dans tous les cas, le régime chinois est la forme sociale la plus élevée qu'ait réalisée la race mongolique. C'est le despotisme mitigé par la raison, et pour trouver une organisation politique d'un ordre plus élevé, il faut l'aller chercher chez les rameaux les plus civilisés de la race blanche.

XIII

Des sociétés chez les peuples de race blanche.

C'est surtout d'après les données de la linguistique que l'on classe aujourd'hui les divers groupes ethniques de race blanche, à défaut de documents moins contestables que l'histoire et l'anthropologie anatomique ne sauraient fournir. Tout ingénieuse qu'elle soit, la classification des linguistes modernes prête le flanc à bien des critiques, quand on veut l'appliquer à l'ethnographie et à la détermination des races; néanmoins elle est acceptable dans son ensemble ; de plus, elle est commode et généralement admise; nous la suivrons donc en subdivisant la race blanche en trois grands rameaux, sémitique, iranien, aryaque, et nous nous efforcerons de décrire la constitution sociale dans chacun de ces rameaux.

Au préalable cependant nous dirons quelques mots de la curieuse organisation politique créée par un quatrième rameau de la race blanche, le rameau berbère. La race berbère, si totalement éclipsée aujourd'hui, semble avoir joué jadis, dans un passé lointain, préhistorique même, un rôle impor-

(1) Milne, *Vie réelle en Chine*, introduct , XV.

tant dans l'Europe méridionale et l'Afrique septentrionale, où ses derniers représentants, les Kabyles, conservent encore une très intéressante organisation politique, qu'il importe d'esquisser.

A. *Des Berbères contemporains ou Kabyles.* — A la base de la société kabyle on trouve la *Karouba*, association ayant une personnalité civile, capable de posséder, d'aliéner, de recevoir. La Karouba a son assemblée de citoyens majeurs (Djemâa), ses sages (Akkals) ; elle peut d'ailleurs se subdiviser en deux ou trois karoubas nouvelles, comme une cellule se segmente. Mais dans la Karouba il n'existe rien d'analogue au patronage et à ·la clientèle de la *gens* romaine.

En se fédérant les karoubas forment un village, un état, une commune (Taddert), ayant ses biens propres, etc.

Chaque village kabyle est un État indépendant, régi par le suffrage universel de tous les mâles majeurs, réunis en Djemâa. La Djemâa nomme un *amin*, président, maire, chef du pouvoir exécutif ; mais cet *amin* est contrôlé par l'*oukil*, censeur dont l'unique fonction est de surveiller l'*amin*, de dénoncer ses fautes, ses abus de pouvoir, ses actes répréhensibles aussi bien privés que publics.

Enfin, au-dessous de l'*amin* et de l'*oukil* sont les *tamens*, choisis dans la Karouba pour servir d'intermédiaires entre l'amin et les citoyens.

En se confédérant, contractant une alliance offensive et défensive, les villages situés sur un même contrefort montagneux forment une tribu ou *arch.*

Enfin plusieurs *archs* peuvent constituer une confédération plus importante ou *keliba.*

Dans ces confédérations, grandes ou petites, point de chef. Tout au plus en temps de guerre nomme-t-on par acclamation un généralissime, dont les pouvoirs expirent à la paix.

A côté de ces associations politiques il en existe d'autres, les *côfs*, dont le but est de sauvegarder l'individu ou la karouba contre les abus de pouvoir, d'où qu'ils viennent. A son *côf* l'individu doit un entier dévouement. « Aide ton *côf*, qu'il ait tort ou raison », dit un adage kabyle. Cependant l'individu peut changer de *côf*, mais il le doit faire ouvertement, publiquement.

Mais le trait le plus curieux de l'organisation politique des

Kabyles est l'*anaya*, c'est-à-dire la protection accordée à une ou plusieurs personnes par un particulier, un *çóf*, un village, une tribu, une karouba. Un objet quelconque ostensiblement porté est le signe de l'*anaya*, et toute insulte au protégé entraîne de la part du ou des protecteurs de sanglantes représailles. Laisser « casser son anaya » est une infamie suprême. Si, au milieu d'un combat, les vieillards jettent leur *anaya* entre les combattants, ceux-ci doivent s'arrêter et accepter la médiation qui leur est offerte. Enfin, même en temps de guerre, un *anaya* spécial protège certaines personnes ou certains lieux, les colporteurs, les forgerons, les marabouts, le chemin de la fontaine des femmes, etc.

Ajoutons que le *Kanoun*, la loi kabyle, respecte jusqu'au scrupule l'indépendance individuelle et autorise tout ce qui ne lèse pas les droits d'autrui (1).

En résumé, l'organisation politique des Kabyles est la constitution du stade de la tribu sous la forme la plus égalitaire, la plus ingénieuse, et elle est digne au plus haut degré de l'attention et des méditations des sociologistes.

B. *Des sociétés sémitiques.* Comme toutes les races humaines qui ont joué un grand rôle dans le monde, la race sémitique s'est subdivisée en un certain nombre de groupes ethniques, dont chacun a eu une fortune diverse et s'est plus ou moins civilisé à sa manière.

Néanmoins une notable portion des Sémites actuels n'a guère dépassé la phase pastorale et nomade, et, les inductions et les traditions aidant, on peut admettre que telle a été, à une époque reculée, la condition du noyau tout entier de la race.

A ce moment de leur évolution sociologique, les Sémites étaient ou sont encore groupés en petites tribus, formant des espèces de grandes familles nomades obéissant à un chef. Certaines de leurs tribus avaient un tel amour pour cette vie errante et une telle aversion pour tout progrès, que dans la tribu des Nabatéens, selon Diodore de Sicile, il était défendu sous peine de mort de semer du blé, de planter des arbres à fruit, de construire des maisons, etc. (2).

Déjà pourtant la tribu sémitique et nomade contient en germe

(1) E. Sabatier, *Essai sur l'origine*, etc. *des Berberes sédentaires* (*Revue d'anthropologie*. juillet 1882. (2) Diodore, liv XIX, § 104.

les éléments des antiques monarchies. L'esclavage y est pleinement en vigueur; un magistrat spécial, un cadi, y est chargé
de la justice (1); mais le chef est un monarque vénéré, dont
on n'approche qu'en baisant la terre (2) et dont le pouvoir se
transmet héréditairement à son fils aîné (3). Il faut dire que
ce chef était avant tout un chef militaire; on n'entreprenait
pas une *razzia* sans son autorisation (4). Telle a dû être l'organisation primitive des Hébreux, qui étaient divisés en *tribus
familles* et *maisons* (5).

Çà et là les tribus se fédérèrent; çà et là elles furent subjuguées par un chef commandant despotiquement à un certain
nombre de clans; alors on s'adonna à l'agriculture; on bâtit
des villes; des monarchies, comme celles de l'Assyrie et de
la Babylonie, furent fondées. Autant que l'on en peut juger,
d'après les documents confus et incomplets qui nous sont parvenus, ces antiques monarchies n'avaient rien d'original, au
point de vue sociologique. La couronne y était héréditaire (6).
Le monarque jouissait d'un pouvoir à peu près sans limites;
la société était immobilisée et les professions se transmettaient de père en fils (7).

C'est dans la *Bible* et le *Koran* qu'il faut aller chercher des
renseignements précis et détaillés sur la manière dont, en se
civilisant, les Sémites ont entendu l'organisation sociale.

Chez les Hébreux, quand un chef de bandes, plus heureux
ou plus habile que ses émules, arrivait à commander à un
nombre plus ou moins grand de tribus, il exerçait d'ordinaire
à la fois le sacerdoce et la royauté; car les Beni-Israël étaient
avant tout bigots. Melchisédec était « prêtre du Dieu très
haut » (8); Saül offrait l'holocauste (9), etc. Au fond, le gouvernement des Hébreux fut presque toujours théocratique; les
chefs n'étaient que les lieutenants de Jéhovah.

En Judée, point d'aristocratie héréditaire. Le *Pentateuque*
nous parle d'un conseil d'anciens, de juges, de scribes, représentant les familles et les maisons. Ce fut un conseil de ce
genre qui alla demander un roi à Samuel (10). C'est ce conseil

---

(1) *Aventures d'Antar*, 8. Traduction de M. Devic. — (2) *Aventures d'Antar*, 7. — (3) *Ibid.*, 11. — (4) *Ibid.*, 2. — (5) Josué, VII,
14. — (6) Exode, III, 16, 18; VI, 14, 25. — (7) Goguet, *Origine
des lois*, t. I, liv. 1. — (8) Genèse, XIV, 18. — (9) Rois, XIII, 9. —
(10) Rois, VIII, 5.

qui, à la requête du père, faisait lapider le fils rebelle ou recevait la plainte du mari se plaignant de n'avoir pas eu les prémices de sa femme, crime entraînant aussi, pour l'épouse indélicate, la lapidation (1).

Les « juges » étaient des monarques, dont le pouvoir n'était pas non plus héréditaire ; il le devint pourtant à partir de Salomon. Le despotisme de ces rois du peuple de Dieu ne le cédait d'ailleurs en rien à celui des autres rois sémitiques ou plutôt de tous les rois primitifs. On sait comment David en usa avec Bethsabée ; son fils Salomon, à peine monté sur le trône, se hâta de commettre un fratricide (2) et divers meurtres. Le faste de ce monarque, célèbre, paraît-il, par sa sagesse, mais surtout par ses écarts avec des femmes étrangères, son harem si peuplé, etc., sont des faits qu'il suffit de rappeler.

Ce fut aussi de la théocratie que sortirent les grandes monarchies arabes. Avant Mahomet, il n'y avait guère en Arabie que de petites fédérations de tribus ; mais, le fanatisme aidant, tous ces éléments se groupèrent sous l'autorité du Prophète. Alors la servilité, qui était déjà passée en coutume dans les tribus, comme nous l'avons vu plus haut, se développa vite de la plus honteuse façon. Les sujets de Mahomet recueillaient pieusement l'eau dont il s'était servi, les cheveux qui tombaient de sa tête ; ils allaient même jusqu'à lécher ses crachats (3). Cependant Mahomet n'était guère qu'une sorte de juge théocratique comparable à Moïse. Après lui, les premiers khalifes furent encore électifs, mais à partir de Moawiah le khalifat devint héréditaire. Dès lors, un niveau oppresseur pesa sur toute la race, et bien plus lourdement encore sur les peuples conquis, qui payaient au maître une lourde capitation, en remerciement de la bonté grande avec laquelle il leur permettait de cultiver leurs terres, qui, par droit de conquête, appartenaient au vainqueur.

La grande majorité de la race sémitique n'a conçu, ni dans l'antiquité ni dans les temps modernes, d'idéal social plus élevé que le despotisme sans phrases, analogue à celui qui s'est établi par toute la terre, dans toutes les grandes agglomérations primitives. Il semble pourtant qu'il faille faire exception pour

(1) Sam., VIII. — (2) Rois, II, 25, 29, 30, 31, 46. — (3) G. Sale, *Observ. histor. et critiques sur le mahométisme*, sect. III.

Carthage et vraisemblablement pour Tyr, qui en était la métropole. Le fait a sa valeur ; car il suffirait pour établir la perfectibilité sociologique des Sémites.

A en croire Aristote, Polybe, Diodore, etc., Carthage était une démocratie assez bien organisée. On y comptait des familles notables, par exemple, celles des Magon, des Amilcar, des Hannon, etc., mais point d'aristocratie héréditaire. Une sorte de sénat était élu par des hétairies ou collèges électoraux. La fonction judiciaire exceptée, cette assemblée concentrait en elle tous les pouvoirs. Dans l'intervalle de ses sessions, elle était suppléée par une commission choisie dans son sein. Enfin cette commission désignait quelques délégués ou ministres pour exercer le pouvoir exécutif, dont le chef était le président de l'assemblée ou *suffète*. Un suffète militaire ou vice-président avait le commandement des forces militaires. Les deux suffètes étaient nommés par le peuple sur une liste dressée par l'assemblée, et leur mandat n'était qu'annuel, à moins de prorogation. En outre, le suffète militaire était tenu en bride par un comité de vigilance émanant de l'assemblée. Ce comité surveillait les opérations, les agissements du suffète et en décidait à son gré le rappel ou la prorogation.

L'existence d'une constitution politique à la fois si républicaine et si complexe, dans l'antiquité, chez un peuple de race sémitique, fort arriéré sous d'autres rapports, est faite pour surprendre, et l'on a peine à ajouter foi aux témoignages des auteurs anciens, d'autant plus que cette démocratie reposait, comme toutes les civilisations sémitiques, sur l'esclavage dont nous avons maintenant à parler.

L'institution de l'esclavage est inhérente à toute civilisation inférieure. Pour que l'homme en arrive à voir dans la liberté un droit imprescriptible, il a besoin de parvenir à un haut degré de développement ; il faut que son cœur échauffe son intelligence et que son intelligence éclaire son cœur.

Au fond de toutes les sociétés sémitiques, antiques ou modernes, nomades, monarchiques ou républicaines, nous trouvons l'esclavage. Le roman d'Antar nous montre, dans l'Arabie anté-musulmane, l'esclave absolument soumis au bon plaisir de son maître, qui tient sa vie entre ses mains, qui a tout naturellement le droit de violer les femmes esclaves, etc.

Néanmoins l'esclave arabe peut être anobli par le chef et participer alors aux droits des hommes libres (1).

Le Koran ne songe pas non plus à protester contre l'esclavage. L'ennemi vaincu par les croyants est ou mis à mort ou réduit en servitude. Ce dernier sort incombe d'ordinaire aux femmes et aux enfants.

L'esclavage existait dans les antiques royaumes sémitiques de l'Assyrie, de la Babylonie; il existait aussi dans les républiques de Tyr et de Carthage. Dans les siècles homériques, les Phéniciens faisaient sur les côtes de la Grèce des razzias d'esclaves, qu'ils allaient vendre en Égypte. Hérodote nous raconte comment ils enlevèrent ainsi Io. fille d'Inachus, roi d'Argos (2). En Espagne, les Carthaginois faisaient exploiter les mines par des esclaves ibères, qu'ils accablaient de coups et épuisaient de travail (3). A Tyr, il y avait toute une population d'esclaves et même des révoltes serviles (4).

Le peuple de Dieu, je veux dire le peuple juif, avait des esclaves. Dans un pressant besoin d'argent, le père, chez les Hébreux, pouvait vendre ses filles comme esclaves (5). Les pauvres pouvaient aussi se vendre eux-mêmes (6). Le voleur, incapable de payer l'amende, devenait l'esclave du volé (7). Les prisonniers de guerre étaient esclaves. Pourtant la conscience hébraïque finit par avoir quelques scrupules au sujet de l'esclavage. L'Exode veut que l'esclave soit libéré au bout de six ans; mais le maître aura le droit de retenir sa femme et ses enfants (8). Déjà certaines lois protègent l'esclave. Néanmoins le maître pouvait faire mourir l'esclave sous les coups, impunément, à la seule condition que le battu survécût seulement un jour ou deux, « parce qu'il l'avait acheté de son argent » (9). En voilà plus qu'il n'en faut pour établir que la moralité était assez basse dans toutes les races sémitiques de l'antiquité.

La justice des fils de Sem était aussi fort grossière. Chez les Arabes anté-isalmites, c'était le chef de la tribu qui était souvent investi du pouvoir judiciaire et tranchait les litiges selon

---

(1) *Aventures d'Antar*, 5, tr. Devic, *Ibid.*, 127. — (2) Hérodote, I, p. 1, voir aussi *Odyssée*, XV. — (3) Diodore de Sicile, liv. V, 38. — (4) Justin, XVIII, 3. — (5) Exode, XXI, 7. — (6) Lev., XXV, 39. — (7) Exode, XXII, 2. — (8) Exode, XXI, 4. — (9) Exode, XXI, 20, 21.

son bon plaisir. Pourtant le poème d'Antar parle déjà de cadis, servant d'arbitres entre les chefs et les cavaliers (1). Chez les Hébreux, les affaires judiciaires étaient du ressort soit des anciens, soit du roi. Partout la loi du talion, « œil pour œil, dent pour dent », est la grande règle juridique ; elle a dû longtemps constituer à elle seule le code des tribus nomades. A mesure que les sociétés s'assirent et se civilisèrent, la législation se compliqua. Chez les Hébreux, le faux témoin subissait la peine portée contre l'innocent qu'il avait fait condamner (2). On dut restituer quatre brebis pour une volée, cinq bœufs pour un, etc. Pour l'homicide volontaire, le talion fait loi ; pour l'homicide involontaire, une compensation pécuniaire est admise. Pour coups et blessures, l'individu lésé peut aussi transformer le talion en indemnité. Le plus grand des crimes, le crime sans rémission, est, chez les Hébreux, un crime théocratique, c'est l'idolâtrie. Si un individu s'en est rendu coupable, il est lapidé; si c'est une ville, elle est anathème, tous ses habitants sont passés au fil de l'épée et elle est livrée aux flammes (3). Certains incestes, la sodomie sont punis de mort (4).

La peine capitale s'inflige d'ordinaire par la lapidation, parfois par le feu ou la décapitation. Pour les petits délits, la bastonnade ou les verges sont fort usitées (5). Ce n'est d'ailleurs qu'une peine correctionnelle n'entraînant aucun déshonneur.

Comme la Bible, le Koran admet la peine du talion et les compensations pécuniaires (6); par exemple, vingt chameaux pour un meurtre involontaire, etc.; mais les voleurs peuvent avoir les mains coupées (7). Du reste le code pénal de Mahomet n'est point original, puisque son auteur déclare lui-même qu'il s'est inspiré de la Bible (8). Aux pénalités édictées par le Koran, les musulmans modernes ont ajouté le supplice du pal, souvent infligé en Arabie aux Bédouins qui volent les pèlerins (9). D'ailleurs, pour la plupart des crimes, la justice sociale des Arabes est encore aujourd'hui très peu vigi-

---

(1) *Aventures d'Antar*, tr. Devic, 8. — (2) Deut., XIX, 16, 21. — (3) Deut., XVII, 2-7 ; XIII, 13-18. — (4) Lév., XX, 13, 15, 16. (5) Deut., XXV, 2. — (6) *Koran*, tr. Kasimirski : Sourate, II, IV. — (7) *Ibid.*, Sourate, V. — (8) *Ibid.* — (9) Burckardt, *Hist. univ. des voy.*, vol. XXXII, 258.

lante; à Bagdad, le châtiment du meurtrier incombe d'ordinaire aux parents de la victime ; c'est un litige privé, dont les non-intéressés n'ont garde de se mêler (1).

En résumé, il résulte de tout ce qui précède que la race sémitique, prise en masse, est bien sortie de la sauvagerie, mais sans dépasser la barbarie. Il faut pourtant lui rendre hommage sur un point. Certains de ses groupes ethniques semblent avoir été les premiers dans le monde à organiser des gouvernements républicains avec assemblées délibérantes, séparation des pouvoirs législatif et exécutif, du moins s'il faut en croire les écrivains de l'antiquité. Or c'est là un progrès sociologique de premier ordre, et que les races supérieures ont seules réalisé.

C. *Des Persans.* Dans un traité de sociologie, on peut être bref en parlant des Persans anciens et modernes; car leurs institutions semblent avoir été fort peu originales.

En dépit d'une certaine noblesse morale, qui se fait jour çà et là dans le Zend-Avesta au milieu d'une foule d'insanités, les anciens Persans n'ont pas dépassé dans leurs conceptions sociales le despotisme monarchique le plus absolu et l'institution des castes.

Déjà, sous le régime légendaire de Djemschid, la population de la Perse se divisait en quatre castes, que nous retrouverons dans l'Inde : les prêtres, les guerriers, les laboureurs et les artisans. Il va sans dire que, comme il arrive dans toutes les sociétés de ce genre, il y avait, en dehors de ces classes légales, de nombreux esclaves.

De ce que nous rapportent au sujet de la monarchie persane les écrivains grecs, notamment Hérodote, on peut sans peine se figurer ce qu'elle a dû être à une époque plus ancienne encore; car ce n'est pas en remontant le cours des âges que l'on a chance de rencontrer, dans les annales de l'humanité, des notions de justice et de liberté.

A l'époque de Cyrus, de Xerxès, etc., la Perse était soumise à un despotisme monarchique pur de tout alliage. Le roi des Perses était par excellence « le grand roi », dont le moindre caprice avait force de loi. Quand le Lydien Pythias se permit de demander à Xerxès, se préparant à envahir la Grèce, la

(1) Buckingham, *ibid.*, vol. XXVII, 496.

faveur de garder près de lui son fils aîné, en offrant les quatre
autres pour soldats, le roi des rois fit aussitôt couper en deux
le jeune homme pour lequel on intercédait (1). Pendant leur
marche, les troupes persanes défilaient sous les coups de fouet
devant leur maître, etc., etc.

En dépit des siècles écoulés et de l'introduction du mahométisme en Perse, les rois de cette contrée exercent encore un
pouvoir tout aussi absolu que celui de Xerxès. Ils ont droit de
vie et de mort sur tous leurs sujets et sur les membres de
leur propre famille. Fraser vit un jeune prince persan s'exerçant à la cécité et tâtonnant autour de lui, les yeux fermés,
« parce que, disait-il, à la mort de notre père, nous serons tous
mis à mort ou privés de la vue, et j'essaye comment je ferai
quand je n'aurai plus mes yeux » (2). Tout le code persan se
résume dans la courte phrase suivante : « C'est la volonté du
schah. » Au-dessous du tyran en chef s'étage toute une hiérarchie de tyrans en sous-ordre, esclaves d'un côté, despotes de
l'autre. Enfin tout au bas de l'échelle sociale est la classe des
cultivateurs, supportant toute une montagne d'injustices, mal-
traités, volés, rançonnés à plaisir et se défendant comme ils
peuvent, à force de ruses, contre les collecteurs d'impôts (3).

Dans un pareil pays, la justice est toute théorique. Quand il
en existe une ombre, elle repose, et cela depuis les temps
légendaires, sur la loi du talion. Le volé peut pardonner au
voleur. L'héritier d'un homme assassiné a le droit de transiger
avec le meurtrier ou de le tuer, à sa guise. Du temps de
Fraser, l'assassin d'un jeune homme fut livré à la mère de la
victime, qui le perça de cinquante coups de couteau, puis passa
sur ses lèvres la lame ensanglantée (4).

Il y a pourtant des magistrats, des cadis, des gouverneurs,
qui jugent et condamnent à l'amende, à la bastonnade, à l'ar-
rachement des yeux, à la strangulation et à la décapitation.
Mais, la plupart des fonctionnaires persans étant achetables,
les crimes s'effacent souvent pour quelques tomans (5).

De cet abominable état de choses, qui dure vraisemblablement, à travers des périodes historiques tout entières, depuis
les temps les plus reculés, est résulté un avilissement général

(1) Hérodote, VII, 38, 39. — (2) Fraser, *Hist. univ. des voy.*,
vol. XXXV, 81. — (3) *Ibid.*, 70, 88. — (4) *Ibid.*, 380. — (5) *Ibid.*, 33.

du caractère de la nation, qui est devenue obséquieuse, fourbe, servile, cruelle et bigote ; car, en agissant sur une série suffisante de générations, les institutions d'un peuple finissent par le modeler à leur image.

D. *Des sociétés védique et hindoue.* Si le rameau persan de la race dite aryenne ne nous offre qu'un médiocre intérêt au point de vue de la constitution des sociétés, il en est tout autrement de la branche indo-européenne proprement dite. D'une part, cette fraction du genre humain est la mieux connue dans le temps et dans l'espace, et par conséquent on en peut retracer l'évolution ; d'autre part, elle comprend les races les mieux douées, les races au grand cerveau, celles qui ont le plus cherché, le plus osé, le plus inventé.

Que les races aryennes soient toutes issues d'un même district, d'une sorte de nombril créateur, situé soit près de l'Hindou-Kô, soit non loin des plateaux de Pâmir, c'est là une théorie fort contestable ; mais il est sûr que c'est dans ces régions qu'elles sont parvenues le plus vite à un assez grand développement moral, social et intellectuel ; c'est donc là qu'il faut les étudier tout d'abord.

Les hymnes védiques nous fournissent d'assez nombreux renseignements sur l'état social des tribus aryennes de l'Asie centrale, avant toute émigration sérieuse, soit vers l'Europe, soit vers l'Inde par la vallée de l'Indus.

Nulle caste encore parmi les tribus védiques. Déjà pourtant certaines fonctions sociales se sont spécialisées, mais il n'y a point entre elles de ligne infranchissable de démarcation. Le prêtre, tout en étant chargé de broyer le *sóma* ou d'allumer le feu divin, ne dédaigne pas de labourer, de faire paître les troupeaux ; il marche même au combat à côté des kchattriyas (1). Déjà il y a des brahmanes, des kchattriyas, des vaicyas ; mais, entre ces trois classes, il n'y a point de hiérarchie, de subordination nécessaire. Enfin la caste servile, celle des çoudras, n'existe pas ; car les Aryens védiques n'étaient pas encore devenus conquérants (2).

C'est déjà une organisation quasi-féodale. Les Aryas sont divisés en petits groupes, en tribus, dont chacune obéit à un chef possédant sur une colline une habitation fortifiée, d'où il

(1) E. Burnouf, *Essai sur le Véda*, 226, 227. — (2) *Ibid.*, 229, 231]

domine les vaicyas ou viças, agriculteurs ou pasteurs, répandus dans la plaine. Ce chef est riche. Dans les Védas la richesse est la condition de la royauté. Un appareil somptueux environne le maître. Il monte un éléphant ou un char doré ; sa tête est ornée d'une tiare ou d'une aigrette ; il est couvert de pierreries ; une troupe de kchattriyas lui fait cortège (1). Dans la société védique, le pouvoir spirituel fait assez triste figure. Le brahmane semble le plus souvent réduit au rôle de chapelain et de flatteur du petit roi barbare. Pourtant il lui donne déjà l'investiture religieuse ; il le sacre (2) ; il tâche surtout de lui extorquer des présents, de lui vendre très cher ses prières (3). Il supplie l'aurore « d'accorder une mâle abondance à ces nobles seigneurs, qui l'ont comblé de présents » (4). Il chante dans des hymnes pieux les chevaux, les vaches, les chars, les joyaux, que lui a octroyés la munificence royale, et supplie Indra et Agni de payer au centuple le généreux donateur (5).

Déjà ces souverains, si gracieux pour les représentants des dieux, exercent un pouvoir héréditaire de mâle en mâle, et parfois ils organisent tout à fait la féodalité en reconnaissant un suzerain (6), qui devient le grand roi, le *mahârajah*.

Dans les Védas, il n'est pas question d'esclavage. Il semble bien qu'avant la conquête, le peuple, les artisans, laboureurs et pasteurs, groupés dans les villages, au pied des châteaux forts, étaient seulement vassaux et traités assez doucement. Aujourd'hui encore une assez grande familiarité existe entre sujets et princes dans le Népaul (7), dans le Rajpoutana (8), à Peshawer (9). Mais, une fois établis dans l'Inde à titre de conquérants, les Aryas védiques modifièrent profondément la constitution de leurs sociétés. Le roitelet féodal devint un monarque puissant et absolu ; les trois classes védiques se changèrent en castes bien isolées et héréditaires ; enfin les peuples conquis formèrent une caste servile, celle des çoudras, au-dessous de laquelle des demi-castes ou des groupes dé-

(1) E. Burnouf, *Essai sur le Véda*, 235. — (2) *Ibid.*, 237. — (3) *Ibid.*, 249. — (4) *Hymnes*, liv. II, 373. — (5) *Rig-Véda*, sect. I, *Hymnes*, XIX, vers. 1 et 2, et *passim*. (6) E. Burnouf. *loc. cit.*, 235. — (7) Heber, *Hist. univ. des voy.*, vol. XXXVI, 322. — (8) Fraser, *ibid.*, vol. XXXV, 448. — (9) Burnes, *ibid.*, vol. XXXVII, 64.

classés constituaient une masse plus humble encore. Alois les brahmanes devinrent des êtres glorieux, des demi-dieux.

Le code de Manou décrit minutieusement cette société théocratique, où le roi est en principe le bras séculier du brahmane, où les pouvoirs spirituel et temporel sont assez distincts pour réjouir un disciple d'A. Comte.

Tout d'abord le roi reçoit d'un brahmane le divin sacrement de l'initiation (1). Après cette cérémonie, il est sacré dans toutes les acceptions du mot. Quiconque lui témoigne de la haine doit périr (2). Le principal devoir de ce monarque sous-brahmanique est de châtier, puisque les brahmanes ont été jusqu'à déifier le Châtiment, devenu un génie créé par dieu (3). Dès l'aube le roi doit présenter ses hommages aux brahmanes (4); il doit surtout beaucoup donner aux brahmanes. Tout présent fait à un brahmane, bon théologien, a un mérite infini ; mais, fait à un homme qui n'est pas brahmane, il n'a qu'un mérite ordinaire (5). Qu'un roi, même mourant de besoin, ne reçoive jamais de tribut d'un brahmane versé dans la sainte écriture (6). Que le roi se garde de tuer un brahmane, même coupable de tous les crimes possibles, ou de confisquer ses biens; il n'y a pas dans le monde de plus grande iniquité que de tuer un brahmane; le roi n'en doit pas même concevoir l'idée (7).

Le pieux monarque choisit sept ou huit ministres, avec lesquels il examine les choses d'importance; mais, après décision prise, il doit toujours obtenir la sanction d'un brahmane (8).

Déjà le pays est savamment organisé, les communes sont groupées suivant le système décimal, par dix, vingt, cent, mille, et chaque groupe a son chef responsable, dépendant du chef du groupe supérieur (9).

Le roi prélève un impôt sur les bestiaux, sur les économies annuelles, sur les produits du sol (10). Les vaicyas payent une redevance annuelle très modique (11). Les pauvres çoudras,

---

(1) *Code de Manou*, VII, 2. — (2) *Ibid.*, v. 12. — (3) *Ibid*, v. 14-30. — (4) *Ibid.*, v. 37.   (5) *Code de Manou*, liv. VII, v. 85.   (6) *Ibid.*, v. 133.   (7) Liv. VIII, v. 380. 381. — (8) Liv. VII, 54-58. — (9) *Code de Manou*, liv. VII, 115-119. — (10) *Ibid.*, 130-132. — (11) *Ibid.*, v. 137.

n'ayant rien qui vaille, s'acquittent, chaque année, par un jour de corvée (1).

Il va de soi que les droits et les devoirs de chaque caste sont fort inégaux. Les trois premières castes, seules, participent aux avantages sociaux, mais fort diversement. En tête de la société resplendit le brahmane ; il est le chef et le propriétaire de tout ce qui existe (2). Le kchattriya doit le défendre ; le vaicya, travailler pour lui ; le çoudra doit le servir. Libre au brahmane, moyennant une purification de trois jours, d'engendrer un enfant adultérin ; mais si sa femme ose lui être infidèle, que le roi la fasse dévorer par des chiens sur une place publique et qu'il fasse brûler son complice sur un lit de fer chauffé au rouge (3).

Le brahmane a le droit d'obliger le çoudra à le servir (4) ; il peut le voler en toute sûreté de conscience (5). Amasser des richesses, si honnêtement que ce soit, est interdit aux çoudras.

Déjà pourtant dans la société indienne l'administration de la justice est organisée ; mais là, comme partout, les brahmanes ont la haute main. Le roi peut rendre en personne la justice, mais il doit être assisté de quelques brahmanes ; il peut aussi déléguer l'autorité judiciaire, mais à des brahmanes. Les affaires sont d'ailleurs régulièrement instruites ; les témoins sont entendus, après avoir été harangués et avoir prêté serment (6). Les actes tenus pour délictueux sont peu nombreux. Le vol et l'adultère, assimilé au vol dans la plupart des sociétés primitives, sont les délits dont le législateur se préoccupe le plus. L'amende à payer pour un vol varie selon la caste du voleur ; mais, par extraordinaire, elle va croissant avec la dignité du coupable (7).

En dépit de cette particularité, faite pour étonner, la société indienne, telle que nous la fait connaître le code de Manou, ne diffère pas au fond des autres grandes monarchies primitives, que nous avons déjà décrites : c'est l'organisation du plus pur despotisme au profit d'une caste privilégiée, dans les mains de laquelle le roi et la caste militaire ne sont que des instruments. En raison des fonctions indispensables qu'elle remplit, le caste manouvrière et commerçante jouit encore

(1) *Code de Manou*, v. 138.— (2) *Ibid.*, I. v. 99, 100.— (3) Liv. VIII. v. 371, 372 ; liv. V, v. 63. — (4) VIII, 413. — (5) VIII, 417. — (6) *Code de Manou*, liv. VIII, passim. — (7) *Code de Manou*, liv. VIII, v. 336-338,

de certains droits ; mais la caste servile et les castes mélangées sont considérées comme des animaux domestiques.

En résumé, en conquérant l'Inde, les Aryas védiques semblent avoir sociologiquement dégénéré. Sans doute ils ont fondé de vastes empires ; mais ils ont échangé la liberté relative, dont jouissaient leurs clans primitifs, pour la servitude monarchique et la rigide fixité des castes. Presque partout, comme nous allons le voir, la race aryenne a subi une évolution analogue. Ajoutons que, dans ses grandes lignes, cette organisation sociale, si inférieure, a dans l'Inde bravé les siècles. Aujourd'hui encore, le régime des castes et des rajahs despotiques persiste plus ou moins dans une grande partie de l'Inde. La domination anglaise l'a atténué sans le faire disparaître. Là même où les fonctionnaires et résidents britanniques ont pris la place des rajahs, ils ne peuvent rien contre le régime des castes, que, tout récemment encore, M. de Ujfalvy a trouvé en vigueur jusque dans l'Asie russe, chez les îlots ethniques de race blanche établis dans l'Asie centrale, au nord du massif himalayen.

E. *De l'état social chez les Afghans.* — Si, partant de la patrie présumée des Aryas védiques, nous nous dirigeons maintenant vers l'ouest, en jetant un coup d'œil sur les sociétés fondées, dans le temps et dans l'espace, par les peuples appartenant à la race dite aryenne, nous démêlerons sans trop de peine, dans la répartition ethnographique des différents groupes et dans la succession des révolutions historiques, une évolution générale, analogue à celle que nous venons de retracer dans le paragraphe précédent. Partout, au sortir de la sauvagerie des âges préhistoriques, les hommes des races aryennes se sont groupés en tribus semi-barbares, qui, après s'être confédérées pour former soit des sociétés féodales, soit des républiques aristocratiques exploitant une classe servile, ont fini par arriver à la monarchie absolue, et c'est seulement à une époque toute récente que le pouvoir monarchique s'est tempéré dans certaines contrées, s'est brisé dans d'autres.

Les Afghans actuels, dans les régions où les civilisations musulmane d'une part, indienne de l'autre, ne se sont pas plus ou moins implantées, ont encore conservé l'organisation en clans belliqueux et semi-barbares, qui a existé un peu partout dans les pays afghans.

Nombre de tribus afghanes ne dépendent du sultan de Caboul que nominalement, et certaines élisent elles-mêmes leur chef dans une famille aristocratique (1). Le pouvoir de ces chefs est très variable ; il va parfois jusqu'au droit de vie et de mort (2). Ces chefs de clans vivent en seigneurs féodaux, habitent de beaux châteaux, ont un luxueux état de maison (3).

L'émir de Caboul, suzerain plus ou moins obéi des chefs de clans, bat monnaie, déclare la guerre, prélève les impôts, consistant surtout en une taxe foncière, en revenus douaniers, en amendes (4) ; mais ce sont les chefs de village qui lèvent eux-mêmes les taxes (5).

Dans un État aussi mal centralisé que l'est l'Afghanistan, l'administration de la justice est loin d'être uniforme. A Caboul et chez les tribus directement soumises à l'émir, les coutumes musulmanes ont force de loi. En droit, le pouvoir judiciaire est une prérogative royale, et là où l'émir fixe sa résidence, c'est devant lui que sont portées les affaires criminelles (6). Partout ailleurs il délègue ses pouvoirs à des cadis ou cauzis, se bornant d'ailleurs à juger les différends qui leur sont déférés sans jamais intervenir spontanément (7) : la justice sociale n'existe pas encore.

Dans les districts ruraux, lointains et quasi indépendants, la justice du roi est plus ou moins nominale. Là où l'on est encore à peu près soumis au gouvernement central, les chefs de village sont responsables ; ils sont tenus de livrer les coupables ou de solder les amendes ou indemnités en s'en remboursant par des taxes (8). Chez les tribus plus indépendantes, les antiques coutumes afghanes se sont conservées. On n'est pas encore arrivé à s'apercevoir qu'il y a des intérêts sociaux. Selon l'opinion publique, c'est un droit, même un devoir pour l'individu de se faire justice lui-même, et la règle ordinaire est la loi du talion, qu'il est honorable d'appliquer sans délai (9). Parfois on porte les affaires soit devant une assemblée de vieillards, de mollahs, de notables, soit devant le chef de la

(1) M. Elphinstone, *Tableau du royaume de Caboul*, t. I, 148. — (2) *Ibid.*, 151 et III, 86. — (3) *Ibid.*, III, 86. — (4) *Ibid.*, 132, 133. — (5) *Ibid.*, 134. — (6) M. Elphinstone, *Tableau du royaume de Caboul*, t. III, 140. — (7) *Ibid.*, III, 141. — (8) *Ibid.*, 145. — (9) *Ibid.*, II, 152, 153.

tribu (1); mais recourir à des juges est toujours considéré par
l'opinion publique comme un acte de faiblesse : l'homme fort
doit se venger lui-même (2).

Nous avons déjà parlé de la curieuse coutume afghane, qui
fait de la jeune fille une unité monétaire et surtout judiciaire.
Chez les Afghans de l'Occident, comme chez les antiques tribus
germaniques, les crimes et délits se peuvent racheter, et c'est
en livrant à la partie lésée ou à ses ayants droit soit un certain
nombre de jeunes filles, soit leur valeur monétaire. Il y a en
cette matière un tarif légal : un meurtre coûte douze jeunes
filles; la mutilation d'une main, d'une oreille, du nez s'expie au
prix de six filles, etc. (3).

Sauf la nature de la compensation, pour nous étrange, ce
n'est en définitive que le wehrgeld germanique, dont nous
aurons à reparler. Mais on peut retrouver bien d'autres analogies sociologiques entre l'état actuel des tribus afghanes et
celui des premiers temps de la Grèce, de Rome et de la Germanie.

F. *De la Grèce antique.* — Au seul nom de la Grèce des sentiments de respect et de reconnaissance s'éveillent en nous ;
c'est dans nos souvenirs comme un reflet d'aurore. Nous savons
en effet que, dans ce coin de terre privilégié, l'esprit humain
a pris, pour la première fois, pleinement possession de lui-
même ; il y eut là comme une floraison intellectuelle, unique
en son genre. Le génie hellénique, le mieux équilibré qui fût
jamais, a tout éclairé, tout tenté, tout indiqué ; il personnifie
vraiment l'âge viril du genre humain, et même après s'être
éteint, énervé par l'Asie, asservi par Rome, il laissa derrière
lui un tel sillon de lumière, qu'en l'entrevoyant seulement
l'Europe féodale, assottie par mille ans de servage politique et
mental, se réveilla tout éblouie et qu'un nouveau printemps
se mit à verdir pour l'esprit humain.

Mais, comme nous avons eu plus d'une fois l'occasion de
le constater au cours de ce livre, la civilisation hellénique ne
naquit pas par génération spontanée. Comme tout ce qui
est humain, elle a eu de bien humbles débuts. Entre le siècle
de Périclès et l'état social des primitives tribus de la Grèce, il

_____

(1) M. Elphinstone, *Tableau du royaume de Caboul,* 155. — (2) *Ibid.*
154. — (3) *Ibid.*, I, 156, 157.

y a toute la distance qui sépare la Vénus du Capitole des ébauches en terre cuite trouvées dans les tombeaux de Mycènes.

Les premiers Hellènes étaient répartis en petites tribus indépendantes, obéissant à des chefs militaires, sortes de caciques souvent exposés aux caprices et aux violences de leurs sujets (1). Ce n'était guère que sous la pression d'un commun péril que l'on se groupait autour de ces « pasteurs des peuples » et qu'on leur obéissait (2). Souvent les affaires importantes se décidaient à la pluralité des voix. Le nom de rois est beaucoup trop pompeux pour ces conducteurs de clans, dont le pouvoir précaire ne s'exerçait que sur une bourgade. Cécrops, voulant faire le dénombrement de ses sujets, leur ordonna, dit la tradition, d'apporter chacun une pierre dans un certain endroit; puis on compta les pierres; il y en avait 20000 ; mais Cécrops était un grand roi : déjà pourtant ces roitelets ne décidaient rien sans consulter soit les principaux de la tribu, soit la tribu tout entière.

D'ordinaire ils étaient relativement riches ; ils possédaient des troupeaux et un domaine spécial, cultivé par des esclaves. Les membres de leur tribu et surtout les tribus vaincues leur payaient des subsides en nature (3). Leur dignité, qui d'ordinaire se transmettait à leur fils aîné, n'était pas seulement civile ; ils exerçaient en même temps une sorte de sacerdoce, présidaient aux sacrifices, etc. (4). En résumé, leurs devoirs religieux étaient, en plus grand, ceux dont devait s'acquitter chaque chef de famille.

Quand les clans helléniques en vinrent à se confédérer pour atteindre un but commun, pour assiéger Troie, par exemple, le pouvoir du chef de la confédération fut toujours fort entravé. On sait avec quelle liberté le roi des rois est apostrophé dans les conseils de guerre racontés dans l'Iliade. Beaucoup plus tard, dans des monarchies bien établies, comme à Sparte, cinq éphores, nommés annuellement par le peuple, avaient pour mission de surveiller les rois, même les reines, et de garder le trésor public (5).

La tradition rapporte que douze bourgades helléniques se

(1) Plut., *Vie de Thésée.* — (2) Thucydide, II, 15. — (3) *Iliade*, IX ; *Odyssée*, XIII. — (4) F. de Coulanges, *Cité antique*, ch. IX. — (5) Aristote, *Politique*, II, ch. VI et passim.

réunirent pour fonder la primitive Athènes. Ces douze cantons conservèrent longtemps leur autonomie. C'est à Thésée que Thucydide rapporte l'honneur de les avoir fondus en un seul corps (1). Mais l'esprit grec était particulariste par essence, et en dépit des amphictyons, la Grèce ne réussit jamais à fonder une véritable fédération.

Dans leur organisation intime, les petits États de la Grèce, qu'ils fussent républicains ou plus ou moins monarchiques, ressemblaient par plus d'un côté aux sociétés primitives de tous les pays. Tous reposèrent constamment sur l'esclavage ; la plupart même ne reculèrent pas devant l'institution des castes.

A une époque quasi légendaire, le peuple d'Athènes fut divisé en quatre classes : les laboureurs, les artisans, les prêtres et les guerriers. Plus tard, la caste sacerdotale disparut ou plutôt se fondit dans la classe aristocratique (2), dans la classe des gens bien nés, des eupatrides. Peu à peu, l'évolution sociale se poursuivant, l'archonte nommé à vie remplaça le roi ; puis il perdit toute autorité politique ; l'Église se sépara de l'État. Alors l'archonte, privé de tout pouvoir temporel, fut désigné par le sort. On laissait aux dieux le soin de choisir à leur gré leur vicaire terrestre ; mais, pour toutes les autres fonctions, notamment pour désigner le stratège ou chef du pouvoir exécutif, le suffrage devint la loi de l'État.

Ce fut le beau temps de la Grèce ; mais même dans ces glorieuses républiques, qui ont marqué de leur empreinte tout le développement ultérieur de l'humanité civilisée, l'édifice social avait pour fondement l'esclavage. Aristote établit en principe que, dans un État bien ordonné, les citoyens ne doivent pas avoir à se préoccuper des besoins de première nécessité (3). Des serfs appelés ilotes à Sparte, pénestes en Thessalie, périœciens en Crète, faisaient la grosse besogne sociale, et toute cette masse servile était au-dessous du droit, puisque l'esclave pouvait être chassé comme un gibier (4). C'est le matérialiste Épicure qui, en Grèce, semble s'être aperçu, le premier, que l'esclave était un homme. « C'est, dit-il, un ami

(1) Thucydide, II, 15. — (2) Plutarque, *Vie de Thésée*, XXIX. — (3) *Politique*, liv. II, § 6. — (4) E. Havet, *l'Hellénisme*, 277.

de condition inférieure », et il recommande de ne pas le battre (1). Comme partout, l'esclavage eut, chez les Hellènes, pour sources premières la guerre et la conquête. Les pénestes thessaliens étaient simplement les anciens habitants réduits à l'état d'animaux domestiques (2) ; les ilotes de Sparte avaient la même origine ; car, par toute la terre, le droit des gens a commencé par livrer le vaincu à l'absolue discrétion du vainqueur. Il y avait pourtant d'autres motifs d'esclavage. En effet, jusqu'à Solon l'on pouvait, à Athènes, emprunter en hypothéquant non seulement sa liberté, mais aussi celle de sa femme, celle de ses enfants, que le père avait d'ailleurs le droit de vendre.

A partir de Solon, les castes de la primitive Athènes devinrent des classes fondées sur le plus ou moins de fortune. C'est dans la première de ces classes, dans celle des propriétaires possédant un revenu annuel de 500 médimnes, que le peuple devait choisir les hauts fonctionnaires de la cité : le pays éligible était restreint et, au total, la réforme de Solon ne dut pas changer grand'chose à la hiérarchie sociale.

La répartition des impôts était plus équitable que celle des droits politiques et les privilèges coûtaient cher. On payait, dans la première classe, un dixième de son revenu ; dans la seconde, un vingtième ; et seulement un soixantième dans la troisième et dernière classe : c'était l'impôt proportionnel que nos États modernes n'ont pas encore eu le courage d'établir.

Des droits de mutation sur les immeubles, quantité d'impôts indirects grevant la plupart des transactions commerciales, venaient aussi alimenter le trésor public. L'assiette des impôts n'était point d'ailleurs constante à Athènes, du moins lors du plein épanouissement de la république ; car les lois, après avoir été tout d'abord immuables et considérées comme étant d'origine divine, devinrent de simples mesures d'utilité publique, variables et modifiables suivant les besoins.

De lourdes charges pesaient, d'autre part, sur le trésor de la république. A Athènes, l'individu n'était pas, comme dans nos sociétés modernes, abandonné à lui-même dans les hasards de la lutte pour l'existence. Doter les filles pauvres, distribuer à bas prix ou même gratuitement du blé aux citoyens dans la

(1) Havet, *loc. cit.*, 353. — (2) Athénée, liv. VI.

gêne, divertir le peuple par des représentations théâtrales, etc.: tout cela constituait des devoirs que l'État avait à remplir. Il y a loin de cette solidarité organisée au « chacun pour soi » de notre moderne égoïsme. En sociologie comme en bien d'autres choses, Athènes a donné à l'humanité plus d'un bon exemple.

C'est toujours dans le même sens, de la barbarie à la civilisation, qu'évolua, chez les Grecs, le concept de la justice. La loi du talion suffit aux premiers Hellènes, comme à tant d'autres peuples. Aristote et Diodore de Sicile en témoignent. Le talion figura même dans les lois de Solon, et il en découla toute une jurisprudence. On s'aperçut que la règle « œil pour œil » devenait insuffisante, quand, par exemple, l'agresseur avait crevé le dernier œil d'un borgne, et l'on décida que, dans ce cas, pour que l'équité fût respectée, il fallait dire « cécité pour cécité » au lieu de « œil pour œil ». Il y a encore loin de cette justice barbare à l'institution de l'aréopage.

Mais même quand il exista en Grèce un Code pénal, des tribunaux, des règles de procédure, aucun magistrat n'était chargé de poursuivre d'office les meurtriers. C'était aux parents du mort qu'appartenait l'initiative. Aussi l'accusé n'était-il point soumis à l'incarcération préventive. Libre à lui de se dérober par la fuite à la vindicte des lois ; mais alors ses biens étaient confisqués et vendus à l'encan (1). Le législateur n'en était pas encore arrivé à concevoir clairement l'idée d'une justice sociale ; à ses yeux, le meurtre était avant tout un préjudice particulier ; aussi pendant longtemps l'homicide put s'assurer l'impunité, en désarmant la vengeance des parents du mort par une compensation pécuniaire. Longtemps aussi l'accusateur eut le droit d'assister au supplice du coupable, condamné, à sa requête, à la peine capitale : en réalité le bras de la justice ne faisait que se substituer à celui de la partie lésée.

Ce fut seulement dans l'esprit de quelques philosophes que se formulèrent des notions plus élevées de justice générale. Dans la pratique, la législation grecque se borna presque à réglementer la loi du talion ; mais Aristote écrivit que « la

(1) Goguet, *Orig. des lois*, II, 68, 69

justice est la vertu parfaite, prise non en elle-même, mais par rapport à autrui, que dans la justice est ramassée toute vertu ». Le même philosophe dit encore que « la cité repose sur l'amour plus même que sur la justice et que la justice suprême est amour » (1).

Que seraient devenues les sociétés grecques, si rien n'était venu troubler le cours de leur évolution ? Il est permis de supposer que le développement spontané de la Grèce, si glorieux déjà, n'aurait été que le prélude d'un épanouissement plus intelligent et meilleur. La brutalité macédonienne mit fin à la plus intéressante expérience sociologique qui ait été tentée dans l'humanité, aux progrès réguliers de la plus intelligente des races humaines. Philippe et son glorieux fils coûtèrent cher aux Hellènes. Après eux un déluge de despotisme asiatique couvrit la Grèce, et un abject Démétrios, Néron au petit pied, finit par être déifié dans la cité de Périclès (2).

G. *De la société romaine.* — Notre but n'étant pas d'écrire une histoire anecdotique, mais bien de noter les traits principaux du développement social dans les principales races humaines, nous n'avons pas à nous appesantir sur l'évolution sociologique de Rome ; tant elle fut analogue à celle de la Grèce.

Dans le Latium, comme dans l'Attique, il exista d'abord de très nombreuses familles despotiquement gouvernées par un chef, *pater familias ;* puis ces familles se groupèrent en curies, analogues aux phratries grecques ; plus tard ces curies, ayant chacune leur culte, leur tribunal, leur gouvernement, s'associèrent pour former des tribus ; enfin la confédération des tribus devint la cité (3).

De là résulta un grand nombre de petites fédérations, souvent en guerre les unes avec les autres, et obéissant à un chef militaire, que l'on a appelé roi, quoique son pouvoir fût, comme celui du chef de tribu hellénique, assez borné.

Tout étant héréditaire, dans ces petites sociétés de la Rome primitive, la dignité royale le fut souvent, non toujours, comme l'était le patriarcat, comme l'était l'esclavage. Car en Italie comme en Grèce, le régime des castes et l'esclavage

(1) E. Havet, *l'Hellénisme*, 281 — (2) *Ibid.*, 307, 308. — (3) Fustel de Coulanges, *Cité antique*, liv. III, ch. I.

étaient à la base de l'édifice social. Nous n'avons pas à refaire l'histoire romaine, et l'on sait de reste comment la monarchie romaine devint une république aristocratique, comment cette république déborda sur la plus grande partie des peuples aryens, comment, énervée par ses succès mêmes, abaissée par l'accession dans son vaste sein de races moins développées, elle s'éteignit dans la servitude du Bas-Empire. Tel est le résultat habituel de la conquête ; le vainqueur et le vaincu en sont d'ordinaire moralement amoindris.

A notre point de vue, l'organisation judiciaire de Rome a plus d'intérêt que les détails de son histoire. A Rome, de même qu'en Grèce, le talion fut aussi tout d'abord la loi primordiale. Les premières lois écrites, les lois des Douze tables, l'admettent encore, à moins de transaction avec la partie lésée : *Si membrum rupit, ni cum eo pacit, talio esto*. Le code théodosien lui-même mentionne le talion.

Pendant longtemps, il n'y eut à Rome ni pénalité ni procédure bien définies ; le magistrat ayant l'*imperium* l'exerçait discrétionnairement (1). Puis des commissions permanentes furent instituées pour connaître de certains crimes.

Caius Gracchus désigna une de ces commissions chargées de juger les cas de meurtre et d'empoisonnement.

Sylla prit une mesure semblable contre les crimes d'incendie, de faux dans les testaments.

Les lois cornéliennes établirent, sans le moindre souci de la justice, des pénalités graduées en raison inverse de la dignité des classes sociales (2). De même les juges furent presque toujours pris dans les classes dirigeantes ; la liste en était seulement affichée chaque année.

Point de hiérarchie judiciaire au civil ; l'appel est inconnu ; mais la fonction judiciaire s'est spécialisée autrement ; il y a un juge du droit, le préteur, et un juge du fait choisi par les parties sur une liste annuelle dressée par le préteur. En outre, le juge du fait est responsable de ses mauvais jugements (3).

L'esprit romain passe pour avoir été juridique par excellence ; il a été surtout chicanier, processif, fort jaloux des

---

(1) R. Cubain, *les Lois civiles de Rome*, 70. — (2) Montesquieu, *Esprit des lois*, VI, ch. xvi. — (3) R. Cubain, *les Lois civiles de Rome*, 50, 51.

formalités, assez insoucieux de la véritable justice. On sait assez combien dans l'Europe moderne, héritière de Rome en fait de légalité, les formes judiciaires les plus solennelles et les plus minutieuses ont sanctionné de monstrueuses iniquités. Aujourd'hui même, quoique le jury anglo-saxon fasse, presque par toute l'Europe, échec à la tracassière jurisprudence des légistes, la moindre affaire est encore écrasée sous le poids d'une inutile paperasserie, et trop souvent des juges, tout bourrés de science juridique, nous étonnent par la partialité et même l'iniquité de leurs arrêts.

G. *Des sociétés celtiques et germaines.* — Les tribus indo-euro-péennes, celtiques, germaines, etc., que Rome s'assujettit, avaient débuté, socialement parlant, à peu près comme les clans primitifs de la Grèce et de Rome.

Les Germains avaient leurs esclaves, leurs nobles, leurs prêtres, à qui était réservé le droit de punir, de frapper, d'emprisonner (1). En Germanie, les familles formaient aussi des espèces de curies, qui ne se désunissaient pas même sur le champ de bataille (2).

Ces tribus avaient des chefs, généralement héréditaires, souvent des généraux choisis pour leur seule valeur (3).

Les esclaves germains étaient des sortes de colons, ayant leur habitation et payant seulement au maître une redevance en nature; mais on avait le droit de les battre ou de les tuer impunément (4). L'homme libre pouvait devenir esclave, par exemple, en jouant sa liberté à quelque jeu de hasard (5).

Les chefs discutaient les grandes affaires et tranchaient *motu proprio* les petites; mais toute décision intéressant la communauté ne pouvait être prise qu'en assemblée générale, dans un champ de mai, où l'on se réunissait en armes (6). C'est le gouvernement direct, tel qu'il se pratique encore dans certains cantons suisses (Uri, Schwitz, Glaris, Appenzell, Unterwalden).

Les procès ayant trait à des affaires capitales se débattaient aussi en assemblées publiques; les affaires de moindre importance étaient jugées par des chefs de village élus par l'assemblée (7).

---

(1) Tacite, *Germania*, VII. — (2) *Ibid.* — (3) *Ibid.* — (4) Tacite, *Germania*, XXIV. — (5) *Ibid.* — (6) *Ibid.*, XI. — (7) *Ibid.*, XII. —

Chaque famille était solidaire des haines et des amitiés de son chef; la vendetta était un devoir, mais les compensations étaient admises; on rachetait tout, même l'homicide (1). C'est déjà le wehrgeld, que nous retrouvons plus savamment organisé, au cinquième siècle de notre ère, chez les Francs ripuaires et les Burgondes, établis en Gaule. Dans le wehrgeld ripuaire, en effet, tout était tarifé; chaque portion du corps avait son prix, qui variait d'ailleurs selon la catégorie sociale à laquelle appartenait l'individu lésé (2).

C'est, dans l'iniquité, la même candeur effrontée que nous avons déjà signalée à Rome, dans l'Inde, etc.

Comme la conscience de toutes les races, la conscience indo-européenne a donc débuté par être fort peu délicate. C'est seulement à une époque toute récente que le souci de l'égalité, de la vraie justice, est sérieusement né dans l'esprit humain, et il a grand besoin de s'y développer encore.

CHAPITRE VII.

DE L'ÉVOLUTION POLITIQUE ET SOCIALE DES ARYENS.

L'exposition analytique qui précède nous met en mesure de déterminer par comparaison la valeur sociale de la race aryenne. Que cette race tienne aujourd'hui la tête dans la compétition des divers types humains pour le progrès, cela est incontestable; mais il n'en a pas toujours été ainsi. Sur l'origine tout à fait primitive des sociétés aryennes nous ne pouvons guère faire autre chose que des inductions, puisque, aussi loin que l'histoire, la légende et même la linguistique nous permettent de remonter dans le passé, nous voyons les Aryens déjà dégagés de la sauvagerie initiale. Non pas que l'Indo-Européen, individuellement considéré, soit toujours au-dessus de la bestialité primitive. On a vu des Européens adopter complètement le genre de vie des Tupinambas de l'Amérique du Sud, des Mélanésiens de Viti, et rétrograder même jusqu'à l'anthropophagie (3). Cook a rencontré, dans certains petits

(1) Tacite, *loc. cit.*, XXI. — (2) A. Lefèvre, *l'Homme à travers les ages*, 155, 157. — (3) Waitz, *Anthropology*, I, 813.

États malais de Batavia, des descendants de Portugais réduits à l'état de classe servile (1), et, si l'on jetait la sonde au fond des abîmes de labeur et de misère que recouvre mal le vernis civilisé de nos sociétés contemporaines, on trouverait bien des Peaux-Rouges, peut-être bien des Fuégiens. Cependant, pris en masse, les groupes les moins civilisés du rameau indo-européen, par exemple les Kaffirs de l'Afghanistan, ont déjà atteint un certain degré de développement moral et intellectuel : ils peuvent encore être barbares ; ils ne sont plus sauvages. Nul doute d'ailleurs que les antiques progéniteurs de la race n'aient débuté par la sauvagerie la plus grossière. Sur ce point, l'archéologie préhistorique nous renseigne suffisamment.

En franchissant les premières étapes de la civilisation, les Aryens évoluèrent comme leurs frères les Sémites, même comme les rameaux les mieux doués de la grande race mongolique ; ils passèrent de la horde à la tribu, de la tribu à la cité, de la cité aux grands États oligarchiques ou monarchiques. Mais de bonne heure plusieurs de leurs groupes se distinguèrent par une certaine noblesse morale, un esprit d'initiative assez marqué. Déjà, chez les tribus de l'antique Germanie, se montrent quelque indépendance individuelle, quelque esprit d'égalité. Même les traînards de la race aryenne, les Slaves, ont, si l'on en croit Procope (2), débuté par former de petites tribus démocratiques, et le *mir* russe est un débris de cette organisation primitive. Mais pourtant la servitude oligarchique ou monarchique est en germe dans le *mir*, puisque l'individu y est privé de sa liberté. Aussi, après le passage de la vie nomade à la vie agricole; quand, les fonctions sociales s'étant spécialisées, il se forma dans les petites communautés slaves des classes de laboureurs et de batailleurs, les premiers furent vite asservis par les seconds et réduits à la condition des fellahs égyptiens (3). Une autre cause doit être invoquée pour expliquer cette transformation, que n'ont pas subie, du moins au même degré, les autres rameaux de la race indo-européenne, c'est l'influence du sang tartare, si largement mêlée au sang slave dans toute l'Europe orientale.

(1) Cook, *Premier Voyage* (*Hist. univ. des voy.*, vol. VII, 87). —(2) Liv. II, ch. xiv. — (3) X. Korezak Branicki, *les Nationalités slaves*, 67, 68.

D'ailleurs, dans la race indo-européenne comme dans toutes les autres, l'égalité, quand on y songea, fut d'abord conçue d'une façon fort étroite. L'inégalité, parfois l'inégalité la plus criante, régnait entre les castes ou les classes subordonnées les unes aux autres : l'égalité était admise tout au plus dans le sein d'une même catégorie sociale. Mais au-dessous des classes privilégiées une multitude asservie, pour laquelle il n'y avait pas de droit légal, suait, souffrait et mourait pour nourrir ses maîtres.

Une telle organisation sociale devait aboutir sans difficulté au despotisme monarchique : tel fut en effet le destin final de tous les États primitifs fondés par les Indo-Européens, même des républiques de la Grèce et de Rome. L'impulsion servile, une fois donnée, se fit sentir bien longtemps après le morcellement de l'empire romain, et la féodalité européenne ne fut que la subdivision du despotisme unitaire de la Rome impériale. Les fragments de la grande monarchie latine devinrent seulement des monarchies plus petites, que l'on appela royaumes, principautés, duchés, comtés, etc. Des liens de suzeraineté féodale reliaient plus ou moins étroitement ensemble tous ces débris du grand édifice écroulé ; mais partout l'on conservait soigneusement l'institution des classes privilégiées ; partout le noble métier des armes était glorifié ; partout le droit du plus fort était le premier des droits ; partout l'exploitation et l'asservissement du travailleur, du vilain, était la base de toute l'organisation sociale.

Si les races indo-européennes en étaient restées là, il n'y aurait pas lieu de leur tresser des couronnes. La constitution politique de l'Europe féodale est sûrement bien inférieure à celle de la Chine. Mais, durant les derniers siècles de l'histoire européenne, une profonde transformation sociale s'est accomplie. En Angleterre, un Parlement vint brider le pouvoir monarchique ; en France, les sous-despotes ayant été successivement domptés par le plus puissant d'entre eux, la multitude, n'ayant plus qu'un maître, put songer à s'en affranchir.

En même temps l'intelligence se développait, la raison prenait de la force, l'esprit scientifique s'élargissait. Au dix-septième siècle, la persécution religieuse rejeta au-delà de l'Atlantique des fanatiques au caractère sombre et fort, et ces exilés montrèrent au monde combien il est facile de vivre sans

aristocratie et sans roi. Enfin le puissant effort de la Révolution française ruina à jamais l'édifice féodal. Dès lors commença pour l'humanité une ère nouvelle, une ère de rédemption et d'affranchissement, au début de laquelle nous assistons
et dont il est déjà possible de préjuger en gros le cours futur ;
mais, avant de l'essayer, il ne sera pas inutile de résumer brièvement toute la série des métamorphoses sociales accomplies
au sein de l'humanité.

CHAPITRE VIII.

DE L'ÉVOLUTION POLITIQUE ET SOCIALE DANS L'HUMANITÉ.

Est-il possible de formuler des lois sociologiques ? Sans doute
ce n'est pas le hasard qui régit l'univers. Le hasard n'est qu'un
mot et partout, non seulement dans le petit monde humain,
mais même dans l'immensité cosmique, les effets s'enchaînent
strictement aux causes ; néanmoins trouver les lois de cette
concaténation est une difficile besogne. Déjà, dans les sciences
inorganiques, avec quelle peine ne parvient-on pas à dégager
quelques données générales, dignes d'être pompeusement
appelées des lois ! Y a-t-il, même en physique, même en chimie, une seule vraie loi, une « loi d'airain », que n'ébrèche
aucune exception ? Cela est fort douteux. En biologie, où
l'intrication des phénomènes devient fort enchevêtrée, les soi-
disant lois sont dépourvues de toute rigueur et, à chaque
instant, de capricieuses exceptions sautent en gambadant par-
dessus le fossé légal. Mais, en sociologie, la confusion apparente est bien autrement grande, là l'écheveau des causes et
des effets est tellement emmêlé ; les phénomènes sont si complexes ; ils résultent de tant d'autres phénomènes antécédents
ou concomitants, qu'il devient tout à fait téméraire de parler
de lois. Qu'il doive y avoir des lois sociologiques, nous l'affir-
mons ; qu'il les faille découvrir, nous y tâchons, en énumérant, scrutant, classant les faits ; mais il nous faudra sûrement
laisser à nos arrière-neveux l'honneur de couronner l'édifice.
Quant à nous, force nous est de nous borner à dégager quelques données générales aux contours assez indécis. C'est ce

que nous allons faire, en résumant, d'après les faits précédemment cités, la marche du développement social dans l'humanité.

Tout d'abord les mammifères humains, plus débiles et plus mal armés que nombre de leurs compétiteurs du règne animal, se réunirent instinctivement par petits groupes ; ils essayèrent de faire un peu de force collective par la réunion en faisceau de plusieurs faiblesses individuelles. A ce moment l'idéal humain était fort peu élevé : manger et ne pas être mangé ; faire l'amour à la manière des bêtes, dans les fourrés, comme le font encore les Néo-Guinéens, les Néo Calédoniens, les Andamanites : voilà, à ce stade primitif u développement social, l'unique objet de la vie humaine. Pendant cette phase, si inférieure, l'homme erre dans les forêts, nu, presque sans armes, dévorant tout ce qui est à peu près comestible, même au besoin ses femelles et ses petits. De petites hordes, sans famille, sans moralité, sans lois, presque sans industrie : telles sont alors les unités ethniques. Chaque petit groupe vit pêle-mêle, en promiscuité, soumis au mâle le plus robuste, tout à fait à la manière des chimpanzés. Pour désigner ces petites agglomérations, le mot *société* est trop relevé, et c'est au vocabulaire zoologique qu'il faut emprunter un qualificatif convenable : l'homme vit alors en troupeau, à l'état *grégaire*.

Toutes les races humaines ont débuté par ce stade grégaire ; certains groupes ne l'ont pas encore dépassé.

Ce fut sans doute la concurrence vitale, acharnée, sans trêve, des hordes humaines, qui les poussa plus ou moins vite dans la voie du progrès. Plus les membres d'un groupe se soutenaient les uns les autres, s'entr'aidaient au moment du péril, plus le groupe avait chance de durer, de survivre à ses rivaux moins avisés. Aussi, par la force des choses, l'association s'améliora peu à peu : la famille s'ébaucha ; l'industrie fit quelques progrès ; des coutumes, que l'expérience avait démontrées utiles, devinrent instinctives et obligatoires. Une fois l'instinct social quelque peu développé, l'unité ethnique grandit ; plusieurs hordes se fondirent ensemble : le stade de la tribu commença.

Mais la tribu eut besoin d'une organisation d'autant plus complexe qu'elle était plus nombreuse ; une certaine spécialisation des fonctions s'établit dans son sein. Dans les expéditions cynégétiques et guerrières, on trouva avantageux de se laisser guider par le plus hardi, le plus expérimenté ; mais, comme la vie de la tribu n'était qu'une succession de combats, on prit peu à peu l'habitude d'obéir au chef que l'on s'était provisoirement donné. Antérieurement le régime de la horde avait prédisposé les hommes à la soumission ; car déjà le mâle le plus robuste savait imposer à ses compagnons sa volonté et ses caprices : par conséquent, la tendance à plier devant un maître s'était dès lors implantée dans le cerveau humain. Peu à peu une sorte de hiérarchie fut instituée dans la tribu ; les meilleurs guerriers ou chasseurs formèrent une aristocratie rudimentaire, servant souvent de conseil au chef, parfois même gouvernant la communauté sans chef.

En même temps cette élite de la tribu eut quelque préoccupation de sa généalogie ; la famille se constitua, et les descendants des chefs et des notables eurent chance d'hériter, soit en ligne collatérale, soit en ligne directe, de certains avantages sociaux. Cela advint surtout chez les tribus les plus avancées, chez celles dont la subsistance n'était plus à la merci d'une chasse plus ou moins heureuse, chez les tribus pastorales ou agricoles. Dès que l'on posséda des troupeaux et des champs, l'assiette sociale devint moins instable. Il y eut des propriétés, c'est-à-dire de la force accumulée ; mais ces propriétés, même quand elles n'étaient qu'usufruitières, se répartirent vite fort inégalement. Comment, après une razzia heureuse, le chef, le meilleur guerrier, ne se serait-il pas approprié la plus forte portion du butin ? Après une conquête, comment ne se serait-il pas adjugé la part du lion dans les troupeaux et les champs des vaincus ? Mais les vaincus eux-mêmes devinrent une propriété, le plus souvent individuelle, parfois collective : l'esclavage se constitua.

L'institution de l'esclavage fut un fait de premier ordre et qui pesa sur tout le développement ultérieur des sociétés. Ce fut d'abord un progrès, puis une pierre d'achoppement. Dans le principe, quand les petits groupes humains n'avaient ni gîte fixe ni nourriture assurée, le vaincu était d'habitude tué et souvent même mangé sur le champ de bataille. Ainsi procédaient, comme nous l'avons vu, les Néo-Zélandais. Mais quand la chasse et la guerre ne furent plus les seules occupations importantes, quand il fallut s'astreindre soit à garder les troupeaux, soit à fouiller le sol, on épargna souvent les vaincus pour se décharger sur eux de ces fatigantes besognes; on en fit des animaux domestiques, sur lesquels on avait naturellement tous les droits, même celui de vie et de mort.

Dès lors l'organisme social se compliqua beaucoup; il y eut des chefs, des aristocrates, des esclaves ; force fut de dresser une sorte de code des droits et des devoirs de chacun, code qui passait traditionnellement d'une génération à l'autre. Simultanément les mêmes raisons d'utilité sociale, qui avaient plus ou moins civilisé les hordes, puis les avaient groupées en tribus, déterminèrent des agrégations plus complexes encore. Spontanément ou non, les tribus se juxtaposèrent, se groupèrent en associations plus vastes; les villages devinrent des cités; en s'agglomérant, les tribus formèrent des États monarchiques ou oligarchiques, mais reposant tous sur la servitude. A ce moment de l'évolution sociale une nouvelle classe ou caste s'est constituée. La torpeur intellectuelle des premiers âges s'étant dissipée et l'ignorance étant extrême encore, les spéculations métaphysiques ou religieuses jouent alors un rôle important dans le bagage mental des peuples. L'humble sorcier de la tribu primitive revêt un caractère sacré ; il s'élève à la dignité de prêtre. Souvent aussi les chefs cumulent le pouvoir politique et le pouvoir sacerdotal : ils commandent aux hommes et commercent avec les dieux. Tôt ou tard cependant les fonctions se spécialisent davantage; le sacerdoce a une existence à part; mais, même alors, prêtres et chefs s'entendent presque toujours à merveille, et le gouvernement, quand il n'est pas franchement théocratique, est à tout le moins imprégné de théocratie.

Dans les sociétés ainsi constituées, que leur gouvernement soit oligarchique ou monarchique, il y a toujours des classes nettement délimitées, ayant des droits et des devoirs inégaux : il y a des aristocrates, des prêtres, des travailleurs, des esclaves.

C'est le stade des castes, et toujours, soit par suite d'une évolution naturelle, soit violemment, il aboutit à la monarchie absolue, à une centralisation du despotisme : résultat fort naturel, puisque la servitude est la raison d'être des sociétés fondées sur le régime des castes. Les classes privilégiées finissent par subir plus ou moins le joug qu'elles trouvaient

légitime d'imposer aux classes subalternisées et contre lequel
la conscience même de l'esclave ne protestait pas. En effet,
aujourd'hui encore, en Afrique, le nègre esclave trouve sa
condition toute naturelle; il l'imposerait aux autres s'il était le
plus fort, et l'idée d'y voir une injustice ne lui vient jamais.
Dans toutes les grandes races, c'est sous ce régime des castes
et de la monarchie despotique que se sont constituées tout
d'abord les vastes agglomérations d'hommes. L'antique Égypte,
l'Inde de Manou, les royaumes sémitiques, même l'empire romain et, plus près de nous, le Pérou et le Mexique avant
la conquête espagnole, nous montrent cette phase sociale dans
toute sa splendeur; de nos jours encore, l'Afrique noire en
recèle des exemples moins éclatants, mais tout aussi typiques.

Des races entières, les nègres d'Afrique, les Indiens de
l'Amérique centrale, les Sémites pris en masse, n'ont jamais
réussi à réaliser un idéal social plus élevé, et tous les efforts du
plus avancé des groupes mongols, du groupe chinois, n'ont eu
d'autre résultat que de substituer aux castes une vaste corporation de lettrés refrénant un peu les fantaisies d'un monarque,
vénéré d'ailleurs comme une divinité.

La féodalité, qui a existé à l'état d'ébauche en Polynésie, à
l'état de plein épanouissement dans l'Europe du moyen âge, et
que l'on retrouve encore au Japon, n'est qu'une forme particulière du régime des castes. Dans les pays féodaux, le groupe
ethnique comprend toujours des esclaves et des nobles par
droit de naissance; il y a seulement toute une hiérarchie de
despotes, se superposant les uns aux autres et dominés en fin
de compte par le plus puissant d'entre eux.

Sous un tel régime, la masse est assujettie à une perpétuelle
tutelle. Les classes dirigeantes ont tout réglé, tout prévu.
Chacun doit rester toute sa vie exactement à la place que lui
a assignée dans le casier social le hasard de la naissance; autant que possible il doit embrasser la profession paternelle. On
lui dicte ce qu'il doit faire, dire, croire. Tant que l'esprit humain
est mineur, toutes ces entraves sont supportées docilement.
Peu à peu, chez les races bien organisées, la raison s'émancipe; on ose se demander si toute cette oppression est légitime,
si les gens les mieux nés et les plus privilégiés sont vraiment
d'une essence supérieure. Les sciences et la philosophie, qui en
dérive, sèment dans les cerveaux les mieux doués des germes

révolutionnaires; les mythes religieux, qui si longtemps avaient
étayé les abus politiques, sont sapés à la base; les opprimés
osent aspirer à l'affranchissement; les oppresseurs eux-mêmes
en arrivent à douter de la légitimité de leurs droits. Dès lors
une transformation sociale est nécessaire et, de manière ou
d'autre, elle s'effectue. La Renaissance, la Réforme, la fondation des Etats-Unis d'Amérique, enfin le coup de tonnerre de
la Révolution française ont été, dans la race dite indo-européenne, les principales étapes de cette métamorphose, qui est
loin d'être achevée.

A cette évolution correspondirent de profondes modifications
dans l'organisme des sociétés. Tout d'abord la masse asservie,
dont le travail nourrissait tout le monde, ne possédait rien en
propre; le sol était le domaine particulier des classes privilégiées. A Sparte, les ilotes labouraient pour les hommes
libres; dans l'Inde antique, les Çoudras semaient et moisson-
naient le blé, que daignaient consommer les glorieux brâh-
manes; à Rome, les esclaves et les colons cultivaient les
Latifundia des praticiens. Nous avons vu qu'en Polynésie les
chefs avaient le droit de s'approprier tout ce qui était à leur
convenance. Il en fut d'abord ainsi par toute la terre. Puis le
bon plaisir se limita; des redevances fixes, des impôts rempla-
cèrent le droit de tout prendre. Il va sans dire que l'assiette de
ces charges fut fort capricieusement et fort injustement établie. Même, quand il y eut un monarque, les puissants et les
saints lui payèrent fort peu de chose, et le fardeau pesa tout
entier sur les épaules accoutumées de longue date à tout supporter. Les appétits d'en haut, la patience d'en bas étant sans
imites, les classes payantes payèrent pour tout : pour travailler, pour commercer, pour voyager, pour saler leurs aliments,
pour respirer, etc. Nous ne parlons pas des taxes capricieusement décrétées, des redevances dix fois rachetées et dix fois
rétablies, de par le droit du plus fort. Que le passé ait légué au
présent quantité de ces impôts vexatoires, injustement assis,
il est superflu de le faire remarquer; pourtant la grande évolution sociale des derniers siècles a introduit là aussi une certaine justice. Que bien que mal on a tâché de proportionner
les charges aux ressources; le bon plaisir a eu les mains liées.

C'est dans le même sens qu'ont aussi évolué les lois et la
justice. Les premières lois ne furent que des coutumes tradi-

tionnellement conservées. Comment étaient-elles nées ? La mémoire des peuples n'en avait pas gardé le souvenir ; aussi
presque partout les lois revêtirent d'abord un caractère divin.
C'étaient des ordres dictés par les dieux ou les envoyés des
dieux. Y changer quelque chose eût été sacrilège. Mais en se
développant la raison humaine poussa l'audace jusqu'à contrô-
ler même ces prescriptions divines, qui furent dépouillées
de leur prestige religieux ; on n'y vit plus que les ordres des
puissants du monde, plus souvent basés sur la force que sur
la raison. Enfin les lois devinrent de simples mesures d'utilité
sociale, discutables et modifiables, par conséquent progres-
sives.

C'est surtout dans l'évolution des lois pénales proprement
dites que l'on peut voir clairement le souci de l'intérêt général
grandir peu à peu. Au début des sociétés, l'homme est, à l'égal
de ses frères du règne animal, étranger à toute idée de justice :
le droit du plus fort est son unique loi. Mais, par le fait même
des conflits que suscitait la brutalité, un vague instinct de justice finit par s'éveiller dans le cerveau humain. On trouva
juste de répondre à la violence par la violence ; puis on eut
l'idée d'établir l'équilibre entre les torts et les revanches ; alors
se formula la loi du talion : « Œil pour œil ; dent pour dent. »
Le soin d'appliquer cette loi primitive fut d'abord laissé aux
parties intéressées ; car les classes dirigeantes songèrent longtemps à tout autre chose qu'à administrer la justice. Quand
elles s'en mêlèrent, ce fut dans le principe uniquement pour
remettre l'offenseur entre les mains de l'offensé, qui se char-
geait d'appliquer lui-même le talion. Enfin les mœurs s'adou-
cissant, l'esprit de prévoyance et de calcul augmentant, la
partie lésée finit par renoncer à son droit de vengeance et
par accepter en échange des compensations, du bétail, de l'argent, etc. En même temps les fonctions judiciaires se speciali-
sèrent ; on formula des codes, d'abord très simples et très
cruels. La répression commença par porter seulement sur un
petit nombre d'actes, souvent sans gravité aux yeux de la raison moderne. Dans l'opinion des Hébreux, le plus grand,
le plus inexpiable des crimes était l'idolâtrie. Partout le manque de respect aux maîtres constitua un des plus graves délits.
Règle générale, c'est le vol, et non pas le meurtre, que les premières lois pénales répriment le plus sévèrement. Car, dans

les sociétés primitives, on fait assez bon marché de la vie humaine et, d'autre part, le droit de vengeance est laissé aux individus. C'est tardivement que la communauté, revendiquant pour elle seule le droit de juger, institue à cet effet des tribunaux, une procédure, une pénalité bien réglée. Ne voyons-nous pas encore, même à Athènes, le tribunal, dans les cas de meurtre, se borner à se substituer au « vengeur du sang ».

Dans l'esprit de nos codes modernes, le droit de vengeance est complètement enlevé à l'individu, mais seulement pour passer à la société. Nos lois pénales visent surtout à punir le coupable, à le faire souffrir. La justice de l'avenir songera simplement à mettre le criminel dans l'impossibilité de nuire, à l'amender et à en faire, si possible, un citoyen utile; elle se gardera des colères légales; elle brisera son glaive; pour fabriquer ses balances et ses poids, elle s'inspirera uniquement de l'utilité sociale; elle deviendra scientifique et reposera sur l'observation et l'expérience.

Si maintenant, procédant à la manière du dieu des métaphysiciens, pour qui tous les âges écoulés ne sont qu'un moment, nous essayons de résumer en une brève formule les lents progrès accomplis par la pauvre humanité dans son long voyage à la recherche du mieux, nous pouvons dire que toute l'évolution sociale n'est qu'une graduelle émancipation de l'individu, dans son esprit et dans son corps. Mais pour croire terminée cette rénovation, il faudrait avoir des yeux pour ne point voir.

Certes, pour qui n'a pas le don de prophétie, il est bien chanceux de prédire l'avenir. Cependant, quand on a suivi l'évolution des sociétés depuis leur berceau jusqu'à nos jours, on peut, sans trop de témérité et en se tenant dans les généralités, hasarder quelques inductions sur les futures destinées de l'humanité. Sans doute les petits se sont bien redressés, dans les sociétés indo-européennes, depuis les âges serviles, mais ils ne sont pas encore debout. La montagne d'oppression, qui pesait sur les épaules des humbles, est fortement écrêtée, mais elle sera complètement nivelée. Bien des privilèges sont effacés; il en reste pourtant à abolir. La liberté a déjà agrandi le cerveau de l'esclave d'autrefois, il faut que l'instruction l'élargisse encore; des abîmes de souffrance, de misère, de vice restent toujours à combler. En résumé, il faut que l'on arrive à égaliser autant que possible les chances des combattants qui entrent dans l'arène de la vie.

Si, comme dans les contes de fées, quelque magicien pouvait évoquer devant nous le tableau d'un avenir, peut-être pas trop lointain, nous verrions les races humaines supérieures constituées en fédérations républicaines ayant profondément modifié leur organisation sociale. Les unités ethniques confédérées sont alors de petits groupes s'administrant eux-mêmes pour tout ce qui n'a pas trait manifestement aux intérêts généraux de la république. Dans chacun de ces groupes, l'activité sociale est tout entière absorbée par des occupations utiles. On y surveille avec le plus grand soin l'éducation physique, morale et intellectuelle des jeunes générations ; on s'efforce d'amoindrir par un entraînement convenable les inégalités organiques, les seules qui subsistent encore dans cet heureux temps.

«A chacun suivant ses œuvres » : telle est la grande règle sociale ; l'inégalité des conditions repose uniquement sur la différence des mérites individuels et des services rendus. Toutes les entraves inutiles ont été brisées ; cela seul est interdit qui est manifestement nuisible au corps social. Où sont les rois, les prêtres, les armées permanentes ? Dans les tristes souvenirs du passé. Toute inégalité artificielle a disparu : la fée de l'héritage ne jette plus l'opulence dans aucun berceau, et la société met un appui à la portée de tous les faibles. On aide l'individu autant que possible ; on le gouverne le moins possible. Les brahmanes avaient fait du châtiment une divinité. Les Européens de l'avenir châtieront peu, préviendront et réformeront beaucoup. Sans écraser personne, ils amélioreront sans cesse la pauvre espèce humaine par une sélection intelligente et en confiant la direction sociale aux meilleurs. Leur devise sera : Science, justice, solidarité.

LIVRE V.

DE LA VIE INTELLECTUELLE.

CHAPITRE I.

DES DIVERS DEGRÉS DE LA VIE PSYCHIQUE.

I

De l'évolution psychique.

En dépit de nombre de rêveries cent fois imaginées et imprimées au sujet de l'âme des plantes et même des miné raux, force est bien de reconnaître, sous peine de se brouiller avec la biologie positive, qu'en dehors des cellules nerveuses, de certaines cellules nerveuses, il n'existe pas de vie consciente. Mais cette vie consciente est un privilège inhérent à des castes aristocratiques de cellules. Chez nombre de radiés ou mollusques inférieurs, les ganglions nerveux ne sont encore que des centres absolument inconscients d'actions réflexes. Un peu plus haut dans l'échelle zoologique, on trouve un système nerveux plus complexe, déjà pourvu de conscience; mais cette vie consciente est fort rudimentaire encore; les actions réflexes ne traversent plus silencieusement les cellules nerveuses, mais elles n'y provoquent rien de plus que des impressions de douleur et de plaisir. Puis à mesure que, chez les espèces supérieures, les ébauches organiques se différencient, se compliquent; à mesure que se développent les centres nerveux, la sensibilité spéciale et l'intelligence qui s'appuie sur elle s'ajoutent à la motilité et à l'impressionnabilité. Alors la vie consciente est munie de tous ses modes principaux, et il ne lui reste plus qu'à s'épanouir.

De la période fœtale à l'âge adulte, chaque être humain

parcourt toute la série psychique et nous retrace en raccourci l'évolution ancestrale, dont il est le terme ultime. Dans les derniers mois de la grossesse, le fœtus humain est, comme nombre d'invertébrés, seulement susceptible de motilité; il s'agite, réagit sous le choc, mais inconsciemment. Au moment de la naissance, le nouveau-né est manifestement susceptible d'impressions douloureuses, mais sa sensibilité spéciale existe à peine, et c'est tardivement et lentement que l'intelligence naît et se développe chez l'enfant.

En résumé, l'embryologie et la taxinomie des espèces animales, éclairées par la doctrine transformiste, nous font, pour ainsi dire, assister à la lente acquisition de la vie consciente par le règne animal. C'est toute une histoire organique qui se déroule devant nous : une fois formée, la cellule nerveuse, qui est avant tout un appareil enregistreur, a emmagasiné des empreintes de plus en plus délicates et complexes. Dans le principe, cette cellule n'a été qu'un centre de réactions motrices, d'actions réflexes inconscientes. Puis la transmission a cessé d'être silencieuse; elle s'est accompagnée d'impressions de douleur ou de plaisir; par un nouveau progrès, la sensibilité spéciale est née, et les diverses sensations ont été triées, définitivement enregistrées. Enfin, du conflit de toutes ces empreintes plus ou moins reviviscentes est issue l'intelligence. Dès lors, il y a eu un moi conscient, qui, fort gauchement d'abord, plus habilement ensuite, est parvenu à comparer et à grouper les notions inscrites, à prévoir plus ou moins l'avenir, à imaginer, inventer, déduire, induire, en un mot, à raisonner.

De la vie fœtale à l'âge adulte, chaque être humain parcourt cette série évolutive, devenant tour à tour d'abord une simple machine à action réflexe, inconsciente, puis un appareil sensible, enfin un être plus ou moins intelligent et raisonnable, d'autant plus raisonnable que les impressions et sensations se laissent mieux mettre sous le joug, en perdant leur excès primitif d'intensité, de coloris.

Il y a là toute une échelle graduée, que les individus et les races gravissent plus ou moins haut. Toujours le progrès intellectuel se traduit par une subordination de plus en plus complète de la vie automatique à la volonté raisonnée. Mais, sous ce rapport, les individus et les races sont extrêmement dissemblables. Aux degrés inférieurs du développement in-

tellectuel, l'être humain est le jouet des circonstances extérieures ; les impressions, les appétits ont chez lui une violence
fougueuse, qui lui laisse rarement la maîtrise de lui-même. En
outre, les centres nerveux sont encore d'assez mauvais appareils enregistreurs ; les empreintes s'y effacent vite, la mémoire est courte ; le présent, toujours excessivement coloré,
éclipse sans peine un avenir à peine entrevu et aux teintes
fort pâles ; il n'y a nulle prévoyance. Il n'y a non plus guère
d'attention ; le présent est un despote, que ne saurait contre-
balancer le mirage effacé de l'avenir. En outre, les cellules
nerveuses conscientes, les cellules psychiques sont dans un
perpétuel état d'instabilité ; l'équilibre de leurs molécules est
constamment troublé ; par suite le moi conscient ne se peut
fixer ; tout effort d'attention l'excède ; il est essentiellement
versatile. Au dire de tous les voyageurs, la mobilité, l'imprévoyance, le défaut d'attention sont des traits psychiques inhé-
rents à toutes les races inférieures.

II

Psychologie comparée des races humaines.

Pour faire convenablement la petite revue de psychologie
comparée que nous entreprenons ici, il faudrait un volume et
nous ne disposons que de quelques pages ; force nous sera
donc de nous borner à une brève énumération des faits les
plus caractéristiques.

Comme d'habitude, les Mélanésiens, surtout ceux de la Tasmanie et de l'Australie, sont au plus humble degré de l'échelle.
Cook fut frappé de leur apathie, de leur défaut de curiosité. A
peine firent-ils attention aux Anglais, aux navires, à toutes les
nouveautés, dont ils étaient témoins (1). D'Entrecasteaux porte
un semblable témoignage : « Les Tasmaniens, dit-il, désiraient
tous les colifichets, mais les abandonnaient aussitôt ; » « tout
semblait les distraire ; rien ne pouvait les occuper (2). » Plus
tard, dans les écoles des colonies anglaises, les enfants tasmaniens faisaient preuve d'une grande mémoire relativement aux
personnes, aux lieux, aux objets ; mais ils comprenaient diffi-

(1) Cook, *Troisième Voyage* (*Hist. univ. des voy.*, vol. IX, 227). —
(2) *Ibid.*, vol. XV, 119.

cilement les constructions grammaticales, et l'arithmétique
surtout leur était extrêmement rebelle.

« L'âme » des Australiens ressemble fort à celle de leurs
frères de Tasmanie. Certains d'entre eux ne daignèrent pas
même jeter les yeux sur le vaisseau de Cook (1); d'autres
abandonnèrent dans un coin les étoffes dont on leur avait fait
cadeau (2); sur le tillac même du navire, quelques tortues les
intéressaient plus que tout le reste. D'après Leichard, ils ont
pour les détails, les objets particuliers, une mémoire tenace,
photographique (3); mais ils ne réussissent pas à comprendre
un dessin des plus simples et, dans le portrait de l'un des
leurs, ils reconnaissent un vaisseau ou un kangourou (4); ce
qui les frappe dans un livre, c'est qu'on le peut ouvrir et fermer « comme une moule », et ils lui en donnent le nom (5).
On arrive à enseigner à lire et à écrire aux enfants australiens;
mais la civilisation ne les modifie qu'à la surface, et souvent
leur adolescence est marquée par une explosion d'instincts
sauvages qui les repoussent irrésistiblement dans le genre de
vie de leur race (6).

Plus civilisés en apparence, les Néo-Calédoniens sont d'une
extrême versatilité (7) et leur intelligence est des plus courtes;
par exemple, ils n'ont pas de nom pour désigner la totalité de
leur île (8).

Les Bojesmans ne sont pas plus développés que les Australiens : ils n'ont pas de noms propres (9), méprisent une flèche qui a manqué le but, croient que, de deux chariots, le plus
petit est l'enfant du plus grand (10), ne s'inquiètent d'un repas
futur qu'en terminant le repas actuel (11).

Les Hottentots, guère plus intelligents, mais déjà pasteurs,
ont une mémoire vive, précise et tenace pour tout ce qui a
trait à leurs bœufs. Comme les Australiens, ils sont susceptibles de recevoir une certaine dose d'éducation européenne;

---

(1) Cook, *Premier Voyage* (*Hist. univ. des voy.*, vol. VI, 237).
— (2) *Ibid.*, 322. — (3) Waitz, *Anthropology*, I, 138. — (4) Oldfield.
Ethn. Soc., nouvelle série, III, 227. — (5) E.-B. Tylor, *Civil. prim*,
271. — (6) Cunningham, *Hist. univ. des voy.*, vol. XLIII, 101. *Revue
Britannique*, 1826. — (7) De Rochas, *Nouvelle-Calédonie*, 165. —
(8) Cook, *Deuxième Voyage* (*Hist. univ. des voy.*, vol. IX). —
(9) Lichtenstein, I, 119; II, 49. — (10) Lubbock, *Orig. civil.*, 81. —
(11) Burchell, *Hist. univ. des voy.*, vol. XXVI, 318.

mais, comme eux aussi, on les voit parfois retourner ensuite
à la vie sauvage (1). Comme l'Australien encore, ils n'ont nulle
prévoyance et consomment sans hésiter toutes leurs provisions
en un jour, s'empiffrant à « bouche que veux-tu » sans se soucier du lendemain. C'est que, pour le sauvage très inférieur,
comme pour nos enfants, il n'y a pas de lendemain.

Les voisins et ennemis héréditaires des Hottentots, les
Cafres, plus barbares que sauvages et appartenant aux races
noires supérieures, sont déjà agriculteurs et assez prévoyants
pour emmagasiner leurs récoltes (2) ; néanmoins ils ne tuent
pas un éléphant sans faire ensuite des excuses « au grand chef
dont la trompe est la main », et sans lui affirmer que sa mort
a été l'effet d'un pur accident (3). De même les nègres du
Gabon, après avoir tué un léopard, le complimentent sur sa
beauté, etc. (4). Ces mêmes nègres, tout en étant des commerçants extrêmement rusés, ne songent jamais à s'approvision-
ner d'un produit avant que le besoin s'en fasse sentir (5). Dans
l'Afrique moyenne, un chef tibbou ne put réussir à comprendre un paysage (6), plus inhabile en cela que ne le sont nos
enfants de quatre ans.

Au dire de tous les voyageurs, c'est bien à des enfants européens qu'il faut comparer la plupart des races noires de l'Afrique. Elles ont de l'enfant la légèreté, le caprice, l'imprévoyance,
la volubilité (7), l'intelligence, à la fois vive et bornée. L'enfant
nègre est précoce ; souvent il surpasse le jeune blanc du même
âge ; mais ses progrès s'arrêtent vite : le fruit hâtif avorte (8).
De même les petits Négritos andamanites apprennent vite les
lettres, les répètent comme des perroquets, mais parviennent
difficilement à lier les mots aux idées correspondantes.

A part les Esquimaux, vraisemblablement issus de l'Asie
mongolique, l'homme américain a, du nord au sud, une certaine unité. C'est un même type humain, qui a plus ou moins
progressé suivant les régions, et que nous pouvons étudier aux

(1) Richard, *Hist. nat. de l'homme*, vol. II, 304. — (2) Cowper
Rose, *Hist. univ. des voy.*, vol. XXIX, 277. — (3) *Ibid.*, 293. — (4) Du
Chaillu, *l'Afrique équatoriale*, 74. — (5) *Ibid.*, 200. — (6) Denham et
Clapperton, *Hist. univ. des voy.*, vol. XXVII, 77. — (7) Laing, *Hist.
univ. des voy.*, vol. XXVIII, 78. — Raffenel, *Nouv. Voy. au pays
des Nègres*, I, 250. — (8) S. Baker, *Albert Nyanza*, I, 289.

diverses phases de son développement, depuis l'extrême sauvagerie jusqu'à une demi-civilisation.

Les Fuégiens, sans industrie, sans prévoyance, n'ayant pas encore dépassé l'âge de la pierre taillée, nous représentent l'Américain primitif. Leur esprit engourdi n'est pas même susceptible d'étonnement et de curiosité ; à bord des vaisseaux de Cook, ils voyaient presque sans les regarder tous les objets, si nouveaux pour eux, qui s'y trouvaient (1). Darwin rapporte qu'ils admiraient plus les verroteries bleues, le drap écarlate que le vaisseau le *Beagle*. Depuis le voyage de Drake, c'est-à-dire depuis 250 ans, ils n'ont pas amélioré leur primitif canot d'écorce (2). Ils en sont encore au plus grossier animisme ; ainsi, à un missionnaire, qui se plaignait de la chaleur, un jeune Fuégien observa qu'il ne fallait pas faire de reproches au soleil ; sans cela, l'astre se cacherait, et alors il se déchaînerait une bise glacée.

Depuis la conquête espagnole, l'histoire des Indiens de l'Amérique du Sud est des plus instructives ; elle suffirait seule à prouver avec quelle extrême lenteur se développe l'intelligence des races. Sauf certaines tribus du Grand-Chaco et des plateaux chiliens, qui sont devenues plus ou moins pastorales, les indigènes de l'Amérique méridionale n'ont subi que de fort légères modifications mentales. Toutes les tribus, qui vivaient à peu près exclusivement de chasse et de pêche, sont encore au dernier degré de la sauvagerie ; tels sont les Abipones, les Botocudos, beaucoup de tribus de la Colombie, etc. Au sein d'un pays d'une exubérante fertilité, la plupart des indigènes brésiliens croupissent encore dans un état social inférieur à celui des Esquimaux. Tout en étant devenus pasteurs et vivant de leurs troupeaux et de leurs chevaux, les Araucanos du Chili, les Puelches, les Patagons, etc., des pampas, sont restés sauvages, indomptés et plus nomades que jamais (3). Au contraire, presque tous les peuples, déjà agriculteurs et pasteurs ou au moins agriculteurs et chasseurs, se sont soumis aux Espagnols et ont embrassé le christianisme, en l'accommodant à leurs goûts (4). Tous les Chiquitos ont été réduits en missions (5) ; le rameau

---

(1) Cook, *Troisieme Voyage* (*Hist. univ. des voy.*, vol. IX, 68 ; vol. V, 51). — (2) Darwin, *Voyage d'un naturaliste*, 232, 245. — (3) A. d'Orbigny, *l'Homme américain*, I, 187, 201, 400. — (4) *Ibid.*, I, 178. — (5) *Ibid.*, II, 13 .

péruvien, de longue date assoupli par la civilisation des Incas, s'est soumis tout entier (1). Les vrais sauvages ont résisté ou se sont éteints. Chez eux, l'instinct ancestral est si puissant qu'on a vu un Botocudo, devenu médecin diplômé de l'Université de Bahia, secouer les vêtements et la vie des civilisés pour retourner errer tout nu dans ses forêts natales (2).

Des faits du même genre s'observent aussi dans l'Amérique du Nord. En dépit des missions jésuitiques, les Californiens vivent encore principalement de glands, de chasse et de pêche (3). Les Peaux-Rouges préfèrent un hameçon, qui a pris un gros poisson, à une poignée d'hameçons neufs (4). Leur imprévoyance est extrême. Comme les Caraïbes, qui, le matin, vendent leurs hamacs meilleur marché que le soir (5), les Peaux-Rouges détruisent, sans songer au lendemain, des troupeaux de bisons, dont ils ne prennent que les langues (6). L'intelligence des Ahts est tellement engourdie que, pour fixer leur attention, il faut répéter plusieurs fois les questions qu'on leur adresse (7). En général, le Peau-Rouge se rapproche de l'enfant par sa légèreté ; du vieillard, par l'entêtement et l'incapacité d'apprendre (8). Dans l'Amérique du Nord comme dans celle du Sud, les seules tribus qui se soient plus ou moins pliées a la civilisation européenne sont celles qui d'elles-mêmes étaient parvenues à un certain développement : les Chactas, les Cherokees, etc. (9).

Chez les Esquimaux, l'intelligence semble plus éveillée qu'elle ne l'est en général chez leurs ennemis les Peaux-Rouges. Ils comprenaient les cartes de Ross (10) et même en traçaient sur le sable, en marquant les reliefs, collines et montagnes, par des monticules de sable et de pierre (11). Mais les Esquimaux ne sont pas de véritables Américains.

Mais, de toutes les races sauvages, aucune n'a plus que la race polynésienne le caractère enfantin. La versatilité, la

(1) D'Orbigny, loc cit., I, 253. — (2) Peschel, Races of Man, 152. — (3) Domenech, Voyage dans les déserts du nouveau monde, 174. — (4) Hearne, Voyage to the Northern Ocean, 330. — (5) Labat, Nouv. Voy. aux îles de l'Amérique, I, 2-18. — (6) Domenech, Voy. pitt. dans les déserts du nouveau monde, 449. — (7) Sproat, Scenes and Studies of Savage life, 120. - (8) Prichard, Hist. natur. de l'homme, II, 265. — (9) Domenech, loc. cit., 329. — (10) Ross, Hist. univ. des voy., vol. XL, 92-93. — (11) Beechey, Hist. univ. des voy., vol. XIX, 208.

légèreté de ces insulaires étaient extrèmes. Captiver leur attention pendant deux minutes était chose impossible (1). Les plus civilisés d'entre eux, les Taïtiens, n'avaient aucune idée de leur âge (2); fixer la date d'un événement vieux d'un an ou deux ans était au-dessus de leurs forces (3). Certains insulaires pourtant pouvaient réciter de mémoire les antiques traditions de leur race : c'était une profession à laquelle, dans certaines familles, on s'exerçait dès l'enfance. Mais, dans l'opinion publique, la mémoire et le savoir étaient des dons divins, tout à fait spontanés; aussi, à la mort de l'un de ces récitateurs en titre, on avait soin de placer sur la bouche du mourant celle de l'enfant destiné à lui succéder et qui devait ainsi happer au passage l'esprit du moribond (4).

Comme tous les enfants des races primitives ou arriérées, l'enfant polynésien est précoce; car, dans les civilisations inférieures, le développement hâtif est une nécessité : l'homme n'a pas le loisir de s'attarder dans l'enfance, mais son intelligence est aussi bornée qu'elle est prompte à mûrir. Au dire du lieutenant Walpole, les petits Hawaïens élevés dans les écoles anglaises montrent d'abord une excellente mémoire, mais l'instruction supérieure leur est inaccessible (5). De même les enfants néo-zélandais sont d'abord plus intelligents que les petits Anglais, mais ils sont rarement susceptibles d'une haute culture (6). Parfois aussi, chez les Polynésiens élevés à l'européenne, l'instinct sauvage, la tenace influence ancestrale finissent par l'emporter et, une fois parvenu à l'âge adulte, le néophyte malgré lui secoue, pour retourner dans les bois, le joug de la civilisation étrangère. M. Marsden a observé à la Nouvelle-Zélande un fait de ce genre chez un Taïtien élevé dans les écoles de Port-Jackson, où il avait été amené à l'âge de onze ans (7).

Jusqu'ici nous ne nous sommes occupé que des races inférieures; mais les autres n'ont pas eu des commencements plus brillants, comme l'atteste encore le peu de développement de

---

(1) Bougainville, *loc. cit.*, 246. — (2) Cook, *Deuxième Voyage* (*Hist. univ. des voy.*, vol. IX).— (3) Ibid., *Troisième Voyage*, vol. X, 168. — (4) Moerenhout, *Voy. aux îles*, etc., I, 506.— (5) H. Spencer, *Principes de psychologie*, 384 — (6) Thompson, *New Zealand*, I, 85-86. — (7) *The New-Zealanders*, 283.

leurs échantillons les plus humbles et même de certains de
leurs groupes ethniques. Sans doute les grandes civilisations
de la Chine et du Japon ne sont point à dédaigner ; mais les
Mongols nomades sont encore bien peu développés : certains
d'entre eux, par exemple les Ostiaks, ne tuent pas un ours
sans lui faire ensuite des excuses (1). Les Mongoloïdes du
Kamtchatka en sont encore à l'âge de pierre le plus grossier,
et certains Malais, vivant uniquement de leur pêche, au jour
le jour, ne se souciant point de leur prochain repas avant
d'avoir digéré le repas précédent, ne sont pas sortis de la plus
extrême sauvagerie (2). En Europe, du temps de Tacite, les
Finnois n'étaient pas encore agriculteurs.

Considérée en masse, la race blanche semble bien aujourd'hui
avoir dépassé la sauvagerie : c'est un résultat général ; mais,
au sein des sociétés les plus civilisées en apparence, combien
n'y a-t-il pas d'individus aussi peu intelligents que le dernier
des sauvages ? Sans compter que notre civilisation, si imparfaite encore, est de date relativement fort récente. Avant toute
histoire se sont déroulés lentement des cycles de sauvagerie,
que nous dévoile maintenant l'archéologie préhistorique, et
dont, pour certains groupes ethniques de l'Europe, les historiens latins ont pu encore être témoins. Ainsi, à les en croire,
les Celtes bretons, avant la conquête romaine, n'étaient pas
plus civilisés que ne le sont les Polynésiens.

III

De la prévoyance et de l'attention.

Que le développement moral et le développement intellectuel ne marchent pas toujours de pair, c'est un fait d'observation banale ; nous en sommes fréquemment frappés dans nos
sociétés soi-disant civilisées, et on le remarque aussi dans la
comparaison des races. Ainsi, selon Wallace, les Dayaks seraient plus sincères, plus francs, plus honnêtes que les Malais
et les Chinois (3). Néanmoins, en thèse générale, l'activité intellectuelle est, dans une société, la cheville ouvrière de tout
grand progrès industriel, moral et social. Sur ce point, nulle

(1) Castrén, *Ethnologische Vorlesungen*, 88. — (2) Finlayson, *Hist.
univ. des voy.*, vol. XXXIV. — (3) *Malay Archipelago*, I, 88.

contestation possible en ce qui concerne l'industrie. Pour le développement moral et social, la relation est moins évidente. Mais, en définitive, la moralité dépend strictement du genre d'éducation donné à une série de générations; or la qualité de cette éducation est rigoureusement en rapport avec l'intelligence du groupe ethnique. De même, l'état social est d'autant plus conforme à la justice que les classes dirigeantes sont mieux éclairées sur leurs véritables intérêts et surtout que leur regard perce plus loin dans l'avenir.

Or la prévoyance est par excellence le fruit du développement intellectuel. Pour prévoir, il faut être capable de bien observer, être susceptible d'attention soutenue, pouvoir grouper et comparer les faits, déduire l'avenir du passé et du présent. Mais l'homme inférieur ne sait observer que dans un champ très restreint; cela seulement le frappe qui a trait à la satisfaction de ses plus urgents besoins; en outre, sa mémoire est courte; la trace du passé s'y efface vite : aucun peuple sauvage n'a d'histoire. Pour l'homme inférieur, raconter un événement exactement, sans l'altérer, est chose presque impossible; les Hindous eux-mêmes n'y parviennent que difficilement (1), aussi le genre historique ne figure pas dans leur riche littérature. L'attention du sauvage, surtout l'attention intellectuelle, est plus débile encore que sa mémoire. Les Ahts de l'Amérique du Sud ne peuvent répondre juste qu'à un petit nombre de questions (2). Près du lac Tanganika, dans l'Afrique australe, Burton, s'efforçant de noter dans chaque tribu les noms usités pour compter de un à dix, n'y parvenait qu'avec une peine extrême. Au bout de dix minutes, le regard du nègre interrogé devenait vague, hébété; ses réponses étaient incohérentes, et il s'abandonnait à un sommeil réparateur. Burchell raconte la même chose de son maître de langue en Cafrerie. Quant au raisonnement complexe, combinant ensemble un grand nombre d'observations et d'idées, la fruste intelligence de l'homme primitif n'y arrive jamais : c'est pour lui chose aussi inconnue que la volonté raisonnée, capable au besoin de maitriser les désirs.

Pour étayer ces considérations générales, il nous reste à

_____

(1) Heber, *Hist. univ. des voy.*, vol. XXXVI, 84. — (2) Sproat, *Scenes and Studies of Savage Life*, 120.

passer en revue les principales manifestations de l'intelligence
humaine, en allant des plus élémentaires, des plus immédiatement pratiques, aux plus abstraites, de l'industrie aux langues,
à la science, etc.

————

CHAPITRE II.

DE L'INDUSTRIE.

Pour décrire les multiples inventions industrielles du genre
humain, surtout pour faire l'historique de chacune d'elles, il
faudrait un bien gros volume. Force nous sera de nous borner
ici à une sorte d'énumération ; encore devrons-nous ne mentionner que certaines industries primordiales : les armes, l'invention du feu, la céramique, la métallurgie, l'agriculture.

Dans le domaine de l'industrie, ce sont là sûrement les principales manifestations du génie inventif de l'humanité, et c'est
grâce à elles que l'homme a pu s'asservir de plus en plus la nature, croître en nombre et en puissance.

Derrière toute activité consciente de l'homme, il y a un
agent intime, qui la marque de son empreinte ; cet agent,
c'est l'intelligence, fort inégale suivant les races et les individus. Or les données exposées dans les paragraphes précédents et toute la longue exposition contenue dans ce volume
suffisent sûrement pour classer les diverses races et sous-races
humaines au point de vue du développement psychique : entre
les plus humbles de ces types et les plus glorieux il y a un
abîme, franchissable, mais fort lentement. Or dans la vie sociale tout s'engrène ; aussi les races ou les peuples qui, au
point de vue nutritif, sensitif, affectif, politique, occupent les
degrés inférieurs de la hiérarchie humaine sont aussi peu développés en ce qui concerne l'industrie.

A. Pour les armes, les Mélanésiens les plus inférieurs, les
Tasmaniens, en étaient, pour la plupart, restés à la massue, à
l'épieu et au javelot de bois, dont la pointe était durcie au feu ;
pourtant les plus avisés d'entre eux rendaient déjà ces armes
plus meurtrières en y fixant avec de la gomme *xantorhœa*

des pierres grossièrement taillées (1). A ces armes primitives
les Australiens avaient ajouté une arme de jet plus curieuse
que dangereuse, le *boumerang*, bâton recourbé et façonné de
telle sorte qu'il rebrousse chemin en pivotant et décrivant une
courbe sensiblement circulaire pour revenir à peu près à son
point de départ. Cela fait penser à ces flèches magiques, dont
parlent certains poèmes sanscrits, et qui regagnaient d'elles-
mêmes le carquois du guerrier. La plus universelle des armes
de jet, l'arc, était connue de la plupart des Papous et même de
certains Australiens du Nord, mais c'est sûrement une impor-
tation malaise ou polynésienne; car les Néo-Calédoniens l'ignoraient, et c'est là un fait significatif (2). L'industrie et les
mœurs semblent bien indiquer, en effet, que tous les rameaux
de la race mélanésienne sont issus d'un même habitat primitif.

D'ailleurs, au point de vue des armes, il n'y a guère de variété dans tout le genre humain. La massue, le javelot, la
lance forment le fond de l'arsenal primitif et ne sont en définitive qu'un perfectionnement du bâton, des branches cassées,
dont se servent parfois les grands singes. Il faut y ajouter,
excepté dans une portion de la Mélanésie, la meilleure arme de
jet de l'humanité sauvage ou barbare, l'arc, une des grandes
inventions des vieilles races. La seconde arme de jet quelque
peu savante fut la fronde, très répandue aussi, puisqu'on l'a
trouvée à la Nouvelle-Calédonie, en Polynésie, où on la préférait à l'arc, déjà connu cependant; enfin la fronde était encore
en usage dans l'Amérique méridionale, aux îles Pelew, aux
Mariannes, chez nombre de peuples asiatiques et européens.

Sans doute ces armes offensives différaient dans chaque race,
dans chaque groupe, par le plus ou moins de perfection de
leur fabrication, par la nature des matériaux employés, mais
par cela seulement. On en peut dire autant des armes défensives. Déjà les Australiens paraient les coups avec un long et
étroit bouclier d'écorce (3). La plupart des Africains, les Peaux-
Rouges, etc., etc., se servent de boucliers de cuir. Les cottes
de coton ouaté des anciens Mexicains et de certains peuples

---

(1) J. Bonwick, *Daily Life*, etc., *of the Tasmanians*, 42, 43, 45. —
(2) Cook, *Deuxième Voyage* (*Hist. univ des voy.*, vol. VIII, 446). De
Rochas, *Nouvelle-Calédonie*, 185. — (3) Cook, *Premier Voyage* (*Hist.
univ. des voy.*, vol. VI, 400).

à demi civilisés des environs du lac Tchad (1), les cuirasses
de peau en usage chez nombre de peuplades, ne diffèrent que
par la matière des cottes de mailles, des cuirasses de fer, si
récemment usitées en Europe et que l'on retrouve encore dans
l'Asie centrale. En résumé, jusqu'à l'invention de la poudre,
l'art de tuer, qui a été et est encore pour la plupart des
hommes, le premier des arts, n'a reposé que sur quelques
idées fort simples et très uniformes. Les armes à feu elles-
mêmes ne sont en définitive qu'une des nombreuses applica-
tions de la métallurgie et de la chimie empirique, et leur fabrication, même en y comprenant toute la balistique moderne,
n'a fait que mettre au service d'une idée fort élémentaire une
foule de procédés industriels et scientifiques. Il a fallu sûrement autant d'esprit inventif à l'Indien de la Guyane pour imaginer sa sarbacane exactement calibrée et dans laquelle glisse
une flèche légère, munie à son extrémité postérieure d'un man-
chon de coton, se moulant sur les parois du cylindre comme la
chemise de plomb des obus modernes sur les rayures des ca-
nons (2). En outre, l'inventeur de la sarbacane a dû remarquer
les propriétés vénéneuses de certaines substances, apprendre,
ce que nous ignorons encore, à les mélanger savamment pour
fabriquer le curare, calculer les effets de ce subtil poison, etc.
Pour tout cela il a fallu un grand effort d'intelligence, d'imagination et d'observation.

Sans doute les inventeurs de la bombe et de l'obus explo-
sible ont été soutenus dans leurs recherches par la beauté des
résultats auxquels ils tendaient. Ils ont vu par anticipation
leurs futurs projectiles enfoncer les toits, trouer les murs, faire
explosion, mettre en lambeaux des êtres humains et, pour parvenir à réaliser cette savante destruction, ils n'ont point épargné leurs peines. De même l'Indien, l'Américain, en quête de
son projectile vénéneux, a vu en imagination sa proie, animale
ou humaine, domptée peu à peu par le poison, tomber inerte
entre ses mains, en dépit de ses armes et de sa force. L'invention de la sarbacane, que l'on retrouve entre l'Amazone et
l'Orénoque ainsi que dans l'archipel Malais, vaut donc, au point
de vue psychique, celle des armes à feu perfectionnées. Les Indiens ne s'y trompent pas et disent du curare : « C'est notre

(1) Clapperton, *Hist. univ. des voy.*, vol. II. — (2) Watterton, *Hist.
univ. des voy.*, vol. XLI, 208.

poudre à nous ! » (1) Mais, si l'on veut bien considérer que la
flèche curarisée sert surtout à la chasse, on aura le droit de
conclure que, tout en étant aussi intelligente que l'invention
du civilisé, celle du sauvage est plus morale.

B. De toutes les inventions primitives, la plus grande, la
plus féconde fut sûrement l'invention du feu.

La genèse animale du genre humain étant maintenant hors
de doute, cela seul suffirait à établir que l'homme n'a pas toujours connu le feu; mais cette induction est confirmée par les
traditions des Égyptiens, des Phéniciens, des Perses, des Grecs,
des Chinois, etc. D'après Pigafetta, qui a écrit la relation du
voyage de Magellan, les insulaires des Mariannes ignoraient
encore l'usage du feu en 1521, et ils le prirent d'abord pour un
animal dévorant (2). Aujourd'hui encore les Australiens ne
semblent pas très experts dans l'art d'allumer le feu. Certaines
de leurs tribus même ne sauraient que le conserver et feraient
de longs voyages pour s'en procurer (3,, quand par accident
leurs femmes l'ont laissé s'éteindre. Dans toute l'Australie, en
effet, c'est pour la femme un strict devoir de garder constamment allumées des baguettes de *banksia grandis*, qui ont la propriété de brûler lentement à la manière d'une mèche (4).

Les nombreuses religions pyrolâtriques, la légende de Pro-
méthée, etc., etc., prouvent assez que, dans nombre de civilisations primitives, l'homme eut pleinement conscience de l'importance de sa conquête, alors qu'il eut inventé le feu.

Les procédés pyrogéniques premièrement imaginés sont peu
nombreux et souvent semblables chez des races fort diverses.
Presque tous peuvent se ramener à l'une des trois méthodes
suivantes : la giration, le frottement, la percussion. En fait,
quoique les hommes primitifs ne soupçonnassent point le principe moderne de l'unité des forces physiques, ils ont toujours
visé, dans leur pyrogénie, à transformer le mouvement en
chaleur.

La méthode pyrogénique la plus répandue est la giration.
Elle consiste à faire pivoter avec une rapidité suffisante la

(1) Watterton, *loc. cit.*, 205. — (2) A.-Y. Goguet, *De l'origine des
lois*, 6° édit., I, 89. — (3) Lubbock, *Orig. civil.*, 309. — (4) R. Salvado, *Mémoires sur l'Australie*. — Baudin, *Hist. univ. des voy.*, vol.
XVIII, 24.

pointe d'un bâton bien sec dans un petit trou creusé dans une seconde baguette. C'est là le moyen auquel recourent, pour se procurer du feu, les Australiens, les Bojesmans, les Nubas du Sennaar, nombre de tribus de Peaux-Rouges, les Caroliniens, les Kamtchadales, etc. L'*Arâni* des Aryas védiques n'était pas autre chose, mais il avait engendré toute une conception mythologique, car la race était intelligente. Les deux baguettes pyrogéniques avaient été douées de sexes différents. La baguette pivotante (*Pramantha*) était le père du dieu du feu, de l'adorable et lumineux Agni, dont la baguette immobile était la mère (1).

La méthode par friction consiste à faire glisser rapidement, par un rapide mouvement de va-et-vient, la pointe de la branche mâle dans une rainure de la branche femelle. C'était le procédé usité par les Polynésiens (2) et aussi par certaines peuplades malaises, notamment par les Malais de Batchian (3).

La méthode par percussion consiste à faire jaillir des étincelles du choc soit de deux pierres, soit de deux morceaux de minerais, soit d'un silex et d'un morceau de métal. Les Algonquins, les Fuégiens se servent de deux cailloux ; les Esquimaux préféraient, pour le même usage, deux fragments de pyrites ferrugineuses ; les Sémites employaient le briquet à silex (4), qui, il n'y a guère d'années encore, était en Europe d'un usage général ; car nous sommes tout imprégnés de survivances.

Une fois découvert, l'usage du feu a suscité bien des inventions industrielles, spécialement la céramique et la métallurgie, qui toutes deux ont joué un rôle capital dans les civilisations primitives.

C. La plupart des groupes humains de toutes races sont devenus potiers. Il faut pourtant excepter : dans le passé, le plus grand nombre de nos ancêtres européens de l'âge de la pierre taillée et, dans les temps modernes, les Tasmaniens, les Australiens (5) et même, ce qui est beaucoup plus singulier, les Polynésiens (6), déjà sortis pourtant de la sauvagerie primitive et arrivés à l'âge de la pierre polie.

---

(1) E. Burnouf, *Essai sur le Veda*, 302, 351. — (2) M. Radiguet, *Derniers Sauvages*, 62. — Cook, *Deuxième Voyage* (*Hist. univ des voy.* vol. VIII, 199). — (3) Wallace, *Malay Archipelago*, II, 13. — (4) E. Burnouf, *loc. cit.*, 351. — (5) Cook, *Premier Voyage* (*Hist. univ des voy.*, vol. VI, 393). — (6) Wallis, *Hist. univ. des voy.*, vol. XVIII, 369

A elle seule, l'histoire de la céramique suffirait à prouver
que, relativement à la vitesse du progrès, celle de la tortue est
vertigineuse. C'est lentement, péniblement, à son corps défendant, que l'homme modifie son genre de vie, son industrie, etc.
Dans le lointain passé préhistorique et par toute la terre,
chez les races contemporaines, les poteries primitives, même
celles qui subissaient la cuisson, furent dépourvues d'anses.
L'invention des poteries ansées est relativement récente ; elle
est voisine ou contemporaine de la fabrication des poteries
vernissées, ornées, artistiques. Le tour du potier est aussi un
appareil rare et presque moderne ; si simple qu'il soit, il est
resté inconnu à toute l'humanité préhistorique, à tous les peuples sauvages de l'humanité contemporaine. Seules, les nations les plus civilisées du vieux continent l'ont inventé ou
adopté.

Enfin, en divers points du globe, même en Europe, de vieilles
pratiques, antérieures même à l'invention de la poterie, ont
subsisté jusqu'aux temps modernes. Au seizième siècle, les
insulaires des Hébrides se servaient encore de peaux à bouillir,
où l'on chauffait l'eau à l'aide de pierres rougies au feu (1),
comme le font aujourd'hui les Shoshonies de l'Amérique du
Nord dans leurs paniers-marmites (2).

Notons, pour terminer cette brève esquisse du développement de la céramique, que l'art du potier a, presque partout,
été dédaigneusement abandonné aux femmes ; ce qui tient sans
doute à ce que cette industrie, essentiellement primitive, a été
inventée durant une phase sociale où la chasse et la guerre
étaient les seules occupations viriles, à une époque aussi où le
soin de la cuisine était entièrement laissé au sexe faible.
Aujourd'hui encore, chez les Papous, les Niam-Niam, les Guaranis, etc., etc., la fabrication de la poterie est un labeur exclusivement féminin, et sur nombre de fragments de poteries préhistoriques on retrouve aussi des empreintes de petits doigts
vraisemblablement féminins.

D. Sans doute l'art du potier a joué, dans le développement
de la civilisation, un rôle important, surtout parce que, sans

_____

(1) Buchanan, *Rerum Scoticarum historia.* 1528 (cité par Lubbock,
Civilisation primitive, 51). — (2) Domenec.., *Voy. pitt. dans les déserts du nouveau monde,* 464.

lui, l'art culinaire existe à peine ; mais la métallurgie primitive
fut une invention bien plus féconde encore. Dans son duel
incessant avec la nature, l'homme n'eut vraiment quelques
chances de l'emporter qu'à partir du moment où il sut traiter
les minerais, en extraire les métaux utiles, les métaux durs,
faire des alliages, fondre ou forger en métal des armes, des
outils, des ustensiles.

Avec des armes métalliques l'homme put, sans trop de dés-
avantage, se mesurer avec les plus terribles échantillons du règne animal. En outre, et cela fut bien plus utile encore, l'usage
des métaux vivifia, dans mainte direction, l'industrie primitive.
Avec sa hache de pierre, un Caraïbe mettait un mois à abattre
un arbre, un an à creuser un canot. Tout était à l'avenant, et
le plus mince résultat industriel ne s'obtenait qu'au prix de
longs efforts. L'usage des métaux décupla les forces de l'homme.
Mais tous les peuples n'eurent pas leur Vulcain. Dans le lointain passé de l'humanité, les âges de la pierre taillée et polie
se sont prolongés à travers des périodes géologiques ; et, dans
l'humanité contemporaine, des races entières ignorent ou ont
ignoré les métaux. Enfin certaines races n'ont usé que du
cuivre ou du bronze.

A part certains Papous de la Nouvelle-Guinée occidentale,
quelque peu civilisés par les Malais, et qui forgent le fer, à la
mode malaise, avec le soufflet à double sac (1) dont nous reparlerons, toute la Mélanésie ignorait les métaux, et il en était de
même de la Polynésie.

En Amérique, la plupart des tribus sauvages étaient ou sont
encore à l'âge de pierre ; pourtant, chez les peuplades américaines du littoral nord-occidental, en relation plus ou moins
fréquente avec l'Asie septentrionale, le cuivre, parfois le fer
n'étaient pas absolument inconnus, mais on se les procurait
seulement par voie d'échange (2). Chez les nations à demi civilisées de l'Amérique centrale, on savait, bien avant la conquête
espagnole, fondre ou extraire l'or, l'argent, le plomb, l'étain ;
on avait des mines de cuivre que l'on exploitait grossièrement,
en creusant dans le flanc des montagnes des galeries horizon-
tales. On savait, en alliant l'étain et le cuivre, fabriquer du

(1) Peschel (trad. anglaise), *Races of Man*, 343. — (2) Cook, *Troisieme Voyage* (*Hist. univ. des voy.*, vol. II, 17).

bronze ; mais on ne s'était pas encore avisé de traiter le minerai de fer, pourtant fort abondant dans le pays (1). Des morceaux de pyrites de fer, taillés et polis, servaient aux Péruviens de miroirs (2) : on ne songeait pas encore à tirer une autre utilité des minerais ferrugineux.

Dans les antiques tumulus de l'Amérique du Nord, on trouve des bracelets de cuivre, et près du lac Erié des mines de cuivre ont été exploitées dans les âges préhistoriques (3).

En ne consultant que l'archéologie européenne, on a établi une loi de succession soi-disant nécessaire entre les âges de pierre, de bronze et de fer; mais cette loi est loin de se vérifier partout et toujours. Sans doute, on la peut retrouver aussi en Égypte, où des instruments de pierre étaient encore usités à une époque relativement moderne dans certaines cérémonies religieuses, où, pendant nombre de siècles, le bronze a été le métal ordinairement employé dans le mobilier funéraire. Mais M. Maspéro a récemment trouvé des instruments de fer dans des pyramides de la IVe dynastie, et dans toute l'Afrique nègre, le fer est connu de temps immémorial ; on sait presque partout l'extraire du minerai, le forger, le marteler. On a aussi trouvé des instruments de fer sous les dolmens, probablement berbères, de l'Afrique septentrionale, et dans tout le reste du continent, très riche en minerais ferrugineux, il n'y pas trace d'un âge de bronze ou de cuivre.

Partout, en Afrique, on forge le fer, depuis le pays des Cafres jusqu'à la Sénégambie et la vallée du Nil. Presque partout en outre on se sert pour cela du soufflet à deux sacs, usité aussi à la Nouvelle-Guinée, dans la Malaisie, à Madagascar (4). Les relations des voyageurs modernes en Afrique nous ont familiarisés avec cet appareil assez ingénieux, consistant essentiellement en deux sacs dont, par une pression alternative, on chasse l'air dans deux tubes aboutissant à un tube unique, plongeant au milieu des charbons. C'est là un appareil trop complexe pour que l'on y voie la réalisation

---

(1) W. Prescott, *Hist. de la conquête du Mexique*, I, 111.   (2) *Exposition du Trocadéro*, 1878. — (3) Domenech, *Voy. pitt.*, 279, 255. — (4) Burchell, *Hist. univ. des voy.*, vol. XXVI, 460. — Du Chaillu, *Voy. dans l'Afrique équatoriale*, 168. — Denham et Clapperton, *Hist. univ. des voy.*, vol. XXVII, 176. — Schweinfurth (tr. anglaise), *the Heart of Africa*, II, 108.

d'une même idée, ayant spontanément surgi un peu partout. Il s'agit plus vraisemblablement d'une invention malaise, adoptée de proche en proche. Certes, entre la Malaisie et Madagascar il n'y a jamais eu de relations régulières; mais quantité d'exemples authentiques prouvent que des embarcations bien inférieures aux *pros* malais ont été entraînées avec leurs équipages à des distances énormes. Telle est vraisemblablement l'origine des Hovas de la grande île africaine. Sans doute de tels accidents ne constituent pas des migrations ethniques; sous ce rapport, ce sont d'insignifiants appoints, qui, dans les pays déjà habités, ne modifient guère les races, mais suffisent très bien à diffuser des inventions industrielles.

Tous les Africains savent forger le fer, mais tous ne savent point l'extraire des minerais : tel était du moins le cas des Cafres, au dire de Levaillant (1). C'est l'Afrique moyenne, qui est la grande zone métallurgique du continent. En Sénégambie, dans la vallée du Niger, dans le bassin du haut Nil, on sait à très peu de frais fabriquer en argile des sortes de hauts-fourneaux fort simples, élevés de 1 à 2 mètres. Le minerai se place à la partie supérieure de la petite construction ; le charbon embrasé, dont la combustion est activée par le soufflet à deux sacs, est à la partie inférieure. La construction de ces hauts-fourneaux primitifs est d'autant plus savante qu'on approche du bassin du haut Nil ; ainsi les Bongos, assez peu civilisés cependant, savent bâtir des fourneaux à trois compartiments, qui sont parfois des constructions permanentes (2). Le voisinage relatif de la haute Éthiopie, de l'Égypte, peut donner l'explication de ce fait

Mais la diffusion si générale de l'usage du fer dans l'Afrique ancienne et contemporaine est un fait des plus notables dans l'histoire du genre humain. Dans l'Afrique noire, en effet, on peut aujourd'hui encore suivre pas à pas l'évolution de la métallurgie du fer, depuis le simple trou creusé en terre, où l'on entasse des charbons embrasés et du minerai, comme cela se pratique à Mandara (3), jusqu'au fourneau presque scientifique des Bongos. Or tout cela autorise sûrement à conclure que l'Afrique est une des grandes patries de la métallurgie du fer.

(1) *Hist. univ. des voy.*, vol. XXIV, 196. — (2) G. Schweinfurth (tr. anglaise), *the Heart of Africa*, I, 278. — (3) Du Chaillu, *Voy. dans l'Afrique équatoriale*, 167.

Si l'on en excepte les tribus d'Esquimaux, qui sont encore à l'âge de pierre, toute l'Asie connaît les métaux durs. Pourtant certaines tribus mongoliques de l'Asie orientale sont plus familières avec le cuivre qu'avec le fer, qui est d'ailleurs connu de longue date chez toutes les nations mongoles civilisées, au Japon, en Chine, au Tibet, etc. Les nations aryennes de l'Asie découvrirent aussi le fer de fort bonne heure, cependant dans les hymnes védiques, il n'est encore question que des métaux en général, d'*adyas* (l'indompté), qui peut bien avoir été le bronze (1). Mais les Grecs connurent le fer plus tardivement, puisque toute l'Iliade est une épopée de l'âge du bronze. Déjà le fer est mentionné dans la Genèse ; pourtant, selon la Bible, ce fut avec des chaînes d'airain que les Philistins enchaînèrent Samson (*Juges*, xvi, 21). Enfin la Gaule préromaine en était presque partout à l'âge du bronze.

En résumé, dans aucune race il n'y a eu de civilisation quelque peu avancée qui n'ait plus ou moins connu l'usage des métaux, et les plus intelligentes, les grandes civilisations aryennes, sémitiques, mongoliques, même celle de l'Égypte ancienne ont su extraire et forger le fer.

Pourtant on s'abuserait en considérant partout et toujours l'usage du fer comme le signe par excellence d'une haute civilisation. La métallurgie du fer est plus ou moins répandue dans toute l'Afrique nègre, et cependant les Cafres, les Bongos, etc., etc., sont infiniment moins civilisés que ne l'étaient les anciens Péruviens et Mexicains, les Grecs d'Homère, les Hébreux de la Genèse, etc. C'est qu'un seul trait ne suffit pas à donner la mesure du développement intellectuel d'un peuple. Sans doute telle découverte particlle peut imprimer au progrès une forte impulsion ; mais pour cela il faut que l'homme soit prêt à en profiter. Ce qui importe surtout, c'est le progrès cérébral, le développement du cerveau et de l'intelligence : l'outil ne vaut que par l'ouvrier.

E. La réflexion qui termine le paragraphe précédent s'applique aussi bien à l'agriculture qu'à la métallurgie. Certes, dans le mouvement progressif qui entraîne l'humanité, aucune industrie n'a joué un rôle aussi important que l'agriculture. C'est, suivant la fameuse expression de Sully, la « mamelle »

(1) E. Burnouf, *Essai sur le Véda.*

des peuples. Toutes les grandes civilisations, toutes celles qui ont su grouper et produire de vastes agglomérations d'hommes, toutes celles qui sont devenues de vrais foyers auxquels le genre humain s'est réchauffé et éclairé, toutes ont été basées sur l'agriculture ; mais il y a et il y a eu des essais agricoles en pleine sauvagerie.

Sans doute les Mélanésiens inférieurs, les Tasmaniens et les Australiens, en toutes choses les derniers des hommes, n'ont jamais songé à l'agriculture ; ils récoltaient bien certains fruits, certaines substances végétales ; mais l'idée de semer n'avait jamais germé dans leur cerveau bestial. Au contraire, leurs cousins les Papous, un peu plus intelligents, surtout moins isolés, ayant reçu de divers côtés des initiateurs, étaient tous plus ou moins agriculteurs. Même les Néo-Calédoniens, pourtant si sauvages, savaient déboiser le sol avec la hache et le feu, cultiver le taro (*arum esculentum*), l'igname, la canne à sucre, irriguer ingénieusement leurs plantations (1).

En Afrique, sauf les Hottentots pasteurs, les Arabes nomades et les Touarêg du Sahara, qui méprisent le laboureur et l'habitant des villes, toutes les races sont agricoles. C'est principalement sur l'agriculture que repose la civilisation rudimentaire des Cafres, tandis que les sauvages tribus du Gabon, moins habiles à cultiver le sol, demandent à la chasse un supplément de vivres plus considérable. Dans toute la zone moyenne du continent africain, l'agriculture est fort en honneur, et l'on sait cultiver le sorgho, le riz, la cassave, les bananiers, etc. Au sujet de l'agriculture africaine, une observation est à faire. Nulle part on n'y emploie les animaux domestiques (2), et presque partout le soin de fouiller le sol, de récolter, etc., est imposé aux femmes et aux esclaves.

A l'exception des Fuégiens, de la plupart des nations pampéennes (Patagons, Puelches, Charruas, peuplades du Grand-Chaco, etc.), auxquelles il faut ajouter les Esquimaux de l'Amérique septentrionale, toutes les tribus indigènes de l'Amérique sont plus ou moins adonnées à l'agriculture. Les Indiens des Pueblos y sont naturellement très experts (3), et la plupart des Peaux-Rouges eux-mêmes ont une saison agricole durant

(1) De Rochas, *Nouvelle-Calédonie*, 169. — (2) Mungo Park, *Hist. univ. des voy.*, vol. XXV, 31. — (3) Domenech, *Voy. pitt.*, etc., 351.

quelques mois (1). Nous avons dit, en parlant des aliments, quelles étaient les plantes cultivées par les Américains indigènes. Nous avons vu aussi que, chez les anciennes nations de l'Amérique centrale, l'agriculture était déjà avancée. Outre le maïs, les Mexicains cultivaient le cacao, l'agave, le tabac, etc.; ils étaient familiers avec l'art des assolements, de l'irrigation (2); ils avaient même, sur leurs lacs, créé, comme les Chinois, des jardins flottants. Les Quichuas du Pérou étaient plus habiles encore. Chez eux, l'agriculture était la grande affaire de la communauté. Ils cultivaient le quinoa (*chenopodium quinoa*), la pomme de terre, le maïs, un *oxalis*, l'occa (*oxalis tuberosa*); ils connaissaient les propriétés fertilisantes du guano, dont la consommation était réglée par les lois; ils savaient creuser des émissaires aux lacs, exécuter de grands travaux d'irrigation en déterminant la prise d'eau à laquelle chacun avait droit. Ils mettaient en valeur le flanc des montagnes, en le taillant en terrasses échelonnées; ils savaient cultiver les diverses plantes à une altitude convenable, etc. (3).

A part les Néo-Zélandais (4), tous les Polynésiens étaient aussi plus ou moins agriculteurs; mais les plus habiles étaient les Hawaïens, qui savaient construire des aqueducs, cultiver les pentes montagneuses en terrasses, à la mode péruvienne, et cela jusqu'à la limite des neiges (5).

Si diverses que soient les populations de la Malaisie, elles sont aussi presque toutes agricoles, et nous avons vu que, dans nombre de districts, la culture du riz, qui exige le concours de beaucoup de bras, avait engendré la propriété communiste.

Sur le vaste continent asiatique, à part les Esquimaux, aucun groupe ethnique quelque peu important n'est absolument étranger à l'agriculture. Pourtant, au dire de la Pérouse (6), les Mongols de Saghalien et de la côte continentale voisine n'étaient pas encore agriculteurs et se bornaient à recueillir les bulbes comestibles d'une sorte de lis. Dans la Mongolie oc-

(1) Prichard, *Hist. nat. de l'homme*, II, 133. — (2) W. Prescott, *Hist. de la conquête du Mexique*, I, 108. — (3) Prescott, *Hist. de la conquête du Pérou*, I, 137, 140, 142, 147. — A d'Orbigny, *l'Homme américain*, I, 210. — (4) Moerenhout, *Voyage aux îles du grand Océan*, II, 183. — (5) *Revue Britannique*, 1826. — Vancouver, *Hist. univ. des voy.*, vol. XIV, 125. — (6) *Hist. univ. des voy.*, vol. XII, 372.

cidentale, les Tartares sont devenus franchement agriculteurs, au contact des Chinois (1), et les nomades eux-mêmes labourent de petits champs de millet (2).

On sait assez à quel degré de perfection la Chine a porté l'art agricole.

Quant à la race blanche, sémitique, aryenne et berbère, elle a été presque partout plus ou moins agricole et depuis un temps immémorial. Déjà les Aryas védiques étaient agriculteurs et, pour trouver à l'état absolument pastoral même la race arabe, il faut remonter aux siècles préislamiques, chantés par Antar.

En résumé, la majeure partie du genre humain pratique l'agriculture; mais les divers groupes humains y mettent juste le degré d'intelligence qu'ils possèdent. Tout d'abord les assolements, les fumures sont inconnus. Après chaque récolte, on abandonne la parcelle défrichée. L'outillage est aussi dans le principe des plus rudimentaires. C'est d'abord avec un bâton pointu que l'on fouille le sol; le plus souvent on y fait seulement des trous, dans lesquels on met la graine. La pique de bois est l'unique outil agricole des Néo-Calédoniens (3), des Caraïbes (4), des Nubiens du Darfour, etc. Les anciens Péruviens ne se servaient aussi que de pieux, munis d'une barre transversale sur laquelle on appuyait le pied (4). Les Cafres, les Bambaras ont déjà une sorte de bêche rudimentaire (5). Toute l'Afrique nègre ignore la charrue, qui pourtant était connue dans l'Égypte ancienne, où même on la faisait tirer par des vaches, ce qui est une innovation capitale (6). Il semble bien pourtant que la charrue soit une innovation asiatique. Son modèle primitif se retrouve encore à Célèbes (7) : c'est un appareil à une seule poignée, avec un soc en bois de palmier; des buffles le traînent. C'est sans doute à ces charrues légères qu'on attelait parfois des esclaves, même des femmes, comme on le fait encore en Chine, où la charrue de bois est toujours en usage (8).

---

(1) Huc, *Voy. dans la Tartarie*, I, 146. — (2) Timkowski, *Hist. univ. des voy.*, vol. XXXIII, 19. (3) De Rochas, *Nouvelle-Calédonie*, 169. — (4) G. Richardson, *Hist. de l'Amérique*. — (5) Browne, *Hist. univ. des voy.*, vol. XXV, 401. — (6) Raffenel, *Voy. au pays des Nègres*, I, 413. (7) Champollion-Figeac, *l'Egypte ancienne*, 185. — (8) Wallace, *Malay Archipelago*, I, 225. — (9) Huc, *l'Empire chinois*, II, 344.

D'après Hésiode, les premières charrues grecques n'étaient encore qu'un long croc de bois, dont l'extrémité recourbée plongeait dans le sol. Les Hébreux connaissaient déjà la charrue, puisque le Deutéronome (xxii, 10) interdit d'y atteler ensemble un âne et un bœuf. Dans le livre de Job, on mentionne même la herse, longtemps ignorée des Grecs.

Sans doute il y a loin de l'agriculture sauvage à l'industrie agricole des modernes et même des vieilles civilisations de l'Asie et de l'Égypte; mais, toute considération technique à part, ce qu'on pourrait appeler la psychologie de l'agriculture est au fond partout identique. C'est un acte de prévoyance à long terme, dont les races absolument inférieures sont, nous l'avons vu, incapables. Tout travail agricole suppose une vue plus ou moins lointaine de l'avenir, un souci du lendemain dont sont incapables l'Australien, se gorgeant de la chair putréfiée des baleines, le Peau-Rouge, détruisant le gibier pour le seul plaisir de tuer.

Une fois de plus aussi l'histoire de l'agriculture témoigne en faveur de la perfectibilité des races, même des races inférieures. Sans doute l'Australien est à peu près incapable de prévoir la faim du lendemain, mais le Néo-Calédonien a déjà ce souci. En Amérique, le Peau-Rouge est surtout chasseur, et chasseur imprévoyant, mais certaines tribus du Nouveau-Mexique ont adopté la herse et une charrue de bois. En 1825, les Cherokees sont devenus agriculteurs (1), il est vrai, aux dépens de leurs femmes et de leurs esclaves noirs. Enfin les Péruviens avaient su créer une organisation savante, prévoyante, basée surtout sur l'agriculture, et où il ne manquait que la liberté. Le progrès n'est donc pas un rêve, comme on essaye encore parfois de nous le faire croire.

F. Mais tout en ayant été à la fois cause et effet du développement de la civilisation, le travail industriel a eu pour les sociétés humaines bien des effets fâcheux, entre autres celui de créer d'abord des castes, puis des classes asservies. Sûrement l'industrie doit être rangée parmi les raisons principales de l'esclavage, qui d'ailleurs, dans les sociétés primitives, est un progrès, puisqu'il remplace la tuerie. Le travail manuel, pour peu qu'il soit soutenu, suppose des habitudes séden-

---

(1) Lubbock, *Orig. civilisation*, 481.

taires et un effort persistant de la volonté; or tout cela est absolument antipathique à l'homme sauvage encore ou même simplement barbare : aussi, à part la fabrication des armes, tout le labeur industriel fut d'abord imposé à la femme et à l'esclave. A l'homme était dévolue une besogne bien plus noble, selon lui, celle de tuer des animaux ou des compétiteurs humains : la chasse et la guerre.

On sait assez que ce dédain du travail manuel a persisté, à travers toute la phase historique de l'humanité, jusqu'à nos jours. Même après l'abolition de l'esclavage et du servage, les travailleurs furent souvent parqués dans des castes, des corporations plus ou moins humiliées. Il faut pourtant faire exception pour certains peuples d'Afrique, où le forgeron est particulièrement estimé. Les Cafres l'appellent le « médecin du fer»; et, chez les Bambaras, les forgerons forment une caste aristocratique. Rien de pareil n'existe dans l'Europe moderne, où les classes dirigeantes tiennent en médiocre estime l'artisan, le paysan, sans atteindre toujours elles-mêmes au degré de développement intellectuel qui excuserait à peine ce dédain.

Dans l'humanité primitive, le travail industriel a lourdement pesé sur les faibles, les abandonnés, et, même dans nos sociétés soi-disant civilisées, cet état de choses a moins disparu qu'il ne le semble. Sans doute nous n'avons plus ni esclaves ni serfs; mais nous avons des salariés, astreints à un labeur constant, parfois excessif et dangereux, et ayant seulement sur l'esclave antique l'avantage de pouvoir changer de maître.

Du perfectionnement et du développement de la grande industrie dans nos sociétés modernes il est, en outre, résulté pour la classe laborieuse une conséquence véritablement funeste. La consommation industrielle est devenue énorme et, pour y suffire, la production a dû inaugurer sur une vaste échelle le travail en commun et l'extrême division de ce travail. Dans cette voie, comme dans plusieurs autres, la vieille civilisation chinoise nous avait devancés. Avant d'être achevée, une assiette chinoise passe, comme passait chez nous une épingle, par un très grand nombre de mains; par suite, le travail de chaque ouvrier devient purement mécanique et d'une abêtissante simplicité.

Dans les sociétés sauvages ou barbares, l'ouvrier est encore une sorte d'artiste, fabriquant complètement les objets de son industrie, pouvant les perfectionner à son gré, s'intéresser à son œuvre, exercer son intelligence. Rien de semblable dans nos grandes manufactures, où l'être humain, réduit à n'être plus qu'un automate, exécute, toute sa vie, un petit nombre de mouvements, invariablement les mêmes. De là est née une nombreuse classe de parias, s'étiolant dans un travail énervant. En outre, il importe de signaler les industries homicides, décimant les laborieuses victimes de nos grandes sociétés, au grand détriment de celles-ci.

Remédier à ces vices de notre civilisation actuelle est, pour nous, une question capitale. Il faudra transformer le salariat en associations libres et surtout abréger la durée du travail quotidien. Enfin certaines industries, à la fois insalubres et nécessaires, devront être considérées comme des corvées sociales, ayant un caractère d'utilité publique, et par suite réparties entre la masse des intéressés. Dans ce cas, et dans ce cas seulement, l'extrême division du travail deviendra salutaire. Les armées industrielles de Fourier pourront graduellement remplacer les armées guerrières.

L'avenir posera aux sociétés civilisées un dilemme inexorable : la justice ou la mort.

CHAPITRE III.

DE L'INTELLIGENCE PROPREMENT DITE.

Si énorme est le domaine des manifestations intellectuelles proprement dites, que nous ne pouvons pas songer même à en donner une esquisse. Nous nous bornerons donc à dire quelques mots des œuvres les plus primordiales de l'intelligence humaine, en les citant uniquement à titre de spécimens, d'étalons, pouvant servir à caractériser les races, à leur assurer une place dans la hiérarchie du genre humain.

I

Des langues.

Que le langage soit d'origine humaine, c'est aujourd'hui un
fait qu'on ne perd plus son temps à établir et, seuls, quelques
esprits attardés essayent encore de le contester, en invoquant
des arguments d'un autre âge. Sans doute, chez les races supérieures, la luxuriante complexité des langues à flexion peut
éblouir, mais la comparaison des idiomes parlés par l'ensemble si bariolé du genre humain, leur classification hiérarchique, l'étude de leur genèse et de leur évolution, conduisent
invinciblement à rattacher le langage articulé au cri animal,
qui, lui, n'a plus rien de divin. En effet, toute impression cérébrale un peu troublante peut se réfléchir sur tels ou tels nerfs
moteurs, et le cri n'est qu'une action réflexe de ce genre ; c'est
un geste automatique des organes vocaux, spécialement du
larynx. Chez l'homme et chez nombre d'animaux, certains
sentiments provoquent des cris, des inflexions, des modulations de la voix aussi expressives que spontanées : c'est un
mécanisme qui se détend.

A ce fond primitif du langage s'ajoutent ensuite des onoma-
topées imitatives. Avec plus ou moins de conscience l'homme
primitif et l'enfant, qui lui ressemble si fort, s'essayent à
reproduire les bruits qui frappent le plus souvent leur oreille ;
mais ils les copient différemment, suivant la race ; car l'imitation est forcément imparfaite, et chaque type humain a un
mode d'impressionnabilité auditive qui lui est propre.

Pour qu'une vraie langue sorte de ce matériel verbal, si rudimentaire, une vie sociale quelconque est nécessaire, et une
vie sociale avec tous les incidents, les conflits, les aventures
de la liberté. On connaît la légende des deux enfants élevés
en silence et à l'écart par Psammétique ; la conclusion en est
évidemment fausse, car l'expérience établit sans conteste que
l'être humain élevé ainsi au secret ne parle pas. Le père
J. Xavier, neveu de Fr. Xavier, étant missionnaire aux Indes
en 1594, apprit de la bouche de l'empereur Akbar une curieuse histoire, analogue à celle de Psammétique. Le tout-
puissant monarque avait eu l'idée de faire une expérience
relativement à l'origine du langage. Pour cela, il avait fait

élever ensemble trente enfants, mais dans un endroit confiné, sous les yeux de nourrices et de gardiens condamnés au silence, sous peine de mort. Les enfants ainsi claustrés grandirent et devinrent, comme il est naturel, des adolescents stupides et muets, ayant pour tout langage quelques gestes relatifs aux besoins animaux (1).

Même en vivant librement au milieu de nos sociétés, les enfants ne parlent qu'à la condition d'entendre, ainsi que le prouve sans réplique la mutité des enfants atteints de surdité congénitale, alors qu'ils ne reçoivent aucune éducation spéciale. Pour que des sons articulés se gravent dans la mémoire avec une signification déterminée, leur fréquente audition est absolument nécessaire. Néanmoins l'enfance est par excellence l'âge convenable pour apprendre à parler. Durant les premières années de la vie, l'imitation vocale est toujours des plus aisées ; souvent même, comme l'a remarqué Itard, elle est automatique, inconsciente. Or cet état mental de l'enfant nous représente probablement, avec plus ou moins d'exactitude, celui des antiques ancêtres à peine humains encore, qui ont créé le langage articulé ; mais ce premier langage a été très pauvre, comme nous l'atteste encore aujourd'hui celui des races inférieures.

En effet, à quelque famille linguistique que se puissent rattacher les idiomes des types humains peu développés, ils ont, tous, deux caractères communs : l'extrême indigence de leur vocabulaire et le manque de termes abstraits, généraux. Quelques faits, choisis parmi beaucoup d'autres, établiront cette proposition.

Les Weddahs n'ont à leur disposition que les mots les plus usuels, indispensables pour désigner les actes les plus simples de la vie quotidienne et les objets que l'on y rencontre (2).

Dans la langue des Tasmaniens il n'y avait pas d'adjectifs et l'on ne pouvait qualifier que par comparaison. Le vocabulaire tasmanien avait des mots pour désigner telle ou telle espèce d'arbres, mais le mot général « arbre » y fait défaut (3). Il n'y a donc pas lieu de s'étonner que les Australiens, si analogues

(1) Le père Jouvency, *Hist. de la compagnie de Jésus*, liv. XVIII, nº 14. — (2) Bailey, *Trans. Ethn. Soc.*, nouvelle série, II, 298, 300. — (3) Bonwick, *Daily Life and Origin of the Tasmanians*, 160.

aux Tasmaniens, manquent d'expressions pour dire « justice, crime, faute », etc. (1).

Le langage des Bojesmans est si pauvre qu'ils doivent l'appuyer de gestes nombreux et ne peuvent causer dans l'obscurité (2). La dialecte béchuana n'a pas de mots correspondant à « conscience, esprit » (3). Le Poul n'a ni masculin ni féminin ; il classe les êtres en deux catégories : ce qui appartient à l'humanité, ce qui fait partie de l'animalité (4).

Les idiomes américains, si nombreux pourtant, ne sont pas plus philosophiques. Selon Spix et Martius, les indigènes du Brésil n'ont pas de mots pour dire « couleur, sexe, genre, esprit ». Les expressions « temps, espace, substance » manquent dans la plupart des dialectes américains (5). Les Choctau ont des mots pour désigner le chêne noir, le chêne blanc ; ils n'en ont point pour dire « chêne, arbre » (6). Au contraire, les Californiens n'ont qu'une même expression pour dire crapaud et grenouille ; en outre, leurs qualifications morales sont empruntées aux sensations du goût. Le même mot, chez eux, désigne un homme bon et un animal savoureux, etc. (7). Notons, en passant, qu'une confusion toute semblable existe dans nos langues d'Europe, où elle atteste l'existence, dans le passé, d'un état mental des plus grossiers.

De même les Malais peuvent dire « rouge, bleu, gris, blanc » ; ils n'ont pas de mots pour dire « couleur » (8). Le vocabulaire dravidien manque d'expressions pour exprimer les idées de dieu, de l'âme ; le mot volonté lui fait même défaut (9). Aucun mot basque n'a le sens large de nos dénominations « arbre, animal », etc., etc., etc. (10).

Mais, sans aller en pays sauvage, on peut observer des faits analogues, même chez les races d'Europe parlant des langues à riche vocabulaire. Quelle que soit en effet l'opulence verbale d'une langue, elle devient indigente, quand elle est maniée par un homme peu intelligent ou peu instruit. Sans doute les grands écrivains ont à leur service des milliers d'expressions

(1) H. Spencer, *Principes de psychol.*, 385. — (2) Lubbock, *Orig. civil.*, 409. — (3) Brace, *Races of Man*, 220 — (4) Faidherbe, *Essai sur la langue poul.* — (5) G. Robertson, *Hist. de l'Amérique*, IV. — (6) Peschel, *Races of Man*, 113 (trad. anglaise). — (7) La Pérouse, *H st. univ. des voy*, vol. XII, 249. — (8) Peschel, *loc. cit.*, 113-114. — (9) Hovelacque, *linguistique*, 83.   (10) *Ibid.*, 102.

correspondant aux nuances les plus délicates de la pensée ; mais au paysan, à l'homme inculte, une modeste provision de quelques centaines de mots suffit amplement.

Si la richesse ou la pauvreté du vocabulaire peuvent donner une bonne idée du degré de développement intellectuel d'une race, la qualité des sons articulés renseigne assez bien sur le caractère général de cette race. Les Papous des Nouvelles-Hébrides, qui étaient d'une grande férocité, parlaient une langue hérissée de consonnes et d'articulations rudes (1). Au contraire, tous les sons aigus, sifflants, étaient bannis du dialecte taïtien, qui contenait très peu de consonnes, abusait de la répétition des syllabes et avait en somme un caractère tout à fait enfantin (2). Ajoutons que les idiomes polynésiens, assez divers par leur vocabulaire, avaient une phonétique d'autant plus rude qu'on se rapprochait de la Mélanésie, à ce point que la langue des belliqueux Néo-Zélandais était gutturale (3) ; le k, le v, etc., les consonnes dures y dominaient, et il en était de même chez les anthropophages insulaires des îles Pomotou (4).

Un autre trait est commun aux idiomes des races inférieures, c'est l'extrême diversité des dialectes, quelque étroite que soit la parenté linguistique, quelque identique que puisse être la structure générale. En Australie, à d'assez petites distances, tout le vocabulaire change, et souvent les natifs sont, pour s'entendre, obligés de parler anglais (5). De même, à la Nouvelle-Calédonie les tribus quelque peu éloignées ne se comprennent plus (6). Dans les montagnes Rocheuses, des Peaux-Rouges, ayant même totem, mais appartenant à des tribus différentes, sont parfois obligés de converser par signes (7), et dans les tribus exogames les femmes et les hommes parlent souvent une langue diverse. Quelque chose d'analogue existe encore en Europe, dans les vallées du Caucase, région que les Persans appellent « Montagne des langues » (8).

Cette diversité de dialectes dans les langues sans littérature écrite tient manifestement à l'isolement des tribus, des petits

---

(1) Cook, *Deuxième Voyage* (*Hist. univ. des voy.*, vol. VIII, 330, 342).— (2) Cook, *loc. cit.*, vol. VII, 358. — (3) Cook, *loc. cit.*, vol. X, 332 — (4) Moerenhout, *Voy. aux îles*, etc, I, 405. — (5) Bonwick, *Daily Life*, etc., 148. Muller, *Allgem. Ethnog.*, 187. — (6) De Rochas, *Nouvelle-Calédonie*, 250. — (7) James, *Expedition to the Rocky Mountains*, III, 52. — (8) Brace, *Manual of Ethnog.*, 147.

groupes barbares encore. Chacune de ces petites unités ethniques vit isolément, ne s'occupant guère de ses voisins que pour les combattre, et son idiome, que rien ne fixe, prend vite une physionomie spéciale.

Grâce à la linguistique moderne, qui a réussi à démêler, sous l'infinie diversité des formes verbales, des traits généraux permettant de classer les langues en grandes familles, il est devenu facile de retracer l'évolution des idiomes les plus complexes (1). En effet, toutes les langues ont débuté par le monosyllabisme et beaucoup d'entre elles n'ont pas réussi à dépasser ce premier stade d'évolution. La langue de la primitive Égypte était monosyllabique (2), et il en est encore ainsi de la plupart des langues mongoliques : du chinois, du thibétain, du birman, des langues indo-chinoises. La généalogie du sanscrit lui-même conduit à un fonds ancestral de racines monosyllabiques, sur lesquelles repose toute la végétation de la langue.

Le progrès linguistique a consisté d'abord à juxtaposer les monosyllabes, en accolant à un élément, qui conservait sa valeur primitive, d'autres éléments jouant seulement le rôle de suffixes ou de préfixes et déterminant les modes de l'élément invariable : le monosyllabisme est alors devenu de l'agglutination. Or les langues agglutinantes sont encore fort nombreuses. Elles comprennent, entre autres, le japonais, le coréen, les langues malayo-polynésiennes, les langues américaines, les langues africaines, le dravidien, la langue basque, etc.

La troisième forme du langage articulé, la plus ingénieuse, est la forme à flexion. Dans les langues à flexion on ne se contente plus d'agglutiner des racines ; on modifie ces racines elles-mêmes, et l'on a ainsi des idiomes d'une grande souplesse, pouvant se modeler sur toutes les nuances de la pensée. La classe des langues à flexion comprend tous les idiomes sémitiques et indo-européens, mais ceux-là seulement. Le langage à flexion est donc le langage noble, celui des races supérieures (3).

Rien de plus intéressant que cette évolution du langage arti-

---

(1) A. Hovelacque, voir la *Linguistique* (passim). — (2) Champollion-Figeac, *l'Égypte ancienne*, 214. — (3) A. Hovelacque, la *Linguistique* (passim).

culé, mais il s'en faut qu'actuellement le degré de développement d'une race ou d'un peuple corresponde rigoureusement
au rang hiérarchique de sa langue. Pour l'humanité actuelle,
ce qui dans le langage donne la mesure de l'énergie mentale,
c'est bien moins la place occupée par une langue dans la classification générale que la richesse ou l'indigence de son vocabulaire. Certaines langues monosyllabiques se sont en quelque sorte figées de bonne heure, quant à la structure, tout en
accumulant sans cesse des expressions nouvelles. Ainsi la plupart des peuples de race mongolique n'ont pas dépassé la
phase monosyllabique du langage, ce qui n'a pas empêché les
Chinois de créer une grande et curieuse civilisation. Au contraire, les Australiens, les Américains indigènes, les Africains,
depuis les Hottentots jusqu'aux Pouls, parlent des langues
agglutinantes, tout en ne s'étant jamais dégagés de la sauvagerie ou de la barbarie. Peut-être en faudrait-il inférer que
ces races n'ont pas créé elles-mêmes leurs langues et que,
durant l'immense période préhistorique, des initiateurs étrangers leur ont apporté des idiomes, qui avaient évolué ailleurs.

Nous sera-t-il permis, après avoir parlé du passé des langues, de hasarder quelques conjectures sur leur avenir, du
moins sur celui des langues aryennes, dont nous connaissons
l'évolution passée et que nous voyons encore se modifier sous
nos yeux ? Si, en dépit de leur source ancestrale commune,
ces langues se sont tellement différenciées, cela a sûrement
résulté de la dispersion, de l'isolement des peuples qui les
parlaient jadis. Mais aujourd'hui la civilisation européenne
évolue manifestement dans le sens de la fusion : les intérêts si
longtemps hostiles deviennent solidaires ; les mœurs et les lois
s'uniformisent ; il se fait tout un travail de pénétration mutuelle. Que cette grande transformation, au début de laquelle
nous assistons, se continue sans encombre pendant un nombre
suffisant de siècles, et il faudra bien que les langues indo-
européennes se fondent en un langage synthétique, en un
aryaque futur, aussi complexe, aussi riche que l'aryaque primitif a dû être indigent et grossier.

II

Des aptitudes mathématiques.

L'idée de nombre, telle que la conçoit l'homme développé, est par excellence une idée abstraite, mais une idée abstraite des plus logiques, des plus raisonnables; car, tout en étant complètement détachée des objets concrets, elle repose pleinement sur la réalité objective. Les mathématiques tiennent, pour une part, à la métaphysique, car elles semblent planer au-dessus de l'observation qui les a inspirées, mais elles constituent une métaphysique scientifique; on s'en convainc facilement en étudiant leur genèse.

Quand l'homme s'efforce de se représenter simultanément une certaine quantité d'objets semblables et d'en garder le souvenir, il arrive vite à la confusion, et il y arrive d'autant plus tôt qu'il est moins développé; aussi, pour fixer ses idées, a-t-il recours à des signes mnémoniques. Quand on a donné un nom particulier, ordinal, à quelques-uns de ces signes, quand on a fini par abstraire la dénomination de l'objet matériel à laquelle elle était liée, le nombre est créé.

Les objets mnémoniques, servant d'abord de support au nombre, sont d'ordinaire des plus simples: ce sont de petits morceaux de bois, des cailloux (*calculer*), plus souvent et presque par toute la terre les doigts, d'abord des mains, puis des pieds.

Les Weddahs de Ceylan, qui semblent être les moins intelligents des hommes, sont encore dépourvus de toute faculté mathématique: ils n'auraient aucun nom de nombre (1).

Les Tasmaniens, un peu plus avancés, savaient dire « un » et « deux »; au-dessus de deux, ils disaient « beaucoup »; parfois ils parvenaient à dire « deux plus un », même « deux plus deux » (2). Pour dire « cinq », ils levaient la main à la hauteur d'un homme (3); ils avaient l'idée du nombre cinq, mais l'expression leur manquait encore.

Les Australiens ne possédaient aussi que deux expressions numériques; mais, en les juxtaposant, ils arrivaient à compter

(1) *Revue Britannique*, avril 1876. — (2) Bonwick, *Daily Life*, etc., 143. — (3) E.-B. Tylor, *Civil. prim.*, 303.

jusqu'à six; les plus avancés disaient, pour exprimer cinq, « une main », et, pour dix, « deux mains » (1).

A la Nouvelle-Calédonie, la plupart des tribus n'ont que quatre noms de nombre. Pour dire cinq, on dit « une main »; « deux mains » signifient dix. Pour aller plus loin, on recommence à compter jusqu'à cinq, et l'on avance ensuite un pied, soit cinq orteils; arrivé à vingt, on dit « un homme », c'est-à-dire les doigs des pieds et des mains. Quelques habiles calculateurs peuvent continuer ainsi; mais les plus forts mathématiciens de la Nouvelle-Calédonie ne dépassent guère deux ou trois cents. Au-delà des colonnes d'Hercule de cette numération, on se sert d'une expression signifiant « il n'y a plus de grains de sable » (2).

Cette numération digitale est, comme nous allons le voir, extrêmement répandue chez les races primitives, et elle a sûrement servi de base au système décimal.

Les Bojesmans n'ont, comme les Tasmaniens, que deux noms de nombre, qu'ils combinent plus ou moins loin par juxtaposition : 2+1; 2+2; 2+2+1, etc. (3).

Chez les Cafres, la faculté mathématique n'est guère plus développée. Trois noms de nombre suffisent aux Dammaras; au delà, ils se servent de leurs doigts. Force leur est de vendre leurs moutons un à un, incapables qu'ils sont d'en totaliser le nombre et le prix (4). L'expression numérique, usitée chez les Zoulous pour dire « six », signifie « prendre le pouce de l'autre main » (5).

Dans la zone moyenne de l'Afrique, où l'on est plus civilisé, surtout beaucoup plus commerçant, l'aptitude mathématique a grandi. Chez les Yorubas, les enfants s'amusent à compter avec des *cauris*, coquillages servant de menue monnaie dans toute l'Afrique; et pour reprocher à un homme sa crasse ignorance, on lui dit : « Tu ne sais pas combien font 9×9 (6); mais l'influence arabe a pénétré assez largement dans ces régions.

La numération des Indiens d'Amérique ressemble beaucoup

(1) Lubbock, *Orig. civil.*, 428. — (2) De Rochas, *Nouvelle-Calédonie*, 192, 193. — (3) Thompson, *Hist. univ. des voy.*, vol. XXIX, 158 — (4) Galton, *Tropical South Africa*, 132 (cité par Lubbock). — (5) Lubbock, *Orig. civil.*, 435. — (6) E.-B. Tylor, *Civil. prim.*, 279.

à celle des Mélanésiens et des Africains. Chez la plupart des tribus indigènes, de l'Amérique du Sud aux régions subarctiques, la numération ou ne dépasse pas les premiers nombres, ou est digitale.

Quand un nombre dépasse quatre, les Guaranis disent « innombrable » (1). Plusieurs tribus, que d'Orbigny a appelées moxéennes, les Itonancas, les Canichanas, les Movimas, par exemple, ont une numération embryonnaire, n'allant pas au-delà de deux ou quatre (2).

Les Abipones n'ont réellement que trois noms de nombre. Pour exprimer quatre, ils disent « les doigts d'un émou » ; cinq se dit « les doigts d'une main » ; vingt, « les doigts des mains et des pieds » (3). Même système de numération chez les Indiens de la Guyane (4), chez les Caraïbes (5), chez les Tamanacs de l'Orénoque (6).

On compte aussi sur les doigts, et seulement jusqu'à de très faibles nombres, chez les Esquimaux (7), chez les Ahts de l'Amérique du Nord (8). Certains Esquimaux, vus par Ross, n'allaient pas au-delà de dix (9).

Beaucoup d'Indiens ont besoin en comptant d'élever successivement les doigts, puis d'avancer les pieds (13). Très souvent, pour dire vingt, on dit « un Indien » ou « un homme » (10).

C'est manifestement de cette numération digitale des tribus primitives qu'est sorti le système décimal, usité chez nombre de peuples civilisés, et que pratiquaient aussi les Péruviens et les Mexicains ; mais ces derniers peuples avaient une numération fort étendue. Celle des Quichuas du Pérou s'est même propagée chez les Araucans, les Puelches, les Patagons, etc., qui, pour les nombres un peu élevés, se servent encore des dénominations des Quichuas (11). On sait que ces derniers notaient les nombres à l'aide des nœuds de leurs *quipos*,

(1) Dobritzhoffer, *History of Abipones*, II, 171. — (2) D'Orbigny, *l'Homme américain*, II, 206. — (6) Lubbock, *Orig. civil.*, 434. — (3) Brett, *Indian Tribes of Guiane*, 417. — (4) Du Tertre. *Hist. des Caraïbes.* — (5) Gilii, *Saggio di storia Americana*, II, 332. — (6) Crantz, *Hist. of Greenland*, I, 225. — (7) Sproat, *Scenes and Studies of Savage Life*, 121. — (8) Ross, *Hist. univ. des voy.*, vol. XL, 13. — (9) Sproat, *loc. cit.* — (10) Tylor, *Civil. prim.*, 282. — (1) A. d'Orbigny, *loc. cit.*, II, 19 ; I, 399.

vrais registres en cordelettes, tandis que les Mexicains, pour écrire les nombres, avaient imaginé tout un système de points (1).

Quelque chose d'analogue aux quipos péruviens se retrouvait aux îles Sandwich, où les messagers portaient toujours avec eux des cordelettes, dont les nœuds leur servaient de signes mnémoniques (2). Dans la plupart des îles polynésiennes on se servait aussi, pour compter, de cailloux ou de petits morceaux de bois marquant les dizaines. Arrivé à cent, on mettait de côté un morceau un peu plus grand. C'est la méthode primitive usitée un peu partout.

La numération polynésienne est décimale et, dans le principe, elle semble bien avoir été digitale et empruntée à la Malaisie ; le mot malais *rima* ou *lima*, qui veut dire à la fois main et cinq, est usité comme nom de nombre dans toute la Malaisie, à Madagascar et en Polynésie jusqu'à l'île de Pâques. Pourtant, dans l'archipel Pomotou, on ne retrouve plus ce mot *rima* si répandu, non plus que certains autres noms de nombre, vraisemblablement d'origine malaise (3), et c'est là un fait qui a son importance au point de vue de l'origine des Polynésiens.

Le numération décimale des Polynésiens leur aurait permis de compter jusqu'à des nombres fort élevés ; mais, dans la pratique, ils avaient beaucoup de peine à arriver jusqu'à deux mille (4), nombre d'ailleurs considérable pour des sauvages.

C'est aussi le système décimal, qui est en usage dans toute l'Asie mongolique ou mongoloïde plus ou moins civilisée. Pourtant il semble que, chez les Siamois, les aptitudes mathématiques soient bien peu développées encore, puisque les tribunaux n'acceptent la déposition d'un témoin que s'il sait compter et chiffrer jusqu'à dix (5). Mais il en est tout autrement des Chinois, qui ont composé des ouvrages mathématiques et adopté récemment la géométrie d'Euclide, les logarithmes, etc. (6). Pour les mathématiques, comme pour le

---

(1) W. Prescott, *Hist. de la conquête du Mexique*, I, 78. — (2) Moerenhout, *loc. cit.*, I, 184. — (3) Moerenhout, *Voy. aux îles*, etc., I, 159. — (4) Cook, *Premier Voyage* (*Hist. univ. des voy.*, vol. V, 296). —(5) E.-B. Tylor, *Civil. prim.*, 279. Finlayson, *Hist. univ. des voy.*, vol. XXIV, 267. — (6) S. de Mas, *Chine et Puissances chrétiennes*, I, 10 ; II, 320.

reste, la grande race mongolique occupe donc dans le genre humain un rang honorable.

Mais c'est surtout dans l'Inde que les mathématiques ont de bonne heure pris un développement vraiment scientifique. Dès le cinquième ou le sixième siècle de notre ère, les Hindous avaient créé une trigonométrie. Dès le quatrième siècle, selon Colebrooke, l'algébriste Aria-Bhatta résolvait des équations à plusieurs inconnues. Ce développement précoce des mathématiques et surtout de leur branche la plus abstraite, de l'algèbre, chez une race plus adonnée qu'aucune autre aux divagations métaphysiques, semble bien dénoter un rapport plus ou moins étroit, une parenté psychique entre ces deux modes, l'un raisonnable, l'autre déraisonnable, de l'aptitude à l'abstraction.

L'hindoustani est aussi extrêmement riche en expressions numériques. Il existe un mot (lak) pour dire cent mille et un autre (krar) pour exprimer dix millions, tandis que nos langues européennes n'ont pas même, comme l'avait la langue grecque, une expression spéciale pour dire dix mille (1).

Il est presque superflu de remarquer que les Indo-Européens ne sont pas arrivés d'emblée aux mathématiques supérieures. Sûrement les nations barbares de l'ancienne Europe n'étaient pas plus fortes en arithmétique que les Polynésiens. Au dire de Strabon, les peuples de l'Albanie caucasienne ne savaient pas compter au-delà de cent (2). Dans la langue basque, il n'y a pas de mot original pour dire « mille » (3). Les ancêtres des races indo-européennes ont certainement commencé par compter sur leurs doigts, comme le font encore nombre de sauvages. Ainsi procédait, avant d'avoir reçu une instruction spéciale, un sourd-muet, élève de l'abbé Sicard. Il comptait sur ses doigts jusqu'à dix, et au delà faisait des coches sur un morceau de bois (4).

Pour les aptitudes mathématiques comme pour tout le reste, le cerveau humain a donc évolué fort lentement et est parti de bien bas. Tout d'abord, l'homme, incapable de la moindre abstraction, n'a eu aucun terme numérique ; comme certains ani-

---

(1) Peschel, traduction anglaise, *Races of Man*, 113. — (2) Liv. XI, 4. — (3) Hovelacque, *Linguistique*, 100. — (4) Sicard, *Théorie des signes pour l'instruction des sourds-muets*, II, 634.

maux, il n'avait sans doute, en voyant les objets, qu'une
vague idée du nombre. Puis il s'est peu à peu créé une numération, tout d'abord fort rudimentaire, en se servant de ses
doigts comme de fiches mnémotechniques. Enfin, se détachant
absolument du monde objectif, il est arrivé à combiner à
l'infini des quantités purement abstraites, en ne recourant
plus, pour étayer sa mémoire, qu'à des signes graphiques,
chiffres, lettres, lignes, qui sont l'idéalisation extrême des
doigts, des cailloux, des morceaux de bois, etc., employés par
les premiers calculateurs dans leur mnémotechnie grossière.

III

De la supputation du temps.

Si l'idée de nombre est abstraite, celle de temps l'est peut-
être plus encore. La genèse en est d'ailleurs assez simple. A
mesure que les phénomènes du monde extérieur se déroulent,
ils frappent l'homme qui en est témoin et s'inscrivent dans son
cerveau sous la forme de sensations, d'impressions , mais ces
empreintes mentales sont successives, comme les faits qui les
ont provoquées, et elles tendent toujours à s'effacer graduellement ; par suite, elles ont un coloris fort divers suivant leur
âge, suivant aussi leur intensité ; le moi conscient peut donc
les comparer, leur assigner une date relative. C'est là le fond
expérimental d'où, par une lente élaboration, l'esprit humain
a fini par abstraire l'idée du temps, purement subjective,
quoiqu'elle ait été extériorée et placée dans l'Olympe par
les Grecs.

Mais cette idée de temps est conçue avec d'autant moins
d'ampleur que la race est moins intelligente. Chez la plupart
des races primitives, l'individu est incapable de dire quel est
son âge, et même de fixer approximativement la date d'un
événement vieux de quelques mois ; car les procédés chronologiques se perfectionnent fort lentement.

Tout d'abord les périodes chronologiques observées sont
très courtes. Le jour et la nuit sont les seules unités de
temps. Préférant le subjectif à l'objectif, certains Esquimaux
rencontrés par Parry comptaient par *sommeils* (1).

(1) Parry, *Deuxième Voyage* (*Hist. univ. des voy.*, vol. XL, 419).

Pour les dates lointaines, on cite un événement remarquable : un orage, une épizootie, une émigration, la capture d'un éléphant, comme faisaient les Hottentots (1). Ce n'est encore que de la chronologie accidentelle, sans régularité. Beaucoup de nègres, notamment les Mandingues, calculent plus ou moins la succession des années par celle des *saisons pluvieuses* (2). C'est vraisemblablement en observant le périodique retour des saisons, que l'homme est d'abord arrivé à quelque précision dans la supputation du temps.

Le cours des astres, quand on fut capable d'en observer la régularité, fournit des points de repère bien autrement précis. Les premiers phénomènes astronomiques observés furent partout les mouvements apparents des constellations et surtout les lunaisons.

Mais cette observation eut d'abord un caractère spécial. Déjà nous avons vu combien est vaste l'animisme du sauvage, qui projette sa propre vie sur tout le monde extérieur. Aux yeux de l'homme primitif, le ciel n'est point mort et morne, comme il l'est pour l'esprit de l'Européen instruit. Pour les Patagons, la constellation de la Croix du Sud est une autruche (nandou), et les étoiles voisines sont des chiens qui la poursuivent; la lune est un homme; le soleil est une femme, etc. (3). Les Abipones croient descendre des Pléiades et, quand cette constellation devient invisible, ils disent que leur grand-père est malade (5). A ce moment de son évolution, l'homme s'intéresse aux astres comme à des êtres animés, et les phases de leurs révolutions sont, pour lui, des incidents dramatiques. Puis le procédé survit à la conception mythologique, même dans des sociétés en voie de civilisation. Ainsi les Bambaras se servent encore du retour périodique de certaines constellations au-dessus de l'horizon pour marquer le retour des saisons (5).

Mais ce sont surtout les révolutions de la lune, conçue presque partout comme un être vivant, qui ont fourni la première mesure chronologique quelque peu sérieuse. Le mois lunaire

---

(1) Levaillant, *ibid.*, vol. XXIV, 178. — (2) Mungo Park, *ibid.*, vol. XXV, 297. — (3) A. d'Orbigny, *l'Homme américain*, II, 102. — (4) Lubbock, *Orig. civil.*, 313. — (5) Raffenel, *Nouv. Voy. au pays des Nègres*, I, 400.

semble bien, chez nombre de peuples, avoir joué le rôle que
joue l'année solaire dans nos chronologies scientifiques; puis
les écarts périodiques des levers et couchers lunaires relativement à certains points de l'horizon ont suggéré l'idée d'une
plus longue période, de l'année lunaire, adoptée par tous les
peuples à demi civilisés. Cette année lunaire, qui était encore
en usage chez les Aryas védiques (1), est toujours employée
par les Bambaras de l'Afrique moyenne (2), par les Polynésiens (3), par les Néo-Calédoniens (4). Souvent elle fut de
douze mois, quand on sut tenir compte du temps réel de la
conjonction. Enfin les quatre phases de la lune, les quartiers,
donnèrent l'idée de la semaine, adoptée de longue date par
presque tous les peuples de race blanche, aussi bien sémitiques qu'indo-européens, et que l'on retrouve même à la
Nouvelle-Calédonie (5) et chez les Bambaras de l'Afrique
moyenne (6). Dans les Védas pourtant, et cela est à remarquer, il n'est encore question que de la période de quatorze
jours, du demi-mois lunaire.

Mais, comme la différence entre la durée de l'année lunaire
et celle de l'année solaire est considérable, il en résultait
qu'avec ce système l'ordre des saisons était vite renversé. On
y remédia comme on le put, par des corrections, des suppres-
sions de jours, etc., jusqu'au moment où l'on parvint à déterminer plus ou moins exactement l'année solaire, inconnue à la
presque totalité des peuples primitifs. Pourtant les Polynésiens
en avaient déjà quelque grossière idée (7), mais la découverte
n'en a été pleinement effectuée que dans les civilisations déjà
avancées.

Dans l'ancien Pérou, où l'année était encore lunaire, on la
rectifiait déjà par des observations solaires, faites avec des
gnomons rudimentaires, des colonnes, dont la longueur des
ombres servait à fixer les époques des solstices et des équinoxes (8). Les Mexicains, plus habiles astronomes, avaient

---

(1) *Rig Véda*, section première, lecture II, hymne 6, vol. S. —
(2) Raffenel, *loc. cit.*, I, 349.— (3) Moerenhout, *Voy. aux îles*, etc.,
II, 178. - (4) De Rochas, *Nouvelle-Calédonie*, 191.— (5) De Rochas,
Nouvelle-Calédonie, 191. — (6) Raffenel, *Nouv. Voy. au pays des
Nègres*, I, 349. — (7) Moerenhout, *Voy. aux îles*, etc., I, 178. —
(8) W. Prescott, *Hist. de la conquête du Pérou*, I, 132.

pleinement adopté une année solaire, ayant 18 mois de 20 jours chacun, et, pour compléter l'année de 365 jours, ils ajoutaient 5 jours complémentaires. Enfin, tous les 52 ans, on intercalait 12 jours et demi qui capitalisaient l'excédent annuel de 6 heures non compris dans les 365 jours réglementaires (1). Déjà aussi les Mexicains avaient perfectionné le grossier gnomon des Péruviens. Dans la plaine de Mexico, on a déterré un colossal cadran solaire, sur lequel était gravé un calendrier indiquant les heures du jour, l'époque des solstices et des équinoxes, enfin celle du passage du soleil au zénith de Mexico (2).

L'Égypte, l'Inde, la Chine sont aussi arrivées, chacune de leur côté, à déterminer l'année solaire avec plus ou moins de précision. L'almanach chinois, adopté par les Mongols, les Thibétains, les Indo-Chinois, partage l'année en vingt-quatre divisions, marquant le passage du soleil dans les douze signes du zodiaque (3); et d'après M. Bentley, dès l'an 1442 avant notre ère, les Indiens avaient su diviser l'écliptique en vingt-sept stations lunaires (4).

Quant à l'ancienne Égypte, elle avait des mesures chronologiques savantes ; une année de 365 jours, divisée en 12 mois de 30 jours avec 5 jours épagomènes. Mais, comme la véritable année solaire excède cette année d'environ un quart de jour, les Egyptiens avaient tiré de ce fait une période chronologique à long terme, la période sothique ou cynique de 1 460 ans.

Bien d'autres nations ont ainsi groupé les années en longues périodes. Les Thibétains ont des cycles de 252 ans (5). Les Chinois comptent par cycles de 60 ans, depuis une date qui remonte à trois siècles avant Jésus-Christ (6). Mais les Mexicains et les anciens Égyptiens semblent être les seuls qui aient songé à faire concorder ces cycles avec les irrégularités de l'année civile. Les Mexicains avaient ainsi imaginé un cycle de 52 ans, qu'ils appelaient « gerbes » ou « faisceaux », et représentaient, dans leurs hiéroglyphes, par un paquet de roseaux (7). En raison de sa très longue durée, la civilisation

---

(1) Prescott, *Conquête du Mexique*, I, 89. — (2) *Ibid.*, 97. — (3) Milne, *Vie réelle en Chine*, 137. — (4) X. Raymond, *Inde*, 215. — (5) Huc, *Voy dans la Tartarie*, II, 373. — (6) S. de Mas, *Chine et Puissances chrétiennes*, I, 11. — (7) Prescott, *Hist. de la conquête du Mexique*, I, 92.

égyptienne, qui vraisemblablement se croyait éternelle, avait adopté dans sa période sothique un cycle énormément long, en comparaison de la vie moyenne non seulement des individus, mais même des nations. Aucun autre peuple n'a encore donné un pareil exemple de confiance dans l'avenir.

L'étude des procédés chronométriques inventés par les diverses races nous renseigne d'une manière bien précieuse sur la portée de leur intelligence, sur la ténacité de leur mémoire, et aussi sur la puissance de leur faculté d'observation. Au plus bas degré de l'échelle, nous voyons l'homme vivre au jour le jour, comme les bêtes, dont il diffère peu. Puis il essaye de se rappeler les événements notables; il observe la régularité des saisons, celle des phénomènes astronomiques les plus frappants. Enfin il en arrive à se créer une année d'abord lunaire, puis solaire, qu'il rend de plus en plus exacte à l'aide de diverses corrections. Enfin, dans les vieilles civilisations, qui voient une longue suite d'années se dérouler dans leur passé et en espèrent un enchainement plus long encore dans l'avenir, la courte année solaire ne suffit plus; on encadre ses annales dans de longs cycles. De ces périodes ambitieuses, la période sothique est la plus démesurée à nos yeux; mais il est à croire que l'humanité future en imaginera d'une durée bien plus imposante encore, que régleront les révolutions astronomiques à long terme, par exemple, la nutation de l'axe terrestre, la précession des équinoxes; car il y a lieu d'espérer, que le genre humain est seulement au début de sa pénible course à travers les âges.

CONCLUSION.

DES AGES DE L'HUMANITÉ.

1

A quiconque aura pris la peine de lire ce volume, il semblera sûrement superflu de réfuter les doctrines pessimistes, qui récemment ont eu une certaine vogue parmi les blasés de notre époque. Quelques écrivains, généralement dodus, bien portants, très suffisamment nantis des biens de ce monde, ont pris à tâche de nous démontrer que vivre est le pire des maux et que désormais tout l'effort du genre humain doit tendre au suicide. Déjà le vieux Job avait chanté cette antienne, mais il pouvait du moins invoquer des circonstances atténuantes : il avait pour lit un fumier, était rongé par la lèpre et excédé par les flots de moralités banales, que lui versaient des amis satisfaits ; enfin le pauvre homme n'avait sûrement sur le développement de l'humanité que des notions fort incomplètes. Mais aujourd'hui que, dans ses traits généraux, la véritable histoire du genre humain, celle de son évolution, nous est connue ; aujourd'hui que l'observation et l'éducation scientifiques ont éclairé les origines de l'homme, il faut, pour oser nier le progrès, être aveugle ou entiché de quelque chimérique système.

Sans doute, l'homme est bien chétif, bien imparfait encore ; sans doute les grossiers instincts de la bête sont toujours vivants en lui ; car c'est seulement au prix de longs et incessants efforts qu'il est sorti de l'animalité, et il y tient par mille attaches. Pourtant, par une série de progrès de plus en plus conscients, il s'est amélioré : il s'améliorera bien davantage encore.

La nature de l'homme, comme celle de tous les animaux supérieurs, est complexe, et dans les chapitres précédents nous en avons esquissé les principaux côtés, en les isolant les uns des autres.

Dans la vie mentale de l'homme inférieur, nous avons vu les appétits nutritifs dominer, rugir, étouffer tous les autres. Dans toutes les races, l'homme primitif est une sorte de bête fauve, pour qui la préoccupation maîtresse est d'assouvir sa faim, de capturer et de dévorer une proie souvent humaine. Mais, même dans le domaine des appétits nutritifs, l'homme finit par progresser ; il apprend à varier ses aliments, à les modifier par la cuisson, et il enrichit ainsi le menu fort chiche que lui avait servi la nature. A mesure que par l'élevage de certains animaux domestiques, surtout par l'agriculture, il garnit plus facilement son garde-manger, son art culinaire de plus en plus savant lui permet de savourer les jouissances du goût, auxquelles il ne songeait pas tout d'abord, si inférieures qu'elles soient. Enfin, innovant toujours dans cette voie, il en arrive à découvrir ce que l'on a improprement appelé des *aliments nerveux*, des substances qui agissent directement sur la vie cérébrale, tantôt pour l'exciter, tantôt pour la troubler, tantôt pour l'engourdir.

En même temps, le sens artistique se développe. La vue et l'ouïe ne servent plus seulement à percevoir les phénomènes du monde extérieur; l'homme s'essaye à extérioriser, à réaliser objectivement les représentations que ses sens suscitent dans son esprit. A partir de ce moment, il peut, avec une habileté toujours croissante, fixer et exciter à volonté nombre d'impressions, de sentiments, même d'idées : il est devenu musicien peintre, sculpteur.

Parallèlement au côté sensitif de la nature humaine, l'aptitude affective grandit aussi. D'abord on se bornait à la pure satisfaction des besoins génésiques; mais, à mesure que la sensibilité s'affine et que la faim s'apaise, on devient de plus en plus apte à aimer. Les manifestations des sentiments affectifs sont d'abord brèves et rares ; on n'aime guère et pour un temps très court, à la manière des animaux, que sa femme et ses enfants, sa femelle et ses petits. Encore les dévore-t-on parfois, sans grande hésitation, quand la faim, la faim implacable, crie trop fort. Mais plus tard, bien plus tard, la seule idée de cette sauvagerie première suffit à provoquer des sentiments d'horreur. Alors le cœur s'est tellement élargi que non seulement la femme et les enfants, mais les proches, les amis, les concitoyens, parfois même l'humanité, y trouvent place.

Une gradation ascendante du même genre se vérifie aussi dans les institutions sociales, depuis la horde animale où le plus fort règne en maître brutal et absolu, jusqu'au clan, à la tribu, à la cité, à la nation. Le groupe ethnique va grandissant toujours ; les liens sociaux s'y multiplient, s'y enchevêtrent; les intérêts se solidarisent; on passe de l'anarchie à un despotisme rigide, pour aboutir à une indépendance individuelle de plus en plus grande, limitée seulement par l'intérêt réel de la communauté. Alors le gouvernement des sociétés humaines est devenu une science ayant ses procédés spéciaux, minutieusement étudiés, et son but, qui est la progressive amélioration de l'espèce, au triple point de vue physique, moral et intellectuel. Simultanément la mythologie se simplifie, pâlit, s'éteint. Désormais, l'homme n'ignore plus que le monde terrestre est le seul auquel il lui soit permis de prétendre, et il s'efforce d'en faire un séjour de plus en plus supportable.

Tous ces progrès en supposent un autre plus capital encore, celui de l'intelligence. C'était seulement dans le présent que vivait l'homme primitif : tant étaient débiles sa mémoire, son imagination, sa faculté de combiner des idées. Mais la vie mentale prend graduellement de l'ampleur ; les empreintes gravées dans les centres nerveux par les incidents et accidents de l'existence deviennent plus profondes et plus tenaces. Quantité d'associations de mouvements, de sentiments, d'idées se fixent dans les cellules nerveuses, et elles y constituent tout un capital d'expérience accumulée. Appuyée sur cette base solide, l'intelligence s'épanouit ; l'homme apprend à observer exactement, à grouper ses observations, à en faire jaillir des déductions, des inductions : la science naît alors, et peu à peu elle métamorphose toute la vie humaine.

A vrai dire, tout ce progrès si complexe est par-dessus tout intellectuel. Le goût du délicat dans les plaisirs sensitifs, l'art, les sentiments humanitaires, l'inauguration de la justice et de la liberté dans les relations sociales, tout cela, en résumé, résulte du graduel épanouissement de l'intelligence.

II

Pour les besoins de notre étude analytique, nous avons dû isoler les uns des autres les divers modes de l'activité humaine ; mais, dans la réalité, tout se tient, s'enchaine, s'engrène. Chez le sauvage le plus stupide, il y a de l'intelligence ; chez l'être le plus développé moralement et intellectuellement, il y a des appétits nutritifs. Seulement, tout en étant simultanées, ces énergies, si dissemblables, se subordonnent différemment, de telle sorte que, durant le cours normal de son évolution, le genre humain passe par une succession de phases, que l'on peut, à bon droit, appeler les *âges de l'humanité*. Chacun de ses stades est caractérisé par la domination d'un faisceau de besoins, dirigeant, menant les individus et les groupes ethniques ; et ces besoins sont d'autant moins relevés que la civilisation est moins avancée. Sans doute, tous les besoins, toutes les aptitudes principales existent dans toutes les races, mais en proportion fort diverse. Sous ce rapport, les groupes humains peuvent se classer dans le temps et dans l'espace : ils sont plus particulièrement ou nutritifs, ou sensitifs, ou affectifs, ou intellectuels. Hâtons-nous de dire que jusqu'ici une très petite minorité a seule mérité la dernière qualification.

Telle est la loi générale ; mais on s'abuserait étrangement en croyant que, toujours et partout, elle se vérifie ; que tous les individus et tous les groupes humains évoluent fatalement dans le sens progressif, en s'élevant seulement plus ou moins haut. La régression est fort possible. Sans doute les races humaines sont inégales, et l'on peut les ranger en série : nous l'avons prouvé à satiété ; mais il peut fort bien se faire que des individus, même de petits groupes appartenant à une race supérieure, subissent une dégénération qui les ravale au niveau des races les plus inférieures. Comme nous l'avons déjà mentionné, au Mexique, dans l'Amérique du Sud, aux îles Fidji, il est arrivé à des Européens de retourner à la sauvagerie, même au cannibalisme (1). Cook a vu, en Malaisie, des Portugais réduits par les Malais à la condition de caste servile (2).

Enfin, pour trouver des exemples de ce genre, il suffit de regarder ce que recouvre le vernis si mensonger de nos sociétés civilisées. Sans doute, par ses beaux côtés, notre civilisation est prodigieusement supérieure à celle des sociétés primitives ; mais la plupart de ces progrès qui nous éblouissent sont l'œuvre d'individus exceptionnels, le plus souvent initiateurs à leur dam ; car c'est un dangereux métier que celui de novateur. Il n'en est pas moins vrai qu'au fond de nos sociétés modernes il existe des milliers et des milliers de personnes, qui, en élévation morale et en intelligence, ne sont guère supérieures au Néo-Calédonien.

C'est surtout l'industrie, qui fait notre triomphe. Or notre production industrielle, si exubérante, si compliquée, résulte principalement d'un outillage savant et d'une extrême division du travail ; mais cet émiettement du labeur mécanique est un fait des plus fâcheux pour le développement général de l'intelligence, et il en est résulté la formation d'une classe toujours plus nombreuse de parias modernes, qui n'ont guère le loisir de penser et de s'instruire. De cet état de choses naît une

---

(1) Waitz, *Anthropology*, 313 (trad. anglaise).— (2) Cook, *Deuxième Voyage* (*Hist. univ. des voy.*, vol. VII, 87).

criante inégalité dans la répartition du bien-être et du savoir.
Là est la plaie, cuisante et béante, de notre civilisation, celle
que les sociétés émancipées et intelligentes doivent prendre à
tâche de guérir.

De vastes réformes restent donc à accomplir, et tous ceux qui
ont charge d'âmes doivent travailler, chacun dans la mesure
de ses forces, à cette grande besogne. En ne le faisant pas, ils
prépareraient sûrement à l'avenir des convulsions sociales qui
mettraient en péril la civilisation elle-même : nous en avons
déjà subi les premières atteintes.

En résumé, il faut faire en sorte que la justice éclairée par
la science prenne en main le timon des sociétés.

INDEX ALPHABÉTIQUE

PARIS. — TYPOGRAPHIE A HENNUYER, RUE DAPCIT, 7.